本書

獲國家古籍整理出版專項經費、「古文字與中華文明傳承

發展工程」資助

係國家社科基金重大項目「中國古代石刻文獻著錄總目」

（19ZDA288）階段性成果

日本藏中國古代石刻拓本著録輯目（上）

王連龍　編撰

中國古代石刻研究叢書

王連龍　主編

社會科學文獻出版社

序　一

　　金石摹拓技術，是長期以來中國獨有的文化技能。由於中國創造了造紙技術，所製作紙張適於摹拓，故早在漢代晚期就出現了摹拓石刻碑版的現象。被法國人伯希和掠走的敦煌石窟藏經洞藏歐陽詢書《化度寺碑》拓本，被公認爲唐代拓本；現在保存在中國國家圖書館中的柳公權書《神策軍碑》拓本，被認爲係唐末五代或北宋初年的拓本。這些可能是目前所見到的最早石刻拓本實物。一千多年來，廣布中國大地上的歷代石刻，被製作出數以萬計的拓本，流布四方，在文化傳播與保存上具有不可磨滅的功勳。

　　但是欣賞研究金石拓本，需要較高的文化修養，以往一直是文人雅客獨占的文化角落，使得金石拓本長期處於小衆受體地位。但由於其在書法藝術欣賞與學習方面價值不菲，從而具有了一定的市場價值，并受到在中國文化影響下的東亞文化圈中文人學者們的重視。因此，金石拓本得以作爲中國古代文化的重要載體，并以其獨特的藝術價值與史料價值得到廣泛收藏。也使得中國古代拓本流散到世界各地，成爲大量博物館與私家收藏的珍品。時至今日，不僅在日、韓、越等亞洲國家，就是在歐美各國一些重要的博物館、圖書館和大學中，都有中國金石拓本的收藏。法國著名漢學家戴仁曾經進行一個項目，旨在盤點和編目歐洲各國以亞洲文明爲特色的博物館和圖書館收藏的中國拓片。他們從巴黎、倫敦、斯德哥爾摩、蘇黎世、哥本哈根、牛津、科隆到布拉格，拍攝了海量的中國石刻拓片藏品。作爲代表性成果，他們還編輯了《法國吉美博物館藏中國拓片目錄》。提供這些收藏品的包括著名的法國漢學家沙畹、伯希和以及多倫、謝閣蘭、加斯東·勒帕熱等人。這些拓本來源除中國主要的石刻收藏地和大型石窟（如西安碑林、龍門石窟等）之外，還有四川、雲南及西北邊疆地區的罕見石刻。其中，沙畹收集拓本的數量衆多，以吉美博物館館藏爲例，就有五百多件，占吉美博物館拓本藏量近一半。近年來，還有多處收藏單位整理彙集了所收藏的中國金石拓本，編目出版，如美國加州大學伯克利分校圖書館、芝加哥生物博物館等。我的老朋友英國著名漢學家杜德橋教授就曾向我介紹過伯克利東亞圖書館的中國古代拓本整理情況。

　　遺憾的是，相比之下，收藏中國石刻拓本最多也最早的東鄰日本，其收藏情況却一直没有較爲完整的介紹。有些情況甚至長期以訛傳訛。例如著名的先秦石刻石鼓文的宋代拓本安國本等，早年被日商三井購去秘藏。郭沫若在二十世紀三十年代對石鼓文進行的研究就依靠從日本看到的上述拓本照片。在上世紀五十年代重版的《石鼓文研究》一書中，郭沫若補記道：據說三井收藏的石鼓文安國本已經毀於二戰中的盟軍轟炸。這一說法在國内似已成定論。而我們近年才得知，它并没有被毀，還保存在日本的三井記念美術館中。我們知道，日本收藏的很多拓本都屬於較早的拓本，保存較好，具有一定的文物與藝術價值。但對於這些拓本的收藏地點、收藏内容及來源等情況，我們却瞭解甚少。這應該是目前中國古代石刻與拓本研究中的一個重大缺憾，是亟待彌補的一項學術空白。

早在清代末期，日本就曾經興起過收集北朝石刻拓本的風氣。當時北朝墓誌在中國陸續出土，其特有的魏碑體書法，以剛勁有力的金石氣息給當時尋找書法藝術新突破的文人極大啓發，得到中國書法家們的重視與推崇。特別是當時具有相當影響力的康有爲等著名學者提倡在書法中學習北碑，使得研習北朝石刻拓本這一風氣很快就影響到與中國有着密切文化聯繫的東瀛四島。清代末年出使日本的楊守敬等人，目睹這一風氣，曾記載了日本上層當時争先收藏北朝石刻拓本的盛況。楊守敬還曾利用自己帶去的北朝石刻拓片换取日本民間收藏的古代早期寫本書籍，獲得了豐富收穫。楊守敬因此編有收録中國古代主要石刻拓本的圖録《寰宇貞石圖》，在日本具有一定影響。以後幾十年間，在日本又有過收集佛教造像、出土墓誌以及石刻早期拓本的熱潮，造就了一批收藏中國石刻文物與拓本的收藏家。很多大型博物館、藝術館和著名大學圖書館都收藏有中國古代石刻的拓本。

近代以來，隨着社會科學研究的深入與發展，中國古代石刻拓本也日益受到學術界的重視，在有關研究中發揮出越來越大的作用。國内學術界與海外漢學研究者們有關中國古代石刻研究的論著不斷問世，傳世的石刻拓本被陸續整理彙集，新的石刻資料陸續發表，造就了中國古代石刻研究欣欣向榮的大好形勢。

日本由於有着自秦漢時期就與中國大陸進行文化交往的悠久歷史，長期接受漢文化影響，其學術界在很多方面沿襲了漢學研究的傳統，對於中國古代的文化典籍與文物資料具有濃厚的研究興趣。例如儒學思想、歷史研究、書法藝術、漢傳佛教乃至社會習俗等衆多方面的研究中，都離不開對中國傳統典籍與文物的研究。中國古代石刻由於其資料方面的重要價值，例如保存文獻典籍與歷史資料上的價值、藝術書法價值、宗教史料價值等等，一直是日本學術界研究的重要對象。二十世紀二三十年代，日本學者還對大同雲岡、洛陽龍門等重要石窟進行了調查勘測和拓本收集等考古研究工作，其研究成果頗具影響，如水野清一等所著《龍門石窟的研究》等曾是有關研究的重要基礎資料。有關拓本也被日本收藏。迄今日本各處公私收藏的中國古代石刻拓本還在有關研究中起到重要的作用。因此，近來還有日本學術單位及有關學者在不斷收藏中國石刻拓本。

這樣看來，介紹日本各地所藏中國金石拓本的詳細情況，勢在必行。現在吉林大學王連龍教授經數年辛勞，整理彙集的《日本藏中國古代石刻拓本著録輯目》一書，填補了這一空白。它既是學術研究中不可缺少的重要參考工具書，也是近年來石刻研究中令人歡欣鼓舞的一項重要成果。

　　王連龍教授年輕有爲，在石刻研究與古文字研究中取得了大量成果。出版有《〈逸周書〉研究》《新見北朝墓誌集釋》《新見隋唐墓誌集釋》《南北朝墓誌集成》《王若曰——出土文獻論集》《中國古代墓誌研究》等多部著作和发表大量論文。他慧眼獨具，利用在日講學交流等機會，訪問日本各大收藏文博機構，輯録學術界公開刊行的金石志書、學術著作、期刊論文、展覽圖册所見中國古代石刻拓本信息。收録材料源自日本東京國立博物館、京都國立博物館、九州國立博物館、書道博物館等博物館，東洋文庫、東京中央圖書館、寧樂美術館、大阪市立美術館、北九州市立美術館、三井記念美術館、五島美術館、根津美術館、吉田苞竹記念會館、黑川古文化研究所、觀峰館、有鄰館、木雞室等公私圖書館、美術館，以及京都大學、東北大學、淑德大學、龍谷大學、佛教大學、大谷大學、大東文化大學等大學。共收録拓本 6700 餘種，編寫成此書。雖然還不能將全日本現有中國古代石刻拓本全部收録無遺，但其重要代表性石刻拓本基本收録在內。可以藉以瞭解日本所藏拓本的基本情況，從而更好地利用有關資料，并深入考察從中國拓本收藏情況反映的中日文化交流情況。造福學界，善莫大焉。

　　內容如此龐大的一部目録著作，耗時持久，顯示出作者認真勤奮的努力工作與堅實的學術基礎。該書編寫體例完善，內容清晰準確，資料性極強。同時，王連龍教授還準備在今後繼續增補有關著録，進行日本所藏拓本圖録的編輯出版，以及收藏研究。我們在衷心祝賀他的這部大作出版時，也希望早日見到他的下一部重要成果，以共同構建起中國古代石刻研究的宏偉大厦。

趙　超

中國社會科學院考古研究所研究員

序　二

　　この度、吉林大学考古学院の王連龍教授が編撰された『日本蔵中国古代石刻拓本著録輯目』が刊行されることになったことは、喜ばしい限りである。

　　王連龍教授は、周知のように中国古代史と中国古代石刻史料の研究者、東アジア文化交流史の研究者として、中国内外で著名である。教授は、已に個別学術論文を多数発表するとともに、『「逸周書」研究』(社会科学文献出版社、2010年10月)、『新見北朝墓誌集釈』(中国書籍出版社、2013年7月)、『新見隋唐墓誌集釈』(遼海出版社、2013年9月)、『南北朝墓誌集成』(上海人民出版社、2021年3月)、『王若曰：出土文献論集』(鳳凰出版社、2021年6月)、『中国古代墓誌研究』(社会科学文献出版社、2022年12月)等の著作や編著を公刊し、中国内外の中国古代史研究や中国古代石刻研究、東アジア史研究に大きな影響を与え、学界で高く評価されている。

　　多数の個別学術論文のうち、日本では、特に「唐百済人『祢軍墓誌』考論」(『社会科学戦線』2011年第7期。『王若曰：出土文献論集』所収)が、「日本」国号との関係で注目され、新聞紙上を賑わすとともに、日本古代史研究者も交えて大きな議論を巻き起こした。その関係で、教授は2012年2月に明治大学で開催された国際シンポジウム「新発見百済人『祢軍墓誌』と7世紀東アジアと『日本』」に講演のため来日された。その際、大阪教育大学で入学試験があったため、お会いすることができなかったのは非常に残念であった。

　　さて、本書『日本蔵中国古代石刻拓本著録輯目』は、日本の博物館、美術館、大学、研究所等が所蔵する先秦から清代までの石刻の拓本について、石刻ごとの所蔵状況と書誌情報を整理したものである。中国石刻史料研究の基礎は原石と拓本であるので、日本所蔵の石刻拓本の所蔵状況を整理・公刊することは、石刻史料研究の進展にとって意義がある。また、本書の編撰に当たって、公刊されている金石志書、学術著作、期刊論文、展覧図冊等をもとにされたという。その熱意と労力には敬服するばかりである。

　　本書は、日本所蔵中国古代拓本の所蔵状況を中国の学界に初めて紹介するものであり、中国における今後の石刻史料研究の進展に貢献するものと思われる。日本においても、博物館、美術館、大学、研究所等の所蔵状況をまとめて整理したのは初めてであり、拓本の利用や研究に便宜を供与し、日本における石刻史料研究の進展にも貢献すると思われる。また、日本所蔵の中国古代拓本の画像について、淑徳大学書学文化センター所蔵拓本の大部分と京都大学人文科学研究所所蔵拓本の画像資料がWeb上で公開されているので、本書を活用することによって、中国内外で研究に必要な拓本画像資料を居ながらにして閲覧することが容易になり、石刻史料を利用した研究が進展することが期待できる。

伊藤敏雄

日本國大阪教育大學名譽教授

凡 例

一、本目録輯録日本藏中國先秦至清代石刻拓本著録信息。

二、本目録石刻類型涵蓋摩崖、碑碣、畫像石、石闕、刑徒磚、買地券、鎮墓文、墓誌、造像記、塔銘、刻經、題記等。

三、本目録信息輯自學術界公開印行的金石志書、學術著作、期刊論文、展覽圖册等。輯録出處詳見"輯録信息源集""參考文獻",正文中不再標注。

四、本目録由五個部分組成:"凡例""輯録信息源集""目録""正文""參考文獻"。

五、本目録條目按石刻刊立或埋葬年代排列,無紀月石刻集中附於同年石刻之後,無紀年石刻集中附於同朝代石刻之後。

六、本目録條目包括石刻題名、石刻叙録、拓本收藏等内容。

七、石刻題名采用簡稱形式,由人名、地名、職官名、年號等加石刻類型名構成。

八、石刻叙録介紹石刻全名別名、撰寫書丹、刊刻日期、出土時地、收藏機構等信息。

九、拓本收藏涉及收藏地、年代、數量、形制、尺寸、編號、遞藏等。其中,收藏地按拓本年代排序。拓本按拓製時間,分爲"宋拓""元拓""明拓""清拓""初拓""舊拓"等。按拓製顏料,分爲"墨拓""朱拓""彩拓"等。按拓製形制,分爲原片、托裱、卷軸、册頁等。數量、形制用數字加"張""幅""册""軸""帖"等表示。尺寸爲"高×廣",以厘米記。編號係原收藏番號。遞藏包含題跋者、收藏者等信息。

十、"參考文獻"依成書(篇)年代排序。

輯録信息源集

1. 中村不折：《名碑百選》，雄山閣，1931 年。

2. 山本悌二郎：《澄懷堂書畫目録》，文求堂書店，1932 年。

3. 中村丙午郎：《書道博物館陳列品目録（昭和十年十二月現在）》，書道博物館，1935 年。

4. 中村丙午郎：《書道博物館陳列品目録（昭和十一年十二月現在）》，書道博物館，1936 年。

5. 藤原楚水：《書道博物館所藏法帖目録》，《書苑》1-7—2-11，三省堂，1937—1938 年。

6. 中村丙午郎：《書道博物館陳列品目録（昭和十四年七月現在）》，書道博物館，1939 年。

7. 佚名：《書道博物館藏金石拓本目録（1）—（22）》，《書苑》3-1—6-3，三省堂，1939—1942 年。

8. 大崎新吉：《集古明鑑》，大塚巧藝社株式會社，1962 年。

9. 高島菊次郎：《槐安居樂事》，求龍堂，1964 年。

10. 東京國立博物館：《高島菊次郎氏寄贈中國美術展》，東京國立博物館，1965 年。

11. 京都國立博物館：《上野有竹齋蒐集中國書畫圖録》，便利堂株式會社，1966 年。

12. 中村準佑：《寧樂譜》，寧樂美術館，1969 年。

13. 東洋文庫：《東洋文庫新收拓本目録稿》，《東洋文庫書報》3-5，1971—1973 年。

14. 東京都立中央圖書館：《東京都立中央圖書館藏特買上文庫目録：諸家拓本（中國·朝鮮）》，東京都立中央圖書館，1974 年。

15. 書學院出版部：《藏拓古塼集録》，玄美社，1975 年。

16. 北九州市立美術館：《北九州市立美術館常設展：畫像石拓本展》，瞬報社寫真印刷株式會社，1975 年。

17. 大原美術館：《大原美術館·Ⅵ 東洋的美術》，平和寫真印刷株式會社，1976 年。

18. 下中邦彦：《書道全集》，平凡社，1977 年。

19. 大阪外國語大學附屬圖書館：《石濱文庫目録：大阪外國語大學所藏》，大阪外國語大學附屬圖書館，1977 年。

20. 每日新聞社《重要文化財》委員會事務局：《重要文化財總目録》（書迹·典籍·古文書編），圖書印刷株式會社，1977 年。

21. 藤原楚水：《註解名蹟碑帖大成》，省心書房，1977 年。

22. 書壇院：《鄭道昭特集：吉田苞竹記念會館圖録·第七號》，書道新聞社，1977 年。

23. 書壇院：《漢碑拓片特集：吉田苞竹記念會館圖録・第九號》，書道新聞社，1977年。

24. 大阪市立美術館：《大阪市立美術館紀要・中國金石拓本目録》，大阪市立美術館，1978年。

25. 書壇院：《唐・墓誌銘特集：吉田苞竹記念會館圖録・第十二號》，書道新聞社，1979年。

26. 書壇院：《唐・墓誌銘特集（二）：吉田苞竹記念會館圖録・第十三號》，書道新聞社，1979年。

27. 東京國立博物館：《東京國立博物館圖版目録・中國書迹編》，東京美術，1980年。

28. 出光美術館：《開館十五周年紀念展圖録》，文化印刷株式會社，日本寫真印刷株式會社，1981年。

29. 書壇院：《西安碑林拓本特集（一）：吉田苞竹記念會館圖録・第十九號》，書道新聞社，1982年。

30. 和泉市久保惣紀念美術館：《和泉市久保惣紀念美術館・藏品選集》，大塚巧藝社，1982年。

31. 書壇院：《西安碑林拓本特集（二）：吉田苞竹記念會館圖録・第二十號》，書道新聞社，1983年。

32. 書壇院：《第二回鄭道昭特集（拓本・寫真）：吉田苞竹記念會館圖録・第二十二號》，書道新聞社，1984年。

33. 小川貫弌：《金石文拓本目録：龍谷大學圖書館藏故高雄義堅和上收集》，龍谷大學圖書館，1984年。

34. 二玄社：《原色法帖選》，二玄社株式會社，1984—2000年。

35. 和泉市久保惣記念美術館：《中國的美術・一人的眼・圖録》，中林株式會社，1984年。

36. 竹田明郎：《和泉市久保惣記念美術館・藏鏡拓影》，中林株式會社，1984年。

37. 竹田明郎：《和泉市久保惣記念美術館・藏鏡圖録》，中林株式會社，1985年。

38. 書壇院：《龍門造像特集（二十品・五十品）：吉田苞竹記念會館圖録・第二十四號》，書道新聞社，1985年。

39. 黑川古文化研究所：《黑川古文化研究所收藏品目録》，尼崎印刷株式會社，1985年。

40. 白扇書道會：《種谷扇舟藏原拓書道史展》，大和美術印刷出版部，1987年。

41. 中國佛教協會、佛教大學：《中國房山石經拓片展》，佛教大學，1987年。

42. 根津美術館：《新青山莊清賞——鑑賞編》，大塚巧藝社，1987年。

43. 文字文化研究所：《觀峰館收藏圖録第二號：唐代碑刻》，便利堂株式會社，1988年。

44. 書道博物館：《不折與"書道博物館"》，《書道研究》1989年3期。

45. 西村昭一：《新出土中國歷代書法》，陳滯冬譯，成都出版社，1990年。

46. 黑川古文化研究所：《黑川古文化研究所名品選》，便利堂株式會社，1990年。

47. 中濱慎昭：《淑德短期大學藏中國石刻拓本目録》，淑德短期大學，1992年。

48. 陝西省博物館：《木雞室藏歷代金石名拓展覽》，陝西旅游出版社，1992年。

49. 日本書藝院：《有鄰館名品展圖册》，大塚巧藝社，1992年。

50. 東京藝術大學藝術資料館：《東京藝術大學藝術資料館藏品目録：拓本》，第一法規出版社，

1993 年。

51. 石井寶：《墨》21 號《碑法帖・拓本入門》，藝術新聞社株式會社，1994 年。

52. 金石拓本研究會：《漢碑集成》，同朋舍出版株式會社，1994 年。

53. 觀峰館：《觀峰館收藏品圖録（總合篇）》，日本寫真印刷株式會社，1996 年。

54. 京都國立博物館：《京都國立博物館藏品圖版目録：書迹篇（中國・朝鮮）》，京都國立博物館，1996 年。

55. 觀峰館：《第一回特別企畫展：秦漢碑刻臨書展》，日本寫真印刷株式會社，1996 年。

56. 比田井南谷：《中國書道史事典》，雄山閣，1996 年。

57. 中濱慎昭：《淑德大學書学文化研究中心藏中國石刻拓本目録》，淑德大學書学文化研究中心，1997 年。

58. 三井文庫：《三井記念美術館藏品圖録：聽冰閣舊藏碑拓名帖撰——新町三井家》，便利堂株式會社，1998 年。

59. 日本書藝院：《五島美術館所藏宇野雪村收藏圖册》，東京書籍株式會社，1998 年。

60. MIHO MUSEUM：《MIHO MUSEUM 開館一周年記念圖録》，日本寫真印刷株式會社，1998 年。

61. 根津美術館：《新青山莊清賞：根津美術館名品聚成——追補編》，大塚巧藝社，1999 年。

62. 台東區立書道博物館：《台東區立書道博物館圖録》，臺東區藝術文化財團，2000 年。

63. 拓殖大學圖書館：《佐藤安之助文庫〈龍門石窟造像記〉拓本分類目録》，《拓殖大學圖書館藏書目録 18》，2000 年。

64. 三井文庫：《別館開館 15 周年記念：館藏名品撰》，便利堂株式會社，2000 年。

65. 奈良文化財研究所、文化遺産研究部、建造物研究室：《國寶・重要文化財建造物拓本等目録》（上下），每日新聞社，2001 年。

66. 墨渚會事務局：《明清書畫拓本展》，靖文社，2002 年。

67. 東洋文庫：《東洋文庫所藏中國石刻拓本目録》，興業社，2002 年。

68. 伊藤滋：《游墨春秋——木雞室金石碑帖拾遺》，日本習字普及協會，2002 年。

69. 大谷大學：《古典籍的魅力：大谷大學名品》，大塚巧藝新社株式會社，2003 年。

70. 有鄰館學藝部：《有鄰館精華》，藤井有鄰館，2003 年。

71. 西日本新聞社、大倉文化財團：《大倉集古館的名品・圖録》，新藤株式會社，2003 年。

72. 玉村清司：《宇野雪村文庫拓本目録：大東文化大學書道研究所藏》，大東文化大學書道研究所，2004 年。

73. 根津美術館：《白檮廬藏品受贈記念：中國古器愛玩》，日本寫真印刷株式會社，2004 年。

74. 堤一昭：《石濱文庫的拓本資料：概要和蒙古時代石刻拓本一覽》，《13・14 世紀東亞史料通信》6，2006 年 3 期。

75. 書學書道史學會：《日本・中國・朝鮮：書道史年表事典》，萱原書房，2006 年。

76. 觀峰館：《觀峰館紀要第二號・中國書畫文物研究報告》，觀峰館，2006 年。

77. 觀峰館：《觀峰館紀要第三號・中國書畫文物研究報告》，觀峰館，2007 年。

78. 讀賣新聞西部本社：《給未來的餽贈：中國泰山石經與净土教美術》，凸版印刷株式會社，

2007 年。

79. 《飯島春敬珍藏》實行委員會：《春敬之眼：飯島春敬珍藏》，印象社，2008 年。

80. 濱松學藝高等學校：《大谷青嵐氏所藏中國書法美・勁・美・巧》，濱松學藝高等學校，2008 年。

81. 謙慎書道會：《中日書法的傳承》，二玄社株式會社，2008 年。

82. 《秀雲中國原拓展》運營委員會：《秀雲中國原拓展》，墨華書道會，2008 年。

83. 近代書道研究所：《寄鶴軒所藏金石圖書——以碑法帖拓本爲中心》，槙社文會，2009 年。

84. 蒼文篆會：《匋鉥室藏金石拓本選》，藝文書院，2009 年。

85. 奈良縣立橿原考古學研究所：《國內・國外拓本資料目録》，《末永雅雄先生舊藏資料集》第 3 集，橿原考古學協會，2009 年。

86. 觀峰館：《觀峰館紀要第六號・中國書畫文物研究報告》，觀峰館，2010 年。

87. 陶德民：《内藤湖南與清人書畫——關西大學圖書館內藤文庫所藏品集》，關西大學出版部，2010 年。

88. 京都國立博物館：《筆墨精神：中國書畫的世界》，野崎印刷紙業株式會社，2011 年。

89. 觀峰館：《觀峰館紀要第八號・中國書畫文物研究報告》，觀峰館，2012 年。

90. 觀峰館：《觀峰館紀要第九號・中國書畫文物研究報告》，觀峰館，2013 年。

91. 伊藤滋：《中國古代瓦當的美——文字・圖像・文樣》，郵研社，2013 年。

92. 謙慎書道會：《漢代書法名品展圖録》，謙慎書道會，2013 年。

93. 大野晃嗣、齋藤智寬、陳青、渡邊健哉：《中國金石文拓本集：東北大學附屬圖書館所藏》，東北大學圖書館，2013 年。

94. 馬成名：《海外所見善本碑帖録》，上海書畫出版社，2014 年。

95. 陶德民：《大正癸丑蘭亭會的懷古與繼承——以關西大學圖書館內藤文庫所藏品爲中心》，關西大學出版部，2014 年。

96. 台東區立書道博物館：《台東区立書道博物館圖録》，公益財團法人台東區藝術文化財團，2015 年。

97. 台東區立書道博物館：《顔真卿和唐時代的書》，書道博物館，2015 年。

98. 田良島哲、平勢隆郎、三輪紫都香：《東京國立博物館所藏竹島卓一舊藏 “中國史迹寫真” 目録》，東京大學東洋文化研究所，2015 年。

99. 書學文化中心：《淑德大學書學文化中心藏中國石刻拓本目録》，淑德大學，2016 年。

100. 台東區立書道博物館：《拓本及其流傳情況》，保文社，2016 年。

101. 日本京都大學《日本京都大學藏中國歷代碑刻文字拓本》編撰委員會：《日本京都大學藏中國歷代碑刻文字拓本》，新疆美術攝影出版社，2016 年。

102. 坂田和實、尾久彰三、山口信博：《日本民藝館》，徐元科譯，新星出版社，2017 年。

103. 關西中國書畫收藏研究會編著《中國書畫在日本：關西百年鑒藏紀録》，蘇玲怡、黃立芸、陳建志譯，上海書畫出版社，2017 年。

104. 奈良國立博物館：《第六十九回 “正倉院展” 目録》，天理時報社，2017 年。

105. 九州國立博物館：《王羲之與日本書法》，Live Art Books 股份公司，2018 年。

106. 東京國立博物館、每日新聞社：《顏真卿：超越王羲之的名筆》，NISSHA，2019 年。

107. 台東區立書道博物館：《王羲之與蘭亭序》，臺東區藝術文化財團，2023 年。

108. 日本京都大學人文科學研究所網站。

目　録

東漢（25—220）

0095　左山治黄腸石第二題字　東漢永建二年（127）六月／34

0096　叔原舉治黄腸石第二題字　東漢永建二年（127）六月／34

0097　左達治黄腸石第四十二題字　東漢永建二年（127）六月／34

0098　樊仲治黄腸石第三題字　東漢永建二年（127）六月／34

0099　索旦治黄腸石第十題字　東漢永建三年（128）四月／34

0100　商孟治黄腸石第十一題字　東漢永建三年（128）四月／34

0101　商孟治黄腸石第十四題字　東漢永建三年（128）四月／35

0102　左達治黄腸石第六十題字　東漢永建三年（128）四月／35

0103　左孟治黄腸石第三十八題字　東漢永建三年（128）四月／35

0104　索大治黄腸石第四題字　東漢永建三年（128）四月／35

0105　索布治黄腸石第二題字　東漢永建三年（128）四月／35

0106　索孫治黄腸石第二十一題字　東漢永建三年（128）四月／35

0107　索叔治黄腸石第二十五題字　東漢永建三年（128）四月／35

0108　石仲治黄腸石第四十題字　東漢永建三年（128）四月／36

0109　呂值治黄腸石第九題字　東漢永建三年（128）四月／36

0110　叔治黄腸石第十六題字　東漢永建三年（128）四月／36

0111　李節治黄腸石第二十四題字　東漢永建三年（128）四月／36

0112　郭知治黄腸石第二十六題字　東漢永建三年（128）四月／36

0113　蘇利治黄腸石第七十三題字　東漢永建三年（128）四月／36

0114　費孫治黄腸石第七十七題字　東漢永建三年（128）四月／36

0115　牛羌治黄腸石第十三題字　東漢永建三年（128）四月／37

0116　王孝淵墓碑　東漢永建三年（128）六月／37

0117　左開治黄腸石第十四題字　東漢永建三年（128）十二月／37

0118　石□治黄腸石第□五題字　東漢永建三年（128）十二月／37

0119　左開治黄腸石第十二題字　東漢永建三年（128）十二月／37

0120　羅由治黄腸石第十三題字　東漢永建三年（128）十二月／37

0121　尹仲治黄腸石第二十八題字　東漢永建三年（128）十二月／37

0122　左次治黄腸石第十二題字　東漢永建三年（128）十二月／38

0123　費先治黄腸石第十三題字　東漢永建三年（128）十二月／38

0124　李伯治黄腸石第十一題字　東漢永建三年（128）十二月／38

0125　簿書殘碑　東漢永建三年（128）／38

0126　孝堂山畫像石題記　東漢永建四年（129）四月二十四日／38

0127　食堂畫像石題記　東漢永建五年（130）二月二十三日／39

0128　董魚治黄腸石題字　東漢永建五年（130）十二月／39

0129　永建五年墓石題字　東漢永建五年（130）／39

[陽嘉]

0130　泠攸治黄腸石第卅二題字　東漢陽嘉元年（132）三月／40

0244　中平三年殘石　東漢中平三年（186）六
　　　　月十二日／94

0245　趙相劉君墓門記　東漢中平四年（187）
　　　　三月／94

0246　大女房桃枝買地券　東漢中平五年
　　　　（188）三月／94

［初平］

0247　倉龍庚午殘碑　東漢初平元年（190）正
　　　　月／94

0248　趙君碑　東漢初平元年（190）十二月二
　　　　十八日／94

0249　北海太守爲盧氏婦刻石　東漢初平四年
　　　　（193）／95

［建安］

0250　吹角壩摩崖　東漢建安六年（201）八月
　　　　二十二日／95

0251　樊敏碑　東漢建安十年（205）三月／95

0252　高頤闕銘　東漢建安十四年（209）八月
　　　　／96

0253　王暉墓畫像石題記　東漢建安十七年
　　　　（212）六月／97

0254　張飛破張郃銘　東漢建安二十年（215）
　　　　／97

漢無紀年

0255　朱博殘碑　漢刻，無紀年／98

0256　袁博碑　漢刻，無紀年／98

0257　孔褒碑　漢刻，無紀年／99

0258　竹葉碑　漢刻，無紀年／100

0259　唐公房碑　漢刻，無紀年／100

0260　正直碑　漢刻，無紀年／100

0261　里仁頌德政碑　漢刻，無紀年／101

0262　武氏碑　漢刻，無紀年／101

0263　大風歌碑　漢刻，無紀年／101

0264　周君碑額　漢刻，無紀年／102

0265　趙菿碑殘石　漢刻，無紀年／102

0266　黨錮碑殘石　漢刻，無紀年／102

0267　張角等字殘碑　漢刻，無紀年／102

0268　孔融殘碑　漢刻，無紀年／103

0269　朝侯小子殘碑　漢刻，無紀年／103

0270　魯相謁孔廟殘碑　漢刻，無紀年／104

0271　劉曜殘碑　漢刻，無紀年／104

0272　劉熊殘碑　漢刻，無紀年／104

0273　元孫殘碑　漢刻，無紀年／105

0274　冀州刺史碑殘石　漢刻，無紀年／105

0275　武都太守碑陰殘石　漢刻，無紀年／106

0276　秋博覽等十四字殘碑　漢刻，無紀年
　　　　／106

0277　高處士殘碑　漢刻，無紀年／106

0278　楊僅殘碑　漢刻，無紀年／106

0279　陶洛殘碑　漢刻，無紀年／106

0280　潁川太守凌君碑額　漢刻，無紀年／106

0281　議郎殘碑　漢刻，無紀年／107

0282　辟易殘碑　漢刻，無紀年／107

0283　漢碑殘石　漢刻，無紀年／107

0284　襄盗刻石　漢刻，無紀年／108

0285　漢魯王墓石人銘　漢刻，無紀年／108

0286　龜山陵塞石題字　漢刻，無紀年／109

0287　孝王墓黃腸石題字　漢刻，無紀年／109

0288　禹陵砭石　漢刻，無紀年／109

0289　霍去病墓文字刻石　漢刻，無紀年／109

0290　甘泉山刻石　漢刻，無紀年／109

0291　石墻村刻石　漢刻，無紀年／110

0292　朱君長題字　漢刻，無紀年／110

0293　馮焕神道闕　漢刻，無紀年／111

0294　楊宗墓闕　漢刻，無紀年／112

0295　沈府君神道闕　漢刻，無紀年／112

0296　王君石闕　漢刻，無紀年／113

0297　上庸長等字殘石　漢刻，無紀年／113

0298　冢土殘石　漢刻，無紀年／113

0299　鶴鳴殘字　漢刻，無紀年／113

0369 曹府君神道二十四字漢磚　漢刻，無紀年 / 130

0370 宜子孫磚　漢刻，無紀年 / 130

0371 漢空心磚　漢刻，無紀年 / 130

0372 畫像磚　漢刻，無紀年 / 131

0373 四川博物院藏漢畫像磚　漢刻，無紀年 / 132

0374 重慶市博物館藏漢畫像磚，漢刻，無紀年 / 132

0375 四川大學藏漢畫像磚　漢刻，無紀年 / 132

三國·魏（220—265）

［黄初］

0376 上尊號碑　魏黄初元年（220）十月二十七日 / 133

0377 受禪碑　魏黄初元年（220）十月二十九日 / 133

0378 孔羨碑　魏黄初元年（220）/ 134

0379 黄初殘碑　魏黄初五年（224）/ 135

0380 膠東令王君斷碑　魏黄初五年（224）/ 135

0381 佛銘刻石　魏黄初年間（220—226）/ 136

［太和］

0382 曹真殘碑　魏太和五年（231）三月 / 136

0383 曹植墓磚　魏太和七年（233）三月一日 / 137

［青龍］

0384 范式碑　魏青龍三年（235）正月六日 / 137

［正始］

0385 管寧墓誌　魏正始二年（241）十月一日 / 138

0386 正始石經　魏正始二年（241）/ 138

0387 沁河谷石門銘　魏正始五年（244）十月二十五日 / 140

0388 毌丘儉紀功刻石　魏正始六年（245）/ 140

［甘露］

0389 王繩武墓誌　魏甘露二年（257）□月十六日 / 140

［景元］

0390 王基碑　魏景元二年（261）四月二十四日 / 141

0391 李苞通閣道題記　魏景元四年（261）十二月十日 / 141

三國·蜀（221—263）

［建興］

0392 建興磚　蜀建興年間（223—237）/ 142

三國·吴（222—280）

［鳳凰］

0393 谷朗碑　吴鳳凰元年（272）四月 / 143

［天璽］

0394 禪國山碑　吴天璽元年（276）正月 / 144

0395 天發神讖碑　吴天璽元年（276）八月一日 / 144

三國無紀年

0396 張君碑　三國刻，無紀年 / 146

0397 皇女殘碑　三國刻，無紀年 / 146

0398 葛祚碑　三國刻，無紀年 / 146

0399 璨敬造石像記　三國刻，無紀年 / 147

0400 霍君神道闕　三國刻，無紀年 / 147

西晋（265—317）

[泰始]

[咸寧]

[太康]

[太熙]

[元康]

[永康]

[永嘉]

東晋（317—420）

[太寧]

0432　張鎮墓誌　東晋太寧三年（325）/ 157

［建元］

0433　護國定遠侯碑　東晋建元二年（344）四月一日 / 157

0434　張淑買地券　東晋建元三年（345）二月二十一日 / 157

［永和］

0435　蘭亭序　東晋永和九年(353) 三月三日 / 158

0436　告誓文　東晋永和十一年（355）三月 / 159

［升平］

0437　劉剋墓誌　東晋升平元年（357）十二月七日 / 160

［隆安］

0438　楊陽神道闕銘　東晋隆安三年（399）十月十一日 / 160

［義熙］

0439　爨寶子碑　東晋義熙元年（405）四月 / 160

0440　好太王碑　東晋義熙十年（414）九月二十九日 / 161

0441　好太王陵磚　東晋義熙十年（414）/ 162

晋無紀年

0442　當利里社殘碑　晋刻，無紀年 / 163

0443　袁君殘碑　晋刻，無紀年 / 163

0444　司馬芳殘碑　晋刻，無紀年 / 163

0445　韓壽神道闕　晋刻，無紀年 / 164

0446　劉韜墓誌　晋刻，無紀年 / 164

0447　鄭舒妻劉氏墓誌　晋刻，無紀年 / 164

0448　張光磚誌　晋刻，無紀年 / 164

0449　劉庚磚誌　晋刻，無紀年 / 164

0450　劉碩妻徐氏磚誌　晋刻，無紀年 / 165

0451　謝君神道闕　晋刻，無紀年 / 165

0452　趙君闕　晋刻，無紀年 / 165

0453　虎牙將軍王君表　晋刻，無紀年 / 165

0454　十七帖　晋作，無紀年 / 165

0455　洛神賦　晋作，無紀年 / 166

十六國・前趙（304—329）

［元熙］

0456　李氏磚　前趙元熙元年（304）/ 167

十六國・後趙（319—351）

［建武］

0457　泰武殿前造猨戲絞柱孔刻石　後趙建武四年（338）/ 168

0458　元氏縣界封刻石　後趙建武五年（339）三月二十五日 / 168

十六國・前秦（350—394）

［建元］

0459　鄭能邀修鄧太尉祠碑　前秦建元三年（367）六月 / 169

0460　廣武將軍碑　前秦建元四年（368）十月一日 / 170

十六國・後燕（384—407）

［燕元］

0461　武容造像記　後燕燕元元年（384）四月 / 171

十六國・南燕（398—410）

［建平］

0462　葉媛真造像記　南燕建平元年（400）二月十一日 / 172

0487　陶遷造四面像　梁大同四年（538）四月
　　　十八日／182

0488　武陵王蕭紀造像　梁大同七年（541）
　　　／182

0489　石井欄題字　梁大同九年（543）四月八
　　　日／182

0490　比丘□林敬造像記　梁大同九年（543）
　　　十一月五日／183

0491　陳寶齊造像記　梁大同十年（544）正月
　　　二十三日／183

［中大同］

0492　釋慧影造像記　梁中大同元年（546）十
　　　一月五日／183

0493　□愛秦造像記　梁中大同三年（548）二
　　　月七日／183

［太清］

0494　程虔墓誌　梁太清三年（549）二月二十
　　　八日／183

0495　丁文亂造像記　梁太清三年（549）七月
　　　八日／183

［大寶］

0496　李元福妻合家造像記　梁大寶元年
　　　（550）十月二日／184

南朝·陳（557—589）

［永定］

0497　周文有等造像記　陳永定二年（558）七
　　　月二十五日／185

［光大］

0498　王明造像記　陳光大二年（568）四月十
　　　五日／185

［太建］

0499　衛和墓誌　陳太建二年（570）十一月／185

0500　到仲舉墓誌　陳太建十年（578）八月十
　　　四日／185

南朝無紀年

0501　蕭順之神道闕　南朝刻，無紀年／186

0502　蕭憺碑　南朝刻，無紀年／186

0503　蕭秀碑　南朝刻，無紀年／187

0504　蕭景神道闕　南朝刻，無紀年／187

0505　蕭績神道闕　南朝刻，無紀年／188

0506　蕭宏神道闕　南朝刻，無紀年／188

0507　蕭暎神道闕　南朝刻，無紀年／189

0508　蕭正立神道闕　南朝刻，無紀年／189

0509　瘗鶴銘　南朝刻，無紀年／189

0510　要離墓殘石　南朝刻，無紀年／190

0511　楊公則墓誌　南朝刻，無紀年／190

0512　石闕殘字　南朝刻，無紀年／190

0513　石門新營詩　南朝刻，無紀年／190

0514　南朝磚拓三種　南朝刻，無紀年／191

北朝·北魏（386—534）

［天賜］

0515　王銀堂畫像題名　北魏天賜三年（406）
　　　四月十五日／192

［神瑞］

0516　净悟浮圖記　北魏神瑞元年（414）正月
　　　／192

［始光］

0517　魏文朗造像記　北魏始光元年（424）
　　　／192

［太延］

0518　苟頭赤魯買地券　北魏太延二年（436）
　　　九月四日／193

0519　皇帝東巡碑　北魏太延三年（437）／193

［太平真君］

0520　朱雄造像記　北魏太平真君元年（440）
　　　十月二十九日／193

月十四日／201

0555　尼慧辯造像記　北魏太和十八年（494）／202

0556　丘穆陵亮夫人尉遲氏造像記　北魏太和十九年（495）十一月／202

0557　弟仲□□□七妻造像記　北魏太和十九年（495）／203

0558　姚伯多造像記　北魏太和二十年（496）九月四日／203

0559　元楨墓誌　北魏太和二十年（496）十一月二十六日／204

0560　張元祖妻一弗造像記　北魏太和二十年（496）／204

0561　太和二十年造像記　北魏太和二十年（496）／205

0562　高慧造像記　北魏太和二十二年（498）二月十日／205

0563　閭惠端等造像記　北魏太和二十二年（498）三月十五日／205

0564　始平公造像記　北魏太和二十二年（498）九月十四日／206

0565　元詳造像記　北魏太和二十二年（498）九月二十三日／207

0566　元偃墓誌　北魏太和二十二年（498）十二月二日／208

0567　北海王太妃高造像記　北魏太和二十二年（498）／208

0568　元簡墓誌　北魏太和二十三年（499）三月十八日／208

0569　元景造像記　北魏太和二十三年（499）四月八日／209

0570　畢小妻蘇貫閏磚誌　北魏太和二十三年（499）六月二日／209

0571　元弼墓誌　北魏太和二十三年（499）九月二十九日／209

0572　太和磚銘　北魏太和二十三年（499）十

月／209

0573　元彬墓誌　北魏太和二十三年（499）十一月二十日／210

0574　僧欣造像記　北魏太和二十三年（499）十二月九日／210

0575　韓顯宗墓誌　北魏太和二十三年（499）十二月二十六日／210

0576　劉文朗造像記　北魏太和二十三年（499）／211

0577　解伯達造像記　北魏太和年間（477—499）／211

0578　孫劉阿造像記　北魏太和年間（477—499）／212

[景明]

0579　王初興造像記　北魏景明元年（500）二月八日／212

0580　造五老等像題記　北魏景明元年（500）四月八日／212

0581　楊阿紹造像記　北魏景明元年（500）八月十八日／212

0582　楊縵黑造像記　北魏景明元年（500）八月三十日／212

0583　王香墓誌　北魏景明元年（500）十月二日／213

0584　元定墓誌　北魏景明元年（500）十一月十九日／213

0585　張洪業造像記　北魏景明元年（500）／213

0586　元羽墓誌　北魏景明二年（501）七月二十九日／213

0587　高華英墓誌　北魏景明二年（501）七月／214

0588　鄭長猷造像記　北魏景明二年（501）九月三日／214

0589　趙謐墓誌　北魏景明二年（501）十月二十四日／215

0590　元澄妃李氏墓誌　北魏景明二年（501）

／ 230

0626　楊安族造像記　北魏正始二年（505）正月三十日／ 230

0627　僧暈造像記　北魏正始二年（505）二月四日／ 230

0628　王史平吴共合曹人造像記　北魏正始二年（505）四月十五日／ 231

0629　李端墓誌　北魏正始二年（505）五月二十五日／ 231

0630　馮神育等造像記　北魏正始二年（505）九月二十六日／ 231

0631　横野將軍造像記　北魏正始二年（505）九月／ 232

0632　元始和墓誌　北魏正始二年（505）十一月十八日／ 232

0633　李蕤墓誌　北魏正始二年（505）十二月二十四日／ 232

0634　虎洛仁妻孫氏磚誌　北魏正始三年（506）二月十九日／ 232

0635　冗從僕射等造像記　北魏正始三年（506）三月十九日／ 232

0636　董阿誉造像記　北魏正始三年（506）三月二十日／ 233

0637　寇臻墓誌　北魏正始三年（506）三月二十六日／ 233

0638　宗慤墓誌　北魏正始三年（506）四月八日／ 233

0639　如光造像記　北魏正始三年（506）四月十日／ 233

0640　孫大光造像記　北魏正始三年（506）六月二十日／ 234

0641　楊文惠等造像記　北魏正始三年（506）九月十五日／ 234

0642　楊小妃造像記　北魏正始三年（506）十二月二十二日／ 234

0643　元變造像記　北魏正始四年（507）二月

十五日／ 234

0644　奚智墓誌　北魏正始四年（507）三月十三日／ 235

0645　元思墓誌　北魏正始四年（507）三月二十五日／ 235

0646　元鑒墓誌　北魏正始四年（507）三月二十六日／ 236

0647　永江敬造龍泉古井誌　北魏正始四年（507）三月二十七日／ 236

0648　魯衆造像記　北魏正始四年（507）四月三日／ 236

0649　元嵩墓誌　北魏正始四年（507）七月十六日／ 236

0650　法義姊妹等造像記　北魏正始四年（507）七月二十九日／ 237

0651　元壽妃魏氏墓誌　北魏正始四年（507）八月十六日／ 237

0652　張神洛買地券　北魏正始四年（507）九月十六日／ 237

0653　元暎墓誌　北魏正始四年（507）十月三日／ 237

0654　元緒墓誌　北魏正始四年（507）十月三十日／ 237

0655　高慶碑　北魏正始五年（508）八月十日／ 238

0656　惠合造像記　北魏正始五年（508）八月十日／ 238

0657　元陽氅造像記　北魏正始五年（508）八月十五日／ 238

［永平］

0658　元颺墓誌　北魏永平元年（508）十一月六日／ 239

0659　元詳墓誌　北魏永平元年（508）十一月六日／ 239

0660　元氏墓誌　北魏永平元年（508）十一月六日／ 239

0661　元繼妃石婉墓誌　北魏永平元年（508）

／251

0701　封昕墓誌　北魏永平五年（512）四月十三日／252

0702　元詮墓誌　北魏永平五年（512）八月二十六日／252

0703　王蕃墓誌　北魏永平五年（512）十月二十七日／252

［延昌］

0704　吳璨妻秦氏墓誌　北魏延昌元年（512）二月十日／253

0705　孟氏墓誌　北魏延昌元年（512）二月十五日／253

0706　何卓墓誌　北魏延昌元年（512）五月三日／253

0707　朱奇兄弟三人等造像記　北魏延昌元年（512）七月十五日／253

0708　郭永昌造像記　北魏延昌元年（512）八月十九日／253

0709　鄯乾墓誌　北魏延昌元年（512）八月二十六日／254

0710　元顯妃李元姜墓誌　北魏延昌元年（512）八月二十六日／254

0711　楊翬碑　北魏延昌元年（512）十一月一日／254

0712　劉洛真兄弟造像記　北魏延昌元年（512）十一月四日／254

0713　法堅法榮比丘像碑　北魏延昌元年（512）□月二日刻／255

0714　曹珩墓誌　北魏延昌二年（513）正月八日／255

0715　元顯儁墓誌　北魏延昌二年（513）二月二十九日／255

0716　元演墓誌　北魏延昌二年（513）三月七日／256

0717　劉經興墓誌　北魏延昌二年（513）閏三月十六日／256

0718　嚴震墓誌　北魏延昌二年（513）四月十

日／256

0719　延昌二年造像記　北魏延昌二年（513）五月一日／256

0720　安樂王第三子給事君夫人韓氏墓誌　北魏延昌二年（513）五月二十三日／257

0721　王普賢墓誌　北魏延昌二年（513）六月二日／257

0722　法興造像記　北魏延昌二年（513）八月二日／257

0723　陳廞墓誌　北魏延昌二年（513）十月九日／257

0724　元顯德墓誌　北魏延昌二年（513）十一月三日／257

0725　郭伏安造像　北魏延昌二年（513）十一月二日／257

0726　安樂王夫人韓氏墓誌　北魏延昌二年（513）十一月二十三日／258

0727　元颺夫人王氏墓誌　北魏延昌二年（513）十二月四日／258

0728　司馬昞妻孟敬訓墓誌　北魏延昌三年（514）正月十二日／258

0729　張亂國造像碑　北魏延昌三年（514）三月七日／259

0730　皮演墓誌　北魏延昌三年（514）三月十七日／259

0731　張道德造像　北魏延昌三年（514）六月／259

0732　劉歸安造像記　北魏延昌三年（514）七月九日／259

0733　元濬嬪耿氏墓誌　北魏延昌三年（514）七月十五日／259

0734　陳天治等十四人造像記　北魏延昌三年（514）八月二日／260

0735　高祖九嬪趙充華墓誌　北魏延昌三年（514）九月二十八日／260

0736　長孫瑱墓誌　北魏延昌三年（514）十月

0773　王誦夫人元貴妃墓誌　北魏熙平二年（517）八月二十日／270

0774　元懷墓誌　北魏熙平二年（517）八月二十日／271

0775　元容墓誌　北魏熙平二年（517）八月二十日／271

0776　元遥墓誌　北魏熙平二年（517）九月二日／271

0777　賈景造像記　北魏熙平二年（517）九月八日／272

0778　刁遵墓誌　北魏熙平二年（517）十月九日／272

0779　崔敬邕墓誌　北魏熙平二年（517）十一月二日／273

0780　元新成妃李氏墓誌　北魏熙平二年（517）十一月二十八日／273

0781　王介定等造像　北魏熙平三年（518）正月二十日／273

［神龜］

0782　元濬嬪耿壽姬墓誌　北魏神龜元年（518）三月八日／273

0783　孫寶憙造像記　北魏神龜元年（518）三月二十日／274

0784　陳四娘造像記　北魏神龜元年（518）四月八日／274

0785　杜遷等廿三人造像記　北魏神龜元年（518）六月十五日／274

0786　于遷等八人造像記　北魏神龜元年（518）六月十五日／275

0787　道周造像記　北魏神龜元年（518）六月／275

0788　張安世造像記　北魏神龜元年（518）八月二十五日／275

0789　楊惠墓誌　北魏神龜元年（518）十月十九日／275

0790　清信女造像記　北魏神龜元年（518）／275

0791　高衡造像記　北魏神龜二年（519）二月一日／276

0792　元祐墓誌　北魏神龜二年（519）二月二十三日／276

0793　寇演墓誌　北魏神龜二年（519）二月二十三日／276

0794　寇憑墓誌　北魏神龜二年（519）二月二十三日／277

0795　惠感等造像記　北魏神龜二年（519）三月十五日／277

0796　杜永安造像記　北魏神龜二年（519）四月二十五日／277

0797　羅輝造像記　北魏神龜二年（519）四月二日／277

0798　賈思伯碑　北魏神龜二年（519）四月二十日／277

0799　楊善常造像記　北魏神龜二年（519）七月三日／278

0800　七十人造像記　北魏神龜二年（519）七月七日／278

0801　元遥妻梁氏墓誌　北魏神龜二年（519）八月十日／279

0802　夫蒙文慶造像記　北魏神龜二年（519）八月十五日／279

0803　崔懃造像記　北魏神龜二年（519）九月十一日／279

0804　劉氏七十人造像碑　北魏神龜二年（519）十月十四日／280

0805　元琰妻穆玉容墓誌　北魏神龜二年（519）十月二十七日／280

0806　元騰妻程法珠墓誌　北魏神龜二年（519）十一月九日／280

0807　元暉墓誌　北魏神龜三年（520）三月十日／281

0808　知因造像記　北魏神龜三年（520）三月二十五日／281

0845　六十人等造像記　北魏正光二年（521）
五月／290

0846　張標妻李淑真墓誌　北魏正光二年
（521）七月三日／290

0847　田黑女造像記　北魏正光二年（521）七
月十五日／290

0848　比丘□□造像記　北魏正光二年（521）
七月／291

0849　慧榮造像記　北魏正光二年（521）八月
二十日／291

0850　王永安造像記　北魏正光二年（521）八
月二十日／291

0851　錡麻仁造像記　北魏正光二年（521）八
月二十日／291

0852　李要光造像記　北魏正光二年（521）八
月／292

0853　王僧男墓誌　北魏正光二年（521）九月
二十日／292

0854　侯朝和造像記　北魏正光二年（521）十
月二十日／293

0855　楊氏墓誌　北魏正光二年（521）十一月
三日／293

0856　祖仁等十七人造像記　北魏正光二年
（521）十一月二十九日／293

0857　秦龍標墓誌　北魏正光二年（521）十二
月六日／293

0858　黑甕生兄弟三人造像記　北魏正光二年
（521）／294

0859　慧□造觀世音像記　北魏正光二年
（521）／294

0860　陸希道墓誌　北魏正光二年（521）／294

0861　正光二年造像記　北魏正光二年（521）
／294

0862　張猛龍碑　北魏正光三年（522）正月二
十三日／294

0863　王琮之等造像　北魏正光三年（522）正
月二十六日／296

0864　魏懷玉造像記　北魏正光三年（522）三
月八日／296

0865　楊景元觀世音佛記　北魏正光三年
（522）三月二十三日／296

0866　劉惠芳墓誌　北魏正光三年（522）四月
五日／296

0867　尹三和磚銘　北魏正光三年（522）四月
二十三日／296

0868　盧令媛墓誌　北魏正光三年（522）四月
三十日／296

0869　慧榮造像記　北魏正光三年（522）七月
十七日／297

0870　元悦造像記　北魏正光三年（522）八月
十一日／297

0871　季□□造像記　北魏正光三年（522）八
月／297

0872　慧暢造像記　北魏正光三年（522）九月
九日／297

0873　公孫合妻公孫□姬造像記　北魏正光三年
（522）九月／298

0874　□□姚造無量壽佛記　北魏正光三年
（522）九月／298

0875　馮邕之妻元氏墓誌　北魏正光三年
（522）十月二十五日／298

0876　鄭道忠墓誌　北魏正光三年（522）十二
月二十六日／298

0877　楊道葰造像記　北魏正光三年（522）
／298

0878　茹小策等一百人造像記　北魏正光三年
（522）／299

0879　樊可憘造像記　北魏正光三年（522）
／299

0880　法陰造像記　北魏正光四年（523）正月
二十六日／299

0881　李難陀造像　北魏正光四年（523）正月
／299

0918　仇臣生造像記　北魏正光五年（524）七月十五日／309

0919　陳氏任陵妻造像記　北魏正光五年（524）七月二十三日／310

0920　孫遼浮圖銘　北魏正光五年（524）七月二十五日／310

0921　元飀妃李媛華墓誌　北魏正光五年（524）八月六日／310

0922　元子直墓誌　北魏正光五年（524）八月六日／311

0923　道充等一百人造像記　北魏正光五年（524）八月十一日／311

0924　程通造像記　北魏正光五年（524）八月十一日／311

0925　那氏三級石浮圖銘　北魏正光五年（524）九月十二日／311

0926　元璨墓誌　北魏正光五年（524）十一月三日／312

0927　元崇業墓誌　北魏正光五年（524）十一月十四日／312

0928　元悦妃馮季華墓誌　北魏正光五年（524）十一月十四日／312

0929　元寧墓誌　北魏正光五年（524）十一月十五日／313

0930　趙□道俗廿七人造像記　北魏正光五年（524）十一月二十五日／313

0931　郭顯墓誌　北魏正光五年（524）十一月二十六日／313

0932　檀賓墓誌　北魏正光五年（524）十一月二十七日／313

0933　元謐墓誌　北魏正光五年（524）／313

0934　李超墓誌　北魏正光六年（525）一月十六日／314

0935　徐淵墓誌　北魏正光六年（525）正月二十七日／314

0936　正光六年畫像石　北魏正光六年（525）二月／314

0937　惠澄造像記　北魏正光六年（525）三月十日／315

0938　曹望憘造像記　北魏正光六年（525）三月二十日／315

0939　賈智淵妻張寶珠造像記　北魏正光六年（525）四月十九日／315

0940　蘇胡仁合邑十九人造像記　北魏正光六年（525）五月十五日／316

0941　法義等七人造像記　北魏正光六年（525）五月二十日／316

0942　李遵墓誌　北魏正光六年（525）五月二十二日／317

0943　邑師連名造像記　北魏正光六年（525）五月／317

0944　王世和等法義兄弟造像記　北魏正光六年（525）六月十五日／317

0945　寶淵造像記　北魏正光六年（525）□月二十一日／317

0946　彌勒下生像臺座　北魏正光六年（525）／317

0947　正光佛造像碑陰　北魏正光六年（525）／317

0948　惠紀等四百人造像記　北魏正光年間（520—525）／318

0949　趙智嫗造像記　北魏正光年間（520—525）／318

［孝昌］

0950　吳瑱墓誌　北魏孝昌元年（525）二月三日／318

0951　田壽造像記　北魏孝昌元年（525）二月十五日／318

0952　李祥造像記　北魏孝昌元年（525）四月八日／318

0953　龐定國等造像記　北魏孝昌元年（525）六月三十日／318

0991　崔鴻墓誌　北魏孝昌二年（526）九月十七日／328

0992　朱奇墓誌　北魏孝昌二年（526）十月二日／328

0993　侯剛墓誌　北魏孝昌二年（526）十月十八日／328

0994　秦洪墓誌　北魏孝昌二年（526）十月十八日／329

0995　元壽安墓誌　北魏孝昌二年（526）十月十九日／329

0996　元琔墓誌　北魏孝昌二年（526）十月十九日／329

0997　楊乾墓誌　北魏孝昌二年（526）十月十九日／330

0998　元憙墓誌　北魏孝昌二年（526）十月二十一日／330

0999　高廣墓誌　北魏孝昌二年（526）十月／330

1000　周恒墓誌　北魏孝昌二年（526）十一月十四日／330

1001　于景墓誌　北魏孝昌二年（526）十一月十四日／330

1002　公孫猗墓誌　北魏孝昌二年（526）十一月十四日／331

1003　寇治墓誌　北魏孝昌二年（526）十一月十七日／331

1004　于纂（榮業）墓誌　北魏孝昌二年（526）閏十一月七日／331

1005　元則墓誌　北魏孝昌二年（526）閏十一月七日／331

1006　元朗墓誌　北魏孝昌二年（526）閏十一月十九日／332

1007　寇偁墓誌　北魏孝昌二年（526）十二月二十六日／332

1008　彌勒造像記　北魏孝昌二年（526）□月八日／332

1009　清信顧會造像記　北魏孝昌二年（526）／332

1010　法起造像記　北魏孝昌二年（526）／332

1011　黃法僧造像記　北魏孝昌三年（527）正月十五日／332

1012　皆公寺造像　北魏孝昌三年（527）二月十五日／333

1013　董偉墓誌　北魏孝昌三年（527）二月十六日／333

1014　蘇屯墓誌　北魏孝昌三年（527）二月二十一日／333

1015　劉平周造像記　北魏孝昌三年（527）二月／333

1016　宋景妃造像記　北魏孝昌三年（527）四月八日／334

1017　法恩造像記　北魏孝昌三年（527）四月八日／334

1018　宋景妃造龕記　北魏孝昌三年（527）四月八日／335

1019　于纂墓誌　北魏孝昌三年（527）五月十一日／335

1020　明勝造像記　北魏孝昌三年（527）五月十四日／335

1021　胡明相墓誌　北魏孝昌三年（527）五月二十三日／335

1022　法恩造像記　北魏孝昌三年（527）五月二十四日／336

1023　明勝造像記　北魏孝昌三年（527）五月二十四日／336

1024　張神龍等法義兄弟一百餘人造像記　北魏孝昌三年（527）七月十日／336

1025　張神龍息磚誌　北魏孝昌三年（527）七月十九日／336

1026　六十人等造如來記　北魏孝昌三年（527）八月十二日／337

1027　張敬墓誌　北魏孝昌三年（527）九月十三日／337

[永安]

1064 唐耀墓誌 北魏永安元年（528）十一月二日／346

1065 元欽墓誌 北魏永安元年（528）十一月八日／346

1066 元景略夫人蘭將墓誌 北魏永安元年（528）十一月二十日／346

1067 元子永墓誌 北魏永安元年（528）十一月二十日／347

1068 元禮之墓誌 北魏永安元年（528）十一月二十日／347

1069 樊保雋等造像記 北魏永安元年（528）十二月二十三日／347

1070 王翊墓誌 北魏永安二年（529）二月二十七日／347

1071 元維墓誌 北魏永安二年（529）三月九日／347

1072 張歡造像記 北魏永安二年（529）三月十一日／348

1073 元道明墓誌 北魏永安二年（529）三月九日／348

1074 筍景墓誌 北魏永安二年（529）四月三日／348

1075 元繼墓誌 北魏永安二年（529）八月十二日／348

1076 邢巒妻元純陀墓誌 北魏永安二年（529）十一月七日／348

1077 山徽墓誌 北魏永安二年（529）十一月七日／348

1078 尔朱襲墓誌 北魏永安二年（529）十一月七日／349

1079 雷漢仁造像記 北魏永安二年（529）十一月十日／349

1080 元恩墓誌 北魏永安二年（529）十一月十九日／349

1081 丘哲墓誌 北魏永安二年（529）十一月

十九日／349

1082 穆彦墓誌 北魏永安二年（529）十二月二十六日／349

1083 元液墓誌 北魏永安三年（530）二月十三日／350

1084 北原里十人造像記 北魏永安三年（530）三月七日／350

1085 衛暎世等造像記 北魏永安三年（530）四月六日／350

1086 李長壽妻陳暈造像記 北魏永安三年（530）六月十二日／350

1087 慧雙等造像記 北魏永安三年（530）七月十一日／351

1088 比丘曇邃碑 北魏永安三年（530）七月／351

1089 惠輔造像記 北魏永安三年（530）八月九日／351

1090 王舒墓誌 北魏永安三年（530）九月十一日／351

1091 王歡欣兄弟等造像記 北魏永安三年（530）十月十八日／351

1092 元彧墓誌 北魏永安三年（530）十二月三日／351

1093 薛鳳規造像碑 北魏永安三年（530）／352

1094 道暢等造像記 北魏永安三年（530）／352

1095 沈起磚銘 北魏永安四年（531）／352

[建明]

1096 朱輔伯造像記 北魏建明二年（531）正月五日／352

[普泰]

1097 元誨墓誌 北魏普泰元年（531）三月二十七日／353

1098 朱法曜造像記 北魏普泰元年（531）六月十五日／353

1099 元天穆墓誌 北魏普泰元年（531）八月

（533）八月二十日／362

1136　張寧墓誌　北魏永熙二年（533）八月二十日／363

1137　段桃樹造像記　北魏永熙二年（533）九月十日／363

1138　元鑽遠墓誌　北魏永熙二年（533）十一月二十五日／363

1139　元爽墓誌　北魏永熙二年（533）十一月二十五日／364

1140　王悦暨妻郭氏墓誌　北魏永熙二年（533）／364

1141　邑義五百人造像記　北魏永熙二年（533）／364

1142　僧令法師墓誌　北魏永熙三年（534）二月三日／364

1143　法義兄弟二百餘人造像　北魏永熙三年（534）三月五日／364

1144　道仙造像記　北魏永熙三年（534）四月十三日／364

1145　孫姬造像記　北魏永熙三年（534）五月七日／365

1146　韓顯祖造像記　北魏永熙三年（534）六月二十八日／365

北朝·東魏（534—550）

[天平]

1147　張瓘墓誌　東魏天平元年（534）七月二十三日／366

1148　天平元年碑　東魏天平元年（534）七月二十七日／366

1149　邸珍碑　東魏天平元年（534）十月二十七日／366

1150　程哲碑　東魏天平元年（534）十一月三日／367

1151　朱舍興造四面像記　東魏天平二年

（535）三月三十日／367

1152　洪寶等造像記　東魏天平二年（535）三月三十日／367

1153　長孫僧濟等造像記　東魏天平二年（535）四月八日／368

1154　嵩陽寺碑　東魏天平二年（535）四月八日／368

1155　張法壽造像記　東魏天平二年（535）四月十一日／368

1156　元玕墓誌　東魏天平二年（535）七月二十八日／369

1157　惠究道通造像記　東魏天平二年（535）八月一日／369

1158　張寧遠造像記　東魏天平二年（535）十月六日／369

1159　張白造像記　東魏天平二年（535）十月二十六日／370

1160　司馬昇墓誌　東魏天平二年（535）十一月七日／370

1161　僧清長造像　東魏天平二年（535）／370

1162　王方略等造塔記　東魏天平三年（536）正月一日／370

1163　王忠造像記　東魏天平三年（536）正月二十四日／371

1164　孔僧時等造像記　東魏天平三年（536）正月二十四日／371

1165　王僧墓誌　東魏天平三年（536）二月十三日／371

1166　楊大昇造像記　東魏天平三年（536）三月三日／371

1167　曇會阿容造像記　東魏天平三年（536）五月十五日／372

1168　高盛碑　東魏天平三年（536）五月二十八日／372

1169　李慧珎等造蓮華記　東魏天平三年（536）十二月／372

1170　高琮墓誌　東魏天平三年（536）□月二

日 / 383

1207　王顯慶墓記　東魏興和二年（540）九月十三日 / 383

1208　趙勝習仵造像記　東魏興和二年（540）九月十七日 / 383

1209　馬都愛造像記　東魏興和二年（540）十月七日 / 383

1210　閆伯昇及妻元仲英墓誌　東魏興和二年（540）十月二十八日 / 383

1211　孫思賓等三十七人造像記　東魏興和二年（540）十二月□九日 / 383

1212　程榮造像記　東魏興和二年（540）/ 384

1213　亦夫造像記　東魏興和二年（540）/ 384

1214　范思彦墓誌　東魏興和三年（541）正月二十八日 / 384

1215　朱席不等造像記　東魏興和三年（541）四月八日 / 384

1216　道山造像記　東魏興和三年（541）四月十五日 / 384

1217　呂升觀等造像碑　東魏興和三年（541）四月十五日 / 385

1218　張奢碑　東魏興和三年（541）五月 / 385

1219　邢生造像記　東魏興和三年（541）六月二十五日 / 385

1220　元寳建墓誌　東魏興和三年（541）八月二十一日 / 385

1221　元鷲墓誌　東魏興和三年（541）十月二十二日 / 385

1222　元子邃妻李艷華墓誌　東魏興和三年（541）十一月十七日 / 386

1223　員光造像記　東魏興和三年（541）十一月二十三日 / 386

1224　李仲璇碑　東魏興和三年（541）十二月十一日 / 386

1225　李挺墓誌　東魏興和三年（541）十二月

二十三日 / 387

1226　李挺命婦元季聰墓誌　東魏興和三年（541）十二月二十三日 / 387

1227　李挺夫人劉幼妃墓誌　東魏興和三年（541）十二月二十三日 / 387

1228　李太妃造像記　東魏興和三年（541）□月八日 / 387

1229　菀貴妻造像記　東魏興和四年（542）十月八日 / 387

1230　李顯族造像記碑　東魏興和四年（542）十月八日 / 388

1231　上官香等造像記　東魏興和四年（542）十一月二十五日 / 388

[武定]

1232　道觀邑義八十六人造像記　東魏武定元年（543）正月七日 / 388

1233　元憛墓誌　東魏武定元年（543）三月十九日 / 388

1234　高歸彦造像記　東魏武定元年（543）四月八日 / 389

1235　李僧造像記　東魏武定元年（543）五月 / 389

1236　李次明造像記　東魏武定元年（543）七月四日 / 389

1237　道俗九十人等造像記　東魏武定元年（543）七月二十七日 / 389

1238　李道贊率邑義五百餘人造像記　東魏武定元年（543）八月 / 389

1239　曹全造像記　東魏武定元年（543）九月一日 / 390

1240　王偃墓誌　東魏武定元年（543）十月二十八日 / 390

1241　王貳郎等法義二百人造像記　東魏武定二年（544）二月十六日 / 391

1242　李洪演造像記　東魏武定二年（544）三月一日 / 391

1243　邑儀侯氏造像記　東魏武定二年（544）

五年（547）二月八日／399

1280　詳崇供養像　東魏武定五年（547）二月／400

1281　申曇援造像記　東魏武定五年（547）四月八日／400

1282　程愛造像記　東魏武定五年（547）五月十六日／400

1283　楊鳳翔墓誌　東魏武定五年（547）五月二十四日／400

1284　王惠略造像記　東魏武定五年（547）七月三日／400

1285　王蓋周等造像記　東魏武定五年（547）七月四日／400

1286　朱舍造寺記　東魏武定五年（547）七月九日／401

1287　王法現造像記　東魏武定五年（547）七月十八日／401

1288　元澄妃馮令華墓誌　東魏武定五年（547）十一月十六日／401

1289　元凝妃陸順華墓誌　東魏武定五年（547）十一月十六日／401

1290　武定五年造像記　東魏武定五年（547）／402

1291　許繼基造像記　東魏武定六年（548）四月八日／402

1292　唐小虎造像記　東魏武定六年（548）五月三日／402

1293　道深曇愍等造像記　東魏武定六年（548）五月五日／402

1294　廣武將軍造像記　東魏武定六年（548）五月／403

1295　魯□磚誌　東魏武定六年（548）六月十三日／403

1296　道俗九十人等石像碑　東魏武定六年（548）七月二十七日／403

1297　高才中造像記　東魏武定六年（548）九月十二日／403

1298　元延明妃馮氏墓誌　東魏武定六年（548）十月二十二日／403

1299　姚保顯造像記　東魏武定六年（548）／403

1300　武定六年造像　東魏武定六年（548）／404

1301　張伏安妻阿胡造像記　東魏武定七年（549）正月二十四日／404

1302　張保洛等造像記　東魏武定七年（549）二月八日／404

1303　趙顯造像記　東魏武定七年（549）二月二十日／404

1304　前使節都督造像　東魏武定七年（549）二月／404

1305　惠遵造像記　東魏武定七年（549）三月六日／405

1306　孫音長造像記　東魏武定七年（549）三月二十一日／405

1307　王光造像記　東魏武定七年（549）四月四日／405

1308　道俗等造佛像記　東魏武定七年（549）四月八日／405

1309　興化寺高嶺諸村造像記　東魏武定七年（549）四月八日／406

1310　道寶碑記　東魏武定七年（549）四月八日／406

1311　法相造像記　東魏武定七年（549）四月十五日／406

1312　□昌游造像記　東魏武定七年（549）八月二十日／406

1313　劉騰造像碑　東魏武定七年（549）十一月／406

1314　司馬韶并夫人侯氏墓誌　東魏武定八年（550）正月五日／407

1315　關宜顯碑　東魏武定八年（550）二月四日／407

月／418

1351 艾殷造像記　西魏大統十七年（551）三月十五日／418

1352 李天寶等七十人造像記　西魏大統十七年（551）／418

[廢帝]

1353 僧顯造像記　西魏廢帝元年（552）五月三日／419

1354 鞏伏龍造像記　西魏廢帝元年（552）六月十一日／419

[恭帝]

1355 薛山俱二百餘人等造像記　西魏恭帝元年（554）四月十二日／419

1356 荔非等造像記　西魏恭帝三年（556）五月／419

北朝·北齊（550—577）

[天保]

1357 博興造像記　北齊天保元年（550）正月八日／420

1358 僧哲等四十人造像記　北齊天保元年（550）五月三十日／420

1359 僧通等八十人造像記　北齊天保元年（550）六月十五日／420

1360 靳阿仲造像　北齊天保元年（550）七月十二日／420

1361 劉洪朗造像記　北齊天保元年（550）八月十五日／420

1362 張龍伯兄弟造像　北齊天保元年（550）十月八日／421

1363 張始興造像記　北齊天保元年（550）十二月／421

1364 李稚暈造像記　北齊天保二年（551）正月九日／421

1365 道成造像記　北齊天保二年（551）三月

二十六日／421

1366 崔仲保造像記　北齊天保二年（551）三月／422

1367 法訓造像記　北齊天保二年（551）四月八日／422

1368 李奴造像記　北齊天保二年（551）六月二十三日／422

1369 龍花寺造像記　北齊天保二年（551）七月／422

1370 鄭敬羨造像記　北齊天保二年（551）九月二十五日／422

1371 姬洪業造像記　北齊天保二年（551）十一月一日／422

1372 元賢墓誌　北齊天保二年（551）十一月三日／423

1373 王景熾造像　北齊天保三年（552）二月十五日／423

1374 張世寶合邑田餘人造像記　北齊天保三年（552）三月八日／423

1375 張道明等造像記　北齊天保三年（552）五月十七日／423

1376 宋顯昌造像記　北齊天保三年（552）五月二十五日／423

1377 僧可造像記　北齊天保三年（552）七月二日／424

1378 孫榮龍妻明姬磚誌　北齊天保三年（552）七月四日／424

1379 牛景悅造石浮圖記　北齊天保三年（552）七月八日／424

1380 周遵造像記　北齊天保三年（552）八月八日／424

1381 僧嚴等造像記　北齊天保三年（552）八月二十日／424

1382 公孫村母三十一人造像記　北齊天保四年（553）二月二十日／424

1383 崔頠墓誌　北齊天保四年（553）二月二

月一日／432

1422　法珎造像記　北齊天保七年（556）五月二十日／432

1423　比丘□□造像記　北齊天保七年（556）七月十八日／433

1424　翟煞鬼造像記　北齊天保七年（556）八月八日／433

1425　高叡造釋迦像記　北齊天保七年（556）八月十五日／433

1426　魏世儁妻車延暉磚誌　北齊天保七年（556）八月二十五日／433

1427　高叡造無量壽像記　北齊天保七年（556）閏八月十五日／433

1428　息奴子磚誌　北齊天保七年（556）九月十九日／434

1429　銘因造像記　北齊天保七年（556）十二月十一日／434

1430　靈弁墓誌　北齊天保八年（557）正月八日／434

1431　郭猛等造塔像記　北齊天保八年（557）三月二十二日／434

1432　張康張雙兄弟造像記　北齊天保八年（557）三月二十□日／434

1433　法儀郭□□等八十人造像記　北齊天保八年（557）三月／435

1434　高叡修定國寺頌　北齊天保八年（557）四月八日／435

1435　崇光寺造像記　北齊天保八年（557）四月十九日／435

1436　纂息奴子墓誌　北齊天保八年（557）五月二十四日／435

1437　張榮洛等造像記　北齊天保八年（557）六月六日／435

1438　高叡修定國寺碑　北齊天保八年（557）六月十五日／435

1439　楊六磚誌　北齊天保八年（557）七月十

二日／436

1440　劉碑寺造像記　北齊天保八年（557）七月／436

1441　惠獻等造像　北齊天保八年（557）十月／437

1442　比丘□□造釋迦像記　北齊天保八年（557）十一月十□日／437

1443　寶演造像記　北齊天保八年（557）十一月十□日／437

1444　静明等修塔造像記　北齊天保八年（557）十一月二十九日／437

1445　勸化邑義等造像　北齊天保八年（557）十一月／437

1446　智静等造像記　北齊天保八年（557）十二月十三日／437

1447　梁樹宛造像記　北齊天保八年（557）十二月二十五日／438

1448　朱氏邑人等造像記　北齊天保八年（557）十二月／438

1449　魯思明等造像記　北齊天保九年（558）二月八日／438

1450　宋敬業等造塔頌　北齊天保九年（558）三月六日／438

1451　道邕□造像記　北齊天保九年（558）三月十日／439

1452　僧容等一百人造像記　北齊天保九年（558）三月十日／439

1453　張歸生造像記　北齊天保九年（558）三月二十三日／439

1454　道勝造像記　北齊天保九年（558）四月八日／439

1455　董黄頭七十人等造像記　北齊天保九年（558）七月二十七日／439

1456　皇甫琳墓誌　北齊天保九年（558）十一月二十日／439

1457　秦啚伽造像記　北齊天保九年（558）十

□月二日／449

1494　阿鹿交村七十人等造像記　北齊河清二年（563）二月十七日／449

1495　憑法師燒身塔記　北齊河清二年（563）三月十七日／450

1496　薛貳姬等造像記　北齊河清二年（563）四月二日／450

1497　梁罷村七十人等造像記　北齊河清二年（563）八月二十七日／450

1498　惠憨造像記　北齊河清二年（563）九月十五日／450

1499　張道果造像記　北齊河清二年（563）／450

1500　卜幼等造像記　北齊河清二年（563）／450

1501　尔朱元静墓誌　北齊河清三年（564）正月二日／451

1502　慧華造像記　北齊河清三年（564）二月／451

1503　高百年墓誌　北齊河清三年（564）三月二日／451

1504　高百年妃斛律氏墓誌　北齊河清三年（564）三月二日／451

1505　明空造像記　北齊河清三年（564）三月十八日／452

1506　赫連子悦妻閭炫墓誌　北齊河清三年（564）三月二十日／452

1507　張轉興造像記　北齊河清三年（564）三月二十八日／452

1508　道政等邑子四十人造石像記　北齊河清三年（564）四月十三日／452

1509　重登雲峰山記　北齊河清三年（564）五月二十四日／453

1510　張伏德劉珍東二百人等造像記　北齊河清三年（564）七月八日／453

1511　㳰繼叔造像記　北齊河清三年（564）九月二十日／453

1512　僧常造玉像記　北齊河清三年（564）□月八日／453

1513　釋法洪刻石　北齊河清三年（564）／454

1514　董淵造像記　北齊河清三年（564）／454

1515　彌勒菩薩立像碑　北齊河清三年（564）／454

1516　梁伽耶墓誌　北齊河清四年（565）二月七日／454

1517　朱曇思一百人等造塔記　北齊河清四年（565）三月四日／454

1518　邑主□□等造碑像　北齊河清四年（565）三月八日／455

1519　王邑師道□等造像記　北齊河清四年（565）三月八日／455

1520　王惠顯等二十人造像記　北齊河清四年（565）三月二十七日／455

1521　道待造像記　北齊河清四年（565）三月二十七日／455

1522　慧據法師造像記　北齊河清四年（565）四月八日／456

1523　姜興紹造像記　北齊河清年間（562—565）／456

［天統］

1524　史道暢等五十人造像記　北齊天統元年（565）三月二十三日／456

1525　嚴□順兄弟造像記　北齊天統元年（565）五月十五日／456

1526　法義優婆姨等造像記　北齊天統元年（565）七月十五日／457

1527　雲居館山門題字　北齊天統元年（565）九月五日／457

1528　郭顯邑造經記　北齊天統元年（565）九月六日／457

1529　姜纂造像記　北齊天統元年（565）九月八日／457

1530　思隱造像記　北齊天統元年（565）十月

月二十三日／483

1644　王景良造像記　北齊武平七年（576）八月三日／484

1645　高道乾造像記　北齊武平七年（576）／484

1646　二十二人造像　北齊武平八年（577）／484

1647　馬天祥等造像記　北齊武平九年（578）二月二十八日／484

1648　張子昂造像記　北齊武平□年（570—578）八月二十日／485

[承光]

1649　張思文造像記　北齊承光元年（577）正月十五日／485

北朝·北周（557—581）

[明帝]

1650　李洛生造像記　北周明帝元年（557）十二月二十日／486

1651　强獨樂造像記　北周明帝元年（557）／486

[武成]

1652　張僧造像記　北周武成元年（559）七月十五日／487

1653　韋可敦造像記　北周武成元年（559）九月二十八日／487

1654　比丘法造像記　北周武成元年（559）九月／487

1655　絳阿魯等造像記　北周武成元年（559）十月八日／487

1656　常進通師造像記　北周武成二年（560）正月一日／487

1657　王妙暉等造像記　北周武成二年（560）二月八日／487

1658　木樟村造像碑　北周武成二年（560）八

月／488

1659　武成二年造像記　北周武成二年（560）八月／488

1660　焦神興等造像記　北周武成二年（560）九月十五日／488

[保定]

1661　延壽公碑　北周保定元年（561）三月十日／488

1662　雷文伯造像記　北周保定元年（561）七月二十九日／489

1663　輔蘭惠造像記　北周保定元年（561）／489

1664　保定二年菩薩像　北周保定二年（562）二月八日／489

1665　宇文貞等造像臺座　北周保定二年（562）二月二十六日／489

1666　檀泉寺造像記　北周保定二年（562）九月二十六日／489

1667　李曇信兄弟等造像記　北周保定二年（562）十二月十五日／490

1668　王子猷造像記　北周保定三年（563）六月一日／490

1669　田元族造像記　北周保定三年（563）六月十日／490

1670　馮柔羅造像記　北周保定三年（563）七月二十六日／490

1671　琋清奴一百人等造像記　北周保定三年（563）／490

1672　賀屯植墓誌　北周保定四年（564）四月二十一日／491

1673　郭賢造像記　北周保定四年（564）五月八日／491

1674　王元朗等合邑百人造像碑　北周保定四年（564）六月十二日／491

1675　合村一百□幼老造像記　北周保定四年（564）六月十三日／491

1676　張永貴造像　北周保定四年（564）八月

月二十□日／500

1713　雷明香造像記　北周天和六年（571）七月十五日／500

1714　際法師碑　北周天和□年（566—572）／500

[建德]

1715　張祖造像記　北周建德元年（572）四月八日／501

1716　武容造像記　北周建德元年（572）四月／501

1717　邵道生造像記　北周建德元年（572）六月二十日／501

1718　惠璨等造像記　北周建德元年（572）八月三十日／501

1719　李元海造像記　北周建德元年（572）九月十五日／502

1720　王寶勖造像　北周建德元年（572）十月七日／502

1721　步六孤須蜜多墓誌　北周建德元年（572）十一月十二日／502

1722　匹婁歡墓誌　北周建德元年（572）十一月二十二日／503

1723　郭思造像記　北周建德二年（573）四月十五日／503

1724　諱才墓誌　北周建德二年（573）十月十六日／503

1725　惠深造像記　北周建德二年（573）／503

1726　成氏造像記　北周建德三年（574）正月／503

1727　宇文建崇石浮圖銘　北周建德三年（574）二月二十八日／503

1728　張僧妙造像碑　北周建德三年（574）／504

[宣政]

1729　時珍墓誌　北周宣政元年（578）十二月

九日／504

1730　寇胤哲墓誌　北周宣政二年（579）正月四日／504

1731　寇熾墓誌　北周宣政二年（579）正月四日／505

1732　寇嶠妻薛氏墓誌　北周宣政二年（579）正月四日／505

[大象]

1733　小鐵山匡喆刻經頌　北周大象元年（579）／505

1734　元壽安妃廬蘭墓誌　北周大象二年（580）十一月二十日／506

北朝無紀年

1735　北朝碑四種　北朝刻，無紀年／507

1736　王君碑　北朝刻，無紀年／507

1737　興福寺造像碑　北朝刻，無紀年／507

1738　王永福刻普門品碑　北朝刻，無紀年／507

1739　荆山王廟碑　北朝刻，無紀年／507

1740　陳氏合宗等石像碑　北朝刻，無紀年／508

1741　水牛山文殊般若經碑　北朝刻，無紀年／508

1742　三寶碑　北朝刻，無紀年／509

1743　十方施財檀那題名碑　北朝刻，無紀年／509

1744　北齊碑　北朝刻，無紀年／509

1745　□遐殘碑　北朝刻，無紀年／510

1746　祥光殘石　北朝刻，無紀年／510

1747　雲峰山刻石　北朝刻，無紀年／510

1748　太基山刻石　北朝刻，無紀年／512

1749　天柱山刻石　北朝刻，無紀年／513

1750　玲瓏山刻石　北朝刻，無紀年／514

1817 李毛姬造像記　北朝刻，無紀年／529
1818 李檢等造像記　北朝刻，無紀年／529
1819 劉善造像記　北朝刻，無紀年／530
1820 魯博陵造像記　北朝刻，無紀年／530
1821 盖子華造像記　北朝刻，無紀年／530
1822 劉洛仁造像記　北朝刻，無紀年／530
1823 孫氏造像記　北朝刻，無紀年／530
1824 胡智造像記　北朝刻，無紀年／530
1825 閻散騎造像記　北朝刻，無紀年／530
1826 王懷忠造像記　北朝刻，無紀年／531
1827 道匠造像記　北朝刻，無紀年／531
1828 常嶽等造像記　北朝刻，無紀年／532
1829 孫保造像記　北朝刻，無紀年／532
1830 劉元醜造像記　北朝刻，無紀年／532
1831 吕雙造像記　北朝刻，無紀年／532
1832 蔣碩肶等造像記　北朝刻，無紀年／532
1833 劉道景等造像記　北朝刻，無紀年／532
1834 智運造像記　北朝刻，無紀年／532
1835 王靈懷等造像記　北朝刻，無紀年／533
1836 夏侯僧國造像記　北朝刻，無紀年／533
1837 吴洪標兄弟造像記　北朝刻，無紀年
／533
1838 王市保敬賓造像記　北朝刻，無紀年
／533
1839 田良寬等造像記　北朝刻，無紀年／533
1840 洪懋造像記　北朝刻，無紀年／534
1841 耿素陵等造像記　北朝刻，無紀年／534
1842 僧龍等造像記　北朝刻，無紀年／534
1843 王子悦等四面造像記　北朝刻，無紀年
／534
1844 韓顯儁等造像記　北朝刻，無紀年／534
1845 王買王歡造像記　北朝刻，無紀年／535
1846 張照姬等造像記　北朝刻，無紀年／535
1847 宋寶蓋等造像記　北朝刻，無紀年／535
1848 僧信造像記　北朝刻，無紀年／535

1849 郭黄陵等造像記　北朝刻，無紀年／535
1850 夫靈基造像記　北朝刻，無紀年／535
1851 王宋金逈妻馬等造像記　北朝刻，無紀年
／535
1852 邑子廿七人造像記　北朝刻，無紀年
／536
1853 田昭造像記　北朝刻，無紀年／536
1854 吴洛族等造像記　北朝刻，無紀年／536
1855 田市仁等造像記　北朝刻，無紀年／536
1856 惠神等造像記　北朝刻，無紀年／536
1857 終智等造像記　北朝刻，無紀年／536
1858 曇欽造像記　北朝刻，無紀年／537
1859 道□造像記　北朝刻，無紀年／537
1860 任潤造像記　北朝刻，無紀年／537
1861 董臺貴等造像記　北朝刻，無紀年／537
1862 合邑一百七十人等造像記　北朝刻，無紀
年／537
1863 楊洪義等造像記　北朝刻，無紀年／537
1864 劉男俗造像記　北朝刻，無紀年／538
1865 孫氏僑生造像記　北朝刻，無紀年／538
1866 高稾造像記　北朝刻，無紀年／538
1867 明携造像記　北朝刻，無紀年／538
1868 兖氏造像記　北朝刻，無紀年／538
1869 智標等造像記　北朝刻，無紀年／539
1870 孔道乘等造像記　北朝刻，無紀年／539
1871 古天興等造像記　北朝刻，無紀年／539
1872 張孝猷造像記　北朝刻，無紀年／539
1873 馬叔洛造像記　北朝刻，無紀年／539
1874 冊丘儉造像記　北朝刻，無紀年／540
1875 華臺貴造像記　北朝刻，無紀年／540
1876 劉樹枝等造像記　北朝刻，無紀年／540
1877 興祖造像記　北朝刻，無紀年／540
1878 李道和等造像記　北朝刻，無紀年／540
1879 趙阿令等造像記　北朝刻，無紀年／540
1880 沙門談樂等題名　北朝刻，無紀年／541

/ 551

1943　僧道道安法等造像記　北朝刻，無紀年
　　　/ 551

1944　吴安造像記　北朝刻，無紀年 / 552

1945　吴洛□造像記　北朝刻，無紀年 / 552

1946　劉汝海造像記　北朝刻，無紀年 / 552

1947　張法香造像記　北朝刻，無紀年 / 552

1948　比丘尼化造像記　北朝刻，無紀年 / 552

1949　壽□造像記　北朝刻，無紀年 / 552

1950　李前貴造像記　北朝刻，無紀年 / 553

1951　温靈慈造像記　北朝刻，無紀年 / 553

1952　楊寶勝造像記　北朝刻，無紀年 / 553

1953　羅臘月等造像記　北朝刻，無紀年 / 553

1954　董僧智造像記　北朝刻，無紀年 / 553

1955　僧力造像記　北朝刻，無紀年 / 553

1956　吴冬造像記　北朝刻，無紀年 / 554

1957　文雅造像記　北朝刻，無紀年 / 554

1958　爲亡父母亡弟造觀世佛像記　北朝刻，無
　　　紀年 / 554

1959　比丘惠造像記　北朝刻，無紀年 / 554

1960　造觀世音像記　北朝刻，無紀年 / 554

1961　黑瓮生造像記　北朝刻，無紀年 / 554

1962　魏□兆造像記　北朝刻，無紀年 / 554

1963　王婆羅門造像記　北朝刻，無紀年 / 555

1964　房進機造像記　北朝刻，無紀年 / 555

1965　紹戔造像記　北朝刻，無紀年 / 555

1966　妙暈造像記　北朝刻，無紀年 / 555

1967　劉士高造像記　北朝刻，無紀年 / 555

1968　道香造像記　北朝刻，無紀年 / 555

1969　備男造像記　北朝刻，無紀年 / 555

1970　采花造像記　北朝刻，無紀年 / 556

1971　奚莫苟造像記　北朝刻，無紀年 / 556

1972　張思景等供養題名　北朝刻，無紀年
　　　/ 556

1973　張保德造像記　北朝刻，無紀年 / 556

1974　王超□造像記　北朝刻，無紀年 / 556

1975　李景侣造像記　北朝刻，無紀年 / 556

1976　崔顯爲亡父造像記　北朝刻，無紀年
　　　/ 556

1977　崔顯白造像記　北朝刻，無紀年 / 557

1978　□功賓造像記　北朝刻，無紀年 / 557

1979　暈□造像記　北朝刻，無紀年 / 557

1980　爲皇帝造像記　北朝刻，無紀年 / 557

1981　道要造像記　北朝刻，無紀年 / 557

1982　唯□三寶造像記　北朝刻，無紀年 / 557

1983　僧念等造像記　北朝刻，無紀年 / 557

1984　張皀造像記　北朝刻，無紀年 / 558

1985　女休造像記　北朝刻，無紀年 / 558

1986　願萬病除癒題記　北朝刻，無紀年 / 558

1987　王阿六等造像記　北朝刻，無紀年 / 558

1988　楊思禮造像記　北朝刻，無紀年 / 558

1989　李造像記　北朝刻，無紀年 / 558

1990　僧儁造像記　北朝刻，無紀年 / 558

1991　張元珪造像記　北朝刻，無紀年 / 559

1992　爲皇帝陛下造像記　北朝刻，無紀年
　　　/ 559

1993　爲七世父母造像記　北朝刻，無紀年
　　　/ 559

1994　社老劉□等造像記　北朝刻，無紀年
　　　/ 559

1995　尤道榮等造像記　北朝刻，無紀年 / 559

1996　李用□造像記　北朝刻，無紀年 / 559

1997　真儒造像記　北朝刻，無紀年 / 559

1998　兖造像記　北朝刻，無紀年 / 560

1999　造那犀那尊者像記　北朝刻，無紀年
　　　/ 560

2000　寧靖造像記　北朝刻，無紀年 / 560

2001　陽成法洪等造像題名　北朝刻，無紀年
　　　/ 560

2002　孔道乘等造像題名　北朝刻，無紀年

2064　荔非造像記　北朝刻，無紀年／571

2065　劉□造像記　北朝刻，無紀年／571

2066　張大寧造像　北朝刻，無紀年／572

2067　周桑女等造像記　北朝刻，無紀年／572

2068　智標等造像記　北朝刻，無紀年／572

2069　□靖造像記　北朝刻，無紀年／572

2070　高□造像記　北朝刻，無紀年／572

2071　□□造像記　北朝刻，無紀年／572

2072　劉文□造像記　北朝刻，無紀年／572

2073　王碩等造像記　北朝刻，無紀年／573

2074　上官綿將等造像記　北朝刻，無紀年／573

2075　李始龍等造像記　北朝刻，無紀年／573

2076　董洛陵等造像記　北朝刻，無紀年／573

2077　曇朗等造像記　北朝刻，無紀年／573

2078　吕安族等造像記　北朝刻，無紀年／573

2079　袁顯儁造像記　北朝刻，無紀年／574

2080　陳僧和造像記　北朝刻，無紀年／574

2081　李延勝等造像記　北朝刻，無紀年／574

2082　曇善造像記　北朝刻，無紀年／574

2083　興國寺造像記　北朝刻，無紀年／574

2084　王長容等造像記　北朝刻，無紀年／574

2085　高貴等造像記　北朝刻，無紀年／574

2086　馬顯樹等造像記　北朝刻，無紀年／575

2087　張石養造像記　北朝刻，無紀年／575

2088　張祖榮等題名　北朝刻，無紀年／575

2089　段氏造像記　北朝刻，無紀年／575

2090　郭僑洛等造像記　北朝刻，無紀年／575

2091　法義等造像記　北朝刻，無紀年／575

2092　知元亂等造像記　北朝刻，無紀年／575

2093　□臺伯供養佛記　北朝刻，無紀年／576

2094　維那三十人等造像記　北朝刻，無紀年／576

2095　宫内作大監造像記　北朝刻，無紀年／576

2096　文海珍妻造像記　北朝刻，無紀年／576

2097　邑義三百餘人造像記　北朝刻，無紀年／576

2098　兖氏造像記　北朝刻，無紀年／576

2099　知樹等造像記　北朝刻，無紀年／576

2100　高亭造像記　北朝刻，無紀年／577

2101　世尊傳法聖師像　北朝刻，無紀年／577

2102　孝子傳像　北朝刻，無紀年／577

2103　石床刻畫像　北朝刻，無紀年／577

2104　甄德造佛羅漢像　北朝刻，無紀年／577

2105　瑞弘運供養像　北朝刻，無紀年／578

2106　士進等供養像　北朝刻，無紀年／578

2107　法安等造像臺座　北朝刻，無紀年／578

2108　雷伏花等造像臺座　北朝刻，無紀年／578

2109　入法敬造觀世音造像　北朝刻，無紀年／578

2110　三尊立像光背　北朝刻，無紀年／578

2111　石佛光背畫像　北朝刻，無紀年／579

2112　明儁造觀世音像　北朝刻，無紀年／579

2113　般若經摩崖　北朝刻，無紀年／579

2114　龍華菩提佛經　北朝刻，無紀年／579

隋（581—618）

[開皇]

2115　豆盧通等造像記　隋開皇元年（581）四月八日／580

2116　四面十二堪像銘　隋開皇二年（582）十一月十四日／580

2117　東野黑醜造像記　隋開皇二年（582）／580

2118　比丘惠昌造像記　隋開皇三年（583）四月八日／580

2119　佛弟子吕羅漢一百人等造像記　隋開皇三

九日／603

2230　古寶輪禪院記　隋仁壽元年（601）三月
二十八日／604

2231　道秀等舍利塔記　隋仁壽元年（601）四
月五日／604

2232　趙韶墓誌　隋仁壽元年（601）七月十八
日／604

2233　青州舍利塔下銘　隋仁壽元年（601）十
月十五日／604

2234　鳳泉寺舍利塔銘　隋仁壽元年（601）十
月十五日／605

2235　龍池寺舍利塔記　隋仁壽元年（601）十
一月／605

2236　建支提塔記　隋仁壽二年（602）四月五
日／605

2237　信州舍利塔銘　隋仁壽二年（602）四月
八日／605

2238　鄧州舍利塔銘　隋仁壽二年（602）四月
八日／605

2239　潞州舍利塔下銘　隋仁壽二年（602）四
月／606

2240　郭休墓誌　隋仁壽二年（602）八月四日
／606

2241　徐純墓誌　隋仁壽二年（602）十一月十
六日／607

2242　啓法寺碑　隋仁壽二年（602）十二月十
五日／607

2243　蘇孝慈墓誌　隋仁壽三年（603）三月七
日／607

2244　張儉及妻胡氏墓誌　隋仁壽三年（603）
八月十五日／608

2245　姚伯兒造像記　隋仁壽三年（603）九月
十日／608

2246　王榮及妻劉氏墓誌　隋仁壽四年（604）
十月十七日／608

2247　劉相及妻鄒氏墓誌　隋仁壽四年（604）

十一月十七日／608

2248　劉寶暨妻胡氏墓誌　隋仁壽四年（604）
十月二十一日／608

2249　馬稺妻張姜墓誌　隋仁壽四年（604）十
一月二十八日／608

2250　栖巖道場舍利塔之碑　隋仁壽四年
（604）十二月／609

［大業］

2251　僧修□等造像記　隋大業元年（605）二
月／609

2252　舍利函銘　隋大業元年（605）二月
／609

2253　李淵造像記　隋大業元年（605）五月
／609

2254　鞠遵暨妻董氏墓誌　隋大業二年（606）
正月六日／610

2255　曹君墓記　隋大業二年（606）三月十九
日／610

2256　朱妃造像記　隋大業二年（606）七月二
十六日／610

2257　甄大伽造像記　隋大業二年（606）九月
三日／610

2258　秘丹墓誌　隋大業二年（606）十一月十
日／610

2259　張貴男墓誌　隋大業二年（606）十二月
二十九日／611

2260　王行淹墓誌　隋大業三年（607）四月四
日／611

2261　王夫人墓誌　隋大業三年（607）五月／611

2262　張枰墓誌　隋大業三年（607）十月九日
／611

2263　劉淵墓誌　隋大業三年（607）十一月二
十七日／611

2264　崔暹墓誌　隋大業三年（607）十一月二
十七日／612

2265　龍華寺碑　隋大業三年（607）／612

2304　沈氏墓誌　隋大業八年（612）七月 / 620

2305　蕭瑒墓誌　隋大業八年（612）八月十三日 / 621

2306　高緊墓誌　隋大業八年（612）八月二十五日 / 621

2307　田光山妻李氏墓誌　隋大業八年（612）十月十四日 / 621

2308　成公氏墓誌　隋大業八年（612）十一月二十六日 / 621

2309　陳氏墓誌　隋大業九年（613）正月十六日 / 621

2310　蕭球墓誌　隋大業九年（613）二月十六日 / 622

2311　張業暨妻路氏墓誌　隋大業九年（613）二月二十八日 / 622

2312　皇甫深墓誌　隋大業九年（613）二月二十八日 / 622

2313　姜明墓誌　隋大業九年（613）二月二十八日 / 622

2314　張盈墓誌　隋大業九年（613）三月十日 / 622

2315　張盈夫人蕭餝性墓誌　隋大業九年（613）三月十日 / 623

2316　豆盧寔墓誌　隋大業九年（613）十月三日 / 623

2317　趙朗并夫人孫氏墓誌　隋大業九年（613）十月十五日 / 623

2318　陳常墓誌　隋大業九年（613）十二月十三日 / 624

2319　宋仲墓誌　隋大業九年（613）十二月十六日 / 624

2320　蕭瑾墓誌　隋大業九年（613）十二月二十八日 / 624

2321　元氏墓誌　隋大業十年（614）二月二十三日 / 624

2322　王光墓誌　隋大業十年（614）三月十一日 / 625

2323　牛暉墓誌　隋大業十年（614）三月二十六日 / 625

2324　崔上師妻封依德墓誌　隋大業十年（614）四月六日 / 625

2325　席氏墓誌　隋大業十年（614）六月四日 / 625

2326　田氏墓誌　隋大業十年（614）六月二十四日 / 625

2327　張達墓誌　隋大業十年（614）七月二十五日 / 625

2328　陳花樹墓誌　隋大業十年（614）七月二十九日 / 626

2329　姚太暨妻袁氏墓誌　隋大業十年（614）八月十九日 / 626

2330　唐氏墓誌　隋大業十年（614）十月二十一日 / 626

2331　張軻墓誌　隋大業十年（614）十一月十五日 / 626

2332　鄧昞墓誌　隋大業十年（614）十一月 / 626

2333　鮑氏墓誌　隋大業十年（614）十二月二十七日 / 627

2334　姜氏墓誌　隋大業十一年（615）正月十六日 / 627

2335　明雲騰墓誌　隋大業十一年（615）二月九日 / 627

2336　唐該妻蘇洪姿墓誌　隋大業十一年（615）二月二十一日 / 627

2337　苟君妻宋玉艷墓誌　隋大業十一年（615）二月二十一日 / 627

2338　張壽墓誌　隋大業十一年（615）二月二十四日 / 628

2339　嚴元貴墓誌　隋大業十一年（615）三月五日 / 628

隋無紀年

2380   張平吴等造像記   隋刻，無紀年／638

2381   清信女爱公爲題字   隋刻，無紀年／638

2382   鹿世傅等造像記   隋刻，無紀年／638

2383   陳思和造像記   隋刻，無紀年／638

2384   橋功既訖合造交龍碑像記   隋刻，無紀年／638

2385   智運造像記   隋刻，無紀年／638

2386   田文喜母造像記   隋刻，無紀年／639

2387   十六羅漢題辭   隋刻，無紀年／639

2388   隋造像記三種   隋刻，無紀年／639

鄭（619—621）

[開明]

2389   那廬君妻元買得墓誌   鄭開明元年（619）五月十日／640

2390   韋匡伯墓誌   鄭開明二年（620）七月二十□日／640

0001　岣嶁碑

又稱"神禹碑"，傳爲夏禹所書，無刊刻年月，原刻傳在衡山岣嶁峰，故名，唐宋間亡佚，雲南安寧、浙江紹興、四川明泉、江蘇南京、河南衛輝、陝西西安等地有摹刻。

東洋文庫：

一張，李蕃四刻本，紙本墨拓，原片，153.0×134.0，編號：Ⅱ-16-C-a-10。

一帖三十九葉，附刻三葉，紙本墨拓，36.0×18.0，編號：Ⅱ-16-C-876。

書道博物館：

一張，紙本墨拓，原片。

淑德大學書學文化中心：

一軸，紙本墨拓，卷軸，編號：195966。

一軸，紙本墨拓，卷軸，編號：196170。

一張，紙本墨拓，原片，編號：001898。

一張，紙本墨拓，托裱，編號：197492，天放樓舊藏。

白扇書道會：

一張，紙本墨拓，原片，212.0×88.0，種谷扇舟舊藏。

0002　吉日癸巳刻石

又稱"壇山刻石""周穆王刻石"，傳爲周穆王所書，原刻在河北贊皇縣，久佚。今傳品係宋人摹刻，現存贊皇文廟，歐陽修、趙明誠等有著録。

東洋文庫：

一張，紙本墨拓，原片，105.0×78.0，編號：Ⅱ-16-C-907。

淑德大學書學文化中心：

一軸，紙本墨拓，卷軸，編號：195894。

一張，紙本墨拓，托裱，編號：197494，天放樓舊藏。

0003　延陵季子墓碑

無刊刻年月，現存丹陽季子廟，碑文"嗚呼有吳延陵君子之墓"兩行十字，篆書陰刻，傳爲孔子所書，碑文左、右、下有唐以後題刻若干。

東洋文庫：

一張，紙本墨拓，原片，220.0×100.0，編號：Ⅱ-16-C-1385。

一張，紙本墨拓，原片，242.0×101.0，編號：Ⅱ-16-C-a-12。

淑德大學書學文化中心：

一張，紙本墨拓，托裱，編號：197493，天放樓舊藏。

0004　殷比干墓題字

傳爲孔子所題，現存衛輝比干墓前，《水經注》始見著録，歷代金石志書多有載記。

書道博物館：

一張，紙本墨拓，原片。

東洋文庫：

一張，紙本墨拓，原片，55.0×46.0，編號：Ⅱ-16-C-c-46。

京都大學人文科學研究所：

一張，紙本墨拓，原片，編號：NAN0033X。

宇野雪村文庫：

一張，紙本墨拓，原片，編號：1071。

金石拓本研究會：

一張，紙本墨拓，原片，50.0×47.0。

0005　石鼓文

又稱"獵碣"，十件，形似鼓，故名，無刊刻年月，世有秦襄公、秦文公、秦穆公、秦獻公、秦始皇諸説，唐初出土於天興（今陝西寶鷄）三畤原，歷存鳳翔、汴京、臨安、燕京等地，現藏於故宫博物院。

三井記念美術館：

一册，先鋒本，宋拓，紙本墨拓，18.0×10.4，華夏、安國、新町三井家舊藏。

一册，中權本，宋拓，紙本墨拓，28.0×14.5，顧維鎬、華夏、安國、新町三井家舊藏。

一册，後勁本，宋拓，紙本墨拓，23.0×14.3，浦源、華夏、安國、新町三井家舊藏。

一册，安國第三本，宋拓，紙本墨拓，28.2×14.9，謝況、安國、新町三井家舊藏。

書道博物館：

一册，安國本，宋拓，紙本墨拓，各26.9×14.4，中村不折舊藏。

十張，明拓本，紙本墨拓，項元汴及王瓘舊藏。

十張，清拓本，紙本墨拓，李芝陔舊藏。

東洋文庫：

　　十張，紙本墨拓，各約 50.0×70.0，編號：Ⅱ-16-C-901。

　　十張，儀徵阮氏重模天一閣北宋石鼓文本，紙本墨拓，各約 40.0×70.0，編號：Ⅱ-16-C-a-7。

　　十張，阮氏文選樓重模天一閣宋拓石鼓文本，紙本墨拓，各約 45.0×60.0，編號：Ⅱ-16-C-a-7.1。

　　十張，阮氏覆宋拓石鼓文本摹刻，紙本墨拓，各約 45.0×64.0，編號：Ⅱ-16-C-a-7.2。

東京國立博物館：

　　一冊，紙本墨拓，27.87×17.57，編號：201，市河三鼎舊藏。

　　二張，紙本墨拓，各 234.8×75.75，編號：375。

　　十張，紙本墨拓，各 69.18×69.18，編號：641。

　　一張，紙本墨拓，243.0×108.1，編號：1213，今泉雄作舊藏。

五島美術館：

　　二張，第一、第三，紙本墨拓，上 54.5×65.9，下 55.1×65.9，宇野雪村舊藏。

書藝文化院春敬記念書道文庫：

　　十張，舊拓，紙本墨拓，46.0×58.0，飯島春敬舊藏。

淑德大學書學文化中心：

　　一軸，第一鼓，紙本墨拓，卷軸，編號：195294。

　　一張，第一鼓，紙本墨拓，托裱，編號：000286。

　　一冊，第一鼓，紙本墨拓，冊頁，編號：198934。

　　一軸，第二鼓，紙本墨拓，卷軸，編號：195292。

　　一張，第二鼓，紙本墨拓，托裱，編號：000286。

　　一冊，第二鼓，紙本墨拓，冊頁，編號：198934。

　　一軸，第三鼓，紙本墨拓，卷軸，編號：195296。

　　一張，第三鼓，紙本墨拓，托裱，編號：000286。

　　一冊，第三鼓，紙本墨拓，卷軸，編號：198934。

　　一軸，第四鼓，紙本墨拓，卷軸，編號：195298。

　　一張，第四鼓，紙本墨拓，托裱，編號：000286。

　　一冊，第四鼓，紙本墨拓，托裱，編號：198934。

　　一軸，第五鼓，紙本墨拓，卷軸，編號：195300。

　　一張，第五鼓，紙本墨拓，托裱，編號：000286。

　　一冊，第五鼓，紙本墨拓，冊頁，編號：198934。

　　一軸，第六鼓，紙本墨拓，卷軸，編號：195291。

　　一張，第六鼓，紙本墨拓，托裱，編號：000286。

　　一冊，第六鼓，紙本墨拓，冊頁，編號：198934。

　　一軸，第七鼓，紙本墨拓，卷軸，編號：195295。

　　一張，第七鼓，紙本墨拓，托裱，編號：000286。

　　一册，第七鼓，紙本墨拓，册頁，編號：198934。

　　一軸，第八鼓，紙本墨拓，卷軸，編號：195297。

　　一張，第八鼓，紙本墨拓，托裱，編號：000286。

　　一册，第八鼓，紙本墨拓，册頁，編號：198934。

　　一軸，第九鼓，紙本墨拓，卷軸，編號：195293。

　　一張，第九鼓，紙本墨拓，托裱，編號：000286。

　　一册，第九鼓，紙本墨拓，册頁，編號：198934。

　　一軸，第十鼓，紙本墨拓，卷軸，編號：195299。

　　一張，第十鼓，紙本墨拓，托裱，編號：000286。

　　一張，第十鼓，紙本墨拓，册頁，編號：198934。

　　一軸，阮氏重刻石鼓文，紙本墨拓，卷軸，編號：195967–195976。

大阪市立美術館：

　　一帖十葉，紙本墨拓，册頁，編號：2494。

白扇書道會：

　　十張，紙本墨拓，原片，67.0×67.0，種谷扇舟舊藏。

寄鶴軒：

　　十張，紙本墨拓，原片，陳介祺舊藏。

觀峰館：

　　十張，紙本墨拓，原片。

0006　詛楚文

世存“告巫咸文”“告大沈厥湫文”“告亞駝文”三塊，北宋時期先後出土於陝西鳳翔等地，載有秦王詛咒楚王事，故名。關於“詛楚文”刊刻年代，學界有秦惠文王、秦昭襄王諸説。

書道博物館：

　　一册，紙本墨拓，宋汝帖，覆刻。

0007 泰山刻石

秦始皇二十八年（前219）刻，傳李斯書，原在泰山頂玉女池，後遭毀壞。明嘉靖年間有殘石出土，存於碧霞宮元君祠，清乾隆五年（1740）毀於火災。嘉慶二十年（1815）殘石復出，現存泰安岱廟。

三井記念美術館：

一册，五十三字本，宋拓，紙本墨拓，27.4×14.7，華夏、安國、新町三井家舊藏。

一册，二十九字本，明拓，紙本墨拓，26.4×14.3，朱之赤、吳雲、端方、新町三井家舊藏。

書道博物館：

一帖，百六十五字本，宋拓，紙本墨拓，各27.8×14.3，中村不折舊藏。

一幅，二十九字本，明拓，紙本墨拓，113.4×37.0，梁章鉅、中村不折舊藏。

一幅，十字本，初拓，紙本墨拓，38.0×52.2，梁章鉅、中村不折舊藏。

五島美術館：

一張，紙本墨拓，25.2×11.1，羅振玉、園田湖城、宇野雪村舊藏。

東洋文庫：

一張，清道光六年（1826）摹刻，紙本墨拓，71.0×47.0，編號：Ⅱ-16-C-1601。

一張，清道光六年（1826）摹刻，紙本墨拓，70.0×51.0，編號：Ⅱ-16-C-909。

一張，清道光六年（1826）摹刻，紙本墨拓，111.0×40.0，編號：Ⅱ-16-C-908。

二張，清道光六年（1826）摹刻，上51.0×39.0，下60.0×39.0，編號：Ⅱ-16-C-b-2。

一張，清道光六年（1826）摹刻，紙本墨拓，113.0×42.0，編號：Ⅱ-16-C-b-2.1。

東京國立博物館：

一册，紙本墨拓，册頁，24.84×13.63，編號：951。

淑德大學書學文化中心：

一軸，紙本墨拓，卷軸，編號：19589。

一張，紙本墨拓，原片，編號：196594。

一張，紙本墨拓，原片，編號：196590。

一册，紙本墨拓，册頁，編號：197337，天放樓舊藏。

匋鈢室：

一張，紙本墨拓，原片，何紹基舊藏。

白扇書道會：

一張，紙本墨拓，原片，72.0×48.0，種谷扇舟舊藏。

觀峰館：

一張，紙本墨拓，原片。

0008　琅琊臺刻石

秦始皇二十八年（前219）刻，傳李斯書，原在山東諸城琅琊臺，清光緒中散佚，民國十三年（1924）復出，入藏於山東博物館，一九五九年移置北京歷史博物館（今中國國家博物館）。

書道博物館：

一張，明拓，紙本墨拓，羅振玉舊藏。

五島美術館：

一張，紙本墨拓，25.2×11.1，羅振玉題跋，羅振玉、園田湖城、宇野雪村舊藏。

東洋文庫：

一張，清摹刻，紙本墨拓，75.0×67.0，編號：Ⅱ–16–C–b–3。

淑德大學書學文化中心：

一軸，紙本墨拓，卷軸，編號：195254。

一軸，紙本墨拓，卷軸，編號：195437。

一軸，紙本墨拓，卷軸，編號：000376。

一張，紙本墨拓，原片，編號：196778。

一册，紙本墨拓，册頁，編號：196538。

匋鈢室：

一張，紙本墨拓，原片，劉喜海舊藏。

0009　嶧山刻石

秦始皇二十八年（前219）刻，傳李斯書，原在山東鄒城嶧山，北朝時期毀佚。北宋淳化四年（993）鄭文寶以徐鉉摹本重刻於長安，并書題記，現藏於西安碑林博物館。

書道博物館：

一張，北宋淳化四年（993）鄭文寶摹刻，紙本墨拓，全拓。

東洋文庫：

一册，北宋淳化四年（993）鄭文寶摹刻，三十七頁，紙本墨拓，37.0×19.0，編號：Ⅱ–16–C–894。

一册，北宋淳化四年（993）鄭文寶摹刻，三十七頁，紙本墨拓，36.0×20.0，編號：Ⅺ–6–A–9。

二張，北宋淳化四年（993）鄭文寶摹刻，[1] 153.0×76.0，[2] 150.0×70.0，編號：Ⅱ–

16-C-b-1。

東京國立博物館：

一册，北宋淳化四年（993）鄭文寶摹刻，紙本墨拓，33.10×20.30，編號：202，市河三鼎舊藏。

一幅，北宋淳化四年（993）鄭文寶摹刻，紙本墨拓，148.4×70.60，編號：202，市河三鼎舊藏。

二幅，北宋淳化四年（993）鄭文寶摹刻，紙本墨拓，［1］154.5×79.0，［2］150.9×72.12，編號：551。

淑德大學書學文化中心：

一軸，紙本墨拓，卷軸，編號：195335。

一軸，紙本墨拓，卷軸，編號：195336。

一張，紙本墨拓，托裱，編號：197721，天放樓舊藏。

觀峰館：

一張，紙本墨拓，原片。

大阪市立美術館：

二張，紙本墨拓，原片，編號：2497。

書壇院：

一幅，紙本墨拓，原片。

西漢
（前 206—8）

[後元]

0010　群臣上醻刻石

又稱"趙婁山刻石"，篆書一行十五字"趙廿二年八月丙寅群臣上醻此石北"，西漢文帝後元六年（前 158）刻，清道光年間發現於河北永年婁山。

書道博物館：

一張，紙本墨拓，原片。

東洋文庫：

一張，紙本墨拓，原片，127.0×16.0，編號：Ⅱ-16-C-910。

一張，紙本墨拓，原片，25.0×32.0，編號：Ⅱ-16-C-c-1。

淑德大學書學文化中心：

一軸，紙本墨拓，卷軸，編號：195199。

一軸，紙本墨拓，卷軸，編號：195200。

一張，紙本墨拓，原片，編號：001446。

宇野雪村文庫：

一張，紙本墨拓，原片，編號：1168。

大阪市立美術館：

一軸，紙本墨拓，卷軸，編號：2498。

金石拓本研究會：

一張，紙本墨拓，原片，126.0×25.0。

[中元]

0011　魯靈光殿址刻石

又稱"北陛刻石"，民國三十一年（1942）出土於山東曲阜縣城東北靈光殿址，篆書四行九字"魯六年九月所造北陛"，係魯王劉餘中元元年（前 149）建築靈光殿所造，現藏於曲阜漢魏碑刻陳列館。

宇野雪村文庫：

　　一張，紙本墨拓，原片，編號：1042。

淑德大學書學文化中心：

　　一軸，紙本墨拓，卷軸，編號：198188。

金石拓本研究會：

　　一張，紙本墨拓，原片，113.0×41.7。

［地節］

0012　楊量買山刻石

西漢地節二年（前 68）刻，清道光年間發現於四川巴縣江口鄉武廟後園村，今石已毀。

書道博物館：

　　一張，紙本墨拓，原片，秦文錦舊藏。

金石拓本研究會：

　　一張，紙本墨拓，原片，47.0×46.5。

0013　地節三年磚

西漢地節三年（前 67）刻，今藏地不詳。

淑德大學書學文化中心：

　　一軸，紙本墨拓，卷軸，編號：198970。

［五鳳］

0014　五鳳刻石

又稱"魯孝王刻石"，西漢五鳳二年（前 56）刻，金明昌二年（1191）出土於魯孔廟靈光殿西南太子釣魚池，現藏於曲阜漢魏碑刻陳列館。

書道博物館：

　　一張，紙本墨拓，舊拓，朱彝尊跋。

東京國立博物館：

　　一張，紙本墨拓，原片，45.45×62.12，編號：814，今泉雄作舊藏。

東洋文庫：

　　一冊，紙本墨拓，31.0×14.0，附刻：金明昌二年（1191）高德裔記。編號：Ⅱ-16-C-819。

　　一冊，紙本墨拓，25.0×25.0，附刻：金明昌二年（1191）高德裔記，一張，24.0×26.0。編號：Ⅱ-16-C-911。

宇野雪村文庫：

　　一册，紙本墨拓，册頁，編號：39。

　　一張，紙本墨拓，原片，編號：1359。

淑德大學書學文化中心：

　　一張，紙本墨拓，原片，編號：195012。

　　一軸，紙本墨拓，卷軸，編號：195284。

　　一張，紙本墨拓，托裱，編號：196262。

　　一册，紙本墨拓，册頁，編號：197339，天放樓舊藏。

　　一張，紙本墨拓，原片，編號：198187。

京都大學人文科學研究所：

　　一張，紙本墨拓，26.0×26.5，原片，編號：KAN0001X。

大阪市立美術館：

　　一張，紙本墨拓，原片，編號：2500。

寄鶴軒：

　　一張，紙本墨拓，原片，何昆玉、胡震舊藏。

白扇書道會：

　　一張，紙本墨拓，原片，29.0×28.0，種谷扇舟舊藏。

墨華書道會：

　　一張，紙本墨拓，原片。

金石拓本研究會：

　　一張，紙本墨拓，原片，113.0×41.7。

觀峰館：

　　一幅，紙本墨拓，原片。

［甘露］

0015　治河刻石

西漢甘露五年（前49）二月十六日刻，出土時地不詳。

金石拓本研究會：

　　一張，紙本墨拓，原片，65.0×33.0。

［永光］

0016　邊達碑

又稱“君諱達殘碑”，西漢永光二年（前42）四月立，出土時地不詳，疑僞刻。

金石拓本研究會：

　　一張，紙本墨拓，原片，134.0×97.0。

［河平］

0017 麃孝禹刻石

又稱"麃孝禹碑"，西漢河平三年（前 26）八月一日刻，清同治九年（1870）出土於山東平邑，現藏於山東博物館。

京都大學人文科學研究所：

　　一張，紙本墨拓，133.0×44.5，編號：KAN0002X。

書道博物館：

　　一張，紙本墨拓，原片，疑僞。

淑德大學書學文化中心：

　　一軸，紙本墨拓，卷軸，編號：198948。

　　一張，紙本墨拓，原片，編號：197229。

白扇書道會：

　　一張，紙本墨拓，全拓，種谷扇舟舊藏。

墨華書道會：

　　一張，紙本墨拓，全拓。

金石拓本研究會：

　　一張，紙本墨拓，131.0×40.0。

［居攝］

0018 祝其卿墳壇刻石

又稱"孔林墳壇刻石"，西漢居攝二年（7）二月刻，出土時地不詳，現藏於曲阜漢魏碑刻陳列館。

書道博物館：

　　一張，紙本墨拓，舊拓，黃易舊藏。

白扇書道會：

　　一張，紙本墨拓，全拓，19.0×21.0，種谷扇舟舊藏。

金石拓本研究會：

　　一張，紙本墨拓，原片，13.3×19.0。

0019 上谷府卿墳壇刻石

又稱"孔林墳壇刻石"，西漢居攝二年（7）二月刻，出土時地不詳，現藏於曲阜漢魏碑刻陳列館。

書道博物館：

　　一張，舊拓，紙本墨拓，黃易舊藏。

淑德大學書學文化中心：

　　一册，紙本墨拓，卷册，編號：000168。

白扇書道會：

　　一張，紙本墨拓，全拓，19.0×29.0，種谷扇舟舊藏。

金石拓本研究會：

　　一張，紙本墨拓，原片，16.3×20.5。

新 莽
（9—25）

［始建國］

0020 連島蘇馬灣界域刻石

新莽始建國四年（12）三月刻，現存江蘇連雲港連島鎮東連島村。

淑德大學書學文化中心：

　　一張，紙本墨拓，原片，編號：001893。

墨華書道會：

　　一張，紙本墨拓，原片。

［天鳳］

0021 萊子侯刻石

又稱"萊子侯封田刻石""天鳳刻石""萊子侯贍族戒石"，新莽天鳳三年（16）二月十三日刻，清嘉慶二十二年（1817）發現於山東鄒城臥虎山，後移至孟廟，現藏於鄒城博物館。

書道博物館：

　　一張，紙本墨拓，原片。

東京國立博物館：

　　一張，紙本墨拓，原片，44.24×63.93，編號：432。

東洋文庫：

　　一張，紙本墨拓，原片，34.0×50.0，編號：Ⅱ-16-C-913。

　　一張，紙本墨拓，原片，25.0×56.0，編號：Ⅱ-16-C-c-6。

京都大學人文科學研究所：

　　一張，紙本墨拓，原片，38.0×63.0，編號：KAN0004X。

宇野雪村文庫：

　　一張，紙本墨拓，原片，編號：1146。

木雞室：

　　一張，舊拓，紙本墨拓。

大阪市立美術館：

　　一張，紙本墨拓，原片，編號：2499。

淑德大學書學文化中心：

　　一軸，紙本墨拓，卷軸，編號：196584。

　　一册，紙本墨拓，册頁，編號：001965。

白扇書道會：

　　一張，紙本墨拓，原片，38.0×64.0，種谷扇舟舊藏。

墨華書道會：

　　一張，紙本墨拓，原片。

書壇院：

　　一張，紙本墨拓，原片。

金石拓本研究會：

　　一張，紙本墨拓，原片，37.9×46.8。

0022　馮孺人墓題記

新莽天鳳五年（18）十月十七日刻，題記位於墓室石柱、門楣處，一九七八年出土於河南唐河縣湖陽鎮獅子山新店村，現藏於南陽漢畫館。

金石拓本研究會：

　　八張，紙本墨拓，［1］158.0×40.0，［2］136.0×24.0，［3］28.0×15.0，［4］27.0×15.0，［5］100.0×25.0，［6］35.0×30.0，［7］40.0×15.0，［8］27.0×15.0。

東　漢
（25—220）

［建武］

0023　畫像石題記
東漢建武八年（32）刻。

淑德大學書學文化中心：

一張，紙本墨拓，原片，編號：001313。

0024　李業闕
全稱"漢侍御史李公之闕"，現存四川梓潼縣長卿鎮南橋村。以李業卒年推算，該闕刊刻於東漢建武十二年（36），係存世漢闕最早者。

東洋文庫：

一張，紙本墨拓，原片，65.0×47.0，編號：Ⅱ-16-C-c-4。

京都大學人文科學研究所：

一張，紙本墨拓，原片，63.0×31.0，編號：KAN0070X。

淑德大學書學文化中心：

一張，紙本墨拓，原片，編號：001300。

一張，紙本墨拓，原片，編號：001484。

金石拓本研究會：

一張，紙本墨拓，原片，66.5×34.1。

0025　三老諱字忌日刻石
又稱"三老碑""三老諱字忌日記"，東漢建武二十八年（52）五月十日刻，清咸豐二年（1852）出土於浙江餘姚客星山下，現藏於西泠印社漢三老石室。

書道博物館：

一張，初拓，紙本墨拓，原片。

一張，舊拓，紙本墨拓，原片，端方舊藏。

木雞室：

一張，舊拓，紙本墨拓，原片，周世熊舊藏。

東京國立博物館：

一幅，紙本墨拓，原片，103.93×87.87，編號：367。

宇野雪村文庫：

一張，紙本墨拓，原片，編號：1041。

京都大學人文科學研究所：

一張，紙本墨拓，原片，89.0×48.0，編號：KAN0067X。

淑德大學書學文化中心：

一軸，紙本墨拓，卷軸，編號：197221。

大阪市立美術館：

一軸，紙本墨拓，卷軸，編號：2501。

金石拓本研究會：

一張，紙本墨拓，原片，88.0×46.0。

書壇院：

一張，紙本墨拓，原片。

白扇書道會：

一張，紙本墨拓，原片，100.0×44.0，種谷扇舟舊藏。

墨華書道會：

一張，紙本墨拓，原片。

寄鶴軒：

一張，紙本墨拓，原片。

［建武中元］

0026　何君治道造閣碑

又稱“何君閣道碑”“尊楗閣碑”，東漢建武中元二年（57）六月刻，現存四川雅安市滎經縣烈士鄉馮家村鑽山洞滎河南岸摩崖。

金石拓本研究會：

一張，紙本墨拓，原片，90.0×94.0。

一張，紙本墨拓，原片，64.0×65.0。

［永平］

0027　開通褒斜道摩崖刻石

又稱“大開通”“鄐君開道碑”，東漢永平九年（66）刻，原在陝西漢中市褒城鎮北門以南崖壁，現藏於漢中市博物館。

書道博物館：

 一帖，舊拓，紙本墨拓，剪裝，38.3×56.0，顯惟德、中村不折舊藏。

東京國立博物館：

 一幅，紙本墨拓，原片，127.8×251.5，編號：593。

東洋文庫：

 一張，紙本墨拓，原片，125.0×252.0，編號：Ⅱ-16-C-914。

 一帖，二十一頁，紙本墨拓，各42.0×21.0，編號：Ⅱ-16-C-879。

淑德大學書學文化中心：

 一軸，紙本墨拓，卷軸，編號：195003。

 一張，紙本墨拓，原片，編號：198601。

 一張，紙本墨拓，托裱，編號：001831。

 一軸，紙本墨拓，卷軸，編號：197495，天放樓舊藏。

京都大學人文科學研究所：

 一張，紙本墨拓，原片，125.5×257.0，編號：KAN0005X。

金石拓本研究會：

 一張，紙本墨拓，原片，126.2×255.3。

大阪市立美術館：

 一軸，紙本墨拓，卷軸，127.2×256.5，編號：2502。

根津美术馆：

 一張，紙本墨拓，原片，124.0×128.0，白檮廬舊藏。

 一張，紙本墨拓，原片，56.0×32.0，白檮廬舊藏。

木雞室：

 一張，紙本墨拓，原片。

白扇書道會：

 一張，紙本墨拓，原片，122.0×247.0，種谷扇舟舊藏。

民藝館：

 一張，紙本墨拓，全拓，126.0×123.5。

墨華書道會：

 一張，紙本墨拓，原片。

書壇院：

 一幅，紙本墨拓，原片。

0028　姚孝經買地券

又稱"姚孝經墓記"，東漢永平十六年（73）四月二十二日刻，一九九〇年出土於河南偃師城關鎮北窯村，現藏於偃師商城博物館。

淑德大學書學文化中心：

　　　一軸，紙本墨拓，卷軸，編號：001089。

墨華書道會：

　　　一張，紙本墨拓，原片。

0029　肥城畫像石題記

東漢永平十六年（73）八月二十五日刻，現藏於山東博物館。

淑德大學書學文化中心：

　　　一張，紙本墨拓，原片，編號：001514。

0030　楊德安墓石題記

東漢永平十七年（74）十月十五日刻，江蘇徐州出土。

淑德大學書學文化中心：

　　　一張，紙本墨拓，原片，編號：001502。

墨渚會：

　　　一張，紙本墨拓，原片。

［建初］

0031　大吉昆弟買山地記

又稱"跳山摩崖""跳山大吉碑"，東漢建初元年（76）刻，現存浙江紹興富盛鎮烏石村跳山東坡。

書道博物館：

　　　一張，紙本墨拓，全拓。

東京國立博物館：

　　　一幅，紙本墨拓，原片，142.4×112.1，編號：440。

東洋文庫：

　　　一張，紙本墨拓，原片，82.0×118.0。額，一張，紙本墨拓，46.0×34.0。編號：Ⅱ–16–
　　　C–c–8。

五島美術館：

　　　一張，紙本墨拓，原片，126.1×134.3，宇野雪村舊藏。

宇野雪村文庫：

　　　一張，紙本墨拓，原片，編號：1164。

木雞室：

　　　一張，舊拓，紙本墨拓，原片。

淑德大學書學文化中心：

　　　一軸，紙本朱拓，卷軸，編號：195207。

一軸，紙本墨拓，卷軸，編號：198412。

一張，紙本墨拓，原片，編號：197496，天放樓舊藏。

京都大學人文科學研究所：

一張，紙本墨拓，原片，151.0×123.0，編號：KAN0006X。

金石拓本研究會：

一張，紙本墨拓，原片，137.0×113.2。

白扇書道會：

一張，紙本墨拓，原片，83.0×109.0，種谷扇舟舊藏。

墨華書道會：

一張，紙本墨拓，原片。

0032　侍廷里父老僤買田約束石券

又稱“于季等二十五人買田券”，東漢建初二年（77）正月十五日刻，一九七三年出土於河南偃師縣緱氏鄉鄭瑤村，現藏於偃師商城博物館。

淑德大學書學文化中心：

一張，紙本墨拓，原片，編號：001815。

金石拓本研究會：

一張，紙本墨拓，原片，154.0×80.0。

0033　李壇神道碑

東漢建初三年（78）八月五日立，出土時地不詳，疑偽刻。

淑德大學書學文化中心：

一冊，紙本墨拓，冊頁，編號：195153，漢晉符秦墓石六種冊頁內。

京都大學人文科學研究所：

一張，紙本墨拓，原片，編號：KAN0007X。

0034　司馬長元石門題字

東漢建初六年（81）十月三日刻，原在山東文登顧頭村東南珠山前，現藏於文登區博物館。

書道博物館：

一張，紙本墨拓，全拓。

宇野雪村文庫：

一張，紙本墨拓，原片，編號：1649。

淑德大學書學文化中心：

一軸，紙本墨拓，卷軸，編號：195044。

金石拓本研究會：

二張，紙本墨拓，[1] 107.3×21.0，[2] 106.5×21.0。

0035　張文思爲父造石闕題記

東漢建初八年（83）八月刻，一九五六年出土於山東肥城安駕莊，現藏於山東博物館。

金石拓本研究會：

　　　　一張，紙本墨拓，78.0×149.0。

［元和］

0036　孫仲陽爲父造石闕題記

又稱"孫仲陽石闕銘"，東漢元和二年（85）正月六日刻，一九六五年山東莒南縣東蘭墩村出土，現藏於山東博物館。

淑德大學書學文化中心：

　　　　一張，紙本墨拓，原片，編號：197958。

墨渚會：

　　　　一張，紙本墨拓，全拓。

金石拓本研究會：

　　　　一張，紙本墨拓，原片，180.0×18.0。

0037　銅山畫像石題記

東漢元和三年（86）三月刻，一九八六年出土於江蘇銅山縣漢王鄉，現藏於徐州漢畫像石博物館。

淑德大學書學文化中心：

　　　　一軸，紙本墨拓，卷軸，編號：001312。

0038　南武陽皇聖卿闕銘記

平邑漢闕包括"南武陽皇聖卿闕銘記""南武陽功曹闕銘記"，前者東漢元和三年（86）刻，分東西二闕，原在山東臨沂平邑城北八埠頂，現藏於平邑縣博物館。

淑德大學書學文化中心：

　　　　十二張，紙本墨拓，原片，編號：001917。

0039　舒思新刑徒磚

東漢元和四年（87）三月刻。

淑德大學書學文化中心：

　　　　一張，紙本墨拓，册頁，編號：197910-7913。

［章和］

0040 南武陽功曹闕銘記

平邑漢闕包括 "南武陽皇聖卿闕銘記" "南武陽功曹闕銘記"，後者東漢章和元年（87）刻，現存西闕，原在山東臨沂平邑城北八埠頂，現藏於平邑縣博物館。

金石拓本研究會：

　　一張，紙本墨拓，原片，141.0×56.0。

0041 章和元年刑徒磚

東漢章和元年（87）刻。

淑德大學書學文化中心：

　　一張，紙本墨拓，冊頁，編號：197910-7913。

0042 陳李刑徒磚

東漢章和二年（88）二月刻。

淑德大學書學文化中心：

　　一張，紙本墨拓，冊頁，編號：197910-7913。

0043 章和二年刑徒磚

東漢章和二年（88）刻。

淑德大學書學文化中心：

　　一張，紙本墨拓，冊頁，編號：197910-7913。

0044 郭□刑徒磚

東漢章和二年（88）刻。

淑德大學書學文化中心：

　　一張，紙本墨拓，冊頁，編號：197910-7913。

0045 章和刑徒磚

東漢章和年間（87—88）刻。

淑德大學書學文化中心：

　　一張，紙本墨拓，冊頁，編號：197910-7913。

［永元］

0046　路公食堂畫像題記

東漢永元元年（89）二月二十日刻，山東濟南金石保存所舊藏，今藏地不詳。

淑德大學書學文化中心：

　　一張，紙本墨拓，原片，編號：198990。

金石拓本研究會：

　　一張，紙本墨拓，原片，27.0×70.0。

0047　武晋侯齊文師墓碑

東漢永元元年（89）三月四日立，出土時地不詳，疑僞刻。

京都大學人文科學研究所：

　　一張，紙本墨拓，原片，編號：KAN0008X。

0048　燕然山銘

又稱“封燕然山銘”，班固撰，東漢永元元年（89）七月刻，現存蒙古杭愛山南麓摩崖。

金石拓本研究會：

　　一張，紙本墨拓，原片，220.0×123.0。

0049　梁東刑徒磚

東漢永元元年（89）十一月八日刻。

淑德大學書學文化中心：

　　一册，紙本墨拓，册頁，編號：197910-7913。

　　一軸，紙本墨拓，卷軸，編號：198418。

0050　東門當刑徒磚

東漢永元二年（90）九月二十日刻。

淑德大學書學文化中心：

　　一册，紙本墨拓，册頁，編號：197910-7913。

0051　張嬈刑徒磚

東漢永元二年（90）刻。

淑德大學書學文化中心：

　　一册，紙本墨拓，册頁，編號：197910-7913。

0052 貴伯刑徒磚

東漢永元三年（91）六月十日刻。

淑德大學書學文化中心：

　　一册，紙本墨拓，册頁，編號：197910-7913。

0053 嚴仲刑徒磚

東漢永元四年（92）二月二十八日刻。

淑德大學書學文化中心：

　　一册，紙本墨拓，册頁，編號：197910-7913。

0054 燕刑徒磚

東漢永元四年（92）三月八日刻。

淑德大學書學文化中心：

　　一册，紙本墨拓，册頁，編號：197910-7913。

0055 胡刑徒磚

東漢永元四年（92）三月九日刻。

淑德大學書學文化中心：

　　一册，紙本墨拓，册頁，編號：197910-7913。

0056 袁安碑

又稱“漢司徒袁安碑”，東漢永元四年（92）立，出土時地不詳，明萬曆二十六年（1598）移至偃師新村牛王廟，現藏於河南博物院。

京都大學人文科學研究所：

　　一張，紙本墨拓，原片，137.5×71.5，編號：KAN0010X。

淑德大學書學文化中心：

　　一軸，紙本墨拓，卷軸，編號：195264。

　　一軸，紙本墨拓，卷軸，編號：195955。

　　一册，紙本墨拓，册頁，編號：197934。

白扇書道會：

　　一張，紙本墨拓，原片，148.0×81.0，種谷扇舟舊藏。

墨華書道會：

　　一張，紙本墨拓，原片。

0057 黃腸石題字

東漢永元四年（92）刻，河北定縣（今定州）北莊漢墓出土。

金石拓本研究會：

　　　二十八張，紙本墨拓，原片，各 100.0×100.0。

0058　張仲刑徒磚

東漢永元五年（93）二月七日刻。

淑德大學書學文化中心：

　　　一冊，紙本墨拓，冊頁，編號：197910-7913。

0059　張護刑徒磚

東漢永元六年（94）十二月十四日刻。

淑德大學書學文化中心：

　　　一冊，紙本墨拓，冊頁，編號：197910-7913。

0060　畫像石

東漢永元七年（95）刻。

墨華書道會：

　　　一張，紙本墨拓，原片。

0061　食堂記

東漢永元八年（96）二月十日刻。

淑德大學書學文化中心：

　　　一軸，紙本墨拓，卷軸，編號：001320。

金石拓本研究會：

　　　一張，紙本墨拓，原片，63.0×34.0。

0062　楊孟元畫像石題記

東漢永元八年（96）三月二十一日刻，一九八二年出土於陝西綏德，現藏於綏德縣博物館。

淑德大學書學文化中心：

　　　一張，紙本墨拓，托裱，編號：198867。

金石拓本研究會：

　　　一張，紙本墨拓，原片，136.0×18.0。

0063　張仲有修通利水大道刻石

又稱“東曲里通利水大道刻石”，東漢永元十年（98）十月十一日刻，民國二十一年（1932）出土於河南偃師，現藏於河南博物院。

金石拓本研究會：

一張，紙本墨拓，原片，58.0×61.0。

0064 徐無令樂君畫像石題記

東漢永元十年（98）刻，一九七四年出土於陝西綏德，現藏於綏德縣博物館。

淑德大學書學文化中心：

一張，紙本墨拓，托裱，編號：198898。

金石拓本研究會：

一張，紙本墨拓，原片，123.0×16.0。

0065 滕縣堌城畫像石題記

又稱"滕州永元十年畫像石題記"，東漢永元十年（98）七月二十七日刻，山東滕州出土，現藏於滕州漢畫像石館。

金石拓本研究會：

一張，紙本墨拓，原片，100.0×20.0。

0066 王得元畫像石題記

東漢永元十二年（100）四月八日刻，一九五三年出土於陝西綏德，現藏於中國國家博物館。

淑德大學書學文化中心：

一張，紙本墨拓，托裱，編號：196709。

十二張，紙本墨拓，托裱，編號：196710。

金石拓本研究會：

一張，紙本墨拓，原片，135.0×29.0。

0067 郭稚文畫像石題字記

東漢永元十五年（103）三月十九日刻，一九五三年出土於陝西綏德，現藏於西安碑林博物館。

金石拓本研究會：

一張，紙本墨拓，原片，138.0×37.0。

墨渚會：

一張，紙本墨拓，原片。

0068 任孝孫畫像石題字

東漢永元十六年（104）三月二十五日刻，一九七四年發現於陝西綏德四十里堡，現藏於綏德縣博物館。

金石拓本研究會：

一張，紙本墨拓，原片。

［元興］

0069　元興元年刑徒磚

東漢元興元年（105）七月刻。

淑德大學書學文化中心：

　　一軸，紙本墨拓，卷軸，編號：000179。

0070　秦君神道石闕

又稱“漢故幽州書佐秦君之神道”“秦君石闕”，東漢元興元年（105）十月刻，一九六四年出土於北京西郊上莊村，現藏於北京石刻藝術博物館。

金石拓本研究會：

　　四張，紙本墨拓，［1］92.0×37.0，［2］92.0×22.0，［3］233.0×53.0，［4］220.0×53.0。

0071　王稚子石闕

全稱“漢兖州刺史雒陽令王稚子闕”，東漢元興元年（105）刻，原在四川新都彌牟鎮王稚子墓前，今石已殘，宋歐陽棐《集古録目》、趙明誠《金石録》、洪适《隸釋》有著録。

書道博物館：

　　一張，紙本墨拓，全拓。

宇野雪村文庫：

　　一張，紙本墨拓，原片，編號：1648。

東洋文庫：

　　一張，紙本墨拓，原片，93.0×50.0，編號：Ⅱ-16-C-915.1。

京都大學人文科學研究所：

　　一張，紙本墨拓，原片，142.0×19.0，編號：KAN0009A。

　　一張，紙本墨拓，原片，137.0×191.0，編號：KAN0009B。

淑德大學書學文化中心：

　　一軸，紙本墨拓，卷軸，編號：196073。

　　一張，紙本墨拓，托裱，編號：197497，天放樓舊藏。

金石拓本研究會：

　　一張，紙本墨拓，原片，93.4×50.0。

0072　鳳碑

東漢元興元年（105）刻，出土時地不詳。

金石拓本研究會：

　　一張，紙本墨拓，原片，170.9×48.2。

［延平］

0073　延平元年刻石

東漢延平元年（106）二月一日刻，出土時地不詳，現藏於徐州漢畫像石藝術館。

墨渚會：

　　一張，紙本墨拓，原片。

0074　賈武仲妻馬姜墓記

又稱“馬姜墓記”，東漢延平元年（106）九月十日刻，民國十八年（1929）出土於河南洛陽，現藏於旅順博物館。

宇野雪村文庫：

　　一張，紙本墨拓，原片，編號：1063。

金石拓本研究會：

　　一張，紙本墨拓，原片，46.0×58.5。

0075　田文成畫像石題記

東漢延平元年（106）十月十七日刻，一九八〇年發現於陝西綏德四十里堡，現藏於綏德縣博物館。

淑德大學書學文化中心：

　　一張，紙本墨拓，托裱，編號：198836。

0076　陽三老石堂畫像石題記

又稱“陽三老石堂記”，東漢延平元年（106）十二月十四日刻，清光緒年間出土於山東曲阜，現藏於中國國家博物館。

書道博物館：

　　一張，紙本墨拓，原片，端方舊藏。

淑德大學書學文化中心：

　　一軸，紙本墨拓，卷軸，編號：196357。

　　一軸，紙本朱拓，卷軸，編號：199020。

　　一張，紙本墨拓，原片，編號：000424。

宇野雪村文庫：

　　一張，紙本墨拓，原片，編號：1991。

金石拓本研究會：

　　一張，紙本墨拓，原片，53.5×24.4。

［永初］

0077　牛文明畫像石題記

東漢永初元年（107）九月十六日刻，一九七一年出土於陝西米脂官莊村，現藏於西安碑林博物館。

金石拓本研究會：

一張，紙本墨拓，原片。

0078　金卿刑徒磚

東漢永初三年（109）四月十五日刻。

墨華書道會：

一張，紙本墨拓，原片。

0079　載丹畫像石題記

東漢永初五年（111）八月二十九日刻，出土時地不詳。

淑德大學書學文化中心：

一張，紙本墨拓，原片，編號：001767。

0080　戴氏畫像題記

又稱“漢永初畫像戴父母卒日記”，東漢永初七年（113）閏十二月十八日刻，端方舊藏，見著《匋齋藏石記》。

書道博物館：

一張，紙本墨拓，原片，端方舊藏。

淑德大學書學文化中心：

一張，紙本墨拓，托裱，編號：000253。

宇野雪村文庫：

一張，紙本墨拓，原片，編號：1859。

金石拓本研究會：

一張，紙本墨拓，原片，91.0×120.0。

0081　張禹殘碑

東漢永初七年（113）立，一九九三年出土於偃師高龍鎮晋墓，現藏於偃師商城博物館。

淑德大學書學文化中心：

一張，紙本墨拓，原片，編號：001814。

［元初］

0082　元初元年題記

東漢元初元年（114）刻。

淑德大學書學文化中心：

　　　一張，紙本墨拓，原片，編號：001945。

0083　子游殘碑

東漢元初二年（115）六月立，碑斷兩截，上截在清嘉慶三年（1798）出土於河南安陽豐樂鎮，現藏於天津博物館。下截在民國二年（1913）同地出土，現藏於河南滑縣人民文化館。

書道博物館：

　　　一張，初拓，紙本墨拓。

東京國立博物館：

　　　一幅，紙本墨拓，原片，15.0×67.0，編號：818，今泉雄作舊藏。

京都大學人文科學研究所：

　　　一張，紙本墨拓，上截41.0×57.0，下截42.0×55.0，編號：KAN0049X。

大阪市立美術館：

　　　一帖，紙本墨拓，剪裝，編號：2541。

淑德大學書學文化中心：

　　　一軸，紙本墨拓，卷軸，編號：196771。

　　　一軸，紙本墨拓，卷軸，編號：197222。

　　　一冊，紙本墨拓，冊頁，編號：196570，安陽四種合冊。

　　　一冊，紙本墨拓，冊頁，編號：197349，天放樓舊藏。

白扇書道會：

　　　一張，紙本墨拓，原片，53.0×62.0，種谷扇舟舊藏。

0084　張盛墓記

東漢元初二年（115）刻，傳河南洛陽出土，現藏於故宮博物院。

金石拓本研究會：

　　　一張，紙本墨拓，原片，33.0×33.0。

0085　袁敞碑

又稱“漢司徒袁敞碑”，東漢元初四年（117）四月十八日立，民國十二年（1923）出土於河南偃師，現藏於遼寧省博物館。

京都大學人文科學研究所：

一張，紙本墨拓，原片，78.0×74.0，編號：KAN0011X。

淑德大學書學文化中心：

一軸，紙本墨拓，卷軸，編號：195166。

金石拓本研究會：

一張，紙本墨拓，原片，75.2×70.5。

一張，紙本墨拓，原片，138.0×70.7。

0086　祀三公山碑

又稱“漢常山相馮君祀三公山碑”“大三公山碑”，東漢元初四年（117）立，原在元氏縣封龍山三公神廟，現存封龍山千佛洞漢碑堂。

書道博物館：

一張，舊拓，紙本墨拓，原片，劉喜海舊藏。

東京國立博物館：

一幅，紙本墨拓，原片，149.9×66.6，編號：883。

宇野雪村文庫：

一張，紙本墨拓，原片，編號：1109。

一册，紙本墨拓，原片，編號：16。

淑德大學書學文化中心：

一軸，紙本墨拓，卷軸，編號：001266。

一軸，紙本墨拓，卷軸，編號：195219。

一册，紙本墨拓，册頁，編號：001326。

一册，紙本墨拓，册頁，編號：001799。

一張，紙本墨拓，原片，編號：196777。

一軸，紙本墨拓，卷軸，編號：197498，天放樓舊藏。

京都大學人文科學研究所：

一張，紙本墨拓，原片，176.0×71.0，編號：KAN0012X。

金石拓本研究會：

一張，紙本墨拓，原片，134.3×68.2。

大阪市立美術館：

一帖，紙本墨拓，剪裝，編號：2568。

書壇院：

一幅，紙本墨拓，原片。

0087　嵩山石闕銘

嵩山石闕包括“太室石闕”“少室石闕”“開母廟石闕”，東漢元初五年（118）至延光二年（123）刊刻，分存於河南登封嵩山太室山前中嶽廟、少室山東麓邢家鋪、太室山南麓萬歲峰下開母廟舊址。

書道博物館：

一張，明拓，紙本墨拓，原片。

東京國立博物館：

七張，紙本墨拓，［1］中嶽太室神道石闕銘，大 34.84×33.33，小 109.0×28.18。［2］少室西闕之陰，42.42×42.42。［3］少室西闕之右側，40.90×134.80。［4］少室東闕題名，40.90×22.72。［5］聖母西闕之陰，25.75×45.45。［6］開母廟石闕銘，42.42×45.45。編號：369。

合五卷，紙本墨拓，43.63×780.0，［1］少室神道石闕銘，延光二年（123），二卷。［2］開母廟石闕銘，延光二年（123），一卷。［3］少室東闕江孟等題名，無年月，一卷。［4］堂谿典請雨銘，熹平四年（175），一卷。編號：376。

一幅，紙本墨拓，30.30×107.5，編號：788

東洋文庫：

一張，太室神道石闕銘，紙本墨拓，35.0×108.0。額：失。編號：Ⅱ-16-C-915.2。

一張，太室神道石闕銘，42.0×110.0。額：一張，紙本墨拓，36.0×39.0。編號：Ⅱ-16-C-c-9。

一張，少室神道石闕銘，紙本墨拓，34.0×252.0。額：少室神道之闕，一張，紙本墨拓，34.0×31.0。編號：Ⅱ-16-C-916.1。

一張，少室神道石闕銘，紙本墨拓，31.0×112.0。額：少室神道之闕。編號：Ⅱ-16-C-916。

一張，少室神道石闕銘，37.0×261.0。額：少室神道之闕，一張，34.0×34.0。附：殘銘 3 片。編號：Ⅱ-16-C-c-11。

一張，少室東闕銘，紙本墨拓，34.0×48.0，編號：Ⅱ-16-C-916.2。

一張，少室東闕銘，紙本墨拓，34.0×90.0，編號：Ⅱ-16-C-c-12。

一張，開母廟石闕銘，紙本墨拓，41.0×121.0，編號：Ⅱ-16-C-916.7。

二張，開母廟石闕銘，紙本墨拓，上石 46.0×158.0，下石 46.0×256.0，編號：Ⅱ-16-C-c-13。

宇野雪村文庫：

一張，紙本墨拓，原片，編號：1180。

一冊，紙本墨拓，冊頁，編號：14。

黑川古文化研究所：

一帖，紙本墨拓，原片，37.4×22.0，書 1078。

淑德大學書學文化中心：

一張，紙本墨拓，托裱，編號：195384。

一張，紙本墨拓，托裱，編號：195900。

一冊，紙本墨拓，冊頁，編號：197947。

一軸，紙本墨拓，卷軸，編號：198978。

一軸，紙本墨拓，卷軸，編號：000145。

大阪市立美術館：

一卷，紙本墨拓，編號：2503。

白扇書道會：

三張，紙本墨拓，全拓，[1] 107.0×130.0，[2] 35.0×270.0，[3] 80.0×240.0，種谷扇舟舊藏。

金石拓本研究會：

二張，紙本墨拓，原片，[1] 33.6×111.0，[2] 35.0×110.5。

一張，紙本墨拓，原片，32.5×259.5。

一張，紙本墨拓，原片，43.0×213.0。

墨華書道會：

一張，紙本墨拓，全拓。

0088　葬埠

東漢元初年間（114—120）刻。

宇野雪村文庫：

七張，紙本墨拓，原片，編號：1289。

［永寧］

0089　王君刻石

東漢永寧元年（120）六月刻，出土時地不詳。

金石拓本研究會：

一張，紙本墨拓，原片，45.0×27.0。

［延光］

0090　延光元年殘石

東漢延光元年（122）刻。

墨華書道會：

一張，紙本墨拓，原片。

0091　食堂畫像記

東漢延光元年（122）八月十六日刻，山東滕縣（今滕州市）西户村出土，現藏於山東博物館。

宇野雪村文庫：

一張，紙本墨拓，原片，編號：1283。

金石拓本研究會：

一張，紙本墨拓，原片，135.0×47.0。

0092　都官是吾殘碑

又稱"延光殘碑""是吾碑"，東漢延光四年（125）八月二十一日刻，清康熙六十年（1721）出土於山東諸城超然臺，民國元年（1912）移至學宫，後亡佚，今藏地不詳。

書道博物館：

一幅，紙本墨拓，全拓。

東京國立博物館：

一幅，紙本墨拓，原片，115.1×60.6，編號：790。

京都大學人文科學研究所：

一張，紙本墨拓，原片，134.0×64.0，編號：KAN0013X。

東洋文庫：

一張，紙本墨拓，原片，122.0×50.0，編號：Ⅱ-16-C-c-12。

一張，紙本墨拓，原片，111.0×48.0，編號：Ⅱ-16-C-918。

宇野雪村文庫：

一張，紙本墨拓，原片，編號：1171。

一張，紙本墨拓，原片，編號：1247。

一張，紙本墨拓，原片，編號：1249。

一張，紙本墨拓，原片，編號：1250。

淑德大學書學文化中心：

一軸，紙本墨拓，卷軸，編號：195006。

一軸，紙本墨拓，卷軸，編號：196769。

一軸，紙本墨拓，卷軸，編號：195230。

一張，紙本墨拓，托裱，編號：197499，天放樓舊藏。

金石拓本研究會：

一張，紙本墨拓，原片，111.0×51.5。

［永建］

0093　黄君碑

東漢永建元年（126）七月立，出土時地不詳，疑僞刻。

金石拓本研究會：

一張，紙本墨拓，原片，58.0×30.0。

0094　泠永治黄腸石第十八題字

東漢永建二年（127）六月刻，河南洛陽北邙山出土，原在河南省圖書館，現藏於開封博物館，下列黄腸石同。

東洋文庫：

　　　　一張，紙本墨拓，原片，68.0×46.0。

0095　左山治黄腸石第二題字

東漢永建二年（127）六月刻。

淑德大學書學文化中心：

　　　　一張，紙本墨拓，原片，編號：196235。

0096　叔原舉治黄腸石第二題字

東漢永建二年（127）六月刻。

淑德大學書學文化中心：

　　　　一張，紙本墨拓，原片，編號：196235。

0097　左達治黄腸石第四十二題字

東漢永建二年（127）六月刻。

淑德大學書學文化中心：

　　　　一張，紙本墨拓，原片，編號：196235。

0098　樊仲治黄腸石第三題字

東漢永建二年（127）六月刻。

淑德大學書學文化中心：

　　　　一張，紙本墨拓，原片，編號：196235。

0099　索旦治黄腸石第十題字

東漢永建三年（128）四月刻。

東洋文庫：

　　　　一張，紙本墨拓，69.0×46.0，編號：Ⅱ-16-C-925。

淑德大學書學文化中心：

　　　　一張，紙本墨拓，原片，編號：196235。

0100　商孟治黄腸石第十一題字

東漢永建三年（128）四月刻。

淑德大學書學文化中心：

　　一張，紙本墨拓，原片，編號：196235。

木雞室：

　　一張，舊拓，紙本墨拓。

0101　商孟治黄腸石第十四題字

東漢永建三年（128）四月刻。

淑德大學書學文化中心：

　　一張，紙本墨拓，原片，編號：196235。

0102　左達治黄腸石第六十題字

東漢永建三年（128）四月刻。

淑德大學書學文化中心：

　　一張，紙本墨拓，原片，編號：196235。

0103　左孟治黄腸石第三十八題字

東漢永建三年（128）四月刻。

淑德大學書學文化中心：

　　一張，紙本墨拓，原片，編號：196235。

0104　索大治黄腸石第四題字

東漢永建三年（128）四月刻。

淑德大學書學文化中心：

　　一張，紙本墨拓，原片，編號：196235。

0105　索布治黄腸石第二題字

東漢永建三年（128）四月刻。

淑德大學書學文化中心：

　　一張，紙本墨拓，原片，編號：196235。

0106　索孫治黄腸石第二十一題字

東漢永建三年（128）四月刻。

淑德大學書學文化中心：

　　一張，紙本墨拓，原片，編號：196235。

0107　索叔治黄腸石第二十五題字

東漢永建三年（128）四月刻。

淑德大學書學文化中心：

　　　　一張，紙本墨拓，原片，編號：196235。

0108　石仲治黄腸石第四十題字

東漢永建三年（128）四月刻。

淑德大學書學文化中心：

　　　　一張，紙本墨拓，原片，編號：196235。

0109　吕值治黄腸石第九題字

東漢永建三年（128）四月刻。

淑德大學書學文化中心：

　　　　一張，紙本墨拓，原片，編號：196235。

0110　叔治黄腸石第十六題字

東漢永建三年（128）四月刻。

淑德大學書學文化中心：

　　　　一張，紙本墨拓，原片，編號：196235。

0111　李節治黄腸石第二十四題字

東漢永建三年（128）四月刻。

淑德大學書學文化中心：

　　　　一張，紙本墨拓，原片，編號：196235。

0112　郭知治黄腸石第二十六題字

東漢永建三年（128）四月刻。

淑德大學書學文化中心：

　　　　一張，紙本墨拓，原片，編號：196235。

0113　蘇利治黄腸石第七十三題字

東漢永建三年（128）四月刻。

淑德大學書學文化中心：

　　　　一張，紙本墨拓，原片，編號：196235。

0114　費孫治黄腸石第七十七題字

東漢永建三年（128）四月刻。

淑德大學書學文化中心：

一張，紙本墨拓，托裱，編號：196218。

0115　牛羌治黃腸石第十三題字

東漢永建三年（128）四月刻。

淑德大學書學文化中心：

一張，紙本墨拓，原片，編號：196235。

0116　王孝淵墓碑

又稱“王孝淵碑”“王孝淵畫像石碑”，東漢永建三年（128）六月立，一九六六年出土於四川郫縣犀浦鎮東漢墓，現藏於四川博物院。

金石拓本研究會：

一張，紙本墨拓，原片，255.0×69.0。

墨渚會：

一張，紙本墨拓，全拓。

0117　左開治黃腸石第十四題字

東漢永建三年（128）十二月刻。

淑德大學書學文化中心：

一張，紙本墨拓，原片，編號：196235。

0118　石□治黃腸石第□五題字

東漢永建三年（128）十二月刻。

淑德大學書學文化中心：

一張，紙本墨拓，原片，編號：196235。

0119　左開治黃腸石第十二題字

東漢永建三年（128）十二月刻。

淑德大學書學文化中心：

一張，紙本墨拓，原片，編號：196235。

0120　羅由治黃腸石第十三題字

東漢永建三年（128）十二月刻。

淑德大學書學文化中心：

一張，紙本墨拓，原片，編號：196235。

0121　尹仲治黃腸石第二十八題字

東漢永建三年（128）十二月刻。

淑德大學書學文化中心：

　　　　一張，紙本墨拓，原片，編號：196235。

0122　左次治黄腸石第十二題字

東漢永建三年（128）十二月刻。

淑德大學書學文化中心：

　　　　一張，紙本墨拓，原片，編號：196235。

0123　費先治黄腸石第十三題字

東漢永建三年（128）十二月刻。

東洋文庫：

　　　　一張，紙本墨拓，69.0×45.0，原片，編號：Ⅱ-16-C-923。

0124　李伯治黄腸石第十一題字

東漢永建三年（128）十二月刻。

東洋文庫：

　　　　一張，紙本墨拓，70.0×45.0，原片，編號：Ⅱ-16-C-924。

0125　簿書殘碑

東漢永建三年（128）立，一九六六年出土於四川郫縣犀浦鎮東漢墓，現藏於四川博物院。

東洋文庫：

　　　　一張，紙本墨拓，69.0×46.0，原片，編號：Ⅱ-16-C-922。

淑德大學書學文化中心：

　　　　一張，紙本墨拓，原片，編號：000965。

　　　　一軸，紙本墨拓，卷軸，編號：001100。

墨華書道會：

　　　　一張，紙本墨拓，全拓。

金石拓本研究會：

　　　　一張，紙本墨拓，原片，135.0×67.0。

墨渚會：

　　　　一張，紙本墨拓，全拓。

0126　孝堂山畫像石題記

東漢永建四年（129）四月二十四日刻，現存山東長清孝里鋪孝堂山漢墓。

東京國立博物館：

　　　　一幅，紙本墨拓，原片，編號：773。

淑德大學書學文化中心：

　　九張，紙本墨拓，托裱，編號：195228。

　　四張，紙本墨拓，托裱，編號：196522~25。

　　一張，紙本墨拓，原片，編號：001886。

金石拓本研究會：

　　一張，紙本墨拓，原片，60.5×191.0。

0127　食堂畫像石題記

又稱"永建五年食堂畫像石題記"，東漢永建五年（130）二月二十三日刻，清道光十九年（1839）發現於山東濟寧兩城山，後移置濟寧州學，今藏地不詳。

東京國立博物館：

　　一幅，紙本墨拓，原片，51.5×99.0，編號：433。

東洋文庫：

　　一張，紙本墨拓，原片，31.0×20.0，編號：Ⅱ-16-C-926。

書道博物館：

　　一張，紙本墨拓，全拓。

宇野雪村文庫：

　　一張，紙本墨拓，原片，編號：1179。

淑德大學書學文化中心：

　　一軸，紙本墨拓，卷軸，編號：195232。

　　一張，紙本墨拓，托裱，編號：195476。

　　一册，紙本墨拓，册頁，編號：197340，天放樓舊藏。

金石拓本研究會：

　　一張，紙本墨拓，原片，60.0×101.5。

0128　董魚治黃腸石題字

東漢永建五年（130）十二月刻。

淑德大學書學文化中心：

　　一張，紙本墨拓，原片，編號：000423。

0129　永建五年墓石題字

東漢永建五年（130）刻。

書道博物館：

　　一張，紙本墨拓，全拓，端方舊藏。

大阪市立美術館：

　　一張，紙本墨拓，原片，編號：2522。

［陽嘉］

0130　泠攸治黃腸石第卅二題字

東漢陽嘉元年（132）三月刻。

淑德大學書學文化中心：

　　　　一軸，紙本墨拓，卷軸，編號：000736。

0131　涂仲治黃腸石第七十九題字

東漢陽嘉元年（132）十一月刻。

淑德大學書學文化中心：

　　　　一張，紙本墨拓，原片，編號：196235。

0132　禹伯治黃腸石題字

東漢陽嘉元年（132）十一月刻。

書道博物館：

　　　　一張，紙本墨拓，全拓，端方舊藏。

淑德大學書學文化中心：

　　　　一張，紙本墨拓，原片，編號：000422。

0133　陽嘉元年刻石

東漢陽嘉元年（132）刻。

東京國立博物館：

　　　　一幅，紙本墨拓，原片，60.0×51.0，編號：1023。

0134　陽嘉刻石

又稱“少仕州郡等字殘碑”“黎陽令殘碑”，東漢陽嘉二年（133）刻，清光緒年間出土於山東曲阜，今石已毀。

書道博物館：

　　　　一幅，紙本墨拓，原片。

淑德大學書學文化中心：

　　　　一軸，紙本墨拓，卷軸，編號：195267。

　　　　一軸，紙本墨拓，卷軸，編號：196739。

　　　　一張，紙本墨拓，原片，編號：196238。

　　　　一册，紙本墨拓，册頁，編號：197348，天放樓舊藏。

金石拓本研究會：

二張，紙本墨拓，原片，［1］42.2×57.6，［2］42.3×55.8。

0135　延年石室題記

東漢陽嘉四年（135）三月刻，原在四川江北龍王洞鄉崖門，現藏於故宮博物院。

東洋文庫：

一張，紙本墨拓，原片，35.0×30.0，編號：Ⅱ-16-C-c-16。

宇野雪村文庫：

一張，紙本墨拓，原片，編號：1053。

京都大學人文科學研究所：

一張，紙本墨拓，原片，35.0×30.0，編號：KAN0014X。

淑德大學書學文化中心：

一軸，紙本墨拓，卷軸，編號：195209。

金石拓本研究會：

一張，紙本墨拓，原片，29.0×23.0。

［永和］

0136　樂山崖墓題記

又稱"樂山肖垻永和一年崖墓題記"，東漢永和元年（136）三月一日刻，現存四川樂山肖垻崖墓。

宇野雪村文庫：

一册，紙本墨拓，原片，編號：33。

0137　裴岑紀功碑

又稱"裴岑碑""敦煌太守裴岑紀功碑"，東漢永和二年（137）八月立，清雍正七年（1729）發現於新疆巴爾庫爾城西，現藏於新疆維吾爾自治區博物館。

書道博物館：

一幅，紙本墨拓，全拓。

東京國立博物館：

一幅，紙本墨拓，原片，112.0×63.0，編號：642。

東洋文庫：

一張，紙本墨拓，原片，106.0×50.0，編號：Ⅱ-16-C-927。

一張，紙本墨拓，原片，108.0×50.0，編號：Ⅱ-16-C-c-17。

宇野雪村文庫：

一張，紙本墨拓，原片，編號：1114。

一册，紙本墨拓，原片，編號：15。

京都大學人文科學研究所：

　　一張，紙本墨拓，原片，108.0×55.0，編號：KAN0015X。

大阪市立美術館：

　　一張，紙本墨拓，原片，附模本一張，編號：2504。

淑德大學書學文化中心：

　　一軸，紙本墨拓，卷軸，編號：195255。

　　一軸，紙本墨拓，卷軸，編號：195400。

　　一册，紙本墨拓，册頁，編號：001326。

　　一張，紙本墨拓，托裱，編號：197953。

墨華書道會：

　　一張，紙本墨拓，全拓。

金石拓本研究會：

　　一張，紙本墨拓，原片，105.1×42.8。

0138　沙南侯獲碑

又稱“沙南侯碑”“伊吾司馬侯猗題字”“永和五年碑”“焕彩溝碑”，東漢永和五年（140）六月十五日立，現存新疆巴里坤焕彩溝。

書道博物館：

　　一張，紙本墨拓，全拓。

五島美術館：

　　一張，紙本墨拓，原片，110.4×58.0，宇野雪村舊藏。

京都大學人文科學研究所：

　　一張，紙本墨拓，原片，108.6×61.0，編號：KAN0017X。

東洋文庫：

　　一張，紙本墨拓，原片，100.0×42.0，編號：Ⅱ-16-C-928。

宇野雪村文庫：

　　一張，紙本墨拓，原片，編號：1990。

淑德大學書學文化中心：

　　一軸，紙本墨拓，卷軸，編號：196455。

　　一張，紙本墨拓，托裱，編號：197500，天放樓舊藏。

大阪市立美術館：

　　一軸，紙本墨拓，原片，編號：2505。

金石拓本研究會：

　　一張，紙本墨拓，原片，111.7×54.4。

0139　微山桓弄食堂畫像石題記

東漢永和六年（141）正月二十五日刻，山東微山兩城山出土，現藏於山東石刻藝術博物館。

金石拓本研究會：

　　　一張，紙本墨拓，原片，67.0×104.0。

淑德大學書學文化中心：

　　　一張，紙本墨拓，原片，編號：197248。

［ 漢安 ］

0140　會仙友題字

又稱"漢安仙集字""漢逍遙山石窟題字"，東漢漢安元年（142）四月十八日刻，現存四川簡陽逍遙洞巖壁。

書道博物館：

　　　一張，紙本墨拓，全拓。

東洋文庫：

　　　一張，紙本墨拓，原片，63.0×60.0，編號：Ⅱ-16-C-c-18。

宇野雪村文庫：

　　　一張，紙本墨拓，原片，編號：1501。

淑德大學書學文化中心：

　　　一軸，紙本墨拓，卷軸，編號：195245。

　　　一册，紙本墨拓，册頁，編號：197341，天放樓舊藏。

金石拓本研究會：

　　　一張，紙本墨拓，原片，60.0×64.0。

0141　泗水縣畫像石題記

東漢漢安元年（142）刻。

淑德大學書學文化中心：

　　　一張，紙本墨拓，原片，編號：001513。

宇野雪村文庫：

　　　一張，紙本墨拓，原片，編號：1003。

0142　茅村畫像石題記

東漢漢安二年（143）七月十日刻。

淑德大學書學文化中心：

　　　一軸，紙本墨拓，卷軸，編號：001230。

墨華書道會：

　　　一張，紙本墨拓，原片。

0143　司徒驥臣碑

東漢漢安二年（143）七月二十三日立，出土時地不詳，疑僞刻。

淑德大學書學文化中心：

　　一軸，紙本墨拓，卷軸，編號：198104。

0144　景君碑

全稱"漢故益州太守北海相景君銘"，又稱"北海相景君碑""景君銘"，東漢漢安二年（143）八月立，原在山東任城縣，現藏於濟寧市博物館。

書道博物館：

　　一張，明拓，紙本墨拓，原片，王簡齋舊藏。

　　一張，舊拓，紙本墨拓，原片。

京都大學人文科學研究所：

　　一張，碑陽，紙本墨拓，原片，195.0×76.5，編號：KAN0018A。

　　一張，碑陰，紙本墨拓，原片，140.0×75.0，編號：KAN0018B。

東洋文庫：

　　二帖，紙本墨拓，29.0×16.0，編號：Ⅱ-16-C-867。

　　二張，紙本墨拓，153.0×74.0，44.0×15.0。編號：Ⅱ-16-C-929。

東京國立博物館：

　　一帖，紙本墨拓，原片，33.7×17.7，編號：1371。

　　一幅，紙本墨拓，原片，139.3×72.12，編號：396。

宇野雪村文庫：

　　一冊，紙本墨拓，原片，編號：31。

淑德大學書學文化中心：

　　一軸，碑陽，紙本墨拓，卷軸，編號：195345。

　　一軸，碑陽，紙本墨拓，卷軸，編號：195445。

　　一張，碑陽，紙本墨拓，托裱，編號：196223。

　　一張，碑陽，紙本墨拓，原片，編號：195013。

　　一張，碑陽，紙本墨拓，原片，編號：196776。

　　一張，碑陽，紙本墨拓，托裱，編號：197501，天放樓舊藏。

　　一冊，碑陽，紙本墨拓，冊頁，編號：195189。

　　一軸，碑陰，紙本墨拓，卷軸，編號：195346。

　　一軸，碑陰，紙本墨拓，卷軸，編號：195446。

　　一張，碑陰，紙本墨拓，托裱，編號：196223。

　　一張，碑陰，紙本墨拓，原片，編號：195013。

　　一張，碑陰，紙本墨拓，原片，編號：196776。

一張，碑陰，紙本墨拓，托裱，編號：197502，天放樓舊藏。

大阪市立美術館：

一帖，紙本墨拓，剪裝，無碑陰，編號：2506。

白扇書道會：

一張，紙本墨拓，原片，204.0×76.0，種谷扇舟舊藏。

金石拓本研究會：

二張，紙本墨拓，原片，［1］201.5×77.3，［2］153.0×77.3。

書壇院：

一幅，紙本墨拓，原片。

0145 宋伯望買田記

又稱“莒州刻石”“宋伯望租界碑”，東漢漢安三年（144）二月三日刻，清光緒十八年（1892）出土於山東莒縣西孟莊廟漢墓，現藏於山東石刻藝術博物館。

書道博物館：

一張，紙本墨拓，原片。

淑德大學書學文化中心：

一張，紙本墨拓，托裱，編號：001050。

一張，紙本墨拓，原片，編號：197956。

京都大學人文科學研究所：

一張，紙本墨拓，原片，91.0×46.0，編號：KAN0019A。

一張，紙本墨拓，原片，87.0×34.0，編號：KAN0019B。

一張，紙本墨拓，原片，100.0×43.5，編號：KAN0019C。

一張，紙本墨拓，原片，62.0×31.0，編號：KAN0019D。

金石拓本研究會：

一張，紙本墨拓，原片，74.0×125.5。

墨渚會：

四張，紙本墨拓，原片。

［建康］

0146 文叔陽食堂畫像石題記

東漢建康元年（144）八月刻，清道光十三年（1833）出土於山東魚臺鳧陽山，馬鐵橋、端方遞藏，原石已流失海外，現存法國。

書道博物館：

一張，紙本墨拓，原片，端方舊藏。

宇野雪村文庫：

一張，紙本墨拓，原片，編號：1854。

東洋文庫：

一張，紙本墨拓，原片，68.0×63.0，編號：Ⅱ-16-C-c-19。

金石拓本研究會：

一張，紙本墨拓，原片，49.0×35.0。

［本初］

0147　三公山神碑

又稱"三公御語山神碑"，世存東漢本初元年（146）立及東漢建初四年（79）立兩說，原在河北元氏縣南蘇村，清道光年間移置文清書院，久佚。

淑德大學書學文化中心：

一軸，碑陽，紙本墨拓，卷軸，編號：195403。

一軸，碑陽，紙本墨拓，卷軸，編號：198621。

一張，碑陰，紙本墨拓，托裱，編號：197503，天放樓舊藏。

一張，碑陰，紙本墨拓，托裱，編號：197504，天放樓舊藏。

大阪市立美術館：

一帖，紙本墨拓，剪裝，編號：2567。

墨華書道會：

一張，紙本墨拓，原片。

［建和］

0148　武斑碑

又稱"敦煌長史武斑碑"，東漢建和元年（147）二月二十三日立，清乾隆五十一年（1786）發現於嘉祥武宅山，現藏於山東嘉祥武氏墓群石刻博物館。

書道博物館：

一張，紙本墨拓，原片。

東京國立博物館：

一幅，紙本墨拓，原片，140.3×63.63，編號：430。

東洋文庫：

一帖二十四葉，各29.0×15.0，編號：Ⅱ-16-C-842。

大阪市立美術館：

一張，紙本墨拓，無題額，附武氏碑一張，編號：2509。

淑德大學書學文化中心：

一張，紙本墨拓，托裱，編號：195460。

東京藝術大學藝術資料館：

　　一張，紙本墨拓，掛幅裝，198.0×87.2，編號：354。

0149　武氏祠石闕銘

全稱"孝子武始公等造石闕銘"，東漢建和元年（147）三月四日刻，雙闕，現藏於山東嘉祥武氏墓群石刻博物館。

書道博物館：

　　一張，紙本墨拓，全拓。

東京國立博物館：

　　一幅，紙本墨拓，原片，42.42×37.87，編號：397。

東洋文庫：

　　一帖六面，原片，27.0×15.0，編號：Ⅱ-16-C-868。

大阪市立美術館：

　　一張，紙本墨拓，原片，編號：2507。

淑德大學書學文化中心：

　　一張，紙本墨拓，原片，編號：195062。

東京藝術大學藝術資料館：

　　一張，紙本墨拓，掛幅裝，145.4×62.4，編號：272。

金石拓本研究會：

　　一張，紙本墨拓，原片，113.8×64.0。

0150　李固殘碑

全稱"漢故太尉李府君之銘"，東漢建和元年（147）立，現藏於故宮博物院。

金石拓本研究會：

　　一張，紙本墨拓，原片，83.0×32.0。

0151　石門頌

全稱"故司隸校尉楗爲楊君頌""楊孟文石門頌摩崖"，東漢建和二年（148）十一月刻，原在陝西襃城襃斜道南端石門隧道西壁，現藏於漢中市博物館。

三井記念美術館：

　　一帖，宋拓，紙本墨拓，原片，261.0×205.0，秦炯孫、新町三井家舊藏。

書道博物館：

　　一張，舊拓，紙本墨拓，原片，精本未剔。

東京國立博物館：

　　一幅，紙本墨拓，原片，51.51×199.9，編號：377。

　　一帖，紙本墨拓，原片，29.7×17.7，編號：1371。

東洋文庫：

  一張，紙本墨拓，原片，200.0×182.0，編號：Ⅱ-16-C-c-20。

寄鶴軒：

  一張，舊拓，紙本墨拓，原片，吳在題跋。

木雞室：

  一張，舊拓，紙本墨拓，原片，羅淳矗舊藏。

淑德大學書學文化中心：

  一軸，紙本墨拓，卷軸，編號：195003。

  一張，紙本墨拓，托裱，編號：196596。

  一張，紙本墨拓，原片，編號：198602。

  一冊，紙本墨拓，冊頁，編號：001385。

  一冊，紙本墨拓，冊頁，編號：196768。

  一冊，紙本墨拓，冊頁，編號：001060。

  一張，紙本墨拓，托裱，編號：197505，天放樓舊藏。

京都大學人文科學研究所：

  一張，紙本墨拓，原片，204.0×186.0，編號：KAN0020X。

書藝文化院春敬記念書道文庫：

  一冊，紙本墨拓，原片，37.0×44.0，飯島春敬舊藏。

金石拓本研究會：

  一張，紙本墨拓，原片，250.0×182.0。

大阪市立美術館：

  一帖，紙本墨拓，剪裝，編號：2529。

白扇書道會：

  一張，紙本墨拓，原片，204.0×360.0，種谷扇舟舊藏。

墨華書道會：

  一冊，紙本墨拓，原片。

觀峰館：

  一幅，紙本墨拓，原片。

書壇院：

  一幅，紙本墨拓，原片。

［和平］

0152　左表墓門題記

東漢和平元年（150）刻，民國八年（1919）發現於山西離石縣馬茂莊，後流失海外，現藏於加拿大多倫多市皇家安大略博物館。

淑德大學書學文化中心：

一軸，紙本墨拓，卷軸，編號：198988。

金石拓本研究會：

二張，紙本墨拓，原片，［1］83.0×18.0，［1］96.0×19.0。

［元嘉］

0153 繆宇墓畫像石題記

又稱"邳州青龍山元嘉元年畫像石題記""繆宇墓誌"，東漢元嘉元年（151）三月二十日刻，一九八二年出土於徐州邳縣燕子埠漢墓，現藏於徐州漢畫像石藝術館。

淑德大學書學文化中心：

一軸，紙本墨拓，卷軸，編號：001309。

金石拓本研究會：

一張，紙本墨拓，原片，35.0×49.0。

墨渚會：

一張，紙本墨拓，原片。

0154 蒼山畫像石題記

東漢元嘉元年（151）八月二十四日刻，一九七三年出土於山東蒼山城前村六朝墓，題記二石，分藏於山東博物館、蘭陵縣文化館。

淑德大學書學文化中心：

一軸，紙本墨拓，卷軸，編號：197226。

金石拓本研究會：

二張，紙本墨拓，原片，［1］45.0×21.0，［2］44.0×15.0。

0155 畢巨治黃腸石第十題字

東漢元嘉二年（152）刻。

淑德大學書學文化中心：

一張，紙本墨拓，原片，編號：196235。

0156 王師治黃腸石第十五題字

東漢元嘉二年（152）刻。

淑德大學書學文化中心：

一張，紙本墨拓，原片，編號：196235。

0157 茉和治黃腸石題字

東漢元嘉年間（151—153）刻。

淑德大學書學文化中心：

　　　　一張，紙本墨拓，原片，編號：196235。

0158　乙爲治黄腸石題字

東漢元嘉年間（151—153）刻。

淑德大學書學文化中心：

　　　　一張，紙本墨拓，原片，編號：196235。

0159　工房治黄腸石題字

東漢元嘉年間（151—153）刻。

淑德大學書學文化中心：

　　　　一張，紙本墨拓，原片，編號：196235。

0160　滕縣畫像石題記

東漢元嘉三年（153）二月二十五日刻，現藏於滕州漢畫像石館。

淑德大學書學文化中心：

　　　　一張，紙本墨拓，原片，編號：197232。

［永興］

0161　乙瑛碑

全稱“漢魯相乙瑛請置孔廟百石卒史碑”，又稱“孔龢碑”，東漢永興元年（153）六月十八日立，現藏於曲阜漢魏碑刻陳列館。

三井記念美術館：

　　　　一帖，宋拓，紙本墨拓，原片，23.9×13.8，沈仲復、新町三井家舊藏。

書道博物館：

　　　　一帖，明拓，紙本墨拓，原片，24.0×14.4，中村不折舊藏。

東洋文庫：

　　　　一張，紙本墨拓，原片，190.0×189.0，編號：Ⅱ-16-C-930。

　　　　一帖三十二葉，紙本墨拓，30.0×18.0，編號：×1-3-A-b-19。

　　　　一張，紙本墨拓，原片，191.0×89.0，編號：Ⅱ-16-C-c-21。

東京國立博物館：

　　　　一幅，紙本墨拓，原片，156.9×90.9，編號：616。

　　　　一帖，紙本墨拓，原片，31.5×18.9，編號：1371。

木雞室：

　　　　一張，舊拓，紙本墨拓，原片，吳昌碩舊藏。

淑德大學書學文化中心：

一軸，紙本墨拓，卷軸，編號：195240。

一軸，紙本墨拓，卷軸，編號：197506，天放樓舊藏。

一張，紙本墨拓，原片，編號：198189。

一册，紙本墨拓，册頁，編號：195036。

一册，紙本墨拓，册頁，編號：197220。

一册，紙本墨拓，册頁，編號：001334。

一張，紙本墨拓，原片，編號：195012。

京都大學人文科學研究所：

一張，紙本墨拓，原片，191.0×91.5，編號：KAN0021X。

書藝文化院春敬記念書道文庫：

一册，清初拓，紙本墨拓，36.0×31.0，飯島春敬舊藏。

白扇書道會：

一張，紙本墨拓，原片，184.0×87.0，種谷扇舟舊藏。

黑川古文化研究所：

一張，紙本墨拓，原片。

書壇院：

一幅，紙本墨拓，原片。

金石拓本研究會：

一張，紙本墨拓，原片，191.3×88.5。

0162 向壽墓磚

東漢永興二年（154）二月二十九日立，出土時地不詳。

淑德大學書學文化中心：

一軸，紙本墨拓，卷軸，編號：001309。

金石拓本研究會：

一張，紙本墨拓，原片，54.0×53.0。

0163 李孟初神祠碑

全稱"故宛令益州刺史南郡襄陽李……字孟初神祠之碑"，東漢永興二年（154）六月十日立，清乾隆年間發現於河南南陽白河岸，咸豐十年（1860）移至南陽府衙，現藏於南陽市博物館。

淑德大學書學文化中心：

一軸，紙本墨拓，卷軸，編號：195007。

一軸，紙本墨拓，卷軸，編號：195424。

一軸，紙本墨拓，卷軸，編號：195260。

一册，紙本墨拓，册頁，編號：196271。

一張，紙本墨拓，托裱，編號：197507，天放樓舊藏。

書道博物館：

一張，紙本墨拓，全拓。

京都大學人文科學研究所：

一張，紙本墨拓，原片，130.0×65.0，編號：KAN0022X。

宇野雪村文庫：

一册，紙本墨拓，册頁，編號：19。

一張，紙本墨拓，原片，編號：1153。

大阪市立美術館：

一張，紙本墨拓，原片，編號：2510。

金石拓本研究會：

一張，紙本墨拓，原片，125.5×69.4。

0164　薌他君石祠堂石柱題記

全稱"東郡厥縣東阿西鄉常吉里薌他君石祠堂銘"，東漢永興二年（154）七月二十四日刻，民國二十三年（1934）出土於山東東阿，現藏於故宮博物院。

淑德大學書學文化中心：

一軸，紙本墨拓，卷軸，編號：198989。

金石拓本研究會：

一張，紙本墨拓，原片，120.0×18.0。

0165　孔謙墓碣

又稱"孔謙碑""孔德讓碑""孔謙碣"，東漢永興二年（154）七月立，現藏於曲阜漢魏碑刻陳列館。

書道博物館：

一張，紙本墨拓，全拓。

東京國立博物館：

一幅，紙本墨拓，原片，63.63×41.51，編號：404。

一幅，紙本墨拓，原片，127.0×55.0，編號：815，今泉雄作舊藏。

宇野雪村文庫：

一張，紙本墨拓，原片，編號：1357。

京都大學人文科學研究所：

一張，紙本墨拓，原片，63.0×39.3，編號：KAN0023X。

東洋文庫：

一帖十葉，紙本墨拓，29.0×15.0，編號：Ⅱ-16-C-820。

一張，紙本墨拓，原片，62.0×41.0，編號：Ⅱ-16-C-931。

淑德大學書學文化中心：

    一軸，紙本墨拓，卷軸，編號：195285。

    一張，紙本墨拓，原片，編號：195012。

    一張，紙本墨拓，原片，編號：195513。

    一册，紙本墨拓，册頁，編號：195698。

    一張，紙本墨拓，托裱，編號：197508，天放樓舊藏。

大阪市立美術館：

    一張，紙本墨拓，原片，編號：2554。

白扇書道會：

    一張，紙本墨拓，全拓，64.0×39.0，種谷扇舟舊藏。

金石拓本研究會：

    一張，紙本墨拓，原片，64.0×39.0。

觀峰館：

    一幅，紙本墨拓，原片。

0166　李龍南墓磚

東漢永興二年（154）刻。

宇野雪村文庫：

    一張，紙本墨拓，原片，編號：1535。

［永壽］

0167　李君通閣道記

全稱“右扶風丞椽爲武陽李禹通閣道記”，又稱“右扶風李禹表”“永壽殘刻”，東漢永壽元年（155）刻，原在陝西襃城石門洞北口，現藏於漢中市博物館。

東京國立博物館：

    一幅，紙本墨拓，原片，69.09×43.33，編號：441。

宇野雪村文庫：

    一張，紙本墨拓，原片，編號：1167，李禹題名。

東洋文庫：

    一帖八葉，紙本墨拓，30.0×14.0，編號：Ⅱ-16-C-812。

書道博物館：

    一張，紙本墨拓，原片。

京都大學人文科學研究所：

    一張，紙本墨拓，原片，63.0×45.0，編號：KAN0025X。

淑德大學書學文化中心：

　　一軸，紙本墨拓，卷軸，編號：001721。

　　一軸，紙本墨拓，卷軸，編號：195003。

　　一張，紙本墨拓，原片，編號：198605。

大阪市立美術館：

　　一軸，紙本墨拓，原片，編號：2549。

白扇書道會：

　　一張，紙本墨拓，全拓，70.0×40.0，種谷扇舟舊藏。

金石拓本研究會：

　　一張，紙本墨拓，原片，64.3×43.3。

0168　孔少垂墓碣

又稱"孔少垂碑""孔君碑"，東漢永壽元年（155）立，清乾隆五十八年（1793）發現於孔林，後移至孔廟，現藏於曲阜漢魏碑刻陳列館。

東京國立博物館：

　　一幅，紙本墨拓，原片，113.93×50.30，編號：398。

京都大學人文科學研究所：

　　一張，紙本墨拓，原片，86.0×47.0，編號：KAN0024X。

東洋文庫：

　　一帖十六葉，紙本墨拓，29.0×13.0，編號：Ⅱ-16-C-810。

　　一張，紙本墨拓，原片，87.0×47.0，編號：Ⅱ-16-C-933。

　　一張，紙本墨拓，原片，89.0×47.0，編號：Ⅱ-16-C-c-22。

宇野雪村文庫：

　　一張，紙本墨拓，原片，編號：1364，翁方綱、黄易題記。

淑德大學書學文化中心：

　　一張，紙本墨拓，原片，編號：195012。

　　一軸，紙本墨拓，卷軸，編號：195283。

　　一册，紙本墨拓，册頁，編號：196742。

　　一張，紙本墨拓，托裱，編號：197509，天放樓舊藏。

書道博物館：

　　一張，紙本墨拓，全拓。

大阪市立美術館：

　　一張，紙本墨拓，原片（無題額），編號：2555。

白扇書道會：

　　一張，紙本墨拓，全拓，60.0×40.0，種谷扇舟舊藏。

金石拓本研究會：

　　一張，紙本墨拓，原片，103.5×47.3。

0169　永壽元年殘石

東漢永壽元年（155）刻。

宇野雪村文庫：

一張，紙本墨拓，原片，編號：1849。

淑德大學書學文化中心：

一張，紙本墨拓，原片，編號：001553。

一軸，紙本墨拓，卷軸，編號：195241。

一軸，紙本墨拓，卷軸，編號：196466。

一軸，紙本墨拓，卷軸，編號：196751。

金石拓本研究會：

一張，紙本墨拓，原片，108.5×71.5。

墨渚會：

一張，紙本墨拓，原片。

0170　禮器碑

全稱“漢魯相韓敕造孔廟禮器碑”，又稱“修孔子廟器表”“韓明府孔子廟碑”“韓敕碑”，東漢永壽二年（156）七月五日立，原在孔廟同文門，現藏於曲阜漢魏碑刻陳列館。

三井記念美術館：

一帖，宋拓，紙本墨拓，23.4×14.2，沈仲復、新町三井家舊藏。

書道博物館：

一張，宋拓，紙本墨拓，原片。

一帖，舊拓，紙本墨拓，28.0×14.3，中村不折舊藏。

一張，清初拓本，紙本墨拓，原片，端方舊藏。

寧樂美術館：

一帖，明拓，紙本墨拓。

木雞室：

一帖，明拓，紙本墨拓，金正喜題簽。

東洋文庫：

一帖六十二葉，紙本墨拓，51.0×20.0，編號：Ⅱ-16-C-818。

一張，碑陽，紙本墨拓，168.0×76.0。一張，碑陰，紙本墨拓，164.0×76.0。二張，碑側，各165.0×20.0。編號：Ⅱ-16-C-932。

一張，碑陽，紙本墨拓，166.0×75.0。一張，碑陰，紙本墨拓，164.0×75.0。二張，碑側，166.0×21.0，164.0×21.0。編號：Ⅱ-16-C-c-23。

東京國立博物館：

一幅，碑陽，紙本墨拓，原片，172.72×77.27，編號：617。

　　　一幅，碑陰，紙本墨拓，原片，169.69×75.75，編號：618。

　　　一幅，碑側，紙本墨拓，原片，172.7×42.7，編號：619。

　　　一帖，紙本墨拓，27.8×17.7，編號：1347。

　　　一帖，紙本墨拓，31.0×17.3，編號：1368。

京都大學人文科學研究所：

　　　一張，碑陽，紙本墨拓，原片，165.0×76.0，編號：KAN0026A。

　　　一張，碑陰，紙本墨拓，原片，165.0×76.0，編號：KAN0026B。

　　　一張，碑側，紙本墨拓，原片，165.0×21.0，編號：KAN0026C。

淑德大學書學文化中心：

　　　一軸，碑陽，紙本墨拓，卷軸，編號：195960。

　　　一軸，碑陽，紙本墨拓，卷軸，編號：197510，天放樓舊藏。

　　　一張，碑陽，紙本墨拓，原片，編號：195012。

　　　一張，碑陽，紙本墨拓，原片，編號：198489。

　　　一張，碑陽，紙本墨拓，原片，編號：195493。

　　　一張，碑陽，紙本墨拓，原片，編號：195664。

　　　一張，碑陽，紙本墨拓，原片，編號：001065。

　　　一軸，碑陰，紙本墨拓，卷軸，編號：195961。

　　　一軸，碑陰，紙本墨拓，卷軸，編號：197511，天放樓舊藏。

　　　一張，碑陰，紙本墨拓，原片，編號：195012。

　　　一張，碑陰，紙本墨拓，原片，編號：198490。

　　　一册，碑陰，紙本墨拓，册頁，編號：195664。

　　　一軸，碑左側，紙本墨拓，卷軸，編號：195962。

　　　一張，碑左側，紙本墨拓，原片，編號：195012。

　　　一張，碑左側，紙本墨拓，原片，編號：198492。

　　　一册，碑左側，紙本墨拓，册頁，編號：195493。

　　　一册，碑左側，紙本墨拓，册頁，編號：195664。

　　　一軸，碑右側，紙本墨拓，卷軸，編號：195963。

　　　一張，碑右側，紙本墨拓，原片，編號：195012。

　　　一張，碑右側，紙本墨拓，原片，編號：198491。

　　　一册，碑右側，紙本墨拓，册頁，編號：195664。

宇野雪村文庫：

　　　一張，紙本墨拓，原片，編號：1362。

大阪市立美術館：

　　　一帖，紙本墨拓，剪裝，編號：2511。

金石拓本研究會：

　　　四張，紙本墨拓，碑陽 166.6×76.3，碑陰 167.4×76.5，碑側 164.2×19.4，碑

側164.1×20.1。

白扇書道會：

一張，紙本墨拓，原片，164.0×75.0，種谷扇舟舊藏。

觀峰館：

一幅，紙本墨拓，原片。

寄鶴軒：

一張，紙本墨拓，原片。

碑林公園：

一張，紙本墨拓，原片。

0171　孟孝琚碑

全稱“漢嚴道君曾孫孟廣宗殘碑”，又稱“孟琁殘碑”，東漢永壽二年（156）立，清光緒二十七年（1901）出土於雲南昭通城外白泥井村，同年移置昭通城內鳳池書院，現存昭通市文淵社區碑亭。

書道博物館：

一張，紙本墨拓，原片，泐損嚴重。

宇野雪村文庫：

一冊，紙本墨拓，冊頁，編號：18。

一張，紙本墨拓，原片，編號：1246。

一張，紙本墨拓，原片，編號：1967。

東洋文庫：

一張，紙本墨拓，原片，127.0×77.0，編號：Ⅱ-16-C-c-2。

大阪市立美術館：

一軸，紙本墨拓，原片，編號：2543。

京都大學人文科學研究所：

一張，紙本墨拓，原片，126.0×76.5，編號：KAN0082X。

淑德大學書學文化中心：

一軸，紙本墨拓，卷軸，編號：195959。

一張，紙本墨拓，托裱，編號：195184。

白扇書道會：

一張，紙本墨拓，全拓，129.0×78.0，種谷扇舟舊藏。

金石拓本研究會：

一張，紙本墨拓，原片，126.8×77.5。

0172　許安國祠堂題記

又稱“宋山畫像石題記”，東漢永壽三年（157）十二月二十七日刻，一九八〇年出土於山東嘉祥宋山村，現藏於山東博物館。

淑德大學書學文化中心：

　　　二張，紙本墨拓，原片，編號：197957。

金石拓本研究會：

　　　一張，紙本墨拓，原片，66.0×107.0。

墨渚會：

　　　一張，紙本墨拓，原片。

［延熹］

0173　鄭固碑

全稱"漢故郎中鄭君之碑"，又稱"郎中鄭固碑"，東漢延熹元年（158）四月二十四日立，原在任城家族墓地，後移至任城文廟，石碑殘斷，現藏於濟寧市博物館。

書道博物館：

　　　一張，清初拓本，紙本墨拓，原片，李東琪舊藏。

東京國立博物館：

　　　一幅，紙本墨拓，原片，編號：397。

　　　一幅一卷，紙本墨拓，原片，編號：399。

　　　一帖，紙本墨拓，35.4×19.3，編號：1359。

京都大學人文科學研究所：

　　　一張，紙本墨拓，原片，180×76，殘石 21×46，編號：KAN0027X。

東洋文庫：

　　　一帖三十葉，紙本墨拓，31.0×17.0，編號：Ⅱ-16-C-850。

宇野雪村文庫：

　　　一册，紙本墨拓，册頁，編號：43。

淑德大學書學文化中心：

　　　一張，紙本墨拓，原片，編號：195013。

　　　一軸，紙本墨拓，卷軸，編號：195268。

　　　一軸，紙本墨拓，卷軸，編號：196748。

　　　一册，紙本墨拓，册頁，編號：195668。

　　　一册，紙本墨拓，册頁，編號：197342，天放樓舊藏。

　　　一張，紙本墨拓，托裱，編號：197512，天放樓舊藏。

大阪市立美術館：

　　　一帖，紙本墨拓（無題額），編號：2513。

　　　一張，紙本墨拓，原片，編號：2514。

白扇書道會：

　　　一張，紙本墨拓，全拓，182.0×80.0，種谷扇舟舊藏。

金石拓本研究會：

　　一張，紙本墨拓，原片，191.0×76.0。

0174　劉平國碑

又稱“劉平國摩崖刻石”“劉平國治關亭頌”“龜茲刻石”，東漢延熹元年（158）八月十二日立，原在新疆拜城與庫車之間博扎克拉格山口，今石已殘毀。

木雞室：

　　一册，初拓，紙本墨拓，全拓，135.0×62.0。

東京國立博物館：

　　二幅，紙本墨拓，原片，編號：1064。

東洋文庫：

　　一張，紙本墨拓，原片，54.0×40.0，編號：Ⅱ-16-C-182。

宇野雪村文庫：

　　一張，紙本墨拓，原片，編號：1144。

書道博物館：

　　一張，紙本墨拓，全拓。

淑德大學書學文化中心：

　　一軸，紙本墨拓，卷軸，編號：196074。

　　一軸，紙本墨拓，卷軸，編號：000377。

　　一張，紙本墨拓，托裱，編號：196232。

大阪市立美術館：

　　一帖，紙本墨拓，剪裝，編號：2512。

白扇書道會：

　　一張，紙本墨拓，原片，50.0×48.0，種谷扇舟舊藏。

墨華書道會：

　　一張，紙本墨拓，原片。

金石拓本研究會：

　　一張，紙本墨拓，原片，46.2×35.0。

0175　徐家村食堂畫像石題記

東漢延熹元年（158）十月三日刻。

金石拓本研究會：

　　一張，紙本墨拓，原片，125.0×45.0。

墨渚會：

　　一張，紙本墨拓，原片。

0176　佐孟機崖墓題記

東漢延熹二年（159）三月刻，現存四川樂山肖垻崖墓。

淑德大學書學文化中心：

　　　一張，双鉤模本，紙本墨拓，原片，編號：001946。

0177　張景碑

又稱"景造土牛碑"，東漢延熹二年（159）立，一九五八年出土於河南南陽南城門里路東，現藏於南陽市博物館，立於南陽卧龍崗漢碑亭。

木雞室：

　　　一張，舊拓，紙本墨拓，原片。

五島美術館：

　　　一張，紙本墨拓，原片，111.5×54.5，宇野雪村舊藏。

淑德大學書學文化中心：

　　　一軸，紙本墨拓，卷軸，編號：195048。

金石拓本研究會：

　　　一張，紙本墨拓，原片，115.0×54.0。

墨渚會：

　　　一張，紙本墨拓，原片，秦公題跋。

0178　延熹四年買地券

東漢延熹四年（161）刻。

書道博物館：

　　　一張，紙本墨拓，原片。

0179　蒼頡廟碑

又稱"潁川劉桓立蒼頡祠碑""蒼頡冢碑"，東漢延熹五年（162）正月立，原在陝西白水縣史官鎮蒼頡廟，現藏於西安碑林博物館。

書道博物館：

　　　四張，紙本墨拓，全拓。

宇野雪村文庫：

　　　一張，紙本墨拓，原片，編號：1268，張祖翼題。

京都大學人文科學研究所：

　　　一張，碑陽，紙本墨拓，原片，90.6×72.0，編號：KAN0060A。

　　　一張，碑陰，紙本墨拓，原片，57.0×70.0，編號：KAN0060B。

　　　一張，碑右側，紙本墨拓，原片，88.4×17.0，編號：KAN0060C。

一張，碑左側，紙本墨拓，原片，75.0×17.0，編號：KAN0060D。

淑德大學書學文化中心：

一軸，碑陽，紙本墨拓，卷軸，編號：195347。

一張，碑陽，紙本墨拓，托裱，編號：195473。

一張，碑陽，紙本墨拓，原片，編號：196556。

一册，碑陽，紙本墨拓，册頁，編號：195717。

一册，碑陽，紙本墨拓，册頁，編號：196214。

一軸，碑陰，紙本墨拓，卷軸，編號：195348。

一張，碑陰，紙本墨拓，原片，編號：196557。

一册，碑陰，紙本墨拓，册頁，編號：196214。

一軸，碑左側，紙本墨拓，卷軸，編號：195350。

一張，碑左側，紙本墨拓，托裱，編號：195473。

一張，碑左側，紙本墨拓，原片，編號：196558。

一册，碑左側，紙本墨拓，册頁，編號：195717。

一册，碑左側，紙本墨拓，册頁，編號：196214。

一軸，碑右側，紙本墨拓，卷軸，編號：195349。

一張，碑右側，紙本墨拓，托裱，編號：195473。

一張，碑右側，紙本墨拓，原片，編號：196559。

一册，碑右側，紙本墨拓，册頁，編號：195717。

一册，碑右側，紙本墨拓，册頁，編號：196214。

金石拓本研究會：

一張，碑陽，紙本墨拓，原片，120.0×76.0。

一張，碑陰，紙本墨拓，原片，74.8×76.0。

一張，碑側，紙本墨拓，原片，72.4×17.0。

一張，碑側，紙本墨拓，原片，89.5×16.8。

觀峰館：

一幅，紙本墨拓，原片。

0180　桐柏廟碑

又稱“桐柏淮源廟碑”，東漢延熹六年（163）正月八日刻，郭苞立，原在桐柏淮源廟，原石已佚，元至正四年（1344）重刻，現存河南桐柏招待所院内。

淑德大學書學文化中心：

一軸，碑陽，紙本墨拓，卷軸，編號：195319。

一册，碑陽，紙本墨拓，册頁，編號：197152。

一軸，碑陰，紙本墨拓，卷軸，編號：195320。

東京國立博物館：

一帖，一三折，紙本墨拓，册頁，編號：884。

金石拓本研究會：

一張，紙本墨拓，原片，145.0×84.0。

大阪市立美術館：

一帖，紙本墨拓，剪裝，編號：2516。

0181　杜臨爲父作封記

東漢延熹六年（163）二月三十日刻，清光緒二十四年（1898）出土於山東嶧縣馬槽村，現藏於山東博物館。

書道博物館：

一張，紙本墨拓，全拓。

京都大學人文科學研究所：

一張，紙本墨拓，原片，編號：KAN0016X。

淑德大學書學文化中心：

一軸，紙本墨拓，卷軸，編號：195329。

一軸，紙本墨拓，卷軸，編號：196749。

大阪市立美術館：

一軸，紙本墨拓，卷軸，編號：2562。

金石拓本研究會：

一張，紙本墨拓，原片，47.5×43.0。

0182　封龍山碑

全稱“元氏封龍山之頌”，又稱“封龍山頌”，東漢延熹七年（164）正月刻，清道光二十七年（1847）發現於河北元氏縣王村山下，移置薛文清祠，後亡佚，今有摹刻碑存於元氏縣封龍山雙龍寺。

書道博物館：

一張，初拓本，紙本墨拓，原片，翟雲昇題簽。

東京國立博物館：

一册，紙本墨拓，册頁，編號：389。

一幅，紙本墨拓，原片，編號：1030。

宇野雪村文庫：

一張，紙本墨拓，原片，編號：1709。

一册，紙本墨拓，册頁，編號：36。

淑德大學書學文化中心：

一軸，紙本墨拓，卷軸，編號：195220。

一軸，紙本墨拓，卷軸，編號：195394。

一册，紙本墨拓，册頁，編號：195675。

一册，紙本墨拓，册頁，編號：195728。

一册，紙本墨拓，册頁，編號：000207。

一張，紙本墨拓，托裱，編號：197515，天放樓舊藏。

京都大學人文科學研究所：

一張，紙本墨拓，原片，175.5×89.0，編號：KAN0029X。

大阪市立美術館：

一帖，紙本墨拓，剪裝，編號：2515。

墨華書道會：

一册，紙本墨拓，原片。

金石拓本研究會：

一張，紙本墨拓，原片，157.0×90.7。

寄鶴軒：

一張，紙本墨拓，原片。

0183　延熹七年磚

東漢延熹七年（164）五月九日刻。

淑德大學書學文化中心：

一册，紙本墨拓，册頁，編號：197910。

0184　孔宙碑

全稱“有漢泰山都尉孔君之碑”，又稱“泰山都尉孔宙碑”，東漢延熹七年（164）七月立，原在孔林，後移入孔廟同文門，現藏於曲阜漢魏碑刻陳列館。

三井記念美術館：

一帖，宋拓，紙本墨拓，26.6×14.1，伊秉綬、何紹基、沈仲復、新町三井家舊藏。

一帖，高字未泐本，宋拓，紙本墨拓，27.3×13.6，胡義貲、王瓛、新町三井家舊藏。

書道博物館：

一帖，宋拓，紙本墨拓，26.0×13.8，中村不折舊藏。

一張，南宋拓本，紙本墨拓，原片，張之洞舊藏。

一張，明拓，紙本墨拓，原片。

谷村憙齋：

一册，明拓，紙本墨拓，册頁。

東京國立博物館：

一幅，紙本墨拓，原片，編號：205，市河三鼎舊藏。

一幅，碑陽，紙本墨拓，原片，編號：439。

一幅，碑陰，紙本墨拓，原片，編號：400。

京都大學人文科學研究所：

　　　一張，碑陽，紙本墨拓，原片，173.0×98.0，編號：KAN0028A。

　　　一張，碑陰，紙本墨拓，原片，164.0×98.0，編號：KAN0028B。

東洋文庫：

　　　一張，碑陽，179.0×96.0。一張，碑陰，169.0×96.0。編號：Ⅱ-16-C-934。

　　　一帖四十八葉，碑陽，32.0×17.0。一帖四十二葉，碑額，32.0×17.0。編號：Ⅺ-3-A-b-59。

　　　一張，碑陽，180.0×98.0。一張，碑陰，170.0×97.0。編號：Ⅱ-16-C-c-24。

宇野雪村文庫：

　　　一張，紙本墨拓，原片，編號：1363。

木雞室：

　　　一張，舊拓，紙本墨拓，原片。

淑德大學書學文化中心：

　　　一册，碑陽，紙本墨拓，册頁，編號：000375。

　　　一張，碑陽，紙本墨拓，原片，編號：195012。

　　　一册，碑陽，紙本墨拓，册頁，編號：195169。

　　　一軸，碑陽，紙本墨拓，卷軸，編號：195330。

　　　一册，碑陽，紙本墨拓，册頁，編號：196286。

　　　一册，碑陽，紙本墨拓，册頁，編號：197175。

　　　一張，碑陽，紙本墨拓，托裱，編號：197513，天放樓舊藏。

　　　一張，碑陽，紙本墨拓，原片，編號：198495。

　　　一張，碑陰，紙本墨拓，原片，編號：195012。

　　　一軸，碑陰，紙本墨拓，卷軸，編號：195331。

　　　一册，碑陰，紙本墨拓，册頁，編號：197178。

　　　一張，碑陰，紙本墨拓，托裱，編號：197514，天放樓舊藏。

　　　一册，碑陰，紙本墨拓，册頁，編號：197935。

大阪市立美術館：

　　　二帖、一帙，紙本墨拓，無碑陽題額，編號：2518。

金石拓本研究會：

　　　一張，碑陽，紙本墨拓，原片，300.6×96.3。

　　　一張，碑陰，紙本墨拓，原片，166.6×97.4。

白扇書道會：

　　　一張，紙本墨拓，原片，177.0×97.0，種谷扇舟舊藏。

墨華書道會：

　　　一册，紙本墨拓，原片。

觀峰館：

　　一幅，紙本墨拓，原片。

書壇院：

　　一幅，紙本墨拓，原片。

0185　西嶽華山廟碑

又稱"華山廟碑""華山碑"，東漢延熹八年（165）四月二十九日立，原在陝西華陰縣西嶽華山廟，明嘉靖年間毀於地震，後世有重刻。

書道博物館：

　　二帖，長垣本，宋拓，紙本墨拓，各27.0×16.6，王文蓀、中村不折舊藏。

東京國立博物館：

　　一卷，覆刻本，紙本墨拓，卷軸，編號：804，浙江鄞縣茫氏藏本。

　　一冊，覆刻本，紙本墨拓，冊頁，33.7×24.2，編號：1363。

京都大學人文科學研究所：

　　一張，紙本墨拓，原片，174.0×84.0，編號：KAN0030X。

東洋文庫：

　　一張，紙本墨拓，原片，90.0×31.0，編號：Ⅱ-16-C-c-43。

淑德大學書學文化中心：

　　一軸，紙本墨拓，卷軸，編號：196075。

　　一軸，紙本墨拓，卷軸，編號：195898。

　　一軸，紙本墨拓，卷軸，編號：001345，天放樓舊藏。

金石拓本研究會：

　　一張，紙本墨拓，原片，147.0×89.3。

　　一張，紙本墨拓，原片，91.5×31.7。

0186　鮮于璜碑

全稱"漢故雁門太守鮮于君碑"，東漢延熹八年（165）十一月十八日刻，一九七三年出土於天津武清蘭城村，現藏於天津博物館。

木雞室：

　　二張，舊拓，紙本墨拓，原片。

淑德大學書學文化中心：

　　一軸，碑陽，紙本墨拓，卷軸，編號：198110。

　　一軸，碑陰，紙本墨拓，卷軸，編號：198111。

金石拓本研究會：

　　一張，紙本墨拓，原片，228.0×80.0。

墨渚會：

　　二張，紙本墨拓，原片。

0187　諱紅墓題記

東漢延熹八年（165）刻。

淑德大學書學文化中心：

　　　　一軸，紙本朱拓，卷軸，編號：001229。

　　　　一張，紙本墨拓，原片，編號：001311。

　　　　一張，紙本墨拓，原片，編號：001360。

［永康］

0188　馮緄碑

又稱"車騎將軍馮緄碑"，東漢永康元年（167）十二月立，出土時地不詳，久佚，北宋崇寧三年（1104）有重刻，現存四川渠縣龍驤山濟遠廟。

淑德大學書學文化中心：

　　　　一張，紙本墨拓，托裱，編號：197516，天放樓舊藏。

［建寧］

0189　楊統碑

又稱"沛相楊統碑"，東漢建寧元年（168）三月立，原在河南靈寶，久佚。

宇野雪村文庫：

　　　　一册，紙本墨拓，册頁，編號：41。

0190　李冰石像題字

東漢建寧元年（168）閏三月二十五日刻，一九七四年出土於四川灌縣都江堰外江閘下游，現藏於四川博物院。

金石拓本研究會：

　　　　一張，紙本墨拓，原片，290.0×96.0。

0191　張壽碑

全稱"漢竹邑侯相張壽碑"，又稱"漢張仲吾碑"，東漢建寧元年（168）五月立，原在山東成武縣古文亭山，後入藏成武縣孔廟。

書道博物館：

　　　　一張，最舊拓，紙本墨拓，原片，秦文錦舊藏。

　　　　一張，舊拓，紙本墨拓，原片，陳鴻壽舊藏。

宇野雪村文庫：

一册，紙本墨拓，册頁，編號：26，陳香坡舊藏。

東洋文庫：

一張，碑陽，原片，67.0×74.0，編號：Ⅱ-16-C-c-25。

大阪市立美術館：

一帖，紙本墨拓，原片，剪裝，無碑陰，編號：2521。

淑德大學書學文化中心：

一軸，紙本朱拓，卷軸，編號：196772。

一張，紙本墨拓，托裱，編號：197517，天放樓舊藏。

金石拓本研究會：

一張，紙本墨拓，原片，68.3×74.6。

0192　衡方碑

全稱"漢故衛尉卿衡府君之碑"，又稱"衛尉卿衡方碑"，東漢建寧元年（168）九月十七日立，原在山東汶上縣郭家樓，現存泰安岱廟。

五島美術館：

一帖，明拓，紙本墨拓，23.4×14.2，宇野雪村舊藏。

書道博物館：

一張，明拓，紙本墨拓，原片。

東洋文庫：

一帖四十二葉，紙本墨拓，34.0×19.0，編號：Ⅱ-16-C-88。

一張，碑陽，紙本墨拓，原片，170.0×100.0。一張，碑額，紙本墨拓，47.0×27.0。編號：Ⅱ-16-C-936。

一張，碑陽，紙本墨拓，原片，172.0×107.0。碑額，失。編號：Ⅱ-16-C-c-26。

東京國立博物館：

一幅，紙本墨拓，原片，編號：620。

一幅，紙本墨拓，原片，30.8×18.8，編號：1360。

書藝文化院春敬記念書道文庫：

一册，舊拓，紙本墨拓，册頁，35.0×44.0，飯島春敬舊藏。

大阪市立美術館：

一帖，紙本墨拓，剪裝，題額下半闕，編號：2523。

京都大學人文科學研究所：

一張，紙本墨拓，原片，240.0×104.0，編號：KAN0031X。

淑德大學書學文化中心：

一張，紙本墨拓，原片，編號：001392。

一軸，紙本墨拓，卷軸，編號：196076。

一軸，紙本墨拓，卷軸，編號：196471。

　　一軸，紙本墨拓，卷軸，編號：195672。

　　一册，紙本墨拓，册頁，編號：197038。

　　一册，紙本墨拓，册頁，編號：197039。

金石拓本研究會：

　　一張，紙本墨拓，原片，228.0×104.0。

書壇院：

　　一幅，紙本墨拓，原片。

0193　建寧殘石

又稱"曹掾等字殘碑"，東漢建寧元年（168）九月刻，民國十年（1921）出土於河南洛陽，現藏於故宫博物院。

書道博物館：

　　一張，紙本墨拓，原片，端方舊藏。

京都大學人文科學研究所：

　　一張，紙本墨拓，原片，44.0×39.0，編號：KAN0032X。

淑德大學書學文化中心：

　　一軸，紙本墨拓，卷軸，編號：000742。

　　一張，紙本墨拓，原片，編號：001554。

金石拓本研究會：

　　一張，紙本墨拓，原片，44.0×39.0。

0194　楊著碑

又稱"高陽令楊著碑"，東漢建寧元年（168）十月二十八日立，原在河南陝縣，久佚。

京都大學人文科學研究所：

　　一張，紙本墨拓，原片，179.0×89.5，編號：KAN0033X。

金石拓本研究會：

　　一張，紙本墨拓，原片，228.0×85.0。

0195　建寧元年磚

東漢建寧元年（168）刻。

淑德大學書學文化中心：

　　一軸，紙本墨拓，卷軸，編號：198945。

0196　郭有道碑

又稱"郭林宗碑""郭有道林宗碑"，蔡邕撰文并書丹，東漢建寧二年（169）正月立，宋代金石志書不見著錄，久佚，清康熙年間傅山重刻，現在山西介休博物館。

書道博物館：

  一張，紙本墨拓，原片，吳大澂覆刻宋拓本。

京都大學人文科學研究所：

  一張，紙本墨拓，原片，206.0×76.0，編號：KAN0034X。

淑德大學書學文化中心：

  一張，紙本墨拓，原片，編號：195013。

  一軸，紙本墨拓，卷軸，編號：195404。

  一張，紙本墨拓，托裱，編號：197519，天放樓舊藏。

大阪市立美術館：

  一帖，紙本墨拓，剪裝，編號：2525。

金石拓本研究會：

  一張，紙本墨拓，原片，145.5×61.3。

0197　史晨碑

一碑兩刻，碑陽稱"魯相史晨奏祀孔子廟碑""史晨前碑"，碑陰稱"魯相史晨饗孔子廟碑"
"史晨後碑"，東漢建寧二年（169）三月立，原在孔廟同文門，現藏於曲阜漢魏碑刻陳列館。

書道博物館：

  一帖，宋拓，紙本墨拓，各24.5×14.5，中村不折舊藏。

  一張，明拓，紙本墨拓，托裱。

木雞室：

  一張，明拓，紙本墨拓，原片，羅振玉舊藏并題簽。

東京國立博物館：

  一幅，紙本墨拓，原片，編號：433。

  一幅，紙本墨拓，原片，編號：816，今泉雄作舊藏。

  一幅，紙本墨拓，原片，231.0×96.8，編號：817，今泉雄作舊藏。

  一冊，紙本墨拓，冊頁，30.2×17.2，編號：1351。

宇野雪村文庫：

  一張，紙本墨拓，原片，編號：1165。

  一張，紙本墨拓，原片，編號：1367。

  一冊，紙本墨拓，原片，編號：20。

東洋文庫：

  一張，碑陽，紙本墨拓，原片，168.0×82.0，編號：Ⅱ-16-C-938。

  一張，碑陽，紙本墨拓，原片，164.0×84.0，編號：Ⅱ-16-C-c-27。

  一張，碑陰，紙本墨拓，原片，170.0×82.0，編號：Ⅱ-16-C-935。

  一張，碑陰，紙本墨拓，原片，163.0×82.0，編號：Ⅱ-16-C-c-28。

京都大學人文科學研究所：

一張，碑陽，紙本墨拓，原片，170.4×83.8，編號：KAN0035A。

一張，碑陰，紙本墨拓，原片，172.0×84.0，編號：KAN0035B。

淑德大學書學文化中心：

一册，碑陽，紙本墨拓，册頁，編號：000209。

一張，碑陽，紙本墨拓，原片，編號：195012。

一張，碑陽，紙本墨拓，原片，編號：195014。

一軸，碑陽，紙本墨拓，卷軸，編號：195343。

一册，碑陽，紙本墨拓，册頁，編號：195494。

一册，碑陽，紙本墨拓，册頁，編號：195696。

一軸，碑陽，紙本墨拓，卷軸，編號：196502。

一張，碑陽，紙本墨拓，托裱，編號：196551。

一軸，碑陽，紙本墨拓，卷軸，編號：197520，天放樓舊藏。

一張，碑陽，紙本墨拓，原片，編號：198190。

一張，碑陰，紙本墨拓，原片，編號：195012。

一張，碑陰，紙本墨拓，原片，編號：195014。

一册，碑陰，紙本墨拓，册頁，編號：195495。

一軸，碑陰，紙本墨拓，卷軸，編號：195344。

一軸，碑陰，紙本墨拓，卷軸，編號：196503。

一張，碑陰，紙本墨拓，托裱，編號：196552。

一軸，碑陰，紙本墨拓，卷軸，編號：197521，天放樓舊藏。

一張，碑陰，紙本墨拓，原片，編號：198191。

大阪市立美術館：

二帖，紙本墨拓，剪裝，編號：2524。

白扇書道會：

一張，紙本墨拓，全拓，169.0×80.0，種谷扇舟舊藏。

金石拓本研究會：

一張，碑陽，紙本墨拓，原片，160.5×83.0。

一張，碑陰，紙本墨拓，原片，160.9×81.6。

墨華書道會：

一册，紙本墨拓，原片。

寄鶴軒：

一張，紙本墨拓，原片。

書壇院：

一幅，紙本墨拓，原片。

0198　肥致碑

全稱“河南梁東安樂肥君之碑”，又稱“許孝萇爲肥致及其父置神坐碑”，東漢建寧二年（169）

五月十二日立，一九九一年出土於河南偃師蔡莊鄉，現藏於偃師商城博物館。

淑德大學書學文化中心：

    一軸，紙本墨拓，卷軸，編號：198719。

金石拓本研究會：

    一張，紙本墨拓，原片，96.0×48.0。

墨渚會：

    一張，紙本墨拓，原片。

0199　地界碑

東漢建寧二年（169）刻。

金石拓本研究會：

    一張，紙本墨拓，原片，56.0×32.0。

0200　李□刑徒磚

東漢建寧三年（170）二月十九日刻。

淑德大學書學文化中心：

    一冊，紙本墨拓，冊頁，編號：197912。

0201　許阿瞿畫像石題記

又稱"許阿瞿墓誌銘"，東漢建寧三年（170）三月十八日刻，一九七三年出土於河南南陽李相公莊，現藏於南陽漢畫館。

木雞室：

    一張，舊拓，紙本墨拓，原片。

金石拓本研究會：

    一張，紙本墨拓，原片，56.0×16.0。

0202　夏承碑

全稱"漢北海淳于長夏君碑"，又稱"夏仲兗碑"，東漢建寧三年（170）六月二十八日立，明嘉靖二十二年（1543）石毀，時有重刻，現在河北邯鄲永年區清暉書院。

書道博物館：

    一張，北宋拓本，紙本墨拓，原片，伊秉綬舊藏。

    一張，覆刻本，紙本墨拓，原片。

淑德大學書學文化中心：

    一軸，紙本墨拓，卷軸，編號：196745。

    一張，紙本墨拓，托裱，編號：197522，天放樓舊藏。

書壇院：

一幅，紙本墨拓，全拓。

金石拓本研究會：

一張，紙本墨拓，原片，199.4×91.9。

0203　郜銓墓磚

東漢建寧三年（170）刻。

宇野雪村文庫：

一張，紙本墨拓，原片，編號：1021。

0204　西狹頌

全稱"漢武都太守漢陽阿陽李翕西狹頌"，又稱"李翕碑""黄龍碑""惠安西表"等，仇靖撰刻并書丹，東漢建寧四年（171）六月十三日刻，現存甘肅成縣拋沙鎮東營村豐泉峽中段青龍頭南壁。

書道博物館：

一張，舊拓，紙本墨拓，原片，翁方綱舊藏。

一張，明拓，紙本墨拓，原片，葉志詵舊藏。

三井記念美術館：

一帖，舊拓，紙本墨拓，新町三井家舊藏。

東洋文庫：

一帖二十六葉，紙本墨拓，41.0×25.0，編號：Ⅱ-16-C-884。

一張，紙本墨拓，原片，146.0×141.0，題名，50.0×50.0，編號：Ⅱ-16-C-939。

宇野雪村文庫：

一張，紙本墨拓，原片，編號：1213。

一張，紙本墨拓，原片，編號：1214。

五島美術館：

一張，紙本墨拓，原片，203.3×199.5，宇野雪村舊藏。

京都大學人文科學研究所：

一張，紙本墨拓，原片，148.0×196.0，編號：KAN0036X。

淑德大學書學文化中心：

一册，紙本墨拓，册頁，編號：001303。

一軸，紙本墨拓，卷軸，編號：195004。

一册，紙本墨拓，册頁，編號：195165。

一軸，紙本朱拓，卷軸，編號：195197。

一軸，紙本墨拓，卷軸，編號：196500。

書藝文化院春敬記念書道文庫：

一册，紙本墨拓，册頁，38.0×42.0，飯島春敬舊藏。

白扇書道會：
　　一張，紙本墨拓，全拓，151.0×144.0，種谷扇舟舊藏。
谷村薏齋：
　　一册，紙本墨拓，原片，日下部鶴鳴、松本芳翠題簽。
書壇院：
　　一幅，紙本墨拓，原片。
金石拓本研究會：
　　二張，紙本墨拓，原片，［1］45.5×197.0，［2］134.7×100.5。
墨華書道會：
　　一張，紙本墨拓，原片。
觀峰館：
　　一幅，紙本墨拓，原片。

0205　楊叔恭殘碑

又稱“漢沈州刺史楊叔恭殘碑”，東漢建寧四年（171）七月六日立，清嘉慶年間出土於山東鉅
野，現藏於故宮博物院。
書道博物館：
　　一張，紙本墨拓，原片，端方舊藏。
東京國立博物館：
　　一幅，紙本墨拓，原片，編號：984。
東洋文庫：
　　一張，紙本墨拓，原片，58.0×100.0，編號：Ⅱ-16-C-c-29。
京都大學人文科學研究所：
　　一張，碑陽，紙本墨拓，原片，54.0×66.0，編號：KAN0040A。
　　一張，碑陰，紙本墨拓，原片，55.5×67.6，編號：KAN0040B。
　　一張，左側，紙本墨拓，原片，50.0×25.7，編號：KAN0040C。
宇野雪村文庫：
　　一張，紙本墨拓，原片，編號：1515。
　　一張，紙本墨拓，原片，編號：1025。
　　一張，紙本墨拓，原片，編號：1836。
淑德大學書學文化中心：
　　一張，紙本墨拓，原片，編號：000426。
　　一軸，紙本墨拓，卷軸，編號：195282。
　　一軸，紙本墨拓，卷軸，編號：196754。
　　一張，紙本墨拓，托裱，編號：197952。
金石拓本研究會：

一張，碑陽，紙本墨拓，原片，43.5×62.0。

一張，碑側，紙本墨拓，原片，31.8×24.0。

0206　孔彪碑

全稱"漢故博陵太守孔府君碑"，又稱"漢博陵太守孔彪碑"，東漢建寧四年（171）七月十三日立，現藏於曲阜漢魏碑刻陳列館。

書道博物館：

一張，舊拓，紙本墨拓，原片，端方舊藏。

東京國立博物館：

一幅，碑陰，紙本墨拓，原片，編號：430。

東洋文庫：

一帖五十二葉，碑陽，紙本墨拓，31.0×17.0。碑額，失。碑陰，無。編號：Ⅱ-16-C-824。

一張，碑陽，紙本墨拓，184.0×84.0。碑額，失。碑陰，一張，紙本墨拓，64.0×64.0。編號：Ⅱ-16-C-940。

一張，碑陽，紙本墨拓，272.0×90.0。碑陰，失。編號：Ⅱ-16-C-c-30。

京都大學人文科學研究所：

一張，碑陽，紙本墨拓，原片，181.0×88.0，編號：KAN0039A。

一張，碑陰，紙本墨拓，原片，63.0×63.3，編號：KAN0039B。

大阪市立美術館：

一帖，紙本墨拓，剪裝（無碑陰、題額），編號：2527。

宇野雪村文庫：

一張，紙本墨拓，原片，編號：1365。

淑德大學書學文化中心：

一張，碑陽，紙本墨拓，原片，編號：195012。

一軸，碑陽，紙本墨拓，卷軸，編號：195365。

一册，碑陽，紙本墨拓，册頁，編號：195484。

一軸，碑陽，紙本墨拓，卷軸，編號：196077。

一册，碑陽，紙本墨拓，托裱，編號：197524，天放樓舊藏。

一張，碑陽，紙本墨拓，原片，編號：198496。

一張，碑陰，紙本墨拓，原片，編號：195012。

一軸，碑陰，紙本墨拓，卷軸，編號：195366。

一册，碑陰，紙本墨拓，托裱，編號：197525，天放樓舊藏。

白扇書道會：

一張，紙本墨拓，原片，194.0×100.0，種谷扇舟舊藏。

金石拓本研究會：

一張，紙本墨拓，原片，153.4×64.0。

0207 五瑞圖

又稱"甿池五瑞圖""黄龍圖"，東漢建寧四年（171）刻，現在甘肅成縣抛沙鎮東营村豐泉峽中段青龍頭南壁"西狹頌"之側。

書道博物館：

一張，紙本墨拓，原片。

東京國立博物館：

一幅，紙本墨拓，原片，編號：206。

一幅，紙本墨拓，原片，228.0×162.0，編號：763。

東洋文庫：

一張，紙本墨拓，原片，186.0×94.0，題字，20.0×13.0，編號：X1-6-A-10。

京都大學人文科學研究所：

一張，紙本墨拓，原片，152.4×100.5，編號：KAN0037X。

黑川古文化研究所：

一幅，紙本墨拓，原片，50.4×22.8，書1054，翁方綱、桂馥跋。

淑德大學書學文化中心：

一軸，紙本墨拓，卷軸，編號：195004。

一册，紙本墨拓，册頁，編號：195165。

一軸，紙本墨拓，卷軸，編號：196501。

一張，紙本朱拓，原片，編號：198992。

大阪市立美術館：

一張，原拓，紙本墨拓，原片，編號：2526。

墨華書道會：

一張，紙本墨拓，原片。

書壇院：

一幅，紙本墨拓，原片。

0208 郙閣頌

全稱"漢武都太守李翕析里橋郙閣頌"，仇靖撰文，仇紼書丹，東漢建寧五年（172）二月十八日刻，原在陝西略陽縣徐家坪鄉嘉陵江西岸崖壁，殘石現存略陽靈巖寺。

書道博物館：

一張，明拓，紙本墨拓，原片，朱筠舊藏。

一張，覆刻本，紙本墨拓，原片。

東京國立博物館：

一幅，紙本墨拓，原片，編號：595。

　　　　一幅，紙本墨拓，原片，編號：1054。

宇野雪村文庫：

　　　　一張，紙本墨拓，原片，編號：1961。

金石拓本研究會：

　　　　一張，紙本墨拓，原片，172.0×113.0。

京都大學人文科學研究所：

　　　　一張，紙本墨拓，原片，164.0×120.0，編號：KAN0038X。

淑德大學書學文化中心：

　　　　一軸，紙本墨拓，卷軸，編號：195958。

　　　　一軸，紙本墨拓，卷軸，編號：196078。

　　　　一軸，紙本墨拓，卷軸，編號：196470。

　　　　一軸，紙本墨拓，卷軸，編號：198235。

大阪市立美術館：

　　　　一帖，紙本墨拓，剪裝，編號：2530。

墨華書道會：

　　　　一册，紙本墨拓，原片。

寄鶴軒：

　　　　一張，紙本墨拓，原片。

書壇院：

　　　　一幅，紙本墨拓，原片。

209　建寧五年黄腸石

東漢建寧五年（172）刻。

淑德大學書學文化中心：

　　　　一軸，紙本墨拓，卷軸，編號：000741。

0210　武榮碑

全稱“漢故執金吾丞武君之碑”，又稱“執金吾丞武榮碑”，東漢建寧年間（168—172）立，原在山東嘉祥武氏墓地，現藏於濟寧市博物館。

書道博物館：

　　　　一張，舊拓，紙本墨拓，原片，秦文錦舊藏。

東京國立博物館：

　　　　一幅，紙本墨拓，原片，編號：401。

　　　　一幅，紙本墨拓，原片，30.5×16.5，編號：1364。

　　　　一帖，也軒學本，紙本墨拓，31.8×18.8，編號：1371。

東洋文庫：

一帖二十二葉，紙本墨拓，27.0×16.0，編號：Ⅱ-16-C-808。

一張，碑陽，紙本墨拓，130.0×44.0。碑額，一張，紙本墨拓，26.0×20.0。編號：Ⅱ-16-C-937。

一張，碑陽，125.0×47.0。碑額，一張，紙本墨拓，32.0×28.0。編號：Ⅱ-16-C-c-32。

宇野雪村文庫：

一張，紙本墨拓，原片，編號：1110。

一張，紙本墨拓，原片，編號：1378。

大阪市立美術館：

一帖，紙本墨拓，剪裝，編號：2520。

淑德大學書學文化中心：

一張，紙本墨拓，原片，編號：195012。

一張，紙本墨拓，原片，編號：195013。

一軸，紙本墨拓，卷軸，編號：195248。

一軸，紙本墨拓，卷軸，編號：195261。

一册，紙本墨拓，册頁，編號：195714。

一册，紙本墨拓，册頁，編號：196270。

一軸，紙本墨拓，卷軸，編號：196750。

一册，紙本墨拓，册頁，編號：197177。

一册，紙本墨拓，托裱，編號：197518，天放樓舊藏。

白扇書道會：

一張，紙本墨拓，原片，172.0×53.0，種谷扇舟舊藏。

金石拓本研究會：

一張，紙本墨拓，原片，172.0×55.0。

［熹平］

0211　宣曉刑徒磚

東漢熹平元年（172）十二月十九日刻，現藏於吉首大學博物館，疑僞刻。

淑德大學書學文化中心：

一册，紙本墨拓，册頁，編號：197912。

0212　東海廟殘碑

東漢熹平元年（172）四月立，原在江蘇東海，久佚。

宇野雪村文庫：

一册，紙本墨拓，册頁，編號：34。

一張，紙本墨拓，原片，編號：1015。

金石拓本研究會：

　　一張，紙本墨拓，原片，29.0×110.0。

0213　楊淮表記

全稱“司隸校尉楊淮表記”，又稱“楊淮表”“楊淮碑”，東漢熹平二年（173）二月二十二日刻，原在陝西褒城石門崖壁，現藏於漢中市博物館。

三井記念美術館：

　　一帖，明拓，紙本墨拓，新町三井家舊藏。

書道博物館：

　　一張，舊拓，紙本墨拓，原片，精本。

東京國立博物館：

　　一帖，紙本墨拓，編號：387。

東洋文庫：

　　一帖十三葉，紙本墨拓，41.0×25.0，編號：Ⅱ-16-C-884。

宇野雪村文庫：

　　一册，紙本墨拓，册頁，編號：17。

木雞室：

　　一張，紙本墨拓，原片。

寄鶴軒：

　　一張，紙本墨拓，原片。

淑德大學書學文化中心：

　　一軸，紙本墨拓，卷軸，編號：195003。

　　一軸，紙本墨拓，卷軸，編號：195218。

　　一軸，紙本墨拓，卷軸，編號：195899。

　　一張，紙本墨拓，托裱，編號：197526，天放樓舊藏。

　　一張，紙本墨拓，原片，編號：198603。

大阪市立美術館：

　　一幅，紙本墨拓，原片，編號：2532。

京都大學人文科學研究所：

　　一張，紙本墨拓，原片，193.0×61.5，編號：KAN0042X。

白扇書道會：

　　一張，紙本墨拓，原片，190.0×62.0，種谷扇舟舊藏。

金石拓本研究會：

　　一張，紙本墨拓，原片，189.0×50.0。

墨華書道會：

　　一張，紙本墨拓，原片。

書壇院：

　　一幅，紙本墨拓，原片。

0214　四神刻石

東漢熹平二年（173）四月十九日刻，民國三年（1914）出土於山東莒縣于家莊，現藏於濟寧市博物館。

淑德大學書學文化中心：

　　一軸，紙本墨拓，卷軸，編號：197230。

金石拓本研究會：

　　一張，紙本墨拓，原片，52.0×39.0。

墨渚會：

　　一張，紙本墨拓，原片。

0215　魯峻碑

全稱“漢故司隸校尉忠惠父魯君碑”，又稱“魯忠惠碑”，東漢熹平二年（173）四月二十二日立，現藏於山東濟寧市博物館。

書道博物館：

　　一張，明拓，紙本墨拓，原片，陸恭舊藏。

東京國立博物館：

　　一幅，紙本墨拓，原片，編號：435。

京都大學人文科學研究所：

　　一張，碑陽，紙本墨拓，原片，192.0×102.0，編號：KAN0043A。

　　一張，碑陰，紙本墨拓，原片，126.0×104.0，編號：KAN0043B。

東洋文庫：

　　一帖四十八葉，碑陽，紙本墨拓，37.0×16.0。一張，碑額，紙本墨拓，59.0×28.0。碑陰，失。編號：Ⅱ-16-C-882。

　　一帖二十八葉，碑陰，紙本墨拓，34.0×17.0，編號：Ⅱ-16-C-840。

　　一張，碑陽，紙本墨拓，188.0×98.0。一張，碑額，紙本墨拓，59.0×28.0。碑陰，失。編號：Ⅱ-16-C-941。

　　一張，碑陽，紙本墨拓，190.0×105.0。一張，碑額，紙本墨拓，62.0×23.0。一張，碑陰，紙本墨拓，130.0×102.0。編號：Ⅱ-16-C-c-33。

宇野雪村文庫：

　　一張，紙本墨拓，原片，編號：1379。

　　一冊，紙本墨拓，冊頁，編號：28。

大阪市立美術館：

　　一帖，紙本墨拓，剪裝，無碑陰，編號：2533。

淑德大學書學文化中心：

　　一册，碑陽，紙本墨拓，册頁，編號：001262。

　　一張，碑陽，紙本墨拓，原片，編號：195013。

　　一軸，碑陽，紙本墨拓，卷軸，編號：195351。

　　一張，碑陽，紙本墨拓，托裱，編號：196547。

　　一張，碑陽，紙本墨拓，托裱，編號：197527，天放樓舊藏。

　　一册，碑陰，紙本墨拓，册頁，編號：001261。

　　一張，碑陰，紙本墨拓，原片，編號：195013。

　　一軸，碑陰，紙本墨拓，卷軸，編號：195352。

　　一張，碑陰，紙本墨拓，托裱，編號：196547。

　　一張，碑陰，紙本墨拓，托裱，編號：197528，天放樓舊藏。

白扇書道會：

　　一張，紙本墨拓，原片，200.0×107.0，種谷扇舟舊藏。

金石拓本研究會：

　　一張，碑陽，紙本墨拓，原片，251.0×103.7。

　　一張，碑陰，紙本墨拓，原片，123.0×101.5。

0216　熹平斷碑

又稱“熹平二年殘碑”，東漢熹平二年（173）十一月二十一日立，清乾隆五十八年（1793）發現於山東曲阜東關外，道光十八年（1838）移入孔廟同文門，現藏於曲阜漢魏碑刻陳列館。

書道博物館：

　　一張，紙本墨拓，全拓。

京都大學人文科學研究所：

　　一張，紙本墨拓，原片，69.5×62.5，編號：KAN0044X。

東洋文庫：

　　一張，碑陽，紙本墨拓，原片，68.0×62.0，編號：Ⅱ-16-C-942。

　　一帖九葉，碑陽，紙本墨拓，29.0×13.0，附：朱君長題字五葉。編號：Ⅱ-16-C-829。

　　一張，碑陽，紙本墨拓，原片，66.0×62.0，編號：Ⅱ-16-C-c-34。

大阪市立美術館：

　　一張，原拓，紙本墨拓，原片，編號：2534。

淑德大學書學文化中心：

　　一張，紙本墨拓，原片，編號：195012。

　　一軸，紙本墨拓，卷軸，編號：195290。

　　一軸，紙本墨拓，卷軸，編號：195426。

金石拓本研究會：

　　一張，紙本墨拓，原片，68.5×62.0。

0217 楊震碑

全稱"漢故太尉楊公神道碑銘"，東漢熹平二年（173）立，久佚。

宇野雪村文庫：

 一册，紙本墨拓，册頁，編號：334。

京都大學人文科學研究所：

 一張，紙本墨拓，原片，183.0×79.0，編號：KAN0041X。

淑德大學書學文化中心：

 一張，紙本墨拓，原片，編號：001486。

 一册，紙本墨拓，册頁，編號：195699。

金石拓本研究會：

 一張，紙本墨拓，原片，187.4×84.0。

0218 熹平三年刻石

東漢熹平三年（174）正月二十四日刻。

墨渚會：

 一張，紙本墨拓，原片。

0219 婁壽碑

又稱"漢玄儒先生婁壽碑"，東漢熹平三年（174）正月立，原在湖北光化，久佚。

東京國立博物館：

 一帖，宋拓，紙本墨拓，27.0×20.0，何紹基、潘祖蔭、豐坊、龔自珍、翁同龢、繆荃孫、

 吳樹梅等跋，華夏、高島菊次郎舊藏。

金石拓本研究會：

 一張，紙本墨拓，原片，208.0×77.0。

0220 耿勳碑

全稱"漢武都太守耿君表"，又稱"漢武都太守耿勳碑""耿勳表"，東漢熹平三年（174）四月
二十日刻，現存甘肅成縣天成山棧道崖壁。

書道博物館：

 一張，紙本墨拓，原片。

京都大學人文科學研究所：

 一張，紙本墨拓，原片，154.0×150.0，編號：KAN0045X。

淑德大學書學文化中心：

 一軸，紙本墨拓，卷軸，編號：195423。

 一册，紙本墨拓，册頁，編號：195486。

一軸，紙本墨拓，卷軸，編號：195902。

一張，紙本墨拓，托裱，編號：196569。

一軸，紙本墨拓，卷軸，編號：197529，天放樓舊藏。

金石拓本研究會：

一張，紙本墨拓，原片，148.7×147.8。

觀峰館：

一幅，紙本墨拓，原片。

0221　伯興妻殘碑

又稱“張山子熹平三年殘碑”，東漢熹平三年（174）五月二十四日立，一九八〇年出土於山東棗莊張山子公社官牧村，現藏於棗莊市博物館。

淑德大學書學文化中心：

一軸，紙本墨拓，卷軸，編號：197228。

金石拓本研究會：

一張，紙本墨拓，原片，86.0×32.0。

0222　營陵置社碑

東漢熹平三年（174）十月二十三日立，傳石在山東昌樂，出土時地不詳。

淑德大學書學文化中心：

一張，碑陽，紙本墨拓，原片，編號：195711。

一册，碑陽，紙本墨拓，册頁，編號：197319。

一張，碑陰及側，紙本墨拓，原片，編號：195711。

一册，碑陽及側，紙本墨拓，册頁，編號：197319。

0223　孫仲隱墓碑

又稱“孫仲隱墓誌”，東漢熹平四年（175）二月二十一日立，一九七三年出土於山東高密田莊鄉住王村，現藏於高密博物館。

淑德大學書學文化中心：

一軸，紙本墨拓，卷軸，編號：197225。

金石拓本研究會：

一張，紙本墨拓，原片，88.0×34.0。

0224　熹平石經

又稱“太學石經”“一字石經”，經文内容包括儒家經典《尚書》等七種，蔡邕等人撰文，始刻於東漢熹平四年（175），至光和六年（183）成，後世多有損毁，殘石散藏西安碑林博物館等地。

東京國立博物館：

　　一卷九紙，宋拓，紙本墨拓，32.0×29.2，［1］《尚書·洪範》，［2］《尚書·君奭》，
　　［3］［4］《毛詩》，［5］《公羊》，［6］［7］《儀禮》，［8］《論語》，［9］題名。錢泳、翁同
　　龢舊藏。

宇野雪村文庫：

　　一册，紙本墨拓，册頁，編號：32，柯昌泗跋。

　　一册，紙本朱拓，册頁，編號：1027，北平圖書館舊藏。

　　一册，紙本墨拓，册頁，編號：37。

　　一張，紙本墨拓，原片，編號：1048，于右任舊藏。

　　一張，紙本墨拓，原片，編號：1082，于右任舊藏。

東洋文庫：

　　一張，碑陽，紙本墨拓，原片，46.0×23.0，編號：Ⅱ-16-C-943。

　　一張，碑陽，紙本墨拓，原片，35.0×23.0，編號：Ⅱ-16-C-944。

　　一張，碑陽，紙本墨拓，原片，《尚書·盤庚》《論語·爲政》《論語·堯曰》，31.0×83.0，
　　編號：Ⅱ-16-C-c-36。

淑德大學書學文化中心：

　　一軸，紙本墨拓，卷軸，《周易》，編號：001557。

　　一軸，紙本墨拓，卷軸，《周易》，編號：001558。

　　一册，紙本墨拓，册頁，《周易》，編號：195800。

　　一軸，紙本墨拓，卷軸，《周易》，編號：196989。

　　一册，紙本墨拓，册頁，《周易》，編號：197115。

　　一張，紙本墨拓，原片，《論語》，編號：195510。

　　一軸，紙本墨拓，卷軸，《春秋》，編號：196079。

　　一軸，紙本墨拓，卷軸，《公羊傳》，編號：196080。

　　一軸，紙本墨拓，卷軸，《尚書》，編號：196081。

　　一軸，紙本墨拓，卷軸，《尚書》，編號：196082。

　　一軸，紙本墨拓，卷軸，《尚書》，編號：196744。

　　一軸，紙本墨拓，卷軸，《尚書》，編號：196743。

京都大學人文科學研究所：

　　一張，紙本墨拓，原片，編號：KAN0061A。

　　一張，紙本墨拓，原片，編號：KAN0061B。

書藝文化院春敬記念書道文庫：

　　一張，紙本墨拓，原片，37.0×50.0，飯島春敬舊藏。

大阪市立美術館：

　　二十六張，紙本墨拓，原片，編號：2536。

白扇書道會：

一張，紙本墨拓，全拓，188.0×97.0，種谷扇舟舊藏。

根津美術館：

一張，紙本墨拓，原片，56.0×32.0，白檮廬舊藏。

寄鶴軒：

一張，紙本墨拓，原片。

0225　韓仁銘

全稱"漢循吏故聞憙長韓仁銘"，東漢熹平四年（175）十一月三十日立，金正大五年（1228）出土於河南滎陽縣京襄城村，歷存滎陽縣署、滎陽小學等地，現藏於滎陽市文物保管所。

書道博物館：

一張，宋拓，紙本墨拓，原片，陳鴻壽舊藏。

東京國立博物館：

一帖，紙本墨拓，編號：596。

一帖，也軒學本，紙本墨拓，30.6×16.4，編號：1371。

木雞室：

一冊，舊拓，紙本墨拓，冊頁，姚華題跋。

京都大學人文科學研究所：

一張，紙本墨拓，原片，173.0×91.0，編號：KAN0046X。

宇野雪村文庫：

一冊，紙本墨拓，冊頁，編號：23。

淑德大學書學文化中心：

一冊，紙本墨拓，冊頁，編號：001816。

一軸，紙本墨拓，卷軸，編號：195402。

一冊，紙本墨拓，冊頁，編號：195708。

一冊，紙本墨拓，冊頁，編號：196539。

一冊，紙本墨拓，冊頁，編號：197182。

一張，紙本墨拓，托裱，編號：197310。

一張，紙本墨拓，托裱，編號：197530，天放樓舊藏。

寄鶴軒：

一張，紙本墨拓，全拓，趙曾舊藏。

金石拓本研究會：

一張，紙本墨拓，原片，172.0×91.0。

墨渚會：

一張，紙本墨拓，原片。

0226　嵩高山請雨銘

全稱"堂谿典嵩高山請雨銘"，東漢熹平四年（175）刻，現存河南登封崇福觀"開母廟石闕銘” 下。

東洋文庫：

一張，碑陽，紙本墨拓，原片，33.0×72.0，編號：Ⅱ-16-C-c-35。

一張，碑陽，紙本墨拓，原片，27.0×90.0，編號：Ⅱ-16-C-917.2。

淑德大學書學文化中心：

一張，紙本墨拓，原片，編號：000972。

一張，紙本墨拓，托裱，編號：195384。

一張，紙本墨拓，托裱，編號：195900。

一張，紙本墨拓，托裱，編號：196595。

白扇書道會：

一張，紙本墨拓，原片，33.0×85.0，種谷扇舟舊藏。

金石拓本研究會：

一張，紙本墨拓，原片，28.3×59.1。

0227　劉元臺買地券

東漢熹平五年（176）七月十四日刻，一九七五年出土於江蘇揚州甘泉山，現藏於揚州中國雕版印刷博物館。

淑德大學書學文化中心：

一張，紙本墨拓，原片，編號：001231。

墨渚會：

一張，紙本墨拓，原片。

0228　梧臺里石社碑額

東漢熹平五年（176）刻，久佚，清宣統元年（1909）碑額復出，現藏於山東博物館。

淑德大學書學文化中心：

一軸，紙本墨拓，卷軸，編號：196183。

金石拓本研究會：

一張，紙本墨拓，原片，62.0×55.0。

0229　尹宙碑

又稱“漢故豫州從事尹君之銘”，東漢熹平六年（177）四月二十四日立，元皇慶元年（1312）出土於河南洧川，原在鄢陵文廟，現存河南鄢陵第二中學。

書道博物館：

一張，明拓，紙本墨拓，原片，劉體乾舊藏。

寄鶴軒：

一張，明拓，紙本墨拓，原片，王鐸題名，葛正笏題跋。

東京國立博物館：

　　一帖，紙本墨拓，31.8×17.0，編號：1350。

東洋文庫：

　　一張，紙本墨拓，原片，195.0×91.0，編號：Ⅱ-16-C-c-37。

宇野雪村文庫：

　　一張，紙本墨拓，原片，編號：1122。

　　一册，紙本墨拓，册頁，編號：22。

書藝文化院春敬記念書道文庫：

　　一册，紙本墨拓，册頁，34.0×35.0，飯島春敬舊藏。

淑德大學書學文化中心：

　　一册，紙本墨拓，册頁，編號：001465。

　　一軸，紙本墨拓，卷軸，編號：196083。

　　一張，紙本墨拓，托裱，編號：196546。

　　一軸，紙本墨拓，卷軸，編號：196491。

　　一張，紙本墨拓，托裱，編號：197531，天放樓舊藏。

京都大學人文科學研究所：

　　一張，紙本墨拓，原片，192.0×92.0，編號：KAN0047X。

金石拓本研究會：

　　一張，紙本墨拓，原片，191.2×92.2。

白扇書道會：

　　一張，紙本墨拓，原片，180.0×85.0。

書壇院：

　　一幅，紙本墨拓，原片。

墨渚會：

　　一張，紙本墨拓，原片。

［光和］

0230　光和元年買地券

東漢光和元年（178）刻。

書道博物館：

　　一張，紙本墨拓，原片。

0231　趙寬碑

又稱“三老趙掾碑”，東漢光和三年（180）十一月十三日立，民國三十一年（1942）發現於青海樂都縣老鴉城，後移藏青海省圖書館，毀於火灾。

淑德大學書學文化中心：

　　一軸，紙本墨拓，卷軸，編號：195163。

金石拓本研究會：

　　一張，紙本墨拓，原片，20.0×58.0。

墨渚會：

　　一張，紙本墨拓，原片。

0232　劉君殘碑

又稱"劉梁殘碑"，東漢光和四年（181）三月十五日立，清嘉慶三年（1798）發現於安陽西門
豹祠，後移至孔廟，入存安陽文化館。

書道博物館：

　　二張，初出土拓本，紙本墨拓，原片。

東洋文庫：

　　一帖，紙本墨拓，27.0×15.0，編號：Ⅱ-16-C-868。

　　一帖，碑陽，紙本墨拓，27.0×15.0。碑側，失。

宇野雪村文庫：

　　一張，紙本墨拓，原片，編號：1057。

淑德大學書學文化中心：

　　一册，紙本墨拓，册頁，編號：196570，安陽四種合册。

　　一册，紙本墨拓，册頁，編號：197352，天放樓舊藏。

白扇書道會：

　　一張，紙本墨拓，全拓，48.0×100.0，種谷扇舟舊藏。

金石拓本研究會：

　　一張，紙本墨拓，原片，31.0×22.0。

0233　三公山碑

又稱"小三公山碑"，東漢光和四年（181）四月二日立，原在元氏縣文清書院，久佚。

書道博物館：

　　一張，紙本墨拓，原片。

京都大學人文科學研究所：

　　一張，紙本墨拓，原片，178.0×83.0，編號：KAN0052X。

淑德大學書學文化中心：

　　一册，紙本墨拓，册頁，編號：195673。

　　一册，紙本墨拓，册頁，編號：196269。

　　一册，紙本墨拓，册頁，編號：196575。

　　一軸，紙本墨拓，卷軸，編號：196756。

一張，紙本墨拓，托裱，編號：197534，天放樓舊藏。

金石拓本研究會：

一張，紙本墨拓，原片，172.6×80.1。

0234　無極山碑

又稱"無極山神廟碑"，東漢光和四年（181）十月十三日立，原在元氏縣無極山麓南蘇莊無極神廟，清道光二十七年（1847）移至文清書院，後置正定隆興寺，久佚。

金石拓本研究會：

一張，紙本墨拓，原片，155.6×98.5。

白扇書道會：

一張，紙本墨拓，原片，160.0×99.0，種谷扇舟舊藏。

0235　校官碑

又稱"潘乾校官碑""潘乾碑"，東漢光和四年（181）十月二十一日立，南宋紹興十三年（1143）發現於固城湖邊，後移至孔廟，現藏於南京博物院。

書道博物館：

一張，宋拓，紙本墨拓，原片，金農舊藏。

東京國立博物館：

一幅，紙本墨拓，原片，編號：1024。

宇野雪村文庫：

一張，紙本墨拓，原片，編號：1051。

一張，紙本墨拓，原片，編號：1143。

東洋文庫：

一帖二十八葉，紙本墨拓，30.0×15.0，編號：Ⅱ-16-C-814。

一張，紙本墨拓，原片，133.0×77.0，編號：Ⅱ-16-C-c-38。

京都大學人文科學研究所：

一張，紙本墨拓，原片，156.0×76.5，編號：KAN0053X。

淑德大學書學文化中心：

一軸，紙本墨拓，卷軸，編號：195405。

一册，紙本墨拓，册頁，編號：195515。

一軸，紙本墨拓，卷軸，編號：196747。

一張，紙本墨拓，托裱，編號：197532，天放樓舊藏。

一張，紙本墨拓，托裱，編號：197533，天放樓舊藏。

大阪市立美術館：

一帖，紙本墨拓，剪裝，編號：2537。

金石拓本研究會：

一張，紙本墨拓，原片，138.4×76.9。

觀峰館：

一幅，紙本墨拓，原片。

0236 光和四年買地券

東漢光和四年（181）刻。

書道博物館：

一張，紙本墨拓，原片。

0237 王舍人碑

全稱"漢舍人王君之碑"，東漢光和六年（183）四月刻，一九八二年出土於山東平度灰卜鄉侯家村，現藏於平度市博物館。

淑德大學書學文化中心：

一軸，紙本墨拓，卷軸，編號：197227。

金石拓本研究會：

一張，紙本墨拓，原片，143.0×77.0。

0238 張表造虎函記

東漢光和六年（183）十二月二十一日刻，現藏於濟南市圖書館。

京都大學人文科學研究所：

一張，紙本墨拓，原片，24.0×32.0，編號：KAN0054X。

金石拓本研究會：

一張，紙本墨拓，原片，23.0×32.0。

0239 白石神君碑

又稱"白石山碑"，東漢光和六年（183）立，原在河北元氏縣白石山白石神君祠，歷存元氏縣學、元氏縣百貨公司、正定隆興寺等地，現存元氏縣封龍山南麓封龍書院漢碑堂。

三井記念美術館：

一帖，宋拓，紙本墨拓，新町三井家舊藏。

書道博物館：

一張，舊拓，紙本墨拓，原片。

一張，明拓，紙本墨拓，原片。

東京國立博物館：

一幅，紙本墨拓，原片，編號：998。

一幅，紙本墨拓，原片，編號：1025。

京都大學人文科學研究所：

一張，碑陽，紙本墨拓，原片，190.0×76.0，編號：KAN0055A。

一張，碑陰，紙本墨拓，原片，174.0×80.0，編號：KAN0055B。

五島美術館：

一張，紙本墨拓，原片，175.2×72.0，宇野雪村舊藏。

宇野雪村文庫：

一册，紙本墨拓，册頁，編號：24。

淑德大學書學文化中心：

一册，碑陽，紙本墨拓，册頁，編號：195005。

一軸，碑陽，紙本墨拓，卷軸，編號：195253。

一軸，碑陽，紙本墨拓，卷軸，編號：195421。

一册，碑陽，紙本墨拓，册頁，編號：195700。

一張，碑陽，紙本墨拓，托裱，編號：195718。

一軸，碑陽，紙本墨拓，卷軸，編號：197151。

一軸，碑陽，紙本墨拓，卷軸，編號：197169。

一張，碑陽，紙本墨拓，托裱，編號：197535，天放樓舊藏。

一册，碑陽，紙本墨拓，册頁，編號：197951。

一册，碑陰，紙本墨拓，册頁，編號：195005。

一軸，碑陰，紙本墨拓，卷軸，編號：195422。

一張，碑陰，紙本墨拓，托裱，編號：197536，天放樓舊藏。

金石拓本研究會：

二張，紙本墨拓，原片，碑陽167.1×69.4，碑陰145.1×76.1。

大阪市立美術館：

一帖，紙本墨拓，剪裝，編號：2535。

東京藝術大學藝術資料館：

一張，紙本墨拓，掛幅裝，172.0×74.5，編號：362。

0240　光和七年買地券

東漢光和七年（184）刻。

書道博物館：

一張，紙本墨拓，原片。

［中平］

0241　曹全碑

全稱“漢郃陽令曹全碑”，又稱“曹景完碑”，東漢中平二年（185）十月二十一日立，明萬曆初出土於陝西郃陽，現藏於西安碑林博物館。

書道博物館：

一帖，明拓，紙本墨拓，各 28.3×16.0，中村不折舊藏。

三井記念美術館：

一帖，明拓，紙本墨拓，27.3×14.9，新町三井家舊藏。

谷村憙齋：

一冊，明拓，紙本墨拓，冊頁，松本芳翠題記。

木雞室：

二張，舊拓，紙本墨拓，原片，鄧邦述題跋。

東洋文庫：

一帖五十葉，紙本墨拓，28.0×17.0，編號：×1-3-A-b-57。

一張，紙本墨拓，原片，編號：Ⅱ-16-C-945。

東京國立博物館：

二幅，紙本墨拓，原片，編號：950，大井方太郎舊藏。

一帖，紙本墨拓，31.9×18.8，編號：1354。

一帖，紙本墨拓，編號：380。

二幅，紙本墨拓，原片，編號：403。

淑德大學書學文化中心：

一冊，碑陽，紙本墨拓，冊頁，編號：000324。

一冊，碑陽，紙本墨拓，冊頁，編號：000957。

一軸，碑陽，紙本墨拓，卷軸，編號：195337。

一冊，碑陽，紙本墨拓，冊頁，編號：195707。

一冊，碑陽，紙本墨拓，冊頁，編號：197037。

一軸，碑陽，紙本墨拓，卷軸，編號：197537，天放樓舊藏。

一軸，碑陰，紙本墨拓，卷軸，編號：195338。

一冊，碑陰，紙本墨拓，冊頁，編號：197037。

一冊，碑陰，紙本墨拓，冊頁，編號：195707。

京都大學人文科學研究所：

一張，碑陽，紙本墨拓，原片，178.0×89.0，編號：KAN0057A。

一張，碑陰，紙本墨拓，原片，168.0×87.0，編號：KAN0057B。

金石拓本研究會：

二張，紙本墨拓，原片，碑陽 178.0×73.5，碑陰 177.0×69.0。

白扇書道會：

一張，紙本墨拓，原片，180.0×72.0，種谷扇舟舊藏。

書壇院：

一幅，紙本墨拓，原片。

0242　張遷碑

全稱"漢故穀城長蕩陰令張君表頌"，又稱"張遷表頌"，東漢中平三年（186）二月立，明初出土於山東東平，移至東平儒學明倫堂，清光緒十八年（1892）損於火，現存泰安岱廟。

書道博物館：

一帖，明拓，紙本墨拓，各 26.8×15.0，羅振玉、中村不折舊藏。

三井記念美術館：

一帖，舊拓，紙本墨拓，新町三井家舊藏。

木雞室：

一張，舊拓，紙本墨拓，原片，日下部鳴鶴舊藏。

京都大學人文科學研究所：

一張，碑陽，紙本墨拓，原片，187.2×74.0，編號：KAN0058A。

一張，碑陰，紙本墨拓，原片，117.0×95.0，編號：KAN0058B。

東洋文庫：

一帖，碑陽，紙本墨拓，29.0×18.0。一帖，碑陰，紙本墨拓，29.0×18.0。編號：Ⅱ-16-C-852。

一張，碑陽，紙本墨拓，185.0×73.0。一張，碑額，紙本墨拓，34.0×26.0。一張，碑陰，紙本墨拓，118.0×93.0。編號：Ⅱ-16-C-946。

一張，碑陽，紙本墨拓，188.0×77.0。一張，碑額，紙本墨拓，35.0×32.0。一張，碑陰，紙本墨拓，121.0×91.0。編號：Ⅱ-16-C-c-39。

五島美術館：

一張，紙本墨拓，原片，187.0×75.6，宇野雪村舊藏。

淑德大學書學文化中心：

一册，碑陽，紙本墨拓，册頁，編號：000146。

一册，碑陽，紙本墨拓，册頁，編號：000147。

一册，碑陽，紙本墨拓，册頁，編號：001265。

一軸，碑陽，紙本墨拓，卷軸，編號：195327。

一軸，碑陽，紙本墨拓，卷軸，編號：195415。

一册，碑陽，紙本墨拓，册頁，編號：196765。

一軸，碑陽，紙本墨拓，卷軸，編號：195977。

一張，碑陽，紙本墨拓，原片，編號：197949。

一册，碑陰，紙本墨拓，册頁，編號：000146。

一册，碑陰，紙本墨拓，册頁，編號：000147。

一册，碑陰，紙本墨拓，册頁，編號：001324。

一軸，碑陰，紙本墨拓，卷軸，編號：195328。

一軸，碑陰，紙本墨拓，卷軸，編號：195416。

一軸，碑陰，紙本墨拓，卷軸，編號：195978。

一册，碑陰，紙本墨拓，册頁，編號：196765。

一張，碑陰，紙本墨拓，原片，編號：197950。

金石拓本研究會：

一張，碑陽，紙本墨拓，原片，225.5×76.0。

一張，碑陰，紙本墨拓，原片，117.0×93.5。

墨華書道會：

一張，紙本墨拓，原片。

一册，紙本墨拓，原片。

書壇院：

一幅，紙本墨拓，原片。

觀峰館：

一幅，紙本墨拓，原片。

0243　鄭季宣碑

又稱“尉氏令鄭季宣碑”，東漢中平三年（186）四月二十八日立，現藏於濟寧市博物館。

書道博物館：

一張，紙本墨拓，原片。

東洋文庫：

一帖二十八葉，碑陰，紙本墨拓，31.0×17.0，碑陽失。編號：Ⅱ-16-C-849。

東京國立博物館：

一幅，紙本墨拓，全拓，編號：402。

淑德大學書學文化中心：

一張，碑陽，紙本墨拓，原片，編號：195013。

一張，碑陽，紙本墨拓，托裱，編號：196260。

一軸，碑陽，紙本墨拓，卷軸，編號：195317。

一軸，碑陽，紙本墨拓，卷軸，編號：195458。

一册，碑陽，紙本墨拓，册頁，編號：195724。

一張，碑陽，紙本墨拓，托裱，編號：197538，天放樓舊藏。

一張，碑陰，紙本墨拓，原片，編號：195013。

一軸，碑陰，紙本墨拓，卷軸，編號：195318。

一軸，碑陰，紙本墨拓，卷軸，編號：195459。

一册，碑陰，紙本墨拓，册頁，編號：195724。

一册，碑陰，紙本墨拓，册頁，編號：197539，天放樓舊藏。

宇野雪村文庫：

一張，紙本墨拓，原片，編號：1374。

大阪市立美術館：

　　　一帖，紙本墨拓，剪裝，編號：2538。

金石拓本研究會：

　　　一張，碑陽，紙本墨拓，原片，107.0×63.5。

　　　一張，碑陰，紙本墨拓，原片，109.0×93.5。

　　　一張，碑側，紙本墨拓，原片，64.5×31.0。

0244　中平三年殘石

東漢中平三年（186）六月十二日刻。

京都大學人文科學研究所：

　　　一張，紙本墨拓，原片，137.0×97.0，編號：KAN0056X。

淑德大學書學文化中心：

　　　一軸，紙本墨拓，卷軸，編號：000173。

金石拓本研究會：

　　　一張，紙本墨拓，原片，58.0×48.0。

0245　趙相劉君墓門記

東漢中平四年（187）三月刻。

東洋文庫：

　　　一張，紙本墨拓，原片，38.0×38.0，編號：Ⅱ-16-C-947。

0246　大女房桃枝買地券

東漢中平五年（188）三月刻。

東洋文庫：

　　　一張，紙本墨拓，原片，37.0×4.0，編號：Ⅱ-16-C-c-40。

［初平］

0247　倉龍庚午殘碑

東漢初平元年（190）正月立，清光緒年間出土於山東滕縣董家村，現藏於故宮博物院。

書道博物館：

　　　一張，紙本墨拓，原片，端方舊藏。

宇野雪村文庫：

　　　一張，紙本墨拓，原片，編號：1619。

0248　趙君碑

全稱“漢故圉令趙君之碑”，東漢初平元年（190）十二月二十八日立，原在河南安陽，久佚。

淑德大學書學文化中心：

  一軸，紙本墨拓，卷軸，編號：196191。

書壇院：

  一幅，摹刻，紙本墨拓，原片。

金石拓本研究會：

  一張，紙本墨拓，原片，217.0×91.0。

0249　北海太守爲盧氏婦刻石

東漢初平四年（193）刻。

金石拓本研究會：

  一張，紙本墨拓，原片，70.0×38.0。

［ 建安 ］

0250　吹角壩摩崖

又稱“建安六年殘碑”“嚴季男刻石”“漢盧豐碑”，東漢建安六年（201）八月二十二日刻，原在四川綦江縣趕水鎮，久佚。

書道博物館：

  一張，紙本墨拓，全拓，泐損嚴重。

宇野雪村文庫：

  一張，紙本墨拓，原片，編號：1026。

  一張，紙本墨拓，原片，編號：1145，山本竟山舊藏。

大阪市立美術館：

  一張，紙本墨拓，原片，編號：2561。

淑德大學書學文化中心：

  一軸，紙本墨拓，卷軸，編號：196458。

  一張，紙本墨拓，原片，編號：197954。

  一册，紙本墨拓，册頁，編號：197343，天放樓舊藏。

金石拓本研究會：

  一張，紙本墨拓，原片，53.7×49.5。

0251　樊敏碑

全稱“漢故領校巴郡太守樊府君碑”，東漢建安十年（205）三月立，現存四川蘆山縣石馬壩樊敏墓前。

書道博物館：

  一張，舊拓，紙本墨拓，原片。

東京國立博物館：

　　一幅，紙本墨拓，原片，編號：442。

　　一幅，紙本墨拓，原片，29.9×18.3，編號：1352。

淑德大學書學文化中心：

　　一軸，紙本墨拓，卷軸，編號：195002。

　　一册，紙本墨拓，册頁，編號：195027。

　　一張，紙本墨拓，托裱，編號：197540，天放樓舊藏。

　　一軸，紙本墨拓，卷軸，編號：195964。

　　一軸，紙本墨拓，卷軸，編號：196084。

　　一張，紙本墨拓，托裱，編號：196549。

大阪市立美術館：

　　一帖，紙本墨拓，剪裝，編號：2531。

金石拓本研究會：

　　一張，紙本墨拓，原片，256.0×121.0。

墨華書道會：

　　一張，紙本墨拓，原片。

0252　高頤闕銘

東漢建安十四年（209）八月刻，東西兩闕，現藏於四川雅安姚橋高頤闕博物館。

書道博物館：

　　二張，紙本墨拓，原片。

東洋文庫：

　　一張，碑陽，紙本墨拓，270.0×126.0，編號：Ⅱ-16-C-c-41。

　　四紙八張，碑陽，各64.0×42.0，編號：Ⅱ-16-C-c-42。

京都大學人文科學研究所：

　　一張，紙本墨拓，原片，127.0×29.0，編號：KAN0068A。

宇野雪村文庫：

　　一張，紙本墨拓，原片，編號：1187。

　　一册，紙本墨拓，原片，編號：13。

大阪市立美術館：

　　一帖，紙本墨拓，剪裝，編號：2566。

淑德大學書學文化中心：

　　一軸，紙本墨拓，卷軸，編號：195339。

　　一軸，紙本墨拓，卷軸，編號：195340。

　　一張，紙本墨拓，托裱，編號：195474。

　　一軸，紙本墨拓，卷軸，編號：198073。

一軸，紙本墨拓，卷軸，編號：198074。

一軸，紙本墨拓，卷軸，編號：195341。

一軸，紙本墨拓，卷軸，編號：195342。

一張，紙本墨拓，托裱，編號：195474。

金石拓本研究會：

四張，紙本墨拓，原片，各 127.0×39.0。

一張，紙本墨拓，原片，170.0×118.0。

0253　王暉墓畫像石題記

東漢建安十七年（212）六月刻。

淑德大學書學文化中心：

一張，紙本墨拓，原片，編號：001757。

0254　張飛破張郃銘

東漢建安二十年（215）刻，出土時地不詳，疑偽刻。

東洋文庫：

一張，紙本墨拓，原片，72.0×64.0，編號：Ⅱ-16-C-1011。

京都大學人文科學研究所：

一張，紙本墨拓，原片，編號：GIS0038X。

漢無紀年

0255　朱博殘碑

又稱"瑯琊太守朱博頌德碑殘石"，漢刻，無紀年，傳光緒元年（1875）出土於山東青州東武縣舊城，現藏於濟南市博物館，疑僞刻。

書道博物館：

　　　　一張，紙本墨拓，原片。

黑川古文化研究所：

　　　　一張，紙本墨拓，原片，34.0×79.0，書1086。

東洋文庫：

　　　　一張，紙本墨拓，原片，30.0×78.0，編號：Ⅱ-16-C-c-5。

淑德大學書學文化中心：

　　　　一軸，紙本墨拓，卷軸，編號：195965。

京都大學人文科學研究所：

　　　　一張，紙本墨拓，原片，編號：KAN0003X。

金石拓本研究會：

　　　　一張，紙本墨拓，原片，31.0×75.5。

0256　袁博碑

全稱"漢甘陵相尚府君碑"，漢刻，無紀年，民國十一年（1922）出土於洛陽城北張羊村北陵，現藏於河南博物院。

木雞室：

　　　　一册，明拓，紙本墨拓，剪裱本，32.0×19.0，曾熙題簽，梁章鉅、譚延闓等觀記，曾熙、
　　　　歐陽漸、胡小石等題跋，吳榮光、梁章鉅等舊藏。

京都大學人文科學研究所：

　　　　一張，紙本墨拓，原片，右140.0×23.0，左185.0×26.0，編號：KAN0081X。

書藝文化院春敬記念書道文庫：

　　　　一册，舊拓，紙本墨拓，册頁，34.0×40.0，飯島春敬舊藏。

淑德大學書學文化中心：

　　一軸，碑陽，紙本墨拓，卷軸，編號：001383。

　　一軸，碑陰，紙本墨拓，卷軸，編號：195980。

　　一軸，碑右側，紙本墨拓，卷軸，編號：196456。

　　一軸，碑左側，紙本墨拓，卷軸，編號：196457。

金石拓本研究會：

　　二張，紙本墨拓，原片，右 144.3×24.8，中 163.1×26.5。

墨渚會：

　　一張，紙本墨拓，原片，馬衡題跋。

0257　孔褒碑

又稱“豫州從事孔褒碑”，漢刻，無紀年，清雍正三年（1725）發現於曲阜周公廟東側，現藏於曲阜漢魏碑刻陳列館。

書道博物館：

　　一張，舊拓，紙本墨拓，原片。

　　一張，初拓，紙本墨拓，原片，秦文錦舊藏。

東京國立博物館：

　　一幅，紙本墨拓，原片，編號：594。

大阪市立美術館：

　　一帖，紙本墨拓，剪裝，無題額，編號：2528。

東洋文庫：

　　一帖四十葉，碑陽，紙本墨拓，28.0×14.0，編號：Ⅱ-16-C-809。

　　一張，碑陽，紙本墨拓，原片，155.0×64.0，編號：Ⅱ-16-C-949。

　　一張，碑陽，紙本墨拓，原片，153.0×63.0，編號：Ⅱ-16-C-c-31。

京都大學人文科學研究所：

　　一張，紙本墨拓，原片，155×63，編號：KAN0064X。

宇野雪村文庫：

　　一張，紙本墨拓，原片，編號：1360。

　　一張，紙本墨拓，原片，編號：1837。

淑德大學書學文化中心：

　　一張，紙本墨拓，原片，編號：195012。

　　一軸，紙本墨拓，卷軸，編號：195279。

　　一張，紙本墨拓，托裱，編號：195471。

　　一册，紙本墨拓，册頁，編號：196285。

　　一張，紙本墨拓，托裱，編號：197523，天放樓舊藏。

白扇書道會：

一張，紙本墨拓，原片，152.0×63.0，種谷扇舟舊藏。

書壇院：

一幅，紙本墨拓，原片。

0258　竹葉碑

又稱"少皥之胄碑""漢督郵曹史題名殘碑"，蒲縣永豐鎮石馬村出土，碑身殘，形似竹葉，故名，漢刻，無紀年，現藏於曲阜漢魏碑刻陳列館。

書道博物館：

一張，明拓，紙本墨拓，原片。

宇野雪村文庫：

一張，紙本墨拓，原片，編號：1006。

一張，紙本墨拓，原片，編號：1847。

大阪市立美術館：

一軸，紙本墨拓，卷軸，編號：2539。

淑德大學書學文化中心：

一張，紙本墨拓，原片，編號：001485。

一張，紙本墨拓，原片，編號：195506。

金石拓本研究會：

一張，紙本墨拓，原片，128.0×68.0。

0259　唐公房碑

全稱"仙人唐君之碑"，又稱"公昉碑""仙人唐君碑""仙人唐公房碑"，漢刻，無紀年，約在熹平、光和年間，清康熙五十五年（1716）發現於陝西城固縣唐仙觀附近，現藏於西安碑林博物館。

書道博物館：

一張，紙本墨拓，原片。

淑德大學書學文化中心：

一軸，紙本墨拓，卷軸，編號：195244。

一張，紙本墨拓，托裱，編號：197542，天放樓舊藏。

東洋文庫：

一張，碑陽，紙本墨拓，173.0×63.0，編號：Ⅱ-16-C-c-45。

一帖十面，碑陽，紙本墨拓，30.0×16.0，編號：Ⅱ-16-C-843。

金石拓本研究會：

二張，紙本墨拓，原片，碑陽183.5×65.0，碑陰164.5×59.4。

0260　正直碑

漢刻，無紀年，清嘉慶三年（1798）出土於安陽豐樂鎮西門豹祠附近，現藏於中國文字博物館。

書道博物館：

　　一張，紙本墨拓，原片。

東洋文庫：

　　一帖十葉，碑陽，紙本墨拓，30.0×17.0，編號：Ⅱ-16-C-831。

大阪市立美術館：

　　一帖，紙本墨拓，剪裝，編號：2541。

京都大學人文科學研究所：

　　一張，紙本墨拓，原片，63×57，編號：KAN0051X。

宇野雪村文庫：

　　一張，紙本墨拓，原片，編號：1059。

　　一張，紙本墨拓，原片，編號：1017。

淑德大學書學文化中心：

　　一張，紙本墨拓，托裱，編號：196261。

　　一冊，紙本墨拓，冊頁，編號：196570，安陽四種合冊。

　　一冊，紙本墨拓，冊頁，編號：197350，天放樓舊藏。

白扇書道會：

　　一張，紙本墨拓，全拓，72.0×56.0，種谷扇舟舊藏。

金石拓本研究會：

　　一張，紙本墨拓，原片，40.7×59.0。

0261　里仁頌德政碑

漢刻，無紀年。

淑德大學書學文化中心：

　　一張，紙本墨拓，托裱，編號：001724。

　　一張，紙本墨拓，原片，編號：001495。

東洋文庫：

　　一張，紙本墨拓，原片，84.0×43.0，編號：Ⅱ-16-C-1575。

大阪市立美術館：

　　一軸，紙本墨拓，原片，編號：2548。

0262　武氏碑

漢刻，無紀年。

東京藝術大學藝術資料館：

　　一張，紙本墨拓，掛幅裝，79.6×64.1，編號：302。

0263　大風歌碑

漢刻，無紀年，現藏於江蘇沛縣文化館。

東洋文庫：

　　　　一張，元大德間摹刻，碑陽，紙本墨拓，原片，178.0×103.0，編號：Ⅱ-16-C-952。

金石拓本研究會：

　　　　一張，紙本墨拓，原片，184.0×108.5。

0264　周君碑額

漢刻，無紀年。

淑德大學書學文化中心：

　　　　一軸，紙本墨拓，卷軸，編號：195379。

東京國立博物館：

　　　　二幅，紙本墨拓，原片，編號：597。

　　　　一幅，紙本墨拓，原片，編號：439。

京都大學人文科學研究所：

　　　　一張，紙本墨拓，原片，28.0×32.0，編號：KAN0088X。

宇野雪村文庫：

　　　　一張，紙本墨拓，原片，編號：1358。

金石拓本研究會：

　　　　一張，紙本墨拓，原片，28.0×31.2。

0265　趙菿碑殘石

全稱“漢故郎中趙君之碑”，無紀年，民國三十六年（1937）出土於南陽郊外，現存南陽西南臥龍崗漢碑亭。

木雞室：

　　　　一張，紙本墨拓，全拓。

0266　黨錮碑殘石

又稱“黨錮殘石”，漢刻，無紀年，民國初河南洛陽出土，現藏於天津博物館。

淑德大學書學文化中心：

　　　　一軸，紙本墨拓，卷軸，編號：197142。

　　　　一張，紙本墨拓，原片，編號：195502。

京都大學人文科學研究所：

　　　　一張，紙本墨拓，原片，編號：KAN0091X。

金石拓本研究會：

　　　　二張，紙本墨拓，原片，碑陽25.0×20.1，碑陰24.3×18.5。

0267　張角等字殘碑

漢刻，無紀年，光緒三十年（1904）出土於山東曲阜，現藏於故宮博物院。

宇野雪村文庫：

　　　一張，紙本墨拓，原片，編號：1852。

大阪市立美術館：

　　　一張，紙本墨拓，原片，編號：2563。

淑德大學書學文化中心：

　　　一張，紙本墨拓，原片，編號：196220。

金石拓本研究會：

　　　一張，紙本墨拓，原片，33.0×43.2。

0268　孔融殘碑

漢刻，無紀年，出土時地不詳，疑僞刻。

京都大學人文科學研究所：

　　　一張，紙本墨拓，原片，編號：KAN0087X。

大阪市立美術館：

　　　一張，紙本墨拓，原片，編號：2564。

淑德大學書學文化中心：

　　　一軸，紙本墨拓，卷軸，編號：196449。

　　　一軸，紙本墨拓，卷軸，編號：197312。

　　　一張，紙本墨拓，托裱，編號：195721。

0269　朝侯小子殘碑

又稱"朝侯小子等字殘碑"，漢刻，無紀年，民國三年（1914）出土於陝西西安，現藏於故宮博物院。

書道博物館：

　　　一張，紙本墨拓，原片。

京都大學人文科學研究所：

　　　一張，紙本墨拓，原片，74.0×70.0，編號：KAN0077X。

宇野雪村文庫：

　　　一張，紙本墨拓，原片，編號：1016。

淑德大學書學文化中心：

　　　一軸，紙本墨拓，卷軸，編號：195265。

　　　一軸，紙本墨拓，卷軸，編號：195217。

大阪市立美術館：

　　　一軸，紙本墨拓，卷軸，無碑陰，編號：2544。

　　　一帖，紙本墨拓，剪裝本，編號：2541。

金石拓本研究會：

一張，紙本墨拓，原片，74.0×70.0。

0270　魯相謁孔廟殘碑

又稱"孔宏碑""吉日令辰碑"，漢刻，無紀年，現藏於曲阜漢魏碑刻陳列館。

書道博物館：

一張，紙本墨拓，原片。

東洋文庫：

一張，紙本墨拓，原片，64.0×48.0，編號：Ⅱ-16-C-950。

一帖十葉，29.0×15.0，編號：Ⅱ-16-C-820。

宇野雪村文庫：

一張，紙本墨拓，原片，編號：1361。

一張，紙本墨拓，原片，編號：1128。

淑德大學書學文化中心：

一張，紙本墨拓，原片，編號：195012。

一軸，紙本墨拓，卷軸，編號：195286。

一册，紙本墨拓，册頁，編號：197344，天放樓舊藏。

金石拓本研究會：

一張，紙本墨拓，原片，64.5×44.9。

大阪市立美術館：

二張，紙本墨拓，原片，編號：2552。

白扇書道會：

一張，紙本墨拓，原片，103.0×84.0，種谷扇舟舊藏。

0271　劉曜殘碑

又稱"漢光禄勳劉曜碑"，漢刻，無紀年，清同治九年（1870）發現於山東東平，今亡佚。

書道博物館：

一張，紙本墨拓，全拓。

淑德大學書學文化中心：

一軸，紙本墨拓，卷軸，編號：195251。

一張，紙本墨拓，托裱，編號：197541，天放樓舊藏。

金石拓本研究會：

一張，紙本墨拓，原片，114.6×93.4。

0272　劉熊殘碑

全稱"漢酸棗令劉熊碑"，又稱"劉孟陽碑"，漢刻，無紀年，石已毀，碑陰殘石現藏於延津博物館。

東洋文庫：

　　　一張，紙本墨拓，原片，30.0×29.0，編號：Ⅱ-16-C-c-47。

宇野雪村文庫：

　　　一張，紙本墨拓，原片，編號：1973。

木雞室：

　　　一張，舊拓，紙本墨拓，原片，武慕姚題記。

京都大學人文科學研究所：

　　　一張，碑陽上截，紙本墨拓，原片，56.0×73.0，編號：KAN0079A。

　　　一張，碑陽下截，紙本墨拓，原片，81.2×115.5，編號：KAN0079B。

　　　一張，碑陽，紙本墨拓，原片，81.2×115.5，編號：KAN0079D。

　　　一張，碑陰，紙本墨拓，原片，31.5×30.2，編號：KAN0079E。

金石拓本研究會：

　　　一張，紙本墨拓，原片，29.4×27.5。

0273　元孫殘碑

又稱"遺孤元孫等字殘碑"，漢刻，無紀年，安陽孔廟舊藏，久佚。

書道博物館：

　　　一張，初出土拓本，紙本墨拓，原片。

京都大學人文科學研究所：

　　　一張，紙本墨拓，原片，45.0×27.0，編號：KAN0050X。

宇野雪村文庫：

　　　一張，紙本墨拓，原片，編號：1065。

大阪市立美術館：

　　　一帖，紙本墨拓，剪裝本，編號：2541。

淑德大學書學文化中心：

　　　一冊，紙本墨拓，冊頁，編號：196570，安陽四種合冊。

　　　一冊，紙本墨拓，冊頁，編號：197351，天放樓舊藏。

白扇書道會：

　　　一張，紙本墨拓，全拓，45.0×21.0，種谷扇舟舊藏。

金石拓本研究會：

　　　一張，紙本墨拓，原片，35.0×12.0。

0274　冀州刺史碑殘石

漢刻，無紀年。

京都大學人文科學研究所：

　　　一張，紙本墨拓，原片，編號：KAN0099X。

0275　武都太守碑陰殘石

又稱"華嶽廟碑陰殘石"，漢刻，無紀年，清乾隆四十四年（1779）出土於華陰西嶽廟五鳳樓，現藏於西安碑林博物館。

東京國立博物館：

一幅，紙本墨拓，原片，編號：489。

東京藝術大學藝術資料館：

一張，紙本墨拓，掛幅裝，106.7×31.2，編號：1440。

0276　秋博覽等十四字殘碑

漢刻，無紀年。

淑德大學書學文化中心：

一册，紙本墨拓，册頁，編號：197353，天放樓舊藏。

0277　高處士殘碑

漢刻，無紀年。

淑德大學書學文化中心：

一軸，紙本墨拓，卷軸，編號：000955。

木雞室：

一張，舊拓，紙本墨拓，原片。

0278　楊僅殘碑

漢刻，無紀年。

淑德大學書學文化中心：

一册，紙本墨拓，册頁，編號：195677。

0279　陶洛殘碑

漢刻，無紀年，一九五七年殘石出土於曲阜陶洛村，現藏於曲阜漢魏碑刻陳列館。

淑德大學書學文化中心：

一張，紙本墨拓，原片，編號：197224。

金石拓本研究會：

一張，紙本墨拓，原片，173.0×90.0。

0280　潁川太守凌君碑額

漢刻，無紀年。

淑德大學書學文化中心：

一冊，紙本墨拓，冊頁，編號：197354，天放樓舊藏。

0281　議郎殘碑

漢刻，無紀年。

淑德大學書學文化中心：

一冊，紙本墨拓，冊頁，編號：001552。

東洋文庫：

一張，紙本墨拓，原片，24.0×50.0，編號：Ⅱ-16-C-×-20。

金石拓本研究會：

一張，紙本墨拓，原片，43.0×52.0。

0282　辟易殘碑

漢刻，無紀年。

宇野雪村文庫：

一張，紙本墨拓，原片，編號：1129。

0283　漢碑殘石

漢刻，無紀年。

宇野雪村文庫：

一冊，紙本墨拓，原片，編號：21。

一冊，紙本墨拓，原片，編號：30。

一張，紙本墨拓，原片，編號：1044，山本竟山舊藏。

一張，紙本墨拓，原片，編號：1277，山本竟山舊藏。

一張，紙本墨拓，原片，編號：1296。

一張，紙本墨拓，原片，編號：1351。

一張，紙本墨拓，原片，編號：1508。

三張，紙本墨拓，原片，編號：1767。

東洋文庫：

一張，紙本墨拓，原片，27.0×46.0，編號：Ⅱ-16-C-959。

一張，紙本墨拓，原片，22.0×15.0，編號：Ⅱ-16-C-960。

京都大學人文科學研究所：

一張，紙本墨拓，原片，編號：KAN0098X。

淑德大學書學文化中心：

一張，紙本墨拓，原片，編號：001833。

二冊，紙本墨拓，冊頁，編號：001894。

一軸，紙本墨拓，卷軸，編號：195952。

墨渚會：

　　　　一張，紙本墨拓，原片。

0284　攘盜刻石

又稱"魚山刻石"，漢刻，無紀年，一九八〇年出土，石斷爲四段，其中兩段先後發現於山東金鄉魚山村，現藏於濟寧市博物館、金鄉縣博物館。

淑德大學書學文化中心：

　　　　一張，紙本墨拓，原片，編號：001516。

　　　　一軸，紙本墨拓，卷軸，編號：197223。

金石拓本研究會：

　　　　一張，紙本墨拓，原片，35.0×41.0。

墨渚會：

　　　　二張，紙本墨拓，原片。

0285　漢魯王墓石人銘

漢刻，無紀年，原在山東曲阜張曲村魯王墓前，清乾隆五十九年（1794）移至孔廟，現藏於曲阜漢魏碑刻陳列館。

書道博物館：

　　　　一張，紙本墨拓，全拓。

東洋文庫：

　　　　［1］一張，府門之卒，紙本墨拓，71.0×21.0，［2］一張，漢故樂安太守麃君亭長，紙本墨拓，71.0×30.0。編號：Ⅱ-16-C-952。

　　　　［1］一張，紙本墨拓，76.0×33.0，［2］一張，紙本墨拓，76.0×32.0。編號：Ⅱ-16-C-c-44。

京都大學人文科學研究所：

　　　　一張，紙本墨拓，原片，207.0×92.0，編號：KAN0065A。

　　　　一張，紙本墨拓，原片，226.0×87.0，編號：KAN0065B。

宇野雪村文庫：

　　　　一張，紙本墨拓，原片，編號：1012。

淑德大學書學文化中心：

　　　　一軸，紙本墨拓，卷軸，編號：195369。

　　　　一軸，紙本墨拓，卷軸，編號：195370。

　　　　一軸，紙本墨拓，卷軸，編號：195443。

　　　　一軸，紙本墨拓，卷軸，編號：195444。

大阪市立美術館：

　　　　三張，紙本墨拓，一張拓片爲阮元附記，原片，編號：2550。

白扇書道會：

　　　一張，紙本墨拓，全拓，80.0×73.0，種谷扇舟舊藏。

金石拓本研究會：

　　　二張，紙本墨拓，原片，［1］225.0×86.0，［2］215.0×88.0。

0286　龜山陵塞石題字

該石係西漢第六代楚王劉注墓塞石，一九九二年發現於徐州龜山楚王墓，上刻"第百上石"等
九行四十四字，故又稱"第百上石"，現藏於龜山漢墓博物館。

淑德大學書學文化中心：

　　　一張，紙本墨拓，原片，編號：001310。

墨華書道會：

　　　一張，紙本墨拓，原片。

墨渚會：

　　　一張，紙本墨拓，原片。

0287　孝王墓黃腸石題字

漢刻，無紀年。

淑德大學書學文化中心：

　　　三十張，紙本墨拓，原片，編號：001019。

　　　二十三張，紙本墨拓，原片，編號：001026-48。

0288　禹陵砭石

漢刻，無紀年，現藏於浙江紹興禹廟。

淑德大學書學文化中心：

　　　一張，紙本墨拓，原片，編號：000274。

京都大學人文科學研究所：

　　　一張，紙本墨拓，原片，編號：KAN0062X。

0289　霍去病墓文字刻石

漢刻，無紀年，一九五七年發現於霍去病墓側，一大二小共三石，現藏於陝西省茂陵博物館。

宇野雪村文庫：

　　　一張，紙本墨拓，原片，編號：1375。

金石拓本研究會：

　　　二張，紙本墨拓，原片，［1］72.3×25.0，［2］26.0×30.0。

0290　甘泉山刻石

又稱"廣陵王中殿石題字"，漢刻，無紀年，清嘉慶十一年（1806）發現於江蘇江都甘泉山惠照

寺階下，共四殘石，現存江都區中學。

東洋文庫：

一張，紙本墨拓，71.0×20.0；一張，紙本墨拓，21.0×32.0；一張，紙本墨拓，21.0×47.0；一張，紙本墨拓，53.0×62.0。編號：Ⅱ-16-C-c-3。

宇野雪村文庫：

一册，紙本墨拓，册頁，編號：45。

一張，紙本墨拓，原片，編號：1065。

大阪市立美術館：

五張，紙本墨拓，原片，編號：2551。

淑德大學書學文化中心：

一張，紙本墨拓，托裱，編號：195475。

一册，紙本墨拓，册頁，編號：197338，天放樓舊藏。

金石拓本研究會：

三張，紙本墨拓，原片，[1] 68.5×16.8，[2] 20.7×29.0，[3] 18.3×45.0。

0291　石墙村刻石

又稱“中郎等字刻石”，漢刻，無紀年，清道光十四年（1834）出土於山東鄒城石墙村，十八年移置鄒城孟廟，現藏於鄒城博物館。

書道博物館：

一張，紙本墨拓，原片。

東京國立博物館：

一幅，紙本墨拓，原片，編號：443。

淑德大學書學文化中心：

一軸，紙本墨拓，卷軸，編號：195269。

一册，紙本墨拓，册頁，編號：197347，天放樓舊藏。

宇野雪村文庫：

一張，紙本墨拓，原片，編號：1506。

大阪市立美術館：

一張，紙本墨拓，原片，編號：2559。

金石拓本研究會：

一張，紙本墨拓，原片，32.0×53.8。

墨渚會：

一張，紙本墨拓，全拓。

0292　朱君長題字

漢刻，無紀年，原在山東濟寧兩城山，清乾隆五十七年（1792）移至濟寧州學，現藏於濟寧市博物館。

書道博物館：

一張，紙本墨拓，原片。

宇野雪村文庫：

一張，紙本墨拓，原片，編號：1178，翁方綱跋，黄易題識。

一册，紙本墨拓，册頁：40。

東洋文庫：

一張，紙本墨拓，原片，62.0×54.0，編號：Ⅱ-16-C-953。

一帖二面，紙本墨拓，29.0×13.0，編號：Ⅱ-16-C-829。

京都大學人文科學研究所：

一張，紙本墨拓，原片，48.5×23.0，編號：KAN0069X。

淑德大學書學文化中心：

一張，紙本墨拓，原片，編號：195013。

一軸，紙本墨拓，卷軸，編號：195210。

一軸，紙本墨拓，卷軸，編號：195270。

一軸，紙本墨拓，卷軸，編號：195449。

一册，紙本墨拓，册頁，編號：197345，天放樓舊藏。

金石拓本研究會：

一張，紙本墨拓，原片，64.0×56.4。

白扇書道會：

一張，紙本墨拓，原片，72.0×63.0，種谷扇舟舊藏。

0293　馮焕神道闕

又稱“豫州幽州刺史馮使君神道闕”，漢刻，無紀年，東西二闕，現存四川渠縣北新興鄉趙家坪。

書道博物館：

一幅，紙本墨拓，原片。

淑德大學書學文化中心：

一軸，紙本墨拓，卷軸，編號：001327。

京都大學人文科學研究所：

一張，紙本墨拓，原片，160.0×62.5，編號：KAN0073X。

木雞室：

一張，舊拓，紙本墨拓，原片。

大阪市立美術館：

一幅，紙本墨拓，原片，編號：2546。

墨華書道會：

一張，紙本墨拓，原片。

金石拓本研究會：

一張，紙本墨拓，原片，240.0×64.0。

0294　楊宗墓闕

又稱"楊公闕""二楊闕"，漢刻，無紀年，東西二闕，西闕於南宋淳熙十六年（1189）重修，現存四川樂山夾江縣甘江鎮雙碑村。

宇野雪村文庫：

一張，紙本墨拓，原片，編號：1023，趙印舊藏。

一張，紙本墨拓，原片，編號：1163。

一張，紙本墨拓，原片，編號：1216。

一張，紙本墨拓，原片，編號：1272。

淑德大學書學文化中心：

一張，紙本墨拓，托裱，編號：001319。

一軸，紙本墨拓，卷軸，編號：198969。

京都大學人文科學研究所：

一張，紙本墨拓，原片，116.0×31.5，編號：KAN0072X。

0295　沈府君神道闕

漢刻，無紀年，左右兩闕，現存四川渠縣月光鄉燕家村沈家灣。

書道博物館：

一張，紙本墨拓，原片。

東京國立博物館：

二幅，紙本墨拓，原片，編號：982。

京都大學人文科學研究所：

一張，西闕，紙本墨拓，原片，220.0×66.0，編號：KAN0071A。

一張，東闕，紙本墨拓，原片，210.0×65.0，編號：KAN0071B。

宇野雪村文庫：

一張，紙本墨拓，原片，編號：1070。

大阪市立美術館：

二張，紙本墨拓，原片，編號：2545。

淑德大學書學文化中心：

一軸，右闕，紙本墨拓，卷軸，編號：195212。

一軸，右闕，紙本墨拓，卷軸，編號：195956。

一張，右闕，紙本墨拓，托裱，編號：197543，天放樓舊藏。

一軸，左闕，紙本墨拓，卷軸，編號：195208。

一軸，左闕，紙本墨拓，卷軸，編號：195957。

一張，左闕，紙本墨拓，托裱，編號：197544，天放樓舊藏。

書壇院：

一幅，紙本墨拓，原片。

木雞室：

三張，舊拓，紙本墨拓，原片。

0296　王君石闕

漢刻，無紀年。

京都大學人文科學研究所：

一張，紙本墨拓，原片，編號：KAN0089X。

0297　上庸長等字殘石

又稱"漢高碑""司馬孟臺闕"，漢刻，無紀年，現存四川德陽黄許鎮西北新合村。

淑德大學書學文化中心：

一軸，紙本墨拓，卷軸，編號：195289。

金石拓本研究會：

一張，紙本墨拓，原片，91.6×46.5。

0298　冢土殘石

漢刻，無紀年。

大阪市立美術館：

一軸，紙本墨拓，卷軸，編號：2548。

書道博物館：

一張，紙本墨拓，原片。

0299　鶴鳴殘字

漢刻，無紀年。

大阪市立美術館：

一軸，紙本墨拓，卷軸，編號：2517。

0300　王氏殘石

漢刻，無紀年。

書道博物館：

一張，紙本墨拓，原片。

淑德大學書學文化中心：

一軸，紙本墨拓，卷軸，編號：195266。

一軸，紙本墨拓，卷軸，編號：196468。

0301 君子光殘石

漢刻，無紀年。

淑德大學書學文化中心：

一軸，紙本墨拓，卷軸，編號：196186。

一張，紙本墨拓，托裱，編號：196217。

一張，紙本墨拓，原片，編號：196264。

一張，紙本墨拓，原片，編號：196566。

金石拓本研究會：

一張，紙本墨拓，原片，28.0×46.5。

0302 崔公殘石

漢刻，無紀年。

淑德大學書學文化中心：

一張，紙本墨拓，原片，編號：195508。

0303 王氏五子等字殘石

漢刻，無紀年。

淑德大學書學文化中心：

一軸，紙本墨拓，卷軸，編號：000739。

0304 郃陽十三字殘石

漢刻，無紀年。

書道博物館：

一張，紙本墨拓，原片。

淑德大學書學文化中心：

一張，紙本墨拓，托裱，編號：196579。

大阪市立美術館：

一張，紙本墨拓，原片，編號：2673。

0305 君子等字殘石

漢刻，無紀年。

京都大學人文科學研究所：

一張，紙本墨拓，原片，編號：KAN0096X。

0306　著懿等字殘石

漢刻，無紀年。

書道博物館：

　　一張，紙本墨拓，原片。

0307　兄不再等字殘石

漢刻，無紀年。

書道博物館：

　　一張，紙本墨拓，原片。

0308　司勳等字殘石

漢刻，無紀年。

淑德大學書學文化中心：

　　一軸，紙本墨拓，卷軸，編號：195901。

金石拓本研究會：

　　一張，紙本墨拓，原片，91.0×55.7。

0309　處士等字殘石

漢刻，無紀年。

淑德大學書學文化中心：

　　一軸，紙本墨拓，卷軸，編號：196746。

金石拓本研究會：

　　一張，紙本墨拓，原片，44.0×37.3。

0310　漢中殿柱銘

漢刻，無紀年。

東京國立博物館：

　　三幅，紙本墨拓，原片，編號：989。

京都大學人文科學研究所：

　　一張，紙本墨拓，原片，編號：KAN0093X。

0311　王陵塞石

漢刻，無紀年，一九七〇年出土於曲阜城南九龍山摩崖漢墓，現藏於曲阜漢魏碑刻陳列館。

淑德大學書學文化中心：

　　一軸，紙本墨拓，卷軸，編號：001900。

　　一軸，紙本墨拓，卷軸，編號：000449。

墨華書道會：

　　二張，紙本墨拓，原片。

0312　降命刻石

漢刻，無紀年，民國初出土於山東臨淄，端方、王緒祖舊藏，後歸中村不折，現藏於日本書道博物館。

書道博物館：

　　一張，紙本墨拓，原片，藏石。

東洋文庫：

　　一張，紙本墨拓，原片，55.0×29.0，編號：Ⅱ-16-C-×-19。

淑德大學書學文化中心：

　　一軸，紙本墨拓，卷軸，編號：196759。

木雞室：

　　一張，紙本墨拓，原片，崗村商石題記。

金石拓本研究會：

　　一張，紙本墨拓，原片，55.0×30.0。

0313　李崧刻石

漢刻，無紀年，清乾隆年間出土於四川，後移入華陽縣府學，今石久佚。

木雞室：

　　一張，紙本墨拓，原片。

0314　西嶽神符刻石

漢刻，無紀年。

金石拓本研究會：

　　一張，紙本墨拓，原片，27.0×35.0。

0315　西南之精刻石

漢刻，無紀年。

金石拓本研究會：

　　一張，紙本墨拓，原片，24.0×34.0。

0316　九龍山封門刻石

漢刻，無紀年。

金石拓本研究會：

一張，紙本墨拓，原片，60.0×30.0。

0317　昌陽嚴刻石

漢刻，無紀年。

書道博物館：

一張，紙本墨拓，原片。

淑德大學書學文化中心：

一軸，紙本墨拓，卷軸，編號：196085。

一張，紙本墨拓，原片，編號：196266。

金石拓本研究會：

二張，紙本墨拓，原片，各69.7×23.5。

大阪市立美術館：

二張，原拓，紙本墨拓，編號：2540。

0318　詩説七言刻石

漢刻，無紀年。

淑德大學書學文化中心：

一張，紙本墨拓，原片，編號：001070。

0319　蔡丘畫像石題記

漢刻，無紀年，一九九七年發現於江蘇銅山蔡丘村，現藏於徐州漢畫像石藝術館。

淑德大學書學文化中心：

一軸，紙本墨拓，卷軸，編號：001090。

0320　臨沂五里堡畫像石題記

漢刻，無紀年。

墨渚會：

四張，紙本墨拓，原片。

0321　李夫人墓門題字

漢刻，無紀年，清同治十一年（1872）出土於山東登州，現藏於登州博物館。

書道博物館：

一張，紙本墨拓，原片。

淑德大學書學文化中心：

一軸，紙本墨拓，卷軸，編號：198645。

金石拓本研究會：

一張，紙本墨拓，原片，47.5×110.5。

0322 王子移葬表

漢刻，無紀年。

金石拓本研究會：

一張，紙本墨拓，原片，50.0×20.0。

0323 東安王欽元刻石

漢刻，無紀年。

淑德大學書學文化中心：

一軸，紙本墨拓，卷軸，編號：196293。

一册，紙本墨拓，册頁，編號：197355，天放樓舊藏。

京都大學人文科學研究所：

一張，紙本墨拓，原片，編號：GIS0025X。

0324 劉君冢石羊題字

漢刻，無紀年，民國十五年（1926）出土於安徽壽州漢居巢劉君墓，現藏於故宫博物院。

金石拓本研究會：

四張，紙本墨拓，原片，［1］14.0×18.0，［2］12.0×16.0，［3］14.0×18.0，［4］13.0×19.0。

淑德大學書學文化中心：

九張，紙本墨拓，原片，編號：001896。

一軸，紙本墨拓，卷軸，編號：198209。

一軸，紙本墨拓，卷軸，編號：198210。

木雞室：

一張，舊拓，紙本墨拓，原片。

0325 劉君墓表殘字

漢刻，無紀年，民國十五年（1926）出土於安徽壽州漢居巢劉君墓，現藏於故宫博物院。

淑德大學書學文化中心：

一張，紙本墨拓，原片，編號：001555。

金石拓本研究會：

一張，紙本墨拓，原片，50.0×50.0。

京都大學人文科學研究所：

一張，紙本墨拓，原片，41.0×33.0，編號：KAN0048A。

一張，紙本墨拓，原片，41.0×33.0，編號：KAN0048B。

0326　羊窩頭界域刻石

漢刻，無紀年，現存連雲港東連島。

淑德大學書學文化中心：

　　　一張，模本，紙本墨拓，原片，編號：001964。

墨華書道會：

　　　一張，紙本墨拓，原片。

0327　東安漢里刻石

漢刻，無紀年，民國三十六年（1937）出土於山東曲阜韓家鋪村，現藏於曲阜漢魏碑刻陳列館。

淑德大學書學文化中心：

　　　一軸，紙本墨拓，卷軸，編號：196263。

金石拓本研究會：

　　　一張，紙本墨拓，原片，240.0×28.0。

0328　永壽題名詩

漢刻，無紀年。

宇野雪村文庫：

　　　一張，紙本墨拓，原片，編號：1309。

0329　崖然題名

漢刻，無紀年。

宇野雪村文庫：

　　　一張，紙本墨拓，原片，編號：1310。

0330　寶慶題名

漢刻，無紀年。

宇野雪村文庫：

　　　一張，紙本墨拓，原片，編號：1313。

0331　買曹刻石

漢刻，無紀年。

宇野雪村文庫：

　　　一張，紙本墨拓，原片，編號：1628。

淑德大學書學文化中心：

　　　一軸，紙本墨拓，卷軸，編號：001282。

一軸，紙本墨拓，卷軸，編號：198004。

0332   郭公墓題字

漢刻，無紀年。

京都大學人文科學研究所：

一張，紙本墨拓，原片，編號：KAN0092X。

0333   曹參墓誌

漢刻，無紀年，出土時地不詳，疑僞刻。

宇野雪村文庫：

一張，紙本墨拓，原片，編號：1020。

0334   焦城村畫像石

漢刻，無紀年。

東京國立博物館：

六幅，紙本墨拓，原片，編號：925。

0335   綏德縣畫像石

漢刻，無紀年。

淑德大學書學文化中心：

二百零四張，紙本墨拓，托裱，編號：198721-8925。

0336   普照寺畫像石

漢刻，無紀年。

東京國立博物館：

一幅，紙本墨拓，原片，編號：771。

0337   兩城山畫像石

漢刻，無紀年。

東京國立博物館：

三幅，紙本墨拓，原片，編號：772。

0338   南陽畫像石

漢刻，無紀年，現藏於南陽漢畫館。

淑德大學書學文化中心：

四十七張，紙本墨拓，托裱，編號：195893。

　　一張，紙本墨拓，托裱，編號：198972。

　　五十三張，紙本墨拓，托裱，編號：198973。

北九州市立美術館：

　　一張，紙本朱拓，原片，樂舞百戲，編號：816。

　　一張，紙本墨拓，原片，角觝戲，47.0×160.0，編號：817。

　　一張，紙本墨拓，原片，鼓舞・雁魚，123.0×58.0，編號：818。

　　一張，紙本墨拓，原片，日月・星宿，140.0×36.0，編號：819。

　　一張，紙本墨拓，原片，女媧，130.0×34.0，編號：820。

　　一張，紙本墨拓，原片，后羿射日，136.0×30.0，編號：821。

　　一張，紙本墨拓，原片，鼓舞，40.0×155.0，編號：822。

　　一張，紙本墨拓，原片，舞樂百戲，41.0×167.0，編號：823。

　　一張，紙本墨拓，原片，樂舞百戲，39.0×235.0，編號：824。

　　一張，紙本墨拓，原片，車騎游獵，42.0×266.0，編號：825。

　　一張，紙本墨拓，原片，二桃殺三士，40.0×113.0，編號：826。

　　一張，紙本墨拓，原片，仙人乘鹿車，46.0×125.0，編號：827。

　　一張，紙本墨拓，原片，鋪首銜環・白虎，135.0×54.0，編號：828。

　　一張，紙本墨拓，原片，象人鬭獸，28.0×111.0，編號：829。

　　一張，紙本墨拓，原片，投壺，40.0×133.0，編號：830。

　　一張，紙本墨拓，原片，月・蒼龍・星座，146.0×95.0，編號：831。

　　一張，紙本墨拓，原片，羽人・蒼龍，43.0×249.0，編號：832。

　　一張，紙本墨拓，原片，象人鬭獸，45.0×294.0，編號：833。

　　一張，紙本朱拓，原片，龍虎・羽人，46.0×138.0，編號：834。

　　一張，紙本墨拓，原片，象人鬭獸，39.0×146.0，編號：835。

　　一張，紙本墨拓，原片，金烏・星宿，84.0×140.0，編號：833。

　　一張，紙本墨拓，原片，兩獸相鬭，38.0×155.0，編號：837。

　　一張，紙本墨拓，原片，桃拔・朱雀・象，38.0×150.0，編號：833。

　　一張，紙本墨拓，原片，獵虎，38.0×164.0，編號：839。

　　一張，紙本墨拓，原片，蒼龍，30.0×157.0，編號：840。

　　一張，紙本朱拓，原片，蒼龍，70.0×140.0，編號：841。

　　一張，紙本墨拓，原片，白虎・星座，65.0×136.0，編號：842。

　　一張，紙本墨拓，原片，捕魚・象・虎，44.0×146.0，編號：843。

　　一張，紙本墨拓，原片，羽人・飛廉，40.0×143.0，編號：844。

0339　武氏祠畫像石

漢刻，無紀年，現藏於嘉祥武氏墓群石刻博物館。

東京藝術大學藝術資料館：

一張，紙本墨拓，掛幅裝，前石室第二石，93.0×195.4，編號：275。

一張，紙本墨拓，掛幅裝，前石室第三石，67.6×147.8，編號：276。

一張，紙本墨拓，掛幅裝，前石室第五石，51.0×198.0，編號：277。

一張，紙本墨拓，掛幅裝，前石室第六石，87.4×199.0，編號：278。

一張，紙本墨拓，掛幅裝，前石室第七石，83.0×197.2，編號：279。

一張，紙本墨拓，掛幅裝，前石室第八石右半，55.6×99.0，編號：280。

一張，紙本墨拓，掛幅裝，前石室第八石左半，61.2×99.1，編號：281。

一張，紙本墨拓，掛幅裝，前石室第九石，62.9×202.4，編號：282。

一張，紙本墨拓，掛幅裝，前石室第十一石，62.6×91.4，編號：283。

一張，紙本墨拓，掛幅裝，前石室第十二石，62.8×71.2，編號：284。

一張，紙本墨拓，掛幅裝，前石室第十三石，63.2×77.2，編號：285。

一張，紙本墨拓，掛幅裝，前石室第十四石，62.0×92.7，編號：286。

一張，紙本墨拓，掛幅裝，後石室第一石，109.6×148.4，編號：287。

一張，紙本墨拓，掛幅裝，後石室第二石，110.4×142.5，編號：288。

一張，紙本墨拓，掛幅裝，後石室第三石，111.0×146.6，編號：289。

一張，紙本墨拓，掛幅裝，武氏後石室第四石，111.0×149.6，編號：290。

一張，紙本墨拓，掛幅裝，後石室第五石，96.8×148.9，編號：291。

一張，紙本墨拓，掛幅裝，後石室第七石，109.6×148.4，編號：292。

一張，紙本墨拓，卷子裝，後石室第七石，71.0×207.6，編號：304。

一張，紙本墨拓，掛幅裝，後石室第八石，62.8×213.8，編號：293。

一張，紙本墨拓，掛幅裝，後石室第十石，57.6×206.8，編號：294。

一張，紙本墨拓，掛幅裝，左石室第一石，62.2×112.3，編號：295。

一張，紙本墨拓，卷子裝，左石室第二石，85.0×190.2，編號：296。

一張，紙本墨拓，卷子裝，左石室第三石，72.7×209.0，編號：297。

一張，紙本墨拓，掛幅裝，左石室第四石，80.0×63.7，編號：298。

一張，紙本墨拓，掛幅裝，左石室第五石，80.0×63.7，編號：299。

一張，紙本墨拓，掛幅裝，左石室第八石，70.3×73.6，編號：300。

一張，紙本墨拓，掛幅裝，左石室第九石，69.6×144.0，編號：301。

一張，紙本墨拓，掛幅裝，石室瑞祥圖，79.6×64.1，編號：302。

東洋文庫：

一張，紙本墨拓，原片，79.0×81.0，編號：Ⅱ-16-C-c-48。

淑德大學書學文化中心：

一册，紙本墨拓，册頁，編號：195676。

一册，紙本墨拓，册頁，編號：197218。

大阪市立美術館：

二帖，紙本墨拓，剪裝，編號：2565。

書道博物館：

　　一張，紙本墨拓，原片。

宇野雪村文庫：

　　一册，紙本墨拓，册頁，編號：25。

　　一張，紙本墨拓，原片，編號：1641。

0340　武梁祠畫像石

漢刻，無紀年，現藏於嘉祥武氏墓群石刻博物館。

東京藝術大學藝術資料館：

　　一張，紙本墨拓，掛幅裝，瑞祥圖第一石，74.0×215.6，編號：273。

　　一張，紙本墨拓，掛幅裝，瑞祥圖第二石，78.4×220.0，編號：274。

　　一張，紙本墨拓，掛幅裝，武梁第一石，154.4×136.8，編號：1680。

　　一張，紙本墨拓，掛幅裝，武梁第二石，157.3×135.6，編號：1680。

　　一張，紙本墨拓，卷子裝，武梁第三石，141.0×214.0，編號：1680。

　　一張，紙本墨拓，卷子裝，前石壁第一石，26.2×144.0，編號：1680。

　　一張，紙本墨拓，卷子裝，前石壁第四石，26.0×329.0，編號：1680。

　　一張，紙本墨拓，卷子裝，後石壁第六石，30.6×232.4，編號：1680。

　　一張，紙本墨拓，卷子裝，左石壁第六石，26.2×144.0，編號：1680。

　　一張，紙本墨拓，卷子裝，階石畫像第一石，26.2×157.2，編號：1680。

　　一張，紙本墨拓，卷子裝，階石畫像第二石，20.0×150.4，編號：1680。

東洋文庫：

　　一張，紙本墨拓，原片，79.0×81.0，編號：Ⅱ-16-C-c-48。

東京國立博物館：

　　三幅，紙本墨拓，原片，東壁，西壁，後壁，編號：326。

　　六幅，紙本墨拓，原片，武梁祠堂圖像內第一石、第二石、第三石，前石室第一石、第二石、第三石、第五石、第六石、第七石、第八石、第九石、第十石、第十一石、第十二石、第十三石、第十四石、第十五石，後石室第一石、第二石、第三石、第四石、第五石、第六石、第七石、第八石、第九石、第十石，武家林左右室第一石、第二石、第三石、第四石、第五石、第七石、第八石、第九石、第十石。編號：405。

木雞室：

　　一張，舊拓，紙本墨拓，原片，黃易題跋。

淑德大學書學文化中心：

　　一張，紙本墨拓，托裱，編號：195378。

　　一張，紙本墨拓，托裱，編號：196580。

　　十二張，紙本墨拓，托裱，編號：195009。

　　三十七張，紙本墨拓，托裱，編號：195460。

寄鶴軒：

　　十八張，紙本墨拓，原片。

墨華書道會：

　　一册，紙本墨拓，原片。

0341　褚蘭畫像石

漢刻，無紀年。

淑德大學書學文化中心：

　　四十二張，紙本墨拓，托裱，編號：198676-8718。

0342　安徽畫像石

漢刻，無紀年。

淑德大學書學文化中心：

　　二十張，紙本墨拓，托裱，編號：198271。

0343　徐州畫像石

漢刻，無紀年。

淑德大學書學文化中心：

　　二十六張，紙本墨拓，原片，編號：000298-323。

0344　射陽畫像石

漢刻，無紀年。

龍谷大學：

　　一幅，紙本墨拓，原片，121.0×45.0。

　　一幅，紙本墨拓，原片，14.0×69.0。

　　一幅，紙本墨拓，原片，113.0×12.0。

　　一幅，紙本墨拓，原片，115.0×45.0。

淑德大學書學文化中心：

　　一軸，紙本墨拓，卷軸，編號：198937。

　　一張，紙本墨拓，原片，編號：001899。

0345　郫縣畫像石

漢刻，無紀年。

淑德大學書學文化中心：

　　五張，紙本墨拓，原片，編號：000980-84。

0346　沙坪垻畫像石

漢刻，無紀年。

淑德大學書學文化中心：

六張，紙本墨拓，原片，編號：001005-08。

0347　成都畫像石

漢刻，無紀年。

淑德大學書學文化中心：

五張，紙本墨拓，原片，編號：001009-13。

0348　滿城畫像石

漢刻，無紀年。

淑德大學書學文化中心：

二張，紙本墨拓，原片，編號：001071-72。

0349　邳縣畫像石

漢刻，無紀年。

淑德大學書學文化中心：

一張，紙本墨拓，原片，編號：001308。

0350　密縣畫像石

漢刻，無紀年。

北九州市立美術館：

一張，紙本墨拓，原片，鋪首銜環‧鳥獸，189.0×106.0，編號：795。

一張，紙本墨拓，原片，鋪首銜環‧鳥獸，191.0×107.0，編號：796。

一張，紙本墨拓，原片，迎賓圖，183.0×138.0，編號：797。

一張，紙本墨拓，原片，迎賓圖，185.0×397.0，編號：798。

一張，紙本墨拓，原片，迎賓圖，166.0×188.0，編號：799。

一張，紙本墨拓，原片，鋪首銜環‧鳥獸，139.0×68.0，編號：800。

一張，紙本墨拓，原片，神獸‧羽人，139.0×68.0，編號：801。

一張，紙本墨拓，原片，地主收租圖，183.0×238.0，編號：802。

一張，紙本墨拓，原片，庖厨圖，212.0×233.0，編號：803。

一張，紙本墨拓，原片，宴飲圖，220.0×215.0，編號：804。

0351　唐河畫像石

漢刻，無紀年。

北九州市立美術館：

一張，紙本朱拓，原片，鋪首銜環·朱雀，136.0×65.0，編號：805。

一張，紙本朱拓，原片，鋪首銜環·朱雀，136.0×67.0，編號：806。

一張，紙本墨拓，原片，帶劍門吏，140.0×35.0，編號：807。

一張，紙本墨拓，原片，執盾門吏，140.0×33.0，編號：808。

一張，紙本墨拓，原片，人物·樓閣，96.0×115.0，編號：809。

一張，紙本墨拓，原片，白虎·羽人，47.0×123.0，編號：810。

一張，紙本墨拓，原片，蒼龍·羽人，44.0×151.0，編號：811。

一張，紙本墨拓，原片，武庫，135.0×54.0，編號：812。

一張，紙本墨拓，原片，車騎出行，46.0×179.0，編號：813。

一張，紙本墨拓，原片，樂舞百戲，40.0×161.0，編號：814。

一張，紙本墨拓，原片，高髻侍女，131.0×38.0，編號：815。

0352　水牛圖畫像石

漢刻，無紀年。

淑德大學書學文化中心：

一張，紙本墨拓，原片，編號：001226。

0353　二段圖畫像石

漢刻，無紀年。

淑德大學書學文化中心：

一張，紙本墨拓，原片，編號：001227。

0354　車馬圖畫像石

漢刻，無紀年。

淑德大學書學文化中心：

一張，紙本墨拓，原片，編號：001228。

0355　龍鳳畫像石

漢刻，無紀年。

淑德大學書學文化中心：

一張，紙本墨拓，原片，編號：196206。

0356　孔子見老子畫像石

漢刻，無紀年。

東洋文庫：

一張，紙本墨拓，原片，31.0×157.0，編號：Ⅺ-6-A-10。

一張，紙本墨拓，原片，116.0×44.0，圖一張，紙本墨拓，117.0×44.0。編號：Ⅱ-16-C-c-49。

十張，紙本墨拓，原片，編號：Ⅱ-16-C-1671。

宇野雪村文庫：

一張，紙本墨拓，原片，編號：1285，李東淇題字。

一張，紙本墨拓，原片，編號：1286。

三張，紙本墨拓，原片，編號：1643。

一張，紙本墨拓，原片，編號：1644。

東北大學附屬圖書館：

一幅，紙本墨拓，原片，常盤大定舊藏。

淑德大學書學文化中心：

三十九張，紙本墨拓，原片，編號：197955。

0357　趙宣孟畫像石

漢刻，無紀年。

宇野雪村文庫：

四張，紙本墨拓，原片，編號：1639。

0358　食齋祠園畫像石

漢刻，無紀年。

書道博物館：

一張，紙本墨拓，全拓。

淑德大學書學文化中心：

一軸，紙本墨拓，卷軸，編號：000740。

金石拓本研究會：

一張，紙本墨拓，原片，47.0×40.0。

0359　漢畫像石

漢刻，無紀年。

淑德大學書學文化中心：

十四張，紙本墨拓，原片，編號：001346-59。

十六張，紙本墨拓，托裱，編號：001817。

五軸，紙本墨拓，卷軸，編號：195030-34。

六張，紙本墨拓，卷軸，編號：195889。

五張，紙本墨拓，原片，編號：195930-5934。

一軸，紙本墨拓，卷軸，編號：196029。

一張，紙本墨拓，原片，編號：196274。

一張，紙本墨拓，原片，編號：196275。

一張，紙本墨拓，原片，編號：196277。

東京藝術大學藝術資料館：

一張，紙本墨拓，卷子裝，88.0×265.4，編號：305。

一張，紙本墨拓，掛幅裝，112.4×119.5，編號：5。

二張，紙本墨拓，卷子裝，[1] 110.9×35.7，[2] 110.9×61.9，編號：6。

二張，紙本墨拓，卷子裝，[1] 110.9×24.3，[2] 110.9×61.3，編號：7。

三張，紙本墨拓，卷子裝，[1] 69.7×60.7，[2] 69.7×59.7，[3] 70.1×62.0，編號：8。

一張，紙本墨拓，掛幅裝，94.3×63.0，編號：306。

寄鶴軒：

一張，紙本墨拓，原片。

有鄰館：

二張，紙本墨拓，原片，藏石。

0360　刑徒磚

漢刻，無紀年。

淑德大學書學文化中心：

一軸，紙本墨拓，卷軸，編號：000180。

五張，紙本墨拓，原片，編號：001083-87。

一册，紙本墨拓，册頁，編號：197911。

一册，紙本墨拓，册頁，編號：197912。

八張，紙本墨拓，原片，編號：198213-20。

宇野雪村文庫：

二張，紙本墨拓，原片，編號：1001。

二張，紙本墨拓，原片，編號：1205。

木雞室：

五張，舊拓，紙本墨拓，原片。

大阪市立美術館：

一百零六張，紙本墨拓，原片，編號：2560、2571。

墨華書道會：

一張，紙本墨拓，原片。

0361　新安城址大磚

漢刻，無紀年。

東京國立博物館：

一幅，紙本墨拓，原片，編號：908。

0362　未央宮磚

漢刻，無紀年。

東京國立博物館：

一幅，紙本墨拓，原片，編號：910。

木雞室：

一冊，舊拓，紙本墨拓。

淑德大學書學文化中心：

一張，紙本墨拓，原片，編號：000737。

有鄰館：

一張，紙本墨拓，全拓。

0363　二十四字磚

漢刻，無紀年。

木雞室：

一張，舊拓，紙本墨拓，原片，林思進題跋。

淑德大學書學文化中心：

一軸，紙本墨拓，卷軸，編號：000174。

一張，紙本墨拓，托裱，編號：197944。

一張，紙本墨拓，原片，編號：001003。

0364　十二字磚

漢刻，無紀年。

淑德大學書學文化中心：

一軸，紙本墨拓，卷軸，編號：001523。

有鄰館：

一張，紙本墨拓，原片。

0365　延年與天日月三句磚

漢刻，無紀年。

淑德大學書學文化中心：

一軸，紙本墨拓，卷軸，編號：000143。

0366　利後子孫千人陶棺磚

漢刻，無紀年。

淑德大學書學文化中心：

　　一軸，紙本墨拓，卷軸，編號：000144。

0367　單于和親磚

漢刻，無紀年。

木雞室：

　　二張，舊拓，紙本墨拓，吳大澂舊藏。

淑德大學書學文化中心：

　　一張，紙本墨拓，原片，編號：196553。

　　一張，紙本墨拓，原片，編號：000425。

有鄰館：

　　一張，紙本墨拓，原片，藏石。

0368　大吉利磚

漢刻，無紀年。

淑德大學書學文化中心：

　　一軸，紙本墨拓，卷軸，編號：000738。

　　一軸，紙本墨拓，卷軸，編號：000743。

書道博物館：

　　一張，紙本墨拓，原片。

0369　曹府君神道二十四字漢磚

漢刻，無紀年。

淑德大學書學文化中心：

　　一軸，紙本墨拓，卷軸，編號：196740。

0370　宜子孫磚

漢刻，無紀年。

淑德大學書學文化中心：

　　一軸，紙本墨拓，卷軸，編號：196741。

　　二張，紙本墨拓，原片，編號：000283。

有鄰館：

　　一張，紙本墨拓，原片，藏石。

0371　漢空心磚

漢刻，無紀年。

淑德大學書學文化中心：

　　十張，紙本墨拓，原片，編號：001073-82。

　　六張，紙本墨拓，原片，編號：195892。

　　一張，紙本墨拓，原片，編號：196276。

　　一張，紙本墨拓，原片，編號：196265。

0372　畫像磚

漢刻，無紀年。

宇野雪村文庫：

　　一册，紙本墨拓，原片，編號：2。

　　一册，紙本墨拓，原片，編號：12。

　　二張，紙本墨拓，原片，編號：1001。

　　一張，紙本墨拓，原片，編號：1002。

　　一張，紙本墨拓，原片，編號：1004。

　　一張，紙本墨拓，原片，編號：1005。

　　四張，紙本墨拓，原片，編號：1014。

　　二張，紙本墨拓，原片，編號：1025。

　　二張，紙本墨拓，原片，編號：1204。

　　一張，紙本墨拓，原片，編號：1224。

　　六張，紙本墨拓，原片，編號：1237。

　　四張，紙本墨拓，原片，編號：1278。

　　一張，紙本墨拓，原片，編號：1279。

　　一張，紙本墨拓，原片，編號：1281。

　　一張，紙本墨拓，原片，編號：1282。

　　七張，紙本墨拓，原片，編號：1288。

　　一張，紙本墨拓，原片，編號：1290。

　　四張，紙本墨拓，原片，編號：1291。

　　一張，紙本墨拓，原片，編號：1292。

　　一張，紙本墨拓，原片，編號：1293。

　　一張，紙本墨拓，原片，編號：1294。

　　三張，紙本墨拓，原片，編號：1296。

　　一張，紙本墨拓，原片，編號：1368。

　　二張，紙本墨拓，原片，編號：1369。

　　三張，紙本墨拓，原片，編號：1370。

　　一張，紙本墨拓，原片，編號：1371。

　　一張，紙本墨拓，原片，編號：1638。

二張，紙本墨拓，原片，編號：1645。

一張，紙本墨拓，原片，編號：1791。

一張，紙本墨拓，原片，編號：1805。

一張，紙本墨拓，原片，編號：1853。

一張，紙本墨拓，原片，編號：1860。

0373　四川博物院藏漢畫像磚

漢刻，無紀年。

淑德大學書學文化中心：

七十五張，紙本墨拓，原片，編號：001105-79。

五張，紙本墨拓，原片，編號：000960-64。

十四張，紙本墨拓，原片，編號：000966-79。

0374　重慶市博物館藏漢畫像磚

漢刻，無紀年。

淑德大學書學文化中心：

二十張，紙本墨拓，原片，編號：000985-1003。

0375　四川大學藏漢畫像磚

漢刻，無紀年。

淑德大學書學文化中心：

九張，紙本墨拓，原片，編號：001091-99。

三國·魏
（220—265）

[黃初]

0376　上尊號碑

全稱"魏公卿將軍上尊號奏"，又稱"百官勸進表""勸進碑""上尊號奏"，魏黃初元年（220）十月二十七日立，現存河南臨潁繁城鎮漢獻帝廟。

書道博物館：

一帖，明拓，無篆額，王瓘舊藏。

一册，乾隆拓本，紙本墨拓，綴帖，有篆額。

一帖，乾隆拓本，無篆額。

京都大學人文科學研究所：

一張，碑陰，紙本墨拓，原片，編號：GIS0002B。

一張，碑額，紙本墨拓，原片，編號：GIS0002C。

大阪市立美術館：

一帖，紙本墨拓，剪裝，無題額，編號：2597。

淑德大學書學文化中心：

一張，碑陽，紙本墨拓，原片，編號：001824。

一册，碑陽，紙本墨拓，册頁，編號：195194。

一軸，碑陽，紙本墨拓，卷軸，編號：195953。

一軸，碑陰，紙本墨拓，卷軸，編號：195954。

宇野雪村文庫：

一張，紙本墨拓，原片，編號：1964。

一册，紙本墨拓，册頁，編號：7。

0377　受禪碑

又稱"受禪表""受禪表碑"，魏黃初元年（220）十月二十九日立，現存河南臨潁繁城鎮漢獻帝廟。

書道博物館：

一張，最舊拓，紙本墨拓，原片，王瓘舊藏。

一册，舊拓，紙本墨拓，綴帖，有篆額。

一册，明拓，册頁，無篆額。

一册，乾隆拓本，綴帖，無篆額。

東京國立博物館：

一幅，紙本墨拓，原片，196.0×105.0，編號：478。

京都大學人文科學研究所：

一張，紙本墨拓，編號：GIS0003X。

淑德大學書學文化中心：

一張，紙本墨拓，原片，編號：001825。

一册，紙本墨拓，册頁，編號：195176。

一册，紙本墨拓，册頁，編號：195193。

一軸，紙本墨拓，卷軸，編號：196757。

一張，紙本墨拓，原片，編號：196990。

一張，紙本墨拓，原片，編號：197309。

大阪市立美術館：

一帖，紙本墨拓，剪裝，編號：2609。

0378　孔羡碑

又稱"魏魯孔子廟碑""孔羡修孔廟碑"，魏黄初元年（220）立，現藏於曲阜漢魏碑刻陳列館。

書道博物館：

一册，明拓，册頁，有篆額，莫子偲題字。

一張，舊拓，原片，紙本墨拓。

一册，乾隆拓本，綴拓，無篆額。

東京國立博物館：

一幅，紙本墨拓，原片，248.0×105.5，編號：598。

一幅，紙本墨拓，原片，編號：779。

東洋文庫：

一張，紙本墨拓，原片，146.0×89.0+36.0×25.0，編號：Ⅱ-16-C-827。

宇野雪村文庫：

一册，紙本墨拓，册頁，編號：335。

淑德大學書學文化中心：

一張，紙本墨拓，原片，編號：195012。

一册，紙本墨拓，册頁，編號：195180。

一軸，紙本墨拓，卷軸，編號：195235。
一軸，紙本墨拓，卷軸，編號：195278。
一軸，紙本墨拓，卷軸，編號：195395。
一册，紙本墨拓，册頁，編號：195726。
一張，紙本墨拓，原片，編號：198186。

大阪市立美術館：
一帖，紙本墨拓，剪裝，編號：2613。

京都大學人文科學研究所：
一張，紙本墨拓，編號：GIS0004X。

寄鶴軒：
一張，紙本墨拓，原片。

0379　黄初殘碑

魏黄初五年（224）立，殘存四塊，清乾隆年間陸續出土於陝西郃陽（今合陽），久佚。

東京國立博物館：
一幅，紙本墨拓，原片，編號：1069。

淑德大學書學文化中心：
一册，紙本墨拓，册頁，編號：197356，天放樓舊藏。
一册，紙本墨拓，册頁，編號：197357，天放樓舊藏。

宇野雪村文庫：
一張，紙本墨拓，原片，編號：1047。

白扇書道會：
一張，紙本墨拓，原片，種谷扇舟舊藏。

0380　膠東令王君斷碑

又稱“膠東令王君廟門碑”，魏黄初五年（224）立，清乾隆四十年（1775）出土於山東濟寧，久佚。

書道博物館：
一張，紙本墨拓，全拓。

東洋文庫：
一帖七葉，紙本墨拓，30.0×16.0。附：范式碑陰，三葉。編號：Ⅱ-16-C-827。

京都大學人文科學研究所：
一張，紙本墨拓，原片，編號：GIS0023X。

淑德大學書學文化中心：
一册，紙本墨拓，册頁，編號：197346，天放樓舊藏。

0381 佛銘刻石

魏黄初年間（220—226）刻。

書道博物館：

　　一張，紙本墨拓，條幅。

［太和］

0382 曹真殘碑

又稱“曹真祠碑”“曹真碑”，魏太和五年（231）三月立，清道光二十三年（1843）陝西西安南門外出土，現藏於故宮博物院。

書道博物館：

　　一册，初出土最舊拓，紙本墨拓，册頁，吳讓之舊藏。

　　一册，紙本墨拓，綴帖，端方舊藏。

京都大學人文科學研究所：

　　一張，碑陽，紙本墨拓，原片，編號：GIS0001A。

　　一張，碑陰，紙本墨拓，原片，編號：GIS0001B。

淑德大學書學文化中心：

　　一册，碑陽，紙本墨拓，册頁，編號：195041。

　　一張，碑陽，紙本墨拓，托裱，編號：195186。

　　一軸，碑陽，紙本墨拓，卷軸，編號：195252。

　　一軸，碑陽，紙本墨拓，卷軸，編號：195332。

　　一軸，碑陽，紙本墨拓，卷軸，編號：195411。

　　一張，碑陽，紙本墨拓，托裱，編號：196225。

　　一張，碑陽，紙本墨拓，托裱，編號：197545，天放樓舊藏。

　　一册，碑陽，初拓，紙本墨拓，册頁，編號：198449。

　　一軸，碑陽，初拓，紙本墨拓，卷軸，編號：198006。

　　一軸，碑陰，紙本墨拓，卷軸，編號：195041。

　　一軸，碑陰，紙本墨拓，卷軸，編號：195412。

　　一張，碑陰，紙本墨拓，托裱，編號：197546，天放樓舊藏。

　　一軸，碑陰，紙本墨拓，卷軸，編號：198007。

　　一軸，碑左側，紙本墨拓，卷軸，編號：195333。

　　一軸，碑右側，紙本墨拓，卷軸，編號：195334。

大阪市立美術館：

　　一幅，紙本墨拓，原片，編號：2580。

宇野雪村文庫：

一張，紙本墨拓，原片，編號：1848。

0383　曹植墓磚

魏太和七年（233）三月一日葬，一九七七年出土於山東東阿魚山曹植墓，現藏於聊城市博物館。

淑德大學書學文化中心：

一張，紙本墨拓，原片，編號：001515。

［青龍］

0384　范式碑

又稱“盧江太守范式碑”“范巨卿碑”，魏青龍三年（235）正月六日刻，原在山東任城，後移至濟寧州學，亡佚，清乾隆五十四年（1789）復出，現藏於濟寧市博物館。

書道博物館：

一張，出土精拓本，紙本墨拓，原片。

一册，舊拓，紙本墨拓，册頁，無篆額。

一張，古拓，紙本墨拓，原片，同陰。

東京國立博物館：

一幅，碑陽，紙本墨拓，原片，編號：622。

一幅，碑陰，紙本墨拓，原片，編號：623。

東洋文庫：

一張，碑陽，紙本墨拓，98.0×67.0。一張，碑額，紙本墨拓，47.0×22.0。碑陰，失。編號：II-16-C-948。

一帖十一葉，碑陽，紙本墨拓，30.0×18.0。碑額，失。碑陰，失。編號：XI-3-A-b-58。

一帖八葉，附刻二葉，紙本墨拓，30.0×16.0，編號：II-16-C-827。

一帖三十一葉，紙本墨拓，32.0×20.0，編號：II-16-C-d-1。

宇野雪村文庫：

一張，紙本墨拓，原片，編號：1376。

五島美術館：

一帖，舊拓，紙本墨拓，27.3×16.3，宇野雪村舊藏。

京都大學人文科學研究所：

一張，碑陽，紙本墨拓，原片，編號：GIS0005A。

一張，碑陰及額，紙本墨拓，原片，編號：GIS0005B。

寄鶴軒：

一張，紙本墨拓，全拓，沈均初舊藏。

大阪市立美術館：

一帖，紙本墨拓，原片，編號：2553。

一張，紙本墨拓，原片，編號：2584。

淑德大學書學文化中心：

一張，碑陽，紙本墨拓，原片，編號：195013。

一册，碑陽，紙本墨拓，册頁，編號：195040。

一軸，碑陽，紙本墨拓，卷軸，編號：195183。

一册，碑陽，紙本墨拓，册頁，編號：195492。

一册，碑陽，紙本墨拓，册頁，編號：195779。

一册，碑陽，紙本墨拓，册頁，編號：196280。

一軸，碑陽，紙本墨拓，卷軸，編號：196755。

一册，碑陽，紙本墨拓，册頁，編號：197547，天放樓舊藏。

一册，碑陰，紙本墨拓，册頁，編號：195040。

一軸，碑陰，紙本墨拓，卷軸，編號：195183。

一册，碑陰，紙本墨拓，册頁，編號：195492。

白扇書道會：

一張，紙本墨拓，全拓，160.0×75.0，種谷扇舟舊藏。

［正始］

0385　管寧墓誌

又稱“大儒管夫子碑”，魏正始二年（241）十月一日葬，出土時地不詳，疑僞刻。

淑德大學書學文化中心：

一張，紙本墨拓，托裱，編號：198630。

一張，紙本墨拓，原片，編號：196562。

0386　正始石經

又稱“三體石經”，古文、小篆、漢隸三體刻寫，内容涉及《尚書》《春秋》《左傳》等，魏正始二年（241）立，原在洛陽太學，今石已毁，後世有殘石陸續出土。

書道博物館：

五張，紙本墨拓，原片，周代藏拓本。

五張，紙本墨拓，原片，白堅氏藏小石拓本。

東洋文庫：

一張，紙本墨拓，原片，38.0×33.0，編號：Ⅱ-16-C-d-2。

宇野雪村文庫：

一册，紙本墨拓，册頁，編號：9。

一張，紙本墨拓，原片，編號：329。

一張，紙本墨拓，原片，編號：1007。

一張，紙本墨拓，原片，編號：1085。

一張，紙本墨拓，原片，編號：1986。

淑德大學書學文化中心：

一軸，《尚書》二石，紙本墨拓，卷軸，編號：195372。

一軸，《尚書》一石，紙本墨拓，卷軸，編號：195373。

一軸，《春秋》一石，紙本墨拓，卷軸，編號：195374。

一軸，《尚書》二石，紙本墨拓，卷軸，編號：195428。

一軸，《尚書》一石，紙本墨拓，卷軸，編號：195430。

一軸，《尚書》三石，紙本墨拓，卷軸，編號：195431。

一册，《尚書》二石，紙本墨拓，册頁，編號：195678。

一册，《尚書》一石，紙本墨拓，册頁，編號：195679。

一册，《尚書》三石，紙本墨拓，册頁，編號：195679。

一册，《尚書》一石，紙本墨拓，册頁，編號：196283。

一册，《尚書》三石，紙本墨拓，册頁，編號：196283。

一張，《尚書》一石，紙本墨拓，原片，編號：196540。

一張，《尚書》二石，紙本墨拓，原片，編號：196541。

一張，《尚書》三石，紙本墨拓，原片，編號：196542。

一軸，《春秋》三石，紙本墨拓，卷軸，編號：195375。

一軸，《春秋》二石，紙本墨拓，卷軸，編號：195376。

一軸，《春秋》一石，紙本墨拓，卷軸，編號：195427。

一軸，《春秋》二石，紙本墨拓，卷軸，編號：195429。

一軸，《春秋》三石，紙本墨拓，卷軸，編號：195432。

一册，《春秋》一石，紙本墨拓，册頁，編號：195678。

一册，《春秋》三石，紙本墨拓，册頁，編號：195679。

一册，《春秋》二石，紙本墨拓，册頁，編號：195679。

一册，《春秋》一石，紙本墨拓，册頁，編號：196283。

一册，《春秋》三石，紙本墨拓，册頁，編號：196283。

一張，《春秋》一石，紙本墨拓，原片，編號：196543。

一張，《春秋》二石，紙本墨拓，原片，編號：196544。

一張，《春秋》三石，紙本墨拓，原片，編號：196545。

一册，《春秋》一石，摹刻，紙本墨拓，册頁，編號：196763。

一册，《春秋》二石，摹刻，紙本墨拓，册頁，編號：196763。

一册，《春秋》三石，摹刻，紙本墨拓，册頁，編號：196763。

大阪市立美術館：

十六張，原拓，紙本墨拓，原片，編號：2727、2728。

龍谷大學：

　　一幅，紙本墨拓，原片，62.0×56.0。

寄鶴軒：

　　一張，紙本墨拓，原片。

0387　沁河谷石門銘

魏正始五年（244）十月二十五日刻。

淑德大學書學文化中心：

　　一張，紙本墨拓，原片，編號：001707。

0388　毌丘儉紀功刻石

又稱"毌丘儉紀功碑""九都紀功碑"，魏正始六年（245）刻，清光緒三十二年（1906）出土於吉林集安板石嶺，現藏於遼寧省博物館。

東洋文庫：

　　一張，紙本墨拓，原片，35.0×27.0，編號：Ⅱ-16-C-1010。

京都大學人文科學研究所：

　　一張，紙本墨拓，原片，編號：GIS0006X。

淑德大學書學文化中心：

　　一軸，紙本墨拓，卷軸，編號：196006。

　　一軸，紙本墨拓，卷軸，編號：198024。

　　一張，紙本墨拓，原片，編號：196582。

　　一張，紙本墨拓，原片，編號：195054。

　　一張，紙本墨拓，原片，編號：195174。

宇野雪村文庫：

　　一張，紙本墨拓，原片，編號：1948。

大阪市立美術館：

　　一張，紙本墨拓，原片，編號：2721。

［甘露］

0389　王繩武墓誌

魏甘露二年（257）□月十六日葬，出土時地不詳，疑僞刻。

宇野雪村文庫：

　　一張，紙本墨拓，原片，編號：1819。

［景元］

0390　王基碑

又稱"東武侯王基碑""王基斷碑"，魏景元二年（261）四月二十四日立，乾隆初出土於河南洛陽，現藏於洛陽博物館石刻藝術館。

書道博物館：

　　一册，初出土拓本，紙本墨拓，册頁，王瓘舊藏。

東京國立博物館：

　　一幅，紙本墨拓，原片，編號：765。

京都大學人文科學研究所：

　　一張，紙本墨拓，原片，編號：GIS0007X。

淑德大學書學文化中心：

　　一軸，紙本墨拓，卷軸，編號：196087。

　　一册，紙本墨拓，册頁，編號：196578。

　　一張，紙本墨拓，托裱，編號：197548，天放樓舊藏。

宇野雪村文庫：

　　一張，紙本墨拓，原片，編號：1851。

0391　李苞通閣道題記

又稱"荡寇將軍李苞通阁道題記""李苞通閣道"，魏景元四年（261）十二月十日刻，原在陝西襃城縣石門摩崖，隋唐已毁，殘石存漢中市博物館。

東京國立博物館：

　　二幅，紙本墨拓，原片，編號：406。

東洋文庫：

　　一帖十三葉，紙本墨拓，30.0×14.0，潘宗伯題名，編號：Ⅱ-16-C-812。

書道博物館：

　　一張，紙本墨拓，原片。

淑德大學書學文化中心：

　　一軸，紙本墨拓，卷軸，編號：000959。

　　一張，紙本墨拓，原片，編號：198606。

白扇書道會：

　　一張，紙本墨拓，全拓，32.0×8.0，種谷扇舟舊藏。

三國・蜀
（221—263）

[建興]

0392　建興磚

蜀建興年間（223—237）刻。

淑德大學書學文化中心：

　　一軸，紙本墨拓，卷軸，編號：001829。

三國·吳
（222—280）

［鳳凰］

0393 谷朗碑

全稱"吳故九真太守谷府君之碑"，吳鳳凰元年（272）四月立，原在湖南耒陽市城東谷府君祠內，清代移至杜甫祠，現存耒陽蔡侯祠。

書道博物館：

　　一張，紙本墨拓，原片。

東京國立博物館：

　　一幅，紙本墨拓，原片，編號：918。

京都大學人文科學研究所：

　　一張，紙本墨拓，原片，編號：GIS0009X。

淑德大學書學文化中心：

　　一張，紙本墨拓，托裱，編號：195001。

　　一軸，紙本墨拓，卷軸，編號：195247。

　　一張，紙本墨拓，托裱，編號：195464。

　　一册，紙本墨拓，册頁，編號：195699，在漢楊伯起碑册內。

　　一軸，紙本墨拓，卷軸，編號：195947。

　　一張，紙本墨拓，原片，編號：196565。

　　一軸，紙本墨拓，卷軸，編號：196760。

　　一張，紙本墨拓，托裱，編號：197549，天放樓舊藏。

大阪市立美術館：

　　一帖，紙本墨拓，剪裝，編號：2581。

宇野雪村文庫：

　　一張，紙本墨拓，原片，編號：1170。

　　一册，紙本墨拓，册頁，編號：10。

［天璽］

0394　禪國山碑

又稱"封禪國山碑""天紀碑""囤碑"，蘇建書丹，殷政、何赦鐫，吳天璽元年（276）正月刻，現存江蘇宜興張渚鎮祝陵村國山。

書道博物館：

　　一册，同治未剔本，紙本墨拓，册頁。

東京國立博物館：

　　一幅，紙本墨拓，原片，編號：393。

京都大學人文科學研究所：

　　一張，紙本墨拓，原片，編號：GIS0011X。

東洋文庫：

　　一張，碑陽，紙本墨拓，原片，167.0×275.0，編號：Ⅱ-16-C-d-7。

寄鶴軒：

　　一張，紙本墨拓，全拓，青山舊藏。

淑德大學書學文化中心：

　　一册，紙本墨拓，册頁，編號：001288。

　　一軸，紙本墨拓，卷軸，編號：195262。

　　一張，紙本墨拓，原片，編號：197306。

　　一張，紙本墨拓，托裱，編號：197550，天放樓舊藏。

大阪市立美術館：

　　二帖，紙本墨拓，剪裝，編號：2610、2611。

0395　天發神讖碑

又稱"吳天璽紀功頌""三段碑""三擊碑"，吳天璽元年（276）八月一日刻，原在江寧天僖寺門外，歷遷籌思亭、尊經閣等地，清嘉慶十年（1805）毀於火。

書道博物館：

　　一帖，宋拓，紙本墨拓，各33.5×13.8，中村不折舊藏。

三井記念美術館：

　　一帖，明拓，紙本墨拓，新町三井家舊藏。

寧樂美術館：

　　一帖，明拓，紙本墨拓。

東京國立博物館：

　　一幅，紙本墨拓，原片，編號：1062。

宇野雪村文庫：

　　一張，紙本墨拓，原片，編號：1166。

京都大學人文科學研究所：

　　一張，紙本墨拓，原片，編號：GIS0012A。

　　一張，紙本墨拓，原片，編號：GIS0012C。

　　一張，紙本墨拓，原片，編號：GIS0012D。

淑德大學書學文化中心：

　　一册，摹刻，紙本墨拓，册頁，編號：000735。

書藝文化院春敬記念書道文庫：

　　一册，紙本墨拓，册頁，50.0×52.0，朱孝藏、羅振玉題記，飯島春敬舊藏。

大阪市立美術館：

　　四幅，紙本墨拓，原片，224.0×82.2，編號：2731。

白扇書道會：

　　三張，紙本墨拓，全拓，［1］70.0×224.0，［2］77.0×169.0，［3］40.0×119.0，種谷扇舟舊藏。

岡村商石：

　　三張，舊拓，紙本墨拓，原片。

三國無紀年

0396　張君碑

又稱"池陽令張君碑"或"西鄉侯兄殘碑"，三國刻，無紀年，世有東漢、三國二説，清道光年間出土於河南洛陽，現藏於故宮博物院。

書道博物館：

一張，紙本墨拓，原片，端方舊藏。

宇野雪村文庫：

一張，紙本墨拓，原片，編號：1841。

0397　皇女殘碑

石碑已殘，無刊刻紀年，世有東漢、三國兩説，清咸豐五年（1855）出土於河南洛陽漢魏洛陽故城北，現藏於故宮博物院。

東洋文庫：

三張，紙本墨拓，原片，各 40.0×16.0，編號：Ⅱ-16-C-d-3。

京都大學人文科學研究所：

一張，紙本墨拓，原片，編號：GIS0032X。

淑德大學書學文化中心：

一軸，紙本墨拓，卷軸，編號：195383。

一册，紙本墨拓，册頁，編號：195153，漢晋符秦墓石六種册頁。

0398　葛祚碑

全稱"吴故衡陽郡太守葛府君之碑"，三國刻，無紀年，一九六五年發現於句容城西，現藏於南京博物院。

書道博物館：

一張，舊拓，紙本墨拓，原片。

京都大學人文科學研究所：

一張，紙本墨拓，原片，編號：GIS0028X。

淑德大學書學文化中心：

 一册，紙本墨拓，册頁，編號：197358，天放樓舊藏。

大阪市立美術館：

 一張，紙本墨拓，原片，編號：2726。

宇野雪村文庫：

 一張，紙本墨拓，原片，編號：1931。

0399　璨敬造石像記

三國刻，無紀年。

宇野雪村文庫：

 一張，紙本墨拓，原片，編號：108。

0400　霍君神道闕

三國刻，無紀年，民國五年（1916）出土於唐山北梁村。

淑德大學書學文化中心：

 一軸，紙本墨拓，卷軸，編號：198946。

西 晉
（265—317）

[泰始]

0401　趙氏墓誌

西晉泰始四年（268）七月三日葬，河南洛陽出土，現藏於西安碑林博物館。

淑德大學書學文化中心：

　　一張，紙本墨拓，原片，編號：197061。

大阪市立美術館：

　　一張，紙本墨拓，原片，編號：2673。

0402　郭休碑

全稱"晉故明威將軍南鄉太守郭府君侯之碑"，又稱"南鄉太守郭休碑"，西晉泰始六年（270）
正月二十日立，清道光十九年（1839）出土於山東掖城，現藏於故宮博物院。

書道博物館：

　　一張，紙本墨拓，原片，端方舊藏。

　　一張，舊拓，紙本墨拓，原片，有篆額。

東洋文庫：

　　一張，碑陽連額，紙本墨拓，214.0×88.0。一張，碑陰，紙本墨拓，70.0×90.0。編號：
Ⅱ-16-C-e-1。

淑德大學書學文化中心：

　　一張，碑陽，紙本墨拓，原片，編號：001251。

　　一軸，碑陽，紙本墨拓，卷軸，編號：195361。

　　一軸，碑陽，紙本墨拓，卷軸，編號：195413。

　　一張，碑陽，紙本墨拓，托裱，編號：197551，天放樓舊藏。

　　一張，碑陰，紙本墨拓，原片，編號：001252。

　　一軸，碑陰，紙本墨拓，卷軸，編號：195362。

一軸，碑陰，紙本墨拓，卷軸，編號：195414。

一張，碑陰，紙本墨拓，托裱，編號：197552，天放樓舊藏。

0403 潘宗伯等造橋閣題名

西晋泰始六年（270）五月十日刻，原在陝西襃城石門摩崖，現藏於漢中市博物館。

書道博物館：

一册，紙本墨拓，綴帖，朱筠舊藏。

東洋文庫：

一帖四葉，紙本墨拓，30.0×14.0，編號：Ⅱ-16-C-812。

淑德大學書學文化中心：

一軸，紙本墨拓，卷軸，編號：000959。

大阪市立美術館：

一帖，紙本墨拓，剪裝，編號：2575。

白扇書道會：

一張，紙本墨拓，原片，110.0×22.0，種谷扇舟舊藏。

0404 王泰磚誌

西晋泰始七年（271）葬，河南洛陽出土，現藏於故宫博物院。

淑德大學書學文化中心：

一册，紙本墨拓，册頁，編號：197910。

0405 孫夫人碑

全稱"晋任城太守夫人孫氏之碑"，西晋泰始八年（272）十二月十五日刻，現存泰安岱廟。

書道博物館：

一册，紙本墨拓，册頁，張祖翼題簽。

一册，清初拓本，册頁，紙本墨拓。

東京國立博物館：

一幅，紙本墨拓，原片，編號：624。

京都大學人文科學研究所：

一張，紙本墨拓，原片，編號：GIS0010X。

淑德大學書學文化中心：

一張，紙本墨拓，原片，編號：001250。

一册，紙本墨拓，册頁，編號：195195。

一軸，紙本墨拓，卷軸，編號：195410。

一册，紙本墨拓，册頁，編號：195489。

一軸，紙本墨拓，卷軸，編號：196088。

一張，紙本墨拓，原片，編號：196781。

一張，紙本墨拓，原片，編號：198243。

宇野雪村文庫：

一冊，紙本墨拓，冊頁，編號：157。

［咸寧］

0406 呂氏磚

西晉咸寧四年（278）七月刻。

墨華書道會：

一張，紙本墨拓，全拓。

0407 辟雍碑

全稱"大晉龍興皇帝三臨辟雍皇大子又再蒞之盛德隆熙之頌碑"，西晉咸寧四年（278）十月二十日立，民國二十年（1931）出土於河南偃師，現存偃師東大郊村。

京都大學人文科學研究所：

一張，碑陽，紙本墨拓，原片，編號：GIS0013A。

一張，碑陰，紙本墨拓，原片，編號：GIS0013B。

淑德大學書學文化中心：

一軸，碑陽，紙本墨拓，卷軸，編號：195323。

一張，碑陽，紙本墨拓，原片，編號：196207。

一冊，碑陽，紙本墨拓，冊頁，編號：196764。

一軸，碑陰，紙本墨拓，卷軸，編號：195324。

［太康］

0408 太康元年磚

西晉太康元年（280）刻。

淑德大學書學文化中心：

一冊，紙本墨拓，冊頁，編號：197910。

0409 馮恭石槨題字

又稱"馮恭墓記"，西晉太康三年（282）二月三日刻，河北唐山出土，現藏於故宮博物院。

淑德大學書學文化中心：

一軸，紙本墨拓，卷軸，編號：198419。

0410　房宣墓誌

西晋太康三年（282）二月六日葬，原山東掖縣出土，端方舊藏，今藏地不詳。

書道博物館：

　　一張，紙本墨拓，全拓。

東洋文庫：

　　一張，紙本墨拓，原片，43.0×43.0，編號：Ⅱ-16-C-28。

　　一張，紙本墨拓，原片，43.0×44.0，編號：Ⅱ-16-C-e-2。

宇野雪村文庫：

　　一張，紙本墨拓，原片，編號：1534。

京都大學人文科學研究所：

　　一張，紙本墨拓，原片，編號：GIS0014X。

淑德大學書學文化中心：

　　一册，紙本墨拓，册頁，編號：195153，漢晋苻秦墓石六種册頁内。

　　一張，紙本墨拓，托裱，編號：000936。

　　一軸，紙本墨拓，卷軸，編號：000429。

0411　楊紹買地莂

西晋太康五年（284）九月二十九日葬，明萬曆元年（1573）出土於浙江會稽倪光簡冢地。

淑德大學書學文化中心：

　　一册，紙本墨拓，册頁，編號：000291。

書道博物館：

　　一張，紙本墨拓，全拓。

0412　王君墓神道闕

全稱"晋故安丘長城陽王君墓神道"，西晋太康五年（284）立，山東安丘出土。

書道博物館：

　　一張，紙本墨拓，全拓。

東洋文庫：

　　一張，紙本墨拓，原片，40.0×52.0，編號：Ⅱ-16-C-e-4。

宇野雪村文庫：

　　一張，紙本墨拓，原片，編號：1115。

　　一張，紙本墨拓，原片，編號：1850。

淑德大學書學文化中心：

　　一張，紙本墨拓，原片，編號：000427。

　　一張，紙本墨拓，原片，編號：000428。

0413 張儁妻劉氏墓誌

西晋太康九年（288）正月二十七日葬，今藏地不詳。

宇野雪村文庫：

　　一張，紙本墨拓，原片，編號：1544。

0414 韋子平石礎銘

西晋太康九年（288）六月二十日刻，民國七年（1918）出土於山東費城，現藏於山東博物館。

京都大學人文科學研究所：

　　一張，紙本墨拓，原片，編號：GIS0017X。

木雞室：

　　一張，舊拓，紙本墨拓，原片。

0415 吕望表

全稱"齊大公吕望表"，又稱"太公望碑"，盧無忌撰，西晋太康十年（289）三月十九日立，原在河南汲縣太公廟，歷藏汲縣府署、文廟、圖書館，今已亡佚，後世有重刻。

書道博物館：

　　一張，紙本墨拓，全拓。

京都大學人文科學研究所：

　　一張，紙本墨拓，原片，編號：GIS0018X。

淑德大學書學文化中心：

　　一軸，碑陽，紙本墨拓，卷軸，編號：195363。

　　一軸，碑陽，紙本墨拓，卷軸，編號：195409。

　　一册，碑陽，紙本墨拓，册頁，編號：195703。

　　一軸，碑陰，紙本墨拓，卷軸，編號：195364。

宇野雪村文庫：

　　一册，紙本墨拓，册頁，編號：156。

　　一册，紙本墨拓，册頁，編號：408。

　　一張，紙本墨拓，原片，編號：1977。

大阪市立美術館：

　　一帖，紙本墨拓，剪裝，編號：2606。

0416 太康十年磚

西晋太康十年（289）五月二十八日刻。

淑德大學書學文化中心：

　　一册，紙本墨拓，册頁，編號：197910。

［太熙］

0417 杜謖墓門題字

西晋太熙元年（290）二月十一日刻，四川成都雙流出土，現藏於四川博物院。

淑德大學書學文化中心：

　　一軸，紙本墨拓，卷軸，編號：001323。

［元康］

0418 成晃碑

全稱"晋故處士成君之碑"，西晋元康元年（291）七月十六日立，民國十四年（1925）河南洛陽出土，現藏於千唐誌齋博物館。

京都大學人文科學研究所：

　　一張，紙本墨拓，原片，編號：GIS0019X。

0419 樂生墓記

西晋元康三年（293）八月十七日葬，民國十二年（1923）出土於河南洛陽陳家村，今藏地不詳。

宇野雪村文庫：

　　一張，紙本墨拓，原片，編號：1532。

　　一張，紙本墨拓，原片，編號：1533。

0420 裴祗墓誌

西晋元康三年（293）十月十一日葬，民國二十五年（1936）出土於河南洛陽周公廟，現藏於洛陽古墓博物館。

淑德大學書學文化中心：

　　一張，碑陽，紙本墨拓，原片，編號：001452。

　　一張，碑陰，紙本墨拓，原片，編號：001453。

0421 荀岳墓誌

西晋元康五年（295）十月二十二日葬，民國七年（1918）出土於河南偃師縣南蔡莊村，現藏於偃師商城博物館。

書道博物館：

　　一張，紙本墨拓，原片。

京都大學人文科學研究所：

一張，紙本墨拓，原片，編號：GIS0021X。

淑德大學書學文化中心：

一册，紙本墨拓，册頁，編號：001395。

一張，紙本墨拓，托裱，編號：001057。

宇野雪村文庫：

一張，紙本墨拓，原片，編號：1013。

一張，紙本墨拓，原片，編號：1561。

0422　劉遽墓誌

西晋元康六年（296）四月七日葬，出土時地不詳。

淑德大學書學文化中心：

一册，紙本墨拓，册頁，編號：195153，漢晋符秦墓石六種册頁内。

0423　賈充妻郭槐柩記

西晋元康六年（296）葬，民國十九年（1930）出土於河南洛陽平樂村，現藏於中國國家圖書館。

京都大學人文科學研究所：

一張，紙本墨拓，原片，編號：GIS0020X。

淑德大學書學文化中心：

一軸，紙本墨拓，卷軸，編號：195897。

一張，紙本墨拓，托裱，編號：001056。

宇野雪村文庫：

一張，紙本墨拓，原片，編號：1545。

0424　歸義王磚

西晋元康七年（297）二月十七日刻。

淑德大學書學文化中心：

一册，紙本墨拓，册頁，編號：197910。

0425　鄧元女葬磚

西晋元康七年（297）六月二十三日葬，現藏於故宫博物院。

淑德大學書學文化中心：

一册，紙本墨拓，册頁，編號：197910。

0426　牛登墓碑

西晋元康八年（298）十月十日立。

淑德大學書學文化中心：

    一軸，紙本墨拓，卷軸，編號：001689。

墨華書道會：

    一張，紙本墨拓，全拓。

［永康］

0427　左棻墓誌

西晋永康元年（300）四月二十五日葬，民國十九年（1930）出土於河南偃師縣南蔡莊村，歷歸馬清、張伯英、于右任，今藏地不詳。

大阪市立美術館：

    二張，紙本墨拓，原片，編號：2673。

0428　張朗墓誌

西晋永康元年（300）十一月十五日葬，民國五年（1916）出土於河南洛陽後營村，後流失海外，現藏於日本大倉集古館。

宇野雪村文庫：

    一張，紙本墨拓，原片，編號：1243。

大阪市立美術館：

    一張，紙本墨拓，原片，無碑陰，編號：2717。

淑德大學書學文化中心：

    一張，摹刻，紙本墨拓，原片，編號：197081。

［永嘉］

0429　石定墓誌

西晋永嘉二年（308）七月十九日葬，民國八年（1919）出土於河南洛陽城北馬汶坡村，現藏於故宮博物院。

書道博物館：

    一張，紙本墨拓，全拓。

京都大學人文科學研究所：

    一張，紙本墨拓，原片，編號：GIS0022X。

淑德大學書學文化中心：

    一册，紙本墨拓，册頁，編號：001396。

    一張，紙本墨拓，原片，編號：197063。

    一張，重刻，紙本墨拓，原片，編號：197087。

宇野雪村文庫：

　　一張，紙本墨拓，原片，編號：1543。

0430　石尠墓誌

西晉永嘉二年（308）七月十九日葬，民國八年（1919）出土於河南洛陽城北馬汶坡村，現藏於故宮博物院。

淑德大學書學文化中心：

　　一張，紙本墨拓，托裱，編號：001397。

東　晉
（317—420）

[太寧]

0431　侯達墓記

東晉太寧二年（324）三月刻，出土時地不詳，疑僞刻。

宇野雪村文庫：

一張，紙本墨拓，原片，編號：1946。

0432　張鎮墓誌

東晉太寧三年（325）葬，一九七九年出土於江蘇蘇州吳縣甪直鎮張陵山東晉張鎮墓，現藏於南京博物院。

木雞室：

二張，舊拓，紙本墨拓，原片。

[建元]

0433　護國定遠侯碑

東晉建元二年（344）四月一日葬，另有十六國漢、前秦刊刻説，河南偃師佃莊鎮出土，現藏於洛陽博物館。

宇野雪村文庫：

一張，紙本墨拓，原片，編號：1018。

0434　張淑買地券

東晉建元三年（345）二月二十一日葬，出土時地不詳。

淑德大學書學文化中心：

一軸，紙本墨拓，卷軸，編號：000933。

［永和］

0435　蘭亭序

又稱"臨河序""禊帖"，東晋永和九年（353）三月三日王羲之作，後世多有摹刻。

京都國立博物館：

一帖，游丞相藏玉泉本，紙本墨拓，25.2×11.1。

一帖，定武本，紙本墨拓，36.7×13.1，内藤湖南題簽，岳琪、上野理一舊藏。

一帖，國學本，紙本墨拓，26.0×9.7，内藤湖南題簽，羅振玉、上野理一舊藏。

一帖，東陽本，紙本墨拓，26.0×9.7，内藤湖南題簽，羅振玉、上野理一舊藏。

東京國立博物館：

一卷，吴炳本，紙本墨拓，26.0×66.0。

一册，獨孤本，紙本墨拓，33.2×24.4。

書道博物館：

一册，韓珠船本，紙本墨拓，25.2×11.2。

一册，神龍本，紙本墨拓，全拓。

一册，薛稷本，紙本墨拓，全拓。

三井記念美術館：

一帖，開皇本，紙本墨拓，24.5×10.6。

宇野雪村文庫：

一册，宋拓定武本，紙本墨拓，編號：46。

一册，賜潘貴妃本，紙本朱拓，編號：47。

一册，停雲館帖本，紙本墨拓，編號：48。

一册，張金界奴本，紙本朱拓，編號：49。

一册，神龍半印本，紙本墨拓，編號：50。

一册，集字本，紙本墨拓，編號：50。

一册，瘦本，紙本墨拓，編號：52，董其昌刻跋。

一册，筠清館帖本，紙本墨拓，編號：53。

一册，明拓潁上本，紙本墨拓，編號：54。

一册，筠清館帖本，紙本墨拓，編號：55。

一册，明拓開皇十八年本，紙本墨拓，編號：56。

一册，墨池堂本，紙本墨拓，編號：57。

一册，薛稷拓定武本，紙本墨拓，編號：58。

一册，初拓鬱岡齋本，紙本朱拓，編號：60。

一册，紙本墨拓，編號：61。

一册，神龍半印本，紙本墨拓，編號：62。

一册，元拓定武本，紙本墨拓，編號：64。

一册，明拓何氏東陽本，紙本墨拓，編號：66。

一册，定武本，紙本墨拓，編號：67。

一册，宋拓定武本，紙本墨拓，編號：68，梁啓超題。

一册，賜潘貴妃本，紙本朱拓，編號：69。

一册，定武五字不損本：王曉本、嶺字從山本、李公択本、神龍本、双鉤蠟本，紙本墨拓，編號：70。

一册，集字本，紙本墨拓，編號：71。

一册，王曉本，紙本墨拓，編號：72。

一册，秀珍本，紙本墨拓，編號：73。

一册，東陽本，紙本墨拓，編號：75。

一册，定武本，紙本墨拓，編號：76。

一册，和刻墨池堂本，紙本墨拓，編號：77。

一册，卷子本，紙本墨拓，編號：78。

一册，集字本，紙本墨拓，編號：79，楊守敬舊藏。

一册，何氏家藏石刻本，紙本墨拓，編號：422。

一册，宋拓定武本，紙本墨拓，編號：423。

一册，卷子本，紙本墨拓，編號：443。

一張，紙本墨拓，編號：1028。

木雞室：

一册，宋拓神龍本，紙本墨拓，王澍、李鴻裔、朱福清、趙烈文、吳雲題記，羅振玉、内藤湖南題跋。

一册，宋拓本，紙本墨拓，安岐、張若藹、梁章鉅、梁啓超、陶北溟等題記。

一册，開皇本，紙本墨拓，沈兆霖、許乃釗等題記。

一册，穎上本，紙本墨拓，王澍、王文治、李世倬題跋。

書藝文化院春敬記念書道文庫：

一册，神龍本，紙本墨拓，34.0×34.0，飯島春敬舊藏。

白扇書道會：

一張，神龍本，紙本墨拓，全拓，31.0×109.0，種谷扇舟舊藏。

0436 告誓文

東晉永和十一年（355）三月王羲之作，後世多有摹刻。

大阪市立美術館：

一張，原拓，紙本墨拓，編號：2510。

［升平］

0437　劉剋墓誌

東晉升平元年（357）十二月七日葬，一九六二年出土於江蘇鎮江賈家灣村，現藏於鎮江博物館。

淑德大學書學文化中心：

一軸，紙本墨拓，卷軸，編號：001232。

墨華書道會：

一張，紙本墨拓，原片。

［隆安］

0438　楊陽神道闕銘

全稱"晋故巴郡察孝騎都尉枳楊府君之神道"，東晉隆安三年（399）十月十一日立，四川巴縣（今重慶巴南區）出土，現藏於故宮博物院。

書道博物館：

一張，紙本墨拓，全拓，端方藏石。

京都大學人文科學研究所：

一張，紙本墨拓，原片，編號：NAN0005X。

淑德大學書學文化中心：

一軸，紙本墨拓，卷軸，編號：195211。

一軸，紙本墨拓，卷軸，編號：195815。

一册，紙本墨拓，册頁，編號：197770，天放樓舊藏。

宇野雪村文庫：

一張，紙本墨拓，原片，編號：1079。

一張，紙本墨拓，原片，編號：1154。

一張，紙本墨拓，原片，編號：1933。

大阪市立美術館：

一張，紙本墨拓，原片，編號：2697。

［義熙］

0439　爨寶子碑

全稱"晋故振威將軍建寧太守爨府君墓碑"，東晉義熙元年（405）四月立，乾隆四十三年（1778）出土於雲南曲靖，現存曲靖第一中學。

書道博物館：

一帖，出土初拓，紙本墨拓，各 27.4×16.4，中村不折舊藏。

一册，清拓本，紙本墨拓，綴帖。

一册，紙本墨拓，折帖。

五島美術館：

一册，初拓，紙本墨拓，册頁，23.8×12.0，宇野雪村舊藏。

東京國立博物館：

一幅，紙本墨拓，原片，編號：780。

宇野雪村文庫：

一册，紙本墨拓，册頁，編號：299。

京都大學人文科學研究所：

一張，紙本墨拓，原片，編號：NAN0008X。

淑德大學書學文化中心：

一軸，紙本墨拓，卷軸，編號：195942。

一軸，紙本墨拓，卷軸，編號：195948。

一張，紙本墨拓，原片，編號：197252。

一張，紙本墨拓，托裱，編號：197554，天放樓舊藏。

木雞室：

一張，紙本朱拓，全拓。

白扇書道會：

一張，紙本墨拓，原片，160.0×58.0，種谷扇舟舊藏。

墨華書道會：

一張，紙本墨拓，全拓。

0440 好太王碑

又稱“國岡上廣開土境平安好太王碑”，東晉義熙十年（414）九月二十九日立，現存吉林集安好太王陵東側。

書道博物館：

四幅，紙本墨拓，原片，［1］540.0×147.6，［2］535.0×129.2，［3］542.0×181.1，［4］535.0×118.3，中村不折舊藏。

京都大學人文科學研究所：

一張，紙本墨拓，原片，編號：NAN0009A。

一張，紙本墨拓，原片，編號：NAN0009B。

一張，紙本墨拓，原片，編號：NAN0009C。

一張，紙本墨拓，原片，編號：NAN0009D。

一張，紙本墨拓，原片，編號：NAN0009E。

一張，紙本墨拓，原片，編號：NAN0009F。

一張，紙本墨拓，原片，編號：NAN0009G。

一張，紙本墨拓，原片，編號：NAN0009H。

寄鶴軒：

四張，紙本墨拓，全拓。

淑德大學書學文化中心：

一張，紙本墨拓，托裱，編號：198075。

大阪市立美術館：

六張，紙本墨拓，原片，編號：2570。

0441　好太王陵磚

東晉義熙十年（414）刻。

京都大學人文科學研究所：

一張，紙本墨拓，原片，編號：NAN0010X。

晋無紀年

0442 當利里社殘碑

又稱"后土碑"，晋刻，無紀年，清宣統元年（1909）出土於河南洛陽朱家昌村，現藏於故宮博物院。

淑德大學書學文化中心：

　　一張，碑陽，紙本墨拓，托裱，編號：001449。

　　一張，碑陰，紙本墨拓，托裱，編號：001450。

京都大學人文科學研究所：

　　一張，紙本墨拓，原片，編號：GIS0033X。

0443 袁君殘碑

晋刻，無紀年。

淑德大學書學文化中心：

　　一張，碑陽，紙本墨拓，托裱，編號：001447。

　　一張，碑陰，紙本墨拓，托裱，編號：001448。

0444 司馬芳殘碑

全稱"漢故司隸校尉京兆尹司馬君之碑頌"，晋刻，無紀年，一九五二年出土於陝西西安西大街，現藏於西安碑林博物館。

京都大學人文科學研究所：

　　一張，紙本墨拓，原片，編號：GIS0037X。

淑德大學書學文化中心：

　　一軸，碑陽，紙本朱拓，卷軸，編號：198949。

　　一軸，碑陰，紙本朱拓，卷軸，編號：198950。

墨華書道會：

　　二張，紙本墨拓，原片。

0445　韓壽神道闕

全稱“晋故散騎常侍驃騎將軍南陽堵陽韓府君墓神道”，晋刻，無紀年，清道光年間出於河南洛陽孟縣古井，現藏於洛陽博物館。

宇野雪村文庫：

　　一張，紙本墨拓，原片，編號：1949。

東京國立博物館：

　　一幅，紙本墨拓，原片，編號：644。

淑德大學書學文化中心：

　　一張，紙本墨拓，托裱，編號：197553，天放樓舊藏。

京都大學人文科學研究所：

　　一張，紙本墨拓，原片，編號：GIS0035X。

0446　劉韜墓誌

晋刻，無紀年，乾隆初於河南偃師杏園莊出土，曾歸武億、馬氏所藏，現藏於上海博物館。

書道博物館：

　　一張，紙本墨拓，全拓。

宇野雪村文庫：

　　一張，紙本墨拓，原片，編號：1546。

　　一册，紙本墨拓，册頁，編號：150。

淑德大學書學文化中心：

　　一册，紙本墨拓，册頁，編號：197769，天放樓舊藏。

0447　鄭舒妻劉氏墓誌

晋刻，無紀年，民國初出土於河南偃師扒頭村，今藏地不詳。

淑德大學書學文化中心：

　　一册，紙本墨拓，册頁，編號：195153，漢晋苻秦墓石六種册頁内。

京都大學人文科學研究所：

　　一張，紙本墨拓，原片，編號：GIS0030X。

0448　張光磚誌

晋刻，無紀年。

宇野雪村文庫：

　　一張，紙本墨拓，原片，編號：1022。

0449　劉庚磚誌

晋刻，無紀年。

墨華書道會：

    一張，紙本墨拓，原片。

0450　劉碩妻徐氏磚誌

晋刻，無紀年。

墨華書道會：

    一張，紙本墨拓，原片。

0451　謝君神道闕

晋刻，無紀年。

京都大學人文科學研究所：

    一張，紙本墨拓，原片，編號：GIS0026X。

0452　趙君闕

又稱"鬱林太守河内趙府君墓道表"，晋刻，無紀年，清嘉慶年間出土於河南孟縣田寺村，今藏地不詳。

京都大學人文科學研究所：

    一張，紙本墨拓，原片，編號：GIS0034X。

大阪市立美術館：

    二張，紙本墨拓，原片，編號：2709。

0453　虎牙將軍王君表

晋刻，無紀年，民國十五年（1926）出土於河南洛陽小梁村，現藏於故宮博物院。

宇野雪村文庫：

    一張，紙本墨拓，原片，編號：1567。

0454　十七帖

晋作，無紀年，永和三年（347）到升平五年（361）王羲之草書作品，後世多摹刻。

京都國立博物館：

    一帖，上野本，紙本墨拓，25.1×16.4。

東京國立博物館：

    一帖，王文治本，紙本墨拓，23.4×15.4。

木雞室：

    一帖，餘清齋本，紙本墨拓。

白扇書道會：

    一帖，紙本墨拓，30.0×30.0，種谷扇舟舊藏。

0455 洛神賦

又稱"洛神賦十三行"，晋作，無紀年，王獻之楷書作品，後世多摹刻。

東京國立博物館：

一帖，大本，紙本墨拓，27.5×14.0。

一帖，小本，紙本墨拓，12.3×7.6。

十六國·前趙
（304—329）

[元熙]

0456　李氏磚

前趙元熙元年（304）刻，出土時地不詳。

淑德大學書學文化中心：

一張，紙本墨拓，原片，編號：198971。

十六國・後趙
（319—351）

[建武]

0457　泰武殿前造猨戲絞柱孔刻石

後趙建武四年（338）刻，民國間河北磁縣出土，現藏於中國國家博物館。

東洋文庫：

　　一張，紙本墨拓，原片，47.0×47.0，編號：Ⅱ-16-C-1014。

京都大學人文科學研究所：

　　一張，紙本墨拓，原片，編號：NAN0001X。

淑德大學書學文化中心：

　　一軸，紙本墨拓，卷軸，編號：196826。

0458　元氏縣界封刻石

後趙建武五年（339）三月二十五日刻，一九九九年出土於河北元氏縣，今藏地不詳。

淑德大學書學文化中心：

　　一軸，紙本墨拓，卷軸，編號：001690。

墨華書道會：

　　一張，紙本墨拓，原片。

十六國・前秦
（350—394）

[建元]

0459　鄭能邈修鄧太尉祠碑

又稱"魏故鄧太尉祠碑""鄧艾祠碑"，前秦建元三年（367）六月立，原在陝西蒲城西頭鄉前阿村鄧太尉祠，現藏於西安碑林博物館。

書道博物館：

一張，紙本墨拓，全拓，條幅。

東洋文庫：

二張，紙本墨拓，原片，各55.0×63.0，編號：Ⅱ-16-C-f-1。

京都大學人文科學研究所：

一張，紙本墨拓，原片，編號：NAN0002X。

淑德大學書學文化中心：

一軸，碑陽，紙本墨拓，卷軸，編號：195908。

一張，碑陽，紙本墨拓，托裱，編號：197561，天放樓舊藏。

一軸，碑陰，紙本墨拓，卷軸，編號：195909。

一軸，碑陰，紙本墨拓，卷軸，編號：195273。

一軸，碑陰，紙本墨拓，卷軸，編號：196390。

一軸，碑陰，紙本墨拓，卷軸，編號：197168。

宇野雪村文庫：

一冊，紙本墨拓，冊頁，編號：155。

一張，紙本墨拓，原片，編號：1252。

大阪市立美術館：

一帖，紙本墨拓，剪裝，編號：2600。

0460　廣武將軍碑

又稱"立界山石祠碑""符秦建元四年産碑""張産碑"，前秦建元四年（368）十月一日立，民國九年（1920）陝西白水史官村出土，後移至白水縱目小學，現藏於西安碑林博物館。

書道博物館：

　　一册，最舊拓，紙本墨拓，册頁，各25.5×16.7，中村不折舊藏。

東洋文庫：

　　二張，碑陽，紙本墨拓，上部51.0×49.0，下部8.0×50.0。三張，碑陰，紙本墨拓，［1］50.0×63.0，［2］51.0×63.0，［3］54.0×64.0。二張，碑側，紙本墨拓，［1］106.0×20.0，［2］158.0×19.0。編號：Ⅱ-16-C-f-2。

京都大學人文科學研究所：

　　一張，碑陽，紙本墨拓，原片，編號：NAN0003A。

　　一張，碑陰，紙本墨拓，原片，編號：NAN0003B。

　　一張，兩側，紙本墨拓，原片，編號：NAN0003C。

宇野雪村文庫：

　　一張，紙本墨拓，原片，編號：1966。

　　一册，紙本墨拓，册頁，編號：11。

寄鶴軒：

　　一張，紙本墨拓，全拓。

淑德大學書學文化中心：

　　一軸，碑陽，紙本墨拓，卷軸，編號：195380。

　　一軸，碑陽，紙本墨拓，卷軸，編號：195433。

　　一軸，碑陽，紙本墨拓，卷軸，編號：195943。

　　一册，碑陽，紙本墨拓，册頁，編號：197933。

　　一軸，碑陰，紙本墨拓，卷軸，編號：195381。

　　一軸，碑陰，紙本墨拓，卷軸，編號：195434。

　　一軸，碑陰，紙本墨拓，卷軸，編號：195944。

　　一軸，碑左側，紙本墨拓，卷軸，編號：195382。

　　一軸，碑左側，紙本墨拓，卷軸，編號：195436。

　　一軸，碑左側，紙本墨拓，卷軸，編號：195945。

　　一軸，碑右側，紙本墨拓，卷軸，編號：195382。

　　一軸，碑右側，紙本墨拓，卷軸，編號：195435。

　　一軸，碑右側，紙本墨拓，卷軸，編號：195946。

大阪市立美術館：

　　一帖，紙本墨拓，剪裝，編號：2614。

十六國・後燕
（384—407）

[燕元]

0461　武容造像記

後燕燕元元年（384）四月刻，端方舊藏，出土地不詳。

東洋文庫：

　　一張，紙本墨拓，原片，5.0×20.0，編號：Ⅱ-16-C-f-3。

淑德大學書學文化中心：

　　一張，紙本墨拓，原片，編號：000432。

十六國·南燕
(398—410)

[建平]

0462　葉媛真造像記

南燕建平元年（400）二月十一日刻，清光緒八年（1882）發現於江蘇徐州豐縣郜村廟，後歸吳伯滔，今藏地不詳。

淑德大學書學文化中心：

一册，紙本墨拓，册頁，編號：197403，天放樓舊藏。

十六國·後秦
（384—417）

［弘始］

0463 呂憲墓表

全稱“秦故遼東太守呂憲墓表”，後秦弘始四年（402）十二月二十七日葬，清光緒年間出土於陝西西安，後流失海外，現藏於日本書道博物館。

書道博物館：

  一張，紙本墨拓，全拓。

東京國立博物館：

  一幅，紙本墨拓，原片，編號：661。

東洋文庫：

  一張，碑陽連額，紙本墨拓，原片，50.0×34.0，編號：Ⅱ-16-C-32。

宇野雪村文庫：

  一張，紙本墨拓，原片，編號：1176。

  一册，紙本墨拓，册頁，編號：1177。

淑德大學書學文化中心：

  一張，紙本墨拓，原片，編號：000487。

  一册，紙本墨拓，册頁，編號：195153，漢晉苻秦墓石六種册頁内。

大阪市立美術館：

  一軸，紙本墨拓，卷軸，編號：2732。

木雞室：

  一張，舊拓，紙本墨拓，原片。

0464 呂他墓表

全稱“秦故幽州刺史略陽呂他墓表”，後秦弘始四年（402）十二月二十七日葬，二十世紀七十年代出土於陝西咸陽，現藏於西安碑林博物館。

木雞室：

　　一張，舊拓，紙本墨拓，原片。

淑德大學書學文化中心：

　　一軸，紙本墨拓，卷軸，編號：001223。

南朝·宋
（420—479）

［元嘉］

0465 王佛女買地券

宋元嘉九年（432）十一月二十日葬，江蘇徐州出土，今藏地不詳。

淑德大學書學文化中心：

　　一軸，紙本墨拓，卷軸，編號：000284。

0466 徐副買地券

宋元嘉十年（433）十一月二十七日葬，一九七七年出土於湖南長沙麻林橋，現藏於湖南博物院。

淑德大學書學文化中心：

　　一張，紙本墨拓，托裱，編號：001500。

0467 韋意而子墓磚

宋元嘉二十一年（444）刻。

淑德大學書學文化中心：

　　一軸，紙本墨拓，卷軸，編號：000745。

0468 □熊造像記

宋元嘉二十五年（448）七月二十三日刻，清光緒年間發現於四川成都西關萬佛寺，歷歸王懿榮、端方等，現藏於故宮博物院。

京都大學人文科學研究所：

　　一張，紙本墨拓，原片，編號：NAN0013X。

淑德大學書學文化中心：

　　一軸，紙本墨拓，卷軸，編號：198633。

　　一張，紙本墨拓，原片，編號：000431。

［大明］

0469　爨龍顔碑

全稱"宋故龍驤將軍護鎮蠻校尉寧州刺史邛都縣侯爨使君之碑"，爨道慶撰文，宋大明二年
（458）九月十一日立，清道光年間發現於雲南陸良貞元堡，現存曲靖陸良縣馬街鎮薛官村門閣寺。

書道博物館：

一册，舊拓，紙本墨拓，無額。

一册，紙本墨拓，綴帖，有額。

一張，紙本墨拓，全拓。

東京國立博物館：

一幅，紙本墨拓，原片，編號：439。

東洋文庫：

一張，碑陽，紙本墨拓，231.0×124.0。一張，碑額，紙本墨拓，27.0×37.0。一張，碑陰，
紙本墨拓，157.0×101.0。編號：Ⅱ-16-C-g-1。

宇野雪村文庫：

一册，紙本墨拓，册頁，編號：294。

一册，紙本墨拓，册頁，編號：299。

一張，碑陰，紙本墨拓，原片，編號：1107。

京都大學人文科學研究所：

一張，碑陽，紙本墨拓，原片，編號：NAN0016A。

一張，碑陰，紙本墨拓，原片，編號：NAN0016B。

一張，碑額，紙本墨拓，原片，編號：NAN0016C。

淑德大學書學文化中心：

一册，碑陽，紙本墨拓，册頁，編號：196767。

一册，碑陽，紙本墨拓，册頁，編號：197113。

一張，碑陽，紙本墨拓，托裱，編號：197555，天放樓舊藏。

一軸，碑陽，紙本墨拓，卷軸，編號：198527。

一軸，碑陽，紙本墨拓，卷軸，編號：198618。

一軸，碑陽，紙本墨拓，卷軸，編號：198667。

一軸，碑陽，紙本朱拓，卷軸，編號：198968。

一軸，碑陰，紙本墨拓，卷軸，編號：195238。

一軸，碑陰，紙本墨拓，卷軸，編號：198619。

書藝文化院春敬記念書道文庫：

一册，紙本墨拓，册頁，34.0×43.0，盛昱、飯島春敬舊藏。

墨華書道會：

一張，紙本墨拓，全拓。

木雞室：

一張，紙本墨拓，全拓。

0470　劉懷民墓誌

宋大明八年（464）正月十四日葬，清光緒年間出土於山東益都，後流失海外，現藏於日本京都大學人文科學研究所。

書道博物館：

一冊，舊拓，紙本墨拓，原片。

一張，紙本墨拓，全拓，端方舊藏。

京都大學人文科學研究所：

一張，紙本墨拓，原片，編號：NAN0017X。

淑德大學書學文化中心：

一張，紙本墨拓，托裱，編號：001593。

東洋文庫：

一張，紙本墨拓，原片，46.0×50.0，編號：Ⅱ-16-C-1013。

一張，紙本墨拓，原片，48.0×52.0，編號：Ⅱ-16-C-g-2。

宇野雪村文庫：

一冊，紙本墨拓，冊頁，編號：4。

大阪市立美術館：

一張，紙本墨拓，原片，編號：2633。

［泰始］

0471　何孝廉夫人桑氏墓磚

宋泰始五年（469）刻，湖北宜都出土。

淑德大學書學文化中心：

一軸，紙本墨拓，卷軸，編號：000744。

南朝 · 齊
(479—502)

[永明]

0472　釋玄嵩造像記

齊永明元年（483）七月十五日刻，民國十年（1921）出土於四川茂縣東較場壩中村寨，現藏於四川博物院。

宇野雪村文庫：

　　一張，紙本墨拓，原片，編號：1038。

0473　吴郡造佛記

齊永明六年（488）刻，後晋天福年間出土，歷存妙相寺、戒珠寺、開元寺等地，現藏於紹興博物館。

書道博物館：

　　一張，紙本墨拓，原片。

東京國立博物館：

　　一幅，紙本墨拓，原片，編號：776。

京都大學人文科學研究所：

　　一張，紙本墨拓，原片，編號：NAN0030X。

淑德大學書學文化中心：

　　一軸，紙本墨拓，卷軸，編號：196475。

0474　吕超墓誌

齊永明十一年（493）十一月葬，民國五年（1916）出土於浙江紹興蠣陽之謝墺，今藏地不詳。

宇野雪村文庫：

　　一張，紙本墨拓，原片，編號：1562。

淑德大學書學文化中心：

　　一册，紙本墨拓，册頁，編號：001827。

南朝·吴
（486）

[興平]

0475　法登造像記

吴興平元年（486）二月十五日刻，今藏地不詳。

淑德大學書學文化中心：

　　一軸，紙本墨拓，卷軸，編號：196869。

0476　九連造像記

吴興平元年（486）三月十四日刻，今藏地不詳。

淑德大學書學文化中心：

　　一軸，紙本墨拓，卷軸，編號：196871。

南朝·梁
（502—557）

[天監]

0477　天監元年造像記

梁天監元年（502）三月七日刻，今藏地不詳。

淑德大學書學文化中心：

　　一張，紙本墨拓，托裱，編號：197185。

0478　天監二年刻石

梁天監二年（503）刻，今藏地不詳。

宇野雪村文庫：

　　一張，紙本墨拓，原片，編號：1768。

0479　開慈雲嶺記

梁天監四年（505）六月十五日刻，今藏地不詳。

淑德大學書學文化中心：

　　一張，紙本墨拓，托裱，編號：001287。

[普通]

0480　康勝造像記

梁普通四年（523）三月八日刻，民國時期出土於成都萬佛寺，現藏於四川博物院。

宇野雪村文庫：

　　一張，紙本墨拓，原片，編號：1957。

淑德大學書學文化中心：

　　一張，紙本墨拓，原片，編號：001101。

0481 普通四年造像記

梁普通四年（523）刻，今藏地不詳。

宇野雪村文庫：

　　一張，紙本墨拓，原片，編號：1626。

0482 □宣造像記

梁普通六年（525）□月八日刻，現藏於四川博物院。

淑德大學書學文化中心：

　　一張，紙本墨拓，原片，編號：001104。

［大通］

0483 綿州造像

梁大通三年（529）閏月二十三日刻，現存四川綿陽仙人橋楊氏闕。

大阪市立美術館：

　　一帖六張，紙本墨拓，剪裝，編號：2617。

淑德大學書學文化中心：

　　一冊，紙本墨拓，冊頁，編號：195516。

　　一冊，紙本墨拓，冊頁，編號：195516。

　　一冊，紙本墨拓，冊頁，編號：195516。

［中大通］

0484 釋僧顯造像記

梁中大通四年（532）八月一日刻，清光緒中出土於四川新繁縣三會院，現藏於四川大學博物館。

宇野雪村文庫：

　　一張，紙本墨拓，原片，編號：1753。

0485 上官法光造像記

梁中大通五年（533）正月十五日刻，民國時期出土於成都萬佛寺，現藏於四川博物院。

淑德大學書學文化中心：

　　一張，紙本墨拓，原片，編號：001103。

［大同］

0486　陶弘景墓誌

梁大同二年（536）三月十二日刻，出土時間不詳，疑僞刻。

淑德大學書學文化中心：

　　一軸，紙本墨拓，卷軸，編號：198109。

0487　陶遷造四面像

梁大同四年（538）四月十八日刻，山東兗州出土，濟南金石保存所舊藏。

京都大學人文科學研究所：

　　一張，紙本墨拓，原片，編號：NAN0396A。

　　一張，紙本墨拓，原片，編號：NAN0396B。

　　一張，紙本墨拓，原片，編號：NAN0396C。

　　一張，紙本墨拓，原片，編號：NAN0396D。

0488　武陵王蕭紀造像

梁大同七年（541）刻，清光緒二十八年（1902）出土於成都萬佛寺，今藏地不詳。

宇野雪村文庫：

　　一張，紙本墨拓，原片，編號：1721。

0489　石井欄題字

梁大同九年（543）四月八日刻，原在江蘇句容縣學宫，後歸端方，已流失日本。

書道博物館：

　　一張，紙本墨拓，原片，端方舊藏。

東洋文庫：

　　一張，紙本墨拓，原片，48.0×83.0，編號：Ⅱ-16-C-i-2。

淑德大學書學文化中心：

　　一册，紙本墨拓，册頁，編號：000713。

宇野雪村文庫：

　　一張，紙本墨拓，原片，編號：1066。

　　一張，紙本墨拓，原片，編號：1987。

大阪市立美術館：

　　一帖、二張，紙本墨拓（一帖、二張相同），剪裝，編號：2616、2726、2725。

白扇書道會：

　　一張，紙本墨拓，原片，64.0×140.0，種谷扇舟舊藏。

0490　比丘□林敬造像記

梁大同九年（543）十一月五日刻，今藏地不詳。

淑德大學書學文化中心：

　　一冊，紙本墨拓，册頁，編號：197425，天放樓舊藏。

0491　陳寶齊造像記

梁大同十年（544）正月二十三日刻，韓履卿舊藏，今藏地不詳。

淑德大學書學文化中心：

　　一張，紙本墨拓，托裱，編號：195477。

［中大同］

0492　釋慧影造像記

梁中大同元年（546）十一月五日刻，清同治年間出土於江蘇吳縣，現藏於上海博物館。

淑德大學書學文化中心：

　　一軸，紙本墨拓，卷軸，編號：000290。

　　一冊，紙本墨拓，册頁，編號：197426，天放樓舊藏。

0493　□愛秦造像記

梁中大同三年（548）二月七日刻，一九五三年出土於成都萬佛寺，現藏於四川博物院。

淑德大學書學文化中心：

　　一張，紙本墨拓，原片，編號：001102。

［太清］

0494　程虔墓誌

梁太清三年（549）二月二十八日葬，清宣統三年（1911）出土於湖北襄陽，久佚。

淑德大學書學文化中心：

　　一軸，紙本墨拓，卷軸，編號：001712。

0495　丁文亂造像記

梁太清三年（549）七月八日刻，清光緒中出土於四川成都新繁三會院，現藏於四川大學博物館。

宇野雪村文庫：

　　一張，紙本墨拓，原片，編號：1773。

［大寶］

0496　李元福妻合家造像記

梁大寶元年（550）十月二日刻，又有唐天寶年間刻説，端方舊藏，今藏地不詳。

淑德大學書學文化中心：

　　　　一軸，紙本墨拓，卷軸，編號：001596。

　　　　一軸，紙本墨拓，卷軸，編號：198378。

宇野雪村文庫：

　　　　一張，紙本墨拓，原片，編號：1699。

　　　　一張，紙本墨拓，原片，編號：1845。

南朝·陳
（557—589）

［永定］

0497　周文有等造像記

陳永定二年（558）七月二十五日刻，出土時地不詳，疑僞刻。

淑德大學書學文化中心：

一張，紙本墨拓，托裱，編號：197560，天放樓舊藏。

［光大］

0498　王明造像記

陳光大二年（568）四月十五日刻，端方舊藏，今藏地不詳。

淑德大學書學文化中心：

一張，紙本墨拓，托裱，編號：000430。

［太建］

0499　衛和墓誌

陳太建二年（570）十一月刻，民國時期出土，常熟沈氏舊藏，今藏地不詳。

京都大學人文科學研究所：

一張，紙本墨拓，原片，編號：NAN0616X。

0500　到仲舉墓誌

陳太建十年（578）八月十四日刻，疑僞刻。

淑德大學書學文化中心：

一軸，紙本墨拓，卷軸，編號：198099。

南朝無紀年

0501　蕭順之神道闕

全稱“太祖文皇帝之神道”，南朝刻，無紀年，現存江蘇丹陽三城巷。

書道博物館：

　　二張，紙本墨拓，全拓。

京都大學人文科學研究所：

　　一張，紙本墨拓，原片，編號：NAN0056A。

　　一張，紙本墨拓，原片，編號：NAN0056B。

淑德大學書學文化中心：

　　一軸，紙本墨拓，卷軸，編號：195312。

　　一軸，紙本墨拓，卷軸，編號：195313。

　　一冊，紙本墨拓，冊頁，編號：198447。

大阪市立美術館：

　　二張，紙本墨拓，原片，編號：2726。

宇野雪村文庫：

　　一張，紙本墨拓，原片，編號：1737。

0502　蕭憺碑

全稱“梁故侍中司徒驃騎將軍始興忠武王之碑”，南朝刻，無紀年，現存南京市栖霞區甘家巷石刻公園。

書道博物館：

　　二冊，紙本墨拓，原片，有額。

東京國立博物館：

　　一幅，紙本墨拓，原片，編號：369。

京都大學人文科學研究所：

　　一張，紙本墨拓，原片，編號：NAN0234X。

淑德大學書學文化中心：

　　一軸，紙本墨拓，卷軸，編號：195314。

　　一軸，紙本墨拓，卷軸，編號：195393。

　　一册，紙本墨拓，册頁，編號：198445。

宇野雪村文庫：

　　一張，紙本墨拓，原片，編號：1125。

大阪市立美術館：

　　一帖，紙本墨拓，剪裝，編號：2620。

　　一張，紙本墨拓，原片，編號：2726。

0503　蕭秀碑

全稱“ 梁 故 散 騎 常侍司空安成康王 之 碑”，南朝刻，無紀年，現存南京市栖霞區甘家巷小學内。

書道博物館：

　　一册，紙本墨拓，全拓。

東洋文庫：

　　一張，碑陽，紙本墨拓，原片，45.0×54.0。一張，碑陰，紙本墨拓，原片，379.0×126.0。

　　編號：Ⅱ-16-C-i-3。

淑德大學書學文化中心：

　　一軸，西碑額，紙本墨拓，卷軸，編號：195305。

　　一軸，東碑額，紙本墨拓，卷軸，編號：195307。

　　一軸，紙本墨拓，卷軸，編號：195309。

　　一張，紙本墨拓，托裱，編號：197557，天放樓舊藏。

　　一張，東碑，紙本墨拓，托裱，編號：197558，天放樓舊藏。

　　一張，紙本墨拓，托裱，編號：197559，天放樓舊藏。

　　一張，碑陽，紙本墨拓，托裱，編號：197559，天放樓舊藏。

　　一軸，碑陰，紙本墨拓，卷軸，編號：195315。

　　一册，紙本墨拓，册頁，編號：198446。

宇野雪村文庫：

　　一張，紙本墨拓，原片，編號：1124。

大阪市立美術館：

　　三張，原拓，紙本墨拓，原片，編號：2726。

0504　蕭景神道闕

全稱“梁故侍中中撫將軍開府儀同三司吴平忠侯蕭公之神道”，南朝刻，無紀年，現存南京市栖霞區十月村。

　　書道博物館：

　　　　一張，原拓，紙本墨拓，原片。

京都大學人文科學研究所：

  一張，紙本墨拓，原片，編號：NAN0806X。

  一張，紙本墨拓，原片，編號：NAN0807X。

淑德大學書學文化中心：

  一軸，紙本墨拓，卷軸，編號：195301。

  一張，紙本墨拓，原片，編號：195504。

宇野雪村文庫：

  一張，紙本墨拓，原片，編號：1121。

大阪市立美術館：

  一張，紙本墨拓，原片，編號：2726。

0505　蕭績神道闕

全稱"梁故侍中中軍將軍開府儀同三司南康簡王之神道"，南朝刻，無紀年，現存江蘇句容石獅村。

書道博物館：

  二張，紙本墨拓，全拓。

京都大學人文科學研究所：

  一張，紙本墨拓，原片，編號：NAN0336A。

  一張，紙本墨拓，原片，編號：NAN0336B。

淑德大學書學文化中心：

  一軸，紙本墨拓，卷軸，編號：195310。

  一軸，紙本墨拓，卷軸，編號：195311。

大阪市立美術館：

  三張，紙本墨拓，原片，編號：2726、2725。

0506　蕭宏神道闕

全稱"梁故假黃鉞侍中大將軍揚州牧臨川靖惠王之神道"，南朝刻，無紀年，現存南京仙林大學城附近。

書道博物館：

  二張，紙本墨拓，全拓。

京都大學人文科學研究所：

  一張，紙本墨拓，原片，編號：NAN0284A。

  一張，紙本墨拓，原片，編號：NAN0284B。

淑德大學書學文化中心：

  一軸，紙本墨拓，卷軸，編號：195302。

  一軸，紙本墨拓，卷軸，編號：195303。

一軸，紙本墨拓，卷軸，編號：195316。

大阪市立美術館：

一帖，紙本墨拓，剪裝，編號：2585。

二張，紙本墨拓，原片，編號：2726。

宇野雪村文庫：

一册，紙本墨拓，册頁，編號：279。

0507　蕭暎神道闕

全稱"梁故侍中仁威將軍新渝寬侯之神道"，南朝刻，無紀年，現存南京市栖霞區東家邊。

書道博物館：

一張，原拓，紙本墨拓。

淑德大學書學文化中心：

一軸，紙本墨拓，卷軸，編號：195305。

大阪市立美術館：

一張，紙本墨拓，原片，編號：2726。

0508　蕭正立神道闕

全稱"梁故侍中左衛將軍建安敏侯之神道"，南朝刻，無紀年，現存南京市栖霞區東家邊。

書道博物館：

二張，原拓，紙本墨拓，原片。

京都大學人文科學研究所：

一張，紙本墨拓，原片，編號：NAN0808A。

一張，紙本墨拓，原片，編號：NAN0808B。

淑德大學書學文化中心：

一軸，紙本墨拓，卷軸，編號：195304。

一軸，紙本墨拓，卷軸，編號：195308。

大阪市立美術館：

二張，紙本墨拓，原片，編號：2726。

0509　瘞鶴銘

南朝刻，無紀年，原在江蘇鎮江焦山西麓崖壁，後山崩墜江，殘石藏於鎮江焦山碑林。

書道博物館：

一幅，海内孤本，紙本墨拓，原片。

一幅，清拓，紙本墨拓，原片。

一帖，清拓，紙本墨拓，原片。

五張，紙本墨拓，原片。

　　　　五張，水前拓，全拓，條幅，端方舊藏。
東京國立博物館：
　　　　一帖，紙本墨拓，編號：207，市河三鼎舊藏。
　　　　一幅，紙本墨拓，編號：1027。
京都大學人文科學研究所：
　　　　一張，紙本墨拓，原片，編號：NAN0149X。
淑德大學書學文化中心：
　　　　一張，紙本墨拓，原片，編號：001249。
　　　　一軸，紙本墨拓，卷軸，編號：195258。
　　　　一張，紙本墨拓，托裱，編號：197556，天放樓舊藏。
東洋文庫：
　　　　一張，紙本墨拓，原片，177.0×170.0，編號：Ⅱ-16-C-i-1。
大阪市立美術館：
　　　　一帖，紙本墨拓，剪裝，編號：2618。

0510　要離墓殘石

南朝刻，無紀年。
淑德大學書學文化中心：
　　　　一軸，紙本墨拓，卷軸，編號：196802。

0511　楊公則墓誌

南朝刻，無紀年，出土時地不詳，疑僞刻。
淑德大學書學文化中心：
　　　　一軸，紙本墨拓，卷軸，編號：001058。
宇野雪村文庫：
　　　　一册，紙本墨拓，册頁，編號：227。

0512　石闕殘字

南朝刻，無紀年。
大阪市立美術館：
　　　　一張，紙本墨拓，原片，編號：2726。

0513　石門新營詩

南朝刻，無紀年。
書道博物館：
　　　　一張，紙本墨拓，全拓，條幅。

0514　南朝磚拓三種

南朝刻，無紀年。

寄鶴軒：

三張，紙本墨拓，原片，翁方綱、張燕昌題跋。

北朝·北魏
（386—534）

［天賜］

0515　王銀堂畫像題名

北魏天賜三年（406）四月十五日刻，山西大同出土，今藏地不詳。

書道博物館：

四本，紙本墨拓，全拓，條幅。

宇野雪村文庫：

四張，紙本墨拓，原片，編號：1735。

［神瑞］

0516　净悟浮圖記

北魏神瑞元年（414）正月刻，出土時地不詳，疑僞刻。

淑德大學書學文化中心：

一軸，紙本墨拓，卷軸，編號：196188。

大阪市立美術館：

一張，紙本墨拓，原片，編號：2711。

［始光］

0517　魏文朗造像記

北魏始光元年（424）刻，民國三十三年（1934）出土於陝西耀縣，現存耀州區藥王山碑林。

淑德大學書學文化中心：

一軸，碑陽，紙本墨拓，卷軸，編號：000002。

一軸，碑陽，紙本墨拓，卷軸，編號：000005。

一軸，碑陰，紙本墨拓，卷軸，編號：000006。

一軸，碑陽，紙本墨拓，卷軸，編號：000193。

一軸，碑陰，紙本墨拓，卷軸，編號：000001。

一軸，碑陰，紙本墨拓，卷軸，編號：000194。

一軸，右側，紙本墨拓，卷軸，編號：000002。

一軸，右側，紙本墨拓，卷軸，編號：000005。

一軸，左側，紙本墨拓，卷軸，編號：000001。

一軸，左側，紙本墨拓，卷軸，編號：000006。

墨華書道會：

四張，紙本墨拓，全拓。

［太延］

0518　苟頭赤魯買地券

北魏太延二年（436）九月四日刻，清光緒二年（1876）出土於甘肅靈台。

淑德大學書學文化中心：

一軸，紙本墨拓，卷軸，編號：000265。

0519　皇帝東巡碑

又稱"北魏太武帝東巡碑"，北魏太延三年（437）刻，民國二十一年（1932）發現於河北易縣南管頭村，今石已毀。

京都大學人文科學研究所：

一張，紙本墨拓，原片，編號：NAN0011X。

淑德大學書學文化中心：

一張，紙本墨拓，托裱，編號：001656。

［太平真君］

0520　朱雄造像記

北魏太平真君元年（440）十月二十九日刻，出土時地不詳，現藏於河北正定縣文物保管所。

淑德大學書學文化中心：

一軸，紙本墨拓，卷軸，編號：000844。

0521　綦單造像記

北魏太平真君三年（442）正月刻，宇野雪村文庫作"綦單造像記"，當係"鮑篡造像記"之誤。

宇野雪村文庫：

一張，紙本墨拓，原片，編號：1840。

0522 鮑纂造像記

又稱"鮑燕造石浮圖記"，北魏太平真君三年（442）正月十八日刻，山東青州出土，現藏於日本東京書道博物館，疑僞刻。

書道博物館：

二張，紙本墨拓，全拓。

淑德大學書學文化中心：

一張，紙本墨拓，原片，編號：000436。

一軸，紙本墨拓，卷軸，編號：198617。

大阪市立美術館：

一張，紙本墨拓，原片，編號：2572。

0523 崔浩等廿五人造像記

北魏太平真君十一年（450）二月刻，出土時地不詳，疑僞刻。

京都大學人文科學研究所：

一張，紙本墨拓，原片，編號：NAN0014X。

［太安］

0524 張永造像記

北魏太安元年（455）二月刻，出土時地不詳，流失海外，現藏於日本藤井有鄰館。

有鄰館：

一張，紙本墨拓，全拓。

0525 嵩高靈廟碑

全稱"中嶽嵩高靈廟之碑"，北魏太安二年（456）十二月立，現存河南登封嵩山中嶽廟。

書道博物館：

一帖，宋拓，紙本墨拓，各24.2×16.7，趙聲伯、中村不折舊藏。

一冊，舊拓，紙本墨拓，沈樹鏞舊藏。

一冊，紙本墨拓，綴帖，有篆額。

東京國立博物館：

一幅，紙本墨拓，原片，編號：372。

東洋文庫：

一張，碑陽，紙本墨拓，原片，204.0×98.0。一張，碑額，紙本墨拓，原片，23.0×48.0。

一張，碑陰，紙本墨拓，原片，200.0×96.0。編號：Ⅱ-16-C-k-1。

寄鶴軒：

　　一册，紙本墨拓，全拓，康有爲舊藏并題記。

宇野雪村文庫：

　　一册，紙本墨拓，册頁，編號：273。

　　一册，紙本墨拓，册頁，編號：292。

　　一張，紙本墨拓，原片，編號：1083。

　　一張，紙本墨拓，原片，編號：1301。

　　一張，紙本墨拓，原片，編號：1965。

　　一張，碑陰，紙本墨拓，原片，編號：300。

京都大學人文科學研究所：

　　一張，碑陽，紙本墨拓，原片，編號：NAN0015A。

　　一張，碑陰，紙本墨拓，原片，編號：NAN0015B。

淑德大學書學文化中心：

　　一軸，碑陽，紙本墨拓，卷軸，編號：195321。

　　一軸，碑陽，紙本墨拓，卷軸，編號：195391。

　　一軸，碑陽，紙本墨拓，卷軸，編號：195905。

　　一册，碑陽，紙本墨拓，册頁，編號：196762。

　　一張，碑陽，紙本墨拓，原片，編號：196784。

　　一張，碑陽，紙本墨拓，托裱，編號：197562，天放樓舊藏。

　　一軸，碑陰，紙本墨拓，卷軸，編號：195322。

　　一軸，碑陰，紙本墨拓，卷軸，編號：195392。

　　一軸，碑陰，紙本墨拓，卷軸，編號：195906。

　　一册，碑陰，紙本墨拓，册頁，編號：196762。

白扇書道會：

　　一張，紙本墨拓，全拓，200.0×93.0，種谷扇舟舊藏。

民藝館：

　　一張，紙本墨拓，碑額，原片。

［和平］

0526　邸元明碑

又稱“邸府君之碑”，北魏和平三年（462）六月十二日立，一九八八年出土於河北曲陽北嶽廟附近，現存曲陽北嶽廟。

淑德大學書學文化中心：

　　一軸，紙本墨拓，卷軸，編號：001293。

［天安］

0527 源嘉墓誌

北魏天安元年（466）八月葬，出土時地不詳，疑偽刻。

京都大學人文科學研究所：

一張，紙本墨拓，原片，編號：NAN0822X。

0528 曹天度造像記

北魏天安元年（466）五月五日刻，原在朔州崇福寺，現藏於臺北歷史博物館。

木雞室：

四張，紙本墨拓，全拓。

［皇興］

0529 趙烱造像記

北魏皇興三年（469）刻，山東黄縣（今龍口）出土，今藏地不詳。

宇野雪村文庫：

一張，紙本墨拓，原片，編號：1843。

0530 趙知法造像記

北魏皇興五年（471）六月三十日刻，端方舊藏，今藏地不詳。

書道博物館：

一張，紙本墨拓，全拓，端方舊藏。

五島美術館：

一張，紙本墨拓，原片，22.8×18.0，宇野雪村舊藏。

東洋文庫：

一張，紙本墨拓，原片，23.0×17.0，編號：Ⅱ-16-C-k-2。

淑德大學書學文化中心：

一軸，紙本墨拓，卷軸，編號：000190。

一張，紙本墨拓，原片，編號：000435。

一張，紙本墨拓，托裱，編號：197186。

一軸，紙本墨拓，卷軸，編號：198397。

0531 皇興造像記

又稱“北魏皇興五年京□造像記”，北魏皇興五年（471）八月刻，陝西興平出土，現藏於西安碑林博物館。

淑德大學書學文化中心：

　　　　一軸，紙本墨拓，卷軸，編號：198720。

墨華書道會：

　　　　一張，紙本墨拓，原片。

［聖君］

0532　何王氏造像記

北魏聖君元年（471）二月三十日刻，出土時地不詳。

淑德大學書學文化中心：

　　　　一軸，紙本墨拓，卷軸，編號：196870。

［延興］

0533　申洪之墓誌

北魏延興二年（472）十月五日葬，現藏於山西大同市博物館。

京都大學人文科學研究所：

　　　　一張，紙本墨拓，原片，編號：NAN0019X。

［太和］

0534　靈山寺塔下銘

全稱“魏光州靈山寺舍利塔下銘”，北魏太和元年（477）十二月八日刻，清咸豐年間出土於山東高密，久佚。

書道博物館：

　　　　二張，紙本墨拓，原片，張之藏石。

　　　　二張，紙本墨拓，全拓，條幅，朱樨之舊藏。

京都大學人文科學研究所：

　　　　一張，紙本墨拓，原片，編號：NAN0020X。

東北大學附屬圖書館：

　　　　一幅，紙本墨拓，原片，常盤大定舊藏。

宇野雪村文庫：

　　　　二張，紙本墨拓，原片，編號：1233。

　　　　一張，紙本墨拓，原片，編號：1932。

大阪市立美術館：

二張，紙本墨拓，原片，編號：2706。

0535　周通造像記

北魏太和二年（478）五月二十日刻，出土時地不詳。

淑德大學書學文化中心：

一張，紙本墨拓，原片，編號：001779。

0536　魯普墓誌

北魏太和二年（478）九月五日葬，出土時地不詳，疑僞刻。

書道博物館：

一張，紙本墨拓，原片。

京都大學人文科學研究所：

一張，紙本墨拓，原片，編號：NAN0021X。

0537　王元法造像記

北魏太和二年（478）刻，出土時地不詳。

書道博物館：

一張，紙本墨拓，原片。

0538　王朝陽墓誌

北魏太和三年（479）四月十九日葬，出土時地不詳。

淑德大學書學文化中心：

一張，紙本墨拓，托裱，編號：199019。

0539　王仁傑造像記

北魏太和四年（480）刻，出土時地不詳。

宇野雪村文庫：

一張，紙本墨拓，原片，編號：1156。

0540　邑義信士女等五十四人造像記

北魏太和七年（483）八月三十日刻，現存山西雲岡石窟第 11 窟東壁。

淑德大學書學文化中心：

一册，紙本墨拓，册頁，編號：195518。

一軸，紙本墨拓，卷軸，編號，196774。

一軸，紙本墨拓，卷軸，編號：196847。

一軸，紙本墨拓，卷軸，編號：198627。

0541 崔承宗造像記

又稱"崔承忠造像""崔承宗造釋迦像記""大象主齊州歷城縣崔承宗等造像記"，北魏太和七年（483）十月一日刻，山東濟南歷城出土，現藏於山東省圖書館。

東洋文庫：

一張，紙本墨拓，原片，37.0×39.0，編號：Ⅱ-16-C-1023。

一張，紙本墨拓，原片，61.0×35.0，編號：Ⅱ-16-C-k-3。

京都大學人文科學研究所：

一張，紙本墨拓，原片，編號：NAN0023X。

0542 太和七年造像記

北魏太和七年（483）刻，原在陝西寶鷄縣陵原鄉寶陵村，現藏於寶鷄市陳倉區博物館。

宇野雪村文庫：

一張，紙本墨拓，原片，編號：1036。

0543 司馬金龍墓表

北魏太和八年（484）十一月十六日葬，一九六五年出土於山西大同石家寨村，現藏於大同市博物館。

五島美術館：

一張，紙本墨拓，原片，54.8×57.0，宇野雪村舊藏。

一張，紙本墨拓，原片，50.0×45.8，宇野雪村舊藏。

宇野雪村文庫：

二張，紙本墨拓，原片，編號：1670。

0544 合邑十五人浮圖銘

北魏太和九年（485）刻，今藏地不詳。

淑德大學書學文化中心：

一軸，紙本墨拓，卷軸，編號：000266。

0545 席伯仁造像記

又稱"席伯仁造彌勒像記"，北魏太和十二年（488）四月十五日刻，疑僞刻。

書道博物館：

一張，紙本墨拓，原片，端方舊藏。

東洋文庫：

一張，紙本墨拓，原片，25.0×14.0，編號：Ⅱ-16-C-k-4。

一張，紙本墨拓，原片，19.0×10.0，編號：Ⅱ-16-C-k-5。

0546　暉福寺碑

全稱“大代宕昌公暉福寺碑”，北魏太和十二年（488）七月一日刻，原在陝西澄城縣李潤鎮暉福寺，現藏於西安碑林博物館。

書道博物館：

一册，紙本墨拓，原片，無篆額。

一張，紙本墨拓，原片，有篆額。

東京國立博物館：

一幅，紙本墨拓，原片，編號：1070。

東洋文庫：

一張，碑陽，原片，紙本墨拓，157.0×85.0。一張，碑額，紙本墨拓，原片，53.0×54.0。編號：Ⅱ-16-C-87。

京都大學人文科學研究所：

一張，紙本墨拓，原片，編號：NAN0025X。

淑德大學書學文化中心：

一軸，紙本墨拓，卷軸，編號：195231。

一軸，紙本墨拓，卷軸，編號：195396。

一軸，摹刻，紙本墨拓，卷軸，編號：195397。

一軸，紙本墨拓，卷軸，編號：195949。

一册，紙本墨拓，册頁，編號：196289。

一軸，紙本墨拓，卷軸，編號：196296。

一册，紙本墨拓，册頁，編號：196574。

大阪市立美術館：

一帖，紙本墨拓，剪裝，編號：2621。

書壇院：

一幅，紙本墨拓，原片。

0547　太和造像記

北魏太和十三年（489）七月二十二日刻，現存雲岡石窟第十六洞。

京都大學人文科學研究所：

一張，紙本墨拓，原片，編號：NAN0028X。

一張，紙本墨拓，原片，編號：NAN0029X。

0548　惠定造像記

北魏太和十三年（489）九月十九日刻，現存雲岡石窟第十七洞。

京都大學人文科學研究所：

一張，紙本墨拓，原片，編號：NAN0027X。

0549　仁林妻北平仁魯定娘等造像記

北魏太和十四年（490）八月六日刻，出土時地不詳。

京都大學人文科學研究所：

一張，紙本墨拓，原片，編號：NAN0031X。

0550　宋雲程等造像記

北魏太和十五年（491）四月刻，出土時地不詳。

淑德大學書學文化中心：

一張，紙本墨拓，托裱，編號：001765。

0551　曹西書佐殘磚

北魏太和十六年（492）刻，出土時地不詳。

淑德大學書學文化中心：

一軸，紙本墨拓，卷軸，編號：001283。

0552　寧元尚等造像

又稱“菩薩主寧元尚等造像”，北魏太和十七年（493）七月二十三日刻，出土時地不詳。

京都大學人文科學研究所：

一張，紙本墨拓，原片，編號：NAN0032X。

0553　陶峻墓誌

北魏太和十八年（494）十月葬，出土時地不詳，疑僞刻。

宇野雪村文庫：

一張，紙本墨拓，原片，編號：1695。

0554　吊比干文

全稱“魏孝文帝吊比干文碑”，北魏太和十八年（494）十一月十四日刻，原石久佚，北宋元祐五年（1090）重刻，石在河南衛輝市。

書道博物館：

一冊，紙本墨拓，綴帖，篆額。

一張，紙本墨拓，原片。

東京國立博物館：

一幅，紙本墨拓，原片，編號：439。

一幅，紙本墨拓，原片，編號：791。

京都大學人文科學研究所：

一張，紙本墨拓，原片，編號：NAN0033X。

東洋文庫：

一張，紙本墨拓，原片，180.0×99.0。碑額，一張，紙本墨拓，原片，36.0×62.0。碑陰，失。編號：Ⅱ-16-C-k-6。

淑德大學書學文化中心：

一軸，紙本墨拓，卷軸，編號：195979。

一軸，紙本墨拓，卷軸，編號：196089。

宇野雪村文庫：

一册，紙本墨拓，册頁，編號：230。

一張，紙本墨拓，原片，編號：284。

大阪市立美術館：

二帖，紙本墨拓，剪裝，編號：2577。

0555　尼慧辯造像記

北魏太和十八年（494）刻，陝西出土，今藏地不詳。

淑德大學書學文化中心：

一張，紙本墨拓，托裱，編號：198439。

京都大學人文科學研究所：

一張，紙本墨拓，原片，編號：NAN0034X。

0556　丘穆陵亮夫人尉遲氏造像記

又稱“魏穆亮造像記”“司空公長樂王丘穆陵亮夫人尉遲爲牛橛造像”“長樂王丘穆陵亮夫人尉遲造像”“魏牛橛造像記”“尉遲造像”，北魏太和十九年（495）十一月刻，現存洛陽龍門山古陽洞北壁。

書道博物館：

一張，舊拓，紙本墨拓，原片。

一册，紙本墨拓，綴帖。

東洋文庫：

一張，紙本墨拓，原片，67.0×34.0，編號：Ⅱ-16-C-1024。

一張，紙本墨拓，原片，66.0×33.0，編號：Ⅱ-16-C-k-7。

京都大學人文科學研究所：

一張，紙本墨拓，原片，編號：NAN0036X。

東京國立博物館：

一幅，紙本墨拓，原片，編號：820，今泉雄作舊藏。

淑德大學書學文化中心：

一張，紙本墨拓，原片，編號：001387。

一册，紙本墨拓，册頁，編號：195032。

一軸，紙本墨拓，卷軸，編號：195886。

一張，紙本墨拓，原片，編號：195887。

一張，紙本墨拓，原片，編號：195888。

一張，紙本墨拓，托裱，編號：197563，天放樓舊藏。

龍谷大學：

一幅，紙本墨拓，原片，64.0×38.0。

東北大學附屬圖書館：

一幅，紙本墨拓，原片，常盤大定舊藏。

白扇書道會：

一張，紙本墨拓，全拓，64.0×32.0，種谷扇舟舊藏。

静岡縣書道聯盟：

一張，紙本墨拓，原片，大谷青嵐藏。

書壇院：

一幅，紙本墨拓，原片。

0557　弟仲□□□七妻造像記

又稱“妻周氏爲亡夫造釋迦文佛彌勒二軀記”，北魏太和十九年（495）刻，現存雲岡石窟第 11 窟明窗東壁。

京都大學人文科學研究所：

一張，紙本墨拓，原片，編號：NAN0035X。

0558　姚伯多造像記

又稱“姚伯多兄弟等造老君像記”“姚伯多佛道造像碑”，北魏太和二十年（496）九月四日刻，民國二十年（1931）陝西耀縣漆河出土，現藏於藥王山博物館。

宇野雪村文庫：

一册，紙本墨拓，册頁，編號：216。

三張，紙本墨拓，原片，編號：1080。

五島美術館：

一張，紙本墨拓，原片，25.3×14.3，宇野雪村舊藏。

淑德大學書學文化中心：

一軸，碑陽，紙本墨拓，卷軸，編號：000003。

一册，碑陽，紙本墨拓，册頁，編號：195681。

一軸，碑陽，紙本墨拓，卷軸，編號：196472。

一軸，碑陰，紙本墨拓，卷軸，編號：000004。

　　　　一軸，左側，紙本墨拓，卷軸，編號：000004。

　　　　一軸，左側，紙本墨拓，卷軸，編號：196473。

　　　　一軸，右側，紙本墨拓，卷軸，編號：000003。

　　　　一軸，右側，紙本墨拓，卷軸，編號：196474。

　　大阪市立美術館：

　　　　三張，紙本墨拓，原片，編號：2682。

　　墨華書道會：

　　　　一張，紙本墨拓，原片。

0559　元楨墓誌

北魏太和二十年（496）十一月二十六日葬，民國十五年（1926）出土於河南洛陽城北高溝村，現藏於西安碑林博物館。

　　京都大學人文科學研究所：

　　　　一張，紙本墨拓，原片，編號：NAN0039X。

　　大阪市立美術館：

　　　　一張，紙本墨拓，原片，編號：2673。

　　淑德大學書學文化中心：

　　　　一軸，紙本墨拓，卷軸，編號：198077。

　　東北大學附屬圖書館：

　　　　一幅，紙本墨拓，原片，常盤大定舊藏。

　　白扇書道會：

　　　　一張，紙本墨拓，全拓，70.0×70.0，種谷扇舟舊藏。

　　墨華書道會：

　　　　一張，紙本墨拓，原片。

0560　張元祖妻一弗造像記

又稱“一弗造像記”，北魏太和二十年（496）刻，現存洛陽龍門山古陽洞北壁。

　　書道博物館：

　　　　一册，舊拓，紙本墨拓，綴帖。

　　　　一册，紙本墨拓，綴帖。

　　東京國立博物館：

　　　　一幅，紙本墨拓，原片，編號：821，今泉雄作舊藏。

　　東洋文庫：

　　　　一張，紙本墨拓，原片，16.0×32.0，編號：Ⅱ-16-C-1025。

　　　　一張，紙本墨拓，原片，14.0×34.0，編號：Ⅱ-16-C-k-8。

　　京都大學人文科學研究所：

　　一張，紙本墨拓，原片，編號：NAN0038X。

淑德大學書學文化中心：

　　一張，紙本墨拓，原片，編號：001387。

　　一冊，紙本墨拓，冊頁，編號：195032。

　　一張，紙本墨拓，原片，編號：195886。

　　一張，紙本墨拓，原片，編號：195887。

　　一張，紙本墨拓，原片，編號：195888。

　　一冊，紙本墨拓，冊頁，編號：197404。

　　一冊，紙本墨拓，冊頁，編號：198975。

白扇書道會：

　　一張，紙本墨拓，原片，22.0×34.0，種谷扇舟舊藏。

静岡縣書道聯盟：

　　一張，紙本墨拓，原片，大谷青嵐藏。

書壇院：

　　一幅，紙本墨拓，原片。

0561　太和二十年造像記

北魏太和二十年（496）刻，現存雲岡石窟第 11 窟東壁。

宇野雪村文庫：

　　一張，紙本墨拓，原片，編號：1742。

0562　高慧造像記

又稱“大佛洞高楚爲七世父母等造彌勒像”“高慧造彌勒像銘”，北魏太和二十二年（498）二月十日刻，現存洛陽龍門山古陽洞南壁。

京都大學人文科學研究所：

　　一張，紙本墨拓，原片，編號：NAN0042X。

淑德大學書學文化中心：

　　一張，紙本墨拓，原片，編號：195887。

　　一張，紙本墨拓，原片，編號：195888。

東北大學附屬圖書館：

　　一幅，紙本墨拓，原片，常盤大定舊藏。

0563　閤惠端等造像記

北魏太和二十二年（498）三月十五日刻，現存北京石佛寺。

東京國立博物館：

　　四十四幅，紙本墨拓，原片，編號：643。

東洋文庫：

　　　三張，紙本墨拓，原片，［1］8.0×31.0，［2］10.0×31.0，［3］10.0×7.0，編號：Ⅱ-16-C-n-92。

0564　始平公造像記

又稱“魏爲始平公造像記”“比丘慧成爲亡父始平公造像題記”“洛州刺史始平公造像記”“魏始平公造像記”“慧成造像銘”“慧成造像”“比丘慧成造石窟石像記”，北魏太和二十二年（498）九月十四日刻，現存河南洛陽龍門石窟。

書道博物館：

　　　一册，最舊拓，紙本墨拓，有題額。

　　　一册，舊拓，紙本墨拓，有題額。

　　　一册，紙本墨拓，綴帖。

東京國立博物館：

　　　一幅，紙本墨拓，原片，編號：819，今泉雄作舊藏。

東洋文庫：

　　　一張，紙本墨拓，原片，15.0×36.0，編號：Ⅱ-16-C-1028。

　　　一張，紙本墨拓，原片，共額，76.0×39.0+16.0×14.0，編號：Ⅱ-16-C-k-9。

宇野雪村文庫：

　　　一張，紙本墨拓，原片，編號：1727。

淑德大學書學文化中心：

　　　一張，紙本墨拓，原片，編號：001387。

　　　一册，紙本墨拓，册頁，編號：195032。

　　　一軸，紙本墨拓，卷軸，編號：195886。

　　　一張，紙本墨拓，原片，編號：195887。

　　　一張，紙本墨拓，原片，編號：195888。

　　　一張，紙本墨拓，托裱，編號：197565，天放樓舊藏。

　　　一册，紙本墨拓，册頁，編號：198975。

京都大學人文科學研究所：

　　　一張，紙本墨拓，原片，編號：NAN0040X。

東北大學附屬圖書館：

　　　一幅，紙本墨拓，原片，常盤大定舊藏。

龍谷大學：

　　　一幅，紙本墨拓，原片，90.0×43.0。

大阪市立美術館：

　　　一帖，紙本墨拓，剪裝，編號：2578。

白扇書道會：

一張，紙本墨拓，全拓，92.0×41.0，種谷扇舟舊藏。

静岡縣書道聯盟：

　　一張，紙本墨拓，原片，大谷青嵐藏。

書壇院：

　　一幅，紙本墨拓，原片。

民藝館：

　　一張，紙本墨拓，原片。

0565　元詳造像記

全稱"北海王元詳爲母子平安造彌勒像記"，北魏太和二十二年（498）九月二十三日刻，現存洛陽龍門石窟。

書道博物館：

　　一張，舊拓本，紙本墨拓，原片。

　　一册，古拓，紙本墨拓，綴帖。

東洋文庫：

　　一張，紙本墨拓，原片，76.0×41.0，編號：Ⅱ-16-C-1027。

　　一張，紙本墨拓，原片，76.0×41.0，編號：Ⅱ-16-C-k-10。

京都大學人文科學研究所：

　　一張，紙本墨拓，原片，編號：NAN0041X。

黑川古文化研究所：

　　一張，紙本墨拓，原片，73.0×40.0，書1087。

淑德大學書學文化中心：

　　一張，紙本墨拓，原片，編號：001387。

　　一册，紙本墨拓，册頁，編號：195032。

　　一軸，紙本墨拓，卷軸，編號：195886。

　　一張，紙本墨拓，原片，編號：195887。

　　一張，紙本墨拓，托裱，編號：197564，天放樓舊藏。

　　一册，紙本墨拓，册頁，編號：198975。

東北大學附屬圖書館：

　　一幅，紙本墨拓，原片，常盤大定舊藏。

白扇書道會：

　　一張，紙本墨拓，原片，74.0×40.0，種谷扇舟舊藏。

静岡縣書道聯盟：

　　一張，紙本墨拓，原片，大谷青嵐藏。

書壇院：

　　一幅，紙本墨拓，原片。

0566　元偃墓誌

北魏太和二十二年（498）十二月二日葬，民國十五年（1926）出土於河南洛陽西北高溝村，曾歸固始許氏，今藏地不詳。

宇野雪村文庫：

一張，紙本墨拓，原片，編號：1556。

一張，紙本墨拓，原片，編號：1696。

0567　北海王太妃高造像記

又稱"高太妃爲孫保造像""北海王國太妃高爲孫保造像""孫保造像""孫保造像記"，北魏太和二十二年（498）刻，現在河南洛陽龍門山古陽洞頂部。

書道博物館：

一册，紙本墨拓，舊拓，綴帖，龍門十種，第四。

一册，紙本墨拓，舊拓，綴帖，魏碑十四品，第十三。

一册，紙本墨拓，綴帖，龍門二十種，九種第三。

東洋文庫：

一張，紙本墨拓，原片，38.0×25.0，編號：Ⅱ-16-C-k-12。

一張，紙本墨拓，原片，39.0×25.0，編號：Ⅱ-16-C-1067。

東北大學附屬圖書館：

一幅，紙本墨拓，原片，常盤大定舊藏。

淑德大學書學文化中心：

一張，紙本墨拓，原片，編號：001387。

一張，紙本墨拓，原片，編號：195032。

一張，紙本墨拓，原片，編號：195886。

一張，紙本墨拓，原片，編號：195887。

一張，紙本墨拓，原片，編號：195888。

一册，紙本墨拓，册頁，編號：197416，天放樓舊藏。

一張，紙本墨拓，原片，編號：198975。

白扇書道會：

一張，紙本墨拓，原片，44.0×28.0，種谷扇舟舊藏。

静岡縣書道聯盟：

一張，紙本墨拓，原片，大谷青嵐藏。

書壇院：

一幅，紙本墨拓，原片。

0568　元簡墓誌

北魏太和二十三年（499）三月十八日葬，民國十五年（1926）出土於河南洛陽城西北高溝村，現藏於西安碑林博物館。

淑德大學書學文化中心：

　　一張，紙本墨拓，原片，編號：000883。

白扇書道會：

　　一張，紙本墨拓，原片，種谷扇舟舊藏。

0569　元景造像記

又稱"營州刺史元景石窟記""平東將軍營州刺史元景造石窟記"，北魏太和二十三年（499）四月八日刻，現存遼寧省義縣萬佛堂石窟西區第五窟前壁。

東洋文庫：

　　一張，紙本墨拓，原片，83.0×95.0，編號：Ⅱ-16-C-1029。

　　一張，紙本墨拓，原片，93.0×95.0，編號：Ⅱ-16-C-1602。

宇野雪村文庫：

　　一張，紙本墨拓，原片，編號：1872。

京都大學人文科學研究所：

　　一張，紙本墨拓，原片，編號：NAN0047X。

淑德大學書學文化中心：

　　一軸，紙本墨拓，卷軸，編號：195233。

　　一軸，紙本墨拓，卷軸，編號：196391。

　　一册，紙本墨拓，册頁，編號：197174。

大阪市立美術館：

　　一張，紙本墨拓，原片，編號：2701。

0570　畢小妻蘇貫閏磚誌

北魏太和二十三年（499）六月二日葬，河南洛陽出土，羅振玉舊藏。

京都大學人文科學研究所：

　　一張，紙本墨拓，原片，編號：NAN0043X。

0571　元弼墓誌

北魏太和二十三年（499）九月二十九日葬，民國十五年（1926）出土於河南洛陽南陳莊，現藏於西安碑林博物館。

大阪市立美術館：

　　一張，紙本墨拓，原片，編號：2673。

0572　太和磚銘

北魏太和二十三年（499）十月刻，出土時地不詳。

墨華書道會：

　　　　一張，紙本墨拓，原片。

0573　元彬墓誌

北魏太和二十三年（499）十一月二十日葬，民國十五年（1926）出土於河南洛陽西北高溝村，現藏於河南博物院。

　　淑德大學書學文化中心：

　　　　一張，紙本墨拓，原片，編號：197085。

　　宇野雪村文庫：

　　　　一册，紙本墨拓，册頁，編號：287。

　　　　一張，紙本墨拓，原片，編號：1380。

　　京都大學人文科學研究所：

　　　　一張，紙本墨拓，原片，編號：NAN0044X。

　　書道博物館：

　　　　一册，紙本墨拓，册頁。

0574　僧欣造像記

北魏太和二十三年（499）十二月九日刻，北京房山出土，現藏於美國克利夫蘭藝術博物館。

　　書道博物館：

　　　　一張，紙本墨拓，全拓。

　　宇野雪村文庫：

　　　　一册，紙本墨拓，册頁，編號：308。

　　淑德大學書學文化中心：

　　　　一軸，紙本墨拓，卷軸，編號：000750。

0575　韓顯宗墓誌

北魏太和二十三年（499）十二月二十六日葬，清乾隆二十年（1755）河南孟縣出土，現藏於山東博物館。

　　京都大學人文科學研究所：

　　　　一張，紙本墨拓，原片，編號：NAN0045X。

　　書道博物館：

　　　　一張，紙本墨拓，原片。

　　大阪市立美術館：

　　　　一張，紙本墨拓，原片，編號：2649。

　　淑德大學書學文化中心：

　　　　一軸，摹刻，紙本墨拓，卷軸，編號：000712。

　　一軸，紙本墨拓，卷軸，編號：001512。

宇野雪村文庫：

　　一張，紙本墨拓，原片，編號：1722。

0576　劉文朗造像記

北魏太和二十三年（499）刻，原在陝西銅川耀州區文化館，現藏於藥王山博物館。

淑德大學書學文化中心：

　　一軸，碑陽，紙本墨拓，卷軸，編號：000007。

　　一軸，左側，紙本墨拓，卷軸，編號：000007。

　　一軸，右側，紙本墨拓，卷軸，編號：000007。

0577　解伯達造像記

又稱"司馬解伯達造彌勒像銘""司馬解造彌勒像記""魏司馬解伯達造像記""游激校尉司馬解伯達造彌勒像記""司馬解伯達造像記"，北魏太和年間（477—499）刻，現存河南洛陽龍門石窟古陽洞。

書道博物館：

　　一册，舊拓，紙本墨拓，綴帖，魏碑十四品，第二。

　　一册，舊拓，紙本墨拓，綴帖，魏碑十四品，第十一。

　　一册，紙本墨拓，綴帖，龍門二十種，九種第六。

東京國立博物館：

　　一幅，紙本墨拓，原片，編號：823，今泉雄作舊藏。

東洋文庫：

　　一張，紙本墨拓，原片，13.0×34.0，編號：Ⅱ-16-C-1030。

　　一張，紙本墨拓，原片，13.0×34.0，編號，編號：Ⅱ-16-C-k-11。

京都大學人文科學研究所：

　　一張，紙本墨拓，原片，編號：NAN0050X。

淑德大學書學文化中心：

　　一張，紙本墨拓，原片，編號：001387。

　　一册，紙本墨拓，册頁，編號：195032。

　　一張，紙本墨拓，原片，編號：195886。

　　一張，紙本墨拓，原片，編號：195887。

　　一張，紙本墨拓，原片，編號：195888。

龍谷大學：

　　一幅，紙本墨拓，原片，16.0×36.0。

東北大學附屬圖書館：

　　一幅，紙本墨拓，原片，常盤大定舊藏。

白扇書道會：

一張，紙本墨拓，原片，18.0×37.0，種谷扇舟舊藏。

静岡縣書道聯盟：

一張，紙本墨拓，原片，大谷青嵐藏。

書壇院：

一幅，紙本墨拓，原片。

0578　孫劉阿造像記

北魏太和年間（477—499）刻，出土時地不詳。

淑德大學書學文化中心：

一張，紙本墨拓，原片，編號：001590。

［景明］

0579　王初興造像記

北魏景明元年（500）二月八日刻，出土時地不詳。

書道博物館：

一張，紙本墨拓，原片。

東洋文庫：

一張，紙本墨拓，原片，8.0×11.0，編號：Ⅱ-16-C-k-13。

淑德大學書學文化中心：

一軸，紙本墨拓，卷軸，編號：000749。

一軸，紙本墨拓，卷軸，編號：198361。

0580　造五老等像題記

北魏景明元年（500）四月八日刻，出土時地不詳。

宇野雪村文庫：

三張，紙本墨拓，原片，編號：1748。

0581　楊阿紹造像記

北魏景明元年（500）八月十八日刻，民國二十五年（1936）出土於陝西富平，現藏於耀州區藥王山碑林。

淑德大學書學文化中心：

一軸，紙本墨拓，卷軸，編號：000009。

0582　楊縵黑造像記

又稱“楊楞黑造像記”，北魏景明元年（500）八月三十日刻，陝西富平出土，現存耀州區藥王山博物館。

宇野雪村文庫：

一張，紙本墨拓，原片，編號：1697。

淑德大學書學文化中心：

一軸，紙本墨拓，卷軸，編號：000008。

0583 王香墓誌

北魏景明元年 (500) 十月二日葬，出土時地不詳。

淑德大學書學文化中心：

一張，紙本墨拓，托裱，編號：001549。

宇野雪村文庫：

一張，紙本墨拓，原片，編號：1832。

0584 元定墓誌

北魏景明元年 (500) 十一月十九日葬，民國十一年 (1922) 出土於河南洛陽，現藏於西安碑林博物館。

京都大學人文科學研究所：

一張，紙本墨拓，原片，編號：NAN0051X。

大阪市立美術館：

一張，紙本墨拓，原片，編號：2662。

一張，紙本墨拓，原片，編號：2673。

0585 張洪業造像記

又稱"北魏□□長史邑正張洪業造像記"，北魏景明元年 (500) 刻，出土時地不詳。

京都大學人文科學研究所：

一張，紙本墨拓，原片，編號：NAN0049A。

一張，紙本墨拓，原片，編號：NAN0049B。

一張，紙本墨拓，原片，編號：NAN0049C。

淑德大學書學文化中心：

一軸，碑陽，紙本墨拓，卷軸，編號：198057。

一軸，碑陰，紙本墨拓，卷軸，編號：198058。

一軸，碑側，紙本墨拓，卷軸，編號：198059。

0586 元羽墓誌

北魏景明二年 (501) 七月二十九日葬，民國七年 (1918) 出土於河南洛陽，現藏於中國國家博物館。

書道博物館：

　　　一張，紙本墨拓，全拓，天津周氏藏。

京都大學人文科學研究所：

　　　一張，紙本墨拓，原片，編號：NAN0054X。

淑德大學書學文化中心：

　　　一張，紙本墨拓，原片，編號：000245。

宇野雪村文庫：

　　　一册，紙本墨拓，册頁，編號：376。

　　　一張，紙本墨拓，原片，編號：1681。

0587　高華英墓誌

北魏景明二年（501）七月葬，出土時地不詳。

宇野雪村文庫：

　　　一張，紙本墨拓，原片，編號：1875。

0588　鄭長猷造像記

又稱"鄭長猷題字""雲陽伯造像記""鄭長猷造像""魏鄭長猷造彌勒像記""護軍長史雲陽伯鄭長猷等造彌勒像四軀記"，北魏景明二年（501）九月三日刻，現存洛陽龍門山古陽洞。

書道博物館：

　　　一册，舊拓，紙本墨拓，綴帖，龍門十種第六。

　　　一册，舊拓，紙本墨拓，綴帖，與魏靈藏造像記合册。

　　　一册，紙本墨拓，綴帖，龍門二十種，八種第三。

東京國立博物館：

　　　一幅，紙本墨拓，原片，編號：826，今泉雄作舊藏。

東洋文庫：

　　　一張，紙本墨拓，原片，49.0×35.0，編號：Ⅱ-16-C-1031。

　　　一張，紙本墨拓，原片，49.0×35.0，編號：Ⅱ-16-C-k-14。

五島美術館：

　　　一張，舊拓，紙本墨拓，原片，50.0×35.2，宇野雪村舊藏。

宇野雪村文庫：

　　　一張，紙本墨拓，原片，編號：1711。

京都大學人文科學研究所：

　　　一張，紙本墨拓，原片，編號：NAN0055X。

淑德大學書學文化中心：

　　　一張，紙本墨拓，原片，編號：001387。

　　　一册，紙本墨拓，册頁，編號：195032。

一軸，紙本墨拓，卷軸，編號：195886。

一張，紙本墨拓，原片，編號：195887。

一張，紙本墨拓，原片，編號：195888。

一冊，紙本墨拓，冊頁，編號：197405，天放樓舊藏。

一冊，紙本墨拓，冊頁，編號：198975。

東北大學附屬圖書館：

一幅，紙本墨拓，原片，常盤大定舊藏。

白扇書道會：

一張，紙本墨拓，全拓，55.0×53.0，種谷扇舟舊藏。

静岡縣書道聯盟：

一張，紙本墨拓，原片，大谷青嵐藏。

書壇院：

一幅，紙本墨拓，原片。

0589　趙謐墓誌

北魏景明二年（501）十月二十四日葬，一九九七年出土於河北趙西封村，現藏於正定墨香閣。

淑德大學書學文化中心：

一張，紙本墨拓，原片，編號：001760。

墨華書道會：

一張，紙本墨拓，原片。

0590　元澄妃李氏墓誌

北魏景明二年（501）十一月十九日葬，民國二十一年（1932）出土於河南洛陽柿園村，現藏於洛陽市文物考古研究院。

淑德大學書學文化中心：

一張，紙本墨拓，原片，編號：000894。

宇野雪村文庫：

一張，紙本墨拓，原片，編號：1617。

0591　東羊村王造像記

北魏景明二年（501）刻，出土時地不詳。

宇野雪村文庫：

一張，紙本墨拓，原片，編號：1030。

0592　韓貞造像記

又稱“義縣萬佛洞韓貞造像記”，北魏景明三年（502）五月九日刻，現存遼寧義縣萬佛堂石窟東區第五窟門楣上方。

東洋文庫：

一張，紙本墨拓，原片，40.0×100.0，編號：Ⅱ-16-C-1033。

宇野雪村文庫：

一册，紙本墨拓，册頁，編號：220。

京都大學人文科學研究所：

一張，紙本墨拓，原片，編號：NAN0057X。

淑德大學書學文化中心：

一軸，紙本墨拓，卷軸，編號：195233。

一軸，紙本墨拓，卷軸，編號：196391。

一張，紙本墨拓，原片，編號：196589。

0593　惠感造像記

北魏景明三年（502）五月二十日刻，現存洛陽龍門石窟古陽洞左壁135龕。

書道博物館：

一册，紙本墨拓，舊拓，綴帖，魏碑十四品，第八。

一册，紙本墨拓，綴帖，龍門二十種，九種第九。

東洋文庫：

一張，紙本墨拓，原片，18.0×40.0，編號：Ⅱ-16-C-k-15。

一張，紙本墨拓，原片，6.0×19.0，編號：Ⅱ-16-C-k-41。

一張，紙本墨拓，原片，17.0×42.0，編號：Ⅱ-16-C-1032。

一張，紙本墨拓，原片，18.0×40，編號：Ⅱ-16-C-k-15。

東京國立博物館：

一幅，紙本墨拓，原片，編號：828，今泉雄作舊藏。

五島美術館：

一張，舊拓，紙本墨拓，原片，18.2×42.0，宇野雪村舊藏。

宇野雪村文庫：

一張，紙本墨拓，原片，編號：1711。

京都大學人文科學研究所：

一張，紙本墨拓，原片，編號：NAN0059X。

東北大學附屬圖書館：

一幅，紙本墨拓，原片，常盤大定舊藏。

淑德大學書學文化中心：

一張，紙本墨拓，原片，編號：001387。

一册，紙本墨拓，册頁，編號：195032。

一張，紙本墨拓，原片，編號：195886。

一張，紙本墨拓，原片，編號：195887。

一張，紙本墨拓，原片，編號：195888。

一冊，紙本墨拓，冊頁，編號：198975。

白扇書道會：

一張，紙本墨拓，原片，20.0×41.0，種谷扇舟舊藏。

静岡縣書道聯盟：

一張，紙本墨拓，原片，大谷青嵐藏。

書壇院：

一幅，紙本墨拓，全拓。

0594 孫秋生等造像記

又稱“大代造石像記”“孫秋生、劉起祖二百人等造像題記”，北魏景明三年（502）五月二十七日刻，現存洛陽龍門石窟古陽洞右壁106龕。

書道博物館：

一冊，舊拓，紙本墨拓，羅振玉舊藏。

一冊，紙本墨拓，綴帖。

東洋文庫：

一張，紙本墨拓，原片，共額，115.0×50.0+16.0×18.0，編號：Ⅱ-16-C-1035。

一張，紙本墨拓，原片，129.0×49.0，編號：Ⅱ-16-C-k-16。

京都大學人文科學研究所：

一張，紙本墨拓，原片，編號：NAN0058X。

宇野雪村文庫：

一冊，紙本墨拓，冊頁，編號：207。

一冊，紙本墨拓，冊頁，編號：210。

一張，紙本墨拓，原片，編號：1713。

東京國立博物館：

一幅，紙本墨拓，原片，編號：439。

龍谷大學：

一幅，紙本墨拓，原片，130.0×50.0。

淑德大學書學文化中心：

一張，紙本墨拓，原片，編號：001387。

一冊，紙本墨拓，冊頁，編號：195032。

一張，紙本墨拓，托裱，編號：195177。

一軸，紙本墨拓，卷軸，編號：195886。

一張，紙本墨拓，原片，編號：195887。

一張，紙本墨拓，托裱，編號：197568，天放樓舊藏。

一册，紙本墨拓，册頁，編號：198975。

大阪市立美術館：

一帖，紙本墨拓，剪裝，編號：2578。

白扇書道會：

一張，紙本墨拓，原片，125.0×52.0，種谷扇舟舊藏。

静岡縣書道聯盟：

一張，紙本墨拓，原片，大谷青嵐藏。

書壇院：

一幅，紙本墨拓，原片。

0595　高樹解伯都等三十二人造像記

又稱"高樹等造像記"，北魏景明三年（502）五月三十日刻，現存洛陽龍門山古陽洞北壁。

書道博物館：

一册，舊拓，紙本墨拓，綴帖，魏碑十四品，第六。

一册，紙本墨拓，綴帖，龍門二十種，九種第九。

東京國立博物館：

一幅，紙本墨拓，原片，編號：827，今泉雄作舊藏。

五島美術館：

一張，舊拓，紙本墨拓，原片，40.9×28.1，宇野雪村舊藏。

東洋文庫：

一張，紙本墨拓，原片，39.0×28.0，編號：Ⅱ-16-C-1034。

一張，紙本墨拓，原片，39.0×26.0，編號：Ⅱ-16-C-k-17。

京都大學人文科學研究所：

一張，紙本墨拓，原片，編號：NAN0060X。

東北大學附屬圖書館：

一幅，紙本墨拓，原片，常盤大定舊藏。

淑德大學書學文化中心：

一張，紙本墨拓，原片，編號：001387。

一册，紙本墨拓，册頁，編號：195032。

一軸，紙本墨拓，卷軸，編號：195886。

一張，紙本墨拓，原片，編號：195887。

一張，紙本墨拓，原片，編號：195888。

一册，紙本墨拓，册頁，編號：197407，天放樓舊藏。

一册，紙本墨拓，册頁，編號：198975。

白扇書道會：

一張，紙本墨拓，原片，45.0×35.0，種谷扇舟舊藏。

靜岡縣書道聯盟：

　　一張，紙本墨拓，原片，大谷青嵐藏。

書壇院：

　　一幅，紙本墨拓，原片。

0596　趙雙哲造像記

北魏景明三年（502）五月三十日刻，現存洛陽龍門石窟古陽洞左壁 41 龕。

書道博物館：

　　一張，紙本墨拓，原片。

0597　尹愛姜等造像記

北魏景明三年（502）六月二十三日刻，現存洛陽龍門石窟。

書道博物館：

　　二册，紙本墨拓，原片，綴帖。

東洋文庫：

　　一張，紙本墨拓，原片，50.0×20.0，編號：Ⅱ-16-C-1036。

淑德大學書學文化中心：

　　一張，紙本墨拓，原片，編號：195887。

　　一張，紙本墨拓，原片，編號：195888。

東北大學附屬圖書館：

　　一幅，紙本墨拓，原片，常盤大定舊藏。

京都大學人文科學研究所：

　　一張，紙本墨拓，原片，編號：NAN0061X。

書壇院：

　　一幅，紙本墨拓，原片。

0598　報德王碑

北魏景明三年（502）六月二十四日立，出土時地不詳。

淑德大學書學文化中心：

　　一軸，紙本墨拓，卷軸，編號：198030。

0599　穆亮墓誌

北魏景明三年（502）六月二十九日葬，民國十五年（1926）出土於河南洛陽城西北高溝村，現藏於西安碑林博物館。

書道博物館：

　　一册，紙本墨拓，册頁。

京都大學人文科學研究所：

　　　一張，紙本墨拓，原片，編號：NAN0062X。

淑德大學書學文化中心：

　　　一張，紙本墨拓，原片，編號：000884。

大阪市立美術館：

　　　一張，紙本墨拓，原片，編號：2673。

白扇書道會：

　　　一張，紙本墨拓，原片，70.0×70.0，種谷扇舟舊藏。

0600　趙須生磚誌

北魏景明三年（502）八月十三日葬，出土時地不詳。

墨華書道會：

　　　一張，紙本墨拓，原片。

0601　侯太妃造像記

又稱"侯太妃爲亡夫廣川王造像""廣川王祖母太妃侯造彌勒像記"，北魏景明三年（502）八月十八日刻，現存洛陽龍門石窟大佛洞。

書道博物館：

　　　一張，紙本墨拓，舊拓，綴帖，龍門十種第八。

　　　一册，紙本墨拓，綴帖，龍門二十種，九種第一。

東洋文庫：

　　　一張，紙本墨拓，原片，49.0×37.0，編號：Ⅱ-16-C-1034。

　　　一張，紙本墨拓，原片，51.0×32.0，編號：Ⅱ-16-C-k-18。

五島美術館：

　　　一張，舊拓，紙本墨拓，原片，24.9×79.1，宇野雪村舊藏。

　　　一張，舊拓，紙本墨拓，原片，49.4×34.5，宇野雪村舊藏。

東京國立博物館：

　　　一幅，紙本墨拓，原片，編號：829，今泉雄作舊藏。

京都大學人文科學研究所：

　　　一張，紙本墨拓，原片，編號：NAN0063X。

淑德大學書學文化中心：

　　　一張，紙本墨拓，原片，編號：001387。

　　　一册，紙本墨拓，册頁，編號：195032。

　　　一軸，紙本墨拓，卷軸，編號：195886。

　　　一張，紙本墨拓，原片，編號：195887。

　　　一張，紙本墨拓，原片，編號：195888。

一册，紙本墨拓，册頁，編號：197406，天放樓舊藏。

一册，紙本墨拓，册頁，編號：197408，天放樓舊藏。

一册，紙本墨拓，册頁，編號：198975。

東北大學附屬圖書館：

一幅，紙本墨拓，原片，常盤大定舊藏。

白扇書道會：

一張，紙本墨拓，原片，55.0×37.0，種谷扇舟舊藏。

静岡縣書道聯盟：

一張，紙本墨拓，原片，大谷青嵐藏。

書壇院：

一幅，紙本墨拓，原片。

0602 劉未等造像記

北魏景明三年（502）十一月十一日刻，原在房山石佛寺，今藏地不詳。

書道博物館：

一張，紙本墨拓，原片，端方藏石。

淑德大學書學文化中心：

一軸，紙本墨拓，卷軸，編號：000748。

一張，紙本墨拓，原片，編號：001296。

一軸，紙本墨拓，卷軸，編號：001836。

0603 慧樂造像記

北魏景明四年（503）二月一日刻，現存洛陽龍門石窟古陽洞。

書道博物館：

一册，紙本墨拓，綴帖。

東洋文庫：

一張，紙本墨拓，原片，62.0×23.0，編號：Ⅱ-16-C-1038。

0604 元弘嬪侯氏墓誌

北魏景明四年（503）三月二十一日葬，民國元年（1912）出土於河南洛陽安駕溝，現藏於遼寧省博物館。

書道博物館：

一張，紙本墨拓，原片。

宇野雪村文庫：

一張，紙本墨拓，原片，編號：1381。

一張，紙本墨拓，原片，編號：1572。

淑德大學書學文化中心：

　　　　一張，紙本墨拓，原片，編號：000378。

東洋文庫：

　　　　一張，紙本墨拓，原片，40.0×40.0，編號：Ⅱ-16-C-2.1。

京都大學人文科學研究所：

　　　　一張，紙本墨拓，原片，編號：NAN0065X。

0605　高伏德合三百人造像記

又稱"劉雄合三百人造像記""幽州范陽郡涿縣□□村高伏德合三百人爲皇帝陛下造石像一區記"，北魏景明四年（503）四月二日刻，河北涿州市西城門洞出土，現藏於法國巴黎博物館。

宇野雪村文庫：

　　　　一張，紙本墨拓，原片，編號：1141。

　　　　一册，紙本墨拓，册頁，編號：209。

淑德大學書學文化中心：

　　　　一册，碑陽，紙本墨拓，册頁，編號：195685。

　　　　一册，碑陽，紙本墨拓，册頁，編號：196284。

　　　　一軸，碑陽，紙本墨拓，卷軸，編號：196753。

　　　　一軸，碑陽，紙本墨拓，卷軸，編號：196854。

　　　　一册，右側，紙本墨拓，册頁，編號：196284。

　　　　一册，右側，紙本墨拓，册頁，編號：195685。

　　　　一軸，右側，紙本墨拓，卷軸，編號：196855。

　　　　一册，左側，紙本墨拓，册頁，編號：196284。

　　　　一册，左側，紙本墨拓，册頁，編號：196856。

　　　　一册，左側，紙本墨拓，册頁，編號：195685。

京都大學人文科學研究所：

　　　　一張，紙本墨拓，原片，編號：NAN0066X。

0606　元誘妻馮氏墓誌

北魏景明四年（503）八月四日葬，民國十二年（1923）出土於河南洛陽安駕溝，現藏於西安碑林博物館。

大阪市立美術館：

　　　　一張，紙本墨拓，原片，編號：2673。

0607　馬振拜等三十四人造像記

又稱"邑主馬振拜等三十四人造石像記"，北魏景明四年（503）八月五日刻，現存洛陽龍門山古陽洞東壁門拱上部。

東洋文庫：

    一張，紙本墨拓，原片，50.0×32.0，編號：Ⅱ-16-C-1039。

京都大學人文科學研究所：

    一張，紙本墨拓，原片，編號：NAN0067X。

淑德大學書學文化中心：

    一張，紙本墨拓，原片，編號：001387。

    一册，紙本墨拓，册頁，編號：195032。

    一張，紙本墨拓，原片，編號：195887。

    一張，紙本墨拓，原片，編號：195888。

    一册，紙本墨拓，册頁，編號：198975。

東北大學附屬圖書館：

    一幅，紙本墨拓，原片，常盤大定舊藏。

白扇書道會：

    一張，紙本墨拓，原片，64.0×38.0，種谷扇舟舊藏。

静岡縣書道聯盟：

    一張，紙本墨拓，原片，大谷青嵐藏。

書壇院：

    一幅，紙本墨拓，原片。

0608　于暉墓誌

北魏景明四年（503）九月十日葬，出土時地不詳。

京都大學人文科學研究所：

    一張，紙本墨拓，原片，編號：NAN0068X。

0609　廣川王祖母侯太妃造像記

又稱“廣川王祖母太妃侯爲幼孫造像記”“廣川王祖太妃侯自造彌勒像記”，北魏景明四年（503）十月七日刻，現存洛陽龍門石窟古陽洞。

書道博物館：

    一册，舊拓，紙本墨拓，綴帖，魏碑十四品第九。

    一張，舊拓，紙本墨拓，綴帖，龍門十種第九。

    一册，紙本墨拓，綴帖，龍門二十品，三種第三。

東洋文庫：

    一張，紙本墨拓，原片，25.0×80.0，編號：Ⅱ-16-C-1040。

    一張，紙本墨拓，原片，25.0×81.0，編號：Ⅱ-16-C-k-19。

東京國立博物館：

    一幅，紙本墨拓，原片，編號：830，今泉雄作舊藏。

京都大學人文科學研究所：

一張，紙本墨拓，原片，編號：NAN0069X。

淑德大學書學文化中心：

一張，紙本墨拓，原片，編號：001387。

一册，紙本墨拓，册頁，編號：195032。

一張，紙本墨拓，原片，編號：195886。

一張，紙本墨拓，原片，編號：195887。

一張，紙本墨拓，原片，編號：195888。

一册，紙本墨拓，册頁，編號：197409，天放樓舊藏。

白扇書道會：

一張，紙本墨拓，全拓，28.0×78.0，種谷扇舟舊藏。

静岡縣書道聯盟：

一張，紙本墨拓，原片，大谷青嵐藏。

書壇院：

一幅，紙本墨拓，原片。

0610 平乾虎造像記

北魏景明四年（503）十月刻，現存洛陽龍門石窟古陽洞。

東洋文庫：

一張，紙本墨拓，原片，10.0×20.0，編號：Ⅱ-16-C-1040。

淑德大學書學文化中心：

一張，紙本墨拓，原片，編號：195887。

一張，紙本墨拓，原片，編號：195888。

一册，紙本墨拓，册頁，編號：197410，天放樓舊藏。

0611 張整墓誌

北魏景明四年（503）十一月二十五日葬，現藏於西安碑林博物館。

淑德大學書學文化中心：

一張，紙本墨拓，原片，編號：001054。

大阪市立美術館：

一張，紙本墨拓，原片，編號：2673。

0612 法生造像記

北魏景明四年（503）十二月一日刻，現存洛陽龍門石窟古陽洞。

書道博物館：

一册，舊拓，紙本墨拓，綴帖，魏碑十四品，第四。

一册，紙本墨拓，册頁，北魏雜帖，龍門二十品，三種第四。

東洋文庫：

一張，紙本墨拓，原片，34.0×37.0，編號：Ⅱ-16-C-1041。

一張，紙本墨拓，原片，33.0×35.0，編號：Ⅱ-16-C-k-20。

東京國立博物館：

一幅，紙本墨拓，原片，編號：831，今泉雄作舊藏。

京都大學人文科學研究所：

一張，紙本墨拓，原片，編號：NAN0070X。

五島美術館：

一張，舊拓，紙本墨拓，原片，34.4×38.2，宇野雪村舊藏。

淑德大學書學文化中心：

一張，紙本墨拓，原片，編號：001387。

一册，紙本墨拓，册頁，編號：195032。

一張，紙本墨拓，原片，編號：195886。

一張，紙本墨拓，原片，編號：195887。

一張，紙本墨拓，原片，編號：195888。

一册，紙本墨拓，册頁，編號：198975。

東北大學附屬圖書館：

一幅，紙本墨拓，原片，常盤大定舊藏。

白扇書道會：

一張，紙本墨拓，全拓，38.0×40.0，種谷扇舟舊藏。

静岡縣書道聯盟：

一張，紙本墨拓，原片，大谷青嵐藏。

書壇院：

一幅，紙本墨拓，原片。

0613 張村合邑八十人造像記

北魏景明四年（503）刻，新鄉市博物館徵集，現藏於河南博物院。

淑德大學書學文化中心：

一張，紙本墨拓，原片，編號：001388。

0614 霍揚碑

又稱“密雲太守霍揚碑”，北魏景明五年（504）正月二十六日立，原在山西臨猗縣臨晋鎮霍村霍揚墓地，歷遷蒲坂中學、文廟等地，現藏於臨猗博物館。

宇野雪村文庫：

一册，紙本墨拓，册頁，編號：262。

京都大學人文科學研究所：

    一張，紙本墨拓，原片，編號：NAN0071X。

淑德大學書學文化中心：

    一張，紙本墨拓，原片，編號：195710。

    一軸，紙本墨拓，卷軸，編號：196770。

大阪市立美術館：

    一張，紙本墨拓，原片，編號：2692。

0615 景明六年三尊佛座像

北魏景明六年（505）四月刻，今藏地不詳。

京都大學人文科學研究所：

    一張，紙本墨拓，原片，編號：NAN0048A。

    一張，紙本墨拓，原片，編號：NAN0048B。

    一張，紙本墨拓，原片，編號：NAN0048C。

    一張，紙本墨拓，原片，編號：NAN0048D。

0616 楊大眼造像記

又稱"北魏楊大眼爲孝文皇帝造石像記""楊大眼爲孝文皇帝造像""魏楊大眼造像記"，北魏景明年間（500—503）刻，現存洛陽龍門石窟古陽洞。

書道博物館：

    一册，最舊拓，紙本墨拓，綴帖。

    一張，紙本墨拓，原片，張祖翼題簽。

    一册，紙本墨拓，古拓，綴帖（額）。

    一册，紙本墨拓，綴帖。

東京國立博物館：

    一幅，紙本墨拓，原片，編號：824，今泉雄作舊藏。

東洋文庫：

    一張，紙本墨拓，原片，連額，75.0×40.0+19.0×14.0，編號：Ⅱ-16-C-1043。

    一張，紙本墨拓，原片，75.0×40.0+19.0×14.0，編號：Ⅱ-16-C-k-21。

淑德大學書學文化中心：

    一張，紙本墨拓，原片，編號：001387。

    一册，紙本墨拓，册頁，編號：195032。

    一軸，紙本墨拓，卷軸，編號：195886。

    一張，紙本墨拓，原片，編號：195887。

    一册，紙本墨拓，册頁，編號：198976。

    一張，紙本墨拓，托裱，編號：197567，天放樓舊藏。

東北大學附屬圖書館：

　　一幅，紙本墨拓，原片，常盤大定舊藏。

龍谷大學：

　　一幅，紙本墨拓，原片，94.0×43.0。

大阪市立美術館：

　　一帖，紙本墨拓，剪裝，編號：2578。

白扇書道會：

　　一張，紙本墨拓，全拓，93.0×45.0，種谷扇舟舊藏。

静岡縣書道聯盟：

　　一張，紙本墨拓，原片，大谷青嵐藏。

書壇院：

　　一幅，紙本墨拓，全拓。

0617　魏靈藏薛法紹造像記

北魏景明年間（500—503）刻，現存洛陽龍門石窟。

書道博物館：

　　一張，最舊拓，紙本墨拓，全拓條幅。

　　一張，舊拓，紙本墨拓，全拓，張祖翼題簽。

　　一册，舊拓，紙本墨拓，綴帖，龍門十種，八種第五。

　　一册，舊拓，紙本墨拓，綴帖。

　　一張，紙本墨拓，全拓。

東洋文庫：

　　一張，紙本墨拓，原片，連額，90.0×40.0，編號：Ⅱ-16-C-1042。

　　一張，紙本墨拓，原片，連額，90.0×40.0，編號：Ⅱ-16-C-k-22。

東北大學附屬圖書館：

　　一幅，紙本墨拓，原片，常盤大定舊藏。

宇野雪村文庫：

　　一張，紙本墨拓，原片，編號：1929。

　　一張，紙本墨拓，原片，編號：1513。

東京國立博物館：

　　一幅，紙本墨拓，原片，編號：825，今泉雄作舊藏。

龍谷大學：

　　一幅，紙本墨拓，原片，88.0×41.0。

淑德大學書學文化中心：

　　一張，紙本墨拓，原片，編號：001387。

　　一册，紙本墨拓，册頁，編號：195032。

一軸，紙本墨拓，卷軸，編號：195886。

一張，紙本墨拓，原片，編號：195887。

一張，紙本墨拓，托裱，編號：197566，天放樓舊藏。

一册，紙本墨拓，册頁，編號：198976。

大阪市立美術館：

一帖，紙本墨拓，剪裝，編號：2578。

白扇書道會：

一張，紙本墨拓，原片，90.0×43.0，種谷扇舟舊藏。

静岡縣書道聯盟：

一張，紙本墨拓，原片，大谷青嵐藏。

書壇院：

一幅，紙本墨拓，原片。

［正始］

0618 一千人造九級浮圖碑

又稱"大魏爲孝文皇帝比丘法雅宗維那一千人造九級浮圖碑"，北魏正始元年（504）正月七日刻，原河南汲縣周灣村出土，原在汲縣圖書館，今石已毀。

宇野雪村文庫：

一張，紙本墨拓，原片，編號：1972。

京都大學人文科學研究所：

一張，碑陽，紙本墨拓，原片，編號：NAN0072A。

一張，碑陰，紙本墨拓，原片，編號：NAN0072B。

淑德大學書學文化中心：

一軸，紙本墨拓，卷軸，編號：195389。

一册，紙本墨拓，册頁，編號：195490。

一軸，紙本墨拓，卷軸，編號：196866。

0619 崔孝芬族弟墓誌

北魏正始元年（504）正月二十一日刻，出土時地不詳，安陽古物保存所舊藏，疑僞刻。

淑德大學書學文化中心：

一張，紙本墨拓，原片，編號：196591。

0620 高洛周等七十人造像記

北魏正始元年（504）三月九日刻，河北涿縣（今涿州）出土，後流失海外，現藏於法國巴黎博物館。

書道博物館：

　　一張，紙本墨拓，原片，條幅。

東洋文庫：

　　一張，紙本墨拓，原片，111.0×55.0，編號：Ⅱ-16-C-k-23。

宇野雪村文庫：

　　二張，紙本墨拓，原片，編號：1842。

淑德大學書學文化中心：

　　一軸，碑陽，紙本墨拓，卷軸，編號：000181。

　　一張，碑陽，紙本墨拓，原片，編號：000433。

　　一軸，碑陽，紙本墨拓，卷軸，編號：198309。

　　一軸，碑側，紙本墨拓，卷軸，編號：000182。

　　一張，碑側，紙本墨拓，原片，編號：000434。

京都大學人文科學研究所：

　　一張，紙本墨拓，原片，編號：NAN0073B。

大阪市立美術館：

　　三張，紙本墨拓，原片，編號：2719。

0621　張道智造像記

北魏正始元年（504）四月八日刻，出土時地不詳。

淑德大學書學文化中心：

　　一軸，紙本墨拓，卷軸，編號：196003。

0622　尼道僧造像記

北魏正始元年（504）四月二十日刻，現在河南洛陽龍門石窟。

淑德大學書學文化中心：

　　一張，紙本墨拓，托裱，編號：198431。

0623　高思雍造像記

又稱"清信女高造像記""清信女高思雍造像記""清信女高思鄉造像記"，北魏正始元年（504）十一月四日刻，現存洛陽龍門石窟古陽洞。

東洋文庫：

　　一張，紙本墨拓，原片，16.0×35.0，編號：Ⅱ-16-C-1024。

東北大學附屬圖書館：

　　一幅，紙本墨拓，原片，常盤大定舊藏。

淑德大學書學文化中心：

　　一張，紙本墨拓，原片，編號：195887。

一張，紙本墨拓，原片，編號：195888。

書壇院：

一幅，紙本墨拓，原片。

墨華書道會：

一張，紙本墨拓，原片。

0624 許和世磚誌

北魏正始元年（504）十二月十三日葬，河南獲嘉出土，今藏地不詳。

淑德大學書學文化中心：

一軸，紙本墨拓，卷軸，編號：197222。

石橋鯉城：

一張，紙本墨拓，原片。

0625 正始元年造像記

北魏正始元年（504）刻，現在河南洛陽龍門石窟。

五島美術館：

一張，紙本墨拓，原片，50.8×30.7，宇野雪村舊藏。

0626 楊安族造像記

又稱"楊安詳造像記"，北魏正始二年（505）正月三十日刻，現存河南洛陽龍門石窟古陽洞。

書道博物館：

一册，紙本墨拓，原片，綴帖。

東洋文庫：

一張，紙本墨拓，原片，25.0×6.0，編號：Ⅱ-16-C-k-24。

京都大學人文科學研究所：

一張，紙本墨拓，原片，編號：NAN0075X。

墨華書道會：

一張，紙本墨拓，原片。

0627 僧暈造像記

又稱"造三丈八彌勒二菩薩像記""僧暈造彌勒像二菩薩記"，北魏正始二年（505）二月四日刻，河北定州出土。

宇野雪村文庫：

二張，紙本墨拓，原片，編號：1197。

一張，紙本墨拓，原片，編號：1838。

淑德大學書學文化中心：

一軸，紙本墨拓，卷軸，編號：001022。

一張，紙本墨拓，原片，編號：001299。

一軸，紙本墨拓，卷軸，編號：196267。

一軸，摹刻，紙本墨拓，卷軸，編號：198967。

京都大學人文科學研究所：

一張，紙本墨拓，原片，編號：NAN0077X。

0628　王史平吴共合曹人造像記

又稱"蕩寇將軍王史平等造像"，北魏正始二年（505）四月十五日刻，現存河南洛陽龍門石窟古陽洞。

東洋文庫：

一張，紙本墨拓，原片，79.0×9.0，編號：Ⅱ-16-C-k-25。

京都大學人文科學研究所：

一張，紙本墨拓，原片，編號：NAN0076X。

0629　李端墓誌

北魏正始二年（505）五月二十五日葬，河南洛陽出土，今藏地不詳。

京都大學人文科學研究所：

一張，紙本墨拓，原片，編號：NAN0078X。

0630　馮神育等造像記

又稱"魏馮種育等造像記""道民馮種育等造像記""邑子馮神等二百廿人造像""北魏馮種育等二百人造像""馮神育道教造像碑""馮神育造像碑""馮神育二百廿人等造像記""北魏道民馮神賓等造四面石像""馮神育合邑二百二十人等造像記""正始二年造像碑"，北魏正始二年（505）九月二十六日刻，清咸豐八年（1858）櫟陽出土，現藏於臨潼博物館。

京都大學人文科學研究所：

一張，紙本墨拓，原片，編號：NAN0079A。

一張，紙本墨拓，原片，編號：NAN0079B。

一張，紙本墨拓，原片，編號：NAN0079C。

一張，紙本墨拓，原片，編號：NAN0079D。

淑德大學書學文化中心：

一軸，碑陽，紙本墨拓，卷軸，編號：195353。

一張，碑陽，紙本墨拓，原片，編號：196991。

一張，碑陰，紙本墨拓，托裱，編號：001454。

一軸，碑陰，紙本墨拓，卷軸，編號：195354。

一張，碑陰，紙本墨拓，原片，編號：196991。

一軸，左側，紙本墨拓，卷軸，編號：195355。

一張，左側，紙本墨拓，原片，編號：196991。

一軸，右側，紙本墨拓，卷軸，編號：195356。

一張，右側，紙本墨拓，原片，編號：196991。

大阪市立美術館：

四張，紙本墨拓，原片，編號：2684。

0631　横野將軍造像記

北魏正始二年（505）九月刻，現存河南洛陽龍門石窟。

書道博物館：

一册，紙本墨拓，册頁，綴帖。

0632　元始和墓誌

北魏正始二年（505）十一月十八日葬，民國三年（1914）出土於洛陽南陳莊，久佚。

宇野雪村文庫：

一張，紙本墨拓，原片，編號：1382。

一張，紙本墨拓，原片，編號：1876。

0633　李蕤墓誌

北魏正始二年（505）十二月二十四日葬，民國二十年（1931）出土於河南洛陽城東北省莊，現藏於西安碑林博物館。

宇野雪村文庫：

一張，紙本墨拓，原片，編號：1383。

0634　虎洛仁妻孫氏磚誌

北魏正始三年（506）二月十九日葬，流失海外，現藏於日本藤井有鄰館。

有鄰館：

一張，紙本墨拓，原片。

0635　冗從僕射等造像記

又稱"嘗法端造像""宫内作大監嘗法端生資造像""承犯允造像""冗從僕射造像記""嘗法端造像記"，北魏正始三年（506）三月十九日刻，現存河南洛陽龍門石窟古陽洞。

書道博物館：

一張，精拓，紙本墨拓，原片。

東洋文庫：

一張，紙本墨拓，30.0×50.0，原片，編號：Ⅱ-16-C-1045。

淑德大學書學文化中心：

　　一張，紙本墨拓，原片，編號：195887。

　　一張，紙本墨拓，原片，編號：195888。

　　一册，紙本墨拓，册頁，編號：198976。

東北大學附屬圖書館：

　　一幅，紙本墨拓，原片，常盤大定舊藏。

書壇院：

　　一幅，紙本墨拓，原片。

0636　董阿譽造像記

北魏正始三年（506）三月二十日刻，出土時地不詳。

淑德大學書學文化中心：

　　一軸，紙本墨拓，卷軸，編號：198441。

0637　寇臻墓誌

北魏正始三年（506）三月二十六日葬，民國七年（1918）出土於河南洛陽，今石已毀。

書道博物館：

　　一張，精拓，紙本墨拓，全拓，番禺葉氏藏。

宇野雪村文庫：

　　一張，紙本墨拓，原片，編號：1926。

　　一册，紙本墨拓，原片，編號：193。

京都大學人文科學研究所：

　　一張，紙本墨拓，原片，編號：NAN0080X。

大阪市立美術館：

　　一張，紙本墨拓，原片，編號：2669。

淑德大學書學文化中心：

　　一張，紙本墨拓，原片，編號：197071。

0638　宗愨墓誌

北魏正始三年（506）四月八日葬，出土時地不詳，現藏於浙江德清縣博物館，疑僞刻。

淑德大學書學文化中心：

　　一張，紙本墨拓，原片，編號：197072。

0639　如光造像記

北魏正始三年（506）四月十日刻，現存河南洛陽龍門石窟。

書道博物館：

一册，紙本墨拓，綴帖。

京都大學人文科學研究所：

　　一張，紙本墨拓，原片，編號：NAN0082X。

東洋文庫：

　　一張，紙本墨拓，原片，23.0×10.0，編號：Ⅱ-16-C-k-26。

0640　孫大光造像記

又稱"大代孫大光造釋迦像記"，北魏正始三年（506）六月二十日刻，現存河南洛陽龍門石窟。

東洋文庫：

　　一張，紙本墨拓，原片，11.0×15.0，編號：Ⅱ-16-C-k-27。

京都大學人文科學研究所：

　　一張，紙本墨拓，原片，編號：NAN0083X。

0641　楊文惠等造像記

北魏正始三年（506）九月十五日刻，出土時地不詳，疑僞刻。

京都大學人文科學研究所：

　　一張，紙本墨拓，原片，編號：NAN0085A。

　　一張，紙本墨拓，原片，編號：NAN0085B。

0642　楊小妃造像記

又稱"大代楊小妃造釋迦像記"，北魏正始三年（506）十二月二十二日刻，現存河南洛陽龍門石窟。

書道博物館：

　　一册，紙本墨拓，原片，綴帖。

東洋文庫：

　　一張，紙本墨拓，原片，15.0×13.0，編號：Ⅱ-16-C-k-28。

京都大學人文科學研究所：

　　一張，紙本墨拓，原片，編號：NAN0084X。

0643　元燮造像記

北魏正始四年（507）二月十五日刻，現存河南洛陽龍門石窟古陽洞。

書道博物館：

　　一册，舊拓，紙本墨拓，綴帖，魏碑十四品第三。

　　一張，舊拓，紙本墨拓，綴帖，龍門十種第二。

　　一張，紙本墨拓，綴帖，龍門二十種，九種第八。

東京國立博物館：

一幅，紙本墨拓，原片，編號：832，今泉雄作舊藏。

東洋文庫：

一張，紙本墨拓，原片，28.0×60.0，編號：Ⅱ-16-C-1046。

一張，紙本墨拓，原片，31.0×55.0，編號：Ⅱ-16-C-k-29。

京都大學人文科學研究所：

一張，紙本墨拓，原片，編號：NAN0086X。

東北大學附屬圖書館：

一幅，紙本墨拓，原片，常盤大定舊藏。

黑川古文化研究所：

一張，紙本墨拓，原片，29.7×131.4，書1084。

淑德大學書學文化中心：

一張，紙本墨拓，原片，編號：001387。

一册，紙本墨拓，册頁，編號：195032。

一軸，紙本墨拓，卷軸，編號：195886。

一張，紙本墨拓，原片，編號：195887。

一張，紙本墨拓，原片，編號：195888。

一册，紙本墨拓，册頁，編號：197411，天放樓舊藏。

一册，紙本墨拓，册頁，編號：198976。

白扇書道會：

一張，紙本墨拓，原片，33.0×55.0，種谷扇舟舊藏。

静岡縣書道聯盟：

一張，紙本墨拓，原片，大谷青嵐藏。

書壇院：

一幅，紙本墨拓，原片。

0644　奚智墓誌

北魏正始四年（507）三月十三日葬，民國十五年（1926）出土於河南洛陽城北西溝南嶺，現藏於西安碑林博物館。

宇野雪村文庫：

一册，紙本墨拓，册頁，編號：320。

大阪市立美術館：

一張，紙本墨拓，原片，編號：2673。

0645　元思墓誌

北魏正始四年（507）三月二十五日葬，民國五年（1916）出土於河南洛陽徐家溝村，現藏於吉林省博物院。

宇野雪村文庫：

　　　　一張，紙本墨拓，原片，編號：1395。

大阪市立美術館：

　　　　一張，紙本墨拓，原片，編號：2646。

淑德大學書學文化中心：

　　　　一軸，摹刻，紙本墨拓，卷軸，編號：198105。

0646　元鑒墓誌

北魏正始四年（507）三月二十六日葬，民國十四年（1925）出土於河南洛陽城北前海資村，現藏於西安碑林博物館。

淑德大學書學文化中心：

　　　　一張，紙本墨拓，原片，編號：000928。

大阪市立美術館：

　　　　一張，紙本墨拓，原片，編號：2673。

0647　永江敬造龍泉古井誌

北魏正始四年（507）三月二十七日刻，出土時地不詳，疑僞刻。

宇野雪村文庫：

　　　　一張，紙本墨拓，原片，編號：1869。

　　　　一張，紙本墨拓，原片，編號：1953。

0648　魯衆造像記

又稱“護軍府史魯衆爲合門大小造像”“護軍府史魯衆造像記”，北魏正始四年（507）四月三日刻，現存河南洛陽龍門石窟古陽洞。

書道博物館：

　　　　一册，紙本墨拓，綴帖。

東洋文庫：

　　　　一張，紙本墨拓，原片，32.0×14.0，編號：Ⅱ-16-C-k-30。

京都大學人文科學研究所：

　　　　一張，紙本墨拓，原片，編號：NAN0087X。

0649　元嵩墓誌

北魏正始四年（507）七月十六日葬，民國二十一年（1932）出土於河南洛陽城西柿園村，現藏於西安碑林博物館。

淑德大學書學文化中心：

　　　　一張，紙本墨拓，原片，編號：000895。

0650 法義姊妹等造像記

北魏正始四年 （507）七月二十九日刻，現在山東歷城黄石崖。

京都大學人文科學研究所：

　　　一張，紙本墨拓，原片，編號：NAN0088X。

0651 元壽妃魏氏墓誌

北魏正始四年 （507）八月十六日葬，民國八年 （1919）出土於河南洛陽城北後海資村，現藏於河南博物院。

宇野雪村文庫：

　　　一張，紙本墨拓，原片，編號：1384。

京都大學人文科學研究所：

　　　一張，紙本墨拓，原片，編號：NAN0090X。

淑德大學書學文化中心：

　　　一張，紙本墨拓，原片，編號：197089。

0652 張神洛買地券

北魏正始四年 （507）九月十六日葬，河北涿縣 （今涿州）出土。

京都大學人文科學研究所：

　　　一張，紙本墨拓，原片，編號：NAN0089X。

淑德大學書學文化中心：

　　　一册，紙本墨拓，册頁，編號：197910。

0653 元暎墓誌

北魏正始四年 （507）十月三日葬，一九四八年出土於河南洛陽馬坡村，現藏於洛陽古代藝術博物館。

京都大學人文科學研究所：

　　　一張，紙本墨拓，原片，編號：NAN0091X。

宇野雪村文庫：

　　　一張，紙本墨拓，原片，編號：1661。

　　　一張，紙本墨拓，原片，編號：1662。

　　　一張，紙本墨拓，原片，編號：1824。

0654 元緒墓誌

北魏正始四年 （507）十月三十日葬，民國八年 （1919）出土於河南洛陽城北安駕溝村，現藏於故宮博物院。

京都大學人文科學研究所：

    一張，紙本墨拓，原片，編號：NAN0092X。

宇野雪村文庫：

    一張，紙本墨拓，原片，編號：1674。

淑德大學書學文化中心：

    一張，紙本墨拓，原片，編號：001259。

    一張，紙本墨拓，原片，編號：197073。

大阪市立美術館：

    一張，紙本墨拓，原片，編號：2648。

0655　高慶碑

全稱"魏故光州刺史貞侯高君之碑"，北魏正始五年（508）八月十日立，清光緒二十年（1894）出土於山東德州，現藏於山東省石刻藝術博物館。

書道博物館：

    一册，紙本墨拓，册頁，有篆額。

東京國立博物館：

    一幅，紙本墨拓，原片，編號：793。

京都大學人文科學研究所：

    一張，紙本墨拓，原片，編號：NAN0093X。

淑德大學書學文化中心：

    一册，紙本墨拓，册頁，編號：001017。

    一張，紙本墨拓，托裱，編號：195470。

    一軸，紙本墨拓，卷軸，編號：195911。

    一册，紙本墨拓，册頁，編號：197183。

    一張，紙本墨拓，原片，編號：197960。

大阪市立美術館：

    一張，紙本墨拓，原片，編號：2712。

0656　惠合造像記

北魏正始五年（508）八月十日刻，現存河南洛陽龍門石窟。

京都大學人文科學研究所：

    一張，紙本墨拓，原片，編號：NAN0094X。

書道博物館：

    一册，紙本墨拓，册頁，綴帖。

0657　元陽鸞造像記

北魏正始五年（508）八月十五日刻，現存河南洛陽龍門石窟。

東洋文庫：

一張，紙本墨拓，52.0×14.0，原片，編號：Ⅱ-16-C-k-31。

［永平］

0658　元颺墓誌

北魏永平元年（508）十一月六日葬，民國八年（1919）出土於河南洛陽張羊村，現藏於上海博物館。

書道博物館：

一張，精拓，紙本墨拓，原片。

東洋文庫：

一張，紙本墨拓，62.0×58.0，原片，編號：Ⅱ-16-C-2.2。

宇野雪村文庫：

一張，紙本墨拓，原片，編號：1385。

一張，紙本墨拓，原片，編號：1570。

淑德大學書學文化中心：

一軸，紙本墨拓，卷軸，編號：000379。

一軸，紙本墨拓，卷軸，編號：197080。

一軸，紙本墨拓，卷軸，編號：198079。

0659　元詳墓誌

北魏永平元年（508）十一月六日葬，民國九年（1920）出土於河南洛陽城北後海資村，現藏於上海博物館。

書道博物館：

一張，精拓，紙本墨拓，全拓。

京都大學人文科學研究所：

一張，紙本墨拓，原片，編號：NAN0098X。

大阪市立美術館：

一張，紙本墨拓，原片，編號：2668。

淑德大學書學文化中心：

一軸，紙本墨拓，卷軸，編號：198078。

0660　元氏墓誌

北魏永平元年（508）十一月六日葬，現藏於遼寧省博物館。

京都大學人文科學研究所：

一張，紙本墨拓，原片，編號：NAN0097X。

0661   元繼妃石婉墓誌

北魏永平元年（508）十一月二十三日刻，清宣統元年（1909）出土於河南洛陽城北張羊村，現藏於遼寧省博物館。

宇野雪村文庫：

一册，紙本墨拓，册頁，編號：191。

一張，紙本墨拓，原片，編號：1679。

京都大學人文科學研究所：

一張，紙本墨拓，原片，編號：NAN0099X。

0662   柳泉寺道衆造像記

又稱“道守造像記”“道宋造彌勒像記”“桃泉寺道衆等造像記”“柳泉寺道宋造彌勒像記”“清州柳泉寺道衆造像記”，北魏永平元年（508）刻，現存河南洛陽龍門石窟。

東洋文庫：

一張，紙本墨拓，原片，14.0×23.0，編號：Ⅱ-16-C-k-32。

京都大學人文科學研究所：

一張，紙本墨拓，原片，編號：NAN0096X。

0663   常文遠造像記

又稱“張僧順等造像殘記”“北魏佛弟子張僧順等造像斷石”“張僧順等造像斷石”，北魏永平元年（508）刻，出土時地不詳，已流失海外，現存日本。

宇野雪村文庫：

一張，紙本墨拓，原片，編號：1298。

京都大學人文科學研究所：

一張，紙本墨拓，原片，編號：NAN0095X。

0664   石門銘

全稱“泰山羊祉開復石門銘”，王遠書丹，武阿仁鐫，北魏永平二年（509）正月三十日刻，原在陝西褒城東北褒斜谷石門崖壁，現藏於漢中市博物館。

書道博物館：

一册，紙本墨拓，綴帖。

一册，舊拓，未剔本，紙本墨拓，綴帖，葉志詵舊藏。

木雞室：

一張，清初拓，紙本墨拓，原片，黄易舊藏。

東京國立博物館：

一幅，紙本墨拓，原片，編號：378。

京都大學人文科學研究所：

  一張，紙本墨拓，原片，編號：NAN0100X。

五島美術館：

  一張，紙本墨拓，原片，27.1×13.6，宇野雪村舊藏。

淑德大學書學文化中心：

  四軸，紙本墨拓，卷軸，編號：195026。

  一册，紙本墨拓，册頁，編號：195182。

  一張，紙本墨拓，托裱，編號：196568。

  一册，紙本墨拓，册頁，編號：197184。

  一張，紙本墨拓，原片，編號：198604。

大阪市立美術館：

  一帖，紙本墨拓，剪裝，編號：2602。

白扇書道會：

  一張，紙本墨拓，原片，166.0×212.0，種谷扇舟舊藏。

0665　嵩顯寺碑

全稱"敕賜嵩顯禪寺碑記"，北魏永平二年（509）四月八日刻，原在甘肅平涼涇川高峰寺，民國時期移至孔廟、勸學堂，今石已毀。

宇野雪村文庫：

  一册，紙本墨拓，册頁，編號：251。

京都大學人文科學研究所：

  一張，紙本墨拓，原片，編號：NAN0102X。

淑德大學書學文化中心：

  一張，紙本墨拓，托裱，編號：195465。

  一册，紙本墨拓，册頁，編號：195709。

  一張，紙本墨拓，原片，編號：197928。

0666　法文法隆等造像記

北魏永平二年（509）四月二十五日刻，現存洛陽龍門石窟。

東洋文庫：

  一張，紙本墨拓，原片，12.0×22.0，編號：Ⅱ-16-C-k-33。

京都大學人文科學研究所：

  一張，紙本墨拓，原片，編號：NAN0101X。

0667　元願平妻王氏墓誌

北魏永平二年（509）十一月二十三日葬，民國十四年（1925）出土於河南洛陽城北徐家溝村，現藏於西安碑林博物館。

淑德大學書學文化中心：

一張，紙本墨拓，原片，編號：000902。

0668 永平二年造像記

北魏永平二年（509）刻，出土時地不詳。

淑德大學書學文化中心：

一張，紙本墨拓，原片，編號：000363。

0669 王誦妻元氏墓誌

又稱"寧陵公主墓誌"，北魏永平三年（510）正月八日葬，民國十年（1921）出土於河南洛陽，現藏於吉林省博物館。

京都大學人文科學研究所：

一張，紙本墨拓，原片，編號：NAN0103X。

0670 法行造像記

又稱"比邱尼法行造定光石像""法衍造定光像記""比丘尼法衍造像記""丘尼法行造定光佛像記"，北魏永平三年（510）四月四日刻，現存洛陽龍門石窟古陽洞北壁。

書道博物館：

一册，紙本墨拓，綴帖。

東京國立博物館：

一幅，紙本墨拓，原片，編號：552。

東洋文庫：

一張，紙本墨拓，原片，16.0×20.0，編號：Ⅱ-16-C-k-34。

京都大學人文科學研究所：

一張，紙本墨拓，原片，編號：NAN0104X。

0671 南石窟寺碑

全稱"南石窟寺之碑"，北魏永平三年（510）四月十四日刻，原在甘肅涇川縣王家溝村石窟寺，後移至文廟，現藏於涇川縣王母廟文管所。

書道博物館：

一册，舊拓，紙本墨拓，册頁，有篆額。

一張，紙本墨拓，全拓，無篆額。

京都大學人文科學研究所：

一張，紙本墨拓，原片，編號：NAN0105X。

一張，紙本墨拓，原片，編號：NAN0106X。

宇野雪村文庫：

  一册，紙本墨拓，册頁，編號：212。

  一張，紙本墨拓，原片，編號：304。

淑德大學書學文化中心：

  一張，碑陽，紙本墨拓，原片，編號：000271。

  一軸，碑陽，紙本墨拓，卷軸，編號：197164。

  一軸，碑陽，紙本墨拓，卷軸，編號：198623。

  一張，碑陰，紙本墨拓，原片，編號：000272。

  一軸，碑陰，紙本墨拓，卷軸，編號：196860。

  一軸，碑陰，紙本墨拓，卷軸，編號：198624。

大阪市立美術館：

  一帖，紙本墨拓，剪裝，編號：2598。

龍谷大學：

  一幅，紙本墨拓，原片，202.0×102.0。

0672　惠感造像記

北魏永平三年（510）五月十日刻，現存河南洛陽龍門石窟。

東洋文庫：

  一張，紙本墨拓，原片，22.0×13.0，編號：Ⅱ-16-C-k-35。

京都大學人文科學研究所：

  一張，紙本墨拓，原片，編號：NAN0107X。

0673　邑子慧敢等廿三人造像記

又稱“龍門□□□翟僧□題名”“翟僧熾造像”，北魏永平三年（510）六月五日刻，現存河南洛陽龍門石窟。

淑德大學書學文化中心：

  一張，紙本墨拓，原片，編號：195887。

  一張，紙本墨拓，原片，編號：195888。

0674　法慶造像記

北魏永平三年（510）九月四日刻，現存河南洛陽龍門石窟。

書道博物館：

  一册，紙本墨拓，綴帖。

東洋文庫：

  一張，紙本墨拓，原片，12.0×24.0，編號：Ⅱ-16-C-k-36。

京都大學人文科學研究所：

一張，紙本墨拓，原片，編號：NAN0108X。

0675　周千墓誌

北魏永平三年（510）十月十七日葬，河北定州出土，歷歸姚貴昉、羅振玉，現藏於遼寧省博物館。

京都大學人文科學研究所：

一張，紙本墨拓，原片，編號：NAN0109X。

0676　惠智造像記

北魏永平三年（510）十一月二十九日刻，現存河南洛陽龍門石窟。

書道博物館：

一册，紙本墨拓，全拓，綴帖。

一册，紙本墨拓，綴帖。

東洋文庫：

一張，紙本墨拓，原片，36.0×12.0，編號：Ⅱ-16-C-1047。

一張，紙本墨拓，原片，32.0×12.0，編號：Ⅱ-16-C-k-37。

京都大學人文科學研究所：

一張，紙本墨拓，原片，編號：NAN0110X。

東北大學附屬圖書館：

一幅，紙本墨拓，原片，常盤大定舊藏。

淑德大學書學文化中心：

一張，紙本墨拓，原片，編號：195887。

一張，紙本墨拓，原片，編號：195888。

0677　游始光造像記

北魏永平三年（510）刻，出土時地不詳。

宇野雪村文庫：

一張，紙本墨拓，原片，編號：1159。

0678　僧通等造像記

北魏永平三年（510）刻，現存河南洛陽龍門石窟。

書壇院：

一幅，紙本墨拓，原片。

0679　黄元德等造像記

北魏永平四年（511）二月十日刻，現存河南洛陽龍門石窟。

東洋文庫：

　　　　一張，紙本墨拓，原片，28.0×15.0，編號：Ⅱ-16-C-k-38。

京都大學人文科學研究所：

　　　　一張，紙本墨拓，原片，編號：NAN0111X。

0680　元保洛墓誌

北魏永平四年（511）二月二十六日葬，民國十五年（1926）出土於河南洛陽姚凹村，現藏於西安碑林博物館。

大阪市立美術館：

　　　　一帖，紙本墨拓，剪裝，編號：2582。

0681　十五品□□造像

北魏永平四年（511）三月刻，出土時地不詳。

書道博物館：

　　　　一册，紙本墨拓，綴帖。

0682　曹連造像記

又稱“領太官令曹連造釋迦像記”，北魏永平四年（511）八月二十六日刻，現存河南洛陽龍門石窟。

東洋文庫：

　　　　一張，紙本墨拓，原片，35.0×7.0，編號：Ⅱ-16-C-k-39。

京都大學人文科學研究所：

　　　　一張，紙本墨拓，原片，編號：NAN0113X。

0683　殿中將軍領大官造像

北魏永平四年（511）八月刻，現在河南洛陽龍門石窟。

書道博物館：

　　　　一册，紙本墨拓，綴帖。

0684　法興造像記

又稱“比丘釋法興造彌勒像及沙彌法寧造釋迦坐像”，北魏永平四年（511）九月一日刻，現存河南洛陽龍門石窟。

書道博物館：

　　　　一册，紙本墨拓，綴帖。

東洋文庫：

　　　　一張，紙本墨拓，19.0×11.0，原片，編號：Ⅱ-16-C-k-40。

京都大學人文科學研究所：

　　一張，紙本墨拓，原片，編號：NAN0112X。

0685　道僧略造像記

北魏永平四年（511）十月七日刻，現存洛陽龍門石窟。

書道博物館：

　　一張，紙本墨拓，原片。

東京國立博物館：

　　一幅，紙本墨拓，原片，編號：553。

東洋文庫：

　　一張，紙本墨拓，原片，12.0×37.0，編號：Ⅱ-16-C-1048。

　　一張，紙本墨拓，原片，13.0×32.0，編號：Ⅱ-16-C-k-43。

京都大學人文科學研究所：

　　一張，紙本墨拓，原片，編號：NAN0114X。

東北大學附屬圖書館：

　　一幅，紙本墨拓，原片，常盤大定舊藏。

淑德大學書學文化中心：

　　一張，紙本墨拓，原片，編號：195887。

　　一張，紙本墨拓，原片，編號：195888。

書壇院：

　　一幅，紙本墨拓，原片。

0686　司馬紹墓誌

北魏永平四年（511）十月十一日葬，清乾隆二十年（1755）出土於河南孟縣，原石久佚，有翻刻傳世。

書道博物館：

　　一張，覆刻，紙本墨拓，全拓。

宇野雪村文庫：

　　一張，翻刻，紙本墨拓，原片，編號：372。

東洋文庫：

　　一張，紙本墨拓，原片，58.0×45.0，編號：Ⅱ-16-C-k-42。

京都大學人文科學研究所：

　　一張，紙本墨拓，原片，編號：NAN0115X。

淑德大學書學文化中心：

　　一軸，重刻，紙本墨拓，卷軸，編號：197771，天放樓舊藏。

0687　元燮造像記

又稱"後魏造像記""華州刺史安定王燮造像"，北魏永平四年（511）十月十六日刻，原在河南洛陽龍門石窟大佛洞，現藏日本大阪市立美術館。

書道博物館：

一册，紙本墨拓，綴拓，龍門二十品，三種第五。

東洋文庫：

一張，紙本墨拓，原片，32.0×35.0，編號：Ⅱ-16-C-k-44。

一張，紙本墨拓，原片，16.0×21.0，編號：Ⅱ-16-C-n-60。

宇野雪村文庫：

一册，紙本墨拓，册頁，編號：203。

0688　萬福榮造像記

北魏永平四年（511）十月十七日刻，出土時地不詳，疑偽刻。

淑德大學書學文化中心：

一軸，紙本墨拓，卷軸，編號：196187。

0689　元伻墓誌

北魏永平四年（511）十一月五日葬，民國十五年（1926）出土於河南洛陽陳四村，現藏於遼寧省博物館。

東洋文庫：

一張，墓誌，紙本墨拓，48.0×30.0。一張，墓誌蓋，紙本墨拓，44.0×30.0。編號：Ⅱ-16-C-2.3。

京都大學人文科學研究所：

一張，紙本墨拓，原片，編號：NAN0117A。

一張，紙本墨拓，原片，編號：NAN0117B。

宇野雪村文庫：

一張，紙本墨拓，原片，編號：1574。

一張，紙本墨拓，原片，編號：1665。

淑德大學書學文化中心：

一張，紙本墨拓，原片，編號：198144。

0690　元悦墓誌

北魏永平四年（511）十一月十七日葬，民國九年（1920）出土於河南洛陽徐家溝村，今藏地不詳。

書道博物館：

　　一張，紙本墨拓，全拓；精拓，帖。

宇野雪村文庫：

　　一張，紙本墨拓，原片，編號：1947。

京都大學人文科學研究所：

　　一張，紙本墨拓，原片，編號：NAN0120X。

　　一張，紙本墨拓，原片，編號：NAN0317X。

淑德大學書學文化中心：

　　一張，紙本墨拓，托裱，編號：001659。

0691　楊範墓誌

北魏永平四年（511）十一月十七日葬，陝西華陰出土，現藏於陝西歷史博物館。

京都大學人文科學研究所：

　　一張，紙本墨拓，原片，編號：NAN0127X。

0692　尹伯成妻姜造像記

北魏永平四年（511）十二月十二日刻，現存河南洛陽龍門石窟。

東洋文庫：

　　一張，紙本墨拓，原片，9.0×14.0，編號：Ⅱ-16-C-k-45。

0693　劉霽周造塔記

北魏永平四年（511）十二月十九日刻，原在山東益都（今青州），今藏地不詳。

書道博物館：

　　一册，紙本墨拓，册頁。

　　一張，紙本墨拓，全拓。

東洋文庫：

　　一張，紙本墨拓，原片，39.0×38.0，編號：Ⅱ-16-C-K-161。

京都大學人文科學研究所：

　　一張，紙本墨拓，原片，編號：NAN0392X。

淑德大學書學文化中心：

　　一張，紙本墨拓，原片，編號：000443。

　　一張，紙本墨拓，原片，編號：195185。

　　一張，紙本墨拓，原片，編號：195511。

　　一軸，紙本墨拓，卷軸，編號：196867。

　　一軸，紙本墨拓，卷軸，編號：198390。

0694　鄭羲上碑

全稱"魏故中書令秘書監使持節督兗州諸軍事安東將軍兗州刺史南陽文公鄭君之碑"，鄭道昭撰文并書丹，北魏永平四年（511）刻，現存山東平度天柱山。

書道博物館：

　一幅，紙本墨拓，原片，271.5×121.5，中村不折舊藏。

京都大學人文科學研究所：

　一張，紙本墨拓，原片，編號：NAN0123X。

黑川古文化研究所：

　一帖，紙本墨拓，剪裝，30.6×20.3，書1077。

淑德大學書學文化中心：

　一張，紙本墨拓，托裱，編號：195386。

　一張，紙本墨拓，托裱，編號：195483。

白扇書道會：

　一張，紙本墨拓，原片，258.0×108.0，種谷扇舟舊藏。

書壇院：

　一幅，紙本墨拓，原片。

0695　鄭羲下碑

全稱"魏故中書令秘書監使持節督兗州諸軍事安東將軍兗州刺史南陽文公鄭君之碑"，簡稱"鄭文公碑"，鄭道昭撰文并書丹，北魏永平四年（511）刻，現存山東萊州雲峰山。

書藝文化院春敬記念書道文庫：

　一冊，未洗本，紙本墨拓，冊頁，44.0×56.0，翁方綱、童鈺題跋，飯島春敬舊藏。

書道博物館：

　一帖，出土初拓，紙本墨拓，剪裝，各26.2×18.2，中村不折舊藏。

京都大學人文科學研究所：

　一張，紙本墨拓，原片，編號：NAN0122X。

東洋文庫：

　一張，碑身，紙本墨拓，193.0×370.0。一張，額，紙本墨拓，47.0×35.0。編號：Ⅱ-16-C-k-46。

宇野雪村文庫：

　一冊，紙本墨拓，冊頁，編號：301。

大阪市立美術館：

　一帖，紙本墨拓，剪裝，無題額，編號：2574。

黑川古文化研究所：

　一帖，紙本墨拓，剪裝，30.6×20.3，書1077。

淑德大學書學文化中心：

　一冊，紙本墨拓，冊頁，編號：001524。

　一張，紙本墨拓，托裱，編號：195386。

一張，紙本墨拓，托裱，編號：195483。

一張，紙本墨拓，原片，編號：197114。

一軸，紙本墨拓，卷軸，編號：198128。

比田井南谷：

一帖，"研"字未損本，紙本墨拓，剪裝，各 30.0×19.3。

木雞室：

一張，紙本墨拓，原片。

觀峰館：

一幅，紙本墨拓，原片。

書壇院：

一幅，紙本墨拓，原片。

墨華書道會：

一張，紙本墨拓，原片。

0696　論經書詩

全稱"詩五言與道俗十人出萊城東南九里登雲峰山論經書一首"，鄭道昭撰文并書丹，北魏永平四年（511）刻，現存山東萊州雲峰山。

書道博物館：

一册，舊拓，紙本墨拓，綴帖。

京都大學人文科學研究所：

一張，紙本墨拓，原片，編號：NAN0124A。

一張，紙本墨拓，原片，編號：NAN0124B。

淑德大學書學文化中心：

一張，紙本墨拓，托裱，編號：195386。

一張，紙本墨拓，托裱，編號：195483。

黑川古文化研究所：

一帖，紙本墨拓，剪裝，30.6×20.3，書 1077。

木雞室：

一張，紙本墨拓，原片。

比田井南谷：

一帖，紙本墨拓，剪裝，各 40.8×16.5。

書壇院：

一幅，紙本墨拓，原片。

墨華書道會：

一張，紙本墨拓，原片。

0697 飛仙室詩

又稱 "詠飛仙室詩刻"，鄭道昭撰文并書丹，北魏永平四年（511）刻，現存山東萊州雲峰山。

淑德大學書學文化中心：

    一張，紙本墨拓，托裱，編號：195386。

    一張，紙本墨拓，托裱，編號：195483。

    一册，紙本墨拓，册頁，編號：197370，天放樓舊藏。

書壇院：

    二幅，紙本墨拓，原片。

0698 觀海童詩

鄭道昭撰文并書丹，北魏永平四年（511）刻，現存山東萊州雲峰山。

書道博物館：

    一張，舊拓，紙本墨拓，原片。

    一册，紙本墨拓，綴帖。

黑川古文化研究所：

    一帖，紙本墨拓，剪裝，30.6×20.3，書1077。

宇野雪村文庫：

    一册，紙本墨拓，册頁，編號：302。

    一張，紙本墨拓，原片，編號：1241。

淑德大學書學文化中心：

    一張，紙本墨拓，托裱，編號：195386。

    一張，紙本墨拓，托裱，編號：195483。

    一張，紙本墨拓，托裱，編號：197569，天放樓舊藏。

京都大學人文科學研究所：

    一張，紙本墨拓，原片，編號：NAN0742X。

書壇院：

    一幅，紙本墨拓，原片。

0699 靳社生妻馬氏銘

北魏永平四年（511）刻。

京都大學人文科學研究所：

    一張，紙本墨拓，原片，編號：NAN0126X。

0700 法陵造像記

又稱 "釋法陵造像記"，北魏永平五年（512）正月刻，現存河南洛陽龍門石窟。

書道博物館：

　　一册，紙本墨拓，綴帖。

東洋文庫：

　　一張，紙本墨拓，原片，6.0×15.0。

東北大學附屬圖書館：

　　一幅，紙本墨拓，原片，常盤大定舊藏。

京都大學人文科學研究所：

　　一張，紙本墨拓，原片，編號：NAN0128X。

0701　封昕墓誌

北魏永平五年（512）四月十三日葬，民國十九年（1930）出土於河南洛陽城東古躍店，現藏於西安碑林博物館。

淑德大學書學文化中心：

　　一張，紙本墨拓，托裱，編號：001834。

0702　元詮墓誌

北魏永平五年（512）八月二十六日葬，民國八年（1919）出土於河南洛陽，現藏於上海博物館。

宇野雪村文庫：

　　一册，紙本墨拓，册頁，編號：371。

　　一張，紙本墨拓，原片，編號：1910。

京都大學人文科學研究所：

　　一張，紙本墨拓，原片，編號：NAN0129X。

大阪市立美術館：

　　一張，紙本墨拓，原片，編號：2642。

淑德大學書學文化中心：

　　一張，紙本墨拓，原片，編號：000211。

　　一軸，紙本墨拓，卷軸，編號：198106。

0703　王蕃墓誌

北魏永平五年（512）十月二十七日葬，出土時地不詳，疑僞刻。

宇野雪村文庫：

　　一張，紙本墨拓，原片，編號：1765。

　　一張，紙本墨拓，原片，編號：1827。

京都大學人文科學研究所：

　　一張，紙本墨拓，原片，編號：NAN0130X。

淑德大學書學文化中心：

一張，紙本墨拓，原片，編號：001255。

［延昌］

0704　吳璨妻秦氏墓誌

北魏延昌元年（512）二月十日葬，出土時地不詳，疑僞刻。

京都大學人文科學研究所：

一張，紙本墨拓，原片，編號：NAN0133X。

0705　孟氏墓誌

北魏延昌元年（512）二月十五日葬，出土時地不詳，疑僞刻。

淑德大學書學文化中心：

一張，紙本墨拓，原片，編號：000212。

0706　何卓墓誌

北魏延昌元年（512）五月三日葬，出土時地不詳，疑僞刻。

淑德大學書學文化中心：

一張，紙本墨拓，原片，編號：197065。

0707　朱奇兄弟三人等造像記

又稱“朱雙熾造像記”，北魏延昌元年（512）七月十五日刻，一九五九年出土於陝西華縣瓜坡，現藏於西安碑林博物館。

淑德大學書學文化中心：

一張，碑陽，紙本墨拓，原片，編號：000334。

一張，碑陰，紙本墨拓，原片，編號：000335。

一張，碑側，紙本墨拓，原片，編號：000336。

一張，碑側，紙本墨拓，原片，編號：000337。

墨華書道會：

四張，紙本墨拓，原片。

0708　郭永昌造像記

北魏延昌元年（512）八月十九日刻，現藏於天津博物館。

淑德大學書學文化中心：

一張，碑陽，紙本墨拓，原片，編號：001566。

一張，碑陰，紙本墨拓，原片，編號：001567。

0709　鄯乾墓誌

北魏延昌元年（512）八月二十六日葬，民國二十年（1931）出土於河南洛陽東北後溝村，現藏於西安碑林博物館。

宇野雪村文庫：

一張，紙本墨拓，原片，編號：1386。

淑德大學書學文化中心：

一張，紙本墨拓，原片，編號：000917。

大阪市立美術館：

一張，紙本墨拓，原片，編號：2655。

0710　元顥妃李元姜墓誌

北魏延昌元年（512）八月二十六日葬，民國九年（1920）出土於河南洛陽南陳莊村後海資北平冢，今藏地不詳。

宇野雪村文庫：

一張，紙本墨拓，原片，編號：1877。

京都大學人文科學研究所：

一張，紙本墨拓，原片，編號：NAN0134X。

0711　楊翬碑

全稱“魏故寧遠將軍廣樂太守柏仁男楊府君之碑”，又稱“西河魏碑”“楊宣碑”，北魏延昌元年（512）十一月一日立，現藏於河北邢臺隆堯縣文物保管所。

宇野雪村文庫：

一册，紙本墨拓，册頁，編號：293。

大阪市立美術館：

一帖，紙本墨拓，剪裝，編號：2615。

淑德大學書學文化中心：

一册，紙本墨拓，册頁，編號：001551。

一軸，紙本墨拓，卷軸，編號：195272。

一張，紙本墨拓，托裱，編號：195462。

一册，紙本墨拓，册頁，編號：195683。

一張，紙本墨拓，托裱，編號：197570，天放樓舊藏。

0712　劉洛真兄弟造像記

又稱“劉洛真造釋迦像記”，北魏延昌元年（512）十一月四日刻，現存河南洛陽龍門石窟。

書道博物館：

一册，紙本墨拓，綴帖。

東洋文庫：

一張，紙本墨拓，原片，5.0×14.0，編號：Ⅱ-16-C-k-48。

一張，紙本墨拓，原片，10.0×22.0，編號：Ⅱ-16-C-k-49。

京都大學人文科學研究所：

一張，紙本墨拓，原片，編號：NAN0132X。

一張，紙本墨拓，原片，編號：NAN0135X。

淑德大學書學文化中心：

一册，紙本墨拓，册頁，編號：198976。

書壇院：

一幅，紙本墨拓，全拓。

墨華書道會：

一張，紙本墨拓，全拓。

0713　法堅法榮比丘像碑

北魏延昌元年 （512） □月二日刻，原在山東泰安岱嶽區祝陽鎮大雲廟，今石已毀。

淑德大學書學文化中心：

一張，紙本墨拓，托裱，編號：001407。

一軸，紙本墨拓，卷軸，編號：196815。

0714　曹珩墓誌

北魏延昌二年 （513） 正月八日葬，今藏地不詳。

宇野雪村文庫：

一張，紙本墨拓，原片，編號：194。

0715　元顯儁墓誌

北魏延昌二年 （513） 二月二十九日葬，民國六年 （1917） 出土於河南洛陽，現藏於中國國家博物館。

五島美術館：

二張，紙本墨拓，原片，[1] 73.0×66.3，[2] 83.5×50.0，宇野雪村舊藏。

東洋文庫：

二張，紙本墨拓，原片，墓誌，45.0×46.0。墓誌蓋，66.0×63.0。編號：Ⅱ-16-C-40。

京都大學人文科學研究所：

一張，紙本墨拓，原片，編號：NAN0136X。

淑德大學書學文化中心：

一軸，紙本墨拓，卷軸，編號：196306。

一軸，紙本墨拓，卷軸，編號：196307。

0716　元演墓誌

北魏延昌二年（513）三月七日葬，清末出土於河南洛陽，現藏於故宮博物院。

書道博物館：

一張，精拓，紙本墨拓，全拓。

東洋文庫：

一張，紙本墨拓，原片，65.0×59.0，編號：Ⅱ-16-C-k-50。

京都大學人文科學研究所：

一張，紙本墨拓，原片，編號：NAN0137X。

宇野雪村文庫：

一册，紙本墨拓，册頁，編號：286。

一張，紙本墨拓，原片，編號：1879。

淑德大學書學文化中心：

一張，紙本墨拓，托裱，編號：000213。

大阪市立美術館：

一張，紙本墨拓，原片，編號：2643。

0717　劉經興墓誌

北魏延昌二年（513）閏三月十六日葬，出土時地不詳，疑僞刻。

京都大學人文科學研究所：

一張，紙本墨拓，原片，編號：NAN0143X。

0718　嚴震墓誌

北魏延昌二年（513）四月十日葬，出土時地不詳，疑僞刻。

京都大學人文科學研究所：

一張，紙本墨拓，原片，編號：NAN0138X。

淑德大學書學文化中心：

一張，紙本墨拓，原片，編號：000214。

一軸，紙本墨拓，卷軸，編號：198107。

0719　延昌二年造像記

北魏延昌二年（513）五月一日刻，出土時地不詳。

淑德大學書學文化中心：

一張，紙本墨拓，托裱，編號：198440。

0720　安樂王第三子給事君夫人韓氏墓誌

北魏延昌二年（513）五月二十三日葬，出土時地不詳，疑僞刻。

京都大學人文科學研究所：

　　一張，紙本墨拓，原片，編號：NAN0139X。

0721　王普賢墓誌

北魏延昌二年（513）六月二日葬，民國十四年（1925）出土於河南洛陽北鄭家凹村，現藏於西安碑林博物館。

大阪市立美術館：

　　一張，紙本墨拓，原片，無蓋，編號：2673。

0722　法興造像記

北魏延昌二年（513）八月二日刻，現存洛陽龍門石窟。

書道博物館：

　　一册，紙本墨拓，綴帖。

東洋文庫：

　　一張，紙本墨拓，原片，32.0×8.0，編號：Ⅱ-16-C-k-51。

京都大學人文科學研究所：

　　一張，紙本墨拓，原片，編號：NAN0140X。

0723　陳廙墓誌

北魏延昌二年（513）十月九日葬，出土時地不詳，疑僞刻。

宇野雪村文庫：

　　一張，紙本墨拓，原片，編號：1881。

0724　元顯德墓誌

北魏延昌二年（513）十一月三日葬，出土時地不詳，疑僞刻。

宇野雪村文庫：

　　一張，紙本墨拓，原片，編號：1830。

京都大學人文科學研究所：

　　一張，紙本墨拓，原片，編號：NAN0141X。

0725　郭伏安造像

北魏延昌二年（513）十一月二日刻，陝西省咸陽市長武縣丁家鄉（今丁家鎮）直谷村石刻佛教造像窖藏出土，現藏於長武縣博物館。

墨華書道會：

　　一張，紙本墨拓，原片。

0726　安樂王夫人韓氏墓誌

北魏延昌二年（513）十一月二十三日葬，出土時地不詳，疑僞刻。

宇野雪村文庫：

　　一張，紙本墨拓，原片，編號：1828。

0727　元颺夫人王氏墓誌

北魏延昌二年（513）十二月四日葬，清宣統二年（1910）出土於河南洛陽張羊村，後流失日本，現藏於大倉集古館。

大倉集古館：

　　一張，紙本墨拓，全拓。

東洋文庫：

　　一張，紙本墨拓，原片，46.0×40.0，編號：Ⅱ-16-C-k-52。

宇野雪村文庫：

　　一張，紙本墨拓，原片，編號：1244。

　　一張，紙本墨拓，原片，編號：1880。

京都大學人文科學研究所：

　　一張，紙本墨拓，原片，編號：NAN0142X。

0728　司馬昞妻孟敬訓墓誌

北魏延昌三年（514）正月十二日葬，清乾隆二十年（1755）出土於河南孟縣葛村，現藏於故宮博物院。

書道博物館：

　　一張，紙本墨拓，原片，端方舊藏。

東京國立博物館：

　　一幅，紙本墨拓，原片，編號：436。

東洋文庫：

　　一張，紙本墨拓，原片，50.0×50.0，編號：Ⅱ-16-C-1016。

　　一張，紙本墨拓，原片，51.0×50.0，編號：Ⅱ-16-C-k-53。

宇野雪村文庫：

　　一張，紙本墨拓，原片，編號：1862。

書藝文化院春敬記念書道文庫：

　　一册，紙本墨拓，册頁，18.0×18.0，飯島春敬舊藏。

淑德大學書學文化中心：

一張，紙本墨拓，原片，編號：000707。

京都大學人文科學研究所：

一張，紙本墨拓，原片，編號：NAN0144X。

大阪市立美術館：

一帖，紙本墨拓，剪裝，編號：2587。

0729　張亂國造像碑

北魏延昌三年（514）三月七日刻，陝西耀縣（今耀州區）漆河出土，現藏於耀州區藥王山博物館。

淑德大學書學文化中心：

一軸，碑陽，紙本墨拓，卷軸，編號：000010。

一軸，碑陰，紙本墨拓，卷軸，編號：000011。

一軸，右側，紙本墨拓，卷軸，編號：000010。

0730　皮演墓誌

北魏延昌三年（514）三月十七日葬，一九九五年出土於河南偃師首陽山鎮香玉村，現藏於偃師商城博物館。

淑德大學書學文化中心：

一張，紙本墨拓，原片，編號：001813。

0731　張道德造像

北魏延昌三年（514）六月刻，出土時地不詳。

書道博物館：

一冊，紙本墨拓，綴帖。

0732　劉歸安造像記

又稱“劉龜安造像記”，北魏延昌三年（514）七月九日刻，今藏地不詳。

書道博物館：

一冊，紙本墨拓，綴帖。

東洋文庫：

一張，紙本墨拓，原片，10.0×50.0，編號：Ⅱ-16-C-k-54。

宇野雪村文庫：

一張，紙本墨拓，原片，編號：1155。

0733　元濬嬪耿氏墓誌

北魏延昌三年（514）七月十五日葬，民國三年（1914）出土於河南洛陽城北安駕溝村，現藏於西安碑林博物館。

　　東洋文庫：

　　　　一張，紙本墨拓，原片，42.0×35.0，編號：Ⅱ-16-C-2.4。

　　京都大學人文科學研究所：

　　　　一張，紙本墨拓，原片，編號：NAN0145X。

　　宇野雪村文庫：

　　　　一張，紙本墨拓，原片，編號：1611。

　　　　一張，紙本墨拓，原片，編號：1829。

　　淑德大學書學文化中心：

　　　　一張，紙本墨拓，原片，編號：000215。

　　　　一張，紙本墨拓，原片，編號：000384。

0734　陳天治等十四人造像記

又稱“張歸伯等十四人造像記”“張師伯陳天治等十四人造像記”“張□伯等十四人造彌勒像記”“張□伯造像記”，北魏延昌三年（514）八月二日刻，現存河南洛陽龍門石窟。

　　東洋文庫：

　　　　一張，紙本墨拓，原片，50.0×15.0，編號：Ⅱ-16-C-k-55。

　　京都大學人文科學研究所：

　　　　一張，紙本墨拓，原片，編號：NAN0146X。

0735　高祖九嬪趙充華墓誌

北魏延昌三年（514）九月二十八日葬，河南洛陽出土，現藏於洛陽市文物考古研究院。

　　宇野雪村文庫：

　　　　一張，紙本墨拓，原片，編號：1387。

0736　長孫瓆墓誌

北魏延昌三年（514）十月二十一日葬，民國十八年（1929）出土於河南洛陽東北西山頭村，現藏於西安碑林博物館。

　　淑德大學書學文化中心：

　　　　一張，紙本墨拓，原片，編號：000216。

　　大阪市立美術館：

　　　　一張，紙本墨拓，原片，編號：2673。

0737　元颺墓誌

北魏延昌三年（514）十一月四日葬，清宣統二年（1910）出土於河南洛陽張羊村，後流失海外，現藏於日本大倉集古館。

大倉集古館：

　　一張，紙本墨拓，原片。

東洋文庫：

　　一張，紙本墨拓，原片，52.0×49.0，編號：Ⅱ-16-C-k-56。

宇野雪村文庫：

　　一張，紙本墨拓，原片，編號：1245。

　　一張，紙本墨拓，原片，編號：1528。

　　一張，紙本墨拓，原片，編號：1893。

京都大學人文科學研究所：

　　一張，紙本墨拓，原片，編號：NAN0148X。

淑德大學書學文化中心：

　　一軸，紙本墨拓，卷軸，編號：001595。

0738　元珍墓誌

北魏延昌三年（514）十一月四日葬，民國九年（1920）出土於洛陽城北北陳莊村，現藏於西安碑林博物館。

書道博物館：

　　一張，精拓，紙本墨拓，全拓。

宇野雪村文庫：

　　一張，紙本墨拓，原片，編號：1601。

京都大學人文科學研究所：

　　一張，紙本墨拓，原片，編號：NAN0147X。

淑德大學書學文化中心：

　　一張，紙本墨拓，原片，編號：000380。

0739　劉□兒造像記

北魏延昌三年（514）□月二十二日刻，現藏於河南洛陽龍門石窟。

東洋文庫：

　　一張，紙本墨拓，原片，15.0×28.0，編號：Ⅱ-16-C-k-57。

京都大學人文科學研究所：

　　一張，紙本墨拓，原片，編號：NAN0150X。

0740　悟安造像記

北魏延昌三年（514）刻，出土時地不詳。

宇野雪村文庫：

　　一張，紙本墨拓，原片，編號：1157。

書道博物館：

　　一册，紙本墨拓，綴帖。

0741　姚纂墓誌

北魏延昌四年（515）正月十六日葬，河北定縣（今定州）趙村出土，今藏地不詳。

東洋文庫：

　　一張，紙本墨拓，原片，59.0×47.0，編號：Ⅱ-16-C-2.5。

宇野雪村文庫：

　　一張，紙本墨拓，原片，編號：1855。

淑德大學書學文化中心：

　　一張，紙本墨拓，原片，編號：000381。

0742　白方生造像記

又稱“白洛生姊昆造釋迦像記”“白防生造像記”，北魏延昌四年（515）二月二日刻，現存河南洛陽龍門石窟。

書道博物館：

　　一册，紙本墨拓，綴帖。

東洋文庫：

　　一張，紙本墨拓，原片，13.0×7.0。

京都大學人文科學研究所：

　　一張，紙本墨拓，原片，編號：NAN0151X。

木雞室：

　　一張，紙本墨拓，全拓。

0743　王遷墓誌

北魏延昌四年（515）二月五日葬，出土時地不詳，疑僞刻。

宇野雪村文庫：

　　一册，紙本墨拓，册頁，編號：199。

　　一張，紙本墨拓，原片，編號：1663。

　　一張，紙本墨拓，原片，編號：1816。

京都大學人文科學研究所：

　　一張，紙本墨拓，原片，編號：NAN0152X。

0744　顯祖嬪成氏墓誌

北魏延昌四年（515）二月九日葬，民國十五年（1926）出土於河南洛陽城北南石山村，現藏於西安碑林博物館。

大阪市立美術館：

    一張，紙本墨拓，原片，編號：2673。

0745　山暉墓誌

北魏延昌四年（515）三月十八日葬，民國十年（1921）出土於河南洛陽城東北太倉村，現藏於西安碑林博物館。

大阪市立美術館：

    一張，紙本墨拓，原片，編號：2673。

0746　郭曇勝造像記

北魏延昌四年（515）四月一日刻，民國二十三年（1934）出土於陝西耀縣西街菩薩廟，現藏於耀州區藥王山碑林。

淑德大學書學文化中心：

    一軸，碑陽，紙本墨拓，卷軸，編號：000012。

    一軸，碑陰，紙本墨拓，卷軸，編號：000013。

    一軸，右側，紙本墨拓，卷軸，編號：000012。

    一軸，左側，紙本墨拓，卷軸，編號：000013。

0747　皇甫驎墓誌

北魏延昌四年（515）四月十八日葬，清咸豐年間出土於陝西鄠縣，端方舊藏，今藏地不詳。

書道博物館：

    一册，舊拓，紙本墨拓，册頁。

    一張，紙本墨拓，全拓。

東京國立博物館：

    一幅，紙本墨拓，原片，編號：662。

    一幅，紙本墨拓，原片，編號：794。

京都大學人文科學研究所：

    一張，紙本墨拓，原片，編號：NAN0153X。

東洋文庫：

    一張，紙本墨拓，原片，117.0×69.0，編號：Ⅱ-16-C-30。

宇野雪村文庫：

    一册，紙本墨拓，册頁，編號：358。

    一張，紙本墨拓，原片，編號：1874。

書藝文化院春敬記念書道文庫：

    一册，紙本墨拓，册頁，32.0×40.0，清雅堂、飯島春敬舊藏。

淑德大學書學文化中心：

一張，紙本墨拓，原片，編號：000488。

一軸，紙本墨拓，卷軸，編號：195229。

大阪市立美術館：

一帖，紙本墨拓，剪裝，編號：2596。

0748　梁洪相造像記

北魏延昌四年（515）四月刻，現存陝西耀州區藥王山碑林。

宇野雪村文庫：

一張，紙本墨拓，原片，編號：1960。

0749　二常主匠造像記

北魏延昌四年（515）五月十四日刻，出土時地不詳。

京都大學人文科學研究所：

一張，紙本墨拓，原片，編號：NAN0154X。

0750　彌姐馬安造像記

又稱“彌姐馬叟造像”“馬交造像記”，北魏延昌四年（515）八月十一日刻，出土時地不詳。

京都大學人文科學研究所：

一張，紙本墨拓，原片，編號：NAN0155X。

0751　尹顯房造像記

北魏延昌四年（515）八月二十四日刻，現存河南洛陽龍門石窟。

書道博物館：

一册，紙本墨拓，綴帖。

東洋文庫：

一張，紙本墨拓，原片，4.0×14.0，編號：Ⅱ-16-C-k-59。

京都大學人文科學研究所：

一張，紙本墨拓，原片，編號：NAN0156X。

0752　丘静妙造像記

又稱“丘静妙造象記”，北魏延昌四年（515）八月二十九日刻，現存河南洛陽龍門石窟。

書道博物館：

一册，紙本墨拓，綴帖。

京都大學人文科學研究所：

一張，紙本墨拓，原片，編號：NAN0157X。

東洋文庫：

一張，紙本墨拓，原片，7.0×18.0，編號：Ⅱ-16-C-k-60。

0753　王紹墓誌

北魏延昌四年（515）閏十月二十二日葬，清宣統三年（1911）出土於河南洛陽南陳莊村，今石
已毀。

書道博物館：

一張，精拓，紙本墨拓，全拓。

東洋文庫：

一張，紙本墨拓，原片，67.0×69.0，編號：Ⅱ-16-C-k-61。

一册，紙本墨拓，册頁，編號：196。

大阪市立美術館：

一張，紙本墨拓，原片，編號：2654。

0754　清信士造像記

北魏延昌四年（515）刻，現存山西大同雲岡石窟19-2窟。

京都大學人文科學研究所：

一張，紙本墨拓，原片，編號：NAN0158X。

0755　温泉頌

全稱“魏使持節散騎常侍都督雍州諸軍事安西將軍雍州刺史松滋公河南元萇振興温泉之頌”，又
稱“松滋公元萇温泉頌”，北魏延昌年間（512—515）刻，現存陝西臨潼靈泉觀。

書道博物館：

一册，舊拓，紙本墨拓，册頁，有篆額。

一張，紙本墨拓，全拓，有篆額。

東京國立博物館：

一幅，紙本墨拓，原片，編號：574。

宇野雪村文庫：

一册，紙本墨拓，册頁，編號：263。

京都大學人文科學研究所：

一張，紙本墨拓，原片，編號：NAN0846X。

大阪市立美術館：

一張，紙本墨拓，原片，編號：2704。

淑德大學書學文化中心：

一册，紙本墨拓，册頁，編號：001606。

一軸，紙本墨拓，卷軸，編號：195401。

一册，紙本墨拓，册頁，編號：195695。

一軸，紙本墨拓，卷軸，編號：195914。

一册，紙本墨拓，册頁，編號：196288。

一張，紙本墨拓，托裱，編號：197571，天放樓舊藏。

墨華書道會：

一張，紙本墨拓，原片。

0756　劉師安造像記

北魏延昌年間（512—515）刻，出土時地不詳。

淑德大學書學文化中心：

一軸，紙本墨拓，卷軸，編號：000747。

［熙平］

0757　元通墓誌

北魏熙平元年（516）七月二十八日葬，出土時地不詳，疑偽刻。

宇野雪村文庫：

一張，紙本墨拓，原片，編號：1770。

京都大學人文科學研究所：

一張，紙本墨拓，原片，編號：NAN0161X。

0758　元謐妃馮會墓誌

北魏熙平元年（516）八月二日葬，民國十九年（1930）出土於河南洛陽西陡溝村，現藏於西安碑林博物館。

淑德大學書學文化中心：

一張，紙本墨拓，原片，編號：000897。

大阪市立美術館：

一張，紙本墨拓，原片，編號：2673。

0759　吴光墓誌

北魏熙平元年（516）八月二十六日葬，民國九年（1920）出土於河南洛陽北南石山村，現藏於西安碑林博物館。

京都大學人文科學研究所：

一張，紙本墨拓，原片，編號：NAN0162X。

大阪市立美術館：

一張，紙本墨拓，原片，編號：2673。

0760　王遵敬及妻薛氏磚銘

北魏熙平元年（516）九月八日葬，現藏於故宮博物院。

淑德大學書學文化中心：

　　一册，紙本墨拓，册頁，編號：197910。

0761　孫永安造像記

北魏熙平元年（516）十月十五日刻，現存河南洛陽龍門石窟。

東京國立博物館：

　　一幅，紙本墨拓，原片，編號：655。

京都大學人文科學研究所：

　　一張，紙本墨拓，原片，編號：NAN0163X。

淑德大學書學文化中心：

　　一張，紙本墨拓，原片，編號：001402。

0762　元彦墓誌

北魏熙平元年（516）十一月十日葬，民國六年（1917）出土於河南洛陽城北南陳莊村，現藏於
天津博物館。

書道博物館：

　　一張，紙本墨拓，全拓。

東洋文庫：

　　一張，紙本墨拓，原片，56.0×57.0，編號：Ⅱ-16-C-158。

京都大學人文科學研究所：

　　一張，紙本墨拓，原片，編號：NAN0164X。

　　一張，紙本墨拓，原片，編號：NAN0165X。

宇野雪村文庫：

　　一張，紙本墨拓，原片，編號：361。

　　一張，紙本墨拓，原片，編號：1882。

淑德大學書學文化中心：

　　一軸，紙本墨拓，卷軸，編號：198080。

大阪市立美術館：

　　一張，紙本墨拓，原片，編號：2644。

0763　元統墓誌

北魏熙平元年（516）十一月十七日葬，出土時地不詳。

京都大學人文科學研究所：

　　　一張，紙本墨拓，原片，編號：NAN0176X。
　　　一張，紙本墨拓，原片，編號：NAN0713X。
　　大阪市立美術館：
　　　一張，紙本墨拓，原片，編號：2661。

0764　吐谷渾璣墓誌

北魏熙平元年（516）十一月二十一日葬，民國十八年（1929）出土於河南洛陽城北姚凹村，現藏於西安碑林博物館。

　　淑德大學書學文化中心：
　　　一張，紙本墨拓，原片，編號：000900。
　　大阪市立美術館：
　　　一張，紙本墨拓，原片，編號：2673。

0765　楊胤墓誌

北魏熙平元年（516）十一月二十二日葬，清宣統二年（1910）出土於陝西華陰縣，今藏地不詳。

　　書道博物館：
　　　一張，精拓，紙本墨拓，全拓。
　　東洋文庫：
　　　一張，紙本墨拓，原片，44.0×48.0，編號：Ⅱ-16-C-62。
　　京都大學人文科學研究所：
　　　一張，紙本墨拓，原片，編號：NAN0166X。

0766　元廣墓誌

北魏熙平元年（516）十一月二十二日葬，民國十五年（1926）出土於河南洛陽城北姚凹村，現藏於西安碑林博物館。

　　淑德大學書學文化中心：
　　　一張，紙本墨拓，原片，編號：001482。
　　　一張，紙本墨拓，原片，編號：197068。
　　大阪市立美術館：
　　　一張，紙本墨拓，原片，編號：2673。

0767　惠榮造像記

又稱“比丘惠榮造彌勒像記”，北魏熙平二年（517）四月十五日刻，現存洛陽龍門石窟。

　　書道博物館：
　　　一册，紙本墨拓，綴帖。

東洋文庫：

　　一張，紙本墨拓，原片，10.0×32.0，編號：Ⅱ-16-C-k-63。

京都大學人文科學研究所：

　　一張，紙本墨拓，原片，編號：NAN0167X。

0768　比丘惠好造像

北魏熙平二年（517）四月刻，出土時地不詳。

書道博物館：

　　一册，紙本墨拓，綴帖。

0769　呂肆胡等六十人造像記

又稱"熙平二年邑子六十人等造像記"，北魏熙平二年（517）五月二十三日刻，陝西富平出土，現藏於西安碑林博物館。

淑德大學書學文化中心：

　　一張，碑陽，紙本墨拓，原片，編號：000342。

　　一張，碑陰，紙本墨拓，原片，編號：000343。

　　一張，碑側，紙本墨拓，原片，編號：000344。

　　一張，碑側，紙本墨拓，原片，編號：000345。

白扇書道會：

　　一張，紙本墨拓，原片，133.0×68.0，種谷扇舟舊藏。

0770　惠琰造像記

北魏熙平二年（517）五月二十四日刻，現存河南洛陽龍門石窟。

東洋文庫：

　　一張，紙本墨拓，原片，11.0×28.0，編號：Ⅱ-16-C-k-64。

京都大學人文科學研究所：

　　一張，紙本墨拓，原片，編號：NAN0168X。

墨華書道會：

　　一張，紙本墨拓，原片。

0771　張□□磚

北魏熙平二年（517）六月二日刻。

淑德大學書學文化中心：

　　一册，紙本墨拓，册頁，編號：197910。

0772　元祐造像記

北魏熙平二年（517）七月二十日刻，現存河南洛陽龍門石窟。

書道博物館：

　　　一册，紙本墨拓，原片。

　　　一册，舊拓，紙本墨拓，綴帖，龍門二十品第三種、北魏雜帖第一。

　　　一張，舊拓，紙本墨拓，綴帖，魏碑十四品第一。

東洋文庫：

　　　一張，紙本墨拓，原片，39.0×36.0，編號：Ⅱ-16-C-1049。

　　　一張，紙本墨拓，原片，38.0×35.0，編號：Ⅱ-16-C-k-65。

　　　一張，紙本墨拓，原片，38.0×54.0，編號：Ⅱ-16-C-1050。

東京國立博物館：

　　　一幅，紙本墨拓，原片，編號：833，今泉雄作舊藏。

淑德大學書學文化中心：

　　　一張，紙本墨拓，原片，編號：001387。

　　　一張，紙本墨拓，原片，編號：195886。

　　　一張，紙本墨拓，原片，編號：195887。

　　　一張，紙本墨拓，原片，編號：195888。

　　　一册，紙本墨拓，册頁，編號：195032。

　　　一册，紙本墨拓，册頁，編號：198976。

　　　一册，紙本墨拓，册頁，編號：197412，天放樓舊藏。

京都大學人文科學研究所：

　　　一張，紙本墨拓，原片，編號：NAN0169X。

東北大學附屬圖書館：

　　　一幅，紙本墨拓，原片，常盤大定舊藏。

白扇書道會：

　　　一張，紙本墨拓，全拓，43.0×40.0，種谷扇舟舊藏。

静岡縣書道聯盟：

　　　一張，紙本墨拓，原片，大谷青嵐藏。

書壇院：

　　　一幅，紙本墨拓，原片。

0773　王誦夫人元貴妃墓誌

北魏熙平二年（517）八月二十日葬，民國八年（1919）出土於河南洛陽城北北陳莊村，現藏於遼寧省博物館。

宇野雪村文庫：

　　　一張，紙本墨拓，原片，編號：1878。

東洋文庫：

　　　一張，紙本墨拓，原片，62.0×64.0，編號：Ⅱ-16-C-2.6。

京都大學人文科學研究所：

　　一張，紙本墨拓，原片，編號：NAN0171X。

大阪市立美術館：

　　一帖，紙本墨拓，剪裝，編號：2583。

淑德大學書學文化中心：

　　一張，紙本墨拓，原片，編號：000210。

　　一張，紙本墨拓，原片，編號：000246。

　　一張，紙本墨拓，原片，編號：000382。

　　一張，紙本墨拓，原片，編號：001504。

0774　元懷墓誌

北魏熙平二年（517）八月二十日葬，民國十四年（1925）出土於河南洛陽張羊村，現藏於河南博物院。

宇野雪村文庫：

　　一冊，紙本墨拓，冊頁，編號：337。

京都大學人文科學研究所：

　　一張，紙本墨拓，原片，編號：NAN0170X。

淑德大學書學文化中心：

　　一張，紙本墨拓，原片，編號：197064。

0775　元容墓誌

北魏熙平二年（517）八月二十日刻，出土時地不詳，疑偽刻。

宇野雪村文庫：

　　一冊，紙本墨拓，冊頁，編號：197。

　　一張，紙本墨拓，原片，編號：1772。

　　一張，紙本墨拓，原片，編號：1883。

0776　元遥墓誌

北魏熙平二年（517）九月二日葬，民國八年（1919）出土於河南洛陽後海資村，現藏於西安碑林博物館。

宇野雪村文庫：

　　一張，紙本墨拓，原片，編號：1884。

京都大學人文科學研究所：

　　一張，紙本墨拓，原片，編號：NAN0172X。

大阪市立美術館：

　　一張，紙本墨拓，原片，編號：2673。

淑德大學書學文化中心：

一張，紙本墨拓，托裱，編號：000217。

一張，紙本墨拓，原片，編號：000889。

白扇書道會：

一張，紙本墨拓，原片，70.0×70.0，種谷扇舟舊藏。

0777　賈景造像記

北魏熙平二年（517）九月八日刻，出土時地不詳，現在日本。

淑德大學書學文化中心：

一軸，紙本墨拓，卷軸，編號：195214。

石橋鯉城：

二張，紙本墨拓，原片。

0778　刁遵墓誌

北魏熙平二年（517）十月九日葬，清雍正年間出土於河北南皮縣，現藏於山東博物館。

書道博物館：

一册，舊拓，紙本墨拓，册頁。

一册，初拓，紙本墨拓，册頁。

東洋文庫：

一張，紙本墨拓，原片，74.0×64.0，編號：Ⅱ-16-C-1020。

京都大學人文科學研究所：

一張，紙本墨拓，原片，編號：NAN0173A。

一張，紙本墨拓，原片，編號：NAN0173B。

五島美術館：

一册，紙本墨拓，册頁，22.6×11.7，宇野雪村舊藏。

宇野雪村文庫：

一册，翻刻，紙本墨拓，册頁，編號：360。

一册，紙本墨拓，册頁，編號：374。

一張，紙本墨拓，原片，編號：952。

二張，紙本墨拓，原片，編號：1892。

大阪市立美術館：

二張，紙本墨拓，原片，編號：2670。

淑德大學書學文化中心：

一張，紙本墨拓，原片，編號：001267。

一張，紙本墨拓，原片，編號：001268。

一軸，紙本墨拓，卷軸，編號：195275。

一軸，紙本墨拓，卷軸，編號：195276。

一軸，紙本墨拓，卷軸，編號：198081。

0779 崔敬邕墓誌

北魏熙平二年（517）十一月二日葬，清康熙十八年（1679）出土於河北安平，原石久佚。

書道博物館：

一帖，最舊拓，紙本墨拓，剪裝，各20.9×10.4，中村不折舊藏。

0780 元新成妃李氏墓誌

北魏熙平二年（517）十一月二十八日葬，民國九年（1920）河南洛陽張羊村出土，今藏地不詳。

書道博物館：

一張，精拓，紙本墨拓，全拓。

宇野雪村文庫：

一冊，紙本墨拓，冊頁，編號：290。

一張，紙本墨拓，原片，編號：1234。

一張，紙本墨拓，原片，編號：1885。

京都大學人文科學研究所：

一張，紙本墨拓，原片，編號：NAN0174X。

淑德大學書學文化中心：

一張，紙本墨拓，原片，編號：000383。

一張，摹刻，紙本墨拓，原片，編號：000218。

一張，紙本墨拓，原片，編號：000708。

0781 王介定等造像

北魏熙平三年（518）正月二十日刻，出土時地不詳。

京都大學人文科學研究所：

一張，紙本墨拓，原片，編號：NAN0175X。

［神龜］

0782 元濬嬪耿壽姬墓誌

北魏神龜元年（518）三月八日葬，河南洛陽出土，現藏於故宮博物院。

宇野雪村文庫：

一張，紙本墨拓，原片，編號：1826。

京都大學人文科學研究所：

一張，紙本墨拓，原片，編號：NAN0178X。

淑德大學書學文化中心：

一張，紙本墨拓，托裱，編號：000219。

0783　孫寶憘造像記

北魏神龜元年（518）三月二十日刻，山東金石所舊藏，現藏於山東博物館。

宇野雪村文庫：

一張，紙本墨拓，原片，編號：1140。

東北大學附屬圖書館：

一幅，紙本墨拓，原片，常盤大定舊藏。

淑德大學書學文化中心：

一軸，紙本墨拓，卷軸，編號：196876。

一張，紙本墨拓，托裱，編號：197187。

一軸，紙本墨拓，卷軸，編號：198003。

京都大學人文科學研究所：

一張，紙本墨拓，原片，編號：NAN0182X。

0784　陳四娘造像記

北魏神龜元年（518）四月八日刻，現存河南洛陽龍門石窟。

東洋文庫：

一張，紙本墨拓，原片，22.0×14.0。

京都大學人文科學研究所：

一張，紙本墨拓，原片，編號：NAN0179X。

0785　杜遷等廿三人造像記

北魏神龜元年（518）六月十五日刻，現存洛陽龍門石窟。

東京國立博物館：

一幅，紙本墨拓，原片，編號：555。

東洋文庫：

一張，紙本墨拓，原片，25.0×55.0，編號：Ⅱ-16-C-1051。

一張，紙本墨拓，原片，25.0×35.0，編號：Ⅱ-16-C-k-67。

東北大學附屬圖書館：

一幅，紙本墨拓，原片，常盤大定舊藏。

京都大學人文科學研究所：

一張，紙本墨拓，原片，編號：NAN0180X。

宇野雪村文庫：

一册，紙本墨拓，册頁，編號：204。

淑德大學書學文化中心：

一張，紙本墨拓，原片，編號：195888。

書壇院：

一幅，紙本墨拓，全拓。

0786　于遷等八人造像記

北魏神龜元年（518）六月十五日刻，現存河南洛陽龍門石窟。

淑德大學書學文化中心：

一軸，紙本墨拓，卷軸，編號：001737。

0787　道周造像記

北魏神龜元年（518）六月刻，出土時地不詳。

書道博物館：

一册，紙本墨拓，綴帖。

0788　張安世造像記

北魏神龜元年（518）八月二十五日刻，陝西耀縣（今耀州區）北寺原出土，現藏於藥王山博物館。

淑德大學書學文化中心：

一軸，碑陽，紙本墨拓，卷軸，編號：000014。

一張，碑陽，紙本墨拓，原片，編號：001403。

一軸，碑陰，紙本墨拓，卷軸，編號：000015。

0789　楊惠墓誌

北魏神龜元年（518）十月十九日葬，出土時地不詳。

宇野雪村文庫：

一册，紙本墨拓，册頁，編號：192。

0790　清信女造像記

北魏神龜元年（518）刻，現存河南洛陽龍門石窟。

東洋文庫：

一張，紙本墨拓，原片，13.0×23.0，編號：Ⅱ-16-C-k-68。

京都大學人文科學研究所：

一張，紙本墨拓，原片，編號：NAN0177X。

0791　高衡造像記

又稱"北魏高衡造像記"，北魏神龜二年（519）二月一日刻，疑僞刻。

京都大學人文科學研究所：

　　一張，紙本墨拓，原片，編號：NAN0184X。

0792　元祐墓誌

北魏神龜二年（519）二月二十三日葬，清光緒年間出土於河南洛陽高溝村，後流失海外，現藏於日本大倉集古館。

東洋文庫：

　　一張，紙本墨拓，59.0×62.0，原片，編號：Ⅱ-16-C-2.7。

宇野雪村文庫：

　　一册，紙本墨拓，册頁，編號：289。

　　一張，紙本墨拓，原片，編號：1389。

　　一張，紙本墨拓，原片，編號：1550。

京都大學人文科學研究所：

　　一張，紙本墨拓，原片，編號：NAN0183X。

淑德大學書學文化中心：

　　一張，紙本墨拓，原片，編號：001477。

　　一張，紙本墨拓，原片，編號：198145。

大阪市立美術館：

　　一張，紙本墨拓，原片，編號：2672。

0793　寇演墓誌

北魏神龜二年（519）二月二十三日葬，民國七年（1918）出土於河南洛陽城東北攔駕溝北陵，今石已毀。

書道博物館：

　　一張，紙本墨拓，原片，精拓。

宇野雪村文庫：

　　一張，紙本墨拓，原片，編號：1388。

　　一張，紙本墨拓，原片，編號：1909。

京都大學人文科學研究所：

　　一張，紙本墨拓，原片，編號：NAN0185X。

淑德大學書學文化中心：

　　一軸，紙本墨拓，卷軸，編號：196090。

0794　寇憑墓誌

北魏神龜二年（519）二月二十三日葬，民國七年（1918）出土於河南洛陽城東北攔駕溝北陵，今石已毀。

宇野雪村文庫：

    一張，紙本墨拓，原片，編號：1549。

    一張，紙本墨拓，原片，編號：1664。

    一張，紙本墨拓，原片，編號：1867。

京都大學人文科學研究所：

    一張，紙本墨拓，原片，編號：NAN0181X。

淑德大學書學文化中心：

    一張，紙本墨拓，原片，編號：197067。

0795　惠感等造像記

北魏神龜二年（519）三月十五日刻，現存河南洛陽龍門石窟。

東洋文庫：

    二張，紙本墨拓，原片，［1］12.0×14.0，［2］32.0×14.0，編號：Ⅱ-16-C-k-69。

京都大學人文科學研究所：

    一張，紙本墨拓，原片，編號：NAN0186X。

0796　杜永安造像記

北魏神龜二年（519）四月二十五日刻，現存河南洛陽龍門石窟。

東洋文庫：

    一張，紙本墨拓，原片，11.0×44.0，編號：Ⅱ-16-C-k-70。

京都大學人文科學研究所：

    一張，紙本墨拓，原片，編號：NAN0202X。

0797　羅輝造像記

又稱“王□□羅輝造彌勒像記”，北魏神龜二年（519）四月二日刻，現存河南洛陽龍門石窟。

東洋文庫：

    一張，紙本墨拓，原片，17.0×14.0，編號：Ⅱ-16-C-k-71。

京都大學人文科學研究所：

    一張，紙本墨拓，原片，編號：NAN0204X。

0798　賈思伯碑

全稱“兗州刺史賈思伯碑”，北魏神龜二年（519）四月二十日立，現藏於曲阜漢魏碑刻陳列館。

書道博物館：

一册，明拓，紙本墨拓，册頁，附題額。

一册，紙本墨拓，册頁，附題額。

東京國立博物館：

一幅，紙本墨拓，原片，編號：834。

京都大學人文科學研究所：

一張，紙本墨拓，原片，編號：NAN0205A。

一張，紙本墨拓，原片，編號：NAN0205B。

一張，紙本墨拓，原片，編號：NAN0205C。

淑德大學書學文化中心：

一軸，紙本墨拓，卷軸，編號：195357。

一軸，紙本墨拓，卷軸，編號：195454。

一軸，紙本墨拓，卷軸，編號：195917。

一張，紙本墨拓，托裱，編號：197572，天放樓舊藏。

一張，紙本墨拓，原片，編號：198184。

大阪市立美術館：

一帖，紙本墨拓，剪裝，無碑陰，編號：2589。

白扇書道會：

一張，紙本墨拓，原片，172.0×78.0，種谷扇舟舊藏。

0799　楊善常造像記

又稱“楊善常李伏及造像記”，北魏神龜二年（519）七月三日刻，現存河南洛陽龍門石窟。

書道博物館：

一册，紙本墨拓，綴帖。

東洋文庫：

一張，紙本墨拓，原片，10.0×9.0，編號：Ⅱ-16-C-k-72。

京都大學人文科學研究所：

一張，紙本墨拓，原片，編號：NAN0206X。

0800　七十人造像記

又稱“邑老田清等造像”“北魏劉醜奴等七十人造像”“王守令佛道教造像碑”“王守令造像碑”“邑老田青道佛教造像碑”“北魏道教（邑子張進）造像”“邑老田清等七十人造像記”“神龜二年造像碑”，北魏神龜二年（519）七月七日刻，原陝西省臨潼縣櫟陽鎮出土，現藏於臨潼博物館。

淑德大學書學文化中心：

一軸，碑陽，紙本墨拓，卷軸，編號：000261。

一張，碑陰，紙本墨拓，托裱，編號：001454。

一軸，碑側，紙本墨拓，卷軸，編號：000262。

一軸，碑側，紙本墨拓，卷軸，編號：000263。

一張，碑側，紙本墨拓，托裱，編號：001454。

一張，碑側，紙本墨拓，托裱，編號：001454。

京都大學人文科學研究所：

一張，紙本墨拓，原片，編號：NAN0207A。

一張，紙本墨拓，原片，編號：NAN0207B。

木雞室：

一張，紙本墨拓，原片。

0801　元遙妻梁氏墓誌

北魏神龜二年（519）八月十日葬，民國八年（1919）出土於河南洛陽城北後海資村，現藏於西安碑林博物館。

淑德大學書學文化中心：

一張，紙本墨拓，原片，編號：000892。

大阪市立美術館：

一張，紙本墨拓，原片，編號：2673。

0802　夫蒙文慶造像記

北魏神龜二年（519）八月十五日刻，原陝西耀縣柳林鄉崔家塔村坡底村出土，現存耀州區藥王山碑林。

宇野雪村文庫：

一張，紙本墨拓，原片，編號：1749。

淑德大學書學文化中心：

一軸，碑陽，紙本墨拓，卷軸，編號：000016。

一軸，碑陰，紙本墨拓，卷軸，編號：000017。

一軸，右側，紙本墨拓，卷軸，編號：000016。

一軸，左側，紙本墨拓，卷軸，編號：000017。

墨華書道會：

一張，紙本墨拓，原片。

0803　崔勔造像記

又稱“崔鴻兄弟造像”，北魏神龜二年（519）九月十一日刻，現藏於故宮博物院。

淑德大學書學文化中心：

一軸，紙本墨拓，卷軸，編號：198636。

0804 劉氏七十人造像碑

又稱"張輆等七十人造像記""北魏田青等七十人造像""劉道生造像碑""張乾度七十人等造像碑""邑子七十人等造石像""劉田氏等邑子七十人造像""劉道生等七十人造像記"，北魏神龜二年（519）十月十四日刻，陝西臨潼縣櫟陽鎮出土，現藏於臨潼博物館。

京都大學人文科學研究所：

一張，紙本墨拓，原片，編號：NAN0208A。

一張，紙本墨拓，原片，編號：NAN0208B。

一張，紙本墨拓，原片，編號：NAN0208C。

大阪市立美術館：

二張，紙本墨拓，原片，編號：2677。

淑德大學書學文化中心：

一張，碑陽，紙本墨拓，原片，編號：001758。

一張，碑陰，紙本墨拓，原片，編號：001758。

一張，碑側，紙本墨拓，原片，編號：001758。

一張，紙本墨拓，原片，編號：001451。

0805 元琰妻穆玉容墓誌

北魏神龜二年（519）十月二十七日葬，民國十一年（1922）出土於河南洛陽南陳莊村，現藏於西安碑林博物館。

宇野雪村文庫：

一張，紙本墨拓，原片，編號：1671。

京都大學人文科學研究所：

一張，紙本墨拓，原片，編號：NAN0209X。

大阪市立美術館：

二張，紙本墨拓，原片，編號：2673。

淑德大學書學文化中心：

一張，墓誌蓋，紙本墨拓，原片，編號：000909。

一張，墓誌，紙本墨拓，原片，編號：000910。

0806 元騰妻程法珠墓誌

北魏神龜二年（519）十一月九日葬，民國十四年（1925）出土於河南洛陽城北徐家溝村，現藏於河南博物院。

書道博物館：

一册，精拓，紙本墨拓，册頁。

宇野雪村文庫：

一張，紙本墨拓，原片，編號：1390。

京都大學人文科學研究所：

一張，紙本墨拓，原片，編號：NAN0187X。

大阪市立美術館：

一張，紙本墨拓，原片，編號：2659。

淑德大學書學文化中心：

一張，紙本墨拓，原片，編號：000220。

一張，紙本墨拓，原片，編號：197090。

0807　元暉墓誌

北魏神龜三年（520）三月十日葬，民國十五年（1926）出土於河南洛陽城北陳凹村，現藏於西安碑林博物館。

京都大學人文科學研究所：

一張，紙本墨拓，原片，編號：NAN0255X。

淑德大學書學文化中心：

一張，紙本墨拓，原片，編號：000893。

一軸，紙本朱拓，卷軸，編號：001063。

0808　知因造像記

北魏神龜三年（520）三月二十五日刻，現存河南洛陽龍門石窟。

書道博物館：

一册，紙本墨拓，全拓，綴帖。

東京國立博物館：

一幅，紙本墨拓，原片，編號：557。

東洋文庫：

一張，紙本墨拓，原片，13.0×27.0，編號：Ⅱ-16-C-k-74。

京都大學人文科學研究所：

一張，紙本墨拓，原片，編號：NAN0188X。

0809　慈香造像記

北魏神龜三年（520）三月二十□日刻，現存河南洛陽龍門石窟慈香窟。

書道博物館：

一帖，紙本墨拓，綴帖，龍門二十種，九種第二。

一帖，舊拓，紙本墨拓，綴帖，龍門十種，第五。

一帖，古拓，紙本墨拓，綴帖，六朝唐造像銘，第三。

一帖，舊拓，紙本墨拓，綴帖，魏碑十四，第十二。

東京國立博物館：

　　一幅，紙本墨拓，原片，編號：625，今泉雄作舊藏。

東洋文庫：

　　一張，紙本墨拓，原片，39.0×39.0，編號：Ⅱ-16-C-1052。

　　一張，紙本墨拓，原片，40.0×37.0，編號：Ⅱ-16-C-k-73。

京都大學人文科學研究所：

　　一張，紙本墨拓，原片，編號：NAN0203X。

淑德大學書學文化中心：

　　一張，紙本墨拓，原片，編號：001387。

　　一册，紙本墨拓，册頁，編號：195032。

　　一軸，紙本墨拓，卷軸，編號：195886。

　　一張，紙本墨拓，原片，編號：195887。

　　一册，紙本墨拓，册頁，編號：197413，天放樓舊藏。

　　一册，紙本墨拓，册頁，編號：198976。

東北大學附屬圖書館：

　　一幅，紙本墨拓，原片，常盤大定舊藏。

静岡縣書道聯盟：

　　一張，紙本墨拓，原片，大谷青嵐藏。

白扇書道會：

　　一張，紙本墨拓，原片，38.0×43.0，種谷扇舟舊藏。

書壇院：

　　一幅，紙本墨拓，原片。

0810　董永和等造像記

北魏神龜三年（520）三月刻，出土時地不詳，疑僞刻。

宇野雪村文庫：

　　一張，紙本墨拓，原片，編號：1786。

京都大學人文科學研究所：

　　一張，紙本墨拓，原片，編號：NAN0373A。

　　一張，紙本墨拓，原片，編號：NAN0373B。

0811　陳子良造像記

又稱“魏造像碑”“陳□造像記”，北魏神龜三年（520）四月八日刻，陝西乾縣出土，石已
亡佚。

書道博物館：

　　一張，紙本墨拓，原片。

淑德大學書學文化中心：

    一軸，紙本墨拓，卷軸，編號：000746。

    一軸，紙本墨拓，卷軸，編號：198335。

0812　錡雙胡造像記

又稱"錡里奴造像""錡雙胡道教造像碑""錡石珍碑發願詞""錡雙胡造像碑""錡氏合邑廿人等造像碑""錡雙胡廿人等造石像記""錡雙胡合邑二十人等造像記"，北魏神龜三年（520）四月八日刻，原陝西耀縣漆河西岸出土，現藏於藥王山博物館。

京都大學人文科學研究所：

    一張，紙本墨拓，原片，編號：NAN0189A。

    一張，紙本墨拓，原片，編號：NAN0189B。

    一張，紙本墨拓，原片，編號：NAN0189C。

    一張，紙本墨拓，原片，編號：NAN0189D。

淑德大學書學文化中心：

    一軸，碑陽，紙本墨拓，卷軸，編號：000018。

    一軸，碑陰，紙本墨拓，卷軸，編號：000019。

    一軸，右側，紙本墨拓，卷軸，編號：000018。

    一軸，左側，紙本墨拓，卷軸，編號：000019。

0813　翟蠻造像記

北魏神龜三年（520）四月十三日刻，已流失海外，現藏於日本京都國立博物館。

淑德大學書學文化中心：

    一軸，紙本墨拓，卷軸，編號：198373。

    一軸，紙本墨拓，卷軸，編號：198374。

    一軸，紙本墨拓，卷軸，編號：198411。

書道博物館：

    一冊，紙本墨拓，冊頁。

0814　合邑廿人等造像記

北魏神龜三年（520）四月刻，出土時地不詳。

宇野雪村文庫：

    一張，紙本墨拓，原片，編號：1940。

    一張，紙本墨拓，原片，編號：1955。

    一張，紙本墨拓，原片，編號：1067。

0815　趙阿歡造像記

又稱"邑師惠感等造彌勒像記""趙阿歡等三十二人造彌勒像記"，北魏神龜三年（520）六月九日刻，現存河南洛陽龍門石窟。

東京國立博物館：

一幅，紙本墨拓，原片，編號：556，今泉雄作舊藏。

東洋文庫：

一張，紙本墨拓，原片，71.0×30.0，編號：Ⅱ-16-C-1053。

一張，紙本墨拓，原片，67.0×26.0，編號：Ⅱ-16-C-k-75。

淑德大學書學文化中心：

一張，紙本墨拓，原片，編號：195043。

一張，紙本墨拓，原片，編號：195888。

京都大學人文科學研究所：

一張，紙本墨拓，原片，編號：NAN0192X。

0816　穆亮妻尉氏墓誌

北魏神龜三年（520）六月三十日葬，民國十四年（1925）出土於河南洛陽城東北西山，現藏於西安碑林博物館。

書道博物館：

一册，精拓，紙本墨拓，册頁。

淑德大學書學文化中心：

一張，摹刻，紙本墨拓，原片，編號：000221。

一張，紙本墨拓，原片，編號：000891。

一張，紙本墨拓，原片，編號：001286。

大阪市立美術館：

一張，紙本墨拓，原拓，編號：2673。

0817　惠咸造像記

北魏神龜三年（520）六月刻，出土時地不詳。

書道博物館：

一册，紙本墨拓，綴帖。

0818　元譔墓誌

北魏神龜三年（520）十一月十四日葬，民國九年（1920）出土於河南洛陽安駕溝村，現藏於河南开封博物館。

京都大學人文科學研究所：

一張，紙本墨拓，原片，編號：NAN0193X。

東洋文庫：

一張，紙本墨拓，原片，47.0×48.0，編號：Ⅱ-16-C-1022。

宇野雪村文庫：

　　　　一張，紙本墨拓，原片，編號：1391。

0819　元孟輝墓誌

北魏神龜三年（520）十一月十五日葬，民國十五年（1926）出土於河南洛陽城北，現藏於西安碑林博物館。

大阪市立美術館：

　　　　一張，紙本墨拓，原片，編號：2673。

0820　神龜三年造像記

北魏神龜三年（520）刻，西安市張家堡南玉豐村出土，現藏於西安博物院。

宇野雪村文庫：

　　　　一張，紙本墨拓，原片，編號：1800。

［正光］

0821　高植墓誌

北魏正光元年（520）三月八日葬，出土時地不詳，疑僞刻。

宇野雪村文庫：

　　　　一張，紙本墨拓，原片，編號：1817。

　　　　一張，紙本墨拓，原片，編號：1868。

京都大學人文科學研究所：

　　　　一張，紙本墨拓，原片，編號：NAN0194X。

大阪市立美術館：

　　　　一帖，紙本墨拓，剪裝，編號：2590。

淑德大學書學文化中心：

　　　　一册，紙本墨拓，册頁，編號：197772，天放樓舊藏。

0822　達法度磚誌

北魏正光元年（520）八月十四日刻，河北定州出土，羅振玉舊藏。

京都大學人文科學研究所：

　　　　一張，紙本墨拓，原片，編號：NAN0196X。

0823　唐雲墓誌

北魏正光元年（520）九月十二日葬，出土時地不詳，疑僞刻。

宇野雪村文庫：

　　一張，紙本墨拓，原片，編號：1886。

0824　劉顯明造像記

北魏正光元年（520）九月二十日刻，現存河南洛陽龍門石窟。

書道博物館：

　　一册，紙本墨拓，綴帖。

東洋文庫：

　　一張，紙本墨拓，原片，6.0×17.0，編號：Ⅱ-16-C-k-76。

京都大學人文科學研究所：

　　一張，紙本墨拓，原片，編號：NAN0197X。

0825　延祐造像記

北魏正光元年（520）九月刻。

書道博物館：

　　一册，紙本墨拓，綴帖。

0826　趙光墓誌

北魏正光元年（520）十月二十一日葬，民國十五年（1926）出土於河南洛陽城北姚凹村，現藏於西安碑林博物館。

宇野雪村文庫：

　　一張，紙本墨拓，原片，編號：315。

京都大學人文科學研究所：

　　一張，紙本墨拓，原片，編號：NAN0198X。

0827　韓玄墓誌

北魏正光元年（520）十月二十一日葬，山東臨淄出土，王懿榮、端方舊藏，今藏地不詳。

書道博物館：

　　一張，紙本墨拓，原片。

0828　合邑一百卅人等造像碑

又稱"楊要光造像""楊要光造像記""合邑一百卅人等造釋迦石像碑"，北魏正光元年（520）十月二十五日刻，河南省新鄉市大洋堤天齊廟出土，現藏於瑞士瑞特保格美術館。

淑德大學書學文化中心：

　　一軸，碑陽，紙本墨拓，卷軸，編號：195807。

　　一軸，碑陽，紙本墨拓，卷軸，編號：198278。

　　一軸，碑側，紙本墨拓，卷軸，編號：195808。

0829　劉阿素墓誌

北魏正光元年（520）十月葬，民國十七年（1928）出土於河南洛陽南石村，現藏於西安碑林博物館。

宇野雪村文庫：

一張，紙本墨拓，原片，編號：1724。

京都大學人文科學研究所：

一張，紙本墨拓，原片，編號：NAN0199X。

大阪市立美術館：

一張，紙本墨拓，原片，編號：2673。

0830　叔孫協墓誌

北魏正光元年（520）十一月十五日葬，民國十八年（1929）出土於河南洛陽東北翟泉鎮北王仙廟，現藏於西安碑林博物館。

宇野雪村文庫：

一張，紙本墨拓，原片，編號：1251。

一張，紙本墨拓，原片，編號：1392。

京都大學人文科學研究所：

一張，紙本墨拓，原片，編號：NAN0200X。

淑德大學書學文化中心：

一張，紙本墨拓，原片，編號：000222。

0831　司馬昞墓誌

北魏正光元年（520）十一月二十六日葬，原石久佚，清乾隆四十五年（1780）翻刻。

淑德大學書學文化中心：

一册，紙本墨拓，册頁，編號：197773，天放樓舊藏。

大阪市立美術館：

一帖，紙本墨拓，剪裝，編號：2587。

書道博物館：

一張，紙本墨拓，原片。

0832　李璧墓誌

北魏正光元年（520）十二月二十一日葬，清光緒二十四年（1898）出土於河北景州，現藏於山東博物館。

書道博物館：

一張，舊拓，紙本墨拓，原片。

一册，精拓，紙本墨拓，册頁。

宇野雪村文庫：

　　一册，紙本墨拓，册頁，編號：359。

京都大學人文科學研究所：

　　一張，紙本墨拓，原片，編號：NAN0210X。

淑德大學書學文化中心：

　　一張，紙本墨拓，原片，編號：196233。

　　一軸，紙本墨拓，卷軸，編號：195234。

　　一軸，紙本墨拓，卷軸，編號：195234。

0833　張萬明造像記

北魏正光元年（520）刻，出土時地不詳。

宇野雪村文庫：

　　一張，紙本墨拓，原片，編號：326。

0834　慧榮造像記

又稱“比丘惠榮造像記”，北魏正光二年（521）二月七日刻，現存河南洛陽龍門石窟。

京都大學人文科學研究所：

　　一張，紙本墨拓，原片，編號：NAN0213X。

0835　元悦嬪司馬顯姿墓誌

北魏正光二年（521）二月二十二日葬，民國十六年（1927）出土於河南洛陽安駕溝村，現藏於遼寧省博物館。

書道博物館：

　　一張，紙本墨拓，原片，精拓。

東洋文庫：

　　一張，紙本墨拓，原片，67.0×67.0，編號：Ⅱ-16-C-2.9。

宇野雪村文庫：

　　一張，紙本墨拓，原片，編號：1393。

京都大學人文科學研究所：

　　一張，紙本墨拓，原片，編號：NAN0211X。

淑德大學書學文化中心：

　　一張，紙本墨拓，原片，編號：000385。

　　一張，紙本墨拓，原片，編號：198146。

大阪市立美術館：

　　一張，紙本墨拓，原片，編號：2664。

0836　穆纂墓誌

北魏正光二年（521）二月二十八日葬，民國十五年（1926）出土於河南洛陽西北水泉村，現藏於西安碑林博物館。

宇野雪村文庫：

一册，紙本墨拓，册頁，編號：321。

京都大學人文科學研究所：

一張，紙本墨拓，原片，編號：NAN0212X。

淑德大學書學文化中心：

一軸，墓誌蓋，紙本墨拓，卷軸，編號：198082。

一軸，墓誌，紙本墨拓，卷軸，編號：198082。

0837　劉華仁墓誌

北魏正光二年（521）三月十七日葬，民國十四年（1925）出土於河南洛陽南石村，今石已毀。

宇野雪村文庫：

一册，紙本墨拓，册頁，編號：196。

一張，紙本墨拓，原片，編號：1866。

京都大學人文科學研究所：

一張，紙本墨拓，原片，編號：NAN0214X。

0838　道隱造像記

北魏正光二年（521）三月二十六日刻，現存河南洛陽龍門石窟。

東洋文庫：

一張，紙本墨拓，原片，16.0×28.0，編號：Ⅱ-16-C-k-78。

0839　馮迎男墓誌

北魏正光二年（521）三月二十六日葬，河南洛陽出土，現藏於故宮博物院。

書道博物館：

一張，精拓，紙本墨拓，原片。

0840　張安姬墓誌

北魏正光二年（521）三月二十九日葬，民國十一年（1922）出土於河南洛陽北楊凹村，現藏於西安碑林博物館。

京都大學人文科學研究所：

一張，紙本墨拓，原片，編號：NAN0215X。

大阪市立美術館：

二張，紙本墨拓，原片，編號：2673。

0841　涿縣人題記

北魏正光二年（521）四月三十日刻，出土時地不詳。

東洋文庫：

一張，紙本墨拓，原片，28.0×14.0，編號：Ⅱ-16-C-1054。

淑德大學書學文化中心：

一册，紙本墨拓，册頁，編號：197910。

0842　劉法藏造像記

北魏正光二年（521）四月刻，出土時地不詳，已流失海外，現藏於美國華盛頓史密森學會弗瑞爾美術館。

淑德大學書學文化中心：

一軸，紙本墨拓，卷軸，編號：196008。

0843　段□息妻磚誌

北魏正光二年（521）五月二十一日刻，出土時地不詳。

京都大學人文科學研究所：

一張，紙本墨拓，原片，編號：NAN0216X。

0844　慧榮造像記

北魏正光二年（521）五月刻，現存河南洛陽龍門石窟。

書道博物館：

一册，紙本墨拓，原片，綴帖。

0845　六十人等造像記

北魏正光二年（521）五月刻，出土時地不詳。

大阪市立美術館：

二張，紙本墨拓，原片，編號：2687。

0846　張標妻李淑真墓誌

北魏正光二年（521）七月三日葬，河南安陽出土，今藏地不詳。

京都大學人文科學研究所：

一張，紙本墨拓，原片，編號：NAN0217X。

0847　田黑女造像記

北魏正光二年（521）七月十五日刻，現存河南洛陽龍門石窟。

東洋文庫：

    一張，紙本墨拓，原片，13.0×31.0，編號：Ⅱ-16-C-k-79。

    一張，紙本墨拓，原片，14.0×32.0，編號：Ⅱ-16-C-k-80。

京都大學人文科學研究所：

    一張，紙本墨拓，原片，編號：NAN0219X。

    一張，紙本墨拓，原片，編號：NAN0220X。

0848　比丘□□造像記

北魏正光二年（521）七月刻，出土時地不詳。

東洋文庫：

    一張，紙本墨拓，原片，7.0×32.0，編號：Ⅱ-16-C-k-81。

0849　慧榮造像記

又稱“比丘慧榮造釋迦像記”，北魏正光二年（521）八月二十日刻，現存河南洛陽龍門石窟。

東京國立博物館：

    一幅，紙本墨拓，原片，編號：558。

東洋文庫：

    一張，紙本墨拓，原片，9.0×13.0，編號：Ⅱ-16-C-k-83。

京都大學人文科學研究所：

    一張，紙本墨拓，原片，編號：NAN0222X。

書壇院：

    一幅，紙本墨拓，原片。

0850　王永安造像記

北魏正光二年（521）八月二十日刻，現存河南洛陽龍門石窟。

東京國立博物館：

    一幅，紙本墨拓，原片，編號：558。

東洋文庫：

    一張，紙本墨拓，原片，9.0×12.0，編號：Ⅱ-16-C-k-84。

    一張，紙本墨拓，原片，13.0×10.0，編號：Ⅱ-16-C-k-85。

京都大學人文科學研究所：

    一張，紙本墨拓，原片，編號：NAN0221X。

書壇院：

    一幅，紙本墨拓，原片。

0851　錡麻仁造像記

又稱“錡麻仁道教造像碑”“錡麻仁造像碑”“錡麻仁闔家造像記”“錡麻仁闔家一百廿九人造

像碑”“錡麻仁碑發願詞”，北魏正光二年（521）八月二十日刻，原陝西省耀縣漆河西岸出土，現存
耀州區藥王山碑林。

淑德大學書學文化中心：

一軸，碑陽，紙本墨拓，卷軸，編號：000020。

一軸，碑陽，紙本墨拓，卷軸，編號：195450。

一軸，碑陽，紙本墨拓，卷軸，編號：195847。

一軸，碑陰，紙本墨拓，卷軸，編號：000021。

一軸，碑陰，紙本墨拓，卷軸，編號：195451。

一軸，碑陰，紙本墨拓，卷軸，編號：195848。

一軸，右側，紙本墨拓，卷軸，編號：000020。

一軸，右側，紙本墨拓，卷軸，編號：195453。

一軸，右側，紙本墨拓，卷軸，編號：195850。

一軸，左側，紙本墨拓，卷軸，編號：000021。

一軸，左側，紙本墨拓，卷軸，編號：195452。

一軸，左側，紙本墨拓，卷軸，編號：195849。

0852　李要光造像記

北魏正光二年（521）八月刻，出土時地不詳。

東洋文庫：

一張，紙本墨拓，原片，12.0×21.0，編號：Ⅱ-16-C-k-82。

0853　王僧男墓誌

北魏正光二年（521）九月二十日葬，民國六年（1917）出土於洛陽城南石山村，今藏地不詳。

東洋文庫：

一張，墓誌，紙本墨拓，39.0×38.0。一張，墓誌蓋，紙本墨拓，33.0×32.0。編號：Ⅱ-
16-C-2.8。

京都大學人文科學研究所：

一張，墓誌，紙本墨拓，原片，編號：NAN0223A。

一張，墓誌蓋，紙本墨拓，原片，編號：NAN0223B。

宇野雪村文庫：

一張，墓誌，紙本墨拓，原片，編號：1612。

一張，墓誌蓋，紙本墨拓，原片，編號：1720。

淑德大學書學文化中心：

一張，墓誌蓋，紙本墨拓，原片，編號：000386。

一張，墓誌蓋，紙本墨拓，原片，編號：198147。

一張，墓誌，紙本墨拓，原片，編號：000386。

一張，墓誌，紙本墨拓，原片，編號：198148。

0854　侯朝和造像記

又稱"徐□和造像記""侯□和造像記""徐朝和造像記"，北魏正光二年（521）十月二十日刻，現存河南洛陽龍門石窟。

書道博物館：

一册，紙本墨拓，全拓，綴帖。

東洋文庫：

一張，紙本墨拓，原片，13.0×6.0，編號：Ⅱ-16-C-k-86。

京都大學人文科學研究所：

一張，紙本墨拓，原片，編號：NAN0224X。

0855　楊氏墓誌

北魏正光二年（521）十一月三日葬，民國七年（1918）出土於河南洛陽城北楊凹村，現藏於西安碑林博物館。

宇野雪村文庫：

一張，紙本墨拓，原片，編號：1715。

京都大學人文科學研究所：

一張，紙本墨拓，原片，編號：NAN0225X。

大阪市立美術館：

一張，紙本墨拓，原片，編號：2673。

0856　祖仁等十七人造像記

又稱"比丘尼僧造像""僧静等造像記""祖仁造像題記"，北魏正光二年（521）十一月二十九日刻，現在河南洛陽龍門石窟蓮花洞北壁。

東洋文庫：

一張，紙本墨拓，原片，17.0×85.0，編號：Ⅱ-16-C-1035。

一張，紙本墨拓，原片，15.0×85.0，編號：Ⅱ-16-C-k-87。

京都大學人文科學研究所：

一張，紙本墨拓，原片，編號：NAN0235X。

淑德大學書學文化中心：

一張，紙本墨拓，原片，編號：195887。

一張，紙本墨拓，原片，編號：195888。

0857　秦龍標墓誌

北魏正光二年（521）十二月六日葬，出土時地不詳，疑僞刻。

宇野雪村文庫：

　　　　一張，紙本墨拓，原片，編號：1887。

0858　黑甕生兄弟三人造像記

北魏正光二年（521）刻，出土時地不詳。

東京國立博物館：

　　　　一幅，紙本墨拓，原片，編號：558。

0859　慧□造觀世音像記

北魏正光二年（521）刻，出土時地不詳。

宇野雪村文庫：

　　　　一張，紙本墨拓，原片，編號：1162。

0860　陸希道墓誌

北魏正光二年（521）葬，出土時地不詳。

宇野雪村文庫：

　　　　一張，紙本墨拓，原片，編號：1266。

0861　正光二年造像記

北魏正光二年（521）刻，出土時地不詳。

宇野雪村文庫：

　　　　一張，紙本墨拓，原片，編號：1942。

0862　張猛龍碑

全稱“魏魯郡太守張府君清頌之碑”，北魏正光三年（522）正月二十三日立，現藏於曲阜漢魏碑刻陳列館。

三井記念美術館：

　　　　一帖，宋拓，紙本墨拓，24.2×11.7，孫承澤、新町三井家舊藏。

書道博物館：

　　　　一帖，明拓，紙本墨拓，各23.7×13.3，中村不折舊藏。

　　　　一册，明拓，紙本墨拓，有題額及碑陰。

　　　　一册，明拓，紙本墨拓，羅振玉題簽。

　　　　一册，紙本墨拓，無題額。

東京國立博物館：

　　　　一幅，碑陽，紙本墨拓，原片，編號：599。

　　　　一幅，碑陰，紙本墨拓，原片，編號：600。

東洋文庫：

一張，碑陽并額，紙本墨拓，152.0×86.0+36.0×28.0。一張，碑陰，紙本墨拓，186.0×84.0。編號：Ⅱ-16-C-160。

一張，碑陽，紙本墨拓，150.0×85.0。碑額，缺。一張，碑陰，紙本墨拓，186.0×84.0。編號：Ⅱ-16-C-1017。

宇野雪村文庫：

一張，紙本墨拓，原片，編號：1355。

一册，翻刻本，紙本墨拓，册頁，編號：268。

京都大學人文科學研究所：

一張，紙本墨拓，原片，編號：NAN0226A。

一張，紙本墨拓，原片，編號：NAN0226B。

一張，紙本墨拓，原片，編號：NAN0226C。

淑德大學書學文化中心：

一軸，碑陽，紙本墨拓，卷軸，編號：195325。

一軸，碑陽，紙本墨拓，卷軸，編號：195950。

一張，碑陽，紙本墨拓，托裱，編號：195031。

一張，碑陽，紙本墨拓，原片，編號：195012。

一張，碑陽，紙本墨拓，原片，編號：196783。

一張，碑陽，紙本墨拓，原片，編號：198493。

一册，碑陽，紙本墨拓，册頁，編號：198974。

一册，碑陽，紙本墨拓，册頁，編號：195188。

一册，碑陽，紙本墨拓，册頁，編號：195680。

一册，碑陽，紙本墨拓，册頁，編號：196273。

一册，碑陽，紙本墨拓，册頁，編號：196766。

一軸，碑陰，紙本墨拓，卷軸，編號：195326。

一軸，碑陰，紙本墨拓，卷軸，編號：195951。

一張，碑陰，紙本墨拓，托裱，編號：195031。

一張，碑陰，紙本墨拓，原片，編號：196783。

一張，碑陰，紙本墨拓，原片，編號：198494。

一册，碑陰，紙本墨拓，册頁，編號：195188。

一册，碑陰，紙本墨拓，册頁，編號：195680。

一册，碑陰，紙本墨拓，册頁，編號：196273。

一册，碑陰，紙本墨拓，册頁，編號：196766。

白扇書道會：

一張，紙本墨拓，原片，186.0×86.0，種谷扇舟舊藏。

0863　王琜之等造像

又稱"北魏當利縣造像碑并陰""吕琜之造像""維那主葆張碩等碑陰題名""張碩等造像""王氏百三十人造像""張碩等造像記""北魏縣令王珍之等造像"，北魏正光三年（522）正月二十六日刻，原在山東平度，現藏於故宮博物院。

京都大學人文科學研究所：

一張，紙本墨拓，原片，編號：NAN0227A。

一張，紙本墨拓，原片，編號：NAN0227B。

0864　魏懷玉造像記

北魏正光三年（522）三月八日刻，山東青州出土，已流失海外，現藏於日本藤井有鄰館。

有鄰館：

一張，紙本墨拓，原片，藏石。

0865　楊景元觀世音佛記

北魏正光三年（522）三月二十三日刻，現存河南洛陽龍門石窟。

京都大學人文科學研究所：

一張，紙本墨拓，原片，編號：NAN0228X。

0866　劉惠芳墓誌

北魏正光三年（522）四月五日葬，出土時地不詳，疑僞刻。

宇野雪村文庫：

一張，紙本墨拓，原片，編號：1825。

淑德大學書學文化中心：

一張，紙本墨拓，原片，編號：197077。

0867　尹三和磚銘

北魏正光三年（522）四月二十三日刻，出土時地不詳。

墨華書道會：

一張，紙本墨拓，原片。

0868　盧令媛墓誌

北魏正光三年（522）四月三十日葬，民國十一年（1922）出土於河南洛陽城北小樂村，現藏於西安碑林博物館。

大阪市立美術館：

一張，紙本墨拓，原片，編號：2673。

淑德大學書學文化中心：

　　一張，紙本墨拓，原片，編號：000914。

0869　慧榮造像記

又稱"比丘慧榮爲亡尼剋方月造像記"，北魏正光三年（522）七月十七日刻，現存河南洛陽龍門石窟。

書道博物館：

　　一册，紙本墨拓，全拓，綴帖。

東洋文庫：

　　一張，紙本墨拓，原片，13.0×23.0，編號：Ⅱ-16-C-k-88。

東北大學附屬圖書館：

　　一幅，紙本墨拓，原片，常盤大定舊藏。

京都大學人文科學研究所：

　　一張，紙本墨拓，原片，編號：NAN0229X。

淑德大學書學文化中心：

　　一張，紙本墨拓，原片，編號：195043。

　　一張，紙本墨拓，原片，編號：195887。

　　一張，紙本墨拓，原片，編號：195887。

　　一張，紙本墨拓，原片，編號：195888。

0870　元悦造像記

北魏正光三年（522）八月十一日刻，出土時地不詳。

淑德大學書學文化中心：

　　一軸，紙本墨拓，卷軸，編號：000753。

0871　季□□造像記

北魏正光三年（522）八月刻，出土時地不詳。

京都大學人文科學研究所：

　　一張，紙本墨拓，原片，編號：NAN0230X。

0872　慧暢造像記

北魏正光三年（522）九月九日刻，現存河南洛陽龍門石窟。

書道博物館：

　　一册，紙本墨拓，綴帖。

東洋文庫：

　　一張，紙本墨拓，原片，30.0×13.0，編號：Ⅱ-16-C-k-89。

京都大學人文科學研究所：

　　　一張，紙本墨拓，原片，編號：NAN0232X。

0873　公孫合妻公孫□姬造像記

北魏正光三年（522）九月刻，現存河南洛陽龍門石窟。

東洋文庫：

　　　一張，紙本墨拓，原片，12.0×16.0，編號：Ⅱ-16-C-k-90。

0874　□□姚造無量壽佛記

北魏正光三年（522）九月刻，現存河南洛陽龍門石窟。

京都大學人文科學研究所：

　　　一張，紙本墨拓，原片，編號：NAN0233X。

0875　馮邕之妻元氏墓誌

北魏正光三年（522）十月二十五日葬，民國十五年（1926）出土於洛陽城西東陡溝村，後流失海外，經日本至美國，現藏於波士頓美術館。

京都大學人文科學研究所：

　　　一張，紙本墨拓，原片，編號：NAN0237A。

　　　一張，紙本墨拓，原片，編號：NAN0237B。

淑德大學書學文化中心：

　　　一軸，墓誌蓋，紙本墨拓，卷軸，編號：196091。

　　　一軸，墓誌，紙本墨拓，卷軸，編號：196092。

0876　鄭道忠墓誌

北魏正光三年（522）十二月二十六日葬，清道光年間出土於河南滎陽，現藏於開封博物館。

書道博物館：

　　　一張，紙本墨拓，全拓，條幅。

　　　一册，舊拓，紙本墨拓，册頁。

東洋文庫：

　　　一張，紙本墨拓，原片，63.0×64.0，編號：Ⅱ-16-C-k-91。

淑德大學書學文化中心：

　　　一軸，紙本墨拓，卷軸，編號：195271。

大阪市立美術館：

　　　一帖，紙本墨拓，剪裝，編號：2579。

0877　楊道蓑造像記

北魏正光三年（522）刻，現存河南洛陽龍門石窟。

東洋文庫：

　　一張，紙本墨拓，原片，9.0×8.0，編號：Ⅱ-16-C-n-67。

　　一張，紙本墨拓，原片，12.0×13.0，編號：Ⅱ-16-C-n-68。

書壇院：

　　一幅，紙本墨拓，原片。

0878　茹小策等一百人造像記

又稱"張祖歡等造像""茹氏等合邑一百人造像記"，北魏正光三年（522）刻，現藏於西安碑林博物館。

淑德大學書學文化中心：

　　一張，碑陽，紙本墨拓，原片，編號：000346。

　　一張，碑陽，紙本墨拓，原片，編號：196991。

　　一張，碑陰，紙本墨拓，原片，編號：000347。

　　一軸，碑側，紙本墨拓，卷軸，編號：198302。

　　一張，碑側，紙本墨拓，原片，編號：000348。

　　一張，碑側，紙本墨拓，原片，編號：196991。

　　一張，碑側，紙本墨拓，原片，編號：000349。

0879　樊可憘造像記

北魏正光三年（522）刻，山東青州出土，疑僞刻。

淑德大學書學文化中心：

　　一軸，紙本墨拓，卷軸，編號：197140。

京都大學人文科學研究所：

　　一張，紙本墨拓，原片，編號：NAN0236X。

0880　法陰造像記

又稱"比邱法哈造釋迦像銘""于氏造像""北魏比丘尼法令造釋迦像記""法險造像記"，北魏正光四年（523）正月二十六日刻，現存河南洛陽龍門石窟。

東京國立博物館：

　　一幅，紙本墨拓，原片，編號：559，560。

東洋文庫：

　　一張，紙本墨拓，原片，11.0×30.0，編號：Ⅱ-16-C-k-92。

京都大學人文科學研究所：

　　一張，紙本墨拓，原片，編號：NAN0239X。

0881　李難陀造像

北魏正光四年（523）正月刻，現存河南洛陽龍門石窟。

書道博物館：

　　一册，紙本墨拓，綴帖。

0882　馬鳴寺根法師碑

北魏正光四年（523）二月四日刻，原在山東樂安縣大王橋，現藏於山東石刻藝術博物館。

書道博物館：

　　一張，初出土拓本，紙本墨拓，原片，有題額。

　　一張，舊拓，紙本墨拓，原片，有題額。

　　一册，舊拓，紙本墨拓，原片，有題額。

木雞室：

　　一册，初拓，未斷本，紙本墨拓，原片，30.0×17.0，山木盒、趙世伯舊藏。

東京國立博物館：

　　一幅，紙本墨拓，原片，編號：381。

宇野雪村文庫：

　　一册，紙本墨拓，册頁，編號：299。

五島美術館：

　　一張，紙本墨拓，原片，199.2×79.8，宇野雪村舊藏。

京都大學人文科學研究所：

　　一張，紙本墨拓，原片，編號：NAN0240X。

淑德大學書學文化中心：

　　一册，紙本墨拓，册頁，編號：000287。

　　一軸，紙本墨拓，卷軸，編號：196093。

　　一軸，紙本墨拓，卷軸，編號：195916。

　　一張，紙本墨拓，托裱，編號：197573，天放樓舊藏。

　　一張，紙本墨拓，原片，編號：197959。

寄鶴軒：

　　一張，紙本墨拓，全拓。

龍谷大學：

　　一幅，紙本墨拓，原片，153.0×82.0。

大阪市立美術館：

　　二張，紙本墨拓，原片，編號：2708。

0883　翟興祖造像碑

全稱“北魏正光四年翟興祖等人造像碑”，北魏正光四年（523）二月十五日刻，一九八四年出土於河南偃師南蔡莊宋灣村，現藏於偃師商城博物館。

淑德大學書學文化中心：

一張，碑陽，紙本墨拓，原片，編號：001525。

一張，碑陰，紙本墨拓，原片，編號：001526。

0884　元秀墓誌

北魏正光四年（523）二月二十七日葬，民國十五年（1926）出土於河南洛陽伯樂凹村，現藏於西安碑林博物館。

京都大學人文科學研究所：

一張，紙本墨拓，原片，編號：NAN0244X。

淑德大學書學文化中心：

一張，紙本墨拓，原片，編號：000912。

一軸，紙本墨拓，卷軸，編號：198083。

大阪市立美術館：

一張，紙本墨拓，原片，編號：2673。

0885　元倪墓誌

北魏正光四年（523）二月二十七日葬，民國初年出土於河南洛陽北姚凹村，現藏於上海博物館。

東洋文庫：

一張，紙本墨拓，原片，71.0×62.0，編號：Ⅱ-16-C-k-93。

宇野雪村文庫：

一張，紙本墨拓，原片，編號：1394。

0886　元祐妃常季繁墓誌

北魏正光四年（523）二月二十七日葬，清宣統二年（1910）出土於河南洛陽高溝村，後流失海外，現藏於日本大倉集古館。

大倉集古館：

一張，紙本墨拓，原片。

東洋文庫：

一張，紙本墨拓，原片，61.0×62.0，編號：Ⅱ-16-C-k-94。

宇野雪村文庫：

一張，紙本墨拓，原片，編號：1618。

京都大學人文科學研究所：

一張，紙本墨拓，原片，編號：NAN0241X。

0887　元引墓誌

北魏正光四年（523）二月二十七日葬，民國十四年（1925）出土於河南洛陽北姚凹村，現藏於西安碑林博物館。

宇野雪村文庫：

　　　　一册，紙本墨拓，册頁，編號：309。

大阪市立美術館：

　　　　一帖，紙本墨拓，剪裝，編號：2673。

京都大學人文科學研究所：

　　　　一張，紙本墨拓，編號：NAN0243X。

淑德大學書學文化中心：

　　　　一張，紙本墨拓，原片，編號：000888。

0888　元仙墓誌

北魏正光四年（523）二月二十七日葬，民國十六年（1927）出土於河南洛陽城北徐家溝村，現藏於西安碑林博物館。

大阪市立美術館：

　　　　一張，紙本墨拓，原片，編號：2673。

0889　王伯集造像記

又稱“清信男佛弟子□□造像記”，北魏正光四年（523）三月二十二日刻，現存河南洛陽龍門石窟。

書道博物館：

　　　　一册，紙本墨拓，綴帖。

東洋文庫：

　　　　一張，紙本墨拓，原片，14.0×10.0，編號：Ⅱ-16-C-k-95。

0890　元譚妻司馬氏墓誌

北魏正光四年（523）三月二十三日葬，民國十六年（1927）出土於河南洛陽安駕溝村，現藏於西安碑林博物館。

淑德大學書學文化中心：

　　　　一張，紙本墨拓，原片，編號：000903。

0891　惠榮造像記

又稱“大代沙門惠榮造釋迦牟尼像記”，北魏正光四年（523）三月二十三日刻，現存河南洛陽龍門石窟。

東洋文庫：

　　　　一張，紙本墨拓，原片，14.0×23.0，編號：Ⅱ-16-C-k-96。

京都大學人文科學研究所：

　　　　一張，紙本墨拓，原片，編號：NAN0245X。

一張，紙本墨拓，原片，編號：NAN0246X。

0892　元靈耀墓誌

北魏正光四年（523）三月二十三日葬，民國十六年（1927）出土於河南洛陽城北後海資村，現藏於西安碑林博物館。

大阪市立美術館：

一張，紙本墨拓，原片，編號：2673。

0893　崔永高等三十六人造像記

又稱"董成國等造像記""董成國造像記"，北魏正光四年（523）六月二十六日刻，現在陝西涇陽縣。

宇野雪村文庫：

一張，紙本墨拓，原片，編號：1710。

淑德大學書學文化中心：

一冊，紙本墨拓，冊頁，編號：195491。

0894　法義兄弟等造像記

又稱"北魏法義兄弟姊妹等造像廿四軀記"，北魏正光四年（523）七月二十九日刻，現存山東歷城黃石崖。

書道博物館：

一冊，紙本墨拓，冊頁，端方藏石。

宇野雪村文庫：

一張，紙本墨拓，原片，編號：208。

京都大學人文科學研究所：

一張，紙本墨拓，原片，編號：NAN0248X。

淑德大學書學文化中心：

一張，紙本墨拓，原片，編號：001390。

0895　三縣邑子二百二十人等造像記

北魏正光四年（523）七月刻，出土時地不詳。

淑德大學書學文化中心：

一軸，碑陽，紙本墨拓，卷軸，編號：000052。

一軸，碑陰，紙本墨拓，卷軸，編號：000053。

一軸，右側，紙本墨拓，卷軸，編號：000052。

一軸，左側，紙本墨拓，卷軸，編號：000053。

0896　趙道富六人等造像記

又稱"平遥縣樂壁寺邑主趙道富六人等造像記"，北魏正光四年（523）八月十三日刻，山西平遥出土，現藏於南京博物院。

京都大學人文科學研究所：

　　一張，紙本墨拓，原片，編號：NAN0249X。

0897　王妻田□□造觀世音像記

又稱"校尉□□造像""北魏校尉□□□主王妻田□□造觀世音像記""王法□妻田造像記""王法某造像記"，北魏正光四年（523）□月十六日刻，現存河南洛陽龍門石窟。

書道博物館：

　　一册，紙本墨拓，全拓，綴帖。

東洋文庫：

　　一張，紙本墨拓，原片，10.0×32.0，編號：Ⅱ-16-C-k-101。

京都大學人文科學研究所：

　　一張，紙本墨拓，原片，編號：NAN0253X。

0898　寶靈山造像記

北魏正光四年（523）八月刻，出土時地不詳。

宇野雪村文庫：

　　一張，紙本墨拓，原片，編號：1624。

0899　法照造像記

又稱"大魏比丘尼法照仰造彌勒尊像記"，北魏正光四年（523）九月九日刻，現存河南洛陽龍門石窟。

書道博物館：

　　一册，紙本墨拓，綴帖。

東京國立博物館：

　　一幅，紙本墨拓，原片，編號：561。

東洋文庫：

　　一張，紙本墨拓，原片，12.0×29.0，編號：Ⅱ-16-C-k-98。

京都大學人文科學研究所：

　　一張，紙本墨拓，原片，編號：NAN0252X。

0900　李氏造像

又稱"北魏清信優婆夷（敬）造無量壽像記"，北魏正光四年（523）九月十五日刻，現存河南洛陽龍門石窟。

書道博物館：

一册，紙本墨拓，綴帖。

東京國立博物館：

一幅，紙本墨拓，原片，編號：576。

東洋文庫：

一張，紙本墨拓，原片，14.0×32.0，編號：Ⅱ-16-C-k-99。

0901　王基墓誌

北魏正光四年（523）十月二十日葬，民國十六年（1927）出土於河南洛陽城東山嶺頭，現藏於
西安碑林博物館。

大阪市立美術館：

一張，紙本墨拓，原片，編號：2673。

0902　段峻德墓誌

北魏正光四年（523）十一月二日葬，出土時地不詳，疑僞刻。

宇野雪村文庫：

一張，紙本墨拓，原片，編號：1542。

淑德大學書學文化中心：

一張，紙本墨拓，原片，編號：197075。

0903　鞠彦雲墓誌

北魏正光四年（523）十一月二日葬，清光緒初出土於山東黄縣，現藏於山東博物館，後世多
仿刻。

書道博物館：

一張，紙本墨拓，原片，條幅。

宇野雪村文庫：

一張，紙本墨拓，原片，編號：1888。

京都大學人文科學研究所：

一張，墓誌蓋，紙本墨拓，原片，編號：NAN0251A。

一張，墓誌，紙本墨拓，原片，編號：NAN0251B。

淑德大學書學文化中心：

一軸，墓誌蓋，紙本墨拓，卷軸，編號：196094。

一張，墓誌蓋，紙本墨拓，原片，編號：197311。

一軸，墓誌，紙本墨拓，卷軸，編號：196095。

一張，墓誌，紙本墨拓，原片，編號：197311。

大阪市立美術館：

　　　　二張，紙本墨拓，原片，編號：2634。

0904　高貞碑

全稱"魏故營州刺史侯高君之碑"，北魏正光四年（523）十一月六日立，清朝乾隆年間出土於山東德州，現藏於山東石刻藝術博物館。

書道博物館：

　　　　一帖，出土初拓，紙本墨拓，各21.8×14.5，中村不折舊藏。

東洋文庫：

　　　　一張，碑陽，紙本墨拓，原片，167.0×86.0。碑額，失。編號：Ⅱ-16-C-1018。

　　　　一張，碑陽連額，紙本墨拓，原片，168.0×77.0+27.0×43.0。編號：Ⅱ-16-C-k-100。

宇野雪村文庫：

　　　　一册，紙本墨拓，册頁，編號：271。

五島美術館：

　　　　一張，舊拓，紙本墨拓，原片，21.4×11.1，宇野雪村舊藏。

　　　　一張，紙本墨拓，原片，195.5×87.7，宇野雪村舊藏。

東京國立博物館：

　　　　一幅，紙本墨拓，原片，編號：382。

書藝文化院春敬記念書道文庫：

　　　　二張，清初拓本，紙本墨拓，原片，［1］219.5.0×95.0，［2］35.0×40.0，飯島春敬舊藏。

京都大學人文科學研究所：

　　　　一張，紙本墨拓，原片，編號：NAN0247X。

淑德大學書學文化中心：

　　　　一册，紙本墨拓，册頁，編號：001335。

　　　　一册，紙本墨拓，册頁，編號：001522。

　　　　一軸，紙本墨拓，卷軸，編號：195242。

　　　　一軸，紙本墨拓，卷軸，編號：195915。

　　　　一張，紙本墨拓，原片，編號：197961。

白扇書道會：

　　　　一張，紙本墨拓，原片，165.0×89.0，種谷扇舟舊藏。

寄鶴軒：

　　　　一册，紙本墨拓，原片。

墨華書道會：

　　　　一張，紙本墨拓，原片。

　　　　一册，紙本墨拓，剪裱本。

0905　奚真墓誌

北魏正光四年（523）十一月二十七日葬，民國十五年（1926）出土於河南孟津田溝村，現藏於
西安碑林博物館。

大阪市立美術館：

一張，紙本墨拓，原片，編號：2673。

0906　元斌墓誌

北魏正光四年（523）十一月二十七日葬，民國十六年（1927）出土於河南洛陽城北後海資村，
現藏於西安碑林博物館。

宇野雪村文庫：

一張，紙本墨拓，原片，編號：1684。

大阪市立美術館：

一張，紙本墨拓，原片，編號：2673。

0907　優婆夷敬造無量壽像記

北魏正光四年（523）刻，現存河南洛陽龍門石窟。

京都大學人文科學研究所：

一張，紙本墨拓，原片，編號：NAN0238X。

0908　元悦修古塔銘

北魏正光五年（524）閏二月十日刻，河南洛陽出土，現藏於洛陽古代藝術博物館。

書道博物館：

一册，紙本墨拓，册頁。

淑德大學書學文化中心：

一軸，紙本墨拓，卷軸，編號：198315。

一張，紙本墨拓，原片，編號：001950。

0909　元平墓誌

北魏正光五年（524）三月十日葬，民國十四年（1925）出土於河南洛陽北姚凹村，現藏於西安
碑林博物館。

大阪市立美術館：

一張，紙本墨拓，原片，編號：2673。

0910　元昭墓誌

北魏正光五年（524）三月十一日葬，河南洛陽出土，今藏地不詳。

宇野雪村文庫：

　　　　一册，紙本墨拓，册頁，編號：368。

京都大學人文科學研究所：

　　　　一張，紙本墨拓，原片，編號：NAN0257A。

　　　　一張，紙本墨拓，原片，編號：NAN0257B。

0911　李覆宗造像記

北魏正光五年（524）三月二十日刻，端方舊藏，今藏地不詳。

東洋文庫：

　　　　一張，紙本墨拓，原片，30.0×12.0，編號：Ⅱ-16-C-k-102。

淑德大學書學文化中心：

　　　　一軸，紙本朱拓，卷軸，編號：001063。

　　　　一軸，紙本朱拓，卷軸，編號：198643。

墨華書道會：

　　　　二張，紙本朱拓，原片，端方舊藏。

木雞室：

　　　　二張，紙本墨拓，原片。

0912　杜文慶等造像記

北魏正光五年（524）五月十五日刻，現存河南輝縣玉皇廟。

京都大學人文科學研究所：

　　　　一張，紙本墨拓，原片，編號：NAN0258X。

淑德大學書學文化中心：

　　　　一軸，紙本墨拓，卷軸，編號：196009。

0913　慈慶墓誌

北魏正光五年（524）五月十八日葬，二十世紀二十年代出土於河南洛陽，今石已毀。

淑德大學書學文化中心：

　　　　一軸，紙本墨拓，卷軸，編號：198084。

木雞室：

　　　　一張，紙本墨拓，原片。

0914　張晉等造像記

北魏正光五年（524）五月二十八日刻，今藏地不詳。

淑德大學書學文化中心：

　　　　一張，紙本墨拓，托裱，編號：000439。

0915 劉根等四十一人造像記

又稱"魏佛弟子劉根等四十一人造像銘""侯剛乞伏寶等造像"，北魏正光五年（524）五月三十日刻，河南洛陽東韓旗屯村西出土，現藏於開封博物館。

書道博物館：

　　一册，紙本墨拓，册頁。

東洋文庫：

　　一張，紙本墨拓，原片，40.0×135.0，編號：Ⅱ-16-C-k-103。

宇野雪村文庫：

　　一張，紙本墨拓，原片，編號：1040。

　　一張，紙本墨拓，原片，編號：1714。

　　一張，紙本墨拓，原片，編號：1815。

　　一張，紙本墨拓，原片，編號：1863。

東北大學附屬圖書館：

　　一幅，紙本墨拓，原片，常盤大定舊藏。

京都大學人文科學研究所：

　　一張，紙本墨拓，原片，編號：NAN0259X。

　　一張，紙本墨拓，原片，編號：NAN0268X。

淑德大學書學文化中心：

　　一軸，紙本墨拓，卷軸，編號：195804。

　　一軸，紙本墨拓，卷軸，編號：196096。

　　一軸，紙本墨拓，卷軸，編號：196799。

0916 康健墓誌

北魏正光五年（524）六月三日葬，出土時地不詳，疑僞刻。

宇野雪村文庫：

　　一張，紙本墨拓，原片，編號：1912。

0917 吴方墓誌

北魏正光五年（524）六月三日葬，出土時地不詳，疑僞刻。

宇野雪村文庫：

　　一張，紙本墨拓，原片，編號：1541。

0918 仇臣生造像記

又稱"三寶造像記"，北魏正光五年（524）七月十五日刻，現存陝西耀州區藥王山碑林。

宇野雪村文庫：

一張，紙本墨拓，原片，編號：1717。

淑德大學書學文化中心：

一軸，碑陽，紙本墨拓，卷軸，編號：000022。

一軸，右側，紙本墨拓，卷軸，編號：000022。

一軸，左側，紙本墨拓，卷軸，編號：000022。

0919 陳氏任陵妻造像記

又稱"北魏清信陳氏造觀世音像記""陳氏任陵妻造像記"，北魏正光五年（524）七月二十三日刻，現存河南洛陽龍門石窟。

東京國立博物館：

一幅，紙本墨拓，原片，編號：562。

東洋文庫：

一張，紙本墨拓，原片，13.0×32.0，編號：Ⅱ-16-C-k-104。

京都大學人文科學研究所：

一張，紙本墨拓，原片，編號：NAN0269X。

0920 孫遼浮圖銘

又稱"蘭倉令孫遼浮圖銘""大魏正光五年歲次甲辰七月己酉朔廿五日癸酉故蘭倉令孫府君浮圖之銘記""北魏故蘭倉令孫府君浮圖之銘記"，北魏正光五年（524）七月二十五日刻，原爲山東黃縣丁樹楨所藏，現藏於山東博物館。

書道博物館：

一張，紙本墨拓，原片。

宇野雪村文庫：

一張，紙本墨拓，原片，編號：1719。

一張，紙本墨拓，原片，編號：1527。

京都大學人文科學研究所：

一張，紙本墨拓，原片，編號：NAN0260X。

淑德大學書學文化中心：

一張，紙本墨拓，原片，編號：000225。

0921 元颺妃李媛華墓誌

北魏正光五年（524）八月六日葬，河南洛陽出土，現藏於遼寧省博物館。

東洋文庫：

一張，紙本墨拓，原片，77.0×77.0，編號：Ⅱ-16-C-2.10。

宇野雪村文庫：

一冊，紙本墨拓，冊頁，編號：198。

京都大學人文科學研究所：

一張，紙本墨拓，原片，編號：NAN0263X。

一張，紙本墨拓，原片，編號：NAN0256X。

淑德大學書學文化中心：

一張，紙本墨拓，原片，編號：000387。

0922 元子直墓誌

北魏正光五年（524）八月六日葬，民國十一年（1922）出土於河南洛陽北南陳莊，現藏於西安碑林博物館。

宇野雪村文庫：

一冊，紙本墨拓，冊頁，編號：324。

京都大學人文科學研究所：

一張，紙本墨拓，原片，編號：NAN0261X。

大阪市立美術館：

一張，紙本墨拓，原片，編號：2673。

0923 道充等一百人造像記

又稱"新城成買等造像題名""北魏道充等一百人造彌勒像記""道充造彌勒像記"，北魏正光五年（524）八月十一日刻，原在山東臨淄施福寺，今石已毀。

淑德大學書學文化中心：

一冊，紙本墨拓，冊頁，編號：197414，天放樓舊藏。

京都大學人文科學研究所：

一張，紙本墨拓，原片，編號：NAN0262X。

0924 程通造像記

又稱"青州新城縣慶福寺主程通造彌勒像"，北魏正光五年（524）八月十一日刻，疑偽刻。

京都大學人文科學研究所：

一張，紙本墨拓，原片，編號：NAN0270A。

一張，紙本墨拓，原片，編號：NAN0270B。

一張，紙本墨拓，原片，編號：NAN0270C。

0925 那氏三級石浮圖銘

北魏正光五年（524）九月十二日刻，今藏地不詳。

淑德大學書學文化中心：

一張，紙本墨拓，原片，編號：196219。

0926　元琛墓誌

北魏正光五年（524）十一月三日葬，民國十五年（1926）出土於河南洛陽張羊村，現藏於西安碑林博物館。

宇野雪村文庫：

一册，紙本墨拓，册頁，編號：312。

大阪市立美術館：

一張，紙本墨拓，原片，編號：2673。

淑德大學書學文化中心：

一張，紙本墨拓，原片，編號：000922。

0927　元崇業墓誌

北魏正光五年（524）十一月十四日葬，民國十六年（1927）出土於河南洛陽城北安駕村，現藏於西安碑林博物館。

宇野雪村文庫：

一册，紙本墨拓，册頁，編號：317。

京都大學人文科學研究所：

一張，紙本墨拓，原片，編號：NAN0264X。

大阪市立美術館：

一張，紙本墨拓，原片，編號：2673。

淑德大學書學文化中心：

一張，紙本墨拓，原片，編號：000916。

一軸，紙本墨拓，卷軸，編號：198085。

白扇書道會：

一張，紙本墨拓，原片，53.0×54.0，種谷扇舟舊藏。

0928　元悦妃馮季華墓誌

北魏正光五年（524）十一月十四日葬，二十世紀二十年代出土於河南洛陽，現藏於河南洛陽博物館。

書道博物館：

一張，紙本墨拓，原片，精拓。

宇野雪村文庫：

一張，紙本墨拓，原片，編號：1396。

一張，紙本墨拓，原片，編號：1889。

京都大學人文科學研究所：

一張，紙本墨拓，原片，編號：NAN0265X。

淑德大學書學文化中心：

　　　一張，紙本墨拓，托裱，編號：001660。

0929　元寧墓誌

北魏正光五年（524）十一月十五日葬，民國十五年（1926）出土於河南洛陽伯樂凹村，現藏於西安碑林博物館。

大阪市立美術館：

　　　一張，紙本墨拓，原片，編號：2673。

0930　趙□道俗廿七人造像記

北魏正光五年（524）十一月二十五日刻，現存河南洛陽龍門石窟。

東洋文庫：

　　　一張，紙本墨拓，原片，21.0×32.0，編號：Ⅱ-16-C-k-105。

京都大學人文科學研究所：

　　　一張，紙本墨拓，原片，編號：NAN0266X。

0931　郭顯墓誌

北魏正光五年（524）十一月二十六日葬，民國十五年（1926）出土於河南洛陽伯樂凹村，現藏於西安碑林博物館。

宇野雪村文庫：

　　　一册，紙本墨拓，册頁，編號：311。

京都大學人文科學研究所：

　　　一張，紙本墨拓，原片，編號：NAN0267X。

大阪市立美術館：

　　　一張，紙本墨拓，原片，編號：2673。

淑德大學書學文化中心：

　　　一軸，紙本墨拓，卷軸，編號：198086。

0932　檀賓墓誌

北魏正光五年（524）十一月二十七日葬，河南洛陽出土，現藏於西安碑林博物館。

淑德大學書學文化中心：

　　　一軸，紙本墨拓，卷軸，編號：198087。

大阪市立美術館：

　　　一張，紙本墨拓，原片，編號：2673。

0933　元諡墓誌

北魏正光五年（524）葬，出土時地不詳。

宇野雪村文庫：

　　　一張，紙本墨拓，原片，編號：1557。

0934　李超墓誌

北魏正光六年（525）正月十六日葬，清嘉慶年間出土於河南偃師喬家村，現藏於偃師商城博物館。

書道博物館：

　　　一册，舊拓，紙本墨拓，册頁。

　　　一張，精拓，紙本墨拓，全拓。

東京國立博物館：

　　　一幅，紙本墨拓，原片，編號：801。

宇野雪村文庫：

　　　一張，紙本墨拓，原片，編號：1397。

　　　一張，紙本墨拓，原片，編號：1702。

　　　一册，翻刻本，紙本墨拓，册頁，編號：219。

京都大學人文科學研究所：

　　　一張，紙本墨拓，原片，編號：NAN0338X。

淑德大學書學文化中心：

　　　一軸，紙本墨拓，卷軸，編號：196097。

　　　一册，紙本墨拓，册頁，編號：197774，天放樓舊藏。

大阪市立美術館：

　　　一帖，紙本墨拓，剪裝，編號：2588。

0935　徐淵墓誌

北魏正光六年（525）正月二十七日葬，出土時地不詳，後流失海外，現藏於日本書道博物館。

書道博物館：

　　　一張，紙本墨拓，原片，原石。

東洋文庫：

　　　一張，紙本墨拓，原片，36.0×36.0，編號：Ⅱ-16-C-k-106。

淑德大學書學文化中心：

　　　一張，紙本墨拓，原片，編號：001309。

大阪市立美術館：

　　　一張，紙本墨拓，原片，編號：2641。

0936　正光六年畫像石

北魏正光六年（525）二月刻，出土時地不詳。

宇野雪村文庫：

    一張，紙本墨拓，原片，編號：1655。

0937 惠澄造像記

北魏正光六年（525）三月十日刻，現存河南洛陽龍門石窟。

東洋文庫：

    一張，紙本墨拓，原片，20.0×15.0，編號：Ⅱ-16-C-k-107。

京都大學人文科學研究所：

    一張，紙本墨拓，原片，編號：NAN0195X。

0938 曹望憘造像記

又稱"襄威將軍柏仁令齊州魏郡魏縣曹望憘造像記""曹望憘造彌勒下生像記""魏曹望□造像"，北魏正光六年（525）三月二十日刻，清光緒年間發現於山東臨淄西桐林莊，陳介祺舊藏，現藏於美國費城大學博物館。

書道博物館：

    一張，紙木墨拓，全拓，條幅。

東洋文庫：

    一張，紙本墨拓，原片，117.0×60.0，編號：Ⅱ-16-C-201。

    一張，紙本墨拓，原片，27.0×60.0，編號：Ⅱ-16-C-1056。

宇野雪村文庫：

    一册，紙本墨拓，原片，編號：264。

    二張，紙本墨拓，原片，編號：1611。

京都大學人文科學研究所：

    一張，紙本墨拓，原片，編號：NAN0271A。

    一張，紙本墨拓，原片，編號：NAN0271B。

    一張，紙本墨拓，原片，編號：NAN0271C。

    一張，紙本墨拓，原片，編號：NAN0271D。

淑德大學書學文化中心：

    一軸，紙本墨拓，卷軸，編號：198127。

    一軸，紙本朱拓，卷軸，編號：198977。

大阪市立美術館：

    一張，紙本墨拓，原片，編號：2724。

墨華書道會：

    一張，紙本墨拓，原片。

0939 賈智淵妻張寶珠造像記

北魏正光六年（525）四月十九日刻，山東青州西王孔莊出土，現藏於山東博物館。

書道博物館：

　　一册，紙本墨拓，册頁。

宇野雪村文庫：

　　一張，紙本墨拓，原片，編號：1804。

東京國立博物館：

　　二幅，紙本墨拓，原片，編號：1257。

京都大學人文科學研究所：

　　一張，紙本墨拓，原片，編號：NAN0272A。

　　一張，紙本墨拓，原片，編號：NAN0272B。

淑德大學書學文化中心：

　　一張，碑陽，紙本墨拓，托裱，編號：195050。

　　一軸，碑陽，紙本墨拓，卷軸，編號：195803。

　　一張，碑陽，紙本墨拓，托裱，編號：197170。

　　一張，碑陰，紙本墨拓，托裱，編號：197171。

0940　蘇胡仁合邑十九人造像記

北魏正光六年（525）五月十五日刻，現存河南洛陽龍門石窟。

東洋文庫：

　　一張，紙本墨拓，原片，35.0×35.0，編號：Ⅱ-16-C-1057。

　　一張，紙本墨拓，原片，32.0×35.0，編號：Ⅱ-16-C-108。

東北大學附屬圖書館：

　　一幅，紙本墨拓，原片，常盤大定舊藏。

京都大學人文科學研究所：

　　一張，紙本墨拓，原片，編號：NAN0275X。

淑德大學書學文化中心：

　　一張，紙本墨拓，原片，編號：195043。

　　一張，紙本墨拓，原片，編號：195887。

　　一張，紙本墨拓，原片，編號：195888。

書壇院：

　　一幅，紙本墨拓，原片。

0941　法義等七人造像記

北魏正光六年（525）五月二十日刻，山東青州出土，今藏地不詳。

京都大學人文科學研究所：

　　一張，紙本墨拓，原片，編號：NAN0274X。

0942　李遵墓誌

北魏正光六年（525）五月二十二日葬，河南洛陽出土，現藏於首都博物館。

京都大學人文科學研究所：

一張，紙本墨拓，原片，編號：NAN0273A。

一張，紙本墨拓，原片，編號：NAN0273B。

淑德大學書學文化中心：

一張，墓誌，紙本墨拓，原片，編號：000223。

一張，墓誌蓋，紙本墨拓，原片，編號：000224。

0943　邑師連名造像記

北魏正光六年（525）五月刻，今藏地不詳。

書道博物館：

一冊，紙本墨拓，綴帖。

0944　王世和等法義兄弟造像記

北魏正光六年（525）六月十五日刻，山東博興縣般若寺村北般若寺遺址出土，現藏於博興縣文物管理所。

淑德大學書學文化中心：

一張，紙本墨拓，原片，編號：197239。

0945　寶淵造像記

北魏正光六年（525）□月二十一日刻，今藏地不詳。

淑德大學書學文化中心：

一張，碑陽，紙本墨拓，原片，編號：001821。

一張，碑陰，紙本墨拓，原片，編號：001821。

0946　彌勒下生像臺座

北魏正光六年（525）刻，今藏地不詳。

龍谷大學：

一幅，紙本墨拓，原片，128.0×66.0。

0947　正光佛造像碑陰

北魏正光六年（525）刻，今藏地不詳。

東京藝術大學藝術資料館：

一張，紙本墨拓，卷子裝，223.0×183.3，編號：27。

0948 惠紀等四百人造像記

北魏正光年間（520—525）刻，今藏地不詳。

大阪市立美術館：

　　一張，紙本墨拓，原片，編號：2675。

0949 趙智嫗造像記

北魏正光年間（520—525）刻，今藏地不詳。

淑德大學書學文化中心：

　　一張，紙本墨拓，托裱，編號：198435。

［孝昌］

0950 吳瑱墓誌

北魏孝昌元年（525）二月三日葬，出土時地不詳，疑偽刻。

宇野雪村文庫：

　　一張，紙本墨拓，原片，編號：1833。

　　一張，紙本墨拓，原片，編號：1891。

京都大學人文科學研究所：

　　一張，紙本墨拓，原片，編號：NAN0276X。

0951 田壽造像記

北魏孝昌元年（525）二月十五日刻，疑偽刻。

書道博物館：

　　一册，紙本墨拓，册頁，端方藏石。

淑德大學書學文化中心：

　　一張，紙本墨拓，原片，編號：000752。

0952 李祥造像記

北魏孝昌元年（525）四月八日刻，今藏地不詳。

淑德大學書學文化中心：

　　一張，紙本墨拓，原片，編號：198192。

0953 龐定國等造像記

北魏孝昌元年（525）六月三十日刻，今藏地不詳。

京都大學人文科學研究所：

一張，紙本墨拓，原片，編號：NAN0278X。

0954　僧賢造像記

又稱"比丘尼僧□造彌勒觀音藥師像記"，北魏孝昌元年（525）七月二十七日刻，現存河南洛陽龍門石窟。

東京國立博物館：

一幅，紙本墨拓，原片，編號：557。

東洋文庫：

一張，紙本墨拓，原片，11.0×55.0，編號：Ⅱ-16-C-K-109。

京都大學人文科學研究所：

一張，紙本墨拓，原片，編號：NAN0279X。

0955　□巴□墓誌

北魏孝昌元年（525）七月葬，今藏地不詳。

書道博物館：

一張，紙本墨拓，全拓。

0956　僧達造像記

北魏孝昌元年（525）八月八日刻，現存河南洛陽龍門石窟。

書道博物館：

一册，紙本墨拓，綴帖。

東洋文庫：

一張，紙本墨拓，原片，21.0×14.0，編號：Ⅱ-16-C-K-110。

京都大學人文科學研究所：

一張，紙本墨拓，原片，編號：NAN0280X。

0957　元華光墓誌

北魏孝昌元年（525）九月二十四日葬，民國十二年（1923）出土於河南洛陽安駕溝村，羅振玉舊藏，今藏地不詳。

書道博物館：

一册，紙本墨拓，册頁。

淑德大學書學文化中心：

一張，紙本墨拓，原片，編號：197051。

宇野雪村文庫：

一册，紙本墨拓，册頁，編號：310。

0958　元顯魏墓誌

北魏孝昌元年（525）十月二十一日葬，民國五年（1916）出土於河南洛陽後海資村，現藏於河南博物院。

宇野雪村文庫：

一張，紙本墨拓，原片，編號：1398。

京都大學人文科學研究所：

一張，紙本墨拓，原片，編號：NAN0281X。

大阪市立美術館：

一張，紙本墨拓，原片，編號：2660。

淑德大學書學文化中心：

一張，紙本墨拓，原片，編號：197054。

0959　李延齡墓誌

北魏孝昌元年（525）十月葬，河南洛陽出土，已流失海外，現藏於日本書道博物館。

大阪市立美術館：

一張，紙本墨拓，原片，編號：2641。

0960　元煥墓誌

北魏孝昌元年（525）十一月八日葬，民國十五年（1926）出土於河南洛陽張羊村，現藏於西安碑林博物館。

宇野雪村文庫：

一册，紙本墨拓，册頁，編號：316。

大阪市立美術館：

一張，紙本墨拓，原片，編號：2673。

淑德大學書學文化中心：

一張，紙本墨拓，原片，編號：000919。

0961　元纂墓誌

北魏孝昌元年（525）十一月二十日葬，民國八年（1919）出土於河南洛陽城北安駕溝村，現藏於遼寧省博物館。

書道博物館：

一張，紙本墨拓，原片，精拓。

東洋文庫：

一張，紙本墨拓，原片，69.0×68.0，編號：Ⅱ-16-C-2.11。

一張，紙本墨拓，原片，70.0×70.0，編號：Ⅱ-16-C-143。

宇野雪村文庫：

  一張，紙本墨拓，原片，編號：1526。

  一張，紙本墨拓，原片，編號：1676，山本竟山舊藏。

京都大學人文科學研究所：

  一張，紙本墨拓，原片，編號：NAN0282X。

  一張，紙本墨拓，原片，編號：NAN0283X。

淑德大學書學文化中心：

  一張，紙本墨拓，原片，編號：000388。

0962　元熙墓誌

北魏孝昌元年（525）十一月二十日葬，河南洛陽出土，現藏於吉林省博物院。

宇野雪村文庫：

  一張，紙本墨拓，原片，編號：1399。

淑德大學書學文化中心：

  一張，紙本墨拓，托裱，編號：000226。

0963　元誘妻薛伯徽墓誌

北魏孝昌元年（525）十一月二十日葬，民國十二年（1923）出土於河南洛陽城北安駕溝村，現藏於西安碑林博物館。

宇野雪村文庫：

  一冊，紙本墨拓，冊頁，編號：322。

大阪市立美術館：

  一張，紙本墨拓，原片，編號：2673。

淑德大學書學文化中心：

  一張，紙本墨拓，原片，編號：000709。

0964　元晫墓誌

北魏孝昌元年（525）十一月二十日葬，河南洛陽出土，現藏於中國國家圖書館。

東洋文庫：

  一張，紙本墨拓，原片，69.0×68.0，編號：Ⅱ-16-C-2.12。

宇野雪村文庫：

  一張，紙本墨拓，原片，編號：1599。

淑德大學書學文化中心：

  一張，紙本墨拓，原片，編號：000389。

  一張，紙本墨拓，原片，編號：198149。

  一張，紙本墨拓，托裱，編號：198670。

0965　元寶月墓誌

北魏孝昌元年（525）十二月三日葬，民國十八年（1929）出土於河南洛陽東北馬坡村，現藏於西安碑林博物館。

宇野雪村文庫：

　　　　一張，紙本墨拓，原片，編號：1400。

淑德大學書學文化中心：

　　　　一張，紙本墨拓，原片，編號：000227。

　　　　一張，紙本墨拓，原片，編號：000923。

0966　吴安國墓碣

北魏孝昌元年（525）刻，端方舊藏，今藏地不詳。

淑德大學書學文化中心：

　　　　一張，紙本墨拓，原片，編號：000438。

0967　吴高黎墓誌

北魏孝昌二年（526）正月十三日葬，河南洛陽出土，劉喜海等舊藏，今藏地不詳。

書道博物館：

　　　　一張，紙本墨拓，全拓。

宇野雪村文庫：

　　　　一張，紙本墨拓，原片，編號：1890。

京都大學人文科學研究所：

　　　　一張，紙本墨拓，原片，編號：NAN0286X。

淑德大學書學文化中心：

　　　　一張，紙本墨拓，原片，編號：000489。

0968　元寧造像記

北魏孝昌二年（526）正月二十四日刻，現存河南洛陽龍門石窟。

京都大學人文科學研究所：

　　　　一張，紙本墨拓，原片，編號：NAN0288X。

大阪市立美術館：

　　　　一張，紙本墨拓，原片，編號：2691。

淑德大學書學文化中心：

　　　　一軸，紙本墨拓，卷軸，編號：196476。

　　　　一軸，紙本墨拓，卷軸，編號：196882。

0969　李謀墓誌

北魏孝昌二年（526）二月十五日葬，清光緒十八年（1892）出土於山東安丘，現藏於山東省博物館。

東洋文庫：

一張，紙本墨拓，原片，80.0×52.0，編號：Ⅱ-16-C-K-151。

宇野雪村文庫：

一冊，紙本墨拓，冊頁，編號：375。

一張，紙本墨拓，原片，編號：1871。

京都大學人文科學研究所：

一張，紙本墨拓，原片，編號：NAN0289X。

淑德大學書學文化中心：

一張，摹刻，紙本墨拓，原片，編號：000228。

0970　鹿登等造像記

又稱"吉祥寺造像殘石""北魏法義三十五人造像記""法義等造像記殘石""鹿登等卅三人造像記""張□汪等造像記"，北魏孝昌二年（526）二月二十七日刻，山東青州馬皆莊吉祥寺出土。

宇野雪村文庫：

一張，紙本墨拓，原片，編號：1951。

淑德大學書學文化中心：

一軸，紙本墨拓，卷軸，編號：198020。

一軸，紙本墨拓，卷軸，編號：198644。

0971　于仙姬墓誌

北魏孝昌二年（526）四月四日葬，民國十五年（1926）出土於河南洛陽南石山村，現藏於西安碑林博物館。

京都大學人文科學研究所：

一張，墓誌蓋，紙本墨拓，原片，編號：NAN0290A。

一張，墓誌，紙本墨拓，原片，編號：NAN0290B。

淑德大學書學文化中心：

一張，墓誌蓋，紙本墨拓，原片，編號：000898。

一張，墓誌，紙本墨拓，原片，編號：000899。

0972　周天蓋造像記

北魏孝昌二年（526）四月八日刻，現藏於河南洛陽龍門石窟。

書道博物館：

一册，紙本墨拓，綴帖。

東洋文庫：

一張，紙本墨拓，原片，14.0×32.0，編號：Ⅱ-16-C-K-111。

東京國立博物館：

一幅，紙本墨拓，原片，編號：563。

京都大學人文科學研究所：

一張，紙本墨拓，原片，編號：NAN0297X。

0973　淳于道等造像記

北魏孝昌二年（526）四月十五日刻，現存河南洛陽龍門石窟。

東洋文庫：

一張，紙本墨拓，原片，15.0×27.0，編號：Ⅱ-16-C-K-112。

0974　法起造像記

又稱"北魏比丘尼造觀世音像記"，北魏孝昌二年（526）四月二十三日刻，現存河南洛陽龍門石窟。

東洋文庫：

一張，紙本墨拓，原片，8.0×22.0，編號：Ⅱ-16-C-K-113。

0975　法暉造像記

又稱"北魏□□司尼造彌勒像記"，北魏孝昌二年（526）四月二十三日刻，現存河南洛陽龍門石窟。

書道博物館：

一册，紙本墨拓，綴帖。

東洋文庫：

一張，紙本墨拓，原片，12.0×47.0，編號：Ⅱ-16-C-K-114。

京都大學人文科學研究所：

一張，紙本墨拓，原片，編號：NAN0300X。

一張，紙本墨拓，原片，編號：NAN0303X。

0976　王爲亡夫寧遠將軍造像記

又稱"清信王造像記"，北魏孝昌二年（526）四月二十八日刻，現存河南洛陽龍門石窟。

書道博物館：

一册，紙本墨拓，綴帖。

東洋文庫：

一張，紙本墨拓，原片，12.0×28.0，編號：Ⅱ-16-C-K-115。

0977　左藏令榮九州造像記

北魏孝昌二年（526）五月八日刻，現存河南洛陽龍門石窟。

東洋文庫：

　　一張，紙本墨拓，原片，12.0×32.0，編號：Ⅱ-16-C-K-121。

東京國立博物館：

　　一幅，紙本墨拓，原片，編號：566。

京都大學人文科學研究所：

　　一張，紙本墨拓，原片，編號：NAN0306X。

0978　清信欲會造像記

又稱"北魏清信欲會造觀世音像記"，北魏孝昌二年（526）五月十五日刻，現存河南洛陽龍門石窟。

書道博物館：

　　一册，紙本墨拓，綴帖。

東洋文庫：

　　一張，紙本墨拓，原片，10.0×32.0，編號：Ⅱ-16-C-K-116。

京都大學人文科學研究所：

　　一張，紙本墨拓，原片，編號：NAN0302X。

0979　法璨造像記

又稱"北魏比丘尼法□造釋迦像記""尼法際造像記"，北魏孝昌二年（526）五月二十三日刻，現存河南洛陽龍門石窟。

書道博物館：

　　一册，紙本墨拓，綴帖。

東洋文庫：

　　一張，紙本墨拓，原片，12.0×30.0。

東京國立博物館：

　　一幅，紙本墨拓，原片，編號：561。

0980　智空造像記

北魏孝昌二年（526）五月二十三日刻，現存河南洛陽龍門石窟。

書道博物館：

　　一册，紙本墨拓，綴帖。

東京國立博物館：

　　一幅，紙本墨拓，原片，編號：567。

東洋文庫：

　　　一張，紙本墨拓，原片，13.0×28.0，編號：Ⅱ-16-C-K-118。

京都大學人文科學研究所：

　　　一張，紙本墨拓，原片，編號：NAN0305X。

0981　丁辟耶造像記

北魏孝昌二年（526）五月二十三日刻，現存河南洛陽龍門石窟。

書道博物館：

　　　一册，紙本墨拓，綴帖。

東洋文庫：

　　　一張，紙本墨拓，原片，11.0×28.0，編號：Ⅱ-16-C-K-120。

東京國立博物館：

　　　一幅，紙本墨拓，原片，編號：564。

京都大學人文科學研究所：

　　　一張，紙本墨拓，原片，編號：NAN0301X。

0982　傅辰侯造像記

又稱“傅臣侯造像記”，北魏孝昌二年（526）五月二十九日刻，現存河南洛陽龍門石窟。

書道博物館：

　　　一册，紙本墨拓，綴帖。

東洋文庫：

　　　一張，紙本墨拓，原片，11.0×32.0，編號：Ⅱ-16-C-K-119。

京都大學人文科學研究所：

　　　一張，紙本墨拓，原片，編號：NAN0304X。

0983　昝雙仁墓誌

北魏孝昌二年（526）五月二十九日葬，民國十五年（1926）出土於河南洛陽城東山嶺頭，現藏於西安碑林博物館。

宇野雪村文庫：

　　　一張，紙本墨拓，原片，編號：1401。

大阪市立美術館：

　　　一張，紙本墨拓，原片，編號：2673。

0984　僧達等四十人造像記

北魏孝昌二年（526）六月二日刻，山東青州出土，今藏地不詳。

淑德大學書學文化中心：

一張，紙本墨拓，托裱，編號：197188。

一張，紙本墨拓，原片，編號：195052。

一張，紙本墨拓，原片，編號：195501。

0985　李袁等造像記

北魏孝昌二年（526）六月二十日刻，現存河南洛陽龍門石窟。

宇野雪村文庫：

一册，紙本墨拓，册頁，編號：313。

東洋文庫：

一張，紙本墨拓，原片，22.0×8.0，編號：Ⅱ-16-C-K-112。

0986　元乂墓誌

北魏孝昌二年（526）七月二十四日葬，墓誌與誌蓋分别於民國十四年（1925）和民國二十四年
（1935）出土於河南洛陽前海資村，現藏於開封市圖書館。

京都大學人文科學研究所：

一張，紙本墨拓，原片，編號：NAN0291X。

大阪市立美術館：

一張，紙本墨拓，原片，編號：2645。

淑德大學書學文化中心：

一張，紙本墨拓，原片，編號：197074。

0987　元恪嬪李氏墓誌

北魏孝昌二年（526）八月六日葬，民國十五年（1926）出土於河南洛陽南石山村，現藏於西安
碑林博物館。

淑德大學書學文化中心：

一張，紙本墨拓，原片，編號：000924。

一軸，紙本墨拓，卷軸，編號：198088。

大阪市立美術館：

一張，紙本墨拓，原片，編號：2673。

0988　丘哲妻鮮于仲兒墓誌

北魏孝昌二年（526）八月十八日葬，民國十六年（1927）出土於河南洛陽城東馬溝村，現藏於
西安碑林博物館。

淑德大學書學文化中心：

一張，紙本墨拓，原片，編號：000929。

大阪市立美術館：

一張，紙本墨拓，原片，編號：2673。

0989　司□□造像記

北魏孝昌二年（526）八月刻，今藏地不詳。

書道博物館：

一册，紙本墨拓，綴帖。

0990　元氏法義卅五人造像記

又稱"元氏法義卅五人造彌勒像記""帝主元氏法義三十五人造彌勒像銘"，北魏孝昌二年（526）九月八日刻，現存山東歷城黄石崖24號龕。

京都大學人文科學研究所：

一張，紙本墨拓，原片，編號：NAN0292X。

淑德大學書學文化中心：

一張，紙本墨拓，托裱，編號：197189。

一册，紙本墨拓，册頁，編號：196567。

0991　崔鴻墓誌

北魏孝昌二年（526）九月十七日葬，一九七三年出土於山東淄博臨淄區大武鄉窩托村，現藏於山東省文物考古研究院。

宇野雪村文庫：

一張，紙本墨拓，原片，編號：1358。

0992　朱奇墓誌

北魏孝昌二年（526）十月二日葬，出土時地不詳，疑僞刻。

宇野雪村文庫：

一張，紙本墨拓，原片，編號：1537。

0993　侯剛墓誌

北魏孝昌二年（526）十月十八日葬，民國十五年（1926）出土於河南洛陽東馬溝村，現藏於西安碑林博物館。

宇野雪村文庫：

一張，紙本墨拓，原片，編號：1559。

淑德大學書學文化中心：

一張，墓誌蓋，紙本墨拓，原片，編號：000887。

一張，墓誌，紙本墨拓，原片，編號：000911。

0994 秦洪墓誌

北魏孝昌二年（526）十月十八日葬，民國十五年（1926）出土於河南洛陽城東北平樂北小寨溝村，現藏於西安碑林博物館。

大阪市立美術館：

二張，紙本墨拓，原片，編號：2673。

0995 元壽安墓誌

北魏孝昌二年（526）十月十九日葬，民國十一年（1922）出土於河南洛陽馬坡村，現藏於遼寧省博物館。

書道博物館：

一册，紙本墨拓，册頁。

東洋文庫：

一張，墓誌，紙本墨拓，85.0×85.0。一張，墓誌蓋，紙本墨拓，69.0×64.0。編號：Ⅱ-16-C-2.14。

京都大學人文科學研究所：

一張，紙本墨拓，原片，編號：NAN0294X。

淑德大學書學文化中心：

一張，墓誌蓋，紙本墨拓，原片，編號：198150。

一軸，墓誌，紙本墨拓，卷軸，編號：198089。

一張，墓誌，紙本墨拓，原片，編號：000391。

一張，墓誌，紙本墨拓，原片，編號：198151。

0996 元玶墓誌

北魏孝昌二年（526）十月十九日葬，民國十一年（1922）出土於河南洛陽南陳莊村，現藏於西安碑林博物館。

宇野雪村文庫：

一張，紙本墨拓，原片，編號：1669。

一册，紙本墨拓，册頁，編號：414。

京都大學人文科學研究所：

一張，紙本墨拓，原片，編號：NAN0296A。

一張，紙本墨拓，原片，編號：NAN0296B。

淑德大學書學文化中心：

一張，墓誌蓋，紙本墨拓，原片，編號：000885。

一張，墓誌，紙本墨拓，原片，編號：000886。

0997 楊乾墓誌

北魏孝昌二年（526）十月十九日葬，民國十八年（1929）出土於河南洛陽東北後溝村，現藏於西安碑林博物館。

淑德大學書學文化中心：

一張，紙本墨拓，原片，編號：000896。

大阪市立美術館：

二張，紙本墨拓，原片，編號：2673。

0998 元熹墓誌

北魏孝昌二年（526）十月二十一日葬，出土時地不詳，疑偽刻。

淑德大學書學文化中心：

一張，紙本墨拓，原片，編號：000229。

0999 高廣墓誌

北魏孝昌二年（526）十月葬，河南洛陽出土，現藏於遼寧省博物館。

宇野雪村文庫：

一張，紙本墨拓，原片，編號：1231。

東洋文庫：

一張，紙本墨拓，原片，40.0×39.0，編號：Ⅱ-16-C-2.13。

京都大學人文科學研究所：

一張，紙本墨拓，原片，編號：NAN0293X。

淑德大學書學文化中心：

一張，紙本墨拓，原片，編號：000390。

1000 周恒墓誌

北魏孝昌二年（526）十一月十四日葬，河南洛陽出土，今藏地不詳。

宇野雪村文庫：

一張，紙本墨拓，原片，編號：1536。

淑德大學書學文化中心：

一張，紙本墨拓，原片，編號：197088。

1001 于景墓誌

北魏孝昌二年（526）十一月十四日葬，民國八年（1919）出土於河南洛陽城北伯樂凹村，現藏於中國國家博物館。

宇野雪村文庫：

　　一張，紙本墨拓，原片，編號：1687。

　　一張，紙本墨拓，原片，編號：1894。

京都大學人文科學研究所：

　　一張，紙本墨拓，原片，編號：NAN0295A。

　　一張，紙本墨拓，原片，編號：NAN0295B。

淑德大學書學文化中心：

　　一張，紙本墨拓，原片，編號：000230。

1002　公孫猗墓誌

北魏孝昌二年（526）十一月十四日葬，民國十五年（1926）出土於河南洛陽小梁村，現藏於西安碑林博物館。

宇野雪村文庫：

　　一册，紙本墨拓，册頁，編號：323。

大阪市立美術館：

　　二張，紙本墨拓，原片，編號：2673。

淑德大學書學文化中心：

　　一張，紙本墨拓，原片，編號：000901。

1003　寇治墓誌

北魏孝昌二年（526）十一月十七日葬，民國八年（1919）出土於河南洛陽東北攔駕溝村，李根源舊藏，今石已毁。

宇野雪村文庫：

　　一張，紙本墨拓，原片，編號：1864。

1004　于纂(榮業)墓誌

北魏孝昌二年（526）閏十一月七日葬，民國十五年（1926）出土於河南洛陽城北伯樂凹村，現藏於西安碑林博物館。

宇野雪村文庫：

　　一張，紙本墨拓，原片，編號：1402。

1005　元則墓誌

北魏孝昌二年（526）閏十一月七日葬，民國十八年（1929）出土於河南洛陽城北安駕溝村，現藏於河南博物院。

淑德大學書學文化中心：

　　一張，紙本墨拓，原片，編號：001481。

　　一張，紙本墨拓，原片，編號：001503。

1006　元朗墓誌

北魏孝昌二年（526）閏十一月十九日葬，民國十五年（1926）出土於河南洛陽城北後李村，現藏於西安碑林博物館。

大阪市立美術館：

二張，紙本墨拓，原片，編號：2637、2673。

1007　寇侃墓誌

北魏孝昌二年（526）十二月二十六日葬，民國九年（1920）出土於河南洛陽東北攔駕溝村，今藏地不詳。

宇野雪村文庫：

一册，紙本墨拓，册頁，編號：309。

1008　彌勒造像記

北魏孝昌二年（526）□月八日刻，今藏地不詳。

東京國立博物館：

一幅，紙本墨拓，原片，編號：577。

東洋文庫：

一張，紙本墨拓，原片，14.0×32.0，編號：Ⅱ-16-C-K-123。

一張，紙本墨拓，原片，14.0×32.0，編號：Ⅱ-16-C-K-124。

1009　清信顧會造像記

北魏孝昌二年（526）刻，現存河南洛陽龍門石窟。

東京國立博物館：

一幅，紙本墨拓，原片，編號：565。

1010　法起造像記

北魏孝昌二年（526）刻，現存河南洛陽龍門石窟。

書道博物館：

一册，紙本墨拓，綴帖。

京都大學人文科學研究所：

一張，紙本墨拓，原片，編號：NAN0298X。

一張，紙本墨拓，原片，編號：NAN0299X。

1011　黄法僧造像記

北魏孝昌三年（527）正月十五日刻，現存河南洛陽龍門石窟。

書道博物館：

　　一册，紙本墨拓，綴帖。

東洋文庫：

　　一張，紙本墨拓，原片，14.0×25.0，編號：Ⅱ-16-C-K-125。

京都大學人文科學研究所：

　　一張，紙本墨拓，原片，編號：NAN0308X。

1012　皆公寺造像

又稱"比丘道林造像""道休造像記""比丘道休造弥勒像記""比丘道□造弥勒像記"，北魏孝昌三年（527）二月十五日刻，山東省廣饒縣西南楊趙寺村出土，現藏於山東石刻藝術博物館。

東京藝術大學藝術資料館：

　　一張，紙本墨拓，卷子裝，76.4×61.4，編號：3280。

1013　董偉墓誌

北魏孝昌三年（527）二月十六日葬，民國十四年（1925）出土於河南洛陽馬溝村，現藏於西安碑林博物館。

大阪市立美術館：

　　一張，紙本墨拓，原片，編號：2673。

1014　蘇屯墓誌

北魏孝昌三年（527）二月二十一日葬，民國十八年（1929）出土於河南洛陽東北大倉村，現藏於西安碑林博物館。

宇野雪村文庫：

一張，紙本墨拓，原片，編號：1403。

1015　劉平周造像記

又稱"北魏明威將軍劉康奴等造像殘碑""郯城軍主劉康奴等造像"，北魏孝昌三年（527）二月刻，現存山東臨沂郯城縣。

宇野雪村文庫：

　　一册，紙本墨拓，册頁，編號：3。

　　一册，紙本墨拓，册頁，編號：217。

淑德大學書學文化中心：

　　一張，碑陽，紙本墨拓，托裱，編號：001253。

　　一軸，碑陽，紙本墨拓，卷軸，編號：195288。

　　一軸，碑陽，紙本墨拓，卷軸，編號：196098。

　　一軸，碑陰，紙本墨拓，卷軸，編號：195288。

一軸，碑陰，紙本墨拓，卷軸，編號：196099。

一張，左側，紙本墨拓，托裱，編號：001254。

一軸，左側，紙本墨拓，卷軸，編號：195288。

一軸，左側，紙本墨拓，卷軸，編號：196100。

一軸，右側，紙本墨拓，卷軸，編號：195288。

一軸，右側，紙本墨拓，卷軸，編號：196101。

1016　宋景妃造像記

北魏孝昌三年（527）四月八日刻，現存河南洛陽龍門石窟。

書道博物館：

一册，紙本墨拓，綴帖。

東洋文庫：

一張，紙本墨拓，原片，14.0×48.0，編號：Ⅱ-16-C-1058。

一張，紙本墨拓，原片，14.0×48.0，編號：Ⅱ-16-C-K-126。

東北大學附屬圖書館：

一幅，紙本墨拓，原片，常盤大定舊藏。

宇野雪村文庫：

一册，紙本墨拓，原片，編號：202。

淑德大學書學文化中心：

一張，紙本墨拓，原片，編號：195887。

一張，紙本墨拓，原片，編號：195888。

京都大學人文科學研究所：

一張，紙本墨拓，原片，編號：NAN0310X。

書壇院：

一幅，紙本墨拓，原片。

1017　法恩造像記

北魏孝昌三年（527）四月八日刻，現存河南洛陽龍門石窟。

東洋文庫：

一張，紙本墨拓，原片，12.0×15.0，編號：Ⅱ-16-C-n-25。

淑德大學書學文化中心：

一張，紙本墨拓，原片，編號：195887。

一張，紙本墨拓，原片，編號：195888。

一張，紙本墨拓，托裱，編號：197190。

書壇院：

一幅，紙本墨拓，原片。

1018　宋景妃造龕記

北魏孝昌三年（527）四月八日刻，現存河南洛陽龍門石窟。

宇野雪村文庫：

　　　一册，紙本墨拓，册頁，編號：218。

京都大學人文科學研究所：

　　　一張，紙本墨拓，原片，編號：NAN0309X。

1019　于纂墓誌

北魏孝昌三年（527）五月十一日葬，清宣統二年（1910）出土於河南洛陽城東北劉家坡村，現藏於西安碑林博物館。

東洋文庫：

　　　一張，紙本墨拓，原片，54.0×53.0，編號：Ⅱ-16-C-K-127。

宇野雪村文庫：

　　　一張，紙本墨拓，原片，編號：1896。

京都大學人文科學研究所：

　　　一張，紙本墨拓，原片，編號：NAN0311X。

淑德大學書學文化中心：

　　　一張，紙本墨拓，原片，編號：000392。

　　　一張，紙本墨拓，原片，編號：000915。

大阪市立美術館：

　　　二張，紙本墨拓，原片，編號：2673。

1020　明勝造像記

北魏孝昌三年（527）五月十四日刻，現存河南洛陽龍門石窟。

京都大學人文科學研究所：

　　　一張，紙本墨拓，原片，編號：NAN0312X。

1021　胡明相墓誌

北魏孝昌三年（527）五月二十三日葬，民國八年（1919）出土於河南洛陽城北凹村，現藏於西安碑林博物館。

書道博物館：

　　　一張，精拓，紙本墨拓，全拓。

宇野雪村文庫：

　　　一張，紙本墨拓，原片，編號：1519。

淑德大學書學文化中心：

一張，墓誌，紙本墨拓，原片，編號：000393。

一張，墓誌，紙本墨拓，托裱，編號：198153。

一張，墓誌蓋，紙本墨拓，原片，編號：000393。

一張，墓誌蓋，紙本墨拓，托裱，編號：198152。

1022　法恩造像記

北魏孝昌三年（527）五月二十四日刻，現存河南洛陽龍門石窟。

東洋文庫：

一張，紙本墨拓，原片，36.0×50.0，編號：Ⅱ-16-C-1059。

京都大學人文科學研究所：

一張，紙本墨拓，原片，編號：NAN0312X。

1023　明勝造像記

北魏孝昌三年（527）五月二十四日刻，現存河南洛陽龍門石窟。

書道博物館：

一册，紙本墨拓，綴帖。

東洋文庫：

一張，紙本墨拓，原片，33.0×15.0，編號：Ⅱ-16-C-128。

書壇院：

一幅，紙本墨拓，原片。

1024　張神龍等法義兄弟一百餘人造像記

又稱“張神龍等百餘人造像”“法義兄弟一百餘人造石窟像記”“北魏法義百餘人造像記”，北魏孝昌三年（527）七月十日刻，現存山東歷城黄石崖。

東洋文庫：

一張，紙本墨拓，原片，33.0×34.0，編號：Ⅱ-16-C-1060。

宇野雪村文庫：

一張，紙本墨拓，原片，編號：1941。

淑德大學書學文化中心：

一册，紙本墨拓，册頁，編號：197415，天放樓舊藏。

一册，紙本墨拓，册頁，編號：196567。

京都大學人文科學研究所：

一張，紙本墨拓，原片，編號：NAN0313X。

1025　張神龍息磚誌

北魏孝昌三年（527）七月十九日刻。

墨華書道會：

　　一張，紙本墨拓，原片。

1026　六十人等造如來記

又稱"孝昌造像""臨淄縣邑儀六十人造如來像摩崖""六十人等造像記""六十人等造如來像
記""北魏青州齊郡臨□縣題記""張談造像碑""青州齊郡臨某縣造像題記""孝昌三年造像記"，
北魏孝昌三年（527）八月十二日刻，徵集於東營廣饒縣西營鄉張談村，現藏於東營市歷史博物館。

淑德大學書學文化中心：

　　一冊，紙本墨拓，冊頁，編號：195715。

　　一張，紙本墨拓，原片，編號：196563。

　　一軸，紙本墨拓，卷軸，編號：198401。

京都大學人文科學研究所：

　　一張，紙本墨拓，原片，編號：NAN0314A。

　　一張，紙本墨拓，原片，編號：NAN0314B。

1027　張敬墓誌

北魏孝昌三年（527）九月十三日葬，河南洛陽出土，現藏於南京博物院。

書道博物館：

　　一張，精拓，紙本墨拓，全拓。

淑德大學書學文化中心：

　　一張，紙本墨拓，原片，編號：001508。

　　一軸，紙本墨拓，卷軸，編號：198108。

1028　皇甫公造石窟碑

又稱"皇甫度造石窟寺碑"，北魏孝昌三年（527）九月十九日刻，現存河南洛陽龍門石窟。

宇野雪村文庫：

　　一張，紙本墨拓，原片，編號：1328。

東洋文庫：

　　一張，碑陽，紙本墨拓，187.0×86.0。一張，碑側，紙本墨拓，59.0×18.0。編號：Ⅱ-16-
C-129。

京都大學人文科學研究所：

　　一張，紙本墨拓，原片，編號：NAN0315X。

淑德大學書學文化中心：

　　一張，紙本墨拓，原片，編號：196231。

　　一張，紙本墨拓，托裱，編號：196548。

　　一軸，紙本墨拓，卷軸，編號：195912。

一册，紙本墨拓，册頁，編號：000205。

一册，紙本墨拓，册頁，編號：195665。

一册，紙本墨拓，册頁，編號：196224。

1029 侯愔墓誌

北魏孝昌三年（527）十月十三日葬，出土時地不詳，現藏於杭州西泠印社，疑僞刻。

大阪市立美術館：

一張，紙本墨拓，原片，編號：2636。

1030 元固墓誌

北魏孝昌三年（527）十一月二日葬，民國七年（1918）出土於河南洛陽南陳莊村，現藏於洛陽古代藝術博物館。

書道博物館：

一張，精拓，紙本墨拓，原片。

宇野雪村文庫：

一張，紙本墨拓，原片，編號：1404。

一張，紙本墨拓，原片，編號：1540。

京都大學人文科學研究所：

一張，紙本墨拓，原片，編號：NAN0316X。

淑德大學書學文化中心：

一張，紙本墨拓，原片，編號：197066。

一張，紙本墨拓，原片，編號：197086。

1031 張墀墓誌

北魏孝昌三年（527）十一月十日葬，出土時地不詳，疑僞刻。

宇野雪村文庫：

一張，紙本墨拓，原片，編號：1895。

1032 胡三進墓誌

北魏孝昌三年（527）十一月十三日葬，民國十七年（1928）出土於河南洛陽三里橋，今藏地不詳。

淑德大學書學文化中心：

一張，紙本墨拓，原片，編號：001478。

1033 劉玉墓誌

北魏孝昌三年（527）十一月二十四日葬，清代陝西西安出土，原石已毀，民國間重刻。

書道博物館：

　　一張，紙本墨拓，全拓。

宇野雪村文庫：

　　一册，紙本墨拓，册頁，編號：318。

大阪市立美術館：

　　一張，紙本墨拓，原片，編號：2650。

淑德大學書學文化中心：

　　一張，紙本墨拓，原片，編號：001260。

木雞室：

　　一張，紙本墨拓，原片。

1034　和邃墓誌

北魏孝昌三年（527）十二月二十七日葬，河南洛陽出土，今藏地不詳。

大阪市立美術館：

　　一張，紙本墨拓，原片，編號：2673。

1035　劉兜造像記

北魏孝昌三年（527）刻，出土時地不詳。

書道博物館：

　　一册，紙本墨拓，綴帖。

1036　鹿光熊造像記

北魏孝昌四年（528）正月五日刻，出土時地不詳，疑僞刻。

京都大學人文科學研究所：

　　一張，紙本墨拓，原片，編號：NAN0318X。

1037　張□花造像記

北魏孝昌□年三月二十日刻，出土時地不詳。

京都大學人文科學研究所：

　　一張，紙本墨拓，原片，編號：NAN0323X。

1038　南山□造像記

北魏孝昌□年四月刻，出土時地不詳。

書道博物館：

　　一册，紙本墨拓，綴帖。

［武泰］

1039　元舉墓誌

北魏武泰元年（528）三月十六日葬，民國十五年（1926）出土於河南洛陽安駕溝村，現藏於西安碑林博物館。

宇野雪村文庫：

一張，紙本墨拓，原片，編號：1539。

淑德大學書學文化中心：

一張，紙本墨拓，原片，編號：000926。

1040　元暐墓誌

北魏武泰元年（528）三月十六日葬，民國十七年（1928）出土於河南洛陽城北盤龍冢村，現藏於河南博物院。

京都大學人文科學研究所：

一張，紙本墨拓，原片，編號：NAN0319X。

1041　曇衾造像記

又稱“曇念造像記”，北魏武泰元年（528）四月六日刻，現存河南洛陽龍門石窟。

東洋文庫：

一張，紙本墨拓，原片，20.0×38.0，編號：Ⅱ-16-C-K-1061。

一張，紙本墨拓，原片，18.0×32.0，編號：Ⅱ-16-C-K-130。

東北大學附屬圖書館：

一幅，紙本墨拓，原片，常盤大定舊藏。

京都大學人文科學研究所：

一張，紙本墨拓，原片，編號：NAN0320X。

淑德大學書學文化中心：

一張，紙本墨拓，原片，編號：195887。

一張，紙本墨拓，原片，編號：195888。

書壇院：

一幅，紙本墨拓，原片。

1042　陳天寶造像記

北魏武泰元年（528）四月八日刻，出土時地不詳，疑僞刻。

京都大學人文科學研究所：

一張，紙本墨拓，原片，編號：NAN0321X。

大阪市立美術館：

一張，紙本墨拓，原片，編號：2640。

［建義］

1043 元洛神墓誌

北魏建義元年（528）四月十八日葬，民國十七年（1928）出土於河南洛陽城北白鹿莊，現藏於西安碑林博物館。

淑德大學書學文化中心：

一張，紙本墨拓，原片，編號：000925。

白扇書道會：

一張，紙本墨拓，原片，69.0×70.0，種谷扇舟舊藏。

1044 王僧歡造像記

北魏建義元年（528）五月四日刻，現存山東歷城黃石崖。

東洋文庫：

一張，紙本墨拓，原片，33.0×18.0，編號：Ⅱ-16-C-K-1060。

1045 道勇造像記

北魏建義元年（528）六月十五日刻，山東青州出土，今藏地不詳。

書道博物館：

一冊，紙本墨拓，冊頁，端方藏石。

1046 元悌墓誌

北魏建義元年（528）六月十六日葬，民國十一年（1922）出土於河南洛陽張羊村，現藏於遼寧省博物館。

東洋文庫：

一張，墓誌，紙本墨拓，60.0×60.0。一張，墓誌蓋，紙本墨拓，51.0×51.0。編號：Ⅱ-16-C-2.5。

宇野雪村文庫：

一張，紙本墨拓，原片，編號：1577。

一張，紙本墨拓，原片，編號：1613。

一張，紙本墨拓，原片，編號：1675。

京都大學人文科學研究所：

一張，紙本墨拓，原片，編號：NAN0322X。

淑德大學書學文化中心：

一張，墓誌蓋，紙本墨拓，原片，編號：198154。

一張，墓誌，紙本墨拓，原片，編號：197070。

一張，墓誌，紙本墨拓，原片，編號：198155。

1047　元邵墓誌

北魏建義元年（528）七月五日葬，出土時地不詳，現藏於洛陽古代藝術博物館。

宇野雪村文庫：

一張，紙本墨拓，原片，編號：1821。

1048　元瞻墓誌

北魏建義元年（528）七月六日葬，民國二十一年（1932）出土於河南洛陽城西柿園村，現藏於西安碑林博物館。

宇野雪村文庫：

一張，紙本墨拓，原片，編號：1558。

淑德大學書學文化中心：

一張，紙本墨拓，原片，編號：000918。

1049　元悛墓誌

北魏建義元年（528）七月十二日葬，民國十五年（1926）出土於河南孟津西陳凹村，現藏於西安碑林博物館。

宇野雪村文庫：

一張，紙本墨拓，原片，編號：1406。

大阪市立美術館：

一張，紙本墨拓，原片，編號：2673。

1050　常申慶等拾人造像記

北魏建義元年（528）七月十四日刻，出土時地不詳。

淑德大學書學文化中心：

一軸，紙本墨拓，卷軸，編號：000192。

1051　惠詮等造像記

北魏建義元年（528）七月十五日刻，現存河南洛陽龍門石窟。

東洋文庫：

一張，紙本墨拓，原片，13.0×63.0，編號：Ⅱ-16-C-1062。

一張，紙本墨拓，原片，23.0×29.0，編號：Ⅱ-16-C-K-133。

東北大學附屬圖書館：

　　一幅，紙本墨拓，原片，常盤大定舊藏。

淑德大學書學文化中心：

　　一張，紙本墨拓，原片，編號：001405。

　　一張，紙本墨拓，原片，編號：195887。

　　一張，紙本墨拓，原片，編號：195888。

1052　李興造彌勒佛記

北魏建義元年（528）七月十五日刻，現存河南洛陽龍門石窟。

京都大學人文科學研究所：

　　一張，紙本墨拓，原片，編號：NAN0324X。

書壇院：

　　一幅，紙本墨拓，原片。

1053　陸紹墓誌

北魏建義元年（528）七月十七日葬，民國二年（1912）出土於河南洛陽馬溝村，今石已毀。

東洋文庫：

　　一張，紙本墨拓，原片，52.0×55.0，編號：Ⅱ-16-C-K-132。

宇野雪村文庫：

　　一冊，紙本墨拓，冊頁，編號：288。

　　一張，紙本墨拓，原片，編號：1897。

京都大學人文科學研究所：

　　一張，紙本墨拓，原片，編號：NAN0331X。

1054　元廞墓誌

北魏建義元年（528）七月十八日葬，民國十年（1921）出土於河南洛陽城北安駕溝村，現藏於西安碑林博物館。

宇野雪村文庫：

　　一張，紙本墨拓，原片，編號：1930。

京都大學人文科學研究所：

　　一張，紙本墨拓，原片，編號：NAN0325X。

大阪市立美術館：

　　一張，紙本墨拓，原片，編號：2671。

淑德大學書學文化中心：

　　一張，紙本墨拓，原片，編號：197059。

1055 元略墓誌

北魏建義元年（528）七月十八日葬，民國八年（1919）出土於河南洛陽城北安駕溝村，現藏於遼寧省博物館。

東洋文庫：

一張，紙本墨拓，全拓，65.0×66.0，編號：Ⅱ-16-C-2.16。

京都大學人文科學研究所：

一張，紙本墨拓，全拓，編號：NAN0326X。

淑德大學書學文化中心：

一張，紙本墨拓，原片，編號：000395。

一張，紙本墨拓，原片，編號：198156。

1056 元湛（珍興）墓誌

北魏建義元年（528）七月十八日葬，民國十八年（1929）出土於河南洛陽城北安駕溝村，現藏於西安碑林博物館。

宇野雪村文庫：

一張，紙本墨拓，原片，編號：1405。

一張，紙本墨拓，原片，編號：1666。

1057 王誦墓誌

北魏建義元年（528）七月二十七日葬，民國十年（1921）出土於河南洛陽陳家莊村，今藏地不詳。

京都大學人文科學研究所：

一張，紙本墨拓，原片，編號：NAN0328X。

1058 元昉墓誌

北魏建義元年（528）七月三十日葬，民國十七年（1928）出土於河南洛陽城北安駕溝村，現藏於開封博物館。

宇野雪村文庫：

一張，紙本墨拓，原片，編號：1936。

京都大學人文科學研究所：

一張，紙本墨拓，原片，編號：NAN0329X。

淑德大學書學文化中心：

一張，紙本墨拓，原片，編號：000231。

1059 元毓墓誌

北魏建義元年（528）七月三十日葬，民國四年（1915）出土於河南洛陽徐家溝村，今藏地不詳。

東洋文庫：

　　　一張，紙本墨拓，原片，55.0×54.0，編號：Ⅱ-16-C-K-131。

宇野雪村文庫：

　　　一張，紙本墨拓，原片，編號：1672。

1060　惠詵等造像

又稱"李興造像""沙門惠詵弟李興造像記""比丘惠譜李興造像"，北魏建義元年（528）七月
十五日刻，現存河南洛陽龍門石窟。

書道博物館：

　　　一册，紙本墨拓，綴帖。

1061　元鑒妃吐谷渾氏墓誌

北魏建義元年（528）八月十一日葬，民國十年（1921）出土於河南洛陽城北前海資村，現藏於
西安碑林博物館。

京都大學人文科學研究所：

　　　一張，紙本墨拓，原片，編號：NAN0332X。

大阪市立美術館：

　　　一張，紙本墨拓，原片，編號：2673。

淑德大學書學文化中心：

　　　一張，紙本墨拓，原片，編號：000232。

1062　元周安墓誌

北魏建義元年（528）九月七日葬，民國十四年（1925）出土於河南洛陽城北南陳莊村，現藏於
西安碑林博物館。

宇野雪村文庫：

　　　一張，紙本墨拓，原片，編號：1408。

淑德大學書學文化中心：

　　　一張，紙本墨拓，原片，編號：000927。

大阪市立美術館：

　　　一張，紙本墨拓，原片，編號：2673。

1063　道慧造像記

北魏建義元年（528）十一月二十三日刻，現存洛陽龍門石窟。

書道博物館：

　　　一册，紙本墨拓，綴帖。

東洋文庫：

一張，紙本墨拓，原片，14.0×15.0，編號：Ⅱ-16-C-K-134。

京都大學人文科學研究所：

一張，紙本墨拓，原片，編號：NAN0333X。

［永安］

1064　唐耀墓誌

北魏永安元年（528）十一月二日葬，民國九年（1920）出土於河南洛陽東北馬溝村，現藏於西安碑林博物館。

淑德大學書學文化中心：

一張，紙本墨拓，原片，編號：198993。

一張，紙本墨拓，原片，編號：199021。

大阪市立美術館：

一張，紙本墨拓，原片，編號：2673。

1065　元欽墓誌

北魏永安元年（528）十一月八日葬，民國五年（1916）出土於河南洛陽張平村，現藏於遼寧省博物館。

宇野雪村文庫：

一張，紙本墨拓，原片，編號：1602。

東洋文庫：

一張，紙本墨拓，原片，80.0×85.0，編號：Ⅱ-16-C-2.17。

京都大學人文科學研究所：

一張，紙本墨拓，原片，編號：NAN0334X。

1066　元景略夫人蘭將墓誌

北魏永安元年（528）十一月二十日葬，河南洛陽出土，現藏於遼寧省博物館。

書道博物館：

一張，紙本墨拓，原片。

東洋文庫：

一張，紙本墨拓，原片，45.0×47.0，編號：Ⅱ-16-C-2.18。

一張，紙本墨拓，原片，45.0×46.0，編號：Ⅱ-16-C-K-135。

宇野雪村文庫：

一張，紙本墨拓，原片，編號：1409。

一張，紙本墨拓，原片，編號：1898。

京都大學人文科學研究所：

一張，紙本墨拓，原片，編號：NAN0335X。

淑德大學書學文化中心：

一張，紙本墨拓，原片，編號：000396。

1067 元子永墓誌

北魏永安元年（528）十一月二十日葬，民國二十五年（1936）出土於河南洛陽陳莊村，現藏於西安碑林博物館。

大阪市立美術館：

一張，紙本墨拓，原片，編號：2673。

1068 元禮之墓誌

北魏永安元年（528）十一月二十日葬，民國十五年（1926）出土於河南洛陽陳莊村，現藏於西安碑林博物館。

大阪市立美術館：

一張，紙本墨拓，原片，編號：2673。

1069 樊保雋等造像記

北魏永安元年（528）十二月二十三日刻，出土時地不詳。

淑德大學書學文化中心：

一張，紙本墨拓，托裱，編號：198018。

一張，紙本墨拓，托裱，編號：198035。

1070 王翊墓誌

北魏永安二年（529）二月二十七日葬，民國十五年（1926）出土於河南洛陽城東北馬溝村，現藏於西安碑林博物館。

大阪市立美術館：

一張，紙本墨拓，原片，編號：2673。

1071 元維墓誌

北魏永安二年（529）三月九日葬，民國九年（1920）出土於河南洛陽，現藏於故宮博物院。

宇野雪村文庫：

一張，紙本墨拓，原片，編號：1410。

淑德大學書學文化中心：

一張，紙本墨拓，原片，編號：000233。

大阪市立美術館：

一張，紙本墨拓，原片，編號：2638。

1072　張歡造像記

又稱"父張歡造觀世音像記"，北魏永安二年（529）三月十一日刻，現存河南洛陽龍門石窟。

東洋文庫：

　　　一張，紙本墨拓，原片，11.0×29.0，編號：Ⅱ-16-C-K-136。

京都大學人文科學研究所：

　　　一張，紙本墨拓，原片，編號：NAN0339X。

1073　元道明墓誌

北魏永安二年（529）三月九日葬，出土時地不詳，現藏於故宮博物院。

書道博物館：

　　　一張，紙本墨拓，原片。

1074　筍景墓誌

北魏永安二年（529）四月三日葬，民國十七年（1928）出土於河南洛陽東陡溝村，現藏於西安碑林博物館。

淑德大學書學文化中心：

　　　一張，紙本墨拓，原片，編號：000920。

1075　元繼墓誌

北魏永安二年（529）八月十二日葬，民國十六年（1927）出土於河南洛陽東大楊樹村，現藏於西安碑林博物館。

大阪市立美術館：

　　　一張，紙本墨拓，原片，編號：2673。

1076　邢巒妻元純陁墓誌

北魏永安二年（529）十一月七日葬，河南洛陽出土，現藏於西安碑林博物館。

淑德大學書學文化中心：

　　　一軸，紙本墨拓，卷軸，編號：198091。

大阪市立美術館：

　　　一張，紙本墨拓，原片，編號：2673。

京都大學人文科學研究所：

　　　一張，紙本墨拓，原片，編號：NAN0340X。

1077　山徽墓誌

北魏永安二年（529）十一月七日葬，民國十八年（1929）出土於河南洛陽後營村，現藏於西安碑林博物館。

　　大阪市立美術館：

　　　　一張，紙本墨拓，原片，編號：2673。

1078　尔朱襲墓誌

北魏永安二年（529）十一月七日葬，民國十七年（1928）出土於河南洛陽北十里頭村，現藏於
西安碑林博物館。

　　淑德大學書學文化中心：

　　　　一張，紙本墨拓，原片，編號：000234。

　　京都大學人文科學研究所：

　　　　一張，紙本墨拓，原片，編號：NAN0341X。

1079　雷漢仁造像記

又稱"雷漢仁佛教造像碑""雷漢王等造像記"，北魏永安二年（529）十一月十日刻，原陝西
耀縣出土，現藏於藥王山博物館。

　　淑德大學書學文化中心：

　　　　一軸，碑陽，紙本墨拓，卷軸，編號：000023。

　　　　一軸，右側，紙本墨拓，卷軸，編號：000023。

1080　元恩墓誌

北魏永安二年（529）十一月十九日葬，河南洛陽出土，現藏於西安碑林博物館。

　　京都大學人文科學研究所：

　　　　一張，紙本墨拓，原片，編號：NAN0342X。

　　淑德大學書學文化中心：

　　　　一張，墓誌蓋，紙本墨拓，原片，編號：001479。

　　　　一張，墓誌，紙本墨拓，原片，編號：001480。

　　東京藝術大學藝術資料館：

　　　　一張，紙本墨拓，卷子裝，67.0×67.0，編號：394。

1081　丘哲墓誌

北魏永安二年（529）十一月十九日葬，民國十六年（1927）出土於河南洛陽馬溝村，現藏於西
安碑林博物館。

　　大阪市立美術館：

　　　　一張，紙本墨拓，原片，編號：2673。

1082　穆彦墓誌

北魏永安二年（529）十二月二十六日葬，民國十七年（1928）出土於河南洛陽北白鹿莊村，現

藏於西安碑林博物館。

　　宇野雪村文庫：

　　　　一張，紙本墨拓，原片，編號：1411。

　　大阪市立美術館：

　　　　一張，紙本墨拓，原片，編號：2673。

1083　元液墓誌

北魏永安三年（530）二月十三日葬，民國十八年（1929）出土於河南洛陽瓦店村，現藏於西安碑林博物館。

　　京都大學人文科學研究所：

　　　　一張，紙本墨拓，原片，編號：NAN0345X。

　　大阪市立美術館：

　　　　一張，紙本墨拓，原片，編號：2673。

1084　北原里十人造像記

北魏永安三年（530）三月七日刻，出土時地不詳。

　　淑德大學書學文化中心：

　　　　一軸，紙本墨拓，卷軸，編號：198951。

1085　衛暎世等造像記

北魏永安三年（530）四月六日刻，出土時地不詳。

　　淑德大學書學文化中心：

　　　　一軸，紙本墨拓，卷軸，編號：000183。

1086　李長壽妻陳暈造像記

又稱“北魏李長壽妻陳造釋迦像記”，北魏永安三年（530）六月十二日刻，現存河南洛陽龍門石窟。

　　東洋文庫：

　　　　一張，紙本墨拓，原片，57.0×14.0，編號：Ⅱ-16-C-K-137。

　　宇野雪村文庫：

　　　　一張，紙本墨拓，原片，編號：1072。

　　淑德大學書學文化中心：

　　　　一張，紙本墨拓，托裱，編號：197191。

　　京都大學人文科學研究所：

　　　　一張，紙本墨拓，原片，編號：NAN0343X。

　　東北大學附屬圖書館：

一幅，紙本墨拓，原片，常盤大定舊藏。

1087　慧雙等造像記

又稱"廣業寺造像碑"，北魏永安三年（530）七月十一日刻，河南武陟林村崇寧寺舊藏。

宇野雪村文庫：

　　一張，紙本墨拓，原片，編號：1300。

淑德大學書學文化中心：

　　一軸，紙本墨拓，卷軸，編號：198279。

1088　比丘曇邃碑

北魏永安三年（530）七月刻，出土時地不詳。

宇野雪村文庫：

　　一張，紙本墨拓，原片，編號：1796。

1089　惠輔造像記

又稱"高柳邨比邱僧詳等一百午十人造像""僧詳等一百午十人造像題名""比丘惠輔一百午十人等造彌勒像記"，北魏永安三年（530）八月九日刻，山東臨淄高柳莊出土。

淑德大學書學文化中心：

　　一軸，紙本墨拓，卷軸，編號：198389。

1090　王舒墓誌

北魏永安三年（530）九月十一日葬，河南洛陽出土，今藏地不詳。

宇野雪村文庫：

　　一張，紙本墨拓，原片，編號：1723。

1091　王歡欣兄弟等造像記

北魏永安三年（530）十月十八日刻，現存河南洛陽龍門石窟。

東洋文庫：

　　一張，紙本墨拓，原片，14.0×32.0，編號：Ⅱ-16-C-K-138。

　　一張，紙本墨拓，原片，11.0×32.0，編號：Ⅱ-16-C-K-139。

　　一張，紙本墨拓，原片，12.0×13.0，編號：Ⅱ-16-C-K-140。

1092　元彧墓誌

北魏永安三年（530）十二月三日葬，民國四年（1915）出土於河南洛陽，現藏於洛陽古代藝術博物館。

宇野雪村文庫：

一册，紙本墨拓，册頁，編號：353。

一張，紙本墨拓，原片，1548。

1093　薛鳳規造像碑

又稱"比丘道智道龤道行曇演羽林鑒安陽男薛鳳頑鄉原道俗等造像""薛鳳顏等造像碑""北魏羽林監薛鳳頑造碑像""比丘道暢等造像銘""僧智等造像記"，北魏永安三年（530）刻，出自稷山，現藏於中國國家博物館。

京都大學人文科學研究所：

一張，紙本墨拓，原片，編號：NAN0344A。

一張，紙本墨拓，原片，編號：NAN0344B。

一張，紙本墨拓，原片，編號：NAN0344C。

一張，紙本墨拓，原片，編號：NAN0344D。

1094　道暢等造像記

北魏永安三年（530）刻，現存河南洛陽龍門石窟。

京都大學人文科學研究所：

一張，紙本墨拓，原片，編號：NAN0346X。

1095　沈起磚銘

北魏永安四年（531）刻，出土時地不詳。

墨華書道會：

一張，紙本墨拓，原片。

［建明］

1096　朱輔伯造像記

北魏建明二年（531）正月五日刻，陝西華縣（今華州區）金惠鄉支家村出土，現藏於西安碑林博物館。

淑德大學書學文化中心：

一張，碑陽，紙本墨拓，原片，編號：000338。

一張，碑陰，紙本墨拓，原片，編號：000339。

一張，碑側，紙本墨拓，原片，編號：000340。

一張，碑側，紙本墨拓，原片，編號：000341。

［普泰］

1097 元誨墓誌

北魏普泰元年（531）三月二十七日葬，民國九年（1920）出土於河南洛陽張羊村，現藏於遼寧省博物館。

書道博物館：

　　一張，清拓，紙本墨拓，原片。

東洋文庫：

　　一張，紙本墨拓，原片，69.0×70.0，編號：Ⅱ-16-C-2.19。

京都大學人文科學研究所：

　　一張，紙本墨拓，原片，編號：NAN0347X。

淑德大學書學文化中心：

　　一張，紙本墨拓，原片，編號：198158。

大阪市立美術館：

　　二張，紙本墨拓，原片，編號：2647。

1098 朱法曜造像記

造像記爲兩部分，一爲"朱法曜造像記"（六月十五日造），另一爲"比丘僧振造像記"（七月二十三日造），因造像題名相混，故以"朱法曜造像記"爲名兼載之，北魏普泰元年（531）六月十五日刻，陝西華縣（今華州區）瓜坡鎮支家村出土，現藏於西安碑林博物館。

淑德大學書學文化中心：

　　一張，碑陽，紙本墨拓，原片，編號：000370。

　　一張，碑陰，紙本墨拓，原片，編號：000371。

　　一張，碑側，紙本墨拓，原片，編號：000372。

　　一張，碑側，紙本墨拓，原片，編號：000373。

1099 元天穆墓誌

北魏普泰元年（531）八月十一日葬，民國十五年（1926）出土於河南洛陽東北營莊村，現藏於西安碑林博物館。

京都大學人文科學研究所：

　　一張，紙本墨拓，原片，編號：NAN0348A。

　　一張，紙本墨拓，原片，編號：NAN0348B。

1100 道慧法咸造像記

北魏普泰元年（531）八月十五日刻，現存河南洛陽龍門石窟。

書道博物館：

一册，紙本墨拓，綴帖。

東洋文庫：

一張，紙本墨拓，原片，15.0×14.0，編號：Ⅱ-16-C-K-141。

一張，紙本墨拓，原片，49.0×18.0，編號：Ⅱ-16-C-1063。

一張，紙本墨拓，原片，55.0×19.0，編號：Ⅱ-16-C-K-142。

京都大學人文科學研究所：

一張，紙本墨拓，原片，編號：NAN0354X。

一張，紙本墨拓，原片，編號：NAN0349X。

東北大學附屬圖書館：

一幅，紙本墨拓，原片，常盤大定舊藏。

淑德大學書學文化中心：

一張，紙本墨拓，原片，編號：195887。

一張，紙本墨拓，原片，編號：195888。

1101　程延貴墓誌

北魏普泰元年（531）九月葬，出土時地不詳，疑僞刻。

大阪市立美術館：

一張，紙本墨拓，原片，編號：2639。

1102　張玄墓誌

又稱“張黑女墓誌”，北魏普泰元年（531）十月一日葬，原石久佚，多見翻刻。

東洋文庫：

一張，紙本墨拓，原片，48.0×48.0，編號：Ⅱ-16-C-1021。

宇野雪村文庫：

一張，翻刻，紙本墨拓，原片，編號：1950。

一册，翻刻，紙本墨拓，册頁，編號：195。

京都大學人文科學研究所：

一張，紙本墨拓，原片，編號：NAN0350X。

淑德大學書學文化中心：

一册，翻刻，紙本墨拓，册頁，編號：197775，天放樓舊藏。

1103　賈瑾墓誌

北魏普泰元年（531）十月十三日葬，清光緒十七年（1891）出土於山東鄒平，現藏於北京大學。

書道博物館：

一張，紙本墨拓，原片。

宇野雪村文庫：

　　一張，紙本墨拓，原片，編號：1899。

京都大學人文科學研究所：

　　一張，紙本墨拓，原片，編號：NAN0351X。

淑德大學書學文化中心：

　　一張，翻刻，紙本墨拓，托裱，編號：199018。

　　一册，紙本墨拓，册頁，編號：001892。

1104　穆紹墓誌

北魏普泰元年（531）十月二十四日葬，河南洛陽出土，現藏於北京大學。

東洋文庫：

　　一張，紙本墨拓，原片，97.0×97.0，編號：Ⅱ-16-C-67。

　　一張，紙本墨拓，原片，97.0×97.0，編號：Ⅱ-16-C-1019。

京都大學人文科學研究所：

　　一張，紙本墨拓，原片，編號：NAN0352X。

1105　楊阿真造像記

北魏普泰二年（532）三月十五日刻，已流失海外，現藏於美國舊金山亞洲藝術博物館。

書道博物館：

　　一張，紙本墨拓，原片。

淑德大學書學文化中心：

　　一軸，紙本墨拓，卷軸，編號：195215。

　　一軸，紙本墨拓，卷軸，編號：195816。

京都大學人文科學研究所：

　　一張，紙本墨拓，原片，編號：NAN0355X。

1106　如選造像記

又稱“比丘尼□達造像記”，北魏普泰二年（532）三月十六日刻，現存河南洛陽龍門火燒洞。

東洋文庫：

　　一張，紙本墨拓，原片，14.0×32.0，編號：Ⅱ-16-C-K-145。

1107　鄭黑墓誌

北魏普泰二年（532）三月十七日葬，出土時地不詳，疑偽刻。

宇野雪村文庫：

　　一張，紙本墨拓，原片，編號：1831。

　　一張，紙本墨拓，原片，編號：1900。

一張，紙本墨拓，原片，編號：1944。

1108　韓震墓誌

北魏普泰二年（531）三月二十日葬，民國十五年（1926）出土於河南洛陽北游王莊村，現藏於西安碑林博物館。

宇野雪村文庫：

一册，紙本墨拓，册頁，編號：319。

大阪市立美術館：

二張，紙本墨拓，原片，編號：2673。

1109　静度造像記

北魏普泰二年（532）閏三月二十日刻，現存河南洛陽龍門石窟。

書道博物館：

一册，紙本墨拓，綴帖。

東洋文庫：

一張，紙本墨拓，原片，27.0×21.0，編號：Ⅱ-16-C-1065。

一張，紙本墨拓，原片，28.0×21.0，編號：Ⅱ-16-C-K-143。

東北大學附屬圖書館：

一幅，紙本墨拓，原片，常盤大定舊藏。

京都大學人文科學研究所：

一張，紙本墨拓，原片，編號：NAN0360X。

淑德大學書學文化中心：

一張，紙本墨拓，原片，編號：195887。

一張，紙本墨拓，原片，編號：195888。

書壇院：

一幅，紙本墨拓，原片。

1110　范國仁造像記

北魏普泰二年（532）四月三日刻，河北滄州出土，今藏地不詳。

宇野雪村文庫：

一張，紙本墨拓，原片，編號：1220。

一册，紙本墨拓，册頁，編號：201。

1111　法光造像記

北魏普泰二年（532）四月八日刻，現存河南洛陽龍門石窟。

書道博物館：

一册，紙本墨拓，綴帖。

1112 路僧妙造像記

又稱"北魏清士路僧妙釋迦造像記"，北魏普泰二年（532）四月二十四日刻，現存河南洛陽龍門石窟。

書道博物館：

一册，紙本墨拓，綴帖，六朝唐造像銘十種第二。

一册，紙本墨拓，綴帖。

東洋文庫：

一張，紙本墨拓，原片，14.0×49.0，編號：Ⅱ-16-C-1064。

一張，紙本墨拓，原片，14.0×53.0，編號：Ⅱ-16-C-K-144。

東北大學附屬圖書館：

一幅，紙本墨拓，原片，常盤大定舊藏。

京都大學人文科學研究所：

一張，紙本墨拓，原片，編號：NAN0361X。

淑德大學書學文化中心：

一張，紙本墨拓，原片，編號：195887。

木雞室：

一張，紙本墨拓，原片。

1113 介休等造像記

又稱"介休男邢安周造像記""邢安周造浮圖像記""邢安周造像記""介休造像記"，北魏普泰二年（532）七月十五日刻，民國時期陝西白水縣出土，今藏地不詳。

淑德大學書學文化中心：

一軸，紙本墨拓，卷軸，編號：000171。

1114 比丘尼□□造釋迦像記

北魏普泰□年（531—532）三月刻，現存河南洛陽龍門石窟。

京都大學人文科學研究所：

一張，紙本墨拓，原片，編號：NAN0353X。

［太昌］

1115 薛孝通墓誌

又稱"薛孝通貽後券"，北魏太昌元年（532）二月十日葬，民國九年（1920）出土於山西太原，今藏地不詳。

大阪市立美術館：

　　　一張，紙本墨拓，原片，編號：2673。

1116　樊奴子造像

又稱"僧摽造像題名""都督樊奴子造像記""大魏道民□奴子造四面像"，北魏太昌元年（532）六月七日刻，陝西富平縣出土，現藏於陝西富平縣文管所。

書道博物館：

　　　一册，紙本墨拓，册頁。

京都大學人文科學研究所：

　　　一張，紙本墨拓，原片，編號：NAN0356A。

　　　一張，紙本墨拓，原片，編號：NAN0356B。

　　　一張，紙本墨拓，原片，編號：NAN0356C。

　　　一張，紙本墨拓，原片，編號：NAN0356D。

宇野雪村文庫：

　　　一册，紙本墨拓，册頁，編號：201。

　　　一張，紙本墨拓，原片，編號：1938。

淑德大學書學文化中心：

　　　一張，碑陽，紙本墨拓，托裱，編號：196585。

　　　一張，左側，紙本墨拓，托裱，編號：196586。

　　　一册，左側，紙本墨拓，册頁，編號：195517。

　　　一張，後面，紙本墨拓，托裱，編號：196587。

　　　一張，右側，紙本墨拓，托裱，編號：196588。

1117　元延明墓誌

北魏太昌元年（532）七月二十八日葬，民國八年（1919）出土於河南洛陽小梁村，現藏於河南博物院。

書道博物館：

　　　一張，紙本墨拓，原片。

宇野雪村文庫：

　　　一張，紙本墨拓，原片，編號：357。

京都大學人文科學研究所：

　　　一張，紙本墨拓，原片，編號：NAN0357X。

淑德大學書學文化中心：

　　　一張，紙本墨拓，原片，編號：197056。

1118　元顥墓誌

北魏太昌元年（532）八月二十三日葬，民國九年（1920）出土於河南洛陽城北南陳莊，今石已毀。

宇野雪村文庫：

  一册，紙本墨拓，册頁，編號：352。

  一張，紙本墨拓，原片，編號：1412。

淑德大學書學文化中心：

  一張，紙本墨拓，原片，編號：197062。

1119　元項墓誌

北魏太昌元年（532）八月二十三日葬，民國九年（1920）出土於河南洛陽城北南陳莊村，現藏於西安碑林博物館。

宇野雪村文庫：

  一張，紙本墨拓，原片，編號：1413。

淑德大學書學文化中心：

  一張，紙本墨拓，原片，編號：000235。

1120　于祚妻和醜仁墓誌

北魏太昌元年（532）十月二十日葬，民國十五年（1926）出土於河南洛陽伯樂凹村，現藏於西安碑林博物館。

宇野雪村文庫：

  一册，紙本墨拓，册頁，編號：314。

大阪市立美術館：

  一張，紙本墨拓，原片，編號：2673。

1121　元襲墓誌

北魏太昌元年（532）十一月十九日葬，民國十六年（1927）出土於河南洛陽城北安駕溝村，現藏於西安碑林博物館。

大阪市立美術館：

  一張，紙本墨拓，原片，編號：2673。

1122　元文墓誌

北魏太昌元年（532）十一月十九日葬，民國九年（1920）出土於河南洛陽城北後海資村，現藏於遼寧省博物館。

東洋文庫：

  一張，紙本墨拓，原片，53.0×51.0，編號：Ⅱ-16-C-2.21。

京都大學人文科學研究所：

  一張，紙本墨拓，原片，編號：NAN0358X。

宇野雪村文庫：

一册，紙本墨拓，册頁，編號：373。

淑德大學書學文化中心：

一張，紙本墨拓，原片，編號：000397。

一張，紙本墨拓，原片，編號：197078。

一張，紙本墨拓，原片，編號：198159。

1123　元徽墓誌

北魏太昌元年（532）十一月十九日葬，民國七年（1918）出土於河南洛陽城北後海資村，現藏於遼寧省博物館。

宇野雪村文庫：

一册，紙本墨拓，册頁，編號：370。

一張，紙本墨拓，原片，編號：1901。

東洋文庫：

一張，紙本墨拓，原片，55.0×55.0，編號：Ⅱ-16-C-K-2.20。

京都大學人文科學研究所：

一張，紙本墨拓，原片，編號：NAN0359X。

淑德大學書學文化中心：

一張，紙本墨拓，原片，編號：000398。

一張，紙本墨拓，原片，編號：198160。

1124　元恭墓誌

北魏太昌元年（532）十一月十九日葬，民國二十三年（1934）出土於河南洛陽城北南陳莊村，現藏於千唐誌齋博物館。

宇野雪村文庫：

一張，紙本墨拓，原片，編號：1414。

1125　元馗墓誌

北魏太昌元年（532）十一月十九日葬，民國十六年（1927）出土於河南洛陽城北後海資村，現藏於西安碑林博物館。

大阪市立美術館：

一張，紙本墨拓，原片，編號：2673。

1126　元虔墓誌

北魏太昌二年（533）十月葬，出土時地不詳，疑偽刻。

宇野雪村文庫：

一張，紙本墨拓，原片，編號：1659。

一張，紙本墨拓，原片，編號：1660。

一張，紙本墨拓，原片，編號：1902。

［永熙］

1127 元肅墓誌

北魏永熙二年（533）二月二十六日葬，民國十五年（1926）出土於河南洛陽城北安駕溝村，現藏於西安碑林博物館。

大阪市立美術館：

一張，紙本墨拓，原片，編號：2673。

1128 吴屯造像記

又稱“吴屯爲亡妻郭僧造釋迦石像記”“魏永熙二年癸丑三月造像銘”，北魏永熙二年（533）三月四日刻，現藏於開封博物館。

東洋文庫：

一張，紙本墨拓，原片，32.0×38.0，編號：Ⅱ-16-C-1065.2。

淑德大學書學文化中心：

一軸，紙本墨拓，卷軸，編號：198407。

1129 永熙二年造像銘

北魏永熙二年（533）三月八日刻，鄭州市磨盤街出土。

京都大學人文科學研究所：

一張，紙本墨拓，原片，編號：NAN0362X。

1130 乞伏寶墓誌

北魏永熙二年（533）三月二十一日葬，民國十七年（1928）出土於河南洛陽白鹿莊，現藏於西安碑林博物館。

宇野雪村文庫：

一張，紙本墨拓，原片，編號：1415。

大阪市立美術館：

一張，紙本墨拓，原片，編號：2673。

1131 趙洪顯四人等造像記

北魏永熙二年（533）四月八日刻，已流失海外，現存美國。

淑德大學書學文化中心：

一軸，紙本墨拓，卷軸，編號：198649。

1132 儁蒙娥等卅一人造像

又稱"儁蒙娥等三十一人造像""儁蒙氏佛教造像碑"，北魏永熙二年（533）五月八日刻，陝西耀縣漆河西岸出土，現藏於藥王山博物館。

宇野雪村文庫：

　　　　一張，紙本墨拓，原片，編號：1975。

1133 夫蒙氏合邑三十一人造像記

北魏永熙二年（533）七月八日刻，現藏於陝西耀州區藥王山博物館。

淑德大學書學文化中心：

　　　　一軸，碑陽，紙本墨拓，卷軸，編號：000024。

　　　　一軸，碑陰，紙本墨拓，卷軸，編號：000025。

　　　　一軸，右側，紙本墨拓，卷軸，編號：000024。

　　　　一軸，左側，紙本墨拓，卷軸，編號：000025。

1134 樊道德造像記

北魏永熙二年（533）七月十日刻，現存河南洛陽龍門石窟。

東洋文庫：

　　　　一張，紙本墨拓，12.0×29.0，原片，編號：Ⅱ-16-C-146。

1135 元□等法義廿餘人造像記

又稱"法儀廿餘人造像""北魏元□等法義廿餘人造石像記"，北魏永熙二年（533）八月二十日刻，現存河南洛陽龍門石窟蓮花洞。

書道博物館：

　　　　一張，精拓，紙本墨拓，原片。

東洋文庫：

　　　　一張，紙本墨拓，原片，55.0×37.0，編號：Ⅱ-16-C-1066。

　　　　一張，紙本墨拓，原片，55.0×38.0，編號：Ⅱ-16-C-K-147。

京都大學人文科學研究所：

　　　　一張，紙本墨拓，原片，編號：NAN0363X。

東北大學附屬圖書館：

　　　　一幅，紙本墨拓，原片，常盤大定舊藏。

淑德大學書學文化中心：

　　　　一張，紙本墨拓，托裱，編號：001297。

　　　　一軸，紙本墨拓，卷軸，編號：198045。

　　　　一張，紙本墨拓，原片，編號：195887。

一張，紙本墨拓，原片，編號：195888。

1136　張寧墓誌

北魏永熙二年（533）八月二十日葬，民國二十一年（1932）出土於河南洛陽太倉村，現藏於西安碑林博物館。

大阪市立美術館：

二張，紙本墨拓，原片，編號：2673。

1137　段桃樹造像記

又稱"殷桃樹造無量壽像""政桃樹造像記""陵江將軍政桃樹造無量像記"，北魏永熙二年（533）九月十日刻，現存河南洛陽龍門石窟大佛洞。

書道博物館：

一張，紙本墨拓，原片。

東京國立博物館：

一幅，紙本墨拓，原片，編號：568。

東洋文庫：

一張，紙本墨拓，原片，16.0×20.0，編號：Ⅱ-16-C-K-148。

京都大學人文科學研究所：

一張，紙本墨拓，原片，編號：NAN0364X。

1138　元鑽遠墓誌

北魏永熙二年（533）十一月二十五日葬，民國九年（1920）出土於河南洛陽城北南陳莊村，曾歸武進陶蘭泉，今藏地不詳。

東洋文庫：

一張，紙本墨拓，原片，62.0×61.0，編號：Ⅱ-16-C-2.22。

京都大學人文科學研究所：

一張，紙本墨拓，原片，編號：NAN0365X。

宇野雪村文庫：

一冊，紙本墨拓，册頁，編號：369。

大阪市立美術館：

一張，紙本墨拓，原片，編號：2635。

淑德大學書學文化中心：

一張，紙本墨拓，原片，編號：000399。

一張，紙本墨拓，原片，編號：197058。

一張，紙本墨拓，原片，編號：198161。

1139   元爽墓誌

北魏永熙二年（533）十一月二十五日葬，民國十七年（1928）出土於河南洛陽城北董家村，現藏於西安碑林博物館。

淑德大學書學文化中心：

一張，紙本墨拓，原片，編號：000921。

1140   王悦暨妻郭氏墓誌

北魏永熙二年（533）葬，民國十六年（1927）出土於河南洛陽西山嶺頭村，現藏於西安碑林博物館。

大阪市立美術館：

二張，紙本墨拓，原片，編號：2673。

1141   邑義五百人造像記

北魏永熙二年（533）刻，今藏地不詳。

龍谷大學：

一幅，紙本墨拓，原片，242.0×84.0。

白扇書道會：

一張，紙本墨拓，原片，168.0×107.0，種谷扇舟舊藏。

1142   僧令法師墓誌

北魏永熙三年（534）二月三日葬，民國十八年（1929）出土於河南洛陽城東北盤龍冢村，現藏於西安碑林博物館。

淑德大學書學文化中心：

一張，紙本墨拓，原片，編號：000236。

大阪市立美術館：

一張，紙本墨拓，無誌蓋，原片，編號：2673。

1143   法義兄弟二百餘人造像

北魏永熙三年（534）三月五日刻，山東青州出土。

書道博物館：

一張，紙本墨拓，原片，端方藏石。

1144   道仙造像記

又稱"北魏比丘道仙造彌勒像記"，北魏永熙三年（534）四月十三日刻，現存河南洛陽龍門石窟。

東洋文庫：

一張，紙本墨拓，原片，12.0×32.0，編號：Ⅱ-16-C-K-149。

京都大學人文科學研究所：

一張，紙本墨拓，原片，編號：NAN0367X。

1145　孫姬造像記

又稱"北魏清信女孫姬釋迦造像記"，北魏永熙三年（534）五月七日刻，現存河南洛陽龍門石窟。

東洋文庫：

一張，紙本墨拓，原片，14.0×27.0，編號：Ⅱ-16-C-K-150。

京都大學人文科學研究所：

一張，紙本墨拓，原片，編號：NAN0369X。

書道博物館：

一册，紙本墨拓，綴帖。

1146　韓顯祖造像記

北魏永熙三年（534）六月二十八日刻，端方舊藏，後流失海外，日本私人收藏。

書道博物館：

一張，紙本墨拓，原片。

宇野雪村文庫：

一張，紙本墨拓，原片，編號：1977，楊守敬題字。

一張，紙本墨拓，原片，編號：1136。

一册，紙本墨拓，册頁，編號：306。

淑德大學書學文化中心：

一張，紙本墨拓，原片，編號：000437。

一張，紙本墨拓，托裱，編號：195497。

一軸，紙本墨拓，卷軸，編號：198331。

一册，紙本墨拓，册頁，編號：197423，天放樓舊藏。

京都大學人文科學研究所：

一張，紙本墨拓，原片，編號：NAN0368X。

一張，紙本墨拓，原片，編號：NAN0670X。

北朝 · 東魏
（534—550）

［天平］

1147　張瓘墓誌

東魏天平元年（534）七月二十三日葬，出土時地不詳，疑偽刻。

京都大學人文科學研究所：

　　一張，紙本墨拓，原片，編號：NAN0370X。

1148　天平元年碑

東魏天平元年（534）七月二十七日刻，今藏地不詳。

淑德大學書學文化中心：

　　一册，紙本墨拓，册頁，編號：001466。

1149　邸珍碑

全稱"魏故侍中散騎常侍定州刺史司空邸公之碑"，東魏天平元年（534）十月二十七日立，原在河北曲陽城東王子墳，現存曲陽北嶽廟。

宇野雪村文庫：

　　一册，紙本墨拓，册頁，編號：298。

淑德大學書學文化中心：

　　一軸，紙本墨拓，卷軸，編號：196102。

　　一册，紙本墨拓，册頁，編號：001473。

　　一張，紙本墨拓，原片，編號：195507。

　　一張，紙本墨拓，托裱，編號：197576，天放樓舊藏。

　　一軸，碑陰，紙本墨拓，卷軸，編號：196103。

　　一軸，碑左側，紙本墨拓，卷軸，編號：196104。

　　一張，紙本墨拓，托裱，編號：197576，天放樓舊藏。

1150　程哲碑

又稱“贈代郡太守程哲碑”，東魏天平元年（534）十一月三日立，原在山西長治袁家漏村，現藏於山西博物院。

書道博物館：

　　一册，紙本墨拓，册頁。

東洋文庫：

　　一張，紙本墨拓，原片，82.0×63.0，編號：Ⅱ-16-C-1068。

京都大學人文科學研究所：

　　一張，紙本墨拓，原片，編號：NAN0371A。

　　一張，紙本墨拓，原片，編號：NAN0371B。

東北大學附屬圖書館：

　　一幅，紙本墨拓，原片，常盤大定舊藏。

宇野雪村文庫：

　　一册，紙本墨拓，册頁，編號：283。

　　一幅，紙本墨拓，原片，編號；1915。

大阪市立美術館：

　　一張，紙本墨拓，原片，編號：2714。

淑德大學書學文化中心：

　　一張，紙本墨拓，托裱，編號：195469。

　　一軸，紙本墨拓，卷軸，編號：195895。

　　一軸，紙本墨拓，卷軸，編號：195896。

1151　朱舍興造四面像記

此方造像記爲四面像記，碑陽爲“朱舍興造四面像記”，東魏天平二年（535）三月三十日刻，碑陰爲“范定洛等造像題名”，碑側爲“張法壽息榮遷等造像銘”，東魏天平二年（535）四月十一日刻，現存登封少林寺。

京都大學人文科學研究所：

　　一張，紙本墨拓，原片，編號：NAN0378X。

1152　洪寶等造像記

東魏天平二年（535）三月三十日刻，現存登封少林寺。

淑德大學書學文化中心：

　　一軸，碑陽，紙本墨拓，卷軸，編號：196788。

　　一張，碑陽，紙本墨拓，原片，編號：198211。

　　一軸，碑陰，紙本墨拓，卷軸，編號：196789。

一張，碑陰，紙本墨拓，托裱，編號：197768，天放樓舊藏。

一軸，左側，紙本墨拓，卷軸，編號：195448。

一軸，左側，紙本墨拓，卷軸，編號：196790。

一軸，左側，紙本墨拓，卷軸，編號：196820。

一張，左側，紙本墨拓，托裱，編號：197768，天放樓舊藏。

1153　長孫僧濟等造像記

東魏天平二年（535）四月八日刻，現存河南洛陽龍門石窟。

東洋文庫：

一張，紙本墨拓，原片，10.0×27.0，編號：Ⅱ-16-C-K-153。

京都大學人文科學研究所：

一張，紙本墨拓，原片，編號：NAN0376X。

1154　嵩陽寺碑

又稱“中嶽嵩陽寺碑銘序”“嵩陽寺倫統碑”，東魏天平二年（535）四月八日立，原在會善寺佛殿東楹，康熙四十八年（1709）重修佛殿更移立於寺西之戒壇，現存河南嵩陽書院。

書道博物館：

一册，紙本墨拓，册頁。

京都大學人文科學研究所：

一張，紙本墨拓，原片，編號：NAN0375A。

一張，紙本墨拓，原片，編號：NAN0375B。

一張，紙本墨拓，原片，編號：NAN0375C。

一張，紙本墨拓，原片，編號：NAN0375D。

宇野雪村文庫：

一册，紙本墨拓，册頁，編號：297。

一幅，紙本墨拓，原片，編號：1267。

淑德大學書學文化中心：

一張，紙本墨拓，原片，編號：000974。

一張，紙本墨拓，托裱，編號：195467。

一張，紙本墨拓，托裱，編號：197577，天放樓舊藏。

東北大學附屬圖書館：

一幅，紙本墨拓，原片，常盤大定舊藏。

1155　張法壽造像記

東魏天平二年（535）四月十一日刻，現存河南登封少林寺。

書道博物館：

一册，紙本墨拓，册頁。

宇野雪村文庫：

一册，紙本墨拓，册頁，編號：242。

一幅，紙本墨拓，原片，編號：1160。

京都大學人文科學研究所：

一張，紙本墨拓，原片，編號：NAN0374X。

1156　元玕墓誌

東魏天平二年（535）七月二十八日葬，民國六年（1917）出土於河南洛陽盤龍冢村，現藏於遼寧省博物館。

東洋文庫：

一張，墓誌，紙本墨拓，原片，64.0×63.0。

一張，墓誌蓋，紙本墨拓，原片，61.0×61.0。

一張，墓誌蓋，紙本墨拓，原片，編號：198162。

一張，墓誌，紙本墨拓，原片，編號：197069。

一張，墓誌蓋，紙本墨拓，原片，編號：198163。

宇野雪村文庫：

一幅，紙本墨拓，原片，編號：1520。

一幅，紙本墨拓，原片，編號：1258。

京都大學人文科學研究所：

一張，紙本墨拓，原片，編號：NAN0377X。

大阪市立美術館：

三張，紙本墨拓，無誌蓋，原片，編號：2652。

1157　惠究道通造像記

東魏天平二年（535）八月一日刻，出土時地不詳。

書道博物館：

一張，紙本墨拓，原片。

墨華書道會：

一張，紙本墨拓，原片。

1158　張寧遠造像記

東魏天平二年（535）十月六日刻，出土時地不詳。

淑德大學書學文化中心：

一張，紙本墨拓，原片，編號：001411。

1159　張白造像記

東魏天平二年（535）十月二十六日刻，出土時地不詳。

有鄰館：

　　　　一張，紙本墨拓，原片，藏石。

宇野雪村文庫：

　　　　一幅，紙本墨拓，原片，編號：1192。

1160　司馬昇墓誌

東魏天平二年（535）十一月七日葬，清乾隆二十年（1755）出土於河南孟縣八里葛村，後流失海外，現爲日本私人收藏。

書道博物館：

　　　　一册，紙本墨拓，册頁。

東洋文庫：

　　　　一張，紙本墨拓，原片，51.0×51.0，編號：Ⅱ-16-C-K-154。

宇野雪村文庫：

　　　　一册，紙本墨拓，册頁，編號：356。

　　　　一幅，紙本墨拓，原片，編號：1903。

京都大學人文科學研究所：

　　　　一張，紙本墨拓，原片，編號：NAN0372X。

淑德大學書學文化中心：

　　　　一册，紙本墨拓，册頁，編號：197776，天放樓舊藏。

大阪市立美術館：

　　　　一帖，紙本墨拓，剪裝，編號：2587。

1161　僧清長造像

東魏天平二年（535）刻，今藏地不詳。

書道博物館：

　　　　一册，紙本墨拓，綴帖。

1162　王方略等造塔記

又稱"王方略造須彌塔記""造須彌塔記""法顯等造須彌塔記"，東魏天平三年（536）正月一日刻，原在偃師古聖寺，嵌於寺廟墻壁，後爲武億獲得，現藏於香港中文大學文物館。

淑德大學書學文化中心：

　　　　一軸，紙本墨拓，卷軸，編號：196825。

1163 王忠造像記

東魏天平三年（536）正月二十四日刻，今藏地不詳。

淑德大學書學文化中心：

一張，紙本墨拓，原片，編號：198614。

1164 孔僧時等造像記

東魏天平三年（536）正月二十四日刻，端方、王緒祖舊藏，今藏地不詳。

書道博物館：

一張，紙本墨拓，原片。

淑德大學書學文化中心：

一軸，紙本墨拓，卷軸，編號：000754。

一張，紙本墨拓，托裱，編號：001298。

1165 王僧墓誌

東魏天平三年（536）二月十三日刻，清道光二十二年（1842）出土於河北滄縣南王寺鎮，今藏地不詳。

書道博物館：

一册，紙本墨拓，册頁，有題額。

東京國立博物館：

一幅，紙本墨拓，原片，編號：781。

宇野雪村文庫：

一册，紙本墨拓，册頁，編號：348。

一幅，紙本墨拓，原片，編號：1416。

一幅，紙本墨拓，原片，編號：1563。

東洋文庫：

一張，紙本墨拓，原片，49.0×48.0，編號：Ⅱ-16-C-K-155。

京都大學人文科學研究所：

一張，紙本墨拓，原片，編號：NAN0381X。

淑德大學書學文化中心：

一册，紙本墨拓，册頁，編號：197777，天放樓舊藏。

一軸，紙本墨拓，卷軸，編號：198092。

大阪市立美術館：

一張，紙本墨拓，原片，編號：2653。

1166 楊大昇造像記

又稱"石窟寺造像""幽州北平人造像記"，東魏天平三年（536）三月三日刻，現存河南鞏縣石窟。

淑德大學書學文化中心：

　　　一張，紙本墨拓，原片，編號：198485。

1167　曇會阿容造像記

東魏天平三年（536）五月十五日刻，現存河南洛陽龍門石窟。

書道博物館：

　　　一册，紙本墨拓，綴帖。

京都大學人文科學研究所：

　　　一張，紙本墨拓，原片，編號：NAN0382X。

1168　高盛碑

又稱“魏侍中黄鉞大師録尚書事文懿公高公碑”，東魏天平三年（536）五月二十八日立，清光緒二十五年（1899）出土於直隸磁州，今藏地不詳。

書道博物館：

　　　一册，紙本墨拓，册頁，有篆額。

東京國立博物館：

　　　一幅，紙本墨拓，原片，編號：383。

京都大學人文科學研究所：

　　　一張，紙本墨拓，原片，編號：NAN0383A。

　　　一張，紙本墨拓，原片，編號：NAN0383B。

宇野雪村文庫：

　　　一册，紙本墨拓，册頁，編號：296。

大阪市立美術館：

　　　一張，紙本墨拓，原片，編號：2723。

淑德大學書學文化中心：

　　　一册，紙本墨拓，册頁，編號：195181。

　　　一張，紙本墨拓，托裱，編號：195712。

　　　一軸，紙本墨拓，卷軸，編號：195910。

　　　一軸，紙本墨拓，卷軸，編號：196105。

1169　李慧琜等造蓮華記

東魏天平三年（536）十二月刻，端方舊藏，今藏地不詳。

書道博物館：

　　　一張，紙本墨拓，原片。

東洋文庫：

　　　一張，紙本墨拓，原片，直徑 22.0，編號：Ⅱ-16-C-K-157。

淑德大學書學文化中心：

　　一軸，紙本墨拓，卷軸，編號：000755。

1170　高琎墓誌

東魏天平三年（536）□月二十三日葬，出土時地不詳。

京都大學人文科學研究所：

　　一張，紙本墨拓，原片，編號：NAN0385X。

1171　天平三年造像

東魏天平三年（536）刻，今藏地不詳。

東北大學附屬圖書館：

　　一幅，紙本墨拓，原片，常盤大定舊藏。

1172　東魏墓誌殘石

東魏天平三年（536）葬，出土時地不詳。

大阪市立美術館：

　　一張，紙本墨拓，原片，無誌蓋，編號：2673。

1173　孫思香造像記

東魏天平四年（537）正月二十一日刻，現存河南洛陽龍門石窟。

書道博物館：

　　一册，紙本墨拓，綴帖。

東洋文庫：

　　一張，紙本墨拓，原片，7.0×18.0，編號：Ⅱ-16-C-K-158。

東京國立博物館：

　　一幅，紙本墨拓，原片，編號：571。

京都大學人文科學研究所：

　　一張，紙本墨拓，原片，編號：NAN0386X。

1174　惠暉造像記

東魏天平四年（537）正月二十八日刻，端方舊藏，今藏地不詳。

東洋文庫：

　　一張，紙本墨拓，原片，21.0×4.0，編號：Ⅱ-16-C-n-73。

淑德大學書學文化中心：

　　一張，紙本墨拓，托裱，編號：000440。

1175　恒河沙造像記

東魏天平四年（537）正月刻，今藏地不詳。

淑德大學書學文化中心：

　　一軸，紙本墨拓，卷軸，編號：195818。

1176　天平四年造像記

東魏天平四年（537）正月刻，今藏地不詳。

京都大學人文科學研究所：

　　一張，紙本墨拓，原片，編號：NAN0387X。

1177　李祥等造像記

東魏天平四年（537）二月刻，今藏地不詳。

淑德大學書學文化中心：

　　一張，紙本墨拓，托裱，編號：000441。

1178　元鷙妃公孫甑生墓誌

東魏天平四年（537）七月十六日葬，河北磁縣講武城出土，現藏於遼寧省博物館。

書道博物館：

　　一張，精拓，紙本墨拓，原片。

宇野雪村文庫：

　　一幅，紙本墨拓，原片，編號：1417。

　　一幅，紙本墨拓，原片，編號：1704。

1179　曹敬容造像記

東魏天平四年（537）七月二十五日刻，現存河南洛陽龍門石窟。

東洋文庫：

　　一張，紙本墨拓，原片，14.0×4.0，編號：Ⅱ-16-C-K-159。

京都大學人文科學研究所：

　　一張，紙本墨拓，原片，編號：NAN0388X。

1180　道俗一百餘人造像記

又稱"安村道俗一百餘人造像記""重修天宮塔碑"，東魏天平四年（537）七月二十五日刻，現藏於河南新鄉市博物館。

京都大學人文科學研究所：

　　一張，紙本墨拓，原片，編號：NAN0389X。

淑德大學書學文化中心：

　　　　一軸，紙本墨拓，卷軸，編號：195817。

　　　　一張，紙本墨拓，托裱，編號：001294。

1181　惠度造像記

東魏天平四年（537）九月五日刻，現存河南鞏縣石窟。

淑德大學書學文化中心：

　　　　一張，紙本墨拓，原片，編號：198473。

1182　維那四十人等造像記

東魏天平四年（537）九月十三日刻，今藏地不詳。

書道博物館：

　　　　一張，紙本墨拓，原片，端方藏石。

淑德大學書學文化中心：

　　　　一張，碑陽，紙本墨拓，原片，編號：000442。

　　　　一張，碑陽，紙本墨拓，原片，編號：195055。

　　　　一軸，碑陽，紙本墨拓，卷軸，編號：196875。

　　　　一軸，碑陽，紙本墨拓，卷軸，編號：198313。

　　　　一張，碑陰，紙本墨拓，原片，編號：195055。

　　　　一張，碑陰，紙本墨拓，原片，編號：196875。

　　　　一軸，碑陰，紙本墨拓，卷軸，編號：198314。

1183　曇超等造像記

東魏天平四年（537）九月二十四日刻，現存河南洛陽龍門石窟。

宇野雪村文庫：

　　　　一幅，紙本墨拓，原片，編號：1198。

京都大學人文科學研究所：

　　　　一張，紙本墨拓，原片，編號：NAN0393X。

淑德大學書學文化中心：

　　　　一軸，紙本墨拓，卷軸，編號：000756。

1184　劉悁造像記

東魏天平四年（537）閏九月八日刻，今藏地不詳。

書道博物館：

　　　　一張，紙本墨拓，原片，端方藏石。

淑德大學書學文化中心：

一軸，紙本墨拓，卷軸，編號：000757。

一軸，紙本墨拓，卷軸，編號：198330。

1185 張滿墓誌

東魏天平四年（537）十一月十二日葬，河南洛陽出土，現藏於遼寧省博物館。

書道博物館：

一張，精拓，紙本墨拓，原片。

東洋文庫：

一張，紙本墨拓，原片，71.0×71.0，編號：Ⅱ-16-C-K-160。

宇野雪村文庫：

一幅，紙本墨拓，原片，編號：1418。

一册，紙本墨拓，册頁，編號：350。

大阪市立美術館：

二張，原拓，紙本墨拓，原片，編號：2657。

淑德大學書學文化中心：

一軸，紙本墨拓，卷軸，編號：198093。

一張，紙本墨拓，托裱，編號：001242。

1186 道澄造像

東魏天平□年（534—537）刻，今藏地不詳。

東京國立博物館：

四十八幅，紙本墨拓，原片，編號：808。

［元象］

1187 薛安顥造像記

東魏元象元年（538）四月八日刻，流失海外，現藏於日本京都藤井有鄰館。

有鄰館：

一張，紙本墨拓，原片，藏石。

1188 法義六十人等造像記

東魏元象元年（538）四月二十日刻，端方舊藏，今藏地不詳。

書道博物館：

一張，紙本墨拓，原片。

宇野雪村文庫：

一幅，紙本墨拓，原片，編號：1911。

淑德大學書學文化中心：

    一軸，紙本墨拓，卷軸，編號：000444。

    一張，紙本墨拓，原片，編號：195053。

    一軸，紙本墨拓，卷軸，編號：198034。

    一軸，紙本墨拓，卷軸，編號：198338。

1189　柳昭造像記

又稱“毋使江南造像記”，東魏元象元年（538）五月八日刻，端方舊藏，今藏地不詳。

書道博物館：

    一張，紙本墨拓，原片，端方藏石。

東洋文庫：

    一張，紙本墨拓，原片，7.0×17.0，編號：Ⅱ-16-C-K-162。

淑德大學書學文化中心：

    一軸，紙本墨拓，卷軸，編號：000758。

1190　張敬等造像記

東魏元象元年（538）六月二十一日刻，山東膠縣（今膠州）黔陬舊城出土，王緒祖舊藏，後流失海外，現藏於日本。

東洋文庫：

    六張，紙本墨拓，原片，25-46.0×15.0，編號：Ⅱ-16-C-K-1069。

東京國立博物館：

    一幅，紙本墨拓，原片，編號：921。

京都大學人文科學研究所：

    一張，紙本墨拓，原片，編號：NAN0400A。

    一張，紙本墨拓，原片，編號：NAN0400B。

    一張，紙本墨拓，原片，編號：NAN0400C。

    一張，紙本墨拓，原片，編號：NAN0400D。

    一張，紙本墨拓，原片，編號：NAN0400E。

    一張，紙本墨拓，原片，編號：NAN0400F。

    一張，紙本墨拓，原片，編號：NAN0401B。

    一張，紙本墨拓，原片，編號：NAN0401C。

    一張，紙本墨拓，原片，編號：NAN0401D。

    一張，紙本墨拓，原片，編號：NAN0401E。

    一張，紙本墨拓，原片，編號：NAN0401F。

淑德大學書學文化中心：

    一軸，紙本墨拓，卷軸，編號：195201-06。

一册，紙本墨拓，册頁，編號：195488。

1191　僧愍造像記

東魏元象元年（538）八月二十九日刻，今藏地不詳。

書道博物館：

一張，紙本墨拓，原片，端方藏石。

東洋文庫：

一張，紙本墨拓，原片，6.0×11.0，編號：Ⅱ-16-C-K-163。

1192　李憲墓誌

東魏元象元年（538）十二月二十四日葬，清同治九年（1870）出土於今河北趙縣，今藏地不詳。

書道博物館：

一張，紙本墨拓，原片。

東洋文庫：

一帖三十葉，紙本墨拓，剪裝，28.0×15.0，編號：Ⅱ-16-C-870。

宇野雪村文庫：

一册，紙本墨拓，册頁，編號：362。

京都大學人文科學研究所：

一張，紙本墨拓，原片，編號：NAN0397X。

大阪市立美術館：

一帖，紙本墨拓，剪裝，編號：2591。

淑德大學書學文化中心：

一册，紙本墨拓，册頁，編號：197778，天放樓舊藏。

1193　凝禪寺三級浮圖碑

東魏元象二年（539）二月十五日立，現存河北元氏縣白婁村凝禪寺。

書道博物館：

一張，紙本墨拓，原片，有篆額。

一册，初拓，紙本墨拓，册頁，有篆額。

宇野雪村文庫：

一册，紙本墨拓，册頁，編號：295。

一幅，紙本墨拓，原片，編號：1105。

京都大學人文科學研究所：

一張，紙本墨拓，原片，編號：NAN0405X。

淑德大學書學文化中心：

一張，紙本墨拓，原片，編號：195719。

一軸，紙本墨拓，卷軸，編號：196106。

一軸，紙本墨拓，卷軸，編號：196451。

一册，紙本墨拓，册頁，編號：195485。

一册，紙本墨拓，册頁，編號：195701。

東北大學附屬圖書館：

一幅，紙本墨拓，原片，常盤大定舊藏。

1194　乞伏鋭造像記

東魏元象二年（539）三月二十三日刻，原在山東歷城黄石崖。

淑德大學書學文化中心：

一張，紙本墨拓，托裱，編號：197192。

一册，紙本墨拓，册頁，編號：196567。

1195　姚敬遵造像記

東魏元象二年（539）三月二十三日刻，原在山東歷城黄石崖。

京都大學人文科學研究所：

一張，紙本墨拓，原片，編號：NAN0404X。

淑德大學書學文化中心：

一軸，紙本墨拓，卷軸，編號：196877。

一軸，紙本墨拓，卷軸，編號：196878。

一册，紙本墨拓，册頁，編號：196567。

1196　高湛墓誌

東魏元象二年（539）十月十七日葬，清乾隆十四年（1749）出土於山東德州運河岸，現藏於山東石刻藝術博物館。

書道博物館：

一册，舊拓，紙本墨拓，册頁。

東京國立博物館：

一幅，紙本墨拓，原片，編號：384。

京都大學人文科學研究所：

一張，紙本墨拓，原片，編號：NAN0406X。

宇野雪村文庫：

一幅，紙本墨拓，原片，編號：1905。

淑德大學書學文化中心：

一册，紙本墨拓，册頁，編號：001061。

大阪市立美術館：

　　一帖，紙本墨拓，剪裝，編號：2590。

1197　高翻碑

全稱“魏侍中黄鉞太尉録尚書事孝宣高公碑”，東魏元象二年（539）立，現藏於河北磁縣文管所。

書道博物館：

　　一册，紙本墨拓，有篆額，册頁。

京都大學人文科學研究所：

　　一張，紙本墨拓，原片，編號：NAN0403A。

　　一張，紙本墨拓，原片，編號：NAN0403B。

宇野雪村文庫：

　　一幅，紙本墨拓，原片，編號：269。

淑德大學書學文化中心：

　　一張，紙本墨拓，托裱，編號：195463。

　　一册，紙本墨拓，册頁，編號：196213。

　　一册，紙本墨拓，册頁，編號：196571。

1198　造像臺座題銘

東魏元象年間（538—539）刻，今藏地不詳。

淑德大學書學文化中心：

　　一軸，紙本墨拓，卷軸，編號：196024。

［興和］

1199　劉懿墓誌

東魏興和二年（540）正月二十四日葬，清道光初出土於山西忻州，現藏於山西博物院。

書道博物館：

　　一張，紙本墨拓，原片。

東洋文庫：

　　一張，紙本墨拓，59.0×60.0，編號：Ⅱ-16-C-1070。

宇野雪村文庫：

　　一幅，紙本墨拓，原片，編號：1685。

　　一幅，紙本墨拓，原片，編號：1686。

　　一幅，紙本墨拓，原片，編號：1904。

京都大學人文科學研究所：

一張，紙本墨拓，原片，編號：NAN0407X。

淑德大學書學文化中心：

一軸，紙本墨拓，卷軸，編號：198094。

一冊，紙本墨拓，冊頁，編號：197779，天放樓舊藏。

大阪市立美術館：

一張，紙本墨拓，原片，編號：2667。

1200 仇貴造像記

東魏興和二年 （540） 二月四日刻，出土時地不詳，疑偽刻。

淑德大學書學文化中心：

一軸，紙本墨拓，卷軸，編號：198616。

1201 李氏合邑造像碑

東魏興和二年 （540） 二月四日刻，河北正定出土，今藏地不詳。

淑德大學書學文化中心：

一冊，碑陽，紙本墨拓，冊頁，編號：001604。

一軸，碑陽，紙本墨拓，卷軸，編號：195826。

一軸，碑陰，紙本墨拓，卷軸，編號：195827。

一軸，左側，紙本墨拓，卷軸，編號：195829。

一軸，右側，紙本墨拓，卷軸，編號：195828。

1202 廉富等造像記

東魏興和二年 （540） 二月十八日刻，現存河南衛輝市廉堰村觀音堂。

京都大學人文科學研究所：

一張，紙本墨拓，原片，編號：NAN0408X。

淑德大學書學文化中心：

一張，紙本墨拓，原片，編號：000257。

一軸，紙本墨拓，卷軸，編號：198295。

1203 辛琛墓誌

東魏興和二年 （540） 五月二日葬，河南安陽出土，今藏地不詳。

淑德大學書學文化中心：

一張，紙本墨拓，原片，編號：001763。

1204 曇陵造像記

東魏興和二年 （540） 七月二十五日刻，陳介祺舊藏，今藏地不詳。

淑德大學書學文化中心：

一張，紙本墨拓，原片，編號：001559。

1205　敬史君碑

全稱"禪静寺刹前銘敬史君之碑"，東魏興和二年（540）八月八日立，原在河南潁川長社縣禪静寺，現存長葛市第十四初級中學。

書道博物館：

一册，最舊拓本，紙本墨拓，册頁。

一册，舊拓本，紙本墨拓，册頁。

一張，紙本墨拓，全拓，原片。

東洋文庫：

一張，碑陽，紙本墨拓，111.0×90.0。碑陰，失。編號：Ⅱ-16-C-K-164。

一張，碑陽，紙本墨拓，158.0×84.0。一張，碑陰，紙本墨拓，170.0×83.0。編號：Ⅱ-16-C-K-165。

東京國立博物館：

一幅，碑陽，紙本墨拓，原片，編號：601。

一幅，碑陰，紙本墨拓，原片，編號：602。

宇野雪村文庫：

一册，紙本墨拓，册頁，編號：281。

京都大學人文科學研究所：

一張，紙本墨拓，原片，編號：NAN0413A。

一張，紙本墨拓，原片，編號：NAN0413B。

淑德大學書學文化中心：

一張，紙本墨拓，原片，編號：000445。

一軸，紙本墨拓，卷軸，編號：196107。

一軸，紙本墨拓，卷軸，編號：196108。

一軸，碑陽，紙本墨拓，卷軸，編號：195359。

一軸，碑陽，紙本墨拓，卷軸，編號：195417。

一軸，碑陽，紙本墨拓，卷軸，編號：195922。

一册，碑陽，紙本墨拓，册頁，編號：195662。

一張，碑陽，紙本墨拓，托裱，編號：197578，天放樓舊藏。

一軸，碑陰，紙本墨拓，卷軸，編號：195360。

一軸，碑陰，紙本墨拓，卷軸，編號：195418。

一軸，碑陰，紙本墨拓，卷軸，編號：195923。

一册，碑陰，紙本墨拓，册頁，編號：195662。

一張，碑陰，紙本墨拓，托裱，編號：197579，天放樓舊藏。

大阪市立美術館：

    一帖，紙本墨拓，編號：2607。

1206　蔡儁斷碑

東魏興和二年（540）八月八日立，今藏地不詳。

書道博物館：

    一張，紙本墨拓，原片，端方藏石。

1207　王顯慶墓記

東魏興和二年（540）九月十三日刻，今藏地不詳。

東洋文庫：

    一張，紙本墨拓，原片，22.0×29.0，編號：Ⅱ-16-C-K-2.24。

宇野雪村文庫：

    一幅，紙本墨拓，原片，編號：1600。

淑德大學書學文化中心：

    一張，紙本墨拓，原片，編號：000400。

1208　趙勝習仵造像記

東魏興和二年（540）九月十七日刻，現存山東歷城黃石崖。

淑德大學書學文化中心：

    一册，紙本墨拓，册頁，編號：196567。

京都大學人文科學研究所：

    一張，紙本墨拓，原片，編號：NAN0411X。

1209　馬都愛造像記

東魏興和二年（540）十月七日刻，陳介祺舊藏，現存山東淄博。

淑德大學書學文化中心：

    一張，紙本墨拓，原片，編號：001368。

1210　閭伯昇及妻元仲英墓誌

東魏興和二年（540）十月二十八日葬，河北安陽出土，現藏於西安碑林博物館。

京都大學人文科學研究所：

    一張，紙本墨拓，原片，編號：NAN0412X。

1211　孫思賓等三十七人造像記

東魏興和二年（540）十二月□九日刻，陳介祺舊藏，今藏地不詳。

淑德大學書學文化中心：

    一張，紙本墨拓，原片，編號：001376。

1212 程榮造像記

又稱“興和二年造佛像記”，東魏興和二年（540）刻，舊在長垣縣邅子墓祠，曾歸嘉興沈西雍、南陵徐氏，現藏於上海博物館。

書道博物館：

    一册，紙本墨拓，册頁。

東洋文庫：

    一張，紙本墨拓，38.0×21.0。左側佛像，一張，紙本墨拓，38.0×22.0。編號：Ⅱ-16-C-K-166。

宇野雪村文庫：

    一幅，紙本墨拓，原片，編號：1512。

1213 亦夫造像記

東魏興和二年（540）刻，今藏地不詳。

宇野雪村文庫：

    一册，紙本墨拓，册頁，編號：243。

1214 范思彦墓誌

東魏興和三年（541）正月二十八日葬，河南安陽出土，今藏地不詳。

宇野雪村文庫：

    一幅，紙本墨拓，原片，編號：1118。

1215 朱席不等造像記

東魏興和三年（541）四月八日刻，今藏地不詳。

淑德大學書學文化中心：

    一册，紙本墨拓，册頁，編號：197424，天放樓舊藏。

1216 道山造像記

東魏興和三年（541）四月十五日刻，河北正定出土，浙江韓小亭舊藏。

書道博物館：

    一張，紙本墨拓，全拓，端方藏石。

東洋文庫：

    一張，紙本墨拓，原片，8.0×34.0，編號：Ⅱ-16-C-K-167。

淑德大學書學文化中心：

一軸，紙本墨拓，卷軸，編號：000760。

1217 呂升觀等造像碑

東魏興和三年（541）四月十五日刻。

淑德大學書學文化中心：

　　一軸，碑陽，紙本墨拓，卷軸，編號：195852。

　　一軸，碑陽，紙本墨拓，卷軸，編號：196838。

　　一軸，碑陰，紙本墨拓，卷軸，編號：195851。

　　一軸，碑陰，紙本墨拓，卷軸，編號：196837。

1218 張奢碑

又稱“魏故渤海太守張君之碑”，東魏興和三年（541）五月刻，河北靈壽埠安村寺出土，今藏地不詳。

淑德大學書學文化中心：

　　一軸，紙本墨拓，卷軸，編號：195390。

　　一張，紙本墨拓，托裱，編號：197580，天放樓舊藏。

1219 邢生造像記

東魏興和三年（541）六月二十五日刻，山西盂縣出土，今藏地不詳。

宇野雪村文庫：

　　一幅，紙本墨拓，原片，編號：1090。

1220 元寶建墓誌

東魏興和三年（541）八月二十一日葬，民國十一年（1922）出土於河北磁縣，現藏於河南博物院。

宇野雪村文庫：

　　一冊，紙本墨拓，冊頁，編號：349。

京都大學人文科學研究所：

　　一張，紙本墨拓，原片，編號：NAN0419X。

淑德大學書學文化中心：

　　一張，紙本墨拓，原片，編號：001594。

1221 元鷟墓誌

東魏興和三年（541）十月二十二日葬，河北磁縣出土，現藏於遼寧省博物館。

書道博物館：

　　一張，紙本墨拓，原片。

宇野雪村文庫：

　　一册，紙本墨拓，册頁，編號：347。

　　一幅，紙本墨拓，原片，編號：1135。

1222　元子邃妻李艷華墓誌

東魏興和三年（541）十一月十七日葬，河南安陽出土，現藏於西安碑林博物館。

京都大學人文科學研究所：

　　一張，紙本墨拓，原片，編號：NAN0414X。

1223　員光造像記

東魏興和三年（541）十一月二十三日刻，今藏地不詳。

淑德大學書學文化中心：

　　一軸，紙本墨拓，卷軸，編號：000178。

　　一册，紙本墨拓，册頁，編號：195491。

1224　李仲璇碑

又稱"李仲璇修孔子廟碑""魯孔子廟之碑"，東魏興和三年（541）十二月十一日立，現藏於曲阜漢魏碑刻陳列館。

書道博物館：

　　一册，舊拓，紙本墨拓，無篆額。

　　一張，紙本墨拓，全拓。

東京國立博物館：

　　一幅，紙本墨拓，原片，編號：603。

宇野雪村文庫：

　　一册，紙本墨拓，册頁，編號：272。

　　一幅，紙本墨拓，原片，編號：1130。

　　一幅，紙本墨拓，原片，編號：1340。

東洋文庫：

　　一張，碑陽，紙本墨拓，173.0×85.0+38.0×26.0。一張，碑陰，紙本墨拓，72.0×85.0。編號：Ⅱ-16-C-1071。

　　一張，碑陽，紙本墨拓，176.0×84.0+38.0×28.0。碑陰，闕。編號：Ⅱ-16-C-K-168。

京都大學人文科學研究所：

　　一張，紙本墨拓，原片，編號：NAN0420A。

　　一張，紙本墨拓，原片，編號：NAN0420B。

淑德大學書學文化中心：

　　一張，碑陽，紙本墨拓，原片，編號：195012。

一軸，碑陽，紙本墨拓，卷軸，編號：195367。

一張，碑陰，紙本墨拓，原片，編號：195012。

一軸，碑陰，紙本墨拓，卷軸，編號：195368。

大阪市立美術館：

一張，紙本墨拓，原片，編號：2694。

白扇書道會：

一張，紙本墨拓，原片，176.0×84.0，種谷扇舟舊藏。

1225　李挺墓誌

東魏興和三年（541）十二月二十三日葬，河南安陽出土，現藏於西安碑林博物館。

宇野雪村文庫：

一幅，紙本墨拓，原片，編號：1835。

京都大學人文科學研究所：

一張，紙本墨拓，原片，編號：NAN0421X。

1226　李挺命婦元季聰墓誌

東魏興和三年（541）十二月二十三日葬，河南安陽出土，現藏於西安碑林博物館。

淑德大學書學文化中心：

一張，墓誌蓋，紙本墨拓，原片，編號：000890。

一張，墓誌蓋，紙本墨拓，原片，編號：000907。

一張，墓誌，紙本墨拓，原片，編號：000908。

1227　李挺夫人劉幼妃墓誌

東魏興和三年（541）十二月二十三日葬，河南安陽出土，現藏於西安碑林博物館。

淑德大學書學文化中心：

一張，墓誌蓋，紙本墨拓，原片，編號：000905。

一張，墓誌，紙本墨拓，原片，編號：000906。

1228　李太妃造像記

東魏興和三年（541）□月八日刻，已流失海外，現存美國。

京都大學人文科學研究所：

一張，紙本墨拓，原片，編號：NAN0422X。

1229　菀貴妻造像記

東魏興和四年（542）十月八日刻，今藏地不詳。

書道博物館：

　　一張，紙本墨拓，原片。

淑德大學書學文化中心：

　　一軸，紙本墨拓，卷軸，編號：198365。

　　一張，紙本墨拓，原片，編號：000446。

1230　李顯族造像記碑

又稱“李氏合邑造像碑”“李顯族造像碑”，東魏興和四年（542）十月八日刻，清光緒間自滑縣城北康李村出土，移置滑縣城內東南隅高等小學，現藏於河南新鄭市博物館。

書道博物館：

　　一張，紙本墨拓，原片。

宇野雪村文庫：

　　一册，紙本墨拓，册頁，編號：3。

京都大學人文科學研究所：

　　一張，紙本墨拓，原片，編號：NAN0424X。

1231　上官香等造像記

又稱“上官法儀等造像”“合邑造像記”“上官香造像記”，東魏興和四年（542）十一月二十五日刻，現存河南鶴壁淇縣衛武公祠。

淑德大學書學文化中心：

　　一軸，紙本墨拓，卷軸，編號：195825。

　　一軸，紙本墨拓，卷軸，編號：197167。

［武定］

1232　道觀邑義八十六人造像記

東魏武定元年（543）正月七日刻，今藏地不詳。

書道博物館：

　　一張，紙本墨拓，原片，端方藏石。

東洋文庫：

　　一張，紙本墨拓，原片，17.0×8.0，編號：Ⅱ-16-C-K-169。

淑德大學書學文化中心：

　　一軸，紙本墨拓，卷軸，編號：198387。

1233　元悰墓誌

東魏武定元年（543）三月十九日葬，河北磁縣出土，今藏地不詳。

淑德大學書學文化中心：

一張，紙本墨拓，原片，編號：000239。

1234　高歸彥造像記

東魏武定元年（543）四月八日刻，民國十年（1921）出土於河北定縣衆春園，現藏於故宮博物院。

東洋文庫：

一張，紙本墨拓，原片，47.0×145.0，編號：Ⅱ-16-C-K-170。

淑德大學書學文化中心：

一軸，紙本墨拓，卷軸，編號：195913。

京都大學人文科學研究所：

一張，紙本墨拓，原片，編號：NAN0426X。

大阪市立美術館：

一張，紙本墨拓，原片，編號：2680。

1235　李僧造像記

東魏武定元年（543）五月刻，今藏地不詳。

大阪市立美術館：

一張，紙本墨拓，原片，編號：2685。

1236　李次明造像記

東魏武定元年（543）七月四日刻，河北棗强出土，王緒祖舊藏，已流失海外，入藏日本阪本玉郎。

淑德大學書學文化中心：

一張，紙本墨拓，托裱，編號：198041。

1237　道俗九十人等造像記

東魏武定元年（543）七月二十七日刻，原在河南沁陽北孔村社廟，現藏於河南博物院。

宇野雪村文庫：

一幅，紙本墨拓，原片，編號：1092。

淑德大學書學文化中心：

一軸，紙本墨拓，卷軸，編號：196027。

京都大學人文科學研究所：

一張，紙本墨拓，原片，編號：NAN0427X。

1238　李道贊率邑義五百餘人造像記

又稱“邑義五百餘人造像碑”“禪師慧訓等供養人造像”“李贊邑等邑義五百餘人造像記”，東魏武定元年（543）八月刻，原在河南淇縣浮山封崇寺，民國十八年（1929）流失國外，現藏於美國紐約大都會博物館。

書道博物館：

　　一張，紙本墨拓，原片。

宇野雪村文庫：

　　一册，紙本墨拓，册頁，編號：259。

　　一册，紙本墨拓，册頁，編號：260。

　　一幅，紙本墨拓，原片，編號：1810。

　　一幅，紙本墨拓，原片，編號：1963（上部缺）。

　　一幅，紙本墨拓，原片，編號：1981。

京都大學人文科學研究所：

　　一張，紙本墨拓，原片，編號：NAN0429X。

東京藝術大學藝術資料館：

　　一張，紙本墨拓，掛幅裝，238.0×111.0，編號：3280。

淑德大學書學文化中心：

　　一軸，碑陽，紙本墨拓，卷軸，編號：195249。

　　一軸，碑陽，紙本墨拓，卷軸，編號：195809。

　　一軸，碑陽，紙本墨拓，卷軸，編號：196109。

　　一張，碑陽，紙本墨拓，托裱，編號：196215。

　　一張，碑陽，紙本墨拓，托裱，編號：196230。

　　一軸，碑陽，紙本墨拓，卷軸，編號：198029。

　　一册，碑陽，紙本墨拓，册頁，編號：198212。

　　一張，碑陽，紙本墨拓，托裱，編號：197581，天放樓舊藏。

　　一軸，碑陰，紙本墨拓，卷軸，編號：195810。

　　一軸，碑陰，紙本墨拓，卷軸，編號：196110。

1239　曹全造像記

東魏武定元年（543）九月一日刻，陳介祺舊藏，今藏地不詳。

淑德大學書學文化中心：

　　一張，紙本墨拓，原片，編號：001370。

1240　王偃墓誌

東魏武定元年（543）十月二十八日葬，清光緒元年（1875）出土於陵縣劉家莊，今藏地不詳。

書道博物館：

　　一張，紙本墨拓，原片。

東京國立博物館：

一幅，紙本墨拓，原片，編號：782。

宇野雪村文庫：

一幅，紙本墨拓，原片，編號：1259。

一幅，紙本墨拓，原片，編號：1906。

大阪市立美術館：

二張，紙本墨拓，原片，編號：2658。

淑德大學書學文化中心：

一軸，墓誌，紙本墨拓，卷軸，編號：198095。

一册，墓誌，紙本墨拓，册頁，編號：197781，天放樓舊藏。

一軸，墓誌蓋，紙本墨拓，卷軸，編號：198095。

一册，墓誌蓋，紙本墨拓，册頁，編號：197780，天放樓舊藏。

1241 王貳郎等法義二百人造像記

東魏武定二年（544）二月十六日刻，山東濰縣（今濰坊市）西南鄉出土，端方舊藏。

書道博物館：

一張，紙本墨拓，原片。

京都大學人文科學研究所：

一張，紙本墨拓，原片，編號：NAN0433X。

東洋文庫：

一張，紙本墨拓，原片，109.0×76.0，編號：Ⅱ-16-C-K-171。

淑德大學書學文化中心：

一軸，紙本墨拓，卷軸，編號：197161。

一張，紙本墨拓，托裱，編號：195045。

一張，紙本墨拓，原片，編號：001576。

1242 李洪演造像記

東魏武定二年（544）三月一日刻，河南獲嘉縣法雲寺出土，後流失海外，現藏於英國倫敦維多利亞和阿爾伯特博物館。

宇野雪村文庫：

一幅，紙本墨拓，原片，編號：1185。

淑德大學書學文化中心：

一軸，紙本墨拓，卷軸，編號：198064。

一張，紙本墨拓，托裱，編號：199017。

1243 邑儀侯氏造像記

東魏武定二年（544）三月一日刻。

京都大學人文科學研究所：

　　　一張，紙本墨拓，原片，編號：NAN0434X。

1244　武定二年造像記

東魏武定二年（544）三月十三日刻，現藏於河北博物院。

京都大學人文科學研究所：

　　　一張，紙本墨拓，原片，編號：NAN0435X。

墨華書道會：

　　　一張，紙本墨拓，原片。

1245　楊顯叔造像記

東魏武定二年（544）四月十四日刻，山東歷城千佛崖神通寺出土，長白端方、武進徐氏舊藏，現藏於河北博物院。

淑德大學書學文化中心：

　　　一軸，紙本墨拓，卷軸，編號：000761。

　　　一軸，紙本墨拓，卷軸，編號：198382。

1246　元湛墓誌

東魏武定二年（544）八月八日葬，民國六年（1917）出土於河北磁縣北白道村，後藏於安陽古物保存所，今藏地不詳。

宇野雪村文庫：

　　　一幅，紙本墨拓，原片，編號：367。

　　　一册，紙本墨拓，册頁，編號：444。

京都大學人文科學研究所：

　　　一張，紙本墨拓，原片，編號：NAN0428A。

　　　一張，紙本墨拓，原片，編號：NAN0428B。

淑德大學書學文化中心：

　　　一軸，紙本墨拓，卷軸，編號：198096。

　　　一張，紙本墨拓，托裱，編號：198671。

1247　元湛妃王令媛墓誌

東魏武定二年（544）八月八日葬，民國六年（1917）出土於河北磁縣北白道村，後藏於安陽古物保存所，今藏地不詳。

宇野雪村文庫：

　　　一幅，紙本墨拓，原片，編號：1908。

　　　一幅，紙本墨拓，原片，編號：1935。

二幅，紙本墨拓，原片，編號：1943。

一册，紙本墨拓，册頁，編號：325。

一册，紙本墨拓，册頁，編號：444。

京都大學人文科學研究所：

一張，紙本墨拓，原片，編號：NAN0439X。

淑德大學書學文化中心：

一册，紙本墨拓，册頁，編號：000238。

1248　元均及妻杜氏墓誌

東魏武定二年（544）八月二十日葬，出土於河南安陽，後藏於安陽古物保存所，今藏地不詳。

宇野雪村文庫：

一幅，紙本墨拓，原片，編號：1806。

一幅，紙本墨拓，原片，編號：1419。

一册，紙本墨拓，册頁，編號：365。

一册，紙本墨拓，册頁，編號：444。

京都大學人文科學研究所：

一張，紙本墨拓，原片，編號：NAN0437X。

淑德大學書學文化中心：

一張，紙本墨拓，原片，編號：000240。

1249　元顯墓誌

東魏武定二年（544）八月二十日葬，民國六年（1917）出土於河南安陽，後藏於安陽古物保存所，今藏地不詳。

宇野雪村文庫：

一幅，紙本墨拓，原片，編號：1420。

一册，紙本墨拓，册頁，編號：351。

一册，紙本墨拓，册頁，編號：444。

京都大學人文科學研究所：

一張，紙本墨拓，原片，編號：NAN0438X。

淑德大學書學文化中心：

一張，紙本墨拓，原片，編號：000241。

1250　張氏妻□阿妃磚誌

東魏武定二年（544）十月四日刻，今藏地不詳。

京都大學人文科學研究所：

一張，紙本墨拓，原片，編號：NAN0440X。

1251　侯海墓誌

東魏武定二年（544）十月十日葬，河北磁縣出土，現藏於遼寧省博物館。

東洋文庫：

　　　一張，紙本墨拓，原片，54.0×55.0，編號：Ⅱ-16-C-K-172。

宇野雪村文庫：

　　　一幅，紙本墨拓，原片，編號：1421。

　　　一册，紙本墨拓，册頁，編號：377。

淑德大學書學文化中心：

　　　一張，紙本墨拓，托裱，編號：001243。

1252　戎愛洛妻趙氏造像記

又稱"趙阿腊女造像記""戎愛洛等造像記"，東魏武定二年（544）十月二十日刻，民國十一年（1922）出土於萬壽宮故址，後流失海外，現藏於日本書道博物館。

淑德大學書學文化中心：

　　　一張，紙本墨拓，托裱，編號：198010。

1253　闐詳墓誌

東魏武定二年（544）十月二十二日葬，河南安陽出土，今藏地不詳。

淑德大學書學文化中心：

　　　一張，紙本墨拓，原片，編號：001761。

1254　隗天念墓誌

東魏武定二年（544）十一月二十九日葬，河南輝縣出土，現藏於故宮博物院。

淑德大學書學文化中心：

　　　一張，紙本墨拓，原片，編號：197060。

1255　曇會造像記

東魏武定二年（544）十一月二十九日刻，今藏地不詳。

東京國立博物館：

　　　一幅，紙本墨拓，原片，編號：536，岡會覺三舊藏。

　　　一幅，紙本墨拓，原片，編號：570。

東洋文庫：

　　　一張，紙本墨拓，原片，7.0×18.0，編號：Ⅱ-16-C-K-156。

1256　叔孫固墓誌

東魏武定二年（544）十一月二十九日葬，民國四年（1915）出土於河南安陽，安陽金石保存所舊藏，今藏地不詳。

宇野雪村文庫：

> 一幅，紙本墨拓，原片，編號：1422。
>
> 一册，紙本墨拓，册頁，編號：378。

京都大學人文科學研究所：

> 一張，紙本墨拓，原片，編號：NAN0441X。

1257 楊顯叔造像銘

東魏武定二年（544）刻，山東歷城出土，端方舊藏，已流失日本。

書道博物館：

> 一張，紙本墨拓，原片。

東北大學附屬圖書館：

> 一幅，紙本墨拓，原片，常盤大定舊藏。

1258 李洪浜造像記

東魏武定三年（545）三月刻，河南獲嘉出土，已流失英國。

宇野雪村文庫：

> 一幅，紙本墨拓，原片，編號：1086。
>
> 一幅，紙本墨拓，原片，編號：1635。

1259 傅伯龍造像記

東魏武定三年（545）四月刻，今藏地不詳。

淑德大學書學文化中心：

> 一張，紙本墨拓，托裱，編號：198013。

1260 鄭清合邑義六十人等造像記

東魏武定三年（545）五月八日刻，今藏地不詳。

淑德大學書學文化中心：

> 一張，紙本墨拓，原片，編號：195503。

1261 報德玉象七佛頌碑

東魏武定三年（545）七月十五日立，清光緒二十四年（1898）出土於洛陽白馬寺附近，後流失海外，現爲日本私人收藏。

書道博物館：

> 一張，紙本墨拓，原片，端方藏石。
>
> 一册，舊拓，紙本墨拓，册頁。

東洋文庫：

  一張，紙本墨拓，原片，120.0×120.0，編號：Ⅱ-16-C-K-173。

東京國立博物館：

  一幅，紙本墨拓，原片，編號：803。

淑德大學書學文化中心：

  一軸，紙本墨拓，卷軸，編號：000762。

  一軸，紙本墨拓，卷軸，編號：196843。

  一軸，紙本墨拓，卷軸，編號：196844。

  一軸，紙本墨拓，卷軸，編號：198311。

  一軸，紙本墨拓，卷軸，編號：198328。

  一册，紙本墨拓，册頁，編號：195716。

京都大學人文科學研究所：

  一張，紙本墨拓，原片，編號：NAN0445A。

  一張，紙本墨拓，原片，編號：NAN0445B。

  一張，紙本墨拓，原片，編號：NAN0445C。

1262　朱永隆等造像

又稱"僧惠造像記""僧惠等造天宫像記""朱永隆等七十人造像記""朱永隆等七十人造像銘碑""北魏僧惠造像記""朱永隆唐豐等七十人造像（僧惠造天宫像）""朱永隆等造天宫像記"，東魏武定三年（545）七月十五日刻，現存河南省沁陽縣唐村。

宇野雪村文庫：

  一幅，紙本墨拓，原片，編號：1206。

京都大學人文科學研究所：

  一張，紙本墨拓，原片，編號：NAN0443X。

淑德大學書學文化中心：

  一張，紙本墨拓，托裱，編號：196581。

1263　孟□造像記

東魏武定三年（545）七月刻，今藏地不詳。

淑德大學書學文化中心：

  一張，紙本墨拓，原片，編號：001374。

1264　曇静造像記

東魏武定三年（545）十一月十日刻，現存河南洛陽龍門石窟。

東洋文庫：

  一張，紙本墨拓，原片，11.0×32.0，編號：Ⅱ-16-C-K-174。

一張，紙本墨拓，原片，11.0×21.0，編號：Ⅱ-16-C-K-175。

1265 元曄墓誌

東魏武定三年（545）十一月二十九日葬，河南安陽出土，現藏於上海博物館。

宇野雪村文庫：

一幅，紙本墨拓，原片，編號：1423。

一册，紙本墨拓，册頁，編號：354。

1266 曇龍造像記

東魏武定三年（545）十一月刻，今藏地不詳。

書道博物館：

一册，紙本墨拓，綴帖。

1267 昌□造像記

東魏武定三年（545）十一月刻，今藏地不詳。

書道博物館：

一册，紙本墨拓，綴帖。

1268 道穎等造像記

東魏武定四年（546）二月八日刻，原在河南沁陽，後流失海外，現藏於美國賓夕法尼亞州立大學考古學及人類學博物館。

東洋文庫：

一張，紙本墨拓，原片，35.0×50.0，編號：Ⅱ-16-C-K-176。

東京國立博物館：

一幅，紙本墨拓，原片，編號：1172。

1269 李□保造像

東魏武定四年（546）二月刻，今藏地不詳。

宇野雪村文庫：

一幅，紙本墨拓，原片，編號：1743。

1270 道憑法師造像記

東魏武定四年（546）四月八日刻，現存安陽萬佛溝洞，疑偽刻。

淑德大學書學文化中心：

一張，紙本墨拓，托裱，編號：195385。

一册，紙本墨拓，册頁，編號：197179。

京都大學人文科學研究所：

　　　　一張，紙本墨拓，原片，編號：NAN0449X。

1271　大留聖窟題記

東魏武定四年（546）四月刻，原在河南安陽，今石已毁。

淑德大學書學文化中心：

　　　　一張，紙本墨拓，托裱，編號：195385。

　　　　一軸，紙本墨拓，卷軸，編號：198665。

　　　　一軸，紙本墨拓，卷軸，編號：001024，沈尹默題簽。

1272　法照造像記

東魏武定四年（546）七月九日刻，已流失海外，現藏於美國納爾遜藝術博物館。

京都大學人文科學研究所：

　　　　一張，紙本墨拓，原片，編號：NAN0448A。

　　　　一張，紙本墨拓，原片，編號：NAN0448B。

1273　吴叔悦造像記

東魏武定四年（546）八月十三日刻，順德鄧氏、吴縣（今蘇州）吴大澂舊藏，今藏地不詳。

淑德大學書學文化中心：

　　　　一册，紙本墨拓，册頁，編號：000285。

1274　樂天祐等造塔記

東魏武定四年（546）十月八日刻，端方舊藏，今藏地不詳。

書道博物館：

　　　　一張，紙本墨拓，原片，端方藏石。

淑德大學書學文化中心：

　　　　一軸，紙本墨拓，卷軸，編號：000763。

1275　盧貴蘭墓誌

東魏武定四年（546）十一月二十二日葬，河北磁縣出土，羅振玉、陶蘭泉遞藏，現藏於遼寧省博物館。

東洋文庫：

　　　　一張，紙本墨拓，原片，62.0×61.0，編號：Ⅱ-16-C-2.25。

　　　　一張，紙本墨拓，原片，60.0×60.0，編號：Ⅱ-16-C-K-177。

京都大學人文科學研究所：

　　　　一張，紙本墨拓，原片，編號：NAN0450X。

淑德大學書學文化中心：

    一張，紙本墨拓，原片，編號：000401。

    一張，紙本墨拓，原片，編號：198166。

1276　惠詵等造像記

東魏武定五年（547）正月二十六日刻，今藏地不詳。

書道博物館：

    一張，紙本墨拓，全拓，端方舊藏。

東洋文庫：

    一張，紙本墨拓，原片，8.0×48.0，編號：Ⅱ-16-C-K-178。

淑德大學書學文化中心：

    一張，紙本墨拓，原片，000447。

1277　才□磚誌

東魏武定五年（547）二月三日刻，今藏地不詳。

京都大學人文科學研究所：

    一張，紙本墨拓，原片，編號：NAN0456X。

1278　鄭君殘碑

東魏武定五年（547）二月七日立，河南河陰出土，現藏於中國國家博物館。

書道博物館：

    一張，紙本墨拓，原片，端方藏石。

東洋文庫：

    一張，紙本墨拓，原片，87.0×77.0，編號：Ⅱ-16-C-K-179。

宇野雪村文庫：

    一幅，紙本墨拓，原片，編號：1043。

淑德大學書學文化中心：

    一軸，紙本墨拓，卷軸，編號：196862。

    一張，紙本墨拓，原片，編號：000448。

1279　豐樂七帝二寺邑義人等造像記

又稱"豐樂七帝二寺邑義人等造像記""僧寵造像記"，東魏武定五年（547）二月八日刻，原在定縣衆春園，現藏於故宮博物院，疑僞刻。

淑德大學書學文化中心：

    一張，紙本墨拓，托裱，195387。

京都大學人文科學研究所：

一張，紙本墨拓，原片，編號：NAN0455X。

1280　詳崇供養像

東魏武定五年（547）二月刻，已流失海外，現藏於日本書道博物館。

書道博物館：

一張，紙本墨拓，原片，本館藏石。

1281　申曇援造像記

東魏武定五年（547）四月八日刻，今藏地不詳。

宇野雪村文庫：

一幅，紙本墨拓，原片，編號：1201。

1282　程愛造像記

東魏武定五年（547）五月十六日刻，今藏地不詳。

淑德大學書學文化中心：

一張，紙本墨拓，原片，編號：001589。

1283　楊鳳翔墓誌

東魏武定五年（547）五月二十四日葬，出土時地不詳，疑偽刻。

京都大學人文科學研究所：

一張，紙本墨拓，原片，編號：NAN0458X。

1284　王惠略造像記

又稱“王惠略等五十人造像記”“僧和等造靈塔記”，東魏武定五年（547）七月三日刻，現藏於河南開封博物館。

東洋文庫：

一張，紙本墨拓，原片，30.0×58.0，編號：Ⅱ-16-C-K-1072。

宇野雪村文庫：

一幅，紙本墨拓，原片，編號：1514。

京都大學人文科學研究所：

一張，紙本墨拓，原片，編號：NAN0459X。

淑德大學書學文化中心：

一軸，紙本墨拓，卷軸，編號：198405。

1285　王蓋周等造像記

東魏武定五年（547）七月四日刻，民國三年（1914）出土於山東長清，現存泰安岱廟。

淑德大學書學文化中心：

　　一張，紙本墨拓，原片，編號：197244。

1286　朱舍造寺記

東魏武定五年（547）七月九日刻，端方舊藏，今藏地不詳。

書道博物館：

　　一張，紙本墨拓，全拓，端方藏石。

淑德大學書學文化中心：

　　一軸，紙本墨拓，卷軸，編號：000765。

　　一張，紙本墨拓，原片，編號：001375。

　　一張，紙本墨拓，原片，編號：001575。

1287　王法現造像記

又稱“邑義王法現廿四人造像”“安鹿交村二十四人造像記”，東魏武定五年（547）七月十八日刻，現存山西平定縣開河寺石窟。

宇野雪村文庫：

　　一幅，紙本墨拓，原片，編號：1632。

淑德大學書學文化中心：

　　一張，紙本墨拓，托裱，編號：197193。

京都大學人文科學研究所：

　　一張，紙本墨拓，原片，編號：NAN0461X。

1288　元澄妃馮令華墓誌

東魏武定五年（547）十一月十六日葬，河南安陽出土，安陽金石保存所舊藏。

宇野雪村文庫：

　　一冊，紙本墨拓，冊頁，編號：325。

　　一冊，紙本墨拓，冊頁，編號：444。

京都大學人文科學研究所：

　　一張，紙本墨拓，原片，編號：NAN0466X。

淑德大學書學文化中心：

　　一張，紙本墨拓，原片，編號：000242。

1289　元凝妃陸順華墓誌

東魏武定五年（547）十一月十六日葬，河南安陽出土，安陽金石保存所舊藏。

宇野雪村文庫：

　　一幅，紙本墨拓，原片，編號：1547。

　　　　一幅，紙本墨拓，原片，編號：1680。

　　　　一册，紙本墨拓，册頁，編號：325。

　　　　一册，紙本墨拓，册頁，編號：444。

京都大學人文科學研究所：

　　　　一張，紙本墨拓，原片，編號：NAN0465X。

淑德大學書學文化中心：

　　　　一張，紙本墨拓，原片，編號：000243。

1290　武定五年造像記

東魏武定五年（547）刻，今藏地不詳。

宇野雪村文庫：

　　　　一幅，紙本墨拓，原片，編號：1101。

大阪市立美術館：

　　　　一張，紙本墨拓，原片，編號：2688。

1291　許繼基造像記

東魏武定六年（548）四月八日刻，今藏地不詳。

淑德大學書學文化中心：

　　　　一軸，紙本墨拓，卷軸，編號：198348。

1292　唐小虎造像記

東魏武定六年（548）五月三日刻，出土時地不詳，已流失日本。

書道博物館：

　　　　一張，紙本墨拓，全拓，端方藏石。

淑德大學書學文化中心：

　　　　一軸，紙本墨拓，卷軸，編號：196190。

1293　道深曇憨等造像記

東魏武定六年（548）五月五日刻，端方舊藏，今藏地不詳。

書道博物館：

　　　　一張，紙本墨拓，全拓，端方藏石。

東洋文庫：

　　　　一張，紙本墨拓，原片，7.0×23.0，編號：Ⅱ-16-C-K-180。

淑德大學書學文化中心：

　　　　一軸，紙本墨拓，卷軸，編號：000766。

1294　廣武將軍造像記

東魏武定六年（548）五月刻，今藏地不詳。

書道博物館：

　　一張，紙本墨拓，全拓，勝山氏藏。

1295　魯□磚誌

東魏武定六年（548）六月十三日刻，今藏地不詳。

京都大學人文科學研究所：

　　一張，紙本墨拓，原片，編號：NAN0470X。

1296　道俗九十人等石像碑

東魏武定六年（548）七月二十七日刻，原在山西盂縣興化寺，後移至圖書館，今藏地不詳。

京都大學人文科學研究所：

　　一張，紙本墨拓，原片，編號：NAN0472A。

　　一張，紙本墨拓，原片，編號：NAN0472B。

　　一張，紙本墨拓，原片，編號：NAN0472C。

1297　高才中造像記

東魏武定六年（548）九月十二日刻，原在河南偃師湯王廟，今藏地不詳。

淑德大學書學文化中心：

　　一張，紙本墨拓，托裱，編號：001295。

1298　元延明妃馮氏墓誌

東魏武定六年（548）十月二十二日葬，河北磁縣出土，現藏於遼寧省博物館。

淑德大學書學文化中心：

　　一張，紙本墨拓，托裱，編號：001258。

　　一軸，紙本墨拓，卷軸，編號：198097。

宇野雪村文庫：

　　一幅，紙本墨拓，原片，編號：1424。

　　一幅，紙本墨拓，原片，編號：1820。

1299　姚保顯造像記

東魏武定六年（548）刻，現存山東平度天柱山西麓劈石門東側。

淑德大學書學文化中心：

　　一張，紙本墨拓，原片，編號：195496。

1300 武定六年造像

東魏武定六年（548）刻，今藏地不詳。

宇野雪村文庫：

    一幅，紙本墨拓，原片，編號：1633。

1301 張伏安妻阿胡造像記

東魏武定七年（549）正月二十四日刻，端方舊藏，今藏地不詳。

書道博物館：

    一張，紙本墨拓，全拓，端方藏石。

東洋文庫：

    一張，紙本墨拓，原片，8.0×29.0，編號：Ⅱ-16-C-K-181。

淑德大學書學文化中心：

    一軸，紙本墨拓，卷軸，編號：000767。

1302 張保洛等造像記

又稱“安武縣伯等造像記”，東魏武定七年（549）二月八日刻，絳縣張鵷舉舊藏，今藏地不詳。

書道博物館：

    一張，紙本墨拓，原片。

宇野雪村文庫：

    一幅，紙本墨拓，原片，編號：1989。

淑德大學書學文化中心：

    一冊，紙本墨拓，冊頁，編號：195667。

大阪市立美術館：

    二張，紙本墨拓，原片，編號：2681。

1303 趙顯造像記

東魏武定七年（549）二月二十日刻，今藏地不詳。

書道博物館：

    一張，紙本墨拓，原片，端方藏石。

東洋文庫：

    一張，紙本墨拓，原片，13.0×9.0，編號：Ⅱ-16-C-K-182。

淑德大學書學文化中心：

    一軸，紙本墨拓，卷軸，編號：000768。

1304 前使節都督造像

東魏武定七年（549）二月刻，今藏地不詳。

書道博物館：

　　一册，紙本墨拓，全拓，綴帖。

1305　惠遵造像記

東魏武定七年（549）三月六日刻，端方舊藏，今藏地不詳。

書道博物館：

　　一張，紙本墨拓，原片，端方舊藏。

東洋文庫：

　　一張，紙本墨拓，原片，20.0×30.0，編號：Ⅱ-16-C-K-184。

1306　孫音長造像記

東魏武定七年（549）三月二十一日刻，今藏地不詳。

東洋文庫：

　　一張，紙本墨拓，原片，23.0×6.0，編號：Ⅱ-16-C-K-183。

1307　王光造像記

東魏武定七年（549）四月四日刻，出土時地不詳，疑僞刻。

淑德大學書學文化中心：

　　一軸，紙本墨拓，卷軸，編號：197163。

1308　道俗等造佛像記

東魏武定七年（549）四月八日刻，今藏地不詳。

書道博物館：

　　一張，紙本墨拓，全拓。

宇野雪村文庫：

　　一册，紙本墨拓，册頁，編號：223。

京都大學人文科學研究所：

　　一張，紙本墨拓，原片，編號：NAN0479X。

　　一張，紙本墨拓，原片，編號：NAN0480X。

　　一張，紙本墨拓，原片，編號：NAN0478X。

淑德大學書學文化中心：

　　一軸，紙本墨拓，卷軸，編號：197162。

　　一軸，紙本墨拓，卷軸，編號：198421。

大阪市立美術館：

　　二張，紙本墨拓，原片，編號：2702。

1309　興化寺高嶺諸村造像記

東魏武定七年（549）四月八日刻，原在山西盂縣興道村興化寺，後移縣圖書館，今藏地不詳。

淑德大學書學文化中心：

　　一册，紙本墨拓，册頁，編號：001605。

　　一軸，紙本墨拓，卷軸，編號：196858。

1310　道寶碑記

東魏武定七年（549）四月八日刻，現存河北邯鄲武安市北叢井村。

宇野雪村文庫：

　　一幅，紙本墨拓，原片，編號：234。

　　一幅，紙本墨拓，原片，編號：1839。

淑德大學書學文化中心：

　　一張，紙本墨拓，原片，編號：001488。

　　一軸，紙本墨拓，卷軸，編號：196478。

1311　法相造像記

東魏武定七年（549）四月十五日刻，現存河南洛陽龍門石窟。

東洋文庫：

　　一張，紙本墨拓，原片，14.0×25.0，編號：Ⅱ-16-C-K-185。

1312　□昌游造像記

東魏武定七年（549）八月二十日刻，端方舊藏，今藏地不詳。

書道博物館：

　　一張，紙本墨拓，原片。

淑德大學書學文化中心：

　　一軸，紙本墨拓，卷軸，編號：000769。

1313　劉騰造像碑

東魏武定七年（549）十一月刻，端方舊藏，今藏地不詳。

書道博物館：

　　一張，紙本墨拓，原片，端方藏石。

淑德大學書學文化中心：

　　一軸，碑陽，紙本墨拓，卷軸，編號：001697。

　　一張，碑陽，紙本墨拓，原片，編號：001756。

　　一軸，碑陰，紙本墨拓，卷軸，編號：001698。

一張，碑陰，紙本墨拓，原片，編號：001756。

一軸，左側，紙本墨拓，卷軸，編號：001699。

一軸，右側，紙本墨拓，卷軸，編號：001700。

京都大學人文科學研究所：

一張，紙本墨拓，原片，編號：NAN0483A。

一張，紙本墨拓，原片，編號：NAN0483B。

一張，紙本墨拓，原片，編號：NAN0483C。

一張，紙本墨拓，原片，編號：NAN0483D。

1314　司馬韶并夫人侯氏墓誌

東魏武定八年（550）正月五日葬，河南安陽出土，河北定縣（今定州）金石保存所舊藏，今藏地不詳。

宇野雪村文庫：

一幅，紙本墨拓，原片，編號：1907。

京都大學人文科學研究所：

一張，紙本墨拓，原片，編號：NAN0485X。

1315　關宜顯碑

東魏武定八年（550）二月四日立，今藏地不詳。

淑德大學書學文化中心：

一軸，紙本墨拓，卷軸，編號：195903。

一軸，紙本墨拓，卷軸，編號：195904。

1316　杜文雅等造像

又稱“杜文雍十四人等造像記”，東魏武定八年（550）二月八日刻，河南禹州出土，現藏於禹州市博物館。

書道博物館：

一張，紙本墨拓，原片。

宇野雪村文庫：

一册，紙本墨拓，册頁，編號：228。

一幅，紙本墨拓，原片，編號：1939。

京都大學人文科學研究所：

一張，紙本墨拓，原片，編號：NAN0486B。

一張，紙本墨拓，原片，編號：NAN0486C。

一張，紙本墨拓，原片，編號：NAN0486D。

1317　劉臺顯造像記

東魏武定八年（550）二月二十三日刻，端方舊藏，今藏地不詳。

書道博物館：

　　一張，紙本墨拓，原片。

東洋文庫：

　　一張，紙本墨拓，原片，9.0×25.0，編號：Ⅱ-16-C-K-187。

淑德大學書學文化中心：

　　一軸，紙本墨拓，卷軸，編號：000770。

1318　蕭正表墓誌

東魏武定八年（550）二月二十九日葬，河北磁縣出土，現藏於遼寧省博物館。

東洋文庫：

　　一張，紙本墨拓，原片，70.0×69.0，編號：Ⅱ-16-C-K-186。

宇野雪村文庫：

　　一册，紙本墨拓，册頁，編號：355。

　　一幅，紙本墨拓，原片，編號：1425。

京都大學人文科學研究所：

　　一張，紙本墨拓，原片，編號：NAN0487X。

淑德大學書學文化中心：

　　一軸，紙本墨拓，卷軸，編號：198098。

　　一張，紙本墨拓，托裱，編號：001244。

1319　源磨耶壙記

東魏武定八年（550）三月六日葬，清末河南汜水出土，現藏於西安碑林博物館。

宇野雪村文庫：

　　一幅，紙本墨拓，原片，編號：1873。

淑德大學書學文化中心：

　　一册，紙本墨拓，册頁，編號：197782，天放樓舊藏。

1320　三十人等造像記

東魏武定八年（550）三月刻，今藏地不詳。

京都大學人文科學研究所：

　　一張，紙本墨拓，原片，編號：NAN0490A。

　　一張，紙本墨拓，原片，編號：NAN0490B。

1321　廉富等造義井頌

又稱"廉富造井記""廉天長等造像記"，東魏武定八年（550）三月刻，現存河南衛輝廉堰村觀音堂。

東北大學附屬圖書館：

　　一幅，紙本墨拓，原片，常盤大定舊藏。

淑德大學書學文化中心：

　　一軸，碑陽，紙本墨拓，卷軸，編號：195845。

　　一軸，左側，紙本墨拓，卷軸，編號：195846。

　　一軸，右側，紙本墨拓，卷軸，編號：195846。

京都大學人文科學研究所：

　　一張，紙本墨拓，原片，編號：NAN0489X。

1322　呂望碑

又稱"修太公呂望祠碑""穆子容碑"，穆子容撰文并書丹，東魏武定八年（550）四月十二日立，原在河南汲縣太公廟，後移至縣圖書館，民國時期亡佚，今藏地不詳。

三井記念美術館：

　　一帖，宋拓，紙本墨拓，新町三井家舊藏。

書道博物館：

　　一册，舊拓，紙本墨拓，綴帖，附碑陰。

　　一張，紙本墨拓，原片。

東京國立博物館：

　　一幅，紙本墨拓，原片，編號：491。

宇野雪村文庫：

　　一幅，紙本墨拓，原片，編號：291。

京都大學人文科學研究所：

　　一張，紙本墨拓，原片，編號：NAN0491X。

大阪市立美術館：

　　一張，紙本墨拓，編號：2713。

淑德大學書學文化中心：

　　一張，紙本墨拓，原片，編號：001498。

　　一軸，紙本墨拓，卷軸，編號：195408。

東京藝術大學藝術資料館：

　　一張，紙本墨拓，掛幅裝，144.0×78.8，編號：1440。

1323　李僧元造像記

又稱"李僧造像記""阿白造像"，東魏武定八年（550）五月十日刻，現藏於山西古建築博物館。

宇野雪村文庫：

　　　一幅，紙本墨拓，原片，編號：1799。

東北大學附屬圖書館：

　　　二幅，紙本墨拓，原片，常盤大定舊藏。

淑德大學書學文化中心：

　　　一軸，碑陽，紙本墨拓，卷軸，編號：195872。

　　　一軸，左側，紙本墨拓，卷軸，編號：195875。

　　　一軸，碑陰，紙本墨拓，卷軸，編號：195873。

　　　一軸，右側，紙本墨拓，卷軸，編號：195874。

京都大學人文科學研究所：

　　　一張，紙本墨拓，原片，編號：NAN0492A。

　　　一張，紙本墨拓，原片，編號：NAN0492B。

　　　一張，紙本墨拓，原片，編號：NAN0492C。

　　　一張，紙本墨拓，原片，編號：NAN0492D。

　　　一張，紙本墨拓，原片，編號：NAN0493A。

　　　一張，紙本墨拓，原片，編號：NAN0493B。

　　　一張，紙本墨拓，原片，編號：NAN0493C。

　　　一張，紙本墨拓，原片，編號：NAN0493D。

1324　穆子巖墓誌

東魏武定八年（550）五月十三日葬，民國五年（1916）出土於河南安陽，安陽金石保存所舊藏，今藏地不詳。

書道博物館：

　　　一張，紙本墨拓，原片。

宇野雪村文庫：

　　　一幅，紙本墨拓，原片，編號：1426。

　　　一幅，紙本墨拓，原片，編號：1677。

　　　一册，紙本墨拓，册頁，編號：378。

大阪市立美術館：

　　　一張，紙本墨拓，原片，編號：2664。

京都大學人文科學研究所：

　　　一張，紙本墨拓，原片，編號：NAN0494X。

淑德大學書學文化中心：

　　　一張，紙本墨拓，原片，編號：000244。

1325　關勝誦德碑

全稱“魏故冀州刺史關勝顯誦德之碑”，東魏武定八年（550）八月立，現存山西陽泉蔭營鎮干畝坪村。

　　書道博物館：

　　　　一張，紙本墨拓，原片。

1326　張暢之等造像題名

東魏武定年間（543—550）刻，今藏地不詳。

　　書道博物館：

　　　　一張，紙本墨拓，原片，端方藏石。

　　東洋文庫：

　　　　一張，紙本墨拓，原片，17.0×34.0，編號：Ⅱ-16-C-K-189。

　　淑德大學書學文化中心：

　　　　一軸，紙本墨拓，卷軸，編號：000764。

1327　意瑗法義造佛國碑

東魏武定年間（543—550）刻，山東章丘出土，今藏地不詳。

　　東京國立博物館：

　　　　一幅，紙本墨拓，原片，編號：645。

　　淑德大學書學文化中心：

　　　　一張，碑陽，紙本墨拓，原片，編號：195046。

　　　　一册，碑陽，紙本墨拓，册頁，編號：195514。

　　　　一張，碑陰，紙本墨拓，原片，編號：195046。

　　　　一册，碑陰，紙本墨拓，册頁，編號：195514。

　　　　一張，碑側，紙本墨拓，原片，編號：195046。

　　　　一册，碑側，紙本墨拓，册頁，編號：195514。

北朝·西魏
（535—556）

［大統］

1328　毛遐造像記

又稱"毛遐造像碑""諸邑子等造像碑"，西魏大統元年（535）四月二十日刻，民國十九年（1930）出土於陝西耀縣漆河，一九五五年遷縣文化館，一九七一年入藏藥王山博物館。

淑德大學書學文化中心：

一軸，紙本墨拓，卷軸，編號：000026。

1329　夫蒙道智造像記

西魏大統元年（535）刻，今藏地不詳。

淑德大學書學文化中心：

一軸，碑陽，紙本墨拓，卷軸，編號：000059。

一軸，碑陰，紙本墨拓，卷軸，編號：000060。

一軸，左側，紙本墨拓，卷軸，編號：000059。

一軸，右側，紙本墨拓，卷軸，編號：000060。

東京藝術大學藝術資料館：

一張，紙本墨拓，掛幅裝，84.0×114.5，編號：353。

1330　明藏造像記

西魏大統二年（536）七月十五日刻，今藏地不詳。

淑德大學書學文化中心：

一張，紙本墨拓，原片，編號：198472。

1331　智廣造像記

西魏大統三年（537）刻，今藏地不詳。

宇野雪村文庫：

　　一幅，紙本墨拓，原片，編號：1031。

1332　神阿奴兄弟造像記

西魏大統三年（537）刻，今藏地不詳。

宇野雪村文庫：

　　一幅，紙本墨拓，原片，編號：1088。

1333　張貴宗等造像記

西魏大統四年（538）二月刻，今藏地不詳。

宇野雪村文庫：

　　一幅，紙本墨拓，原片，編號：1978。

京都大學人文科學研究所：

　　一張，紙本墨拓，原片，編號：NAN0394A。

　　一張，紙本墨拓，原片，編號：NAN0394B。

　　一張，紙本墨拓，原片，編號：NAN0394C。

　　一張，紙本墨拓，原片，編號：NAN0394D。

1334　魏文顯造像記

又稱“魏文男造像記”，西魏大統四年（538）三月八日刻，現存河南鞏縣石窟。

淑德大學書學文化中心：

　　一張，紙本墨拓，原片，編號：198471。

1335　合邑四十人等造天宮像記

又稱“合邑四十人等造像”“合邑四十人造天宮像”，西魏大統四年（538）十二月二十六日刻，山西芮城出土，現藏於故宮博物院。

宇野雪村文庫：

　　一幅，紙本墨拓，原片，編號：1253。

京都大學人文科學研究所：

　　一張，紙本墨拓，原片，編號：NAN0395X。

淑德大學書學文化中心：

　　一軸，紙本墨拓，卷軸，編號：195993。

　　一軸，紙本墨拓，卷軸，編號：196014。

　　一軸，紙本墨拓，卷軸，編號：198062。

1336　和伏慶等造像臺記

西魏大統四年（538）刻，原在陝西耀縣文化館，一九七一年遷於藥王山，現藏於藥王山博物館。

淑德大學書學文化中心：

一軸，碑陽，紙本墨拓，卷軸，編號：000056。

一軸，碑陰，紙本墨拓，卷軸，編號：000057。

1337　蘇方成造像記

又稱"平東將軍蘇方成造像記"，西魏大統六年（540）四月二十八日刻，現存河南洛陽龍門石窟。

書道博物館：

一册，紙本墨拓，綴帖。

東洋文庫：

一張，紙本墨拓，原片，9.0×6.0，編號：Ⅱ-16-C-K-192。

京都大學人文科學研究所：

一張，紙本墨拓，原片，編號：NAN0417X。

1338　蘇方成妻趙曇造像記

又稱"蘇方成妻趙曇題記""平東將軍蘇方成妻趙造像""平東將軍蘇方成妻趙歸親等造釋迦像記"，西魏大統六年（540）四月二十八日刻，現存河南洛陽龍門石窟。

東洋文庫：

一張，紙本墨拓，原片，14.0×49.0，編號：Ⅱ-16-C-K-191。

京都大學人文科學研究所：

一張，紙本墨拓，原片，編號：NAN0416X。

1339　巨始光造像記

又稱"楊標楊清造像""巨始光等造像碑""臣始光等邑義造像記"，西魏大統六年（540）七月十五日刻，出土時地不詳，民國十年（1921）古董商盗運出境，被海關查獲，後調撥歷史博物館籌備處，現藏於中國國家博物館。

宇野雪村文庫：

一幅，紙本墨拓，原片，編號：1219。

龍谷大學：

四幅，紙本墨拓，［1］碑陽，218.5×94.0，［2］碑陰，214.0×93.0，［3］碑側，192.5×21.5，［4］碑側，192.0×21.5。

淑德大學書學文化中心：

一軸，碑陽，紙本墨拓，卷軸，編號：195811。

一軸，碑陽，紙本墨拓，卷軸，編號：196864。

一軸，碑陰，紙本墨拓，卷軸，編號：195812。

一軸，左側，紙本墨拓，卷軸，編號：195813。

一軸，右側，紙本墨拓，卷軸，編號：195814。

1340　大統六年刻經殘石

西魏大統六年（540）刻，今藏地不詳。

淑德大學書學文化中心：

一軸，紙本墨拓，卷軸，編號：000058。

1341　僧璨造像記

西魏大統七年（541）正月十五日刻，現存河南洛陽龍門石窟。

東洋文庫：

一張，紙本墨拓，原片，20.0×60.0，編號：Ⅱ-16-C-K-194。

淑德大學書學文化中心：

一軸，紙本墨拓，卷軸，編號：198655。

1342　張永善造像記

西魏大統八年（542）二月十四日刻，今藏地不詳。

淑德大學書學文化中心：

一張，紙本墨拓，原片，編號：001052。

1343　陳神姜等造像記

又稱"四面佛碑像記" "西魏佛弟子合邑人等造石塔" "華真容造像碑"，西魏大統十三年（547）九月八日刻，原在山西太原傅公祠，現藏於故宮博物院。

東北大學附屬圖書館：

二幅，紙本墨拓，原片，常盤大定舊藏。

淑德大學書學文化中心：

一軸，碑陽，紙本墨拓，卷軸，編號：195876。

一軸，碑陰，紙本墨拓，卷軸，編號：195877。

一軸，碑陽，紙本墨拓，卷軸，編號：198273。

一軸，碑側，紙本墨拓，卷軸，編號：195878。

一軸，碑側，紙本墨拓，卷軸，編號：195879。

一軸，碑側，紙本墨拓，卷軸，編號：198002。

一軸，碑側，紙本墨拓，卷軸，編號：198274。

一軸，碑側，紙本墨拓，卷軸，編號：198275。

一軸，碑側，紙本墨拓，卷軸，編號：198276。

京都大學人文科學研究所：

一張，紙本墨拓，原片，編號：NAN0463A。

　　一張，紙本墨拓，原片，編號：NAN0463B。

　　一張，紙本墨拓，原片，編號：NAN0463C。

　　一張，紙本墨拓，原片，編號：NAN0463D。

東京藝術大學藝術資料館：

　　一張，紙本墨拓，掛幅裝，129.0×47.0，編號：355。

　　一張，紙本墨拓，掛幅裝，129.0×44.0，編號：356。

　　一張，紙本墨拓，掛幅裝，129.5×42.0，編號：357。

　　一張，紙本墨拓，掛幅裝，129.0×46.5，編號：358。

墨華書道會：

　　一張，紙本墨拓，原片。

1344　華真容造像碑

西魏大統十三年（547）九月刻，原在山西太原傅公祠，現藏於故宮博物院。

宇野雪村文庫：

　　一幅，紙本墨拓，原片，編號：1738。

　　一幅，紙本墨拓，原片，編號：1739。

大阪市立美術館：

　　三張，紙本墨拓，原片，編號：2640。

1345　杜照賢造像記

又稱“杜照賢、杜慧進等十三人造像記”，西魏大統十三年（547）十一月十五日刻，河南禹縣出土，後流失海外，現藏於美國波士頓博物館。

書道博物館：

　　一張，紙本墨拓，原片。

淑德大學書學文化中心：

　　一軸，碑陽，紙本墨拓，卷軸，編號：195371。

　　一張，碑陽，紙本墨拓，托裱，編號：197194。

　　一軸，碑側，紙本墨拓，卷軸，編號：196834。

　　一張，碑側，紙本墨拓，托裱，編號：197195。

京都大學人文科學研究所：

　　一張，紙本墨拓，原片，編號：NAN0464A。

　　一張，紙本墨拓，原片，編號：NAN0464B。

　　一張，紙本墨拓，原片，編號：NAN0464C。

　　一張，紙本墨拓，原片，編號：NAN0464D。

　　一張，紙本墨拓，原片，編號：NAN0464E。

　　一張，紙本墨拓，原片，編號：NAN0464F。

一張，紙本墨拓，原片，編號：NAN0464G。

一張，紙本墨拓，原片，編號：NAN0464H。

1346　黃鳳皇造像

又稱"杜魯清等造像記"，西魏大統十三年（547）十一月十五日刻，出土時地不詳，疑僞刻。

宇野雪村文庫：

一幅，紙本墨拓，原片，編號：1844。

1347　蔡氏造老子像記

又稱"造太上老君像記""老子祠造像記""劉曜光等造像碑""劉曜等造像""蔡洪造老君像碑"，西魏大統十四年（548）四月八日刻，原在山西芮城縣蔡村，現存芮城縣永樂宮。

宇野雪村文庫：

一幅，紙本墨拓，原片，編號：1962。

淑德大學書學文化中心：

一軸，碑陽，紙本墨拓，卷軸，編號：196017。

一軸，碑陽，紙本墨拓，卷軸，編號：198071。

一張，碑陽，紙本墨拓，原片，編號：195512。

一軸，碑陰，紙本墨拓，卷軸，編號：196018。

一軸，碑側，紙本墨拓，卷軸，編號：196019。

1348　辛延智造像記

又稱"辛延智佛道教造像碑""合邑七十人造像記"，西魏大統十四年（548）四月二十一日刻，民國十六年（1927）出土，原爲雷氏家藏，現存陝西耀州區藥王山碑林。

淑德大學書學文化中心：

一軸，碑陽，紙本墨拓，卷軸，編號：000027。

一軸，碑陰，紙本墨拓，卷軸，編號：000028。

京都大學人文科學研究所：

一張，紙本墨拓，原片，編號：NAN0665X。

1349　楊樹造像記

又稱"巨始光造像記"，西魏大統十四年（548）七月二十一日刻，山西垣曲縣宋村出土，現藏於中國國家博物館。

東洋文庫：

一張，紙本墨拓，原片，16.0×23.0，編號：Ⅱ-16-C-K-193。

宇野雪村文庫：

一幅，紙本墨拓，原片，編號：1970。

京都大學人文科學研究所：

一張，碑陽，紙本墨拓，原片，編號：NAN0418A。

一張，碑陰，紙本墨拓，原片，編號：NAN0418B。

一張，碑側，紙本墨拓，原片，編號：NAN0418C。

一張，碑側，紙本墨拓，原片，編號：NAN0418D。

1350　洪貴造像記

西魏大統十五年（549）九月刻，原在陝西耀縣西古村古廟，一九五一年遷至藥王山，現藏於藥王山博物館。

淑德大學書學文化中心：

一軸，碑陽，紙本墨拓，卷軸，編號：000090。

一軸，碑陰，紙本墨拓，卷軸，編號：000091。

一軸，左側，紙本墨拓，卷軸，編號：000090。

一軸，右側，紙本墨拓，卷軸，編號：000091。

1351　艾殷造像記

又稱"艾□造像記"，西魏大統十七年（551）三月十五日刻，陝西西安出土，後流失海外，現藏於日本京都大學文學部。

東洋文庫：

一張，紙本墨拓，三面拓，［1］10.0×13.0，［2］10.0×20.0，［3］10.0×12.0，編號：Ⅱ-16-C-K-195。

京都大學人文科學研究所：

一張，紙本墨拓，原片，編號：NAN0500B。

一張，紙本墨拓，原片，編號：NAN0500C。

一張，紙本墨拓，原片，編號：NAN0501A。

一張，紙本墨拓，原片，編號：NAN0501B。

一張，紙本墨拓，原片，編號：NAN0501C。

一張，紙本墨拓，原片，編號：NAN0501D。

一張，紙本墨拓，原片，編號：NAN0501E。

一張，紙本墨拓，原片，編號：NAN0501F。

1352　李天寶等七十人造像記

又稱"李道藏造像記"，西魏大統十七年（551）刻，現藏於陝西耀州區藥王山博物館。

淑德大學書學文化中心：

一軸，碑陽，紙本墨拓，卷軸，編號：000029。

一軸，碑陰，紙本墨拓，卷軸，編號：000030。

［廢帝］

1353 僧顯造像記

西魏廢帝元年（552）五月三日刻，陝西西安出土，已流失海外，現存美國。

東京國立博物館：

　　二幅，紙本墨拓，原片，編號：808。

1354 鞏伏龍造像記

西魏廢帝元年（552）六月十一日刻，河北正定出土，陳介祺舊藏，今藏地不詳。

淑德大學書學文化中心：

　　一張，碑陽，紙本墨拓，原片，編號：001579。

　　一張，碑陰，紙本墨拓，原片，編號：001580。

　　一張，左側，紙本墨拓，原片，編號：001581。

　　一張，右側，紙本墨拓，原片，編號：001582。

［恭帝］

1355 薛山俱二百餘人等造像記

又稱"薛山俱、薛季訓、薛景、鄉宿二百他人等造像記"，西魏恭帝元年（554）四月十二日刻，陝西西安出土，後流失海外，現藏於美國波士頓美術館。

淑德大學書學文化中心：

　　一軸，碑陽，紙本墨拓，卷軸，編號：198290。

　　一軸，碑陰，紙本墨拓，卷軸，編號：198291。

1356 荔非等造像記

西魏恭帝三年（556）五月刻，一九九六年出土於陝西渭南白水縣白水中學，現藏於白水縣文管會。

書道博物館：

　　一冊，紙本墨拓，冊頁。

東洋文庫：

　　一張，紙本墨拓，原片，9.0×20.0，編號：Ⅱ-16-C-K-196。

北朝 · 北齊
（550—577）

[天保]

1357　博興造像記

北齊天保元年（550）正月八日刻，出土時地不詳。

淑德大學書學文化中心：

　　一張，紙本墨拓，原片，編號：197240。

1358　僧哲等四十人造像記

北齊天保元年（550）五月三十日刻，發現於太原陽曲縣羅陰村，現藏於山西省民俗博物館。

淑德大學書學文化中心：

　　一張，紙本墨拓，原片，編號：001341。

1359　僧通等八十人造像記

北齊天保元年（550）六月十五日刻，發現於太原陽曲縣羅陰村，現藏於山西省民俗博物館。

淑德大學書學文化中心：

　　一張，紙本墨拓，原片，編號：001342。

1360　靳阿仲造像

北齊天保元年（550）七月十二日刻，出土時地不詳。

淑德大學書學文化中心：

　　一張，紙本墨拓，原片，編號：001571。

1361　劉洪朗造像記

北齊天保元年（550）八月十五日刻，現存河南洛陽龍門石窟。

淑德大學書學文化中心：

一册，紙本墨拓，册頁，編號：000285。

1362 張龍伯兄弟造像

北齊天保元年（550）十月八日刻，原存於河南洛陽存古閣，山東諸城尹彭壽舊藏，今藏地不詳。

書道博物館：

一册，紙本墨拓，册頁。

一册，舊拓，紙本墨拓，册頁。

宇野雪村文庫：

一幅，紙本墨拓，原片，編號：1958。

東京國立博物館：

三幅，紙本墨拓，原片，編號：646。

淑德大學書學文化中心：

一軸，紙本墨拓，卷軸，編號：198303。

一張，紙本墨拓，托裱，編號：197941。

一張，紙本墨拓，托裱，編號：197582，天放樓舊藏。

1363 張始興造像記

北齊天保元年（550）十二月刻，端方、徐氏舊藏，今藏地不詳。

淑德大學書學文化中心：

一張，紙本墨拓，托裱，編號：000450。

1364 李稚暈造像記

北齊天保二年（551）正月九日刻，潘鄭盦、端方等舊藏，今藏地不詳。

書道博物館：

一張，紙本墨拓，原片。

東洋文庫：

一張，紙本墨拓，原片，6.0×14.0，編號：Ⅱ-16-C-1-1。

淑德大學書學文化中心：

一張，紙本墨拓，托裱，編號：000451。

1365 道成造像記

又稱“比丘道成造像記”，北齊天保二年（551）三月二十六日刻，現存河南鞏縣石窟。

淑德大學書學文化中心：

一張，紙本墨拓，原片，編號：198482。

1366　崔仲保造像記

又稱"清河崔孝宜兄弟三人造像記"，北齊天保二年（551）三月刻，現存河南鞏縣石窟。

淑德大學書學文化中心：

一張，紙本墨拓，原片，編號：198474。

1367　法訓造像記

北齊天保二年（551）四月八日刻，現存河南鞏縣石窟。

淑德大學書學文化中心：

一張，紙本墨拓，原片，編號：198461。

1368　李奴造像記

北齊天保二年（551）六月二十三日刻，現存河南鞏縣石窟。

淑德大學書學文化中心：

一張，紙本墨拓，原片，編號：198481。

1369　龍花寺造像記

北齊天保二年（551）七月刻，今藏地不詳。

東洋文庫：

一張，紙本墨拓，原片，26.0×14.0，編號：Ⅱ-16-C-1-4。

1370　鄭敬羨造像記

北齊天保二年（551）九月二十五日，端方舊藏，今藏地不詳。

東洋文庫：

一張，紙本墨拓，原片，21.0×34.0，編號：Ⅱ-16-C-1-2。

宇野雪村文庫：

一幅，紙本墨拓，原片，編號：1039。

淑德大學書學文化中心：

一軸，紙本墨拓，卷軸，編號：000775。

1371　姬洪業造像記

北齊天保二年（551）十一月一日刻，端方舊藏，今藏地不詳。

書道博物館：

一張，紙本墨拓，原片。

東洋文庫：

一張，紙本墨拓，原片，8.0×22.0，編號：Ⅱ-16-C-1-3。

淑德大學書學文化中心：

　　一軸，紙本墨拓，卷軸，編號：000776。

1372　元賢墓誌

北齊天保二年（551）十一月三日葬，河南安陽出土，今藏地不詳。

宇野雪村文庫：

　　一册，紙本墨拓，册頁，編號：285。

淑德大學書學文化中心：

　　一册，紙本墨拓，册頁，編號：001887。

1373　王景熾造像

北齊天保三年（552）二月十五日刻，原在河南武陟十九里餘曾村念定寺，今藏地不詳。

淑德大學書學文化中心：

　　一軸，碑陽，紙本墨拓，卷軸，編號：000189。

　　一軸，碑側，紙本墨拓，卷軸，編號：000189。

1374　張世寶合邑田餘人造像記

北齊天保三年（552）三月八日刻，劉鶚舊藏，今藏地不詳。

書道博物館：

　　一張，紙本墨拓，原片。

　　一册，紙本墨拓，册頁。

京都大學人文科學研究所：

　　一張，紙本墨拓，原片，編號：NAN0503X。

淑德大學書學文化中心：

　　一軸，紙本墨拓，卷軸，編號：198947。

1375　張道明等造像記

　　又稱“張山化等八十人造像”“中陽鄉張村像碑”“張道明等八十人造像記”“比丘道平一百人等造像記”，北齊天保三年（552）五月十七日刻，現存河南輝縣古小章村初家寺。

淑德大學書學文化中心：

　　一軸，紙本墨拓，卷軸，編號：195823。

　　一册，紙本墨拓，册頁，編號：197181。

1376　宋顯昌造像記

北齊天保三年（552）五月二十五日刻，端方舊藏，今藏地不詳。

書道博物館：

一張，紙本墨拓，原片。

1377　僧可造像記

北齊天保三年（552）七月二日刻，今藏地不詳。

淑德大學書學文化中心：

一軸，紙本墨拓，卷軸，編號：198638。

1378　孫槃龍妻明姬磚誌

北齊天保三年（552）七月四日刻，出土時地不詳，現藏於西安碑林博物館。

大阪市立美術館：

一張，紙本墨拓，原片，編號：2673。

1379　牛景悦造石浮圖記

又稱“牛景悦爲亡人李景仲造石浮圖記”，北齊天保三年（552）七月八日刻，今藏地不詳。

宇野雪村文庫：

一幅，紙本墨拓，原片，編號：1078。

一幅，紙本墨拓，原片，編號：1747。

一册，紙本墨拓，册頁，編號：248。

淑德大學書學文化中心：

一軸，紙本墨拓，卷軸，編號：000170。

一張，紙本墨拓，托裱，編號：195047。

一册，紙本墨拓，册頁，編號：195706。

1380　周遵造像記

又稱“□遵造像記”“佛弟子周遵造像”，北齊天保三年（552）八月八日刻，端方舊藏。

書道博物館：

一張，紙本墨拓，原片。

淑德大學書學文化中心：

一張，紙本墨拓，托裱，編號：000452。

1381　僧嚴等造像記

北齊天保三年（552）八月二十日刻，現存河南輝縣胡家橋清寧寺。

淑德大學書學文化中心：

一張，紙本墨拓，原片，編號：198194。

1382　公孫村母三十一人造像記

又稱“劉阿洛等造像”“公孫村母卅一人造像記”，北齊天保四年（553）二月二十日刻，端方舊藏，今藏地不詳。

書道博物館：

一張，紙本墨拓，原片，端方藏石。

淑德大學書學文化中心：

一軸，紙本墨拓，卷軸，編號：000777。

1383　崔頠墓誌

北齊天保四年（553）二月二十九日葬，清道光、咸豐年間出土於山東益都，現藏於山東青州博物館。

書道博物館：

一張，紙本墨拓，原片，羅振玉舊藏。

東洋文庫：

一張，紙本墨拓，原片，39.0×37.0，編號：Ⅱ-16-C-1-8。

京都大學人文科學研究所：

一張，紙本墨拓，原片，編號：NAN0507X。

宇野雪村文庫：

一册，紙本墨拓，册頁，編號：366。

淑德大學書學文化中心：

一張，紙本墨拓，托裱，編號：001270。

1384　丁普造像記

北齊天保四年（553）三月十二日刻，今藏地不詳。

淑德大學書學文化中心：

一張，紙本墨拓，原片，編號：198626。

1385　周言梅造像

北齊天保四年（553）三月刻，今藏地不詳。

宇野雪村文庫：

一幅，紙本墨拓，原片，編號：1751。

1386　張祖造像記

北齊天保四年（553）四月八日刻，原在山西聞喜縣東鎮，民國七年（1918）轉存太原傅公祠，疑僞刻。

宇野雪村文庫：

一幅，紙本墨拓，原片，編號：1642。

京都大學人文科學研究所：

　　一張，紙本墨拓，原片，編號：NAN0512A。

　　一張，紙本墨拓，原片，編號：NAN0512B。

1387　天保四年造像記

北齊天保四年（553）五月十六日刻，出土時地不詳，現藏於山西臨汾市丁村民俗博物館。

淑德大學書學文化中心：

　　一張，紙本墨拓，原片，編號：001747。

1388　朱貴都造像記

北齊天保四年（553）六月十三日刻，今藏地不詳。

宇野雪村文庫：

　　一幅，紙本墨拓，原片，編號：1139。

1389　李買造像記

又稱"北齊造銀佛像碑"，北齊天保四年（553）六月二十五日刻，今藏地不詳。

淑德大學書學文化中心：

　　一張，紙本墨拓，托裱，編號：001422。

1390　惠藏静光造像記

又稱"惠感静光造像"，北齊天保四年（553）八月十五日刻，梁杭叔、李尹桑舊藏，今藏地不詳。

淑德大學書學文化中心：

　　一張，紙本墨拓，托裱，編號：198012。

1391　僧澄造像記

北齊天保四年（553）□月八日刻，民國十年（1921）出土於河北定縣料敵塔南，後入藏古物保存所，今藏地不詳。

淑德大學書學文化中心：

　　一張，紙本墨拓，托裱，編號：198015。

1392　息李宗造像記

北齊天保四年（553）□月八日刻，今藏地不詳。

淑德大學書學文化中心：

　　一軸，紙本墨拓，卷軸，編號：198375。

1393　□□兒造像

又稱"□□兒造白玉觀世音像記""造白玉觀世音像"，北齊天保四年（553）刻，端方舊藏，今藏地不詳。

　　書道博物館：

　　　　一張，紙本墨拓，原片，端方藏石。

1394　張氏郝造像記

北齊天保五年（554）正月二十五日刻，河北正定出土，今藏地不詳。

　　書道博物館：

　　　　一張，紙本墨拓，原片。

　　淑德大學書學文化中心：

　　　　一軸，碑陽，紙本墨拓，卷軸，編號：196880。

　　　　一軸，碑陽，紙本墨拓，卷軸，編號：196880。

1395　宋買造像記

北齊天保五年（554）正月刻，河南偃師壽聖寺出土，端方舊藏，今藏地不詳。

　　書道博物館：

　　　　一册，紙本墨拓，全拓，附佛像。

1396　暢洛生造像記

又稱“齊主暢洛生造像記”“葉容等造像記”，北齊天保五年（554）四月二日刻，清末河南省安陽出土，後藏於安陽縣古迹保存所，今藏地不詳。

　　淑德大學書學文化中心：

　　　　一軸，紙本墨拓，卷軸，編號：195824。

　　　　一軸，紙本墨拓，卷軸，編號：198019。

　　　　一軸，紙本墨拓，卷軸，編號：198032。

　　大阪市立美術館：

　　　　一張，紙本墨拓，原片，編號：2674。

1397　鄔樹仁造寺并造精舍記

又稱“鄔樹仁造像記”，北齊天保五年（554）七月十五日刻，端方舊藏，今藏地不詳。

　　書道博物館：

　　　　一張，紙本墨拓，原片，端方藏石。

　　淑德大學書學文化中心：

　　　　一軸，紙本墨拓，卷軸，編號：000778。

1398　張景暉造像記

北齊天保五年（554）七月十五日刻，原在山東益都平昌寺，後移置法慶寺。

宇野雪村文庫：

一幅，紙本墨拓，原片，編號：1304。

淑德大學書學文化中心：

一張，紙本墨拓，托裱，編號：001412。

大阪市立美術館：

一張，紙本墨拓，原片，編號：2718。

1399 惠潸等造像記

北齊天保五年（554）八月五日刻，出土時地不詳，已流失海外，現藏於日本藤井有鄰館。

有鄰館：

一張，紙本墨拓，原片。

1400 陃赤齊造像記

北齊天保五年（554）九月十四日刻，今藏地不詳。

東京國立博物館：

一幅，紙本墨拓，原片，編號：445。

1401 壬子敬造像記

北齊天保五年（554）九月二十九日刻，河南許昌出土，疑僞刻。

淑德大學書學文化中心：

一張，紙本墨拓，原片，編號：001801。

1402 張黑奴妻王洛妃磚誌

北齊天保五年（554）十月七日刻，今藏地不詳。

京都大學人文科學研究所：

一張，紙本墨拓，原片，編號：NAN0812X。

1403 張洪慶等三十五人造像記

北齊天保五年（554）十月二十日刻，一九八二年山東無棣縣水灣鄉何庵村出土，現藏於濱州市博物館。

淑德大學書學文化中心：

一張，紙本墨拓，原片，編號：197235。

1404 葛今龍造像記

北齊天保五年（554）十一月刻，端方舊藏，今藏地不詳。

書道博物館：

一張，紙本墨拓，全拓，端方藏石。

淑德大學書學文化中心：

一軸，紙本墨拓，卷軸，編號：000779。

1405 惠衆等造像記

北齊天保五年（554）□月二日刻，山東益都（今青州）出土，今藏地不詳。

淑德大學書學文化中心：

一軸，紙本墨拓，卷軸，編號：196881。

1406 天保五年造像記

北齊天保五年（554）刻，今藏地不詳。

宇野雪村文庫：

一幅，紙本墨拓，原片，編號：1099。

1407 西門豹祠碑

又稱"清河王高嶽造西門豹祠堂碑""西門豹祠堂碑"，北齊天保五年（554）立，原在河南安陽安豐鄉北豐村西門豹祠，後亡佚，二〇〇五年復見殘石，現存書錦堂碑廊。

書道博物館：

一冊，紙本墨拓，冊頁，附篆額、碑陰。

宇野雪村文庫：

一冊，紙本墨拓，冊頁，編號：245。

京都大學人文科學研究所：

一張，紙本墨拓，原片，編號：NAN0497A。

大阪市立美術館：

一帖，紙本墨拓，剪裝，編號：2603。

淑德大學書學文化中心：

一冊，碑陽，紙本墨拓，冊頁，編號：001671。

一軸，碑陽，紙本墨拓，卷軸，編號：195925。

一冊，碑陰，紙本墨拓，冊頁，編號：001672。

一軸，碑陰，紙本墨拓，卷軸，編號：195926。

1408 仲姿墓誌

北齊天保六年（555）二月六日葬，河南安陽出土，今藏地不詳。

淑德大學書學文化中心：

一張，紙本墨拓，托裱，編號：001269。

1409　竇泰墓誌

北齊天保六年（555）二月九日葬，河南安陽出土，原在安陽金石保存所，現藏於河南博物院。

宇野雪村文庫：

　　　　一册，紙本墨拓，册頁，編號：341。

京都大學人文科學研究所：

　　　　一張，紙本墨拓，原片，編號：NAN0516X。

淑德大學書學文化中心：

　　　　一張，紙本墨拓，原片，編號：000237。

1410　竇泰夫人婁黑女墓誌

北齊天保六年（555）二月九日葬，河南安陽出土，現藏於河南博物院。

宇野雪村文庫：

　　　　一幅，紙本墨拓，原片，編號：1142。

京都大學人文科學研究所：

　　　　一張，紙本墨拓，原片，編號：NAN0517X。

1411　江阿歡造像記

北齊天保六年（555）六月二十五日刻，河北曲陽出土，後入藏中央研究院歷史博物館，現藏於中國國家博物館。

淑德大學書學文化中心：

　　　　一軸，紙本墨拓，卷軸，編號：195216。

龍谷大學：

　　　　一幅，紙本墨拓，原片，34.0×132.0。

1412　李清造像碑

又稱“北齊摩崖報德碑”“報德像碑”“李清造報德像碑”“李清造像記”“報德碑”，李清撰，釋仙書，北齊天保六年（555）七月一日刻，現存山西平定長國寺摩崖。

書道博物館：

　　　　一張，紙本墨拓，全拓。

宇野雪村文庫：

　　　　一册，紙本墨拓，册頁，編號：282。

淑德大學書學文化中心：

　　　　一軸，紙本墨拓，卷軸，編號：195406。

　　　　一軸，紙本墨拓，卷軸，編號：195921。

　　　　一張，紙本墨拓，原片，編號：001494。

一張，紙本墨拓，原片，編號：197004。

一冊，紙本墨拓，冊頁，編號：195663。

大阪市立美術館：

一帖，紙本墨拓，剪裝，編號：2594。

東北大學附屬圖書館：

一幅，紙本墨拓，原片，常盤大定舊藏。

1413　王憐妻趙氏墓誌

北齊天保六年（555）七月六日葬，山東披縣（今萊州）出土，曾歸吳縣吳氏，今藏地不詳。

宇野雪村文庫：

一幅，紙本墨拓，原片，編號：1553。

京都大學人文科學研究所：

一張，紙本墨拓，原片，編號：NAN0518X。

一張，紙本墨拓，原片，編號：NAN0519X。

淑德大學書學文化中心：

一張，墓誌蓋，紙本墨拓，原片，編號：198167。

一張，墓誌蓋，紙本墨拓，原片，編號：000402。

一張，墓誌，紙本墨拓，原片，編號：198168。

一張，墓誌，紙本墨拓，原片，編號：000402。

1414　曇倫等造像記

北齊天保六年（555）七月十三日刻，今藏地不詳。

淑德大學書學文化中心：

一張，紙本墨拓，托裱，編號：197197。

一冊，紙本墨拓，冊頁，編號：197428，天放樓舊藏。

1415　顧滿□造像記

北齊天保六年（555）七月十五日刻，今藏地不詳。

淑德大學書學文化中心：

一冊，紙本墨拓，冊頁，編號：197427，天放樓舊藏。

1416　陳使君造像記

北齊天保六年（555）七月十五日刻，今藏地不詳。

淑德大學書學文化中心：

一張，紙本墨拓，托裱，編號：001415。

1417　元子邃墓誌

北齊天保六年（555）十一月七日葬，河南安陽出土，現藏於西安碑林博物館。

淑德大學書學文化中心：

　　一張，紙本墨拓，原片，編號：001190。

京都大學人文科學研究所：

　　一張，紙本墨拓，原片，編號：NAN0520X。

1418　曇建造像殘石

北齊天保六年（555）刻，今藏地不詳。

淑德大學書學文化中心：

　　一張，紙本墨拓，托裱，編號：198009。

1419　高劉二姓邑義五十一人造像記

北齊天保七年（556）三月一日刻，姚貴昉舊藏，今藏地不詳。

宇野雪村文庫：

　　一幅，紙本墨拓，原片，編號：1193。

1420　邵神虎造像記

北齊天保七年（556）三月八日刻，端方舊藏，今藏地不詳。

書道博物館：

　　一張，紙本墨拓，全拓。

東洋文庫：

　　一張，紙本墨拓，原片，6.0×20.0，編號：Ⅱ-16-C-1-14。

淑德大學書學文化中心：

　　一張，紙本墨拓，托裱，編號：000453。

京都大學人文科學研究所：

　　一張，紙本墨拓，原片，編號：NAN0521X。

1421　衛遵智造像記

北齊天保七年（556）五月一日刻，今藏地不詳。

淑德大學書學文化中心：

　　一張，紙本墨拓，托裱，編號：198014。

1422　法琮造像記

北齊天保七年（556）五月二十日刻，現存河南洛陽龍門石窟。

淑德大學書學文化中心：

　　一張，紙本墨拓，原片，編號：198999。

1423　比丘□□造像記

北齊天保七年（556）七月十八日刻，端方舊藏，今藏地不詳。

書道博物館：

　　一張，紙本墨拓，全拓。

東洋文庫：

　　一張，紙本墨拓，原片，7.0×7.0，編號：Ⅱ-16-C-1-15。

淑德大學書學文化中心：

　　一張，紙本墨拓，托裱，編號：000454。

京都大學人文科學研究所：

　　一張，紙本墨拓，原片，編號：NAN0522X。

1424　翟煞鬼造像記

北齊天保七年（556）八月八日刻，端方舊藏，今藏地不詳。

京都大學人文科學研究所：

　　一張，紙本墨拓，原片，編號：NAN0523X。

書道博物館：

　　一張，紙本墨拓，全拓。

1425　高叡造釋迦像記

又稱“趙郡王高叡造釋迦像記”，北齊天保七年（556）八月十五日刻，現存河北靈壽張家莊幽
居寺。

淑德大學書學文化中心：

　　一張，紙本墨拓，托裱，編號：197198。

　　一册，紙本墨拓，册頁，編號：001669。

1426　魏世儁妻車延暉磚誌

北齊天保七年（556）八月二十五日葬，今藏地不詳。

京都大學人文科學研究所：

　　一張，紙本墨拓，原片，編號：NAN0524X。

1427　高叡造無量壽像記

又稱“趙郡王高叡造無量壽像記”，王高北齊天保七年（556）閏八月十五日刻，現存河北靈壽
張家莊幽居寺。

淑德大學書學文化中心：

一册，紙本墨拓，册頁，編號：197429，天放樓舊藏。

1428　息奴子磚誌

北齊天保七年（556）九月十九日刻，今藏地不詳。

京都大學人文科學研究所：

一張，紙本墨拓，原片，編號：NAN0525X。

1429　銘因造像記

又稱"□因造像記""□□爲亡母造像""□（鄒）因造觀世音像""劉因造像記""劉同敏造像記"，北齊天保七年（556）十二月十一日刻，端方舊藏。

書道博物館：

一張，紙本墨拓，全拓。

東洋文庫：

一張，紙本墨拓，原片，5.0×19.0，編號：Ⅱ-16-C-1-16。

京都大學人文科學研究所：

一張，紙本墨拓，原片，編號：NAN0526X。

淑德大學書學文化中心：

一軸，紙本墨拓，卷軸，編號：000780。

1430　靈弁墓誌

北齊天保八年（557）正月八日葬，出土時地不詳。

宇野雪村文庫：

一册，紙本墨拓，册頁，編號：227。

淑德大學書學文化中心：

一張，紙本墨拓，托裱，編號：198672。

1431　郭猛等造塔像記

又稱"法義兄弟八十人造像""法儀□猛人等八十人造像記""牟光等八十人造像記"，北齊天保八年（557）三月二十二日刻，原在山東省昌邑縣南盤馬埠。

淑德大學書學文化中心：

一軸，紙本墨拓，卷軸，編號：198026。

一軸，紙本墨拓，卷軸，編號：198385。

一張，紙本墨拓，原片，編號：195051。

1432　張康張雙兄弟造像記

北齊天保八年（557）三月二十□日刻，陳介祺舊藏。

淑德大學書學文化中心：

　　　　一張，紙本墨拓，原片，編號：001563。

1433　法儀郭□□等八十人造像記

北齊天保八年（557）三月刻，原在山東昌邑縣南盤馬埠。

書道博物館：

　　　　一張，紙本墨拓，全拓。

京都大學人文科學研究所：

　　　　一張，紙本墨拓，原片，編號：NAN0527X。

1434　高叡修定國寺頌

又稱“趙郡王高叡碑”“趙郡王高叡修寺頌記”“趙郡王高叡修定國寺頌”“定國寺慧昭修寺頌記”“高叡僧標造像記”，北齊天保八年（557）四月八日立，現存河北省靈壽縣祁林院。

書道博物館：

　　　　一冊，紙本墨拓，冊頁。

淑德大學書學文化中心：

　　　　一張，紙本墨拓，托裱，編號：195472。

1435　崇光寺造像記

北齊天保八年（557）四月十九日刻，今藏地不詳。

淑德大學書學文化中心：

　　　　一張，紙本墨拓，原片，編號：001574。

1436　纂息奴子墓誌

北齊天保八年（557）五月二十四日葬，今藏地不詳。

東洋文庫：

　　　　一張，紙本墨拓，原片，29.0×17.0，編號：Ⅱ-16-C-1-17。

1437　張榮洛等造像記

又稱“張榮洛兄弟造像記”“張癸洛兄弟三人造像記”，北齊天保八年（557）六月六日刻，山東無棣縣水灣鄉何庵村出土。

淑德大學書學文化中心：

　　　　一張，紙本墨拓，原片，編號：197236。

1438　高叡修定國寺碑

又稱“高叡定國寺塔銘碑”“高叡造定國寺塔銘碑”，北齊天保八年（557）六月十五日立，現存河北省靈壽縣祁林院。

東北大學附屬圖書館：

一幅，紙本墨拓，原片，常盤大定舊藏。

宇野雪村文庫：

一册，紙本墨拓，册頁，編號：221。

淑德大學書學文化中心：

一軸，紙本墨拓，卷軸，編號：195407。

一軸，紙本墨拓，卷軸，編號：196332。

一張，紙本墨拓，托裱，編號：197583，天放樓舊藏。

1439　楊六磚誌

北齊天保八年（557）七月十二日刻。

京都大學人文科學研究所：

一張，紙本墨拓，原片，編號：NAN0528X。

1440　劉碑寺造像記

又稱"碑樓寺碑""劉碑造像銘""劉氏造像碑""劉碑寺造像碑"，北齊天保八年（557）七月刻，現存河南登封劉碑村。

書道博物館：

一張，紙本墨拓，原片。

宇野雪村文庫：

一册，紙本墨拓，册頁，編號：250。

一册，紙本墨拓，册頁，編號：255。

大阪市立美術館：

一張，紙本墨拓，原片，編號：2678。

淑德大學書學文化中心：

一張，紙本墨拓，原片，編號：001839。

一張，紙本墨拓，托裱，編號：195466。

一軸，紙本墨拓，卷軸，編號：195842。

一軸，紙本墨拓，卷軸，編號：198037。

京都大學人文科學研究所：

一張，紙本墨拓，原片，編號：NAN0533A。

一張，紙本墨拓，原片，編號：NAN0533B。

一張，紙本墨拓，原片，編號：NAN0533C。

東北大學附屬圖書館：

一幅，紙本墨拓，原片，常盤大定舊藏。

1441　惠獻等造像

北齊天保八年（557）十月刻，現存河南登封劉碑村。

書道博物館：

一張，紙本墨拓，全拓。

1442　比丘□□造釋迦像記

北齊天保八年（557）十一月十□日刻，現存河南洛陽龍門石窟。

京都大學人文科學研究所：

一張，紙本墨拓，原片，編號：NAN0529X。

一張，紙本墨拓，原片，編號：NAN0530X。

1443　寶演造像記

北齊天保八年（557）十一月十□日刻，現存河南洛陽龍門石窟。

書道博物館：

一册，紙本墨拓，綴帖。

東洋文庫：

一張，右側，紙本墨拓，32.0×8.0。一張，左側，紙本墨拓，40.0×7.0。編號：Ⅱ-16-C-1-18。

1444　静明等修塔造像記

又稱“邑義垣周等造像記”“僧静明等修塔造像碑”“智明造像記”，北齊天保八年（557）十一月二十九日刻，原在河南嵩山，今藏地不詳。

淑德大學書學文化中心：

一軸，紙本墨拓，卷軸，編號：196846。

一册，紙本墨拓，册頁，編號：196576。

京都大學人文科學研究所：

一張，紙本墨拓，原片，編號：NAN0531A。

一張，紙本墨拓，原片，編號：NAN0531B。

1445　勸化邑義等造像

北齊天保八年（557）十一月刻，今藏地不詳。

書道博物館：

一張，紙本墨拓，綴帖。

1446　智静等造像記

北齊天保八年（557）十二月十三日刻，今藏地不詳。

書道博物館：

 一張，紙本墨拓，全拓，端方藏石。

東洋文庫：

 一張，紙本墨拓，原片，6.0×34.0，編號：Ⅱ-16-C-1-19。

京都大學人文科學研究所：

 一張，紙本墨拓，原片，編號：NAN0532X。

1447 梁樹宛造像記

北齊天保八年（557）十二月二十五日刻，現存河南洛陽龍門石窟。

淑德大學書學文化中心：

 一張，紙本墨拓，原片，編號：198458。

1448 朱氏邑人等造像記

北齊天保八年（557）十二月刻，明弘治中出土，原在河北慶雲萬安寺。

淑德大學書學文化中心：

 一軸，紙本墨拓，卷軸，編號：198422。

 一册，紙本墨拓，册頁，編號：196572。

1449 魯思明等造像記

又稱“北齊造像碑”“魯思明造像碑”，北齊天保九年（558）二月八日刻，新鄉市魯堡百官寺遺址出土，現藏於河南博物院。

淑德大學書學文化中心：

 一軸，紙本墨拓，卷軸，編號：198277。

京都大學人文科學研究所：

 一張，紙本墨拓，原片，編號：NAN0535X。

1450 宋敬業等造塔頌

北齊天保九年（558）三月六日刻，原在山東益都西門外，後歸邑人房氏，今藏地不詳。

書道博物館：

 一張，紙本墨拓，全拓，本館藏石。

京都大學人文科學研究所：

 一張，紙本墨拓，原片，編號：NAN0536X。

淑德大學書學文化中心：

 一軸，紙本墨拓，卷軸，編號：198409。

 一張，紙本墨拓，原片，編號：000455。

大阪市立美術館：

一張，紙本墨拓，原片，編號：2698。

1451 道邕□造像記

北齊天保九年 （558） 三月十日刻，現存河南洛陽龍門石窟。

淑德大學書學文化中心：

一張，紙本墨拓，原片，編號：198459。

1452 僧容等一百人造像記

北齊天保九年 （558） 三月十日刻，今藏地不詳。

淑德大學書學文化中心：

一張，紙本墨拓，原片，編號：197241。

1453 張歸生造像記

又稱“張歸山造盧舍那像”，北齊天保九年 （558） 三月二十三日刻，陳介祺舊藏，今藏地不詳。

淑德大學書學文化中心：

一張，紙本墨拓，原片，編號：001572。

1454 道勝造像記

又稱“道悕造像記”，北齊天保九年 （558） 四月八日刻，端方舊藏，疑偽刻。

書道博物館：

一張，紙本墨拓，全拓，端方藏石。

東洋文庫：

一張，紙本墨拓，原片，9.0×25.0，編號：Ⅱ-16-C-1-21。

京都大學人文科學研究所：

一張，紙本墨拓，原片，編號：NAN0537X。

淑德大學書學文化中心：

一張，紙本墨拓，托裱，編號：197199。

1455 董黃頭七十人等造像記

又稱“董黃頭七十人等造釋迦像”“鞏黑成等造四面像碑”，北齊天保九年 （558） 七月二十七日刻，原在高平城內鼓樓上，現藏於高平文博館。

淑德大學書學文化中心：

一軸，紙本墨拓，卷軸，編號：196830。

1456 皇甫琳墓誌

北齊天保九年 （558） 十一月二十日葬，河南安陽出土，現藏於天津博物館。

書道博物館：

一張，紙本墨拓，全拓，端方藏石。

東洋文庫：

一張，墓誌，紙本墨拓，42.0×42.0。一張，墓誌蓋，紙本墨拓，35.0×35.0。編號：Ⅱ-16-C-2.28。

一張，墓誌蓋，紙本墨拓，35.0×37.0，編號：Ⅱ-16-C-1-22。

京都大學人文科學研究所：

一張，紙本墨拓，原片，編號：NAN0538X。

淑德大學書學文化中心：

一張，墓誌蓋，紙本墨拓，原片，編號：000404。

一張，墓誌蓋，紙本墨拓，原片，編號：198169。

一張，墓誌，紙本墨拓，原片，編號：000404。

一冊，墓誌，紙本墨拓，冊頁，編號：001890。

一張，墓誌，紙本墨拓，原片，編號：198170。

1457 秦叵伽造像記

又稱“秦□伽造像記”，北齊天保九年（558）十一月二十八日刻，端方、王緒祖舊藏。

書道博物館：

一張，紙本墨拓，全拓，端方藏石。

京都大學人文科學研究所：

一張，紙本墨拓，原片，編號：NAN0539X。

1458 徐徹墓誌

北齊天保十年（559）正月二十一日葬，河南安陽出土，安陽金石保存所舊藏。

京都大學人文科學研究所：

一張，紙本墨拓，原片，編號：NAN0540X。

1459 常待造像記

又稱“房紹興造像記”，北齊天保十年（559）四月八日刻，原在河北靈壽幽居寺。

淑德大學書學文化中心：

一冊，紙本墨拓，冊頁，編號：001670。

1460 魏法興合邑一百餘人造天宮記

北齊天保十年（559）四月二十八日刻，河南汲縣（今衛輝市）出土，今藏地不詳。

京都大學人文科學研究所：

一張，紙本墨拓，原片，編號：NAN0541X。

1461 文海珍妻等七十一人造像記

又稱“周雙仁造像”，北齊天保十年（559）七月四日刻，端方舊藏。

淑德大學書學文化中心：

　　一軸，紙本墨拓，卷軸，編號：000196。

　　一張，紙本墨拓，托裱，編號：000935。

京都大學人文科學研究所：

　　一張，紙本墨拓，原片，編號：NAN0542A。

　　一張，紙本墨拓，原片，編號：NAN0542B。

1462 鮮于平造像記

北齊天保十年（559）八月十日刻，出土時地不詳。

淑德大學書學文化中心：

　　一張，紙本墨拓，原片，編號：197237。

1463 高海亮等造像碑

又稱“高海亮造像碑”“張嗷鬼等造像記”，北齊天保十年（559）八月二十五日刻，一九五七年出土於河南襄城縣孫莊，現藏於河南博物院。

淑德大學書學文化中心：

　　一張，紙本墨拓，原片，編號：001706。

1464 天保十年造像記

北齊天保十年（559）刻，出土時地不詳。

東京國立博物館：

　　一幅，紙本墨拓，原片，編號：1185，冨永寬容舊藏。

1465 北齊王妃造盧舍那佛像記

北齊天保十三年（562）□月八日刻，出土時地不詳。

京都大學人文科學研究所：

　　一張，紙本墨拓，原片，編號：NAN0558X。

［乾明］

1466 郝景尚造像

北齊乾明元年（560）正月四日刻，出土時地不詳。

寄鶴軒：

一張，紙本墨拓，全拓，陳介祺舊藏。

1467　大交村邑義母人七十五人等造像記

北齊乾明元年（560）四月十五日刻，出土時地不詳。

淑德大學書學文化中心：

一軸，紙本墨拓，卷軸，編號：198615。

1468　高涣墓誌

北齊乾明元年（560）四月十六日葬，近年出土於河北臨漳古鄴城遺址，現藏於正定墨香閣。

淑德大學書學文化中心：

一張，紙本墨拓，原片，編號：001762。

1469　高淯墓誌

北齊乾明元年（560）四月十六日葬，民國十五年（1926）出土於河北磁縣，現藏於遼寧省博物館。

京都大學人文科學研究所：

一張，紙本墨拓，原片，編號：NAN0545X。

1470　智念等造像記

北齊乾明元年（560）五月刻，陳介祺舊藏。

大阪市立美術館：

一張，紙本墨拓，原片，編號：2683。

1471　邑義造像碑

又稱“乾明元年造像殘碑”“乾明元年修橋造像斷碑”“比丘僧邑義等造像殘碑”，北齊乾明元年（560）七月十五日刻，原碑斷爲兩截，清道光二十四年（1844）先後出土。

淑德大學書學文化中心：

一張，紙本墨拓，原片，編號：001458。

一張，紙本墨拓，原片，編號：NAN0546A。

一張，紙本墨拓，原片，編號：NAN0546B。

1472　慧承造像記

又稱“蓮花洞尼慧□等造像記”“尼慧承等造像記”，北齊乾明元年（560）八月二十五日刻，一九五六年發現於山東長清五峰山，現存泰安岱廟。

淑德大學書學文化中心：

一張，紙本墨拓，托裱，編號：001400。

1473 静游等造像記

北齊乾明元年（560）八月□五日刻，現存山東泰安岱廟。

淑德大學書學文化中心：

一張，紙本墨拓，原片，編號：197245。

1474 夫子廟碑

又稱"鄭述祖夫子廟碑"，北齊乾明元年（560）刻，現藏於曲阜漢魏碑刻陳列館。

書道博物館：

一張，紙本墨拓，全拓，有篆額。

東京國立博物館：

一幅，紙本墨拓，原片，編號：439。

一幅，紙本墨拓，原片，編號：604。

東洋文庫：

一張，碑陽，紙本墨拓，原片，120.0×90.0+30.0×36.0，編號：Ⅱ-16-C-1082。

宇野雪村文庫：

一册，紙本墨拓，册頁，編號：254。

一張，紙本墨拓，原片，編號：1341。

京都大學人文科學研究所：

一張，紙本墨拓，原片，編號：NAN0544X。

淑德大學書學文化中心：

一册，紙本墨拓，册頁，編號：001527。

一張，紙本墨拓，原片，編號：001483。

一張，紙本墨拓，原片，編號：195012。

一軸，紙本墨拓，卷軸，編號：195259。

白扇書道會：

一張，紙本墨拓，全拓，種谷扇舟舊藏。

［皇建］

1475 僧訓造像記

北齊皇建元年（560）八月九日刻，今藏地不詳。

淑德大學書學文化中心：

一軸，碑陽，紙本墨拓，卷軸，編號：195821。

一軸，碑陰，紙本墨拓，卷軸，編號：195822。

1476　隽敬碑

全稱"大齊鄉老舉孝義修羅之碑"，又稱"隽修羅碑"，北齊皇建元年（560）十二月二十日立，清乾隆年間出土於山東泗水韓家村天明寺，後移至縣學宫，今碑已亡佚。

書道博物館：

　　一張，紙本墨拓，全拓，并陰。

東洋文庫：

　　一張，碑陽，紙本墨拓，97.0×53.0。一張，碑陰，紙本墨拓，98.0×53.0。編號：Ⅱ-16-C-1083。

　　一張，碑陽，紙本墨拓，125.0×52.0+15.0×23.0。碑陰，失。編號：Ⅱ-16-C-1-23。

宇野雪村文庫：

　　一張，紙本墨拓，原片，編號：1100。

　　一册，紙本墨拓，册頁，編號：249。

淑德大學書學文化中心：

　　一張，碑陽，紙本墨拓，原片，編號：001476。

　　一張，碑陽，紙本墨拓，托裱，編號：195509。

　　一張，碑陽，紙本墨拓，托裱，編號：197585，天放樓舊藏。

　　一張，碑陰，紙本墨拓，原片，編號：001475。

　　一軸，碑陰，紙本墨拓，卷軸，編號：196111。

　　一張，碑陰，紙本墨拓，托裱，編號：197584，天放樓舊藏。

大阪市立美術館：

　　一張，紙本墨拓，原片，編號：2722。

京都大學人文科學研究所：

　　一張，紙本墨拓，原片，編號：NAN0548X。

1477　維摩經碑

全稱"維摩詰所説經碑"，又稱"維摩詰經碑"，北齊皇建元年（560）十二月二十日刻於隽敬碑陰，清乾隆年間出土於泗水韓家村天明寺，今碑已亡佚。

書道博物館：

　　一册，紙筆墨拓，綴帖，端方舊藏。

東北大學附屬圖書館：

　　一幅，紙本墨拓，原片，常盤大定舊藏。

京都大學人文科學研究所：

　　一張，紙本墨拓，原片，編號：NAN0789X。

淑德大學書學文化中心：

　　一軸，紙本墨拓，卷軸，編號：000791。

大阪市立美術館：

    一張，原拓，紙本墨拓，編號：2705。

1478　法延造像記

北齊皇建二年（561）四月二十三日刻，清光緒十八年（1892）出土於山東陽信縣。

書道博物館：

    一張，紙本墨拓，全拓，端方藏石。

淑德大學書學文化中心：

    一軸，紙本墨拓，卷軸，編號：000781。

京都大學人文科學研究所：

    一張，紙本墨拓，原片，編號：NAN0549X。

1479　王良伯等造像記

北齊皇建二年（561）五月十五日刻，端方舊藏，今藏地不詳。

書道博物館：

    一張，紙本墨拓，全拓，端方藏石。

淑德大學書學文化中心：

    一軸，紙本墨拓，卷軸，編號：198381。

    一張，紙本墨拓，托裱，編號：197200。

京都大學人文科學研究所：

    一張，紙本墨拓，原片，編號：NAN0550X。

1480　陳神忻七十二人等造像記

北齊皇建二年（561）五月刻，現存山西平定縣開河寺石窟。

宇野雪村文庫：

    一張，紙本墨拓，原片，編號：1705。

1481　是連公夫人邢阿光墓誌

北齊皇建二年（561）十一月十九日葬，河北磁縣出土，現藏於遼寧省博物館。

東洋文庫：

    一張，紙本墨拓，原片，66.0×66.0，編號：Ⅱ-16-C-1-24。

京都大學人文科學研究所：

    一張，紙本墨拓，原片，編號：NAN0551X。

宇野雪村文庫：

    一册，紙本墨拓，册頁，編號：342。

    一張，紙本墨拓，原片，編號：1427。

淑德大學書學文化中心：

　　　一張，紙本墨拓，托裱，編號：001245。

［太寧］

1482　石信墓誌

北齊太寧元年（561）十一月十九日葬，河南安陽出土，原在安陽金石保存所，現藏於河南博物院。

　　宇野雪村文庫：

　　　一張，紙本墨拓，原片，編號：1554。

　　　一册，紙本墨拓，册頁，編號：378。

　　淑德大學書學文化中心：

　　　一張，紙本墨拓，原片，編號：001055。

1483　法懃禪師塔銘

北齊太寧二年（562）正月五日刻，清代河南安陽天喜鎮永慶寺出土，現藏於西安碑林博物館。

　　書道博物館：

　　　一張，紙本墨拓，全拓，端方舊藏。

　　宇野雪村文庫：

　　　一張，紙本墨拓，原片，編號：1307。

　　東洋文庫：

　　　一張，紙本墨拓，原片，35.0×47.0，編號：Ⅱ-16-C-1-25。

　　京都大學人文科學研究所：

　　　一張，紙本墨拓，原片，編號：NAN0552X。

　　淑德大學書學文化中心：

　　　一張，紙本墨拓，原片，編號：001187。

　　大阪市立美術館：

　　　一張，紙本墨拓，原片，編號：2673。

1484　彭城寺碑

又稱“北齊彭城王高淯碑”，北齊太寧二年（562）二月八日立，現藏於河北定州北莊子漢墓石刻館。

　　淑德大學書學文化中心：

　　　一張，碑陽，紙本墨拓，托裱，編號：195468。

　　　一軸，碑陽，紙本墨拓，卷軸，編號：195907。

　　　一軸，碑陽，紙本墨拓，卷軸，編號：196313。

一軸，碑陽，紙本墨拓，卷軸，編號：196861。

京都大學人文科學研究所：

　　一張，紙本墨拓，原片，編號：NAN0554A。

　　一張，紙本墨拓，原片，編號：NAN0554B。

1485　義慈惠石柱頌

又稱“北齊石柱”，北齊太寧二年（562）四月十七日刻，現存河北保定定興縣石柱村。

宇野雪村文庫：

　　四册，紙本墨拓，原片，編號：257。

淑德大學書學文化中心：

　　一軸，一面，紙本墨拓，卷軸，編號：196885。

　　一軸，一面，紙本墨拓，卷軸，編號：197143。

　　一軸，二面，紙本墨拓，卷軸，編號：196886。

　　一軸，二面，紙本墨拓，卷軸，編號：197144。

　　一軸，三面，紙本墨拓，卷軸，編號：196887。

　　一軸，三面，紙本墨拓，卷軸，編號：197145。

　　一軸，四面，紙本墨拓，卷軸，編號：196888。

　　一軸，四面，紙本墨拓，卷軸，編號：197150。

　　一軸，五面，紙本墨拓，卷軸，編號：196889。

　　一軸，五面，紙本墨拓，卷軸，編號：197144。

　　一軸，六面，紙本墨拓，卷軸，編號：196890。

　　一軸，六面，紙本墨拓，卷軸，編號：197144。

　　一軸，七面，紙本墨拓，卷軸，編號：196891。

　　一軸，七面，紙本墨拓，卷軸，編號：197143。

　　一軸，八面，紙本墨拓，卷軸，編號：196892。

　　一軸，八面，紙本墨拓，卷軸，編號：197143。

　　一軸，九面，紙本墨拓，卷軸，編號：196893。

　　一軸，九面，紙本墨拓，卷軸，編號：197150。

　　一軸，十面，紙本墨拓，卷軸，編號：196894。

　　一軸，十面，紙本墨拓，卷軸，編號：197146。

　　一軸，十一面，紙本墨拓，卷軸，編號：196895。

　　一軸，十一面，紙本墨拓，卷軸，編號：197146。

　　一軸，十二面，紙本墨拓，卷軸，編號：196896。

　　一軸，十二面，紙本墨拓，卷軸，編號：197147。

　　一軸，十三面，紙本墨拓，卷軸，編號：196897。

　　一軸，十三面，紙本墨拓，卷軸，編號：197147。

　　一軸，十四面，紙本墨拓，卷軸，編號：196898。

　　一軸，十四面，紙本墨拓，卷軸，編號：197148。

　　一軸，十五面，紙本墨拓，卷軸，編號：196899。

　　一軸，十五面，紙本墨拓，卷軸，編號：197148。

　　一軸，十六面，紙本墨拓，卷軸，編號：196900。

　　一軸，十六面，紙本墨拓，卷軸，編號：197149。

　　一軸，十七面，紙本墨拓，卷軸，編號：196901。

　　一軸，十七面，紙本墨拓，卷軸，編號：197149。

京都大學人文科學研究所：

　　一張，紙本墨拓，原片，編號：NAN0557A。

　　一張，紙本墨拓，原片，編號：NAN0557B。

　　一張，紙本墨拓，原片，編號：NAN0557C。

　　一張，紙本墨拓，原片，編號：NAN0557D。

　　一張，紙本墨拓，原片，編號：NAN0557E。

　　一張，紙本墨拓，原片，編號：NAN0557F。

　　一張，紙本墨拓，原片，編號：NAN0557G。

　　一張，紙本墨拓，原片，編號：NAN0557H。

1486　高信造像記

北齊太寧二年（562）刻，出土時地不詳。

宇野雪村文庫：

　　一册，紙本墨拓，册頁，編號：261。

［河清］

1487　宋容福造像記

北齊河清元年（562）二月一日刻，端方舊藏，今藏地不詳。

京都大學人文科學研究所：

　　一張，紙本墨拓，原片，編號：NAN0553X。

書道博物館：

　　一張，紙本墨拓，全拓，端方藏石。

1488　法儀百餘造定光像記

北齊河清元年（562）五月刻，陳介祺舊藏，今藏地不詳。

大阪市立美術館：

　　一張，紙本墨拓，原片，編號：2689。

1489　陳海榮造像記

北齊河清元年（562）七月二十三日刻，後流失海外，現藏於日本。

書道博物館：

　　一册，紙本墨拓，綴帖。

1490　趙科造像記

北齊河清元年（562）八月十四日刻，今藏地不詳。

淑德大學書學文化中心：

　　一張，紙本墨拓，托裱，編號：197201。

1491　張胡仁磚誌

北齊河清元年（562）八月十八日刻，出土時地不詳。

京都大學人文科學研究所：

　　一張，紙本墨拓，原片，編號：NAN0560X。

1492　李夫人崔宣華墓誌

北齊河清元年（562）十一月十八日葬，出土時地不詳，現藏於西安碑林博物館。

宇野雪村文庫：

　　一張，紙本墨拓，原片，編號：1707。

大阪市立美術館：

　　一張，紙本墨拓，原片，編號：2673。

淑德大學書學文化中心：

　　一張，紙本墨拓，原片，編號：000930。

　　一張，紙本墨拓，原片，編號：001189。

1493　河清元年造像記

北齊河清元年（562）□月二日刻，出土時地不詳。

淑德大學書學文化中心：

　　一張，紙本墨拓，原片，編號：001369。

1494　阿鹿交村七十人等造像記

北齊河清二年（563）二月十七日刻，現存山西平定開河寺石窟。

京都大學人文科學研究所：

　　一張，紙本墨拓，原片，編號：NAN0561X。

1495　憑法師燒身塔記

北齊河清二年（563）三月十七日刻，現存河南安陽靈泉寺。

京都大學人文科學研究所：

一張，紙本墨拓，原片，編號：NAN0562X。

1496　薛貳姬等造像記

北齊河清二年（563）四月二日刻，光緒三十四年（1908）出土於山東歷城，後藏於南關廣智院。

京都大學人文科學研究所：

一張，紙本墨拓，原片，編號：NAN0563X。

1497　梁罷村七十人等造像記

又稱“梁罷村繪□合率邑子七十人造像”“梁罷村繪英等七十人造像記”，北齊河清二年（563）八月二十七日刻，已流失海外，現存法國。

淑德大學書學文化中心：

一軸，紙本墨拓，卷軸，編號：195856。

一軸，碑陰，紙本墨拓，卷軸，編號：195857。

一軸，碑側，紙本墨拓，卷軸，編號：195858。

一軸，碑側，紙本墨拓，卷軸，編號：195859。

1498　惠憨造像記

北齊河清二年（563）九月十五日刻，出土時地不詳。

淑德大學書學文化中心：

一張，紙本墨拓，原片，編號：001583-1586。

1499　張道果造像記

北齊河清二年（563）刻，山東蘭山出土，濟南金石保存所舊藏。

淑德大學書學文化中心：

一軸，碑陽，紙本墨拓，卷軸，編號：000187。

一軸，碑陰，紙本墨拓，卷軸，編號：000188。

京都大學人文科學研究所：

一張，紙本墨拓，原片，編號：NAN0815X。

1500　卜幼等造像記

北齊河清二年（563）刻，山東鉅野出土，今藏地不詳。

書道博物館：

一張，紙本墨拓，全拓。

1501　尔朱元静墓誌

北齊河清三年（564）正月二日葬，民國七年（1918）出土於河南安陽水治鎮，現藏於西安碑林博物館。

宇野雪村文庫：

一幅，紙本墨拓，原片，編號：1215。

大阪市立美術館：

一張，紙本墨拓，原片，編號：2673。

1502　慧華造像記

北齊河清三年（564）二月刻，今藏地不詳。

淑德大學書學文化中心：

一張，紙本墨拓，托裱，編號：001406。

1503　高百年墓誌

北齊河清三年（564）三月二日葬，民國六年（1917）出土於河北磁縣，現藏於遼寧省博物館。

東洋文庫：

一張，墓誌，紙本墨拓，71.0×70.0。一張，墓誌蓋，紙本墨拓，44.0×44.0。編號：Ⅱ-16-C-2.29。

京都大學人文科學研究所：

一張，紙本墨拓，原片，編號：NAN0565X。

宇野雪村文庫：

一張，紙本墨拓，原片，編號：1518。

一張，紙本墨拓，原片，編號：1117。

淑德大學書學文化中心：

一張，墓誌蓋，紙本墨拓，原片，編號：198173。

一張，墓誌蓋，紙本墨拓，原片，編號：000405。

一張，墓誌，紙本墨拓，原片，編號：198174。

一張，墓誌，紙本墨拓，原片，編號：000405。

1504　高百年妃斛律氏墓誌

北齊河清三年（564）三月二日葬，民國六年（1917）出土於河北磁縣，現藏於遼寧省博物館。

東洋文庫：

　　一張，墓誌，紙本墨拓，67.0×66.0。一張，墓誌蓋，紙本墨拓，51.0×50.0。編號：Ⅱ-
　　16-C-2.30。

京都大學人文科學研究所：

　　一張，紙本墨拓，原片，編號：NAN0566X。

宇野雪村文庫：

　　一張，紙本墨拓，原片，編號：1569。

　　一張，紙本墨拓，原片，編號：1119。

淑德大學書學文化中心：

　　一張，墓誌蓋，紙本墨拓，原片，編號：198171。

　　一張，墓誌蓋，紙本墨拓，原片，編號：000406。

　　一張，墓誌，紙本墨拓，原片，編號：198172。

　　一張，墓誌，紙本墨拓，原片，編號：000406。

1505　明空造像記

北齊河清三年（564）三月十八日刻，山東益都（今青州）出土，李文世、郭蔭之等舊藏。

書道博物館：

　　一張，紙本墨拓，全拓。

淑德大學書學文化中心：

　　一軸，紙本墨拓，卷軸，編號：196189。

1506　赫連子悦妻閭炫墓誌

北齊河清三年（564）三月二十日葬，河南安陽出土，現藏於西安碑林博物館。

淑德大學書學文化中心：

　　一張，紙本墨拓，原片，編號：001188。

大阪市立美術館：

　　二張，紙本墨拓，原片，編號：2673。

1507　張轉興造像記

又稱"張轉興等造像記""張延欽等造像題名"，北齊河清三年（564）三月二十八日刻，河南
淇縣良鄉村天宰寺出土。

淑德大學書學文化中心：

　　一軸，紙本墨拓，卷軸，編號：195835。

1508　道政等邑子四十人造石像記

又稱"造佛像碑""白水王府參軍毛又等造像碑""道政四十人等造像記"，北齊河清三年

（564）四月十三日刻，原在觀音寺，已流失海外，現在美國。

京都大學人文科學研究所：

　　一張，紙本墨拓，原片，編號：NAN0567X。

1509　重登雲峰山記

鄭述祖撰文并書丹，北齊河清三年（564）五月二十四日刻，現存山東萊州雲峰山。

書道博物館：

　　一張，紙本墨拓，原片。

宇野雪村文庫：

　　一張，紙本墨拓，原片，編號：275。

京都大學人文科學研究所：

　　一張，紙本墨拓，原片，編號：NAN0572X。

淑德大學書學文化中心：

　　一張，紙本墨拓，托裱，編號：195483，和鄭道昭同帙。

　　一張，紙本墨拓，托裱，編號：197586，天放樓舊藏。

白扇書道會：

　　一張，紙本墨拓，原片，141.0×105.0，種谷扇舟舊藏。

1510　張伏德劉珍東二百人等造像記

又稱“石佛寺佛經碑”“石佛寺迦葉經碑”，北齊河清三年（564）七月八日刻，原在山東鉅野大義鎮石佛寺遺址，碑身已殘斷爲兩截，現藏於鉅野縣文物管理所。

淑德大學書學文化中心：

　　一軸，碑陽，紙本墨拓，卷軸，編號：001743。

　　一張，碑陽，紙本墨拓，原片，編號：001517。

　　一張，碑陽，紙本墨拓，原片，編號：197909。

　　一張，碑陰，紙本墨拓，原片，編號：001518。

1511　㖊繼叔造像記

北齊河清三年（564）九月二十日刻，今藏地不詳。

淑德大學書學文化中心：

　　一張，紙本墨拓，原片，編號：001561。

1512　僧常造玉像記

北齊河清三年（564）□月八日刻，今藏地不詳。

京都大學人文科學研究所：

　　一張，紙本墨拓，原片，編號：NAN0570X。

1513　釋法洪刻石

北齊河清三年（564）刻，今藏地不詳。

宇野雪村文庫：

　　　　一册，紙本墨拓，册頁，編號：303。

淑德大學書學文化中心：

　　　　一張，紙本墨拓，原片，編號：001325。

1514　董淵造像記

又稱"董淵等造像記""董潤造像"，北齊河清三年（564）刻，端方舊藏，今藏地不詳。

書道博物館：

　　　　一張，紙本墨拓，原片，端方藏石。

淑德大學書學文化中心：

　　　　一軸，紙本墨拓，卷軸，編號：000782。

京都大學人文科學研究所：

　　　　一張，紙本墨拓，原片，編號：NAN0571X。

1515　彌勒菩薩立像碑

北齊河清三年（564）刻，今藏地不詳。

東京藝術大學藝術資料館：

　　　　一張，紙本墨拓，掛幅裝，175.7×96.0，編號：391。

　　　　一張，紙本墨拓，掛幅裝，116.5×79.3，編號：391。

1516　梁伽耶墓誌

北齊河清四年（565）二月七日葬，河北磁縣出土，現藏於遼寧省博物館。

東洋文庫：

　　　　一張，紙本墨拓，原片，55.0×56.0，編號：Ⅱ-16-C-1-26。

京都大學人文科學研究所：

　　　　一張，紙本墨拓，原片，編號：NAN0573X。

宇野雪村文庫：

　　　　一册，紙本墨拓，册頁，編號：338。

　　　　一張，紙本墨拓，原片，編號：1257。

淑德大學書學文化中心：

　　　　一張，紙本墨拓，托裱，編號：001246。

1517　朱曇思一百人等造塔記

北齊河清四年（565）三月四日刻，原在山東博興野寺，嘉慶十二年（1807）移置學宫，張敏生、姚鵬圖等遞藏，今藏地不詳。

京都大學人文科學研究所：

      一張，紙本墨拓，原片，編號：NAN0574X。

1518　邑主□□等造碑像

北齊河清四年（565）三月八日刻，端方舊藏，今藏地不詳。

京都大學人文科學研究所：

      一張，紙本墨拓，原片，編號：NAN0575A。

      一張，紙本墨拓，原片，編號：NAN0575B。

      一張，紙本墨拓，原片，編號：NAN0575C。

1519　王邑師道□等造像記

北齊河清四年（565）三月八日刻，端方舊藏，今藏地不詳。

書道博物館：

      一張，全拓，端方藏石。

東洋文庫：

      一張，陽，紙本墨拓，70.0×54.0。一張，陰，紙本墨拓，70.0×51.0。二張，側，紙本墨拓，各70.0×18.0。編號：Ⅱ-16-C-1-27。

京都大學人文科學研究所：

      一張，紙本墨拓，原片，編號：NAN0576A。

      一張，紙本墨拓，原片，編號：NAN0576B。

      一張，紙本墨拓，原片，編號：NAN0576C。

      一張，紙本墨拓，原片，編號：NAN0576D。

1520　王惠顯等二十人造像記

北齊河清四年（565）三月二十七日刻，端方舊藏，今藏地不詳。

書道博物館：

      一張，紙本墨拓，全拓。

淑德大學書學文化中心：

      一軸，紙本墨拓，卷軸，編號：000783。

京都大學人文科學研究所：

      一張，紙本墨拓，原片，編號：NAN0577X。

1521　道待造像記

又稱"造觀音像銘""道待爲自身造像記""道待造雙立姿觀音菩薩背屏像"，北齊河清四年（565）三月二十七日刻，河北定興出土，流失海外，現藏於日本書道博物館。

書道博物館：

　　　　一張，紙本墨拓，全拓。

1522　慧據法師造像記

又稱“元極寺邑人造像四面碑”“北齊邑人造像四面碑”“元極寺慧據法師造像記”“元極寺碑”
“玄極寺碑”，北齊河清四年（565）四月八日刻，現存河南輝縣白鹿山元極寺。

淑德大學書學文化中心：

　　　　一軸，碑陽，紙本墨拓，卷軸，編號：195839。

　　　　一軸，碑陰，紙本墨拓，卷軸，編號：195840。

　　　　一軸，右側，紙本墨拓，卷軸，編號：195841。

　　　　一册，紙本墨拓，册頁，編號：197181。

1523　姜興紹造像記

又稱“姜阿格造像記”，北齊河清年間（562—565）刻，現藏於南京博物院。

東洋文庫：

　　　　一張，紙本墨拓，原片，150.0×68.0，編號：Ⅱ-16-C-1084。

［天統］

1524　史道暢等五十人造像記

北齊天統元年（565）三月二十三日刻，端方舊藏，今藏地不詳。

東洋文庫：

　　　　一張，紙本墨拓，原片，12.0×37.0，編號：Ⅱ-16-C-1-28。

淑德大學書學文化中心：

　　　　一軸，紙本墨拓，卷軸，編號：000771。

京都大學人文科學研究所：

　　　　一張，紙本墨拓，原片，編號：NAN0784X。

1525　嚴□順兄弟造像記

北齊天統元年（565）五月十五日刻，山東益都（今青州）城隍廟出土，陳介祺舊藏，今藏地
不詳。

書道博物館：

　　　　一張，紙本墨拓，原片，端方藏石。

東洋文庫：

　　　　一張，紙本墨拓，原片，12.0×57.0，編號：Ⅱ-16-C-1-29。

淑德大學書學文化中心：

一軸，紙本墨拓，卷軸，編號：000191。

一軸，紙本墨拓，卷軸，編號：000785。

京都大學人文科學研究所：

一張，紙本墨拓，原片，編號：NAN0614X。

1526　法義優婆姨等造像記

又稱“吳蓮花等造像記”“優婆姨等造像記”，北齊天統元年（565）七月十五日刻，山東濰縣（今濰坊市）出土，陳介祺舊藏，今藏地不詳。

淑德大學書學文化中心：

一軸，紙本墨拓，卷軸，編號：001718。

大阪市立美術館：

二張，紙本墨拓，原片，編號：2675。

1527　雲居館山門題字

北齊天統元年（565）九月五日刻，現存山東萊州雲峰山。

淑德大學書學文化中心：

一張，紙本墨拓，托裱，編號：195386。

一册，紙本墨拓，册頁，編號：197382，天放樓舊藏。

京都大學人文科學研究所：

一張，紙本墨拓，原片，編號：NAN0584X。

1528　郭顯邕造經記

又稱“大齊天統常樂寺碑”，北齊天統元年（565）九月六日刻，現存河北邢臺郭村天樂寺舊址。

淑德大學書學文化中心：

一軸，紙本墨拓，卷軸，編號：196836。

1529　姜纂造像記

北齊天統元年（565）九月八日刻，清乾隆間河南偃師縣出土，現藏於偃師商城博物館。

書道博物館：

一册，紙本墨拓，綴帖。

宇野雪村文庫：

一張，紙本墨拓，原片，編號：1306。

一册，紙本墨拓，册頁，編號：237。

一册，紙本墨拓，册頁，編號：238。

東京國立博物館：

一幅，紙本墨拓，原片，40.0×48.0，編號：802。

木雞室：

一張，紙本墨拓，全拓，宋伯魯舊藏。

京都大學人文科學研究所：

一張，紙本墨拓，原片，編號：NAN0581X。

淑德大學書學文化中心：

一軸，紙本墨拓，卷軸，編號：198408。

一軸，紙本墨拓，卷軸，編號：198966。

大阪市立美術館：

一張，紙本墨拓，原片，編號：2686。

1530　思隱造像記

北齊天統元年（565）十月八日刻，端方舊藏，今藏地不詳。

淑德大學書學文化中心：

一軸，紙本墨拓，卷軸，編號：198379。

1531　房周陀墓誌

北齊天統元年（565）十月二十四日葬，清光緒初出土於山東青州，今藏地不詳。

書道博物館：

一張，紙本墨拓，原片。

京都大學人文科學研究所：

一張，紙本墨拓，原片，編號：NAN0582X。

1532　張起墓誌

北齊天統元年（565）十一月六日葬，河北定州出土，今藏地不詳。

宇野雪村文庫：

一張，紙本墨拓，原片，編號：1306。

大阪市立美術館：

二張，紙本墨拓，原片，編號：2632。

1533　王君墓誌

北齊元統元年（565）十一月二十三日葬，出土時地不詳，端方舊藏。

書道博物館：

一張，紙本墨拓，原片，端方藏石。

東洋文庫：

一張，紙本墨拓，原片，23.0×25.0，編號：Ⅱ-16-C-K-190。

淑德大學書學文化中心：

一張，紙本墨拓，原片，編號：000491。

京都大學人文科學研究所：

　　一張，紙本墨拓，原片，編號：NAN0583X。

　　一張，紙本墨拓，原片，編號：NAN0782X。

1534　石人題字

又稱“石人題名”，北齊天統元年（565）刻，現存山東萊州大基山道峪西南入口處。

書道博物館：

　　一張，紙本墨拓，原片。

淑德大學書學文化中心：

　　一册，紙本墨拓，册頁，編號：197383，天放樓舊藏。

　　一張，紙本墨拓，托裱，編號：195386。

　　一張，紙本墨拓，托裱，編號：195483。

　　一册，紙本墨拓，册頁，編號：197383，天放樓舊藏。

1535　朱高陵造像記

北齊天統元年（565）刻，現存河南洛陽龍門石窟。

東洋文庫：

　　一張，紙本墨拓，原片，32.0×15.0，編號：Ⅱ-16-C-1-30。

京都大學人文科學研究所：

　　一張，紙本墨拓，原片，編號：NAN0585X。

1536　張和寶妻吕氏造像記

北齊天統二年（566）正月二十三日刻，今藏地不詳。

淑德大學書學文化中心：

　　一張，紙本墨拓，原片，編號：001371。

1537　公孫肱墓誌

北齊天統二年（566）二月二十五日葬，清光緒年間河南安陽出土，現藏於故宮博物院。

書道博物館：

　　一張，紙本墨拓，全拓，端方舊藏。

宇野雪村文庫：

　　一張，紙本墨拓，原片，編號：1555。

東洋文庫：

　　一張，墓誌，紙本墨拓，67.0×40.0。一張，墓誌蓋，紙本墨拓，33.0×33.0。編號：Ⅱ-
　　16-C-1-31。

一張，墓誌，紙本墨拓，原片，33.0×33.0，編號：Ⅱ-16-C-2.31。

京都大學人文科學研究所：

一張，紙本墨拓，原片，編號：NAN0589A。

一張，紙本墨拓，原片，編號：NAN0589B。

淑德大學書學文化中心：

一張，墓誌蓋，紙本墨拓，原片，編號：198175。

一張，墓誌，紙本墨拓，原片，編號：000492。

1538　劉敬默造像記

北齊天統二年（566）三月二十三日刻，出土時地不詳，端方舊藏。

書道博物館：

一張，紙本墨拓，全拓，端方舊藏。

東洋文庫：

一張，紙本墨拓，原片，5.0×30.0，編號：Ⅱ-16-C-1-32。

淑德大學書學文化中心：

一張，紙本墨拓，托裱，編號：000456。

京都大學人文科學研究所：

一張，紙本墨拓，原片，編號：NAN0590X。

1539　張秋等六人造像記

北齊天統二年（566）四月二十日刻，劉喜海舊藏，今藏地不詳。

書道博物館：

一張，紙本墨拓，全拓，端方舊藏。

東洋文庫：

一張，紙本墨拓，原片，5.0×27.0，編號：Ⅱ-16-C-1-33。

京都大學人文科學研究所：

一張，紙本墨拓，原片，編號：NAN0591X。

淑德大學書學文化中心：

一軸，紙本墨拓，卷軸，編號：000784。

1540　路阿□兄弟造像記

北齊天統二年（566）六月十一日刻，端方舊藏，今藏地不詳。

書道博物館：

一張，紙本墨拓，全拓，端方舊藏。

東洋文庫：

一張，紙本墨拓，原片，8.0×20.0，編號：Ⅱ-16-C-1-34。

京都大學人文科學研究所：

一張，紙本墨拓，原片，編號：NAN0592X。

1541　南子胤造像記

北齊天統二年（566）七月十五日刻，山東濟寧出土，今藏地不詳。

宇野雪村文庫：

二張，紙本墨拓，原片，編號：1708

1542　韓永義等七佛寶堪碑

又稱"合邑諸人造佛堪銘""造七佛寶堪記""齊造像記""王小貴暨合邑諸人造七佛寶堪像記"，北齊天統三年（567）三月十五日刻，河南洛陽漢魏故城寺里碑村平等寺遺址出土，現藏於偃師商城博物館。

書道博物館：

一張，紙本墨拓，全拓。

宇野雪村文庫：

一冊，紙本墨拓，冊頁，編號：241。

淑德大學書學文化中心：

一張，紙本墨拓，原片，編號：000256。

1543　何宋侍王造像記

又稱"阿宋造像記"，北齊天統三年（567）三月二十日刻，山東無棣出土，今藏地不詳。

淑德大學書學文化中心：

一張，紙本墨拓，原片，編號：197238。

1544　宋買等二十二人造像記

北齊天統三年（567）四月八日刻，河南偃師壽聖寺出土，端方舊藏，今藏地不詳。

書道博物館：

一張，紙本墨拓，全拓，端方藏石。

淑德大學書學文化中心：

一軸，紙本墨拓，卷軸，編號：196848。

一軸，紙本墨拓，卷軸，編號：000175。

一張，紙本墨拓，原片，編號：000457。

一冊，紙本墨拓，冊頁，編號：197434。

京都大學人文科學研究所：

一張，紙本墨拓，原片，編號：NAN0593X。

1545 阿雷朱阿興等造像記

又稱"朱道戚等造像記"，北齊天統三年（567）五月十五日刻，原在許州關帝廟，今藏地不詳。

淑德大學書學文化中心：

一册，紙本墨拓，册頁，編號：197430，天放樓舊藏。

1546 張静儒造像記

又稱"張静儒等造像""張敬儒造浮圖并素像記"，北齊天統三年（567）五月二十七日刻，山東出土，吴大澂、端方、陸廉夫遞藏，已流失海外，現藏於法國圖書館。

書道博物館：

一張，紙本墨拓，全拓，端方舊藏。

宇野雪村文庫：

一張，紙本墨拓，原片，編號：1149。

京都大學人文科學研究所：

一張，紙本墨拓，原片，編號：NAN0594X。

1547 □德造像記

北齊天統三年（567）七月十五日刻，今藏地不詳。

淑德大學書學文化中心：

一張，紙本墨拓，原片，編號：001565。

1548 姚景郭度哲等四十人造像記

北齊天統三年（567）十月八日刻，原在河南開封圖書館，現藏於河南博物院。

東洋文庫：

一張，紙本墨拓，原片，24.0×35.0，編號：Ⅱ-16-C-1085。

宇野雪村文庫：

一張，紙本墨拓，原片，編號：1200。

一册，紙本墨拓，册頁，編號：225。

淑德大學書學文化中心：

一軸，紙本墨拓，卷軸，編號：196865。

京都大學人文科學研究所：

一張，紙本墨拓，原片，編號：NAN0597X。

1549 天統三年造像記

北齊天統三年（567）刻，今藏地不詳。

東京藝術大學藝術資料館：

一張，紙本墨拓，卷子裝，76.4×61.4，編號：3280。

1550　扈歲磚誌

北齊天統四年（568）正月二十六日刻，今藏地不詳。

京都大學人文科學研究所：

一張，紙本墨拓，原片，編號：NAN0599X。

1551　佛弟子合邑四十人等造像記

北齊天統四年（568）二月一日刻，今藏地不詳。

淑德大學書學文化中心：

一軸，紙本墨拓，卷軸，編號：196913。

1552　静妃造像記

北齊天統四年（568）三月一日刻，河南新密出土，後入藏中央研究院歷史博物館，現藏於中國國家博物館。

龍谷大學：

一幅，紙本墨拓，原片，20.5×46.5。

1553　趙興奴造像記

北齊天統四年（568）四月刻，今藏地不詳。

書道博物館：

一張，紙本墨拓，原片。

墨華書道會：

一張，紙本墨拓，原片。

1554　合邑十五等造像記

又稱“僧曇仰等合邑十五人造像”“合邑十五等造釋迦像”，北齊天統四年（568）九月十五日刻，現存河南洛陽龍門石窟。

東洋文庫：

一張，紙本墨拓，原片，28.0×16.0，編號：Ⅱ-16-C-1-35。

京都大學人文科學研究所：

一張，紙本墨拓，原片，編號：NAN0601X。

1555　法義二十餘人造像記

又稱“正信士法義二十人造像記”，北齊天統四年（568）九月刻，今藏地不詳。

書道博物館：

一册，紙本墨拓，册頁。

1556 趙□姁等造像記

北齊天統四年（568）十一月刻，現存河南洛陽龍門石窟。

東洋文庫：

一張，紙本墨拓，原片，16.0×29.0，編號：Ⅱ-16-C-1-36。

京都大學人文科學研究所：

一張，紙本墨拓，原片，編號：NAN0603X。

1557 郭鐵造像記

北齊天統四年（568）十二月□日刻，端方舊藏，今藏地不詳。

書道博物館：

一張，紙本墨拓，全拓，端方藏石。

淑德大學書學文化中心：

一軸，紙本墨拓，卷軸，編號：198339。

一張，紙本墨拓，原片，編號：000458。

京都大學人文科學研究所：

一張，紙本墨拓，原片，編號：NAN0604A。

一張，紙本墨拓，原片，編號：NAN0604B。

1558 商義興造像記

北齊天統四年（568）□月六日刻，今藏地不詳。

淑德大學書學文化中心：

一張，紙本墨拓，托裱，編號：199016。

京都大學人文科學研究所：

一張，紙本墨拓，原片，編號：NAN0605X。

1559 藩景暉等七十人造像記

北齊天統五年（569）四月八日刻，河南安陽出土，袁世凱舊藏，原在首都博物館，現藏於北京石刻藝術博物館。

淑德大學書學文化中心：

一軸，紙本墨拓，卷軸，編號：000198。

一張，紙本墨拓，托裱，編號：001053。

京都大學人文科學研究所：

一張，紙本墨拓，原片，編號：NAN0607A。

一張，紙本墨拓，原片，編號：NAN0607B。

一張，紙本墨拓，原片，編號：NAN0607C。

一張，紙本墨拓，原片，編號：NAN0607D。

1560 孫旿三十人等造像記

北齊天統五年（569）四月十五日刻，清道光十八年（1838）出土於山東沂州，後移置沂郡學宫。

淑德大學書學文化中心：

一册，紙本墨拓，册頁，編號：195171。

1561 宇文長碑

全稱"尚書左僕射宇文公之碑"，北齊天統五年（569）八月三日立，清光緒二十四年（1898）河南彰德出土，民國初年移置安陽古物保護所，後亡佚，二〇〇五年復出，已斷數段。

書道博物館：

一張，紙本墨拓，全拓。

一册，舊拓，紙本墨拓，册頁，附篆額。

宇野雪村文庫：

一册，紙本墨拓，册頁，編號：244。

一册，紙本墨拓，册頁，編號：252。

淑德大學書學文化中心：

一軸，紙本墨拓，卷軸，編號：198656。

京都大學人文科學研究所：

一張，紙本墨拓，原片，編號：NAN0609X。

1562 上官元始三十二人等造像記

北齊天統五年（569）八月八日刻，今藏地不詳。

淑德大學書學文化中心：

一軸，紙本墨拓，卷軸，編號：195836。

1563 郭市和造像記

北齊天統五年（569）十月二十日刻，端方舊藏，今藏地不詳。

書道博物館：

一張，紙本墨拓，全拓，端方舊藏。

東洋文庫：

一張，紙本墨拓，原片，8.0×20.0，編號：Ⅱ-16-C-1-37。

京都大學人文科學研究所：

一張，紙本墨拓，原片，編號：NAN0612X。

1564　邑子七十六人等造像記

北齊天統十七年（581）四月刻，民國十六年（1927）出土於陝西耀縣，現藏於藥王山博物館。

京都大學人文科學研究所：

　　　　一張，紙本墨拓，原片，編號：NAN0665X。

1565　嚴□慎兄弟造像記

北齊天統□年（565—569）五月十五日刻，山東益都（今青州）城隍廟出土，陳介祺舊藏。

京都大學人文科學研究所：

　　　　一張，紙本墨拓，原片，編號：NAN0586X。

1566　陳胤伯造像記

北齊天統年間（565—569）刻，今藏地不詳。

大阪市立美術館：

　　　　一張，紙本墨拓，原片，編號：2675。

［武平］

1567　隴東王感孝頌

又稱"孝山堂碑"，北齊武平元年（570）正月二十二日刻，現存山東長清孝里鋪孝堂山。

書道博物館：

　　　　一冊，紙本墨拓，冊頁，附篆額。

宇野雪村文庫：

　　　　一冊，紙本墨拓，冊頁，編號：267。

淑德大學書學文化中心：

　　　　一冊，紙本墨拓，冊頁，編號：196268。

京都大學人文科學研究所：

　　　　一張，紙本墨拓，原片，編號：NAN0617A。

　　　　一張，紙本墨拓，原片，編號：NAN0617B。

1568　董洪達等造像

造像碑四面造像，碑陽爲"董洪達造四面像記"，碑側爲"馮□珍等題名"，碑陰爲"石永興等造像記"，北齊武平元年（570）正月二十六日刻，現存河南登封少林寺。

書道博物館：

　　　　一冊，紙本墨拓，綴帖。

宇野雪村文庫：

一張，紙本墨拓，原片，編號：1701。

一册，紙本墨拓，册頁，編號：240。

一張，紙本墨拓，原片，編號：1654。

一張，紙本墨拓，原片，編號：1305。

一張，紙本墨拓，原片，編號：1050。

一張，紙本墨拓，原片，編號：1937。

東北大學附屬圖書館：

一幅，紙本墨拓，原片，常盤大定舊藏。

京都大學人文科學研究所：

一張，紙本墨拓，原片，編號：NAN0618A。

一張，紙本墨拓，原片，編號：NAN0618B。

淑德大學書學文化中心：

一軸，紙本墨拓，卷軸，編號：196849。

一軸，紙本墨拓，卷軸，編號：198017。

一册，紙本墨拓，册頁，編號：195171。

一册，紙本墨拓，册頁，編號：196576。

1569　郭豚子造像記

北齊武平元年（570）二月八日刻，今藏地不詳。

淑德大學書學文化中心：

一張，紙本墨拓，原片，編號：001573。

1570　邑義九人造像記

北齊武平元年（570）二月八日刻，今藏地不詳。

淑德大學書學文化中心：

一張，紙本墨拓，原片，編號：001569。

1571　賈家莊邑義十六人造像記

北齊武平元年（570）二月十一日刻，原在北京法源寺，久佚。

京都大學人文科學研究所：

一張，紙本墨拓，原片，編號：NAN0619X。

1572　高苗磚誌

北齊武平元年（570）三月十九日葬，今藏地不詳。

京都大學人文科學研究所：

一張，紙本墨拓，原片，編號：NAN0620X。

1573 暴誕墓誌

北齊武平元年（570）閏五月九日葬，磁縣金石保存所舊藏，今藏地不詳。

淑德大學書學文化中心：

　　一軸，紙本墨拓，卷軸，編號：001394。

京都大學人文科學研究所：

　　一張，紙本墨拓，原片，編號：NAN0621A。

　　一張，紙本墨拓，原片，編號：NAN0621B。

1574 道林磚誌

北齊武平元年（570）十月十七日刻，今藏地不詳。

京都大學人文科學研究所：

　　一張，紙本墨拓，原片，編號：NAN0622X。

1575 劉雙仁墓誌

北齊武平元年（570）十一月十二日葬，河南安陽出土，安陽古物保存所舊藏，今藏地不詳。

京都大學人文科學研究所：

　　一張，紙本墨拓，原片，編號：NAN0623X。

　　一張，紙本墨拓，原片，編號：NAN0624X。

1576 劉氏造像記

又稱"劉將軍造龍華浮圖記"，北齊武平元年（570）十一月十五日刻，今藏地不詳。

宇野雪村文庫：

　　一張，紙本墨拓，原片，編號：1808。

淑德大學書學文化中心：

　　一軸，碑陽，紙本墨拓，卷軸，編號：000054。

　　一軸，碑陰，紙本墨拓，卷軸，編號：000055。

　　一軸，左側，紙本墨拓，卷軸，編號：000054。

　　一軸，右側，紙本墨拓，卷軸，編號：000055。

大阪市立美術館：

　　一張，紙本墨拓，原片，編號：2707。

1577 蘇慈造像記

北齊武平元年（570）十二月十二日刻，一九七六年出土於山東博興縣張官村，現藏於博興縣博物館。

淑德大學書學文化中心：

一張，紙本墨拓，原片，編號：197242。

1578　楊暎香等八十人造像記

北齊武平元年（570）十二月十二日刻，今藏地不詳。

淑德大學書學文化中心：

　　一軸，碑陽，紙本墨拓，卷軸，編號：195999。

　　一軸，碑側，紙本墨拓，卷軸，編號：196000。

　　一軸，碑側，紙本墨拓，卷軸，編號：196001。

1579　王子椿題名

又稱"徂徠山摩崖"，北齊武平元年（570）刻，現存山東泰安徂徠山摩崖。

書道博物館：

　　一張，紙本墨拓，原片。

東洋文庫：

　　一張，紙本墨拓，原片，138.0×45.0，編號：Ⅱ-16-C-1573。

宇野雪村文庫：

　　一張，紙本墨拓，原片，編號：1210。

　　一張，紙本墨拓，原片，編號：1297。

　　一張，紙本墨拓，原片，編號：1377。

　　一張，紙本墨拓，原片，編號：1795。

　　一張，紙本墨拓，原片，編號：1925。

大阪市立美術館：

　　七張，紙本墨拓，原片，編號：2699、2700。

淑德大學書學文化中心：

　　一張，紙本墨拓，托裱，編號：198987。

　　一冊，紙本墨拓，冊頁，編號：196358。

　　一冊，紙本墨拓，冊頁，編號：196359。

墨華書道會：

　　一張，紙本墨拓，原片。

白扇書道會：

　　一張，紙本墨拓，原片，141.0×262.0，種谷扇舟舊藏。

1580　朱岱林墓誌

北齊武平二年（571）二月六日葬，明末山東壽光出土，後移置田劉村神祠、壽光縣學，現藏於山東壽光博物館。

　　書道博物館：

一張，紙本墨拓，全拓。

宇野雪村文庫：

　　一張，紙本墨拓，原片，編號：1126。

淑德大學書學文化中心：

　　一軸，紙本墨拓，卷軸，編號：001292。

　　一册，紙本墨拓，册頁，編號：195191。

大阪市立美術館：

　　一張，紙本墨拓，原片，編號：2665。

1581　乞伏保達墓誌

北齊武平二年（571）二月十八日葬，河南安陽出土，歷王懿榮、端方、金鉞遞藏，今藏地不詳。

書道博物館：

　　一張，紙本墨拓，全拓，端方舊藏。

東洋文庫：

　　一張，紙本墨拓，原片，47.0×46.0，編號：Ⅱ-16-C-1-38。

宇野雪村文庫：

　　一張，紙本墨拓，原片，編號：1529。

淑德大學書學文化中心：

　　一張，墓誌蓋，紙本墨拓，原片，編號：000247。

　　一張，墓誌，紙本墨拓，原片，編號：000248。

　　一册，墓誌，紙本墨拓，册頁，編號：001888，北齊墓誌册。

京都大學人文科學研究所：

　　一張，紙本墨拓，原片，編號：NAN0628A。

　　一張，紙本墨拓，原片，編號：NAN0628B。

1582　張士杰造像記

北齊武平二年（571）三月十五日刻，今藏地不詳。

淑德大學書學文化中心：

　　一張，紙本墨拓，原片，編號：001562。

1583　智与貴造像記

北齊武平二年（571）三月刻，今藏地不詳。

淑德大學書學文化中心：

　　一軸，紙本墨拓，卷軸，編號：196004。

　　一軸，紙本墨拓，卷軸，編號：196005。

1584　馬祠佰夫妻造像記

北齊武平二年（571）四月八日刻，今藏地不詳。

書道博物館：

一册，紙本墨拓，綴帖。

淑德大學書學文化中心：

一册，紙本墨拓，册頁，編號：000285。

1585　梁子彦墓誌

北齊武平二年（571）四月二十日葬，清光緒六年（1880）出土於河南安陽，安陽韓魏公祠舊藏。

京都大學人文科學研究所：

一張，紙本墨拓，原片，編號：NAN0631X。

1586　劉忻墓誌

北齊武平二年（571）五月三日葬，河北磁縣出土，端方舊藏。

宇野雪村文庫：

一張，紙本墨拓，原片，編號：1530。

淑德大學書學文化中心：

一張，紙本墨拓，原片，編號：000493。

一張，紙本墨拓，原片，編號：001257。

京都大學人文科學研究所：

一張，紙本墨拓，原片，編號：NAN0632X。

1587　慕容士建造像記

北齊武平二年（571）六月八日刻，今藏地不詳。

淑德大學書學文化中心：

一張，紙本墨拓，原片，編號：001373。

1588　道略等造像記

北齊武平二年（571）九月十五日刻，原存偃師南蔡莊鄉平等寺，現藏於偃師商城博物館。

淑德大學書學文化中心：

一册，紙本墨拓，册頁，編號：195727。

1589　道外造像記

北齊武平二年（571）九月十五日刻，端方舊藏，現藏於故宫博物院。

書道博物館：

　　一張，紙本墨拓，全拓。

東洋文庫：

　　一張，紙本墨拓，原片，14.0×69.0，編號：Ⅱ-16-C-1-39。

淑德大學書學文化中心：

　　一軸，紙本墨拓，卷軸，編號：000786。

京都大學人文科學研究所：

　　一張，紙本墨拓，原片，編號：NAN0633X。

1590　石永興造像記

北齊武平二年（571）十一月二十七日刻，原在河南登封少林寺，民國時期毀於火災。

淑德大學書學文化中心：

　　一軸，紙本墨拓，卷軸，編號：198299。

1591　張元勝造像

北齊武平二年（571）十一月二十七日刻，原在河南登封少林寺，民國時期毀於火災。

東北大學附屬圖書館：

　　一幅，紙本墨拓，原片，常盤大定舊藏。

1592　張大恩造像

北齊武平二年（571）刻，今藏地不詳。

淑德大學書學文化中心：

　　一張，紙本墨拓，原片，編號：001343。

1593　高留侯銘記

北齊武平三年（572）三月十九日刻，今藏地不詳。

京都大學人文科學研究所：

　　一張，紙本墨拓，原片，編號：NAN0634X。

1594　馬永祥造像記

北齊武平三年（572）四月五日刻，今藏地不詳。

淑德大學書學文化中心：

　　一軸，紙本墨拓，卷軸，編號：196868。

1595　逢苟造觀音像記

北齊武平三年（572）五月十日刻，今藏地不詳。

淑德大學書學文化中心：

　　一張，紙本墨拓，原片，編號：195049。

1596　傅醜傅聖頭姊妹二人造像記

北齊武平三年（572）五月二十四日刻，清光緒十三年（1887）出土於山東諸城，今藏地不詳。

淑德大學書學文化中心：

　　一張，紙本墨拓，托裱，編號：001418。

1597　唐邕刻經記

北齊武平三年（572）五月二十八日刻，現存河北磁縣鼓山。

書道博物館：

　　一張，紙本墨拓，全拓。

淑德大學書學文化中心：

　　一軸，紙本墨拓，卷軸，編號：195941。

東北大學附屬圖書館：

　　一幅，紙本墨拓，原片，常盤大定舊藏。

1598　孫業造像記

北齊武平三年（572）七月十五日刻，現藏於故宮博物院。

淑德大學書學文化中心：

　　一軸，碑陽，紙本墨拓，卷軸，編號：198308。

　　一軸，碑陽，紙本墨拓，卷軸，編號：198661。

　　一軸，碑陰，紙本墨拓，卷軸，編號：198391。

1599　平等寺碑

全稱“馮翊王高潤平等寺碑”，北齊武平三年（572）八月十五日立，洛陽漢魏故城寺里碑村平等寺遺址出土，現藏於偃師商城博物館。

宇野雪村文庫：

　　一册，紙本墨拓，册頁，編號：253。

1600　張子紹造像記

北齊武平三年（572）八月二十日刻，現存河南洛陽龍門石窟。

東洋文庫：

　　一張，紙本墨拓，原片，30.0×5.0，編號：Ⅱ-16-C-1-40。

1601　省□陳造像

北齊武平三年（572）八月刻。

書道博物館：

　　　一册，紙本墨拓，綴帖。

1602　曇山合邑造像記

北齊武平三年（572）九月十二日刻，現存河南洛陽龍門石窟。

東洋文庫：

　　　一張，紙本墨拓，原片，13.0×20.0，編號：Ⅱ-16-C-1-41。

京都大學人文科學研究所：

　　　一張，紙本墨拓，原片，編號：NAN0637X。

1603　程黑退造像記

北齊武平三年（572）九月十二日刻，今藏地不詳。

東洋文庫：

　　　一張，紙本墨拓，原片，19.0×13.0，編號：Ⅱ-16-C-1-41。

1604　王馬居眷屬等造像記

北齊武平三年（572）十一月一日刻，陳介祺舊藏，疑僞刻。

淑德大學書學文化中心：

　　　一張，紙本墨拓，原片，編號：001372。

　　　一張，紙本墨拓，原片，編號：001568。

大阪市立美術館：

　　　一張，紙本墨拓，原片，編號：2675。

1605　徐之才墓誌

北齊武平三年（572）十一月二十二日葬，河北磁縣出土，現藏於遼寧省博物館。

東洋文庫：

　　　一張，紙本墨拓，原片，76.0×75.0，編號：Ⅱ-16-C-1-42。

京都大學人文科學研究所：

　　　一張，紙本墨拓，原片，編號：NAN0641X。

淑德大學書學文化中心：

　　　一張，紙本墨拓，托裱，編號：001247。

1606　邑義爲一百人等造靈塔記

北齊武平三年（572）十二月十六日刻，原在山東兗州，滋陽湯氏舊藏。

書道博物館：

　　　一張，紙本墨拓，原片。

淑德大學書學文化中心：

　　一軸，紙本墨拓，卷軸，編號：198304。

1607　趙桃樹妻劉氏造像記

又稱"趙桃□妻造像記""參軍趙桃等造像記""趙桃科妻造塔記""趙桃科妻劉氏造像記"，北齊武平三年（572）十二月十八日刻，現存河南洛陽龍門石窟。

東洋文庫：

　　一張，紙本墨拓，原片，58.0×14.0，編號：Ⅱ-16-C-1-43。

東京國立博物館：

　　一幅，紙本墨拓，原片，編號：573。

京都大學人文科學研究所：

　　一張，紙本墨拓，原片，編號：NAN0642X。

淑德大學書學文化中心：

　　一冊，紙本墨拓，冊頁，編號：195171。

1608　暈禪師等造像記

又稱"電水村邑義五十人等造像""暈禪師等五十人造像記""暈禪師等造阿彌陁像記"，北齊武平三年（572）□月二十三日刻，今藏地不詳。

淑德大學書學文化中心：

　　一張，左側，紙本墨拓，托裱，編號：001423。

　　一張，碑陰，紙本墨拓，托裱，編號：001424。

1609　岳守信磚誌

北齊武平三年（572）葬，河南彰德出土，已流失海外，現藏於日本大倉集古館。

京都大學人文科學研究所：

　　一張，紙本墨拓，原片，編號：NAN0643X。

1610　鼓山佛經刻石

北齊武平三年（572）刻，現存河北磁縣鼓山摩崖。

淑德大學書學文化中心：

　　一張，紙本墨拓，托裱，編號：197588，天放樓舊藏。

1611　曹禮墓誌

北齊武平三年（572）葬，河北磁縣鼓山出土，今藏地不詳。

書道博物館：

　　一張，紙本墨拓，原片。

1612　静光造像記

北齊武平四年（573）正月十七日刻，原在河北元氏縣方家村大寺，沈濤舊藏。

京都大學人文科學研究所：

　　　　一張，紙本墨拓，原片，編號：NAN0644X。

1613　臨淮王像碑

全稱“司空公青州刺史臨淮王像碑”，北齊武平四年（573）六月二十七日立，原在山東益都龍興寺，現藏於青州市博物館。

書道博物館：

　　　　一册，明拓本，紙本墨拓，綴帖。

東京國立博物館：

　　　　一幅，紙本墨拓，原片，編號：370。

宇野雪村文庫：

　　　　一張，紙本墨拓，原片，編號：1123。

　　　　一張，紙本墨拓，原片，編號：1982。

　　　　一册，紙本墨拓，册頁，編號：246。

　　　　一册，紙本墨拓，册頁，編號：247。

京都大學人文科學研究所：

　　　　一張，紙本墨拓，原片，編號：NAN0646X。

東北大學附屬圖書館：

　　　　一幅，紙本墨拓，原片，常盤大定舊藏。

淑德大學書學文化中心：

　　　　一軸，紙本墨拓，卷軸，編號：198388。

　　　　一張，紙本墨拓，原片，編號：196782。

　　　　一册，紙本墨拓，册頁，編號：198443。

　　　　一張，紙本墨拓，托裱，編號：197589，天放樓舊藏。

大阪市立美術館：

　　　　一帖，紙本墨拓，剪裝，編號：2601。

1614　賈市蘭造像記

又稱“賈蘭爲亡息造玉像”，北齊武平四年（573）八月二日刻，端方舊藏。

書道博物館：

　　　　一張，紙本墨拓，全拓，端方藏石。

東洋文庫：

　　　　一張，紙本墨拓，原片，7.0×25.0，編號：Ⅱ-16-C-1-44。

淑德大學書學文化中心：

一張，紙本墨拓，原片，編號：000459。

一軸，紙本墨拓，卷軸，編號：198637。

京都大學人文科學研究所：

一張，紙本墨拓，原片，編號：NAN0647X。

1615 高建妻王氏墓誌

北齊武平四年（573）十月十七日葬，河北磁縣出土，現藏於遼寧省博物館。

東洋文庫：

一張，墓誌，紙本墨拓，67.0×66.0。一張，墓誌蓋，紙本墨拓，57.0×57.0。編號：Ⅱ－16-C-2.32。

宇野雪村文庫：

一張，紙本墨拓，原片，編號：1116。

一張，紙本墨拓，原片，編號：1614。

一張，紙本墨拓，原片，編號：1615。

京都大學人文科學研究所：

一張，紙本墨拓，原片，編號：NAN0648A。

一張，紙本墨拓，原片，編號：NAN0648B。

淑德大學書學文化中心：

一張，墓誌蓋，紙本墨拓，原片，編號：000403。

一張，墓誌蓋，紙本墨拓，原片，編號：198164。

一張，墓誌，紙本墨拓，原片，編號：000403。

一張，墓誌，紙本墨拓，原片，編號：198165。

1616 逢遷造像記

北齊武平四年（573）十一月八日刻，原在安徽，徐乃昌舊藏。

宇野雪村文庫：

一張，紙本墨拓，原片，編號：1098。

淑德大學書學文化中心：

一張，紙本墨拓，托裱，編號：197202。

1617 赫連子悦墓誌

北齊武平四年（573）十一月二十三日葬，河南安陽出土，現藏於西安碑林博物館。

宇野雪村文庫：

一張，紙本墨拓，原片，編號：1531。

淑德大學書學文化中心：

　　一張，墓誌蓋，紙本墨拓，原片，編號：001180。

　　一張，墓誌，紙本墨拓，原片，編號：001181。

大阪市立美術館：

　　二張，紙本墨拓，原片，編號：2673。

1618　賈思業造像記

北齊武平四年（573）十一月三十日刻，今藏地不詳。

東京國立博物館：

　　一幅，紙本墨拓，原片，編號：922。

宇野雪村文庫：

　　一張，紙本墨拓，原片，編號：1303。

1619　郗景哲等造像記

北齊武平四年（573）刻，今藏地不詳。

淑德大學書學文化中心：

　　一張，紙本墨拓，托裱，編號：197203。

1620　李琮墓誌

北齊武平五年（574）正月十二日葬，河北元氏縣出土，今藏地不詳。

書道博物館：

　　一張，紙本墨拓，原片。

宇野雪村文庫：

　　一册，紙本墨拓，册頁，編號：339。

　　一張，紙本墨拓，原片，編號：1551。

京都大學人文科學研究所：

　　一張，紙本墨拓，原片，編號：NAN0649X。

淑德大學書學文化中心：

　　一册，紙本墨拓，册頁，編號：001889，北齊墓誌册。

　　一册，紙本墨拓，册頁，編號：197784，天放樓舊藏。

1621　甄盡摩爲母造像記

北齊武平五年（574）正月十二日刻，今藏地不詳。

淑德大學書學文化中心：

　　一張，紙本墨拓，托裱，編號：001592。

1622　淳于元皓造像記

北齊武平五年（574）四月八日刻，山東諸城出土，陳介祺舊藏。

淑德大學書學文化中心：

　　　　一張，紙本墨拓，原片，編號：001591。

大阪市立美術館：

　　　　一張，紙本墨拓，原片，編號：2675。

1623　張思伯造浮圖

北齊武平五年（574）四月十二日刻，原在河南扶溝支亭寺，端方舊藏。

書道博物館：

　　　　一張，紙本墨拓，原片，端方舊藏。

東洋文庫：

　　　　一張，紙本墨拓，原片，37.0×45.0，編號：Ⅱ-16-C-1-45。

京都大學人文科學研究所：

　　　　一張，紙本墨拓，原片，編號：NAN0650X。

淑德大學書學文化中心：

　　　　一張，紙本墨拓，原片，編號：001364。

1624　等慈寺殘造塔銘

又稱"北齊殘碑""北齊造像記""等慈寺殘碑""等慈寺造阿育王塔殘碑""等慈寺造像記"
"武平殘碑"，北齊武平五年（574）十月刻，現存河南汜水等慈寺。

書道博物館：

　　　　一張，紙本墨拓，原片。

淑德大學書學文化中心：

　　　　一册，紙本墨拓，册頁，編號：195171。

宇野雪村文庫：

　　　　一册，紙本墨拓，册頁，編號：224。

大阪市立美術館：

　　　　一張，原拓，紙本墨拓，編號：2720。

1625　武平五年造像記

北齊武平五年（574）十二月八日刻，今藏地不詳。

淑德大學書學文化中心：

　　　　一軸，紙本墨拓，卷軸，編號：001738。

1626　鄭子尚墓誌

北齊武平五年（574）十二月二十三日葬，河南安陽出土，端方舊藏。

書道博物館：

一張，紙本墨拓，原片，端方舊藏。

東洋文庫：

　　一張，墓誌，紙本墨拓，52.0×52.0。一張，墓誌蓋，紙本墨拓，43.0×43.0。編號：Ⅱ-16-C-1-46。

宇野雪村文庫：

　　一張，紙本墨拓，原片，編號：1552。

淑德大學書學文化中心：

　　一張，墓誌蓋，紙本墨拓，托裱，編號：001505。

　　一張，墓誌，紙本墨拓，托裱，編號：001506。

　　一册，墓誌，紙本墨拓，册頁，編號：001891。

京都大學人文科學研究所：

　　一張，紙本墨拓，原片，編號：NAN0651A。

　　一張，紙本墨拓，原片，編號：NAN0651B。

1627　惠遠造像記

北齊武平六年（575）三月一日刻，陳介祺舊藏。

淑德大學書學文化中心：

　　一張，紙本墨拓，原片，編號：001564。

大阪市立美術館：

　　一張，紙本墨拓，原片，編號：2675。

1628　僧慶等廿二人造石像記

北齊武平六年（575）三月九日刻，今藏地不詳。

東洋文庫：

　　一張，紙本墨拓，原片，42.0×26.0，編號：Ⅱ-16-C-1-47。

京都大學人文科學研究所：

　　一張，紙本墨拓，原片，編號：NAN0653X。

1629　董善造像記

北齊武平六年（575）四月八日刻，今藏地不詳。

淑德大學書學文化中心：

　　一軸，紙本墨拓，卷軸，編號：196794。

　　一軸，紙本墨拓，卷軸，編號：196796。

1630　元韶墓誌

北齊武平六年（575）四月十八日葬，今藏地不詳。

京都大學人文科學研究所：

  一張，紙本墨拓，原片，編號：NAN0657X。

1631　延市生造像記

又稱"武平六年造像""□市生造像記"，北齊武平六年（575）五月十五日刻，原在壽光北關，端方舊藏。

書道博物館：

  一張，紙本墨拓，原片。

東洋文庫：

  一張，紙本墨拓，原片，10.0×47.0，編號：Ⅱ-16-C-1-48。

淑德大學書學文化中心：

  一册，紙本墨拓，册頁，編號：000788。

京都大學人文科學研究所：

  一張，紙本墨拓，原片，編號：NAN0654X。

1632　圓照圓光造双像記

北齊武平六年（575）五月二十六日刻，河北慶雲管家寺舊藏。

淑德大學書學文化中心：

  一軸，紙本墨拓，卷軸，編號：000177。

  一張，紙本墨拓，托裱，編號：001413。

  一張，紙本墨拓，托裱，編號：197204。

  一册，紙本墨拓，册頁，編號：196577。

1633　道興造像記

北齊武平六年（575）六月一日刻，現存河南洛陽龍門石窟。

東洋文庫：

  四張，紙本墨拓，原片，[1] 166.0×64.0，[2] 156.0×64.0，[3] 26.0×12.0，[4] 14.0×16.0，編號：Ⅱ-16-C-1-49。

東京國立博物館：

  一幅，紙本墨拓，原片，編號：572。

京都大學人文科學研究所：

  一張，紙本墨拓，原片，編號：NAN0655A。

  一張，紙本墨拓，原片，編號：NAN0655B。

淑德大學書學文化中心：

  一軸，碑陽，紙本墨拓，卷軸，編號：196200。

  一軸，碑陽，紙本墨拓，卷軸，編號：198272。

一軸，碑陰，紙本墨拓，卷軸，編號：196201。

1634　武平六年造像記

北齊武平六年（575）六月刻，今藏地不詳。

淑德大學書學文化中心：

一册，紙本墨拓，册頁，編號：001666。

1635　游達摩等造像題名

又稱"游達摩等造像""游達摩等題名""皇甫廣紹等造像記"，北齊武平六年（575）十月十一日刻，現存河南洛陽龍門石窟。

東洋文庫：

一張，紙本墨拓，原片，63.0×38.0，編號：Ⅱ-16-C-1-50。

1636　惠鑒造像記

北齊武平六年（575）十月刻，現藏於河南洛陽龍門石窟。

書道博物館：

一册，紙本墨拓，綴帖。

1637　孫驥墓誌

北齊武平六年（575）十一月四日葬，河南安陽出土，現藏於正定墨香閣。

淑德大學書學文化中心：

一張，紙本墨拓，托裱，編號：001271。

1638　皇甫□紹等造像記

又稱"游達摩等題名"，北齊武平六年（575）十一月十日刻，現存河南洛陽龍門石窟。

京都大學人文科學研究所：

一張，紙本墨拓，原片，編號：NAN0656X。

1639　高僧護墓誌

北齊武平六年（575）十一月葬，河北磁縣出土，今藏地不詳。

京都大學人文科學研究所：

一張，紙本墨拓，原片，編號：NAN0658X。

大阪市立美術館：

一張，紙本墨拓，原片，編號：2673。

1640　高肅碑

全稱"齊故假黄鉞太師太尉公蘭陵忠武王碑"，又稱"蘭陵王碑"，北齊武平六年（575）立，後陷入土中，光緒二十年（1894）整碑出土，現存磁縣劉莊村。

書道博物館：

一張，紙本墨拓，原片。

五島美術館：

一張，紙本墨拓，原片，274.5×115.8，宇野雪村舊藏。

宇野雪村文庫：

一册，紙本墨拓，册頁，編號：258。

京都大學人文科學研究所：

一張，紙本墨拓，原片，編號：NAN0680A。

一張，紙本墨拓，原片，編號：NAN0680B。

一張，紙本墨拓，原片，編號：NAN0659X。

淑德大學書學文化中心：

一册，紙本墨拓，册頁，編號：195487。

一張，紙本墨拓，托裱，編號：196550。

1641　道興造像記

北齊武平六年（575）刻，現藏於河南洛陽龍門石窟。

宇野雪村文庫：

一張，紙本墨拓，原片，編號：1284。

京都大學人文科學研究所：

一張，紙本墨拓，原片，編號：NAN0471A。

一張，紙本墨拓，原片，編號：NAN0471B。

1642　趙你造像記

北齊武平七年（576）正月十八日刻，今藏地不詳。

淑德大學書學文化中心：

一張，紙本墨拓，原片，編號：001570。

大阪市立美術館：

二張，紙本墨拓，原片，編號：2675。

1643　孟阿妃造像記

北齊武平七年（576）二月二十三日刻，原在偃師縣南董家村老君洞，後流失海外，現藏於日本。

東京國立博物館：

一幅，紙本墨拓，原片，編號：446。

宇野雪村文庫：

一幅，紙本墨拓，原片，編號：1304。

一册，紙本墨拓，册頁，編號：238。

淑德大學書學文化中心：

一軸，紙本墨拓，卷軸，編號：198400。

一册，紙本墨拓，册頁，編號：001667。

一册，紙本墨拓，册頁，編號：197438，天放樓舊藏。

1644　王景良造像記

北齊武平七年（576）八月三日刻，端方舊藏。

書道博物館：

一張，紙本墨拓，原片，端方藏石。

東洋文庫：

一張，紙本墨拓，原片，7.0×29.0，編號：Ⅱ-16-C-1-51。

淑德大學書學文化中心：

一軸，紙本墨拓，卷軸，編號：000789。

京都大學人文科學研究所：

一張，紙本墨拓，原片，編號：NAN0661X。

1645　高道乾造像記

北齊武平七年（576）刻，端方舊藏。

淑德大學書學文化中心：

一張，紙本墨拓，原片，編號：001560。

1646　二十二人造像

北齊武平八年（577）刻，今藏地不詳。

書道博物館：

一册，紙本墨拓，綴帖。

1647　馬天祥等造像記

北齊武平九年（578）二月二十八日刻，出土時地不詳，疑僞刻。

書道博物館：

一張，紙本墨拓，原片。

東京國立博物館：

一幅，紙本墨拓，原片，編號：439。

一幅，紙本墨拓，原片，編號：447。

淑德大學書學文化中心：

一張，紙本墨拓，托裱，編號：197590，天放樓舊藏。

京都大學人文科學研究所：

　　一張，紙本墨拓，原片，編號：NAN0662X。

大阪市立美術館：

　　一軸，紙本墨拓，原片，編號：2730。

1648　張子昂造像記

北齊武平□年（570—578）八月二十日刻，現存河南洛陽龍門石窟。

京都大學人文科學研究所：

　　一張，紙本墨拓，原片，編號：NAN0626X。

［承光］

1649　張思文造像記

北齊承光元年（577）正月十五日刻，原在山東諸城，清乾隆五十六年（1791）入藏諸城李仁煜，久佚。

書道博物館：

　　一册，紙本墨拓，綴帖。

東洋文庫：

　　一册，紙本墨拓，册頁，23.0×15.0，編號：Ⅱ-16-C-1-52。

淑德大學書學文化中心：

　　一軸，紙本墨拓，卷軸，編號：198663。

［明帝］

1650　李洛生造像記

北周明帝元年（557）十二月二十日刻，今藏地不詳。

淑德大學書學文化中心：

　　一張，紙本墨拓，托裱，編號：196537，陸和九跋。

1651　强獨樂造像記

北周明帝元年（557）刻，現存四川成都龍泉驛區山泉鎮大佛巖摩崖。

書道博物館：

　　一册，紙本墨拓，綴帖，有題額。

宇野雪村文庫：

　　一張，紙本墨拓，原片，編號：1221。

　　一張，紙本墨拓，原片，編號：1273。

東京國立博物館：

　　一幅，紙本墨拓，原片，編號：371。

淑德大學書學文化中心：

　　一軸，紙本墨拓，卷軸，編號：195236。

　　一軸，紙本墨拓，卷軸，編號：196327。

　　一張，紙本墨拓，托裱，編號：197592，天放樓舊藏。

大阪市立美術館：

　　一帖，紙本墨拓，剪裝，編號：2595。

［武成］

1652　張僧造像記

北周武成元年（559）七月十五日刻，今藏地不詳。

淑德大學書學文化中心：

　　一軸，紙本墨拓，卷軸，編號：196007。

1653　韋可敦造像記

北周武成元年（559）九月二十八日刻，端方舊藏。

書道博物館：

　　一張，紙本墨拓，全拓，端方藏石。

淑德大學書學文化中心：

　　一軸，紙本墨拓，卷軸，編號：196792。

　　一軸，紙本墨拓，卷軸，編號：198386。

　　一張，紙本墨拓，原片，編號：000460。

1654　比丘法造像記

北周武成元年（559）九月刻，端方舊藏。

京都大學人文科學研究所：

　　一張，紙本墨拓，原片，編號：NAN0543X。

1655　絳阿魯等造像記

又稱“絳阿魯造像記”“武成元年合諸邑子造像記”，北周武成元年（559）十月八日刻，原在陝西耀縣城內西街小學，現藏於藥王山博物館。

淑德大學書學文化中心：

　　一軸，碑陽，紙本墨拓，卷軸，編號：000031。

　　一軸，碑陰，紙本墨拓，卷軸，編號：000032。

1656　常進通師造像記

北周武成二年（560）正月一日刻，今藏地不詳。

淑德大學書學文化中心：

　　一張，紙本墨拓，托裱，編號：196526。

1657　王妙暉等造像記

又稱“邑子五十人等造像記”，北周武成二年（560）二月八日刻，現存陝西咸陽。

淑德大學書學文化中心：

一册，紙本墨拓，册頁，編號：197432，天放樓舊藏。

1658 木樟村造像碑

又稱"武成二年佛弟子爲亡侄造像記"，北周武成二年（560）八月刻，原陝西耀縣石柱鄉木樟村出土，現藏於藥王山博物館。

淑德大學書學文化中心：

一軸，碑陽，紙本墨拓，卷軸，編號：000061。

一軸，碑陰，紙本墨拓，卷軸，編號：000062。

1659 武成二年造像記

北周武成二年（560）八月刻，現藏於陝西耀州區藥王山博物館。

淑德大學書學文化中心：

一張，碑陽，紙本墨拓，原片，編號：000355。

一張，碑陰，紙本墨拓，原片，編號：000356。

一張，碑側，紙本墨拓，原片，編號：000357。

一張，碑側，紙本墨拓，原片，編號：000358。

1660 焦神興等造像記

北周武成二年（560）九月十五日刻，山西運城風陵渡鎮前北曲村出土，現藏於芮城縣博物館。

京都大學人文科學研究所：

一張，紙本墨拓，原片，編號：NAN0547X。

淑德大學書學文化中心：

一張，紙本墨拓，原片，編號：000354。

墨華書道會：

一卷，紙本墨拓，原片。

［保定］

1661 延壽公碑

又稱"後周延壽公碑頌"，北周保定元年（561）三月十日刻，現藏於山西運城稷山縣博物館。

淑德大學書學文化中心：

一軸，碑陽，紙本墨拓，卷軸，編號：198038。

一軸，碑陰，紙本墨拓，卷軸，編號：198039。

一軸，碑側，紙本墨拓，卷軸，編號：198040。

1662 雷文伯造像記

北周保定元年（561）七月二十九日刻，民國十六年（1927）耀縣出土，原在陝西耀縣碑林，一九五五年遷耀縣文化館，現藏於藥王山博物館。

宇野雪村文庫：

一張，紙本墨拓，原片，編號：1647。

淑德大學書學文化中心：

一軸，碑陽，紙本墨拓，卷軸，編號：000106。

一軸，碑陰，紙本墨拓，卷軸，編號：000107。

一軸，左側，紙本墨拓，卷軸，編號：000106。

一軸，右側，紙本墨拓，卷軸，編號：000107。

一軸，座記，紙本墨拓，卷軸，編號：000065。

1663 輔蘭惠造像記

又稱"輔蘭意等造像記""輔蘭德造像記"，北周保定元年（561）刻，民國二十三年（1934）出土於耀縣漆河，原在耀縣碑林，後遷於耀縣文化館，現藏於藥王山博物館。

宇野雪村文庫：

一張，紙本墨拓，原片，編號：1137。

淑德大學書學文化中心：

一軸，紙本墨拓，卷軸，編號：198648。

一軸，碑陽，紙本墨拓，卷軸，編號：000063。

一軸，碑陰，紙本墨拓，卷軸，編號：000064。

1664 保定二年菩薩像

又稱"范慈造像記"，北周保定二年（562）二月八日刻。

京都大學人文科學研究所：

一張，紙本墨拓，原片，編號：NAN0555X。

1665 宇文貞等造像臺座

北周保定二年（562）二月二十六日刻，山西聞喜出土。

京都大學人文科學研究所：

一張，紙本墨拓，原片，編號：NAN0556X。

1666 檀泉寺造像記

又稱"祁令和造像記""尼法真造像記"，北周保定二年（562）九月二十六日刻，清光緒元年（1875）出土於山西聞喜，民國七年（1918）移置太原傅青主祠。

宇野雪村文庫：

　　　一張，紙本墨拓，原片，編號：1646。

淑德大學書學文化中心：

　　　一軸，紙本墨拓，卷軸，編號：195838。

　　　一軸，紙本墨拓，卷軸，編號：195882。

　　　一張，紙本墨拓，原片，編號：195713。

1667　李曇信兄弟等造像記

北周保定二年（562）十二月十五日刻，民國二十三年（1934）出土於陝西省耀縣阿子鄉雷家崖，現存藥王山碑林。

淑德大學書學文化中心：

　　　一軸，碑陽，紙本墨拓，卷軸，編號：000033。

　　　一軸，碑陰，紙本墨拓，卷軸，編號：000034。

1668　王子猷造像記

北周保定三年（563）六月一日刻。

淑德大學書學文化中心：

　　　一張，紙本墨拓，托裱，編號：196535，陸和九印。

1669　田元族造像記

北周保定三年（563）六月十日刻，民國十六年（1927）陝西耀縣出土，後移至耀縣文化館，現藏於藥王山博物館。

宇野雪村文庫：

　　　一張，紙本墨拓，原片，編號：1138。

淑德大學書學文化中心：

　　　一軸，碑陽，紙本墨拓，卷軸，編號：000035。

　　　一軸，碑陰，紙本墨拓，卷軸，編號：000036。

　　　一軸，右側，紙本墨拓，卷軸，編號：000036。

　　　一軸，左側，紙本墨拓，卷軸，編號：000035。

1670　馮柔羅造像記

北周保定三年（563）七月二十六日刻，今藏地不詳。

京都大學人文科學研究所：

　　　一張，紙本墨拓，原片，編號：NAN0564X。

1671　琋清奴一百人等造像記

北周保定三年（563）刻，今藏地不詳。

淑德大學書學文化中心：

一軸，碑陽，紙本墨拓，卷軸，編號：000066。

一軸，碑陰，紙本墨拓，卷軸，編號：000067。

1672　賀屯植墓誌

北周保定四年（564）四月二十一日葬，陝西三水縣（今旬邑縣）出土，歷唐氏、宋氏、端方遞藏，今藏地不詳。

書道博物館：

一張，紙本墨拓，原片。

宇野雪村文庫：

一張，紙本墨拓，原片，編號：1721。

淑德大學書學文化中心：

一張，紙本墨拓，原片，編號：000710。

一册，紙本墨拓，册頁，編號：197783，天放樓舊藏。

京都大學人文科學研究所：

一張，紙本墨拓，原片，編號：NAN0509X。

1673　郭賢造像記

北周保定四年（564）五月八日刻，陳介祺舊藏，後流失海外，現藏於日本正木美術館。

大阪市立美術館：

一張，紙本墨拓，原片，編號：2675。

1674　王元朗等合邑百人造像碑

北周保定四年（564）六月十二日刻，今藏地不詳。

京都大學人文科學研究所：

一張，紙本墨拓，原片，編號：NAN0568X。

1675　合村一百□幼老造像記

北周保定四年（564）六月十三日刻，今藏地不詳。

淑德大學書學文化中心：

一張，紙本墨拓，原片，編號：198225。

1676　張永貴造像

北周保定四年（564）八月八日刻，原陝西耀縣出土，後遷於耀縣文化館，現存藥王山碑林。

宇野雪村文庫：

一張，紙本墨拓，原片，編號：1988。

淑德大學書學文化中心：

　　　　一軸，碑陽，紙本墨拓，卷軸，編號：000068。

　　　　一軸，碑陰，紙本墨拓，卷軸，編號：000069。

1677　聖母寺四面造像碑

北周保定四年（564）九月八日刻，原在蒲城椿林鄉聖母寺遺址，現藏於陝西蒲城博物館。

京都大學人文科學研究所：

　　　　一張，紙本墨拓，原片，編號：NAN0569A。

　　　　一張，紙本墨拓，原片，編號：NAN0569B。

　　　　一張，紙本墨拓，原片，編號：NAN0569C。

1678　梁顯業造像記

北周保定四年（564）刻，山東諸城出土。

書道博物館：

　　　　一張，紙本墨拓，綴帖。

淑德大學書學文化中心：

　　　　一張，紙本墨拓，托裱，編號：001025，沈尹默印。

1679　和識達造像記

又稱“和識達造像碑”“僧和造像記”“比丘僧造像”，北周保定五年（565）四月八日刻，民國二十三年（1934）出土於陝西耀縣胡家花園，後移至耀縣文化館，現藏於藥王山博物館。

宇野雪村文庫：

　　　　一張，紙本墨拓，原片，編號：1147。

淑德大學書學文化中心：

　　　　一軸，紙本墨拓，卷軸，編號：000070。

1680　秦國丞造像記

北周保定五年（565）六月八日刻，今藏地不詳。

東京國立博物館：

　　　　一幅，紙本墨拓，原片，編號：906。

1681　姚元標造像記

北周保定五年（565）六月八日刻，今藏地不詳。

京都大學人文科學研究所：

　　　　一張，紙本墨拓，原片，編號：NAN0579X。

1682 趙族造像記

北周保定五年（565）六月十七日刻，今藏地不詳。

淑德大學書學文化中心：

　　一張，紙本墨拓，托裱，編號：196529，陸和九印。

京都大學人文科學研究所：

　　一張，紙本墨拓，原片，編號：NAN0580X。

［天和］

1683 豆盧恩碑

全稱"豆盧永恩墓碑"，庾信撰，北周天和元年（566）二月六日立，民國八年（1919）碑身出土，二〇一九年碑額、碑座出土於陝西咸陽豆盧氏家族墓地，現藏於咸陽博物院。

淑德大學書學文化中心：

　　一張，紙本墨拓，托裱，編號：001321。

　　一張，紙本墨拓，原片，編號：195505。

1684 合村長幼造像記

又稱"陳氏一族造像碑""僧族造像碑""北周陳道起等造像""北周天和元年陳氏合村造像碑"，北周天和元年（566）二月八日刻，民國六年（1917）出土於山西芮城西陌村崇聖寺。

淑德大學書學文化中心：

　　一軸，碑陽，紙本墨拓，卷軸，編號：195868。

　　一張，碑陽，紙本墨拓，原片，編號：197003。

　　一軸，碑陰，紙本墨拓，卷軸，編號：195869。

　　一張，碑陰，紙本墨拓，原片，編號：197003。

　　一軸，左側，紙本墨拓，卷軸，編號：195870。

　　一張，左側，紙本墨拓，原片，編號：197003。

　　一軸，右側，紙本墨拓，卷軸，編號：195871。

　　一張，右側，紙本墨拓，原片，編號：197003。

京都大學人文科學研究所：

　　一張，紙本墨拓，原片，編號：NAN0587A。

　　一張，紙本墨拓，原片，編號：NAN0587B。

　　一張，紙本墨拓，原片，編號：NAN0587C。

大阪市立美術館：

　　二張，紙本墨拓，原片，一張拓片無文字，編號：2690。

1685　法明造像記

北周天和元年（566）六月三日刻，今藏地不詳。

淑德大學書學文化中心：

　　　一張，紙本墨拓，托裱，編號：196536，陸和九跋。

1686　庫汗安洛造像記

北周天和元年（566）九月十九日刻，出土時地不詳，王氏、端方、魯迅舊藏。

書道博物館：

　　　一張，紙本墨拓，原片，端方藏石。

東洋文庫：

　　　一張，紙本墨拓，原片，25.0×25.0，編號：Ⅱ-16-C-m-1。

五島美術館：

　　　一張，紙本墨拓，原片，50.0×25.2，宇野雪村舊藏。

1687　馬衆庶造像記

北周天和二年（567）正月二十三日刻，民國二十四年（1935）出土於陝西耀縣柳林寺，後移至耀縣文化館，現藏於藥王山博物館。

淑德大學書學文化中心：

　　　一軸，碑陽，紙本墨拓，卷軸，編號：000037。

　　　一軸，碑陰，紙本墨拓，卷軸，編號：000038。

1688　吕思顔造像記

北周天和二年（567）二月八日刻，民國二十六年（1937）出土於陝西耀縣柳林寺，現藏於藥王山博物館。

淑德大學書學文化中心：

　　　一軸，碑陽，紙本墨拓，卷軸，編號：000039。

　　　一軸，碑陰，紙本墨拓，卷軸，編號：000040。

宇野雪村文庫：

　　　三張，紙本墨拓，原片，編號：1652。

1689　杜崇□造道像

北周天和二年（567）三月二十四日刻，出土時地不詳，已流失海外，現藏於日本東京藝術大學。

東京國立博物館：

　　　一幅，紙本墨拓，原片，編號：808。

1690　法曹造像記

又稱"北周魯恭姬造像記""清水曾恭姬造像碑""句法襲造像記"，北周天和二年（567）六月
刻，清道光年間出土於甘肅清水古城塬，現存清水縣碑亭。

淑德大學書學文化中心：

一軸，紙本墨拓，卷軸，編號：198420。

一張，紙本墨拓，原片，編號：000254。

1691　爲父母造玉像記

北周天和二年（567）七月十日刻，今藏地不詳。

京都大學人文科學研究所：

一張，紙本墨拓，原片，編號：NAN0595X。

1692　僧紹合七十人造像記

北周天和二年（567）八月二十一日刻，今藏地不詳。

書道博物館：

一册，紙本墨拓，綴帖。

東洋文庫：

六張，紙本墨拓，原片，各16.0×28.0，編號：Ⅱ-16-C-n-100。

一張，碑陽，紙本墨拓，95.0×55.0。一張，側，紙本墨拓，16.0×15.0。編號：Ⅱ-16-C-n-102。

淑德大學書學文化中心：

一軸，紙本墨拓，卷軸，編號：198334。

一軸，紙本墨拓，卷軸，編號：001719。

一軸，紙本墨拓，卷軸，編號：001720。

1693　華嶽廟碑

又稱"西嶽華山廟碑""後周華嶽頌碑"，萬紐于瑾撰文，趙文淵書丹，北周天和二年（567）
十月十日立，現存陝西華陰西嶽廟。

書道博物館：

一張，紙本墨拓，原片。

東京國立博物館：

一幅，紙本墨拓，原片，283.6×10.6，編號：757。

淑德大學書學文化中心：

一軸，紙本墨拓，卷軸，編號：196353。

一張，紙本墨拓，托裱，編號：197593，天放樓舊藏。

京都大學人文科學研究所：

　　一張，紙本墨拓，原片，編號：NAN0598X。

寄鶴軒：

　　一張，紙本墨拓，原片。

1694　僧緒造像記

又稱"比丘法顯等造像"，北周天和二年（567）十一月十六日刻，今藏地不詳。

淑德大學書學文化中心：

　　一張，紙本墨拓，托裱，編號：196533。

1695　張及洛等造像記

北周天和二年（567）十二月八日刻，今藏地不詳。

淑德大學書學文化中心：

　　一張，紙本墨拓，托裱，編號：196530。

1696　薛迴顯造像記

北周天和三年（568）四月八日刻，端方、王緒祖舊藏。

書道博物館：

　　一張，紙本墨拓，原片，端方藏石。

東洋文庫：

　　一張，紙本墨拓，原片，7.0×39.0，編號：Ⅱ-16-C-m-2。

淑德大學書學文化中心：

　　一軸，紙本墨拓，卷軸，編號：000792。

京都大學人文科學研究所：

　　一張，紙本墨拓，原片，編號：NAN0600X。

1697　劉桂墓誌

北周天和三年（568）四月十二日葬，出土時地不詳，疑僞刻。

宇野雪村文庫：

　　一張，紙本墨拓，原片，編號：1870。

1698　寧元仲等造像記

北周天和三年（568）四月二十一日刻，今藏地不詳。

淑德大學書學文化中心：

　　一張，紙本墨拓，托裱，編號：196531。

1699　韓木蘭墓誌

北周天和三年（568）十一月十八日葬，河南洛陽出土，現藏於西安碑林博物館。

淑德大學書學文化中心：

　　一張，紙本墨拓，原片，編號：001911。

京都大學人文科學研究所：

　　一張，紙本墨拓，原片，編號：NAN0602X。

大阪市立美術館：

　　一張，紙本墨拓，原片，編號：2673。

1700　老君像銘記

北周天和三年（568）刻，出土時地不詳，已流失海外，現藏於日本東京藝術大學美術館。

東京藝術大學藝術資料館：

　　一張，紙本墨拓，掛幅裝，27.6×17.2，編號：361。

1701　嚴蓑造像記

北周天和四年（569）正月二十三日刻，端方舊藏。

書道博物館：

　　一張，紙本墨拓，原片，端方藏石。

東洋文庫：

　　二張，紙本墨拓，原片，各5.0×33.0，編號：Ⅱ-16-C-m-3。

京都大學人文科學研究所：

　　一張，紙本墨拓，原片，編號：NAN0606A。

　　一張，紙本墨拓，原片，編號：NAN0606B。

1702　夏侯純陀造四面像記

北周天和四年（569）六月十五日刻，現藏於西安碑林博物館。

京都大學人文科學研究所：

　　一張，紙本墨拓，原片，編號：NAN0608A。

　　一張，紙本墨拓，原片，編號：NAN0608B。

1703　長孫夫人羅氏墓誌

北周天和四年（569）八月六日葬，出土時地不詳，疑僞刻。

京都大學人文科學研究所：

　　一張，紙本墨拓，原片，編號：NAN0610X。

1704 清信女造像記

北周天和五年（570）三月十日刻，端方舊藏。

書道博物館：

　　一張，紙本墨拓，原片。

京都大學人文科學研究所：

　　一張，紙本墨拓，原片，編號：NAN0615X。

淑德大學書學文化中心：

　　一軸，碑陽，紙本墨拓，卷軸，編號：198341。

　　一軸，碑陽，紙本墨拓，卷軸，編號：198662。

　　一軸，碑陰，紙本墨拓，卷軸，編號：198340。

　　一軸，碑側，紙本墨拓，卷軸，編號：198342。

　　一軸，碑側，紙本墨拓，卷軸，編號：198343。

1705 □妙法師碑

又稱“張僧妙法師碑”，北周天和五年（570）三月十五日立，清光緒三十一年（1905）出土於陝西耀縣，現藏於藥王山博物館。

淑德大學書學文化中心：

　　一册，紙本墨拓，册頁，編號：001528。

1706 毛明勝造像記

北周天和五年（570）三月二十五日刻，一九六三年出土於陝西耀縣城關鎮里仁巷，現藏於藥王山博物館。

淑德大學書學文化中心：

　　一軸，碑陽，紙本墨拓，卷軸，編號：000041。

　　一軸，碑陰，紙本墨拓，卷軸，編號：000042。

　　一軸，右側，紙本墨拓，卷軸，編號：000041。

　　一軸，左側，紙本墨拓，卷軸，編號：000042。

1707 劉敬愛造像記

北周天和五年（570）四月十一日刻，陝西涇陽出土，諸城劉氏舊藏。

宇野雪村文庫：

　　一張，紙本墨拓，原片，編號：1774。

1708 郭始孫造像記

北周天和五年（570）四月刻，民國時期山西芮城出土，今藏地不詳。

淑德大學書學文化中心：

一軸，碑陽，紙本墨拓，卷軸，編號：195995。

一張，碑陽，紙本墨拓，原片，編號：197002。

一軸，右側，紙本墨拓，卷軸，編號：195998。

一張，右側，紙本墨拓，原片，編號：197002。

一軸，左側，紙本墨拓，卷軸，編號：195997。

一張，左側，紙本墨拓，原片，編號：197002。

一軸，碑陰，紙本墨拓，卷軸，編號：195996。

一張，碑陰，紙本墨拓，原片，編號：197002。

京都大學人文科學研究所：

一張，紙本墨拓，原片，編號：NAN0625A。

一張，紙本墨拓，原片，編號：NAN0625B。

一張，紙本墨拓，原片，編號：NAN0625C。

一張，紙本墨拓，原片，編號：NAN0625D。

一張，紙本墨拓，原片，編號：NAN0694A。

一張，紙本墨拓，原片，編號：NAN0694B。

一張，紙本墨拓，原片，編號：NAN0694C。

一張，紙本墨拓，原片，編號：NAN0694D。

1709　趙洪儁造像記

北周天和五年（570）六月二十三日刻，現藏於河南洛陽古代藝術博物館。

淑德大學書學文化中心：

一張，紙本墨拓，托裱，編號：196528。

1710　曹恪碑

全稱“故譙沛郡太守曹恪碑”，又稱“曹枚樂碑”，北周天和五年（570）十月立，原存安邑縣石碑莊，現藏於山西省藝術博物館。

書道博物館：

一册，紙本墨拓，册頁。

東北大學附屬圖書館：

一幅，紙本墨拓，原片，常盤大定舊藏。

宇野雪村文庫：

一張，紙本墨拓，原片，編號：1172。

一張，紙本墨拓，原片，編號：1969。

一張，紙本墨拓，原片，編號：1979。

大阪市立美術館：

一張，紙本墨拓，原拓，編號：2693。

淑德大學書學文化中心：

一軸，紙本墨拓，卷軸，編號：196112。

一張，紙本墨拓，原片，編號：196779。

一張，紙本墨拓，托裱，編號：197594，天放樓舊藏。

京都大學人文科學研究所：

一張，紙本墨拓，原片，編號：NAN0627X。

1711 趙富洛等廿八人造觀世音像記

北周天和六年（571）四月十五日刻，端方舊藏。

書道博物館：

一張，紙本墨拓，原片，端方藏石。

京都大學人文科學研究所：

一張，紙本墨拓，原片，編號：NAN0630X。

1712 辛洪略造像記

北周天和六年（571）五月二十□日刻，陳介祺舊藏。

大阪市立美術館：

一張，紙本墨拓，原片，編號：2675。

1713 雷明香造像記

北周天和六年（571）七月十五日刻，原陝西耀縣出土，原在縣文化館，現藏於藥王山博物館。

宇野雪村文庫：

一張，紙本墨拓，原片，編號：1698。

淑德大學書學文化中心：

一軸，碑陽，紙本墨拓，卷軸，編號：000043。

一軸，碑陰，紙本墨拓，卷軸，編號：000044。

一軸，右側，紙本墨拓，卷軸，編號：000043。

一軸，左側，紙本墨拓，卷軸，編號：000044。

1714 際法師碑

北周天和□年（566—572）刻，今藏地不詳。

京都大學人文科學研究所：

一張，紙本墨拓，原片，編號：NAN0611X。

大阪市立美術館：

一軸，紙本墨拓，卷軸，編號：2732。

［建德］

1715 張祖造像記

北周建德元年（572）四月八日刻，原在山西聞喜東鎮，民國七年（1918）移置太原傅公祠，疑僞刻。

淑德大學書學文化中心：

一軸，碑陽，紙本墨拓，卷軸，編號：195832。

一軸，碑陽，紙本墨拓，卷軸，編號：195880。

一張，碑陽，紙本墨拓，托裱，編號：196527，陸和九印。

一軸，碑陰，紙本墨拓，卷軸，編號：195832。

一軸，碑陰，紙本墨拓，卷軸，編號：195881。

一張，碑陰，紙本墨拓，托裱，編號：196527，陸和九印。

1716 武容造像記

北周建德元年（572）四月刻，河北正定出土，今藏地不詳。

淑德大學書學文化中心：

一張，紙本墨拓，托裱，編號：196534。

1717 邵道生造像記

北周建德元年（572）六月二十日刻，陝西涇陽出土，劉喜海、端方遞藏，今藏地不詳。

書道博物館：

一張，紙本墨拓，全拓，端方藏石。

東洋文庫：

二張，紙本墨拓，原片，各 10.0×27.0，編號：Ⅱ-16-C-m-4。

淑德大學書學文化中心：

一軸，紙本墨拓，卷軸，編號：198370。

一張，紙本墨拓，托裱，編號：196532。

一張，紙本墨拓，原片，編號：000461。

京都大學人文科學研究所：

一張，紙本墨拓，原片，編號：NAN0635A。

一張，紙本墨拓，原片，編號：NAN0635B。

1718 惠璨等造像記

北周建德元年（572）八月三十日刻，出土時地不詳，已流失海外，現藏於日本永青文庫。

京都大學人文科學研究所：

一張，紙本墨拓，原片，編號：NAN0636X。

1719　李元海造像記

北周建德元年（572）九月十五日刻，民國三年（1914）出土於曹家村，已流失海外，現藏於美國佛利爾美術館。

龍谷大學：

四幅，紙本墨拓，原片，[1] 碑陽，126.0×63.0，[2] 碑陰，128.0×62.0，[3] 碑側，112.0×21.0，[4] 碑側，111.0×21.0。

宇野雪村文庫：

一張，紙本墨拓，原片，編號：1740。

一張，紙本墨拓，原片，編號：1732。

淑德大學書學文化中心：

一軸，碑陽，紙本墨拓，卷軸，編號：195864。

一張，碑陽，紙本墨拓，原片，編號：196999。

一軸，碑陰，紙本墨拓，卷軸，編號：195865。

一張，碑陰，紙本墨拓，原片，編號：195498。

一張，碑陰，紙本墨拓，原片，編號：196999。

一軸，右側，紙本墨拓，卷軸，編號：195866。

一軸，右側，紙本墨拓，卷軸，編號：198054。

一張，右側，紙本墨拓，原片，編號：195499。

一軸，左側，紙本墨拓，卷軸，編號：195867。

一軸，左側，紙本墨拓，卷軸，編號：198055。

一張，左側，紙本墨拓，原片，編號：195500。

京都大學人文科學研究所：

一張，紙本墨拓，原片，編號：NAN0639A。

一張，紙本墨拓，原片，編號：NAN0639B。

一張，紙本墨拓，原片，編號：NAN0639C。

1720　王寶勗造像

北周建德元年（572）十月七日刻，今藏地不詳。

京都大學人文科學研究所：

一張，紙本墨拓，原片，編號：NAN0640X。

1721　步六孤須蜜多墓誌

北周建德元年（572）十一月十二日葬，一九五三年出土於陝西咸陽，現藏於西安碑林博物館。

淑德大學書學文化中心：

一張，墓誌蓋，紙本墨拓，原片，編號：001184。

一張，墓誌，紙本墨拓，原片，編號：001185。

1722 匹婁歡墓誌

北周建德元年（572）十一月二十二日葬，一九五三年出土於陝西咸陽，現藏於西安碑林博物館。

淑德大學書學文化中心：

一張，墓誌蓋，紙本墨拓，原片，編號：001191。

一張，墓誌，紙本墨拓，原片，編號：001192。

1723 郭思造像記

北周建德二年（573）四月十五日刻，今藏地不詳。

東京國立博物館：

一幅，紙本墨拓，原片，編號：895。

京都大學人文科學研究所：

一張，紙本墨拓，原片，編號：NAN0645X。

1724 諱才墓誌

北周建德二年（573）十月十六日葬，今藏地不詳。

淑德大學書學文化中心：

一張，紙本墨拓，原片，編號：001686。

1725 惠深造像記

北周建德二年（573）刻，今藏地不詳。

宇野雪村文庫：

一張，紙本墨拓，原片，編號：1158。

1726 成氏造像記

北周建德三年（574）正月刻，今藏地不詳。

東京國立博物館：

一幅，紙本墨拓，原片，編號：896。

京都大學人文科學研究所：

一張，紙本墨拓，原片，編號：NAN0652X。

1727 宇文建崇石浮圖銘

又稱"建崇寺造像記""建崇造像記""宇文建崇造像""呂建崇造像碑""宇文建崇造像記"

“吕重建造像碑”，北周建德三年（574）二月二十八日刻，甘肅秦安鄭家川出土，後遷入陝西歷史博物館，現藏於西安碑林博物館。

　　淑德大學書學文化中心：

　　　　一軸，碑陽，紙本墨拓，卷軸，編號：198657。

　　　　一張，碑陽，紙本墨拓，原片，編號：000368。

　　　　一張，碑陰，紙本墨拓，原片，編號：000369。

1728　張僧妙造像碑

北周建德三年（574）刻，清光緒三十一年（1905）出土於陝西耀州崇慶寺，現存藥王山碑林。

　　宇野雪村文庫：

　　　　一張，紙本墨拓，原片，編號：1779。

　　淑德大學書學文化中心：

　　　　一軸，紙本墨拓，卷軸，編號：000045。

［宣政］

1729　時珍墓誌

北周宣政元年（578）十二月九日葬，清光緒七年（1881）出土於山東諸城西古蔞鄉，現藏於西安碑林博物館。

　　書道博物館：

　　　　一張，紙本墨拓，原片，端方藏石。

　　東洋文庫：

　　　　一張，紙本墨拓，原片，42.0×51.0，編號：Ⅱ-16-C-m-5。

　　宇野雪村文庫：

　　　　一册，紙本墨拓，册頁，編號：340。

　　淑德大學書學文化中心：

　　　　一張，紙本墨拓，原片，編號：000494。

　　　　一册，紙本墨拓，册頁，編號：197785，天放樓舊藏。

　　大阪市立美術館：

　　　　二張，紙本墨拓，原片，編號：2651、2673。

　　京都大學人文科學研究所：

　　　　一張，紙本墨拓，原片，編號：NAN0663X。

1730　寇胤哲墓誌

北周宣政二年（579）正月四日葬，民國十一年（1922）河南洛陽攔駕溝東北陵出土，現藏於遼寧省博物館。

東洋文庫：

一張，墓誌，紙本墨拓，34.0×34.0。一張，墓誌蓋，紙本墨拓，32.0×32.0。編號：Ⅱ-16-C-2-33。

宇野雪村文庫：

一張，紙本墨拓，原片，編號：1616。

京都大學人文科學研究所：

一張，紙本墨拓，原片，編號：NAN0664A。

一張，紙本墨拓，原片，編號：NAN0664B。

1731　寇熾墓誌

北周宣政二年（579）正月四日葬，民國十四年（1925）河南洛陽馬溝村西陵出土，現藏於西安碑林博物館。

淑德大學書學文化中心：

一張，墓誌蓋，紙本墨拓，原片，編號：198176。

一張，墓誌，紙本墨拓，原片，編號：198177。

一張，墓誌，紙本墨拓，原片，編號：001186。

大阪市立美術館：

一張，紙本墨拓，原片，編號：2673。

1732　寇嶠妻薛氏墓誌

北周宣政二年（579）正月四日葬，民國十一年（1922）出土於河南洛陽東北攔駕溝村，現藏於遼寧省博物館。

宇野雪村文庫：

一張，紙本墨拓，原片，編號：1428。

［大象］

1733　小鐵山匡喆刻經頌

又稱"鐵山刻經"，北周大象元年（579）刻，現存山東鄒城鐵山之陽。

書道博物館：

一册，紙本墨拓，綴帖。

東京國立博物館：

三幅，紙本墨拓，原片，編號：953。

淑德大學書學文化中心：

一張，紙本墨拓，托裱，編號：196392-5。

一張，紙本墨拓，原片，編號：001745。

木雞室：

六張，紙本墨拓，原片。

墨華書道會：

一張，紙本墨拓，原片。

白扇書道會：

一張，紙本墨拓，原片，50.0×50.0，種谷扇舟舊藏。

1734　元壽安妃盧蘭墓誌

北周大象二年（580）十一月二十日葬，民國十一年（1922）出土於河南洛陽城東馬坡村，現藏於西安碑林博物館。

宇野雪村文庫：

一册，紙本墨拓，册頁，編號：307。

淑德大學書學文化中心：

一張，墓誌蓋，紙本墨拓，原片，編號：001182。

一張，墓誌，紙本墨拓，原片，編號：001183。

大阪市立美術館：

二張，紙本墨拓，原片，編號：2673。

北朝無紀年

1735　北朝碑四種

北朝刻，無紀年。

宇野雪村文庫：

　　　一册，紙本墨拓，册頁，編號：266。

1736　王君碑

北朝刻，無紀年。

淑德大學書學文化中心：

　　　一張，紙本墨拓，原片，編號：199015。

1737　興福寺造像碑

又稱“劉道景造像記碑”，北朝刻，無紀年，清道光十八年（1838）出土於山東沂郡西普照寺故址。

書道博物館：

　　　一張，紙本墨拓，全拓。

1738　王永福刻普門品碑

北朝刻，無紀年。

京都大學人文科學研究所：

　　　一張，紙本墨拓，原片，編號：NAN0820A。

　　　一張，紙本墨拓，原片，編號：NAN0820B。

1739　荆山王廟碑

北朝刻，無紀年。

宇野雪村文庫：

　　　一册，紙本墨拓，册頁，編號：231。

1740　陳氏合宗等石像碑

北朝刻，無紀年，民國六年（1917）出土於山西芮城西陌村崇聖寺。

淑德大學書學文化中心：

一軸，碑陽，紙本墨拓，卷軸，編號：196922。

一軸，碑陽，紙本墨拓，卷軸，編號：198047。

一張，碑陽，紙本墨拓，原片，編號：197000。

一軸，碑陰，紙本墨拓，卷軸，編號：196924。

一軸，碑陰，紙本墨拓，卷軸，編號：198048。

一張，碑陰，紙本墨拓，原片，編號：197000。

一軸，左側，紙本墨拓，卷軸，編號：196923。

一軸，左側，紙本墨拓，卷軸，編號：196801。

一軸，左側，紙本墨拓，卷軸，編號：198049。

一張，左側，紙本墨拓，原片，編號：197000。

一張，左側，紙本墨拓，原片，編號：196997。

一軸，右側，紙本墨拓，卷軸，編號：196925。

一軸，右側，紙本墨拓，卷軸，編號：196800。

一軸，右側，紙本墨拓，卷軸，編號：198050。

一張，右側，紙本墨拓，原片，編號：197000。

一張，右側，紙本墨拓，原片，編號：196997。

一軸，碑陽，紙本墨拓，卷軸，編號：96022。

一軸，碑陽，紙本墨拓，卷軸，編號：196917。

一軸，碑陽，紙本墨拓，卷軸，編號：198065。

一軸，碑陰，紙本墨拓，卷軸，編號：196020。

一軸，碑陰，紙本墨拓，卷軸，編號：196918。

一軸，碑陰，紙本墨拓，卷軸，編號：198065。

一軸，碑側，紙本墨拓，卷軸，編號：196021。

一軸，碑側，紙本墨拓，卷軸，編號：196919。

一軸，碑側，紙本墨拓，卷軸，編號：198065。

一軸，碑側，紙本墨拓，卷軸，編號：196023。

一軸，碑側，紙本墨拓，卷軸，編號：196920。

一軸，碑側，紙本墨拓，卷軸，編號：198065。

1741　水牛山文殊般若經碑

又稱“文殊般若經碑”，北朝刻，無紀年，原在山東汶上縣城東水牛山，後移至縣文化館，現藏於汶上縣博物館。

書道博物館：

　　一册，紙本墨拓，綴帖。

東京國立博物館：

　　一幅，紙本墨拓，原片，編號：885。

宇野雪村文庫：

　　一張，紙本墨拓，原片，編號：1232。

　　一張，紙本墨拓，原片，編號：1658。

淑德大學書學文化中心：

　　一軸，紙本墨拓，卷軸，編號：195021。

　　一軸，紙本墨拓，卷軸，編號：195239。

　　一軸，紙本墨拓，卷軸，編號：195924。

　　一張，紙本墨拓，原片，編號：197231。

　　一册，紙本墨拓，册頁，編號：195063。

　　一張，紙本墨拓，托裱，編號：197591，天放樓舊藏。

大阪市立美術館：

　　一帖，紙本墨拓，剪裝，編號：2576。

木雞室：

　　一張，紙本墨拓，全拓。

1742　三寶碑

北朝刻，無紀年。

京都大學人文科學研究所：

　　一張，紙本墨拓，原片，編號：NAN0699A。

　　一張，紙本墨拓，原片，編號：NAN0699B。

1743　十方施財檀那題名碑

北朝刻，無紀年。

東洋文庫：

　　一張，紙本墨拓，原片，165.0×82.0，編號：Ⅱ-16-C-119。

1744　北齊碑

北朝刻，無紀年。

京都大學人文科學研究所：

　　一張，紙本墨拓，原片，編號：NAN0679A。

　　一張，紙本墨拓，原片，編號：NAN0679B。

　　一張，紙本墨拓，原片，編號：NAN0679C。

1745　□遐殘碑

北朝刻，無紀年。

淑德大學書學文化中心：

　　　一張，紙本墨拓，原片，編號：001322。

1746　祥光殘石

北朝刻，無紀年，清光緒三十四年（1908）出土於雲南陸良縣大莫古鎮嘎古村，現藏於曲靖市博物館。

宇野雪村文庫：

　　　一張，紙本墨拓，原片，編號：1992。

1747　雲峰山刻石

北朝刻，無紀年，現存山東萊州雲峰山摩崖，其中北魏刻石十六處，北齊刻石一處，多爲鄭道昭所書。

書道博物館：

　　　一張，東堪石室銘，紙本墨拓，全拓。

東京國立博物館：

　　　四十二幅，紙本墨拓，原片，編號：373。

　　　一幅，紙本墨拓，原片，編號：792。

宇野雪村文庫：

　　　一册，紙本墨拓，册頁，編號：274。

　　　一册，紙本墨拓，册頁，編號：277。

　　　一册，紙本墨拓，册頁，編號：278。

　　　一册，紙本墨拓，册頁，編號：280。

京都大學人文科學研究所：

　　　一張，紙本墨拓，原片，編號：NAN0125A。

　　　一張，紙本墨拓，原片，編號：NAN0125B。

淑德大學書學文化中心：

　　　一軸，仙檀銘告，紙本墨拓，卷軸，編號：001696。

　　　一張，仙檀銘告，紙本墨拓，托裱，編號：195386。

　　　一張，仙檀銘告，紙本墨拓，托裱，編號：195483。

　　　一册，仙檀銘告，紙本墨拓，册頁，編號：197378，天放樓舊藏。

　　　一張，四言詩殘刻，紙本墨拓，托裱，編號：195386。

　　　一張，四言詩殘刻，紙本墨拓，托裱，編號：195483。

　　　一張，東堪石室銘，紙本墨拓，托裱，編號：195386。

一張，東堪石室銘，紙本墨拓，托裱，編號：195483。

一張，東堪石室銘，紙本墨拓，托裱，編號：197574，天放樓舊藏。

一軸，紙本墨拓，卷軸，編號：001377。

一軸，紙本墨拓，卷軸，編號：001378。

一軸，紙本墨拓，卷軸，編號：001379。

一軸，紙本墨拓，卷軸，編號：001380。

一軸，紙本墨拓，卷軸，編號：195386。

一軸，紙本墨拓，卷軸，編號：196482。

一冊，紙本墨拓，冊頁，編號：197359，天放樓舊藏。

一冊，紙本墨拓，冊頁，編號：197363，天放樓舊藏。

一冊，紙本墨拓，冊頁，編號：197364，天放樓舊藏。

一冊，紙本墨拓，冊頁，編號：197365，天放樓舊藏。

一冊，紙本墨拓，冊頁，編號：197366，天放樓舊藏。

一冊，紙本墨拓，冊頁，編號：197367，天放樓舊藏。

一冊，紙本墨拓，冊頁，編號：197368，天放樓舊藏。

一冊，紙本墨拓，冊頁，編號：197369，天放樓舊藏。

一冊，紙本墨拓，冊頁，編號：197371，天放樓舊藏。

一冊，紙本墨拓，冊頁，編號：197374，天放樓舊藏。

一冊，紙本墨拓，冊頁，編號：197376，天放樓舊藏。

一冊，紙本墨拓，冊頁，編號：197377，天放樓舊藏。

一冊，紙本墨拓，冊頁，編號：197379，天放樓舊藏。

一冊，紙本墨拓，冊頁，編號：197380，天放樓舊藏。

一冊，紙本墨拓，冊頁，編號：197381，天放樓舊藏。

一張，紙本墨拓，托裱，編號：197575，天放樓舊藏。

一張，紙本墨拓，托裱，編號：000934。

一張，紙本墨拓，托裱，編號：195386。

一張，紙本墨拓，托裱，編號：195483。

京都大學人文科學研究所：

一張，雲峰山詩殘石，紙本墨拓，原片，編號：NAN0740X。

一張，仙壇南山門題字，紙本墨拓，原片，編號：NAN0743X。

一張，朱陽臺題字，紙本墨拓，原片，編號：NAN0744X。

一張，青煙寺題字，紙本墨拓，原片，編號：NAN0745X。

一張，玄靈宮題字，紙本墨拓，原片，編號：NAN0746X。

一張，仙臺北山門題字，紙本墨拓，原片，編號：NAN0747X。

一張，白雲堂題字，紙本墨拓，原片，編號：NAN0748X。

一張，白雲鄉青煙里題字，紙本墨拓，原片，編號：NAN0749X。

一張，白雲堂題字，紙本墨拓，原片，編號：NAN0750X。
一張，石匠千仙人題字，紙本墨拓，原片，編號：NAN0751X。
一張，石匠千仙人題字，紙本墨拓，原片，編號：NAN0752X。
一張，□伏奴徒駕正書，紙本墨拓，原片，編號：NAN0753X。
一張，雲峰之山題字，紙本墨拓，原片，編號：NAN0754X。
一張，九仙名題字，紙本墨拓，原片，編號：NAN0755X。
一張，安期栖處題字，紙本墨拓，原片，編號：NAN0756X。
一張，王子晋栖處題字，紙本墨拓，原片，編號：NAN0757X。
一張，赤松子栖處題字，紙本墨拓，原片，編號：NAN0758X。
一張，浮丘子栖處題字，紙本墨拓，原片，編號：NAN0759X。
一張，羨門子栖處題字，紙本墨拓，原片，編號：NAN0760X。
一張，常門石生題字，紙本墨拓，原片，編號：NAN0761X。
一張，山門題字，紙本墨拓，原片，編號：NAN0762X。
一張，左闕題字，紙本墨拓，原片，編號：NAN0763X。
一張，右闕題字，紙本墨拓，原片，編號：NAN0764X。
一張，詠飛天室題字，紙本墨拓，原片，編號：NAN0765X。
一張，東堪石室銘，紙本墨拓，原片，編號：NAN0770X。
黑川古文化研究所：
一帖，東堪石室銘，紙本墨拓，剪裝，30.6×20.3，書1077。
大阪市立美術館：
三帖，紙本墨拓，剪裝，編號：2573。
白扇書道會：
二十五張，紙本墨拓，原片，種谷扇舟舊藏。
書壇院：
一幅，紙本墨拓，原片。
墨華書道會：
四張，紙本墨拓，原片。
木雞室：
四張，紙本墨拓，原片。
墨渚會：
四張，紙本墨拓，原片。

1748　太基山刻石

北朝刻，無紀年，現存山東萊州太基山摩崖，其中北朝刻石十四處，多爲鄭道昭所書。
書道博物館：
一册，紙本墨拓，册頁。

一張，紙本墨拓，全拓。

宇野雪村文庫：

一册，紙本墨拓，册頁，編號：276。

黑川古文化研究所：

一帖，紙本墨拓，剪裝，30.6×20.3，書 1077。

淑德大學書學文化中心：

一張，紙本墨拓，托裱，編號：195386。

一張，紙本墨拓，托裱，編號：195483。

一册，紙本墨拓，册頁，編號：196272。

京都大學人文科學研究所：

一張，置仙壇詩刻，紙本墨拓，原片，編號：NAN0766X。

一張，太基山刻石，紙本墨拓，原片，編號：NAN0767X。

一張，中明壇題字，紙本墨拓，原片，編號：NAN0768X。

白扇書道會：

十五張，紙本墨拓，原片，種谷扇舟舊藏。

書壇院：

一幅，紙本墨拓，原片。

墨華書道會：

一張，紙本墨拓，原片。

1749　天柱山刻石

北朝刻，無紀年，現存山東平度天柱山摩崖，其中北朝刻石多處，多爲鄭道昭所書。

書道博物館：

一册，紙本墨拓，册頁，題額。

宇野雪村文庫：

一册，紙本墨拓，册頁，編號：270。

京都大學人文科學研究所：

一張，紙本墨拓，原片，編號：NAN0578X。

一張，紙本墨拓，原片，編號：NAN0771X。

一張，爲天柱山殘刻，紙本墨拓，原片，編號：NAN0772X。

一張，此天柱之山也題字，紙本墨拓，原片，編號：NAN0773X。

一張，游天柱題字，紙本墨拓，原片，編號：NAN0774X。

一張，歲在壬辰建題字，紙本墨拓，原片，編號：NAN0775X。

一張，道士覺静銘題字，紙本墨拓，原片，編號：NAN0776X。

一張，姚保題石塔記題字，紙本墨拓，原片，編號：NAN0777X。

黑川古文化研究所：

一帖，紙本墨拓，剪裝，30.6×20.3，編號：1077。

淑德大學書學文化中心：

一册，紙本墨拓，册頁，編號：196212。

一張，紙本墨拓，托裱，編號：195483。

一張，紙本墨拓，托裱，編號：197587，天放樓舊藏。

一張，紙本墨拓，托裱，編號：195386。

白扇書道會：

七張，紙本墨拓，原片，種谷扇舟舊藏。

書壇院：

二幅，紙本墨拓，原片。

墨華書道會：

一張，紙本墨拓，原片。

1750　玲瓏山刻石

又稱“白駒谷題字”，傳爲鄭道昭所書，北朝刻，無紀年，現存山東青州玲瓏山摩崖。

書道博物館：

一張，白駒谷題字，紙本墨拓，原片。

京都大學人文科學研究所：

一張，白駒谷題字，紙本墨拓，原片，編號：NAN0741X。

白扇書道會：

三張，白駒谷題字，解易老，游檠，紙本墨拓，原片，188.0×97.0，種谷扇舟舊藏。

1751　響堂山石窟刻石

北朝刻，無紀年，現存河北邯鄲響堂山摩崖。

龍谷大學：

四幅，第一洞大方廣佛華嚴經，紙本墨拓，［1］右壁，四神品、如來光明品，百五十五行，四十字前後，160.0×310.0。［2］前壁右，如來光明品、菩薩明難品，四十六行，五十八字前後，143.0×304.0。［3］前壁左，菩薩明難品、净行品，四十二行，五十五字前後，162.0×181.0。［4］前壁右，净行品，215.0×183.0。

一幅，第二洞波若經，紙本墨拓，後壁，120.0×363.0。

二幅，第四洞觀世音普門品第二十五，紙本墨拓，［1］右壁，四十二行，109.0×302.0。［2］前壁，三十七行，137.0×300.0。

三幅，無量義經，紙本墨拓，［1］拱門右，134.0×117.0。［2］拱門左，91.0×69.0。［3］拱門上，45.0×117.0。

六幅，維摩詰所説經，紙本墨拓，［1］第一壁右方西面，五十六行，佛國品，325.0×200.0。［2］第二壁右方南面，三十六行，香積品、菩薩品，119.0×132.0。［3］第三壁左方東面，五十行，見阿閦佛品、法供養品，230.0×129.0。［4］第四壁左方北面，三十五行，佛道品，217.0×123.0。［5］第五壁左方西面，四十三行，菩薩行品、囑累品，110.0×126.0。［6］見阿閦佛品、法供養品。

淑德大學書學文化中心：

一冊，馮子昌造像題名，紙本墨拓，冊頁，編號：197436，天放樓舊藏。

一冊，響堂寺十六佛号，紙本墨拓，冊頁，編號：197437，天放樓舊藏。

一冊，門統定禪師造像，紙本墨拓，冊頁，編號：197435，天放樓舊藏。

一冊，觀世音像主佛信女李華暉，紙本墨拓，冊頁，編號：197440，天放樓舊藏。

一冊，爰公玉造像記，紙本墨拓，冊頁，編號：197441，天放樓舊藏。

一冊，劉□禮佛題名，紙本墨拓，冊頁，編號：197447，天放樓舊藏。

一張，無量義經，紙本墨拓，托裱，編號：195196。

一軸，維摩詰所説經，紙本墨拓，卷軸，編號：198319。

一軸，維摩詰所説經，紙本墨拓，卷軸，編號：198320。

一張，維摩詰所説經，紙本墨拓，原片，編號：199012。

一張，彌勒經，紙本墨拓，原片，編號：199013。

京都大學人文科學研究所：

一張，飛天，紙本墨拓，原片，編號：NAN0738A。

一張，飛天，紙本墨拓，原片，編號：NAN0738B。

一張，飛天，紙本墨拓，原片，編號：NAN0738C。

一張，飛天，紙本墨拓，原片，編號：NAN0738D。

東北大學附屬圖書館：

一幅，無量義經，紙本墨拓，原片，常盤大定舊藏。

一幅，維摩詰所説經，紙本墨拓，原片，常盤大定舊藏。

一幅，大方廣華嚴十惡品經，紙本墨拓，原片，迦葉菩薩拓本，常盤大定舊藏。

一幅，大方等大集經卷第八海慧菩薩品第五之一，紙本墨拓，原片，常盤大定舊藏。

一幅，大方廣佛華嚴經卷第六净行品第七，紙本墨拓，原片，常盤大定舊藏。

一幅，十六佛名，紙本墨拓，原片，常盤大定舊藏。

一幅，無量壽經優波提舍願生偈，紙本墨拓，原片，常盤大定舊藏。

一幅，門統定禪師造像，紙本墨拓，原片，常盤大定舊藏。

一幅，觀世音像主佛信女李華暉，紙本墨拓，原片，常盤大定舊藏。

一幅，清信女爰公主，紙本墨拓，原片，常盤大定舊藏。

1752　泰山經石峪刻石

北朝刻，無紀年，現存山東泰山經石峪，多佛教刻經。

書道博物館：

六十五張，金剛經，紙本墨拓，原片。

龍谷大學：

二幅，金剛經，紙本墨拓，［1］人字，46.0×51.0。［2］至字，46.0×51.0。

淑德大學書學文化中心：

一張，金剛經，紙本墨拓，原片，編號：197962。

一册，金剛經，紙本墨拓，册頁，編號：197116-7125。

一册，金剛經，紙本墨拓，册頁，編號：196427-6446。

一張，文殊般若經，紙本墨拓，原片，編號：001325。

一張，仁王經，紙本墨拓，原片，編號：001325。

一張，摩訶般若波羅蜜經，紙本墨拓，原片，編號：001325。

一張，大集經，紙本墨拓，原片，編號：001325。

一張，大空王佛佛號刻石，紙本墨拓，原片，編號：001325。

一張，安道壹題名并銘，紙本墨拓，原片，編號：001325。

一張，式佛佛號刻石，紙本墨拓，原片，編號：001325。

一張，安王佛佛號刻石，紙本墨拓，原片，編號：001325。

一張，高山佛佛號刻石，紙本墨拓，原片，編號：001325。

一張，大山巖佛佛號刻石，紙本墨拓，原片，編號：001325。

一張，藥師琉璃光佛佛號刻石，紙本墨拓，原片，編號：001325。

東北大學附屬圖書館：

一幅，樹德種義刻石，紙本墨拓，原片，常盤大定舊藏。

一幅，壽命無量刻石，紙本墨拓，原片，常盤大定舊藏。

一幅，而生其心刻石，紙本墨拓，原片，常盤大定舊藏。

白扇書道會：

一張，紙本墨拓，原片，50.0×50.0，種谷扇舟舊藏。

墨華書道會：

一張，紙本墨拓，原片。

1753　張虎妻趙氏墓誌

北朝刻，無紀年。

宇野雪村文庫：

一張，紙本墨拓，原片，編號：1511。

1754　劉君磚誌

北朝刻，無紀年。

京都大學人文科學研究所：

一張，紙本墨拓，原片，編號：NAN0810X。

1755　頓丘分陽人磚誌

北朝刻，無紀年。

京都大學人文科學研究所：

　　　一張，紙本墨拓，原片，編號：NAN0811X。

1756　吳慈恩磚誌

北朝刻，無紀年。

京都大學人文科學研究所：

　　　一張，紙本墨拓，原片，編號：NAN0813X。

1757　王相買磚誌

北朝刻，無紀年。

京都大學人文科學研究所：

　　　一張，紙本墨拓，原片，編號：NAN0814X。

1758　惠猛墓誌

北朝刻，無紀年。

書道博物館：

　　　一張，紙本墨拓，原片，端方藏石。

1759　王君妻墓誌

北朝刻，無紀年。

宇野雪村文庫：

　　　一張，紙本墨拓，原片，編號：1865。

1760　元簡妃常氏墓誌蓋

北朝刻，無紀年。

宇野雪村文庫：

　　　一張，紙本墨拓，原片，編號：1502。

淑德大學書學文化中心：

　　　一張，紙本墨拓，原片，編號：000913。

大阪市立美術館：

　　　一張，紙本墨拓，原片，編號：2673。

1761　鄒德義墓誌

北朝刻，無紀年。

宇野雪村文庫：

　　　　一張，紙本墨拓，原片，編號：1211。

1762　元瑗墓誌

北朝刻，無紀年。

大阪市立美術館：

　　　　一張，紙本墨拓，原片，編號：2673。

1763　□煒墓誌

北朝刻，無紀年。

大阪市立美術館：

　　　　一張，紙本墨拓，原片，編號：2673。

1764　孝陵陵誌

北朝刻，無紀年。

木雞室：

　　　　一張，紙本墨拓，原片。

1765　龍門石窟造像

北朝刻，紀年不一及無紀年，現存河南洛陽龍門石窟。

東京國立博物館：

　　　　四十八幅，紙本墨拓，原片，編號：479。

書藝文化院春敬記念書道文庫：

　　　　一册，紙本墨拓，龍門二十品，30.0×34.0，久志本梅莊、飯島春敬舊藏。

京都大學人文科學研究所：

　　　　一張，紙本墨拓，龍門二十品，原片，編號：NAN0712A。

　　　　一張，紙本墨拓，龍門二十品，原片，編號：NAN0712B。

　　　　一張，紙本墨拓，龍門二十品，原片，編號：NAN0712C。

　　　　一張，紙本墨拓，龍門二十品，原片，編號：NAN0712D。

　　　　一張，紙本墨拓，龍門二十品，原片，編號：NAN0712E。

　　　　一張，紙本墨拓，龍門二十品，原片，編號：NAN0712F。

　　　　一張，紙本墨拓，龍門二十品，原片，編號：NAN0712G。

　　　　一張，紙本墨拓，龍門二十品，原片，編號：NAN0712H。

　　　　一張，紙本墨拓，龍門二十品，原片，編號：NAN0712I。

　　　　一張，紙本墨拓，龍門二十品，原片，編號：NAN0712J。

　　　　一張，紙本墨拓，龍門二十品，原片，編號：NAN0712K。

一張，紙本墨拓，龍門二十品，原片，編號：NAN0712L。

一張，紙本墨拓，龍門二十品，原片，編號：NAN0712M。

一張，紙本墨拓，龍門二十品，原片，編號：NAN0712N。

一張，紙本墨拓，龍門二十品，原片，編號：NAN0712O。

一張，紙本墨拓，龍門二十品，原片，編號：NAN0712P。

一張，紙本墨拓，龍門二十品，原片，編號：NAN0712Q。

一張，紙本墨拓，龍門二十品，原片，編號：NAN0712R。

一張，紙本墨拓，龍門二十品，原片，編號：NAN0712S。

一張，紙本墨拓，龍門二十品，原片，編號：NAN0712T。

根津美術館：

一冊，紙本墨拓，龍門二十品，26.1×80.6，白檮廬舊藏。

宇野雪村文庫：

一冊，紙本墨拓，冊頁，編號：200。

一冊，紙本墨拓，冊頁，編號：205。

一冊，紙本墨拓，冊頁，編號：211。

一冊，紙本墨拓，冊頁，編號：213。

一張，紙本墨拓，原片，編號：214。

一冊，紙本墨拓，冊頁，編號：336。

一冊，紙本墨拓，冊頁，編號：430。

一冊，紙本墨拓，冊頁，編號：434。

一張，紙本墨拓，原片，編號：1186。

一張，紙本墨拓，原片，編號：1703。

一張，紙本墨拓，原片，編號：1718。

一張，紙本墨拓，原片，編號：1726。

淑德大學書學文化中心：

一冊，紙本墨拓，冊頁，編號：001381。

一百四十張，紙本墨拓，托裱，編號：195010。

八張，紙本墨拓，原片，編號：195042。

四帖四百一十二張，紙本墨拓，冊頁，編號：195388。

四百五十八張，紙本墨拓，原片，編號：195885。

五島美術館：

一冊，舊拓，紙本墨拓，冊頁，22.7×11.0，宇野雪村舊藏。

東北大學附屬圖書館：

一幅，紙本墨拓，原片，常盤大定舊藏。

一幅，頻王迎佛，原片，紙本墨拓，常盤大定舊藏。

一幅，文殊維摩，原片，紙本墨拓，常盤大定舊藏。

　　一幅，佛龕，紙本墨拓，常盤大定舊藏。

　　一幅，古陽洞壁刻千佛造像，紙本墨拓，常盤大定舊藏。

木雞室：

　　二張，紙本墨拓，全拓。

書道博物館：

　　一册，韓曳雲等造優填王像（龍門二十種，八種第四），紙本墨拓，綴帖。

　　一册，韓曳雲等造優填王像（魏碑十四品，第十四），紙本墨拓，綴帖。

白扇書道會：

　　一張，韓曳雲等造優填王像，紙本墨拓，全拓，65.0×40.0，種谷扇舟舊藏。

1766　鞏義石窟寺造像

北朝刻，無紀年，現存河南鞏縣石窟。

東北大學附屬圖書館：

　　一幅，第一窟東壁第一層禮佛圖，紙本墨拓，常盤大定舊藏。

　　一幅，第一窟西壁第一層禮佛圖，紙本墨拓，常盤大定舊藏。

　　一幅，第四窟南壁東側第二層禮佛圖，紙本墨拓，常盤大定舊藏。

　　一幅，第四窟南壁西側第二層禮佛圖，紙本墨拓，常盤大定舊藏。

　　三幅，第一窟壁刻，紙本墨拓，常盤大定舊藏。

　　一幅，第一窟中心柱東南面，紙本墨拓，常盤大定舊藏。

淑德大學書學文化中心：

　　一張，飛天，紙本墨拓，原片，編號：198469。

　　一張，飛天，紙本墨拓，原片，編號：198470。

　　一張，禮佛圖，紙本墨拓，原片，編號：198480。

1767　雲岡石窟造像

北朝刻，無紀年，現存山西雲岡石窟。

東京藝術大學藝術資料館：

　　一張，護法神像・第 8 窟主室南壁拱門西側壁，紙本墨拓，掛幅裝，166.2×127.6，編號：194。

　　一張，護法神像・第 8 窟主室南壁拱門東側壁紙本墨拓，掛幅裝，187.0×125.4，編號：195。

　　一張，鳳凰像・第 6 窟中心方柱南門下層，紙本墨拓，掛幅裝，82.9×66.0，編號：39。

　　一張，鳳凰像・第 6 窟中心方柱南門下層，紙本墨拓，掛幅裝，82.9×66.0，編號：40。

　　一張，菩薩立像・第 11 窟西壁第一層南側龕外，紙本墨拓，掛幅裝，133.4×49.7，編號：148。

　　一張，飛天・第 15 窟西壁第二層南側龕外，紙本墨拓，掛幅裝，137.2×49.7，編號：149。

一張，伎樂天像・第15窟西壁第二層南側龕外，紙本墨拓，掛幅裝，45.1×101.0，編號：150。

一張，羅漢像・第2窟南壁西入口，紙本墨拓，掛幅裝，120.7×50.0，編號：140。

一張，羅漢像・第2窟南壁東，紙本墨拓，掛幅裝，120.9×49.8，編號：141。

1768　天龍山石窟造像

北朝刻，無紀年，現存山西天龍山石窟。

東京藝術大學藝術資料館：

一張，飛天像・第2窟天井北方，紙本墨拓，掛幅裝，75.0×88.5，編號：199-1。

一張，維摩・第3窟東壁南，紙本墨拓，掛幅裝，120.7×49.9，編號：144。

一張，供養者像・第3窟東壁北，紙本墨拓，掛幅裝，120.6×49.9，編號：142。

一張，文殊菩薩像・第3窟西壁南，紙本墨拓，掛幅裝，120.9×49.9，編號：143。

一張，供養者像・第3窟西壁北，紙本墨拓，掛幅裝，120.7×49.9，編號：147。

一張，羅漢像・第3窟北壁東，紙本墨拓，掛幅裝，120.7×49.8，編號：145。

一張，羅漢像・第3窟北壁西，紙本墨拓，掛幅裝，120.6×49.8，編號：146。

一張，羅漢像・第3窟後壁佛龕，紙本墨拓，掛幅裝，113.0×40.4，編號：199-3。

一張，飛天像・第2窟天井西方，紙本墨拓，掛幅裝，74.0×83.0，編號：199-2。

京都大學人文科學研究所：

一張，第三窟西隅壁供養比丘，紙本墨拓，原片，編號：NAN0714A。

一張，第三窟北隅壁供養居士，紙本墨拓，原片，編號：NAN0714B。

一張，第三窟西南隅壁供養比丘，紙本墨拓，原片，編號：NAN0714C。

1769　蔡曜等造像碑

北朝刻，無紀年。

京都大學人文科學研究所：

一張，紙本墨拓，原片，編號：NAN0692A。

一張，紙本墨拓，原片，編號：NAN0692B。

淑德大學書學文化中心：

一張，紙本墨拓，托裱，編號：196216。

1770　釋迦多寶對座説法造像碑

北朝刻，無紀年。

淑德大學書學文化中心：

一軸，碑陽，紙本墨拓，卷軸，編號：000126。

一軸，碑陰，紙本墨拓，卷軸，編號：000127。

一軸，左側，紙本墨拓，卷軸，編號：000126。

一軸，右側，紙本墨拓，卷軸，編號：000127。

1771　二龕三尊造像碑

北朝刻，無紀年。

淑德大學書學文化中心：

一軸，碑陽，紙本墨拓，卷軸，編號：000130。

一軸，碑陰，紙本墨拓，卷軸，編號：000131。

一軸，左側，紙本墨拓，卷軸，編號：000130。

一軸，右側，紙本墨拓，卷軸，編號：000131。

1772　張興碩造像碑

北朝刻，無紀年。

淑德大學書學文化中心：

一軸，碑陽，紙本墨拓，卷軸，編號：196308。

一張，碑陽，紙本墨拓，原片，編號：196992。

一軸，左側，紙本墨拓，卷軸，編號：196308。

一軸，左側，紙本墨拓，卷軸，編號：195837。

一張，左側，紙本墨拓，原片，編號：196993。

一軸，碑陰，紙本墨拓，卷軸，編號：196309。

一軸，碑陰，紙本墨拓，卷軸，編號：195837。

一張，碑陰，紙本墨拓，原片，編號：196992。

一軸，右側，紙本墨拓，卷軸，編號：196309。

一軸，右側，紙本墨拓，卷軸，編號：195837。

一張，右側，紙本墨拓，原片，編號：196993。

一軸，碑座，紙本墨拓，卷軸，編號：196310。

1773　姚保顯造石塔記

北朝刻，無紀年。

淑德大學書學文化中心：

一張，紙本墨拓，托裱，編號：195386。

一張，紙本墨拓，托裱，編號：195483。

1774　獨孤妻魏□造像記

北朝刻，無紀年。

書道博物館：

一册，紙本墨拓，綴帖。

1775　比丘尼□造像記

北朝刻，無紀年。

書道博物館：

　　一册，紙本墨拓，綴帖。

1776　李善貴造像記

北朝刻，無紀年。

書道博物館：

　　一册，紙本墨拓，綴帖。

1777　孫貳胡等造塔記

北朝刻，無紀年。

淑德大學書學文化中心：

　　一軸，紙本墨拓，卷軸，編號：198371。

1778　藥師造像記

北朝刻，無紀年。

淑德大學書學文化中心：

　　一軸，紙本墨拓，卷軸，編號：198377。

1779　僧智等造像記

北朝刻，無紀年。

東北大學附屬圖書館：

　　一幅，紙本墨拓，原片，常盤大定舊藏。

1780　仇保錦等造像記

北朝刻，無紀年。

東北大學附屬圖書館：

　　一幅，紙本墨拓，原片，常盤大定舊藏。

1781　僧隱等造千佛記

北朝刻，無紀年。

東北大學附屬圖書館：

　　二幅，紙本墨拓，原片，常盤大定舊藏。

1782　黄石崖造像記

北朝刻，無紀年。

東北大學附屬圖書館：

　　一幅，一組八拓，紙本墨拓，原片，常盤大定舊藏。

1783　□陽滿造像記

北朝刻，無紀年。

宇野雪村文庫：

　　一張，紙本墨拓，原片，編號：1516。

1784　仇陽奴造像記

北朝刻，無紀年。

宇野雪村文庫：

　　一張，紙本墨拓，原片，編號：1656。

1785　王金香造像記

北朝刻，無紀年。

宇野雪村文庫：

　　一張，紙本墨拓，原片，編號：1741。

1786　董敬賓造像記

北朝刻，無紀年。

宇野雪村文庫：

　　一張，紙本墨拓，原片，編號：1509。
　　一張，紙本墨拓，原片，編號：1785。

1787　郭氏四面造像記

北朝刻，無紀年。

宇野雪村文庫：

　　一張，紙本墨拓，原片，編號：1734。

1788　錡氏造像記

北朝刻，無紀年。

宇野雪村文庫：

　　一張，紙本墨拓，原片，編號：1797。

一張，紙本墨拓，原片，編號：1974。

1789　達奚造像記

北朝刻，無紀年。

宇野雪村文庫：

一張，紙本墨拓，原片，編號：1784。

1790　善慶造像記

北朝刻，無紀年。

書道博物館：

一冊，紙本墨拓，綴帖。

1791　□産造像記

北朝刻，無紀年。

書道博物館：

一冊，紙本墨拓，綴帖。

1792　薩光識造像記

北朝刻，無紀年。

書道博物館：

一冊，紙本墨拓，綴帖。

1793　馮宣殘造像記

北朝刻，無紀年。

大阪市立美術館：

一張，紙本墨拓，原片，編號：2675。

1794　王亮等造像記

北朝刻，無紀年。

東洋文庫：

一張，紙本墨拓，原片，28.0×45.0，編號：Ⅱ-16-C-1085.2。

宇野雪村文庫：

一張，紙本墨拓，原片，編號：1034。

一張，紙本墨拓，原片，編號：1202。

淑德大學書學文化中心：

一軸，紙本墨拓，卷軸，編號：198406。

1795　董祭等造像記

北朝刻，無紀年。

宇野雪村文庫：

　　　　二張，紙本墨拓，原片，編號：1927。

1796　張尹生造像記

北朝刻，無紀年。

宇野雪村文庫：

　　　　一張，紙本墨拓，原片，編號：1783。

1797　張益造像記

北朝刻，無紀年。

宇野雪村文庫：

　　　　一張，紙本墨拓，原片，編號：1254。

1798　張嘆周造像記

北朝刻，無紀年。

宇野雪村文庫：

　　　　四張，紙本墨拓，原片，編號：1744。

1799　張季姜造像記

北朝刻，無紀年。

宇野雪村文庫：

　　　　一張，紙本墨拓，原片，編號：1736。

1800　張氏母等造像記

北朝刻，無紀年。

宇野雪村文庫：

　　　　一張，紙本墨拓，原片，編號：1037。

1801　張僧哲等造像記

北朝刻，無紀年。

書道博物館：

　　　　一張，紙本墨拓，原片。

宇野雪村文庫：

一張，紙本墨拓，原片，編號：1857。

淑德大學書學文化中心：

一軸，紙本墨拓，卷軸，編號：000799。

京都大學人文科學研究所：

一張，紙本墨拓，原片，編號：NAN0684X。

一張，紙本墨拓，原片，編號：NAN0800X。

1802　張次歡造像記

北朝刻，無紀年。

宇野雪村文庫：

一張，紙本墨拓，原片，編號：1790。

淑德大學書學文化中心：

一軸，紙本墨拓，卷軸，編號：196012。

一軸，紙本墨拓，卷軸，編號：196032。

一軸，紙本墨拓，卷軸，編號：198060。

1803　張留賓造像記

北朝刻，無紀年。

宇野雪村文庫：

一張，紙本墨拓，原片，編號：1802。

四張，紙本墨拓，原片，編號：1954。

1804　陳榮歡造像記

北朝刻，無紀年。

宇野雪村文庫：

一張，紙本墨拓，原片，編號：1299。

二張，紙本墨拓，原片，編號：1731。

1805　陳氏造像記

北朝刻，無紀年。

宇野雪村文庫：

一張，紙本墨拓，原片，編號：1976。

1806　陳恒等造像記

北朝刻，無紀年。

宇野雪村文庫：

一張，紙本墨拓，原片，編號：1959。

1807　維那造像記

北朝刻，無紀年。

宇野雪村文庫：

二張，紙本墨拓，原片，編號：1196。

1808　鄭阿午造像記

北朝刻，無紀年。

宇野雪村文庫：

一張，紙本墨拓，原片，編號：1750。

1809　杜文敬造像記

北朝刻，無紀年。

宇野雪村文庫：

一張，紙本墨拓，原片，編號：1255。

1810　荔氏造像記

北朝刻，無紀年。

宇野雪村文庫：

一張，紙本墨拓，原片，編號：1181。

1811　葉摩喝國等造像記

北朝刻，無紀年。

宇野雪村文庫：

一張，紙本墨拓，原片，編號：1729。

1812　道賢等造像記

北朝刻，無紀年。

宇野雪村文庫：

一張，紙本墨拓，原片，編號：1945。

淑德大學書學文化中心：

一軸，紙本墨拓，卷軸，編號：196026。

一軸，紙本墨拓，卷軸，編號：196785。

一張，紙本墨拓，原片，編號：196995。

1813 □善等造像記

北朝刻，無紀年。

宇野雪村文庫：

　　　一張，紙本墨拓，原片，編號：1651。

1814 杜尚莘造像記

北朝刻，無紀年。

宇野雪村文庫：

　　　二張，紙本墨拓，原片，編號：1861。

1815 楊惠勝造像記

北朝刻，無紀年。

宇野雪村文庫：

　　　一張，紙本墨拓，原片，編號：1275。

書道博物館：

　　　一册，紙本墨拓，綴帖。

1816 姚仲遠造像記

北朝刻，無紀年。

宇野雪村文庫：

　　　一張，紙本墨拓，原片，編號：1788。

淑德大學書學文化中心：

　　　一軸，紙本墨拓，卷軸，編號：196011。

　　　一軸，紙本墨拓，卷軸，編號：196033。

　　　一軸，紙本墨拓，卷軸，編號：195989。

　　　一張，紙本墨拓，原片，編號：196996。

1817 李毛姬造像記

北朝刻，無紀年。

宇野雪村文庫：

　　　一張，紙本墨拓，原片，編號：1199。

1818 李檢等造像記

北朝刻，無紀年。

宇野雪村文庫：

二張，紙本墨拓，原片，編號：1746。

1819　劉善造像記

北朝刻，無紀年。

宇野雪村文庫：

二張，紙本墨拓，原片，編號：1803。

1820　魯博陵造像記

北朝刻，無紀年。

宇野雪村文庫：

一張，紙本墨拓，原片，編號：1074。

1821　盖子華造像記

北朝刻，無紀年。

宇野雪村文庫：

一張，紙本墨拓，原片，編號：1621。

1822　劉洛仁造像記

北朝刻，無紀年。

宇野雪村文庫：

一張，紙本墨拓，原片，編號：1653。

1823　孫氏造像記

北朝刻，無紀年。

宇野雪村文庫：

一張，紙本墨拓，原片，編號：1812。

1824　胡智造像記

北朝刻，無紀年。

書道博物館：

一册，紙本墨拓，綴帖。

東洋文庫：

一張，紙本墨拓，原片，23.0×32.0，編號：Ⅱ-16-C-K-151。

1825　閻散騎造像記

北朝刻，無紀年。

東京國立博物館：

一幅，紙本墨拓，原片，編號：578。

1826 王懷忠造像記

北朝刻，無紀年。

東京國立博物館：

一幅，紙本墨拓，原片，編號：575。

1827 道匠造像記

北朝刻，無紀年。

書道博物館：

一册，紙本墨拓，綴帖。

一册，舊拓，紙本墨拓，綴帖。

東京國立博物館：

一幅，紙本墨拓，原片，編號：836，今泉雄作舊藏。

東洋文庫：

一張，紙本墨拓，原片，23.0×45.0，編號：Ⅱ-16-C-1074。

一張，紙本墨拓，原片，23.0×44.0，編號：Ⅱ-16-C-n-43。

東北大學附屬圖書館：

一幅，紙本墨拓，原片，常盤大定舊藏。

宇野雪村文庫：

一張，紙本墨拓，原片，編號：1711。

淑德大學書學文化中心：

一張，紙本墨拓，原片，編號：001387。

一册，紙本墨拓，册頁，編號：195032。

一張，紙本墨拓，原片，編號：195886。

一張，紙本墨拓，原片，編號：195887。

一張，紙本墨拓，原片，編號：195888。

一册，紙本墨拓，册頁，編號：197418，天放樓舊藏。

一册，紙本墨拓，册頁，編號：198976。

白扇書道會：

一張，紙本墨拓，全拓，28.0×45.0，種谷扇舟舊藏。

静岡縣書道聯盟：

一張，紙本墨拓，大谷青嵐藏。

書壇院：

一幅，紙本墨拓，全拓。

1828 常嶽等造像記

北朝刻，無紀年。

書道博物館：

一張，紙本墨拓，綴帖。

東京國立博物館：

一幅，紙本墨拓，原片，編號：439。

1829 孫保造像記

北朝刻，無紀年。

東京國立博物館：

一幅，紙本墨拓，原片，編號：835，今泉雄作舊藏。

1830 劉元醜造像記

北朝刻，無紀年。

淑德大學書學文化中心：

一張，紙本墨拓，原片，編號：195887。

一張，紙本墨拓，原片，編號：195888。

1831 吕雙造像記

北朝刻，無紀年。

淑德大學書學文化中心：

一軸，紙本墨拓，卷軸，編號：197166。

1832 蔣碩肫等造像記

北朝刻，無紀年。

淑德大學書學文化中心：

一張，紙本墨拓，托裱，編號：197210。

1833 劉道景等造像記

北朝刻，無紀年。

淑德大學書學文化中心：

一張，紙本墨拓，托裱，編號：197211。

1834 智運造像記

北朝刻，無紀年。

淑德大學書學文化中心：

　　　一張，紙本墨拓，托裱，編號：197215。

1835　王靈懷等造像記

北朝刻，無紀年。

淑德大學書學文化中心：

　　　一張，紙本墨拓，原片，編號：197963。

1836　夏侯僧國造像記

北朝刻，無紀年。

淑德大學書學文化中心：

　　　一軸，碑陽，紙本墨拓，卷軸，編號：000050。
　　　一軸，碑陰，紙本墨拓，卷軸，編號：000051。
　　　一軸，右側，紙本墨拓，卷軸，編號：000050。
　　　一軸，左側，紙本墨拓，卷軸，編號：000051。

1837　吴洪標兄弟造像記

北朝刻，無紀年。

淑德大學書學文化中心：

　　　一軸，碑陽，紙本墨拓，卷軸，編號：000094。
　　　一軸，碑陽，紙本墨拓，卷軸，編號：000195。
　　　一軸，碑陰，紙本墨拓，卷軸，編號：000095。
　　　一軸，右側，紙本墨拓，卷軸，編號：000094。
　　　一張，右側，紙本墨拓，原片，編號：198193。
　　　一軸，左側，紙本墨拓，卷軸，編號：000095。
　　　一張，左側，紙本墨拓，原片，編號：198193。

1838　王市保敬賓造像記

北朝刻，無紀年。

淑德大學書學文化中心：

　　　一軸，紙本墨拓，卷軸，編號：000096。

1839　田良寬等造像記

北朝刻，無紀年。

淑德大學書學文化中心：

　　　一軸，碑陽，紙本墨拓，卷軸，編號：198301。

一張，碑陽，紙本墨拓，原片，編號：000350。

一張，碑陰，紙本墨拓，原片，編號：000351。

一軸，碑側，紙本墨拓，卷軸，編號：198300。

一張，碑側，紙本墨拓，原片，編號：000352。

一張，碑側，紙本墨拓，原片，編號：000353。

1840　洪懋造像記

北朝刻，無紀年。

書道博物館：

一張，紙本墨拓，全拓。

龍谷大學：

一幅，紙本墨拓，原片，68.0×79.0。

淑德大學書學文化中心：

一軸，紙本墨拓，卷軸，編號：000751。

一軸，紙本墨拓，卷軸，編號：198337。

一張，紙本墨拓，托裱，編號：197196。

1841　耿素陵等造像記

北朝刻，無紀年。

淑德大學書學文化中心：

一軸，紙本墨拓，卷軸，編號：198292。

1842　僧龍等造像記

北朝刻，無紀年。

淑德大學書學文化中心：

一張，紙本墨拓，原片，編號：001600。

1843　王子悦等四面造像記

北朝刻，無紀年。

淑德大學書學文化中心：

一張，碑陽，紙本墨拓，原片，編號：001702。

一張，碑陰，紙本墨拓，原片，編號：001702。

1844　韓顯儁等造像記

北朝刻，無紀年。

淑德大學書學文化中心：

一軸，紙本墨拓，卷軸，編號：196835。

1845　王買王歡造像記

北朝刻，無紀年。

淑德大學書學文化中心：

一張，紙本墨拓，原片，編號：195702。

1846　張照姬等造像記

北朝刻，無紀年。

淑德大學書學文化中心：

一張，紙本墨拓，原片，編號：198628。

1847　宋寶蓋等造像記

北朝刻，無紀年。

淑德大學書學文化中心：

二張，紙本墨拓，托裱，編號：197940。

1848　僧信造像記

北朝刻，無紀年。

淑德大學書學文化中心：

一軸，紙本墨拓，卷軸，編號：196872。

1849　郭黄陵等造像記

北朝刻，無紀年。

淑德大學書學文化中心：

一軸，碑陽，紙本墨拓，卷軸，編號：195830。

一軸，碑陰，紙本墨拓，卷軸，編號：195831。

1850　夫靈基造像記

北朝刻，無紀年。

淑德大學書學文化中心：

一軸，紙本墨拓，卷軸，編號：198310。

1851　王宋金逈妻馬等造像記

北朝刻，無紀年。

淑德大學書學文化中心：

一軸，碑陽，紙本墨拓，卷軸，編號：001587。

一張，左側，紙本墨拓，原片，編號：001588。

1852 邑子廿七人造像記

北朝刻，無紀年。

淑德大學書學文化中心：

一軸，紙本墨拓，卷軸，編號：196479。

一册，紙本墨拓，册頁，編號：197439，天放樓舊藏。

1853 田昭造像記

北朝刻，無紀年。

淑德大學書學文化中心：

一張，紙本墨拓，原片，編號：196583。

1854 吴洛族等造像記

北朝刻，無紀年。

書道博物館：

一張，紙本墨拓，帖。

淑德大學書學文化中心：

一軸，紙本墨拓，卷軸，編號：198417。

1855 田市仁等造像記

北朝刻，無紀年。

書道博物館：

一張，紙本墨拓，全拓，端方藏石。

淑德大學書學文化中心：

一張，紙本墨拓，原片，編號：000790。

京都大學人文科學研究所：

一張，紙本墨拓，原片，編號：NAN0785X。

1856 惠神等造像記

北朝刻，無紀年。

淑德大學書學文化中心：

一張，紙本墨拓，原片，編號：001776。

1857 終智等造像記

北朝刻，無紀年。

淑德大學書學文化中心：

　　　一軸，紙本墨拓，卷軸，編號：198036。

1858　曇欽造像記

北朝刻，無紀年。

淑德大學書學文化中心：

　　　一張，紙本墨拓，托裱，編號：19802。

1859　道□造像記

北朝刻，無紀年。

淑德大學書學文化中心：

　　　一張，紙本墨拓，原片，編號：19724。

1860　任潤造像記

北朝刻，無紀年。

淑德大學書學文化中心：

　　　一張，碑陽，紙本墨拓，原片，編號：000364。

　　　一張，碑陰，紙本墨拓，原片，編號：000365。

　　　一張，碑側，紙本墨拓，原片，編號：000366。

　　　一張，碑側，紙本墨拓，原片，編號：000367。

1861　董臺貴等造像記

北朝刻，無紀年。

淑德大學書學文化中心：

　　　一張，紙本墨拓，原片，編號：197001。

1862　合邑一百七十人等造像記

北朝刻，無紀年。

淑德大學書學文化中心：

　　　一軸，碑陽，紙本墨拓，卷軸，編號：000097。

　　　一軸，碑陰，紙本墨拓，卷軸，編號：000098。

　　　一軸，左側，紙本墨拓，卷軸，編號：000097。

　　　一軸，右側，紙本墨拓，卷軸，編號：000098。

1863　楊洪義等造像記

北朝刻，無紀年。

淑德大學書學文化中心：

一軸，碑陽，紙本墨拓，卷軸，編號：000122。

一軸，碑陰，紙本墨拓，卷軸，編號：000123。

一軸，左側，紙本墨拓，卷軸，編號：000122。

一軸，右側，紙本墨拓，卷軸，編號：000123。

1864　劉男俗造像記

北朝刻，無紀年。

淑德大學書學文化中心：

一軸，碑陽，紙本墨拓，卷軸，編號：000124。

一軸，碑陰，紙本墨拓，卷軸，編號：000125。

一軸，左側，紙本墨拓，卷軸，編號：000124。

一軸，右側，紙本墨拓，卷軸，編號：000125。

1865　孫氏僑生造像記

北朝刻，無紀年。

淑德大學書學文化中心：

一册，紙本墨拓，册頁，編號：197433，天放樓舊藏。

1866　高稾造像記

北朝刻，無紀年。

淑德大學書學文化中心：

一張，紙本墨拓，托裱，編號：000462。

東洋文庫：

一張，紙本墨拓，原片，13.0×24.0，編號：Ⅱ-16-C-n-109。

1867　明携造像記

北朝刻，無紀年。

淑德大學書學文化中心：

一軸，紙本墨拓，卷軸，編號：000793。

1868　兗氏造像記

北朝刻，無紀年。

淑德大學書學文化中心：

一軸，紙本墨拓，卷軸，編號：000795。

京都大學人文科學研究所：

一張，紙本墨拓，編號：NAN0793X。

1869　智標等造像記

北朝刻，無紀年。

淑德大學書學文化中心：

一軸，紙本墨拓，卷軸，編號：000796。

1870　孔道乘等造像記

北朝刻，無紀年。

書道博物館：

一張，紙本墨拓，全拓，端方藏石。

淑德大學書學文化中心：

一軸，紙本墨拓，卷軸，編號：000797。

一軸，紙本墨拓，卷軸，編號：198296。

京都大學人文科學研究所：

一張，紙本墨拓，原片，編號：NAN0798X。

1871　古天興等造像記

北朝刻，無紀年。

淑德大學書學文化中心：

一張，紙本墨拓，原片，編號：001781。

1872　張孝猷造像記

北朝刻，無紀年。

淑德大學書學文化中心：

一軸，紙本墨拓，卷軸，編號：195860-63。

一軸，紙本墨拓，卷軸，編號：198066。

一軸，紙本墨拓，卷軸，編號：198067。

一軸，紙本墨拓，卷軸，編號：198068。

1873　馬叔洛造像記

北朝刻，無紀年。

淑德大學書學文化中心：

一軸，碑陽，紙本墨拓，卷軸，編號：195853。

一軸，碑側，紙本墨拓，卷軸，編號：195854-55。

京都大學人文科學研究所：

一張，紙本墨拓，原片，編號：NAN0708X。

1874　毌丘儉造像記

北朝刻，無紀年。

淑德大學書學文化中心：

一軸，紙本墨拓，卷軸，編號：195843－44。

一軸，紙本墨拓，卷軸，編號：198283。

一軸，紙本墨拓，卷軸，編號：198284。

京都大學人文科學研究所：

一張，紙本墨拓，原片，編號：NAN0726X。

1875　華臺貴造像記

北朝刻，無紀年。

淑德大學書學文化中心：

一軸，紙本墨拓，卷軸，編號：196030。

1876　劉樹枝等造像記

北朝刻，無紀年。

淑德大學書學文化中心：

一軸，紙本墨拓，卷軸，編號：195833。

一軸，紙本墨拓，卷軸，編號：195834。

1877　興祖造像記

北朝刻，無紀年。

淑德大學書學文化中心：

一軸，紙本墨拓，卷軸，編號：195447。

1878　李道和等造像記

北朝刻，無紀年。

書道博物館：

一張，紙本墨拓，綴帖。

淑德大學書學文化中心：

一册，紙本墨拓，册頁，編號：197420，天放樓舊藏。

1879　趙阿令等造像記

北朝刻，無紀年。

淑德大學書學文化中心：

　　　一册，紙本墨拓，册頁，編號：197421，天放樓舊藏。

1880　沙門談樂等題名

北朝刻，無紀年。

淑德大學書學文化中心：

　　　一册，紙本墨拓，册頁，編號：197422，天放樓舊藏。

1881　孫海等造像記

北朝刻，無紀年。

淑德大學書學文化中心：

　　　一册，紙本墨拓，册頁，編號：197431，天放樓舊藏。

1882　邑子七十六人等造像記

北朝刻，無紀年。

淑德大學書學文化中心：

　　　一軸，碑陽，紙本墨拓，卷軸，編號：000101。
　　　一軸，碑陰，紙本墨拓，卷軸，編號：000102。
　　　一軸，碑側，紙本墨拓，卷軸，編號：000101。
　　　一軸，碑側，紙本墨拓，卷軸，編號：000102。

1883　王永隆造像記

北朝刻，無紀年。

淑德大學書學文化中心：

　　　一軸，碑陽，紙本墨拓，卷軸，編號：000110。
　　　一軸，碑陰，紙本墨拓，卷軸，編號：000111。

1884　四龕三尊道教造像記

北朝刻，無紀年。

淑德大學書學文化中心：

　　　一軸，碑陽，紙本墨拓，卷軸，編號：000120。
　　　一軸，碑陰，紙本墨拓，卷軸，編號：000121。
　　　一軸，碑側，紙本墨拓，卷軸，編號：000120。
　　　一軸，碑側，紙本墨拓，卷軸，編號：000121。

1885　閻伯隴造像記

北朝刻，無紀年。

淑德大學書學文化中心：

　　一軸，碑陽，紙本墨拓，卷軸，編號：000128。

　　一軸，碑陰，紙本墨拓，卷軸，編號：000129。

　　一軸，碑側，紙本墨拓，卷軸，編號：000128。

　　一軸，碑側，紙本墨拓，卷軸，編號：000129。

1886　張進朗等造像記

北朝刻，無紀年。

淑德大學書學文化中心：

　　一軸，碑陽，紙本墨拓，卷軸，編號：000132。

　　一軸，碑陰，紙本墨拓，卷軸，編號：000133。

　　一軸，碑側，紙本墨拓，卷軸，編號：000132。

　　一軸，碑側，紙本墨拓，卷軸，編號：000133。

1887　張衆舉等造像記

北朝刻，無紀年。

淑德大學書學文化中心：

　　一軸，碑陽，紙本墨拓，卷軸，編號：000134。

　　一軸，碑陰，紙本墨拓，卷軸，編號：000135。

　　一軸，碑側，紙本墨拓，卷軸，編號：000134。

　　一軸，碑側，紙本墨拓，卷軸，編號：000135。

1888　雷顯等造像記

北朝刻，無紀年。

淑德大學書學文化中心：

　　一軸，碑陽，紙本墨拓，卷軸，編號：000136。

　　一軸，碑陰，紙本墨拓，卷軸，編號：000137。

　　一軸，碑側，紙本墨拓，卷軸，編號：000136。

　　一軸，碑側，紙本墨拓，卷軸，編號：000137。

1889　文士淵造像記

北朝刻，無紀年。

淑德大學書學文化中心：

　　一軸，紙本墨拓，卷軸，編號：198392。

　　一軸，紙本墨拓，卷軸，編號：000172。

1890　王懷岸造像記

北朝刻，無紀年。

淑德大學書學文化中心：

　　　一册，紙本墨拓，册頁，編號：000285。

1891　陳羅漢造像記

北朝刻，無紀年。

淑德大學書學文化中心：

　　　一軸，紙本墨拓，卷軸，編號：196010。

　　　一軸，紙本墨拓，卷軸，編號：196025。

　　　一軸，紙本墨拓，卷軸，編號：196914。

宇野雪村文庫：

　　　一張，紙本墨拓，原片，編號：1789。

1892　□善等造像記

北朝刻，無紀年。

淑德大學書學文化中心：

　　　一軸，紙本墨拓，卷軸，編號：196832。

1893　陳思慶等造像記

北朝刻，無紀年。

淑德大學書學文化中心：

　　　一軸，紙本墨拓，卷軸，編號：196829。

1894　張仁廓造像記

北朝刻，無紀年。

淑德大學書學文化中心：

　　　一軸，紙本墨拓，卷軸，編號：198346。

1895　席佰造像記

北朝刻，無紀年。

淑德大學書學文化中心：

　　　一軸，紙本墨拓，卷軸，編號：198364。

1896　鹿寄造像記

北朝刻，無紀年。

淑德大學書學文化中心：

一軸，紙本墨拓，卷軸，編號：198383。

1897 武蒙造像記

北朝刻，無紀年。

淑德大學書學文化中心：

一軸，碑陽，紙本墨拓，卷軸，編號：000112。

一軸，碑陰，紙本墨拓，卷軸，編號：000113。

一軸，碑側，紙本墨拓，卷軸，編號：000112。

一軸，碑側，紙本墨拓，卷軸，編號：000113。

1898 杜子良等造像記

北朝刻，無紀年。

淑德大學書學文化中心：

一軸，紙本墨拓，卷軸，編號：198033。

1899 陳虎頭等造像記

北朝刻，無紀年。

淑德大學書學文化中心：

一軸，右側，紙本墨拓，卷軸，編號：198403。

一軸，左側，紙本墨拓，卷軸，編號：198404。

1900 思唯為都□造像記

北朝刻，無紀年。

淑德大學書學文化中心：

一張，紙本墨拓，托裱，編號：195478。

1901 楊洪貴等造像記

北朝刻，無紀年。

淑德大學書學文化中心：

一張，紙本墨拓，原片，編號：195704。

1902 顏海造像記

北朝刻，無紀年。

淑德大學書學文化中心：

一張，紙本墨拓，托裱，編號：001437。

1903　顔海妻展造像記

北朝刻，無紀年。

淑德大學書學文化中心：

　　　　一張，紙本墨拓，托裱，編號：001436。

1904　王賓等造像記

北朝刻，無紀年。

淑德大學書學文化中心：

　　　　一張，紙本墨拓，托裱，編號：001438。

1905　張□興造像記

北朝刻，無紀年。

淑德大學書學文化中心：

　　　　一張，紙本墨拓，托裱，編號：001439。

1906　道就等造像記

北朝刻，無紀年。

淑德大學書學文化中心：

　　　　一張，紙本墨拓，托裱，編號：001440。

1907　趙振造像記

北朝刻，無紀年。

書道博物館：

　　　　一册，紙本墨拓，綴帖。

東京國立博物館：

　　　　一幅，紙本墨拓，原片，編號：569。

東洋文庫：

　　　　一張，紙本墨拓，10.0×26.0，編號：Ⅱ-16-C-1075。

　　　　一張，紙本墨拓，10.0×13.0，編號：Ⅱ-16-C-n-52。

淑德大學書學文化中心：

　　　　一册，紙本墨拓，册頁，編號：198976。

　　　　一張，紙本墨拓，原片，編號：195887。

　　　　一張，紙本墨拓，原片，編號：195888。

東北大學附屬圖書館：

　　　　一幅，紙本墨拓，原片，常盤大定舊藏。

1908 法勝造像記

北朝刻，無紀年。

東洋文庫：

一張，紙本墨拓，原片，16.0×30.0，編號：Ⅱ-16-C-1077。

東北大學附屬圖書館：

一幅，紙本墨拓，原片，常盤大定舊藏。

淑德大學書學文化中心：

一册，紙本墨拓，册頁，編號：198976。

一張，紙本墨拓，原片，編號：195887。

一册，紙本墨拓，册頁，編號：197417，天放樓舊藏。

書壇院：

一幅，紙本墨拓，原片。

1909 李敬等造像記

北朝刻，無紀年。

東洋文庫：

一張，紙本墨拓，原片，55.0×31.0，編號：Ⅱ-16-C-1078。

東北大學附屬圖書館：

一幅，紙本墨拓，原片，常盤大定舊藏。

淑德大學書學文化中心：

一張，紙本墨拓，原片，編號：195887。

一張，紙本墨拓，原片，編號：195888。

書壇院：

一幅，紙本墨拓，原片。

1910 使婆羅造像記

北朝刻，無紀年。

東洋文庫：

一張，紙本墨拓，原片，10.0×8.0，編號：Ⅱ-16-C-n-21。

1911 王霅怜等造像記

北朝刻，無紀年。

東洋文庫：

二張，紙本墨拓，原片，[1] 22.0×12.0，[2] 22.0×14.0，編號：Ⅱ-16-C-n-22。

1912　蘇中遷造像記

北朝刻，無紀年。

東洋文庫：

　　　一張，紙本墨拓，原片，14.0×16.0，編號：Ⅱ-16-C-n-24。

1913　朱顯愚造像記

北朝刻，無紀年。

東洋文庫：

　　　一張，紙本墨拓，原片，32.0×11.0，編號：Ⅱ-16-C-n-26。

1914　劉黑婆造像記

北朝刻，無紀年。

東洋文庫：

　　　一張，紙本墨拓，原片，17.0×12.0，編號：Ⅱ-16-C-K-197。

淑德大學書學文化中心：

　　　一軸，紙本墨拓，卷軸，編號：000773。

京都大學人文科學研究所：

　　　一張，紙本墨拓，原片，編號：NAN0781X。

1915　白景造像記

北朝刻，無紀年。

書道博物館：

　　　一張，紙本墨拓，全拓，端方藏石。

東洋文庫：

　　　一張，紙本墨拓，原片，6.0×27.0，編號：Ⅱ-16-C-m-6。

京都大學人文科學研究所：

　　　一張，紙本墨拓，原片，編號：NAN0796X。

1916　姚願國等造像記

北朝刻，無紀年。

東京國立博物館：

　　　一幅，紙本墨拓，原片，編號：808。

1917　張□祚等造像記

北朝刻，無紀年。

東洋文庫：

　　　一張，紙本墨拓，原片，64.0×59.0，編號：Ⅱ-16-C-1133。

1918　周桑女等造像記

北朝刻，無紀年。

東洋文庫：

　　　一張，紙本墨拓，原片，50.0×73.0，編號：Ⅱ-16-C-1-53。

1919　張萬年造像記

北朝刻，無紀年。

書道博物館：

　　　一張，紙本墨拓，全拓，端方藏石。

東洋文庫：

　　　一張，紙本墨拓，原片，11.0×10.0，編號：Ⅱ-16-C-1-54。

京都大學人文科學研究所：

　　　一張，紙本墨拓，原片，編號：NAN0788X。

1920　惠鑑造像記

北朝刻，無紀年。

東洋文庫：

　　　一張，紙本墨拓，原片，32.0×12.0，編號：Ⅱ-16-C-n-27。

　　　一張，紙本墨拓，原片，14.0×21.0，編號：Ⅱ-16-C-n-28。

1921　張子璟等造像記

北朝刻，無紀年。

東洋文庫：

　　　一張，紙本墨拓，原片，20.0×30.0，編號：Ⅱ-16-C-1-61。

1922　杜陸醜等題名

北朝刻，無紀年。

東洋文庫：

　　　一張，紙本墨拓，原片，20.0×27.0，編號：Ⅱ-16-C-1-62。

1923　僧智元等造像記

北朝刻，無紀年。

東洋文庫：

一張，紙本墨拓，原片，37.0×59.0，編號：Ⅱ-16-C-1080。

淑德大學書學文化中心：

一張，紙本墨拓，原片，編號：195887。

一張，紙本墨拓，原片，編號：195888。

書壇院：

一幅，紙本墨拓，全拓。

1924　僧曇仰等造像題名

北朝刻，無紀年。

東洋文庫：

一張，紙本墨拓，原片，7.0×28.0，編號：Ⅱ-16-C-n-23。

1925　明□造像記

北朝刻，無紀年。

東洋文庫：

一張，紙本墨拓，原片，12.0×8.0，編號：Ⅱ-16-C-n-25。

1926　比丘□□造像記

北朝刻，無紀年。

東洋文庫：

一張，紙本墨拓，原片，14.0×42.0，編號：Ⅱ-16-C-n-25。

1927　道緣造像記

北朝刻，無紀年。

東洋文庫：

一張，紙本墨拓，原片，31.0×14.0，編號：Ⅱ-16-C-n-29。

1928　福造阿彌陀像記

北朝刻，無紀年。

東洋文庫：

一張，紙本墨拓，原片，8.0×10.0，編號：Ⅱ-16-C-n-30。

1929　曇宗造像記

北朝刻，無紀年。

東洋文庫：

一張，紙本墨拓，原片，17.0×28.0，編號：Ⅱ-16-C-n-31。

1930　生西方妙樂國造像記

北朝刻，無紀年。

東洋文庫：

　　　　一張，紙本墨拓，原片，20.0×16.0，編號：Ⅱ-16-C-n-32。

1931　孟□素及郭大娘造像記

北朝刻，無紀年。

東洋文庫：

　　　　一張，紙本墨拓，原片，14.0×15.0，編號：Ⅱ-16-C-n-33。

1932　道濟造像記

北朝刻，無紀年。

東洋文庫：

　　　　一張，紙本墨拓，原片，37.0×7.0，編號：Ⅱ-16-C-n-34。

1933　王□慶造像記

北朝刻，無紀年。

東洋文庫：

　　　　一張，紙本墨拓，原片，10.0×7.0，編號：Ⅱ-16-C-n-35。

1934　田道義妻迴香造像記

北朝刻，無紀年。

東洋文庫：

　　　　一張，紙本墨拓，原片，12.0×4.0，編號：Ⅱ-16-C-n-36。

1935　田元□造像記

北朝刻，無紀年。

東洋文庫：

　　　　一張，紙本墨拓，原片，12.0×4.0，編號：Ⅱ-16-C-n-36。

1936　僧癸造像記

北朝刻，無紀年。

東洋文庫：

　　　　一張，紙本墨拓，原片，12.0×4.0，編號：Ⅱ-16-C-n-36。

1937　許仁信造像記

北朝刻，無紀年。

東洋文庫：

　　　一張，紙本墨拓，原片，11.0×27.0，編號：Ⅱ-16-C-n-37。

1938　楊山則造像記

北朝刻，無紀年。

東洋文庫：

　　　一張，紙本墨拓，原片，11.0×27.0，編號：Ⅱ-16-C-n-37。

1939　國男造像記

北朝刻，無紀年。

東洋文庫：

　　　一張，紙本墨拓，原片，14.0×6.0，編號：Ⅱ-16-C-n-38。

1940　殷朋先造像記

北朝刻，無紀年。

東洋文庫：

　　　一張，紙本墨拓，原片，16.0×4.0，編號：Ⅱ-16-C-n-39。

1941　夫制益妻文素造像記

北朝刻，無紀年。

東洋文庫：

　　　一張，紙本墨拓，原片，25.0×14.0，編號：Ⅱ-16-C-n-40。

1942　僧敬道俗等造像記

北朝刻，無紀年。

東洋文庫：

　　　一張，紙本墨拓，原片，32.0×28.0，編號：Ⅱ-16-C-n-41。

1943　僧道道安法等造像記

北朝刻，無紀年。

東洋文庫：

　　　一張，紙本墨拓，原片，46.0×29.0，編號：Ⅱ-16-C-n-42。

　　　一張，紙本墨拓，原片，42.0×56.0，編號：Ⅱ-16-C-1079。

東北大學附屬圖書館：

　　　一幅，紙本墨拓，原片，常盤大定舊藏。

淑德大學書學文化中心：

　　　一張，紙本墨拓，原片，編號：195887。

　　　一張，紙本墨拓，原片，編號：195888。

　　　一張，紙本墨拓，原片，編號：195043。

1944　吴安造像記

北朝刻，無紀年。

東洋文庫：

　　　一張，紙本墨拓，原片，10.0×4.0，編號：Ⅱ-16-C-n-44。

1945　吴洛□造像記

北朝刻，無紀年。

東洋文庫：

　　　一張，紙本墨拓，原片，21.0×10.0，編號：Ⅱ-16-C-n-45。

1946　劉汝海造像記

北朝刻，無紀年。

東洋文庫：

　　　一張，紙本墨拓，原片，9.0×12.0，編號：Ⅱ-16-C-n-46。

1947　張法香造像記

北朝刻，無紀年。

東洋文庫：

　　　一張，紙本墨拓，原片，7.0×18.0，編號：Ⅱ-16-C-n-47。

1948　比丘尼化造像記

北朝刻，無紀年。

東洋文庫：

　　　一張，紙本墨拓，原片，6.0×30.0，編號：Ⅱ-16-C-n-48。

1949　壽□造像記

北朝刻，無紀年。

東洋文庫：

　　　一張，紙本墨拓，原片，7.0×30.0，編號：Ⅱ-16-C-n-49。

1950　李前貴造像記

北朝刻，無紀年。

東洋文庫：

　　　　一張，紙本墨拓，原片，8.0×14.0，編號：Ⅱ-16-C-n-50。

1951　温靈慈造像記

北朝刻，無紀年。

東洋文庫：

　　　　一張，紙本墨拓，原片，7.0×13.0，編號：Ⅱ-16-C-n-51。

1952　楊寶勝造像記

北朝刻，無紀年。

書道博物館：

　　　　一册，紙本墨拓，綴帖。

東洋文庫：

　　　　一張，紙本墨拓，原片，20.0×10.0，編號：Ⅱ-16-C-n-53。

　　　　一張，紙本墨拓，原片，23.0×9.0，編號：Ⅱ-16-C-n-54。

1953　羅臘月等造像記

北朝刻，無紀年。

東洋文庫：

　　　　一張，紙本墨拓，原片，13.0×32.0，編號：Ⅱ-16-C-n-55。

1954　董僧智造像記

北朝刻，無紀年。

書道博物館：

　　　　一册，紙本墨拓，綴帖。

東洋文庫：

　　　　一張，紙本墨拓，原片，10.0×10.0，編號：Ⅱ-16-C-n-56。

1955　僧力造像記

北朝刻，無紀年。

書道博物館：

　　　　一册，紙本墨拓，綴帖。

東洋文庫：

一張，紙本墨拓，原片，10.0×17.0，編號：Ⅱ-16-C-n-57。

1956 吴冬造像記

北朝刻，無紀年。

書道博物館：

一册，紙本墨拓，綴帖。

1957 文雅造像記

北朝刻，無紀年。

東洋文庫：

一張，紙本墨拓，原片，3.0×5.0，編號：Ⅱ-16-C-n-58。

1958 爲亡父母亡弟造觀世佛像記

北朝刻，無紀年。

東洋文庫：

一張，紙本墨拓，原片，7.0×16.0，編號：Ⅱ-16-C-n-59。

1959 比丘惠造像記

北朝刻，無紀年。

東洋文庫：

一張，紙本墨拓，原片，12.0×4.0，編號：Ⅱ-16-C-n-61。

1960 造觀世音像記

北朝刻，無紀年。

東洋文庫：

一張，紙本墨拓，原片，15.0×10.0，編號：Ⅱ-16-C-n-62。

一張，紙本墨拓，原片，7.0×7.0，編號：Ⅱ-16-C-n-63。

1961 黑瓮生造像記

北朝刻，無紀年。

東洋文庫：

一張，紙本墨拓，原片，8.0×24.0，編號：Ⅱ-16-C-n-64。

一張，紙本墨拓，原片，8.0×27.0，編號：Ⅱ-16-C-n-65。

1962 魏□兆造像記

北朝刻，無紀年。

東洋文庫：

　　一張，紙本墨拓，原片，5.0×22.0，編號：Ⅱ-16-C-n-66。

1963　王婆羅門造像記

北朝刻，無紀年。

書道博物館：

　　一册，紙本墨拓，綴帖。

東洋文庫：

　　一張，紙本墨拓，原片，8.0×12.0，編號：Ⅱ-16-C-n-69。

1964　房進機造像記

北朝刻，無紀年。

東洋文庫：

　　一張，紙本墨拓，原片，19.0×4.0，編號：Ⅱ-16-C-n-70。

1965　紹戔造像記

北朝刻，無紀年。

東洋文庫：

　　一張，紙本墨拓，原片，12.0×10.0，編號：Ⅱ-16-C-n-71。

1966　妙暈造像記

北朝刻，無紀年。

東洋文庫：

　　一張，紙本墨拓，原片，12.0×14.0，編號：Ⅱ-16-C-n-72。

1967　劉士高造像記

北朝刻，無紀年。

東洋文庫：

　　一張，紙本墨拓，原片，15.0×6.0，編號：Ⅱ-16-C-n-74。

1968　道香造像記

北朝刻，無紀年。

東洋文庫：

　　一張，紙本墨拓，原片，28.0×16.0，編號：Ⅱ-16-C-n-75。

1969　備男造像記

北朝刻，無紀年。

東洋文庫：

　　　一張，紙本墨拓，原片，28.0×16.0，編號：Ⅱ-16-C-n-75。

1970　采花造像記

北朝刻，無紀年。

東洋文庫：

　　　一張，紙本墨拓，原片，28.0×16.0，編號：Ⅱ-16-C-n-75。

1971　奚莫苟造像記

北朝刻，無紀年。

東洋文庫：

　　　一張，紙本墨拓，原片，28.0×16.0，編號：Ⅱ-16-C-n-75。

1972　張思景等供養題名

北朝刻，無紀年。

東洋文庫：

　　　三張，紙本墨拓，原片，各 16.0×27.0，編號：Ⅱ-16-C-n-76。

1973　張保德造像記

北朝刻，無紀年。

東洋文庫：

　　　一張，紙本墨拓，原片，32.0×6.0，編號：Ⅱ-16-C-n-77。

1974　王超□造像記

北朝刻，無紀年。

東洋文庫：

　　　一張，紙本墨拓，原片，6.0×15.0，編號：Ⅱ-16-C-n-78。

1975　李景侣造像記

北朝刻，無紀年。

東洋文庫：

　　　一張，紙本墨拓，原片，6.0×15.0，編號：Ⅱ-16-C-n-78。

1976　崔顯爲亡父造像記

北朝刻，無紀年。

東洋文庫：

一張，紙本墨拓，原片，17.0×4.0，編號：Ⅱ-16-C-n-79。

1977　崔顯白造像記

北朝刻，無紀年。

東洋文庫：

一張，紙本墨拓，原片，18.0×4.0，編號：Ⅱ-16-C-n-80。

1978　□功賓造像記

北朝刻，無紀年。

東洋文庫：

一張，紙本墨拓，原片，17.0×3.0，編號：Ⅱ-16-C-n-81。

1979　暈□造像記

北朝刻，無紀年。

東洋文庫：

一張，紙本墨拓，原片，17.0×4.0，編號：Ⅱ-16-C-n-82。

1980　爲皇帝造像記

北朝刻，無紀年。

東洋文庫：

一張，紙本墨拓，原片，13.0×32.0，編號：Ⅱ-16-C-n-83。

1981　道要造像記

北朝刻，無紀年。

東洋文庫：

一張，紙本墨拓，原片，23.0×4.0，編號：Ⅱ-16-C-n-84。

1982　唯□三寶造像記

北朝刻，無紀年。

東洋文庫：

一張，紙本墨拓，原片，14.0×8.0，編號：Ⅱ-16-C-n-85。

1983　僧念等造像記

北朝刻，無紀年。

東洋文庫：

一張，紙本墨拓，原片，22.0×5.0，編號：Ⅱ-16-C-n-86。

1984　張皀造像記

北朝刻，無紀年。

東洋文庫：

一張，紙本墨拓，原片，11.0×11.0，編號：Ⅱ-16-C-n-87。

1985　女休造像記

北朝刻，無紀年。

東洋文庫：

一張，紙本墨拓，原片，9.0×8.0，編號：Ⅱ-16-C-n-88。

1986　願萬病除癒題記

北朝刻，無紀年。

東洋文庫：

一張，紙本墨拓，原片，14.0×32.0，編號：Ⅱ-16-C-n-89。

1987　王阿六等造像記

北朝刻，無紀年。

東洋文庫：

一張，紙本墨拓，原片，9.0×17.0，編號：Ⅱ-16-C-n-90。

1988　楊思禮造像記

北朝刻，無紀年。

東洋文庫：

一張，紙本墨拓，原片，21.0×10.0，編號：Ⅱ-16-C-n-91。

1989　李造像記

北朝刻，無紀年。

東洋文庫：

一張，紙本墨拓，原片，15.0×12.0，編號：Ⅱ-16-C-n-93。

1990　僧儁造像記

北朝刻，無紀年。

東洋文庫：

一張，紙本墨拓，原片，6.0×14.0，編號：Ⅱ-16-C-n-94。

1991　張元珪造像記

北朝刻，無紀年。

東洋文庫：

　　一張，紙本墨拓，原片，7.0×10.0，編號：Ⅱ-16-C-n-95。

1992　爲皇帝陛下造像記

北朝刻，無紀年。

東洋文庫：

　　一張，紙本墨拓，原片，20.0×16.0，編號：Ⅱ-16-C-n-96。

1993　爲七世父母造像記

北朝刻，無紀年。

東洋文庫：

　　一張，紙本墨拓，原片，32.0×4.0，編號：Ⅱ-16-C-n-97。

1994　社老劉□等造像記

北朝刻，無紀年。

東洋文庫：

　　一張，紙本墨拓，原片，13.0×21.0，編號：Ⅱ-16-C-n-98。

1995　尤道榮等造像記

北朝刻，無紀年。

東洋文庫：

　　二張，紙本墨拓，原片，[1] 13.0×30.0，[2] 24.0×15.0，編號：Ⅱ-16-C-n-99。

1996　李用□造像記

北朝刻，無紀年。

東洋文庫：

　　一張，紙本墨拓，原片，22.0×22.0，編號：Ⅱ-16-C-n-101。

1997　真儒造像記

北朝刻，無紀年。

東洋文庫：

　　一張，紙本墨拓，原片，69.0×67.0，編號：Ⅱ-16-C-n-103。

1998　兗造像記

北朝刻，無紀年。

東洋文庫：

　　　　一張，紙本墨拓，原片，6.0×11.0，編號：Ⅱ-16-C-n-104。

1999　造那犀那尊者像記

北朝刻，無紀年。

書道博物館：

　　　　一張，紙本墨拓，綴帖。

東洋文庫：

　　　　一張，紙本墨拓，原片，28.0×19.0，編號：Ⅱ-16-C-n-105。

京都大學人文科學研究所：

　　　　一張，紙本墨拓，原片，編號：NAN0794X。

2000　寧靖造像記

北朝刻，無紀年。

書道博物館：

　　　　一張，紙本墨拓，全拓，端方藏石。

東洋文庫：

　　　　一張，紙本墨拓，原片，8.0×26.0，編號：Ⅱ-16-C-n-106。

2001　陽成法洪等造像題名

北朝刻，無紀年。

書道博物館：

　　　　一張，紙本墨拓，全拓，端方藏石。

東洋文庫：

　　　　一張，紙本墨拓，27.0×34.0，編號：Ⅱ-16-C-n-107。

淑德大學書學文化中心：

　　　　一軸，紙本墨拓，卷軸，編號：198316。

　　　　一軸，紙本墨拓，卷軸，編號：000798。

京都大學人文科學研究所：

　　　　一張，紙本墨拓，原片，編號：NAN0799X。

2002　孔道乘等造像題名

北朝刻，無紀年。

東洋文庫：

　　　　一張，紙本墨拓，原片，14.0×46.0，編號：Ⅱ-16-C-n-108。

2003　曇利等造像記

北朝刻，無紀年。

書道博物館：

　　　　一張，紙本墨拓，全拓，端方藏石。

東洋文庫：

　　　　一張，紙本墨拓，原片，19.0×44.0，編號：Ⅱ-16-C-n-110。

淑德大學書學文化中心：

　　　　一軸，紙本墨拓，卷軸，編號：000800。

京都大學人文科學研究所：

　　　　一張，紙本墨拓，原片，編號：NAN0802X。

2004　王与□等造像題名

北朝刻，無紀年。

東洋文庫：

　　　　一張，紙本墨拓，原片，25.0×31.0，編號：Ⅱ-16-C-n-111。

2005　劉文恩造像記

北朝刻，無紀年。

書道博物館：

　　　　一張，紙本墨拓，綴帖。

東洋文庫：

　　　　一張，紙本墨拓，原片，5.0×23.0，編號：Ⅱ-16-C-n-112。

淑德大學書學文化中心：

　　　　一張，紙本墨拓，托裱，編號：000463。

2006　左相菩薩主吳造像記

北朝刻，無紀年。

東洋文庫：

　　　　一張，紙本墨拓，原片，7.0×23.0，編號：Ⅱ-16-C-n-113。

2007　福母王等造像記

北朝刻，無紀年。

東洋文庫：

一張，紙本墨拓，原片，7.0×35.0，編號：Ⅱ-16-C-n-114。

2008　僧義等造像題名

北朝刻，無紀年。

東洋文庫：

一張，紙本墨拓，原片，47.0×45.0，編號：Ⅱ-16-C-n-115。

2009　劉同欣造像記

北朝刻，無紀年。

東洋文庫：

一張，紙本墨拓，原片，5.0×19.0，編號：Ⅱ-16-C-n-116。

淑德大學書學文化中心：

一軸，紙本墨拓，卷軸，編號：198360。

2010　蘭香四時題字

北朝刻，無紀年。

東洋文庫：

一張，紙本墨拓，原片，174.0×48.0，編號：Ⅱ-16-C-n-117。

2011　顔二郎造像記

北朝刻，無紀年。

書道博物館：

一册，紙本墨拓，册頁，端方藏石。

淑德大學書學文化中心：

一軸，紙本墨拓，卷軸，編號：000772。

京都大學人文科學研究所：

一張，紙本墨拓，原片，編號：NAN0779X。

2012　張智□造像記

北朝刻，無紀年。

淑德大學書學文化中心：

一軸，紙本墨拓，卷軸，編號：000774。

2013　謝永進等造像記

北朝刻，無紀年。

淑德大學書學文化中心：

一軸，紙本墨拓，卷軸，編號：000103。

2014　陳瑜等造像記

北朝刻，無紀年。

淑德大學書學文化中心：

一張，碑陽，紙本墨拓，原片，編號：001577。

一張，碑陰，紙本墨拓，原片，編號：001578。

2015　邑義一百六十人等造像記

北朝刻，無紀年。

宇野雪村文庫：

一冊，紙本墨拓，冊頁，編號：222。

2016　楊氏造像記

北朝刻，無紀年。

宇野雪村文庫：

一張，紙本墨拓，原片，編號：1240。

2017　高客生等造像記

北朝刻，無紀年。

東北大學附屬圖書館：

一幅，紙本墨拓，原片，常盤大定舊藏。

2018　高氏造像記

北朝刻，無紀年。

宇野雪村文庫：

一冊，紙本墨拓，冊頁，編號：226。

京都大學人文科學研究所：

一張，紙本墨拓，原片，編號：NAN0697X。

2019　任懷僬等造像記

北朝刻，無紀年。

宇野雪村文庫：

一張，紙本墨拓，原片，編號：1264。

2020　張始孫造像記

北朝刻，無紀年。

京都大學人文科學研究所：

　　　　一張，紙本墨拓，原片，編號：NAN0534X。

2021　袁義和邑義一百餘人造石碑像記

北朝刻，無紀年。

京都大學人文科學研究所：

　　　　一張，紙本墨拓，原片，編號：NAN0668A。

　　　　一張，紙本墨拓，原片，編號：NAN0668B。

2022　吴韓造像記

北朝刻，無紀年。

京都大學人文科學研究所：

　　　　一張，紙本墨拓，原片，編號：NAN0669X。

2023　吴氏造像記

北朝刻，無紀年。

京都大學人文科學研究所：

　　　　一張，紙本墨拓，原片，編號：NAN0671A。

　　　　一張，紙本墨拓，原片，編號：NAN0671B。

　　　　一張，紙本墨拓，原片，編號：NAN0671C。

大阪市立美術館：

　　　　四張，紙本墨拓，原片，編號：2676。

2024　陳瑜造像記

北朝刻，無紀年。

京都大學人文科學研究所：

　　　　一張，紙本墨拓，原片，編號：NAN0674A。

　　　　一張，紙本墨拓，原片，編號：NAN0674B。

2025　張延昌等造像記

北朝刻，無紀年。

京都大學人文科學研究所：

　　　　一張，紙本墨拓，原片，編號：NAN0676A。

　　　　一張，紙本墨拓，原片，編號：NAN0676B。

　　　　一張，紙本墨拓，原片，編號：NAN0676C。

　　　　一張，紙本墨拓，原片，編號：NAN0676D。

2026　王暎□任神奴造像記

北朝刻，無紀年。

京都大學人文科學研究所：

　　　　一張，紙本墨拓，原片，編號：NAN0677X。

2027　思□等造像記

北朝刻，無紀年。

京都大學人文科學研究所：

　　　　一張，紙本墨拓，原片，編號：NAN0681X。

2028　張槃龍等題名

北朝刻，無紀年。

京都大學人文科學研究所：

　　　　一張，紙本墨拓，原片，編號：NAN0682A。

　　　　一張，紙本墨拓，原片，編號：NAN0682B。

2029　張玒景等造像記

北朝刻，無紀年。

京都大學人文科學研究所：

　　　　一張，紙本墨拓，原片，編號：NAN0683A。

　　　　一張，紙本墨拓，原片，編號：NAN0683B。

　　　　一張，紙本墨拓，原片，編號：NAN0683C。

2030　李安國等造像記

北朝刻，無紀年。

京都大學人文科學研究所：

　　　　一張，紙本墨拓，原片，編號：NAN0685X。

2031　比丘尼□造像記

北朝刻，無紀年。

書道博物館：

　　　　一册，紙本墨拓，綴帖。

京都大學人文科學研究所：

　　　　一張，紙本墨拓，原片，編號：NAN0686X。

2032 陳□□造寶塔記

北朝刻，無紀年。

京都大學人文科學研究所：

一張，紙本墨拓，原片，編號：NAN0688A。

一張，紙本墨拓，原片，編號：NAN0688B。

2033 陳榮歡合宗四面造像記

北朝刻，無紀年。

京都大學人文科學研究所：

一張，紙本墨拓，原片，編號：NAN0689A。

一張，紙本墨拓，原片，編號：NAN0689B。

一張，紙本墨拓，原片，編號：NAN0689C。

一張，紙本墨拓，原片，編號：NAN0689D。

2034 郭整造像記

北朝刻，無紀年。

京都大學人文科學研究所：

一張，紙本墨拓，原片，編號：NAN0696A。

一張，紙本墨拓，原片，編號：NAN0696B。

2035 毌丘氏造像記

北朝刻，無紀年。

京都大學人文科學研究所：

一張，紙本墨拓，原片，編號：NAN0698A。

一張，紙本墨拓，原片，編號：NAN0698B。

2036 魏始□造石像記

北朝刻，無紀年。

京都大學人文科學研究所：

一張，紙本墨拓，原片，編號：NAN0701X。

2037 三藏法師賢等題名碑

北朝刻，無紀年。

京都大學人文科學研究所：

一張，紙本墨拓，原片，編號：NAN0702X。

2038　曹㸅妻造像記

北朝刻，無紀年。

京都大學人文科學研究所：

一張，紙本墨拓，原片，編號：NAN0704X。

2039　郭樂安妻牛仙姜等造像記

北朝刻，無紀年。

京都大學人文科學研究所：

一張，紙本墨拓，原片，編號：NAN0705X。

一張，紙本墨拓，原片，編號：NAN0823X。

2040　張祖造像記

北朝刻，無紀年。

京都大學人文科學研究所：

一張，紙本墨拓，原片，編號：NAN0706A。

一張，紙本墨拓，原片，編號：NAN0706B。

2041　高稟造像記

北朝刻，無紀年。

京都大學人文科學研究所：

一張，紙本墨拓，原片，編號：NAN0709X。

2042　郭鐵供養記

北朝刻，無紀年。

京都大學人文科學研究所：

一張，紙本墨拓，原片，編號：NAN0710X。

2043　劉醜□造像記

北朝刻，無紀年。

京都大學人文科學研究所：

一張，紙本墨拓，原片，編號：NAN0711X。

2044　裴小女等造像記

北朝刻，無紀年。

京都大學人文科學研究所：

一張，紙本墨拓，原片，編號：NAN0715A。

一張，紙本墨拓，原片，編號：NAN0715B。

2045 洪遵等造像記

北朝刻，無紀年。

京都大學人文科學研究所：

一張，紙本墨拓，原片，編號：NAN0717X。

2046 覺城寺造像記

北朝刻，無紀年。

京都大學人文科學研究所：

一張，紙本墨拓，原片，編號：NAN0720X。

2047 蔡興伯造像記

北朝刻，無紀年。

京都大學人文科學研究所：

一張，紙本墨拓，原片，編號：NAN0721X。

2048 □洪祖造像記

北朝刻，無紀年。

京都大學人文科學研究所：

一張，紙本墨拓，原片，編號：NAN0722X。

2049 陳延儁等造像記

北朝刻，無紀年。

京都大學人文科學研究所：

一張，紙本墨拓，原片，編號：NAN0723X。

淑德大學書學文化中心：

一軸，紙本墨拓，卷軸，編號：195991。

一軸，紙本墨拓，卷軸，編號：195992。

一軸，紙本墨拓，卷軸，編號：196002。

一軸，紙本墨拓，卷軸，編號：196803。

一軸，紙本墨拓，卷軸，編號：196910。

一軸，紙本墨拓，卷軸，編號：198063。

2050 田僧敬造像記

北朝刻，無紀年。

東京藝術大學藝術資料館：

　　一張，紙本墨拓，掛幅裝，66.5×26.8，編號：1440。

　　一張，紙本墨拓，掛幅裝，71.0×51.0，編號：1440。

　　一張，紙本墨拓，掛幅裝，62.5×26.6，編號：1440。

　　一張，紙本墨拓，掛幅裝，68.4×48.8，編號：1440。

京都大學人文科學研究所：

　　一張，紙本墨拓，編號：NAN0724X。

2051　蔡明宗等造像记

北朝刻，無紀年。

京都大學人文科學研究所：

　　一張，紙本墨拓，原片，編號：NAN0725X。

2052　一百餘人造像記

北朝刻，無紀年。

京都大學人文科學研究所：

　　一張，紙本墨拓，原片，編號：NAN0727X。

2053　法勝造像記

北朝刻，無紀年。

京都大學人文科學研究所：

　　一張，紙本墨拓，原片，編號：NAN0728X。

2054　任伯恭等造像記

北朝刻，無紀年。

京都大學人文科學研究所：

　　一張，紙本墨拓，原片，編號：NAN0729X。

2055　七月造像記

北朝刻，無紀年。

京都大學人文科學研究所：

　　一張，紙本墨拓，原片，編號：NAN0730X。

2056　劉清玉等造像記

北朝刻，無紀年。

京都大學人文科學研究所：

一張，紙本墨拓，原片，編號：NAN0731X。

2057　元法盛等造像記

北朝刻，無紀年。

京都大學人文科學研究所：

　　一張，紙本墨拓，原片，編號：NAN0732X。

2058　慧敢等造像記

北朝刻，無紀年。

東洋文庫：

　　一張，紙本墨拓，原片，63.0×47.0，編號：Ⅱ-16-C-1076。

宇野雪村文庫：

　　一張，紙本墨拓，原片，編號：1189。

東北大學附屬圖書館：

　　一幅，紙本墨拓，原片，常盤大定舊藏。

京都大學人文科學研究所：

　　一張，紙本墨拓，原片，編號：NAN0733X。

書壇院：

　　一幅，紙本墨拓，全拓。

淑德大學書學文化中心：

　　一張，紙本墨拓，原片，編號：195887。

2059　魏桃樹等造像記

北朝刻，無紀年。

東洋文庫：

　　一張，紙本墨拓，原片，40.0×14.0，編號：Ⅱ-16-C-1073。

東北大學附屬圖書館：

　　一幅，紙本墨拓，原片，常盤大定舊藏。

書壇院：

　　一幅，紙本墨拓，全拓。

京都大學人文科學研究所：

　　一張，紙本墨拓，原片，編號：NAN0734X。

淑德大學書學文化中心：

　　一張，紙本墨拓，原片，編號：195887。

　　一張，紙本墨拓，原片，編號：195888。

2060　王神秀造像記

北朝刻，無紀年。

京都大學人文科學研究所：

　　　一張，紙本墨拓，原片，編號：NAN0735X。

淑德大學書學文化中心：

　　　一冊，紙本墨拓，冊頁，編號：198976。

2061　楊仲憙等造像記

北朝刻，無紀年。

京都大學人文科學研究所：

　　　一張，紙本墨拓，原片，編號：NAN0736X。

2062　琛寶等造像記

北朝刻，無紀年。

京都大學人文科學研究所：

　　　一張，紙本墨拓，原片，編號：NAN0737A。

　　　一張，紙本墨拓，原片，編號：NAN0737B。

　　　一張，紙本墨拓，原片，編號：NAN0737C。

　　　一張，紙本墨拓，原片，編號：NAN0737D。

2063　張阿姜造像記

北朝刻，無紀年。

京都大學人文科學研究所：

　　　一張，紙本墨拓，原片，編號：NAN0739A。

　　　一張，紙本墨拓，原片，編號：NAN0739B。

　　　一張，紙本墨拓，原片，編號：NAN0739C。

2064　荔非造像記

北朝刻，無紀年。

京都大學人文科學研究所：

　　　一張，紙本墨拓，原片，編號：NAN0780X。

2065　劉□造像記

北朝刻，無紀年。

書道博物館：

一張，紙本墨拓，原片，端方藏石。

京都大學人文科學研究所：

一張，紙本墨拓，原片，編號：NAN0783X。

2066　張大寧造像

北朝刻，無紀年。

京都大學人文科學研究所：

一張，紙本墨拓，原片，編號：NAN0786A。

一張，紙本墨拓，原片，編號：NAN0786B。

2067　周桑女等造像記

北朝刻，無紀年。

京都大學人文科學研究所：

一張，紙本墨拓，原片，編號：NAN0787X。

2068　智標等造像記

北朝刻，無紀年。

京都大學人文科學研究所：

一張，紙本墨拓，原片，編號：NAN0795X。

2069　□靖造像記

北朝刻，無紀年。

京都大學人文科學研究所：

一張，紙本墨拓，原片，編號：NAN0797X。

2070　高□造像記

北朝刻，無紀年。

京都大學人文科學研究所：

一張，紙本墨拓，原片，編號：NAN0801X。

2071　□□造像記

北朝刻，無紀年。

京都大學人文科學研究所：

一張，紙本墨拓，原片，編號：NAN0803X。

2072　劉文□造像記

北朝刻，無紀年。

京都大學人文科學研究所：

　　　一張，紙本墨拓，原片，編號：NAN0804X。

2073　王碩等造像記

北朝刻，無紀年。

京都大學人文科學研究所：

　　　一張，紙本墨拓，原片，編號：NAN0805A。

　　　一張，紙本墨拓，原片，編號：NAN0805B。

　　　一張，紙本墨拓，原片，編號：NAN0805C。

2074　上官綿將等造像記

北朝刻，無紀年。

京都大學人文科學研究所：

　　　一張，紙本墨拓，原片，編號：NAN0817A。

　　　一張，紙本墨拓，原片，編號：NAN0817B。

　　　一張，紙本墨拓，原片，編號：NAN0817C。

2075　李始龍等造像記

北朝刻，無紀年。

京都大學人文科學研究所：

　　　一張，紙本墨拓，原片，編號：NAN0818A。

　　　一張，紙本墨拓，原片，編號：NAN0818B。

2076　董洛陵等造像記

北朝刻，無紀年。

京都大學人文科學研究所：

　　　一張，紙本墨拓，原片，編號：NAN0819A。

　　　一張，紙本墨拓，原片，編號：NAN0819B。

2077　曇朗等造像記

北朝刻，無紀年。

京都大學人文科學研究所：

　　　一張，紙本墨拓，原片，編號：NAN0821A。

　　　一張，紙本墨拓，原片，編號：NAN0821B。

2078　吕安族等造像記

北朝刻，無紀年。

京都大學人文科學研究所：

一張，紙本墨拓，原片，編號：NAN0824X。

2079 袁顯儁造像記

北朝刻，無紀年。

京都大學人文科學研究所：

一張，紙本墨拓，原片，編號：NAN0825X。

2080 陳僧和造像記

北朝刻，無紀年。

京都大學人文科學研究所：

一張，紙本墨拓，原片，編號：NAN0826X。

2081 李延勝等造像記

北朝刻，無紀年。

京都大學人文科學研究所：

一張，紙本墨拓，原片，編號：NAN0827X。

2082 曇善造像記

北朝刻，無紀年。

京都大學人文科學研究所：

一張，紙本墨拓，原片，編號：NAN0828X。

2083 興國寺造像記

北朝刻，無紀年。

京都大學人文科學研究所：

一張，紙本墨拓，原片，編號：NAN0829X。

一張，紙本墨拓，原片，編號：NAN0830X。

2084 王長容等造像記

北朝刻，無紀年。

京都大學人文科學研究所：

一張，紙本墨拓，原片，編號：NAN0831X。

2085 高貴等造像記

北朝刻，無紀年。

京都大學人文科學研究所：

　　　一張，紙本墨拓，原片，編號：NAN0832A。

　　　一張，紙本墨拓，原片，編號：NAN0832B。

2086　馬顯樹等造像記

北朝刻，無紀年。

京都大學人文科學研究所：

　　　一張，紙本墨拓，原片，編號：NAN0833X。

2087　張石養造像記

北朝刻，無紀年。

京都大學人文科學研究所：

　　　一張，紙本墨拓，原片，編號：NAN0834X。

2088　張祖榮等題名

北朝刻，無紀年。

京都大學人文科學研究所：

　　　一張，紙本墨拓，原片，編號：NAN0835X。

2089　段氏造像記

北朝刻，無紀年。

京都大學人文科學研究所：

　　　一張，紙本墨拓，原片，編號：NAN0836X。

2090　郭僑洛等造像記

北朝刻，無紀年。

京都大學人文科學研究所：

　　　一張，紙本墨拓，原片，編號：NAN0839X。

2091　法義等造像記

北朝刻，無紀年。

書道博物館：

　　　一張，紙本墨拓，全拓。

2092　知元亂等造像記

北朝刻，無紀年。

書道博物館：

　　　　一張，紙本墨拓，全拓。

2093　□臺伯供養佛記

北朝刻，無紀年。

書道博物館：

　　　　一張，紙本墨拓，全拓。

2094　維那三十人等造像記

北朝刻，無紀年。

書道博物館：

　　　　一張，紙本墨拓，全拓，張祖翼題簽。

2095　宫内作大監造像記

北朝刻，無紀年。

書道博物館：

　　　　一張，紙本墨拓，全拓。

2096　文海珍妻造像記

北朝刻，無紀年。

書道博物館：

　　　　一張，紙本墨拓，端方藏石。

2097　邑義三百餘人造像記

北朝刻，無紀年。

書道博物館：

　　　　一張，紙本墨拓，綴帖。

2098　兖氏造像記

北朝刻，無紀年。

書道博物館：

　　　　一張，紙本墨拓，全拓，端方藏石。

2099　知樹等造像記

北朝刻，無紀年。

書道博物館：

　　一張，紙本墨拓，全拓，端方藏石。

2100　高亭造像記

北朝刻，無紀年。

書道博物館：

　　一張，紙本墨拓，全拓，端方藏石。

2101　世尊傳法聖師像

北朝刻，無紀年。

京都大學人文科學研究所：

　　一張，紙本墨拓，原片，編號：NAN0840X。

2102　孝子傳像

北朝刻，無紀年。

京都大學人文科學研究所：

　　一張，紙本墨拓，原片，編號：NAN0843A。

　　一張，紙本墨拓，原片，編號：NAN0843B。

　　一張，紙本墨拓，原片，編號：NAN0843C。

　　一張，紙本墨拓，原片，編號：NAN0843D。

　　一張，紙本墨拓，原片，編號：NAN0843E。

　　一張，紙本墨拓，原片，編號：NAN0843F。

　　一張，紙本墨拓，原片，編號：NAN0843G。

　　一張，紙本墨拓，原片，編號：NAN0843H。

2103　石床刻畫像

北朝刻，無紀年。

京都大學人文科學研究所：

　　一張，紙本墨拓，原片，編號：NAN0844A。

　　一張，紙本墨拓，原片，編號：NAN0844B。

　　一張，紙本墨拓，原片，編號：NAN0844C。

2104　甄德造佛羅漢像

北朝刻，無紀年。

淑德大學書學文化中心：

　　一軸，紙本墨拓，卷軸，編號：198322。

　　一軸，紙本墨拓，卷軸，編號：000794。

京都大學人文科學研究所：

　　　　一張，紙本墨拓，原片，編號：NAN0792X。

2105　瑞弘運供養像

北朝刻，無紀年。

淑德大學書學文化中心：

　　　　一册，紙本墨拓，册頁，編號：197475，天放樓舊藏。

2106　士進等供養像

北朝刻，無紀年。

淑德大學書學文化中心：

　　　　一册，紙本墨拓，册頁，編號：197476，天放樓舊藏。

2107　法安等造像臺座

北朝刻，無紀年。

淑德大學書學文化中心：

　　　　一軸，紙本墨拓，卷軸，編號：000138。

　　　　一軸，紙本墨拓，卷軸，編號：000139。

2108　雷伏花等造像臺座

北朝刻，無紀年。

淑德大學書學文化中心：

　　　　一軸，碑陽，紙本墨拓，卷軸，編號：000140。

　　　　一軸，碑陰，紙本墨拓，卷軸，編號：000141。

2109　入法敬造觀世音造像

北朝刻，無紀年。

書道博物館：

　　　　一册，紙本墨拓，綴帖。

2110　三尊立像光背

北朝刻，無紀年。

京都大學人文科學研究所：

　　　　一張，紙本墨拓，原片，編號：NAN0672X。

　　　　一張，紙本墨拓，原片，編號：NAN0673X。

2111　石佛光背畫像

北朝刻，無紀年。

京都大學人文科學研究所：

　　　一張，紙本墨拓，原片，編號：NAN0687X。

2112　明儁造觀世音像

北朝刻，無紀年。

書道博物館：

　　　一張，紙本墨拓，全拓。

京都大學人文科學研究所：

　　　一張，紙本墨拓，原片，編號：NAN0791X。

2113　般若經摩崖

北朝刻，無紀年。

京都大學人文科學研究所：

　　　一張，紙本墨拓，原片，編號：NAN0666X。

　　　一張，紙本墨拓，原片，編號：NAN0667X。

2114　龍華菩提佛經

北朝刻，無紀年。

書道博物館：

　　　一張，紙本墨拓，全拓。

京都大學人文科學研究所：

　　　一張，紙本墨拓，原片，編號：NAN0790X。

隋
（581—618）

[開皇]

2115　豆盧通等造像記
又稱"豆盧通世子僧奴等造像"，隋開皇元年（581）四月八日刻，山西平定出土。
宇野雪村文庫：
    一張，紙本墨拓，原片，編號：1971。

2116　四面十二堪像銘
隋開皇二年（582）十一月十四日刻，今藏地不詳。
京都大學人文科學研究所：
    一張，紙本墨拓，原片，編號：ZUI0001A。
    一張，紙本墨拓，原片，編號：ZUI0001B。
    一張，紙本墨拓，原片，編號：ZUI0001C。
    一張，紙本墨拓，原片，編號：ZUI0001D。
    一張，紙本墨拓，原片，編號：ZUI0001E。

2117　東野黑醜造像記
隋開皇二年（582）刻，今藏地不詳。
宇野雪村文庫：
    一張，紙本墨拓，原片，編號：1096。

2118　比丘惠昌造像記
隋開皇三年（583）四月八日刻，今藏地不詳。
京都大學人文科學研究所：
    一張，紙本墨拓，原片，編號：ZUI0004X。

2119　佛弟子吕羅漢一百人等造像記

隋開皇三年（583）四月刻，今藏地不詳。

京都大學人文科學研究所：

　　一張，紙本墨拓，原片，編號：ZUI0005X。

書道博物館：

　　一張，紙本墨拓，原片，端方藏石。

2120　元洪僔墓誌

隋開皇三年（583）七月一日葬，河南洛陽出土，現藏於故宮博物院。

淑德大學書學文化中心：

　　一張，紙本墨拓，原片，編號：197208。

2121　寇奉叔墓誌

隋開皇三年（583）十月一日葬，河南洛陽攔駕溝村出土，現藏於河南博物院。

東洋文庫：

　　一張，墓誌，紙本墨拓，66.0×66.0。一張，墓誌蓋，紙本墨拓，54.0×53.0。編號：Ⅱ-
　　16-C-1089。

宇野雪村文庫：

　　一張，紙本墨拓，原片，編號：1226。

淑德大學書學文化中心：

　　一張，紙本墨拓，托裱，編號：001708。

京都大學人文科學研究所：

　　一張，紙本墨拓，原片，編號：ZUI0006X。

2122　寇遵考墓誌

隋開皇三年（583）十月十九日葬，河南洛陽攔駕溝村出土，現藏於河南博物院。

東洋文庫：

　　一張，墓誌，紙本墨拓，58.0×58.0。一張，墓誌蓋，紙本墨拓，54.0×54.0。編號：Ⅱ-
　　16-C-1090。

宇野雪村文庫：

　　一張，紙本墨拓，原片，編號：1609。

淑德大學書學文化中心：

　　一張，紙本墨拓，托裱，編號：001398。

　　一張，紙本墨拓，托裱，編號：001709。

京都大學人文科學研究所：

一張，紙本墨拓，原片，編號：ZUI0008X。

2123　寇熾妻姜敬親墓誌

隋開皇三年（583）十月十九日葬，民國十四年（1925）出土於河南洛陽馬溝村，現藏於西安碑林博物館。

大阪市立美術館：

三張，紙本墨拓，原片，編號：2673。

京都大學人文科學研究所：

一張，紙本墨拓，原片，編號：ZUI0009X。

2124　梁坦暨妻杜氏墓誌

隋開皇三年（583）十月二十日葬，民國十九年（1930）河南洛陽故城東北陵上出土，現藏於西安碑林博物館。

大阪市立美術館：

二張，紙本墨拓，原片，編號：2673。

2125　隋殘碑

隋開皇三年（583）十一月二十八日立，今藏地不詳。

淑德大學書學文化中心：

一張，紙本墨拓，原片，編號：001832。

2126　韓仁楷造像記

隋開皇三年（583）刻，今藏地不詳。

東京國立博物館：

二幅，紙本墨拓，原片，編號：808。

2127　房紛池造像記

又稱“青信女房紛池造觀音像”，隋開皇三年（583）□月八日刻，今藏地不詳。

大阪市立美術館：

一張，紙本墨拓，原片，編號：2675。

2128　楊居墓誌

隋開皇四年（584）三月十日葬，河南洛陽出土，現藏於遼寧省博物館。

東洋文庫：

一張，墓誌，紙本墨拓，48.0×50.0。一張，墓誌蓋，紙本墨拓，38.0×51.0。編號：Ⅱ-16-C-2.34。

宇野雪村文庫：

一張，紙本墨拓，原片，編號：1248。

京都大學人文科學研究所：

一張，紙本墨拓，原片，編號：ZUI0010X。

2129　鄭元伯造佛洞記

隋開皇四年（584）四月二十八日刻，現存河南淇縣朝陽山千佛洞。

宇野雪村文庫：

一册，紙本墨拓，册頁，編號：405。

淑德大學書學文化中心：

一張，紙本墨拓，原片，編號：001786。

2130　段元暉造像記

隋開皇四年（584）八月二十二日刻，陝西涇陽出土，山東諸城劉喜海舊藏。

書道博物館：

一張，紙本墨拓，綴帖。

2131　王他奴造像記

又稱“王他奴爲七世父母等造釋迦牟尼像記”，隋開皇四年（584）九月二十日刻，原在西安雷神廟。

書道博物館：

一張，紙本墨拓，原片，端方藏石。

東洋文庫：

一張，紙本墨拓，原片，24.0×32.0，編號：Ⅱ-16-C-o-1。

2132　鄭樹造佛記

隋開皇四年（584）九月二十一日刻，今藏地不詳。

東北大學附屬圖書館：

一幅，紙本墨拓，原片，常盤大定舊藏。

2133　翊軍將軍□□□造像記

又稱“隋翊軍將軍順陽郡子□□造像”，隋開皇四年（584）九月二十一日刻。

京都大學人文科學研究所：

一張，紙本墨拓，原片，編號：ZUI0011X。

2134　晋陽造像記

又稱“晋陽造像頌”“石室銘”，隋開皇四年（584）十月十日刻，現存山西太原天龍山石窟。

東北大學附屬圖書館：

　　　一幅，紙本墨拓，原片，常盤大定舊藏。

2135　徐之範墓誌

隋開皇四年（584）十二月二日葬，一九七六年山東嘉祥滿硐鄉英山出土，現藏於山東石刻藝術博物館。

淑德大學書學文化中心：

　　　一張，紙本墨拓，原片，編號：001520。

2136　鉗耳神猛等造像記

隋開皇四年（584）十二月十九日刻，現藏於西安碑林博物館。

京都大學人文科學研究所：

　　　一張，紙本墨拓，原片，編號：ZUI0013X。

白扇書道會：

　　　二張，紙本墨拓，原片，95.0×65.0，種谷扇舟舊藏。

2137　樊敬賢等七十人造像記碑

隋開皇五年（585）五月刻，今藏地不詳。

書道博物館：

　　　一張，紙本墨拓，原片，附碑陰題銘。

大阪市立美術館：

　　　二張，紙本墨拓，原片，編號：2696。

淑德大學書學文化中心：

　　　二張，紙本墨拓，原片，編號：1076。

2138　元英墓誌

隋開皇五年（585）七月一日葬，現藏於故宮博物院。

書道博物館：

　　　一張，紙本墨拓，原片。

東洋文庫：

　　　一張，墓誌，紙本墨拓，43.0×43.0。一張，墓誌蓋，紙本墨拓，36.0×35.0。編號：Ⅱ-
　　　16-C-o-3。

淑德大學書學文化中心：

　　　一張，紙本墨拓，原片，編號：000495。

京都大學人文科學研究所：

　　　一張，紙本墨拓，原片，編號：ZUI0016X。

2139　夏樹造像記

又稱"□太妻夏樹造像記"，隋開皇五年（585）七月七日刻，原在山東歷城玉函山。

京都大學人文科學研究所：

　　一張，紙本墨拓，原片，編號：ZUI0015X。

2140　重建七帝寺記

隋開皇五年（585）八月十五日刻，民國初河北定縣出土，久佚。

京都大學人文科學研究所：

　　一張，紙本墨拓，原片，編號：ZUI0014X。

2141　惠鬱等造像記

隋開皇五年（585）八月十五日刻，民國初河北定縣出土，久佚。

宇野雪村文庫：

　　一冊，紙本墨拓，冊頁，編號：383。

2142　開皇五年造像記

隋開皇五年（585）九月十五日刻，今藏地不詳。

東洋文庫：

　　一張，紙本墨拓，原片，28.0×74.0，編號：Ⅱ-16-C-o-2。

2143　劉世達九級浮圖

隋開皇五年（585）刻，今藏地不詳。

淑德大學書學文化中心：

　　一軸，紙本墨拓，卷軸，編號：196821。

2144　仲思那等造橋碑

隋開皇六年（586）二月八日刻，山東鄒縣（今鄒城）馬坡鄉石里村出土，現藏於山東微山縣文化館。

書道博物館：

　　一張，紙本墨拓，原片。

宇野雪村文庫：

　　一冊，紙本墨拓，冊頁，編號：407。

京都大學人文科學研究所：

　　一張，紙本墨拓，原片，編號：ZUI0017X。

大阪市立美術館：

一帖，紙本墨拓，剪裝，編號：2599。

淑德大學書學文化中心：

一軸，紙本墨拓，卷軸，編號：196315。

一軸，紙本墨拓，卷軸，編號：198399。

2145　何道固造像碑

隋開皇六年（586）三月十五日刻，山東費縣出土。

宇野雪村文庫：

一册，紙本墨拓，册頁，編號：385。

2146　周威墓誌

隋開皇六年（586）十月十三日葬，河南洛陽出土，今藏地不詳。

淑德大學書學文化中心：

一張，紙本墨拓，原片，編號：001933。

2147　郁久閭伏仁磚誌

隋開皇六年（586）十月十三日葬，陝西西安長安縣（今長安區）出土。

大阪市立美術館：

一張，紙本墨拓，原片，編號：2673。

2148　龍藏寺碑

全稱“恒州刺史鄂國公爲國勸造龍藏寺碑”，隋開皇六年（586）十二月五日立，現存河北正定隆興寺。

書道博物館：

一册，明拓，紙本墨拓，册頁，有題額。

一張，精拓，紙本墨拓，原片。

寧樂美術館：

一帖，明拓，紙本墨拓，阮元等題跋。

三井記念美術館：

一帖，舊拓，紙本墨拓，新町三井家舊藏。

東洋文庫：

一帖六十葉，碑陽，紙本墨拓，27.0×10.0。碑陰，失。碑側，失。編號：Ⅱ-16-C-832。

一張，碑陽，紙本墨拓，160.0×8.0。一張，碑額，紙本墨拓，43.0×31.0。碑陰，一張，紙本墨拓，111.0×87.0。一張，碑陰額，紙本墨拓，45.0×43.0。編號：Ⅱ-16-C-o-4。

宇野雪村文庫：

一册，紙本墨拓，册頁，編號：413，上田桑鳩題跋、桂馥跋。

東京國立博物館：

　　一幅，紙本墨拓，原片，編號：390。

淑德大學書學文化中心：

　　一軸，碑陽，紙本墨拓，卷軸，編號：196113。

　　一軸，碑陽，紙本墨拓，卷軸，編號：197156。

　　一册，碑陽，紙本墨拓，册頁，編號：196211。

　　一張，碑陽，紙本墨拓，托裱，編號：197595，天放樓舊藏。

　　一張，碑陽，紙本墨拓，托裱，編號：197596，天放樓舊藏。

　　一張，碑陽，紙本墨拓，托裱，編號：196297。

　　一軸，碑陰，紙本墨拓，卷軸，編號：196114。

　　一張，碑陰，紙本墨拓，托裱，編號：197597，天放樓舊藏。

京都大學人文科學研究所：

　　一張，紙本墨拓，原片，編號：ZUI0018X。

　　一張，紙本墨拓，原片，編號：TOU1878X。

大阪市立美術館：

　　三張，紙本墨拓，原片，編號：2695。

寄鶴軒：

　　一張，紙本墨拓，原片。

2149　樊尚造像記

又稱“佛弟子樊尚爲月言信造釋迦”，隋開皇七年（587）二月三十日刻，端方舊藏，疑僞刻。

書道博物館：

　　一張，紙本墨拓，原片，端方藏石。

東洋文庫：

　　一張，紙本墨拓，原片，27.0×14.0，編號：Ⅱ-16-C-o-5。

京都大學人文科學研究所：

　　一張，紙本墨拓，原片，編號：ZUI0020X。

2150　袁子才造像記

隋開皇八年（588）四月八日刻，現存河北磁縣響堂山下層第一窟左壁後。

東北大學附屬圖書館：

　　一幅，紙本墨拓，原片，常盤大定舊藏。

京都大學人文科學研究所：

　　一張，紙本墨拓，原片，編號：ZUI0024X。

2151　王輝兒造像記

又稱“鼓山王輝兒造像記”，隋開皇八年（588）四月二十一日刻，河北磁州（今磁縣）出土。

東北大學附屬圖書館：

    一幅，紙本墨拓，原片，常盤大定舊藏。

京都大學人文科學研究所：

    一張，紙本墨拓，原片，編號：ZUI0025X。

2152　楊暢墓誌

隋開皇八年（588）七月十七日葬，河南洛陽出土，現藏於西安碑林博物館。

淑德大學書學文化中心：

    一張，墓誌蓋，紙本墨拓，原片，編號：001194。

    一張，墓誌，紙本墨拓，原片，編號：001195。

2153　王蘭差造像記

又稱“王蘭茗造像記”“王蘭蒐造像殘石”，隋開皇八年（588）八月八日刻，陝西涇陽出土，山東諸城劉喜海舊藏。

書道博物館：

    一張，紙本墨拓，原片，端方藏石。

東洋文庫：

    一張，紙本墨拓，原片，7.0×32.0，編號：Ⅱ-16-C-o-6。

京都大學人文科學研究所：

    一張，紙本墨拓，原片，編號：ZUI0021X。

2154　淳于儉墓誌

隋開皇八年（588）十一月二十日葬，清道光末年山東淄川出土，現藏於淄博市博物館。

書道博物館：

    一張，紙本墨拓，原片。

東洋文庫：

    一張，紙本墨拓，原片，95.0×41.0，編號：Ⅱ-16-C-1091。

京都大學人文科學研究所：

    一張，紙本墨拓，原片，編號：ZUI0023X。

2155　任顯墓誌

隋開皇八年（588）十一月二十日葬，河南安陽出土，安陽古物保存所舊藏。

宇野雪村文庫：

    一張，紙本墨拓，原片，編號：1134。

京都大學人文科學研究所：

    一張，紙本墨拓，原片，編號：ZUI0022X。

淑德大學書學文化中心：

一張，紙本墨拓，原片，編號：197057。

2156 比丘法登枝提塔記

隋開皇九年（589）正月刻，原在河南安陽寶山靈泉寺。

京都大學人文科學研究所：

一張，紙本墨拓，原片，編號：ZUI0026X。

2157 管妃造像記

又稱"清信女管妃爲亡夫郭遵道造釋迦像""郭遵道造像"，隋開皇九年（589）三月二十三日刻，端方舊藏，已流失海外。

書道博物館：

一張，紙本墨拓，原片。

東洋文庫：

一張，紙本墨拓，原片，70.0×60.0，編號：Ⅱ-16-C-200。

一張，紙本墨拓，原片，10.0×16.0，編號：Ⅱ-16-C-o-7。

宇野雪村文庫：

一張，紙本墨拓，原片，編號：1089。

一張，紙本墨拓，原片，編號：1858。

京都大學人文科學研究所：

一張，紙本墨拓，原片，編號：ZUI0027X。

2158 姜須達通道記

隋開皇九年（589）九月二十三日刻，四川成都出土，現存阿壩州理縣雜谷腦鎮朴頭山古道。

淑德大學書學文化中心：

一張，紙本墨拓，托裱，編號：000973。

2159 來和墓誌

隋開皇九年（589）十月一日葬，河南孟津出土，現藏於西安碑林博物館。

大阪市立美術館：

一張，紙本墨拓，原片，編號：2673。

2160 楊義和等造碑像記

隋開皇九年（589）十月二日刻，今藏地不詳。

京都大學人文科學研究所：

一張，紙本墨拓，原片，編號：ZUI0028A。

一張，紙本墨拓，原片，編號：ZUI0028B。

一張，紙本墨拓，原片，編號：ZUI0028C。

2161 張僧殷墓誌

隋開皇九年（589）十月二十四日葬，河北武安出土，現藏於遼寧省博物館。

淑德大學書學文化中心：

一軸，紙本墨拓，卷軸，編號：198324。

宇野雪村文庫：

一張，紙本墨拓，原片，編號：1579。

京都大學人文科學研究所：

一張，紙本墨拓，原片，編號：ZUI0031X。

2162 元範妻鄭令妃墓誌

隋開皇九年（589）十月二十四日葬，民國十四年（1925）河南洛陽馬溝村出土，現藏於西安碑林博物館。

大阪市立美術館：

二張，紙本墨拓，原片，編號：2673。

2163 暴永墓誌

隋開皇九年（589）十月二十四日葬，山西壺關出土，今藏地不詳。

京都大學人文科學研究所：

一張，紙本墨拓，原片，編號：ZUI0030X。

2164 張禮暨妻羅氏墓誌

隋開皇九年（589）十月二十四日葬，民國十八年（1929）河南洛陽大馬村出土，現藏於西安碑林博物館。

大阪市立美術館：

二張，紙本墨拓，原片，編號：2673。

2165 關明墓誌

隋開皇九年（589）十月二十五日葬，河南洛陽出土，現藏於陝西歷史博物館。

大阪市立美術館：

二張，紙本墨拓，原片，編號：2673。

2166 張僧殷造像

隋開皇九年（589）十月刻，端方舊藏，今藏地不詳。

書道博物館：

　　　一張，紙本墨拓，原片，端方藏石。

2167　耿旭造像記

又稱"佛弟子耿旭爲亡夫陳聰造觀音大世至菩薩像記"，隋開皇九年（589）十一月二十三日刻。

書道博物館：

　　　一張，紙本墨拓，原片，端方藏石。

東洋文庫：

　　　一張，紙本墨拓，原片，13.0×20.0，編號：Ⅱ-16-C-o-8。

京都大學人文科學研究所：

　　　一張，紙本墨拓，原片，編號：ZUI0032X。

2168　章仇氏造像碑

又稱"章仇禹生造經像碑"，隋開皇九年（589）十二月七日刻，原在山東汶上縣劉樓鄉辛海村三官廟，現藏於汶上縣中都博物館。

木雞室：

　　　一張，紙本墨拓，全拓。

2169　楊真暨妻王氏墓誌

隋開皇九年（589）十二月二十五日葬，民國十八年（1929）河南洛陽城東北後管村出土，現藏於西安碑林博物館。

宇野雪村文庫：

　　　一張，紙本墨拓，原片，編號：1429。

大阪市立美術館：

　　　一張，紙本墨拓，原片，編號：2673。

2170　世尊去世傳法聖師記

隋開皇九年（589）刻，現存河南安陽大住聖窟。

京都大學人文科學研究所：

　　　一張，紙本墨拓，原片，編號：MIN0499X。

2171　大集經月藏分中言

隋開皇九年（589）刻，現存河南安陽大住聖窟。

淑德大學書學文化中心：

　　　一軸，紙本墨拓，卷軸，編號：198410。

　　　一册，紙本墨拓，册頁，編號：197179。

2172 道政法師支提塔記

隋開皇十年（590）正月十五日刻，原在河南安陽寶山靈泉寺。

京都大學人文科學研究所：

　　　一張，紙本墨拓，原片，編號：ZUI0033X。

2173 張仲通造像記

隋開皇十年（590）六月刻，今藏地不詳。

宇野雪村文庫：

　　　一張，紙本墨拓，原片，編號：1517。

2174 王曜墓誌

隋開皇十年（590）八月十七日葬，河南安陽出土，今藏地不詳。

淑德大學書學文化中心：

　　　一張，紙本墨拓，原片，編號：000249。

宇野雪村文庫：

　　　一張，紙本墨拓，原片，編號：1673。

京都大學人文科學研究所：

　　　一張，紙本墨拓，原片，編號：ZUI0035X。

2175 衛狀歡造像記

隋開皇十年（590）刻，今藏地不詳。

宇野雪村文庫：

　　　一張，紙本墨拓，原片，編號：1033。

2176 隋銘題記

隋開皇十年（590）刻，今藏地不詳。

京都大學人文科學研究所：

　　　一張，紙本墨拓，原片，編號：ZUI0034X。

2177 張景略墓誌

隋開皇十一年（591）正月二十六日葬，清乾隆三十九年（1774）出土於河南安陽，今藏地不詳。

淑德大學書學文化中心：

　　　一册，紙本墨拓，册頁，編號：197786，天放樓舊藏。

京都大學人文科學研究所：

一張，紙本墨拓，原片，編號：ZUI0037X。

2178　建安公等造尼寺碑

又稱"南宮令宋君造像碑""宋景構尼寺造像碑""詔立僧尼二寺記""詔立僧尼二祠記"，隋開皇十一年（591）六月立，河北南宮出土，現存南宮 129 師部舊址院内。

東京國立博物館：

一幅，紙本墨拓，原片，編號：439。

京都大學人文科學研究所：

一張，紙本墨拓，原片，編號：ZUI0038X。

2179　元公墓誌

全稱"大隋故朝請大夫夷陵郡太守太僕卿元公之墓誌銘"，隋開皇十一年（591）八月二十四日葬，清嘉慶二十年（1815）陝西咸寧出土，現藏於故宮博物院。

宇野雪村文庫：

一張，摹刻，紙本墨拓，原片，編號：1919。

2180　尔朱敞墓誌

隋開皇十一年（591）十一月二十四日葬，民國十九年（1930）河南洛陽張凹村出土，現藏於西安碑林博物館。

淑德大學書學文化中心：

一張，墓誌蓋，紙本墨拓，原片，編號：001202。

一張，墓誌，紙本墨拓，原片，編號：001203。

2181　朱□减造像記

隋開皇十一年（591）刻，出土時地不詳。

宇野雪村文庫：

一張，紙本墨拓，原片，編號：1754。

2182　楊廣碑

隋開皇十一年（591）立，出土時地不詳。

書道博物館：

一張，紙本墨拓，原片。

2183　杜乾緒等造像

隋開皇十二年（592）二月刻，河南洛陽出土，今藏地不詳。

書道博物館：

一張，紙本墨拓，原片。

2184　□□綽阿彌陀佛等造像記

隋開皇十二年（592）四月八日刻，河北武安出土。

京都大學人文科學研究所：

一張，紙本墨拓，原片，編號：ZUI0041X。

2185　□總造像記

又稱"比邱尼□總造像記""□總德爲亡□母造玉像"，隋開皇十二年（592）五月八日刻。

書道博物館：

一張，紙本墨拓，原片，端方藏石。

東洋文庫：

一張，紙本墨拓，原片，6.0×26.0，編號：Ⅱ-16-C-o-9。

京都大學人文科學研究所：

一張，紙本墨拓，原片，編號：ZUI0039X。

2186　僧璨塔磚記

隋開皇十二年（592）七月刻，清光緒末年出土於舒城，一九八二年浙江杭州復出同類磚，分藏上海龍華寺和浙江省博物館。

東洋文庫：

一張，紙本墨拓，21.0×27.0，原片，編號：Ⅱ-16-C-o-10。

2187　弘元纂浮圖銘

隋開皇十二年（592）十月十八日刻，今藏地不詳。

淑德大學書學文化中心：

一軸，紙本墨拓，卷軸，編號：198963-5。

2188　李則墓誌

隋開皇十二年（592）十一月七日葬，河北安平出土，今藏地不詳。

書道博物館：

一册，紙本墨拓，册頁，羅振玉舊藏。

淑德大學書學文化中心：

一册，墓誌蓋，紙本墨拓，册頁，編號：197787，天放樓舊藏。

一册，墓誌，紙本墨拓，册頁，編號：197788，天放樓舊藏。

京都大學人文科學研究所：

一張，紙本墨拓，原片，編號：ZUI0040X。

2189　李欽墓誌

隋開皇十二年（592）十二月十三日葬，河南洛陽出土，現藏於西安碑林博物館。

淑德大學書學文化中心：

　　一軸，紙本墨拓，卷軸，編號：000932。

大阪市立美術館：

　　一張，紙本墨拓，原片，編號：2673。

2190　皇甫鳳詳造像記

隋開皇十二年（592）刻，今藏地不詳。

東洋文庫：

　　一張，紙本墨拓，原片，11.0×31.0，編號：Ⅱ-16-C-o-11。

京都大學人文科學研究所：

　　一張，紙本墨拓，原片，編號：ZUI0042X。

書道博物館：

　　一張，紙本墨拓，原片，端方藏石。

2191　諸葛子恒等合邑百人造像記

又稱“諸葛子恒紀功碑”“諸葛子恒平陳頌”，隋開皇十三年（593）四月十五日刻，清道光七年（1827）出土於山東泰安普照寺，後入藏山東蘭山右軍祠。

京都大學人文科學研究所：

　　一張，紙本墨拓，原片，編號：ZUI0044A。

　　一張，紙本墨拓，原片，編號：ZUI0044B。

2192　羅寶奴造像記

隋開皇十三年（593）五月二日刻，山東益都（今青州）出土，原在濟南玉函山，今石已毀。

大阪市立美術館：

　　一張，紙本墨拓，原片，編號：2679。

2193　南響堂山石窟造像記

隋開皇十三年（593）七月刻，現存河北邯鄲南響堂山石窟。

東北大學附屬圖書館：

　　一幅，紙本墨拓，原片，常盤大定舊藏。

2194　佛垂般槃略説教

隋開皇十三年（593）刻，現存河北邯鄲媧皇閣外摩崖。

淑德大學書學文化中心：

　　　　一軸，紙本墨拓，卷軸，編號：196795。

2195　曹植碑

又稱“陳思王曹子建廟碑”“曹植廟碑”“陳思王碑”“曹子建碑”，隋開皇十三年（593）立，現存山東東阿魚山祠。

書道博物館：

　　　　一册，紙本墨拓，册頁。

東京國立博物館：

　　　　一幅，紙本墨拓，原片，編號：450。

淑德大學書學文化中心：

　　　　一軸，紙本墨拓，卷軸，編號：195398。

　　　　一軸，紙本墨拓，卷軸，編號：195256。

　　　　一張，紙本墨拓，托裱，編號：197598，天放樓舊藏。

京都大學人文科學研究所：

　　　　一張，紙本墨拓，原片，編號：ZUI0045X。

宇野雪村文庫：

　　　　一張，紙本墨拓，原片，編號：1184。

大阪市立美術館：

　　　　一帖，紙本墨拓，剪裝，編號：2612。

2196　涅槃略教戒經

隋開皇十三年（593）刻，現存河北邯鄲媧皇閣外摩崖。

京都大學人文科學研究所：

　　　　一張，紙本墨拓，原片，編號：ZUI0046X。

2197　大融法師枝提塔記

隋開皇十三年（593）刻，現存河南安陽寶山靈泉寺。

京都大學人文科學研究所：

　　　　一張，紙本墨拓，原片，編號：ZUI0047X。

2198　信行禪師碑

隋開皇十四年（594）正月四日立，現存河南湯陰東法隆寺。

淑德大學書學文化中心：

　　　　一軸，紙本墨拓，卷軸，編號：195935。

　　　　一張，紙本墨拓，原片，編號：000255。

東北大學附屬圖書館：

　　一幅，紙本墨拓，原片，常盤大定舊藏。

京都大學人文科學研究所：

　　一張，紙本墨拓，原片，編號：ZUI0048X。

2199　慈明灰身塔記

隋開皇十四年（594）十月五日刻，現存河南安陽寶山靈泉寺。

京都大學人文科學研究所：

　　一張，紙本墨拓，原片，編號：ZUI0049X。

2200　劉醜軼造像記

隋開皇十四年（594）十月十三日刻，今藏地不詳。

書道博物館：

　　一張，紙本墨拓，原片，端方藏石。

東洋文庫：

　　一張，紙本墨拓，原片，13.0×26.0，編號：Ⅱ-16-C-o-12。

京都大學人文科學研究所：

　　一張，紙本墨拓，原片，編號：ZUI0050X。

2201　趙芬殘碑

全稱"淮安定公趙芬殘碑"，隋開皇十四年（594）立，現藏於西安碑林博物館。

淑德大學書學文化中心：

　　一軸，紙本墨拓，卷軸，編號：195274。

　　一張，紙本墨拓，托裱，編號：196228。

　　一張，紙本墨拓，托裱，編號：196564。

2202　静證法師碎身塔記

隋開皇十四年（594）刻，現存河南安陽寶山靈泉寺。

京都大學人文科學研究所：

　　一張，紙本墨拓，原片，編號：ZUI0051X。

2203　謝岳暨妻關氏墓誌

全稱"大隋故建州平安郡守謝府君墓誌之銘"，隋開皇十五年（595）十月二十四日葬，近年河南洛陽出土，今藏地不詳。

宇野雪村文庫：

　　一張，紙本墨拓，原片，編號：1822。

2204　鞏賓墓誌

隋開皇十五年（595）十月二十四日葬，清嘉慶二十四年（1819）陝西武功出土，現藏於故宮博物院。

書道博物館：

　　一張，紙本墨拓，原片，端方藏石。

東京國立博物館：

　　一幅，紙本墨拓，原片，編號：663。

宇野雪村文庫：

　　一册，紙本墨拓，册頁，編號：364。

東洋文庫：

　　一張，紙本墨拓，原片，52.0×52.0，編號：Ⅱ-16-C-23。

京都大學人文科學研究所：

　　一張，紙本墨拓，原片，編號：ZUI0052X。

淑德大學書學文化中心：

　　一張，紙本墨拓，原片，編號：000711。

大阪市立美術館：

　　一帖，紙本墨拓，剪裝，編號：2592。

2205　段威墓誌

隋開皇十五年（595）十月二十四日葬，陝西咸陽出土，現藏於西安碑林博物館。

淑德大學書學文化中心：

　　一張，墓誌蓋，紙本墨拓，原片，編號：001220。

　　一張，墓誌，紙本墨拓，原片，編號：001221。

2206　裴慈明邑子等造像記

隋開皇十五年（595）刻，河南洛陽出土，現存洛陽龍門石窟賓陽南洞。

東洋文庫：

　　一張，紙本墨拓，原片，27.0×11.0，編號：Ⅱ-16-C-o-13。

2207　陳黑闥造像記

又稱“陳黑闥等造釋迦像記”，隋開皇十六年（596）二月十一日刻，原在章丘西頓首莊大寺，久佚。

宇野雪村文庫：

　　一張，紙本墨拓，原片，編號：1212。

　　一張，紙本墨拓，原片，編號：1787。

一册，紙本墨拓，册頁，編號：391。

京都大學人文科學研究所：

一張，紙本墨拓，原片，編號：ZUI0053X。

2208　隋代殘碑

隋開皇十六年（596）四月八日立，出土時地不詳。

京都大學人文科學研究所：

一張，紙本墨拓，原片，編號：ZUI0055X。

2209　滕欽造像記

隋開皇十六年（596）四月二十日刻，今藏地不詳。

東京國立博物館：

一幅，紙本墨拓，原片，編號：808。

2210　賀若誼碑

全稱“大隋使持節柱國靈州總管海陵郡賀若使君之碑”，隋開皇十六年（596）八月二十二日立，現存陝西興平文廟。

書道博物館：

一册，紙本墨拓，册頁，有篆額。

宇野雪村文庫：

一册，紙本墨拓，册頁，編號：389。

淑德大學書學文化中心：

一軸，紙本墨拓，卷軸，編號：196115。

大阪市立美術館：

一帖，紙本墨拓，剪裝，編號：2586。

京都大學人文科學研究所：

一張，紙本墨拓，原片，編號：ZUI0056X。

2211　法輪等造像碑記

隋開皇十六年（596）十月二十三日刻，今藏地不詳。

京都大學人文科學研究所：

一張，紙本墨拓，原片，編號：ZUI0057A。

一張，紙本墨拓，原片，編號：ZUI0057B。

2212　張元象造像記

隋開皇十六年（596）刻，山東登州出土，今藏地不詳。

宇野雪村文庫：

　　　一張，紙本墨拓，原片，編號：1097。

2213　澧水石橋碑

全稱“大隋洺州南和縣澧水石橋碑”，隋開皇十六年（596）立，現存河北南和區東韓村小學。

淑德大學書學文化中心：

　　　一册，紙本墨拓，册頁，編號：001798。

東京國立博物館：

　　　一幅，紙本墨拓，原片，227.0×103.0，編號：797。

2214　張通妻陶貴墓誌

隋開皇十七年（597）三月二十六日葬，清乾隆年間出土於陝西西安，現藏於西安碑林博物館。

書道博物館：

　　　一張，紙本墨拓，全拓。

淑德大學書學文化中心：

　　　一册，翻刻，紙本墨拓，册頁，編號：197789，天放樓舊藏。

京都大學人文科學研究所：

　　　一張，紙本墨拓，原片，編號：ZUI0058X。

木雞室：

　　　一張，紙本墨拓，全拓。

2215　造阿彌陀像記

又稱“張信造像記”，隋開皇十七年（597）五月刻，陝西西安出土，陳介祺舊藏。

大阪市立美術館：

　　　一張，紙本墨拓，原片，編號：2690。

2216　美人董氏墓誌

隋開皇十七年（597）十月十二日葬，清道光年間出土於陝西興平，陸劍庵、徐渭仁舊藏，久佚。

書道博物館：

　　　一帖，最舊拓，紙本墨拓，各15.5×8.7，中村不折舊藏，張祖翼題簽。

東洋文庫：

　　　一張，紙本墨拓，原片，50.0×45.0，編號：Ⅱ-16-C-o-14。

淑德大學書學文化中心：

　　　一册，重刻，紙本墨拓，册頁，編號：197790，天放樓舊藏。

京都大學人文科學研究所：

一張，紙本墨拓，原片，編號：ZUI0059X。

木雞室：

一冊，紙本墨拓，全拓，蘇鄰題記。

一張，紙本墨拓，全拓。

2217 國清寺佛像石刻

隋開皇十七年（597）刻，原存浙江台州天台縣國清寺。

東洋文庫：

七張，紙本墨拓，原片，104.0×45.0，編號：ⅥⅠ-2-6。

2218 劉明墓誌

隋開皇十八年（598）五月二日葬，河南河陰出土，端方、于右任舊藏，現藏於西安碑林博物館。

書道博物館：

一張，紙本墨拓，全拓，端方藏石。

京都大學人文科學研究所：

一張，紙本墨拓，原片，編號：ZUI0061X。

淑德大學書學文化中心：

一張，紙本墨拓，原片，編號：000496。

大阪市立美術館：

一張，紙本墨拓，原片，編號：2673。

2219 牛□□鄭□妃造像記

隋開皇十八年（598）六月刻，今藏地不詳。

東洋文庫：

一張，陽，紙本墨拓，64.0×52.0。一張，陰，紙本墨拓，63.0×38.0。編號：Ⅱ-16-C-o-15。

2220 李盛墓誌

隋開皇十八年（598）十月十二日葬，河北滄州出土，今藏地不詳。

淑德大學書學文化中心：

一張，紙本墨拓，原片，編號：198994。

京都大學人文科學研究所：

一張，紙本墨拓，原片，編號：ZUI0062X。

2221 陳茂碑

全稱"大隋上開府梁州刺史陳公碑"，隋開皇十八年（598）十一月立，現存山西運城臨猗縣卓里鄉陳平村陳茂墓前。

淑德大學書學文化中心：

一軸，紙本墨拓，卷軸，編號：196185。

一册，紙本墨拓，册頁，編號：195666。

京都大學人文科學研究所：

一張，紙本墨拓，原片，編號：ZUI0060X。

2222　大隋造像記

隋開皇十□年（590—599）刻，出土時地不詳。

京都大學人文科學研究所：

一張，紙本墨拓，原片，編號：ZUI0036X。

2223　開高磚文

隋開皇十□年（590—599）刻，出土時地不詳。

京都大學人文科學研究所：

一張，紙本墨拓，原片，編號：ZUI0066X。

2224　賈子造像記

隋開皇二十年（600）二月八日刻，今藏地不詳。

京都大學人文科學研究所：

一張，紙本墨拓，原片，編號：ZUI0063X。

2225　孟顯達碑

又名“涇州刺史孟顯達碑”，隋開皇二十年（600）十月二十八日立，原在陝西西安湘子廟街，現藏於西安碑林博物館。

宇野雪村文庫：

一册，紙本墨拓，册頁，編號：380。

一張，紙本墨拓，原片，編號：1131。

淑德大學書學文化中心：

一軸，紙本墨拓，卷軸，編號：195263。

一册，紙本墨拓，册頁，編號：195035。

一册，紙本墨拓，册頁，編號：196573。

2226　龍山公墓誌

又稱“大隋開府儀同三司龍山公墓誌”，隋開皇二十年（600）十二月四日葬，清咸豐年間出土於重慶奉節，現藏於重慶市奉節縣白帝城博物館。

書道博物館：

　　一張，紙本墨拓，原片，111.3×57.7。

五島美術館：

　　一張，紙本墨拓，原片，22.7×11.8，宇野雪村舊藏。

宇野雪村文庫：

　　一張，紙本墨拓，原片，編號：1227。

東京國立博物館：

　　一幅，紙本墨拓，原片，170.0×67.8，編號：798。

　　一幅，紙本墨拓，原片，編號：1062，今田直策舊藏。

淑德大學書學文化中心：

　　一軸，紙本墨拓，卷軸，編號：197599，天放樓舊藏。

　　一張，紙本墨拓，原片，編號：001344。

京都大學人文科學研究所：

　　一張，紙本墨拓，原片，編號：ZUI0064X。

木雞室：

　　一張，紙本墨拓，全拓。

大阪市立美術館：

　　一帖，紙本墨拓，剪裝，編號：2608。

2227　密長盛等造橋記

隋開皇二十年（600）十二月十五日刻，原在山東臨沂普照寺，後移學宮、右軍祠，今藏地不詳。

淑德大學書學文化中心：

　　一張，紙本墨拓，托裱，編號：197216。

京都大學人文科學研究所：

　　一張，紙本墨拓，原片，編號：ZUI0065X。

［仁壽］

2228　比丘道寂灰身塔記

隋仁壽元年（601）正月二十日刻，現存河南安陽寶山靈泉寺。

京都大學人文科學研究所：

　　一張，紙本墨拓，原片，編號：ZUI0068X。

2229　盧文機墓誌

隋仁壽元年（601）二月十九日葬，河北涿州出土，現藏於西安碑林博物館。

京都大學人文科學研究所：

　　　　一張，紙本墨拓，原片，編號：ZUI0069X。

大阪市立美術館：

　　　　二張，紙本墨拓，原片，編號：2673。

2230　古寶輪禪院記

隋仁壽元年（601）三月二十八日刻，原在河南三門峽寶輪寺，今藏地不詳。

京都大學人文科學研究所：

　　　　一張，紙本墨拓，原片，編號：ZUI0070X。

2231　道秀等舍利塔記

隋仁壽元年（601）四月五日刻，今藏地不詳。

京都大學人文科學研究所：

　　　　一張，紙本墨拓，原片，編號：ZUI0071X。

2232　趙韶墓誌

隋仁壽元年（601）七月十八日葬，河北定州趙村出土，現藏於故宮博物院。

淑德大學書學文化中心：

　　　　一張，紙本墨拓，托裱，編號：001692。

　　　　一張，紙本墨拓，托裱，編號：198673。

2233　青州舍利塔下銘

又稱“大隋皇帝舍利寶塔下銘”，隋仁壽元年（601）十月十五日刻，現藏於山東青州博物館。

書道博物館：

　　　　一張，紙本墨拓，原片，端方藏石。

宇野雪村文庫：

　　　　一册，紙本墨拓，册頁，編號：381。

淑德大學書學文化中心：

　　　　一張，紙本墨拓，原片，編號：000470。

　　　　一張，紙本墨拓，原片，編號：001382。

　　　　一張，紙本墨拓，托裱，編號：197600，天放樓舊藏。

東北大學附屬圖書館：

　　　　一幅，紙本墨拓，原片，常盤大定舊藏。

京都大學人文科學研究所：

　　　　一張，紙本墨拓，原片，編號：ZUI0073X。

2234 鳳泉寺舍利塔銘

又稱"隋岐州舍利塔銘""鳳泉寺舍利塔下銘""隋舍利塔銘"，隋仁壽元年（601）十月十五日刻，現藏於陝西寶雞法門寺博物館。

書道博物館：

一張，紙本墨拓，綴帖。

淑德大學書學文化中心：

一軸，紙本墨拓，卷軸，編號：197157。

宇野雪村文庫：

一張，紙本墨拓，原片，編號：1308。

一張，紙本墨拓，原片，編號：1188。

2235 龍池寺舍利塔記

隋仁壽元年（601）十一月刻，傳陝西西安出土，疑僞刻。

書道博物館：

一張，紙本墨拓，全拓。

2236 建支提塔記

隋仁壽二年（602）四月五日刻，現存河南安陽寶山靈泉寺。

京都大學人文科學研究所：

一張，紙本墨拓，原片，編號：ZUI0074X。

2237 信州舍利塔銘

全稱"信州金輪寺舍利塔銘"，隋仁壽二年（602）四月八日刻，清同治十二年（1873）出土於夔州府城，現藏於重慶市奉節縣白帝城博物館。

書道博物館：

一張，紙本墨拓，綴帖。

淑德大學書學文化中心：

一軸，紙本墨拓，卷軸，編號：198660。

宇野雪村文庫：

一張，紙本墨拓，原片，編號：1183。

京都大學人文科學研究所：

一張，紙本墨拓，原片，編號：ZUI0076X。

2238 鄧州舍利塔銘

全稱"鄧州大興國寺舍利塔銘"，隋仁壽二年（602）四月八日刻，清乾隆末年出土於大興國寺舊址，先移存祥符縣庫，後歸河南省立民族博物館，現藏於河南省圖書館。

書道博物館：

一張，紙本墨拓，全拓。

東洋文庫：

一張，紙本墨拓，原片，徑56.0，編號：ⅤⅠ-2-18。

一張，紙本墨拓，原片，徑58.0，編號：Ⅱ-16-C-1086。

宇野雪村文庫：

一張，紙本墨拓，原片，編號：1510。

一張，紙本朱拓，原片，編號：1182。

一册，紙本墨拓，册頁，編號：393。

淑德大學書學文化中心：

一軸，紙本墨拓，卷軸，編號：196116。

一軸，紙本墨拓，卷軸，編號：196294。

一張，紙本墨拓，原片，編號：197314。

一册，紙本墨拓，册頁，編號：195689。

一張，紙本墨拓，托裱，編號：197601，天放樓舊藏。

一册，紙本墨拓，册頁，編號：197480，天放樓舊藏。

2239　潞州舍利塔下銘

又稱“潞州梵境寺舍利塔下銘”，隋仁壽二年（602）四月刻，清光緒五年（1879）出土於梵境寺遺址。

書道博物館：

一張，紙本墨拓，全拓。

宇野雪村文庫：

一張，紙本墨拓，原片，編號：1745。

大阪市立美術館：

一張，紙本墨拓，原片，編號：2715。

2240　郭休墓誌

隋仁壽二年（602）八月四日刻，河南洛陽三里橋出土，現藏於故宫博物院。

東洋文庫：

一張，墓誌，紙本墨拓，38.0×38.0。一張，墓誌蓋，紙本墨拓，40.0×40.0。編號：Ⅱ-16-C-79。

一張，墓誌，紙本墨拓，38.0×38.0。一張，墓誌蓋，紙本墨拓，40.0×40.0。編號：Ⅱ-16-C-1092。

京都大學人文科學研究所：

一張，紙本墨拓，原片，編號：ZUI0077A。

一張，紙本墨拓，原片，編號：ZUI0077B。

2241　徐純墓誌

隋仁壽二年（602）十一月十六日刻，河南洛陽出土，今藏地不詳。

書道博物館：

一張，紙本墨拓，全拓。

2242　啓法寺碑

又稱“啓法寺碑銘”，隋仁壽二年（602）十二月十五日立，周彪撰，丁道護書丹，原在湖北襄陽啓法寺，原石久佚。

香川大西氏：

一帖，唐拓孤本，25.8.×16.7。

書道博物館：

一張，紙本墨拓，全拓。

2243　蘇孝慈墓誌

全稱“大隋使持節大將軍工兵二部尚書司農太府卿太子左右衛率右庶子洪吉江虔饒袁撫七州諸軍事洪州總管安平安公故蘇使君之墓誌銘”，隋仁壽三年（603）三月七日葬，清光緒十四年（1888）出土於陝西蒲城，現藏於蒲城縣博物館。

書道博物館：

一張，紙本墨拓，初出土拓本，未刻題跋本。

一張，紙本墨拓，全拓。

東京國立博物館：

一幅，紙本墨拓，原片，編號：492。

宇野雪村文庫：

一册，紙本墨拓，册頁，編號：384，山本竟山題字。

淑德大學書學文化中心：

一軸，紙本墨拓，卷軸，編號：196118。

一册，紙本墨拓，册頁，編號：001062。

東洋文庫：

一張，紙本墨拓，原片，80.0×83.0，編號：Ⅱ-16-C-o-17。

京都大學人文科學研究所：

一張，紙本墨拓，原片，編號：ZUI0078X。

大阪市立美術館：

一帖，紙本墨拓，剪裝，編號：2593。

東京藝術大學藝術資料館：

一張，紙本墨拓，掛幅裝，82.0×83.4，編號：1440。

白扇書道會：

一張，紙本墨拓，全拓，83.0×83.0，種谷扇舟舊藏。

2244　張儉及妻胡氏墓誌

隋仁壽三年（603）八月十五日葬，民國十五年（1926）出土於河南洛陽鳳凰台村，現藏於西安碑林博物館。

淑德大學書學文化中心：

一張，墓誌蓋，紙本墨拓，原片，編號：001200。

一張，墓誌，紙本墨拓，原片，編號：001201。

2245　姚伯兒造像記

隋仁壽三年（603）九月十日刻，天津出土，今藏地不詳。

京都大學人文科學研究所：

一張，紙本墨拓，原片，編號：ZUI0079X。

2246　王榮及妻劉氏墓誌

隋仁壽四年（604）十月十七日葬，民國十五年（1926）出土於河南洛陽，現藏於西安碑林博物館。

淑德大學書學文化中心：

一張，紙本墨拓，原片，編號：001193。

2247　劉相及妻鄒氏墓誌

隋仁壽四年（604）十一月十七日葬，河北新樂出土，今藏地不詳。

京都大學人文科學研究所：

一張，紙本墨拓，原片，編號：ZUI0081X。

2248　劉寶暨妻胡氏墓誌

隋仁壽四年（604）十月二十一日葬，民國十七年（1928）出土於河南洛陽三里橋，現藏於西安碑林博物館。

大阪市立美術館：

一帖，紙本墨拓，剪裝，編號：2673。

2249　馬稚妻張姜墓誌

隋仁壽四年（604）十一月二十八日葬，河南洛陽出土，現藏於西安碑林博物館。

大阪市立美術館：

　　一張，原拓，紙本墨拓，編號：2673。

2250　栖巖道場舍利塔之碑

全稱"大隋河東郡首山栖巖道場舍利塔之碑""魚子碑"，隋仁壽四年（604）十二月立，原在山西蒲州首陽山樓巖寺，現藏於永濟市博物館。

宇野雪村文庫：

　　一張，紙本墨拓，原片，編號：1068。

東北大學附屬圖書館：

　　一幅，紙本墨拓，原片，常盤大定舊藏

京都大學人文科學研究所：

　　一張，紙本墨拓，原片，編號：ZUI0088X。

大阪市立美術館：

　　一帖，紙本墨拓，剪裝，編號：2604。

［大業］

2251　僧修□等造像記

又稱"沙門僧修□諸姓邑人等造彌陁像"，隋大業元年（605）二月刻，今藏地不詳。

京都大學人文科學研究所：

　　一張，紙本墨拓，原片，編號：ZUI0082X。

大阪市立美術館：

　　一張，紙本墨拓，原片，編號：2696。

2252　舍利函銘

隋大業元年（605）二月刻，現藏於日本書道博物館。

書道博物館：

　　一張，紙本墨拓，全拓。

2253　李淵造像記

又稱"鄭州刺史李淵爲子造像記""大海寺唐高祖造像記"，隋大業元年（605）五月刻，原石久佚，元人仿刻現存於陝西鄠邑草堂寺。

書道博物館：

　　一張，紙本墨拓，全拓。

京都大學人文科學研究所：

　　一張，紙本墨拓，原片，編號：ZUI0083X。

一張，紙本墨拓，原片，編號：ZUI0084X。

2254　鞠遵暨妻董氏墓誌

隋大業二年（606）正月六日葬，河北定縣（今定州）出土，曾歸黄縣（今龍口）丁氏，後移置縣學，今藏地不詳。

大阪市立美術館：

一張，紙本墨拓，原片，編號：2656。

2255　曹君墓記

隋大業二年（606）三月十九日刻，今藏地不詳。

淑德大學書學文化中心：

一軸，紙本墨拓，卷軸，編號：198307。

2256　朱妃造像記

又稱"佛弟子朱妃爲亡父母造玉像記"，隋大業二年（606）七月二十六日刻，今藏地不詳。

書道博物館：

一張，紙本墨拓，原片，端方藏石。

東洋文庫：

一張，紙本墨拓，原片，7.0×18.0，編號：Ⅱ-16-C-o-18。

京都大學人文科學研究所：

一張，紙本墨拓，原片，編號：ZUI0085X。

2257　甄大伽造像記

又稱"甄大伽爲亡息同叔造玉像記"，隋大業二年（606）九月三日刻，今藏地不詳。

書道博物館：

一張，紙本墨拓，原片，端方藏石。

東洋文庫：

一張，紙本墨拓，原片，15.0×16.0，編號：Ⅱ-16-C-o-20。

京都大學人文科學研究所：

一張，紙本墨拓，原片，編號：ZUI0086X。

2258　秘丹墓誌

隋大業二年（606）十一月十日葬，一九八五年河北行唐出土，河北正定墨香閣舊藏。

淑德大學書學文化中心：

一張，紙本朱拓，托裱，編號：001272。

一張，紙本墨拓，托裱，編號：001733。

2259 張貴男墓誌

隋大業二年（606）十二月二十九日葬，清光緒十五年（1889）出土於河北邯鄲，歷王孝禹、端方遞藏，今藏地不詳。

書道博物館：

　　一張，紙本墨拓，原片，端方藏石。

東洋文庫：

　　一張，紙本墨拓，原片，58.0×58.0，編號：Ⅱ-16-C-o-21。

宇野雪村文庫：

　　一張，紙本墨拓，原片，編號：1678。

京都大學人文科學研究所：

　　一張，紙本墨拓，原片，編號：ZUI0087X。

淑德大學書學文化中心：

　　一軸，紙本墨拓，卷軸，編號：196119。

2260 王行淹墓誌

隋大業三年（607）四月四日葬，河南洛陽出土，今藏地不詳。

京都大學人文科學研究所：

　　一張，紙本墨拓，原片，編號：ZUI0089X。

2261 王夫人墓誌

隋大業三年（607）五月葬，清宣統三年（1911）廣州石牌鄉出土，現藏於廣州博物館。

書道博物館：

　　一張，紙本墨拓，全拓。

京都大學人文科學研究所：

　　一張，紙本墨拓，原片，編號：ZUI0090X。

2262 張恲墓誌

隋大業三年（607）十月九日葬，河南安陽出土，今藏地不詳。

淑德大學書學文化中心：

　　一冊，紙本墨拓，冊頁，編號：196282。

2263 劉淵墓誌

隋大業三年（607）十一月二十七日葬，河南洛陽出土，現藏於故宮博物院。

書道博物館：

　　一張，紙本墨拓，全拓。

京都大學人文科學研究所：

　　　一張，紙本墨拓，原片，編號：ZUI0091X。

2264　崔暹墓誌

隋大業三年（607）十一月二十七日葬，河南洛陽出土，安陽金石保存所舊藏。

京都大學人文科學研究所：

　　　一張，紙本墨拓，原片，編號：ZUI0093X。

2265　龍華寺碑

全稱“奉爲高祖文皇帝敬造龍華碑”，隋大業三年（607）立，民國十二年（1923）山東博興陳户鎮馮吳村龍華寺出土，現藏於博興縣博物館。

書道博物館：

　　　一册，紙本墨拓，册頁。

　　　一張，紙本墨拓，原片，有篆額。

東京國立博物館：

　　　一幅，紙本墨拓，原片，編號：451。

宇野雪村文庫：

　　　一册，紙本墨拓，册頁，編號：403。

淑德大學書學文化中心：

　　　一册，紙本墨拓，册頁，編號：001291。

　　　一張，紙本墨拓，原片，編號：196780。

　　　一張，紙本墨拓，原片，編號：197233。

2266　任軌墓誌

隋大業四年（608）二月九日葬，河南洛陽出土，現藏於開封博物館。

宇野雪村文庫：

　　　一張，紙本墨拓，原片，編號：1608。

　　　一張，紙本墨拓，原片，編號：1700。

　　　一册，紙本墨拓，册頁，編號：343。

東洋文庫：

　　　一張，墓誌，紙本墨拓，56.0×55.0。一張，墓誌蓋，紙本墨拓，49.0×49.0。編號：Ⅱ-16-C-1093。

京都大學人文科學研究所：

　　　一張，紙本墨拓，原片，編號：ZUI0094X。

2267　和彦造像記

又稱“和彦爲兒善行造像記”，隋大業四年（608）四月刻，陝西涇陽出土，劉喜海舊藏。

書道博物館：

　　　一張，紙本墨拓，綴帖。

2268　張貳息君卿造像記

又稱"張貳息君卿爲夫高洪怛造雙觀音像記"，隋大業四年（608）八月十五日刻，河北正定出土，今藏地不詳。

書道博物館：

　　　一張，紙本墨拓，原片，端方藏石。

東洋文庫：

　　　一張，紙本墨拓，原片，5.0×31.0，編號：Ⅱ-16-C-o-22。

京都大學人文科學研究所：

　　　一張，紙本墨拓，原片，編號：ZUI0095X。

2269　楊德墓誌

隋大業四年（608）十月二十一日葬，河南洛陽出土，現藏於西安碑林博物館。

大阪市立美術館：

　　　一張，紙本墨拓，原片，編號：2673。

2270　吴巖墓誌

隋大業四年（608）十月葬，清光緒六年（1880）出土於河北趙州，今藏地不詳。

書道博物館：

　　　一册，紙本墨拓，册頁，劉體乾舊藏。

淑德大學書學文化中心：

　　　一册，墓誌蓋，翻刻，紙本墨拓，册頁，編號：197791，天放樓舊藏。

　　　一册，墓誌，翻刻，紙本墨拓，册頁，編號：197792，天放樓舊藏。

2271　寧贙碑

全稱"寧越郡欽江縣正議大夫之碑"，隋大業五年（609）四月立，清道光六年（1826）發現於廣東欽州七星坪，現藏於廣東省博物館。

書道博物館：

　　　一張，全拓，紙本墨拓，有題額。

　　　一帖，舊拓，紙本墨拓，有題額。

宇野雪村文庫：

　　　一册，紙本墨拓，册頁，編號：386。

京都大學人文科學研究所：

　　　一張，紙本墨拓，原片，編號：ZUI0096X。

大阪市立美術館：

一張，紙本墨拓，原片，編號：2703。

淑德大學書學文化中心：

一軸，紙本墨拓，卷軸，編號：19543。

一張，紙本墨拓，托裱，編號：197602，天放樓舊藏。

一册，紙本墨拓，册頁，編號：000259。

2272　李氏墓誌

隋大業五年（609）十月二十七日葬，民國十四年（1925）出土於河南洛陽城西後洞村，現藏於西安碑林博物館。

淑德大學書學文化中心：

一張，紙本墨拓，原片，編號：001211。

2273　吕胡暨妻李氏墓誌

隋大業五年（609）十一月十日葬，民國十四年（1925）河南洛陽出土，現藏於西安碑林博物館。

大阪市立美術館：

二張，紙本墨拓，原片，編號：2673。

2274　崔净相墓誌

隋大業五年（609）十一月二十一日葬，今藏地不詳。

淑德大學書學文化中心：

一張，紙本墨拓，原片，編號：001912。

2275　大業五年納粟記磚

隋大業五年（609）刻，今藏地不詳。

京都大學人文科學研究所：

一張，紙本墨拓，原片，編號：ZUI0097X。

2276　范高墓誌

隋大業六年（610）四月十七日葬，民國十年（1921）出土於河南洛陽津耀店西陵，現藏於河南博物院。

東洋文庫：

一張，紙本墨拓，原片，38.0×37.0，編號：Ⅱ-16-C-1094。

宇野雪村文庫：

一張，紙本墨拓，原片，編號：1430。

一張，紙本墨拓，原片，編號：1725。

一張，紙本墨拓，原片，編號：1607。

京都大學人文科學研究所：

一張，紙本墨拓，原片，編號：ZUI0098X。

2277　羊瑋墓誌

隋大業六年（610）九月十五日葬，河南洛陽出土，現藏於中國國家博物館。

東洋文庫：

一張，紙本墨拓，原片，47.0×46.0，編號：Ⅱ-16-C-1095。

宇野雪村文庫：

一張，紙本墨拓，原片，編號：1703。

京都大學人文科學研究所：

一張，紙本墨拓，原片，編號：ZUI0099X。

2278　程氏墓誌

隋大業六年（610）九月二十四日葬，河南洛陽出土，現藏於西安碑林博物館。

淑德大學書學文化中心：

一張，紙本墨拓，原片，編號：001205。

一冊，紙本墨拓，冊頁，編號：197792，天放樓舊藏。

大阪市立美術館：

一張，紙本墨拓，原片，編號：2673。

2279　劉氏墓誌

隋大業六年（610）九月二十四日葬，河南洛陽出土，今藏地不詳。

淑德大學書學文化中心：

一張，紙本墨拓，原片，編號：001222。

大阪市立美術館：

一張，紙本墨拓，原片，編號：2673。

2280　楊秀墓誌

隋大業六年（610）十月八日葬，民國十四年（1925）出土於河南洛陽城北前海資村，現藏於西安碑林博物館。

大阪市立美術館：

二張，紙本墨拓，原片，編號：2673。

2281　董穆墓誌

隋大業六年（610）十一月三日葬，河南洛陽出土，現藏於故宮博物院。

書道博物館：

  一張，紙本墨拓，原片。

東京國立博物館：

  一幅，紙本墨拓，原片，編號：452。

東洋文庫：

  一張，紙本墨拓，原片，43.0×45.0，編號：Ⅱ-16-C-o-23。

京都大學人文科學研究所：

  一張，紙本墨拓，原片，編號：ZUI0101X。

木雞室：

  一張，紙本墨拓，原片。

2282　諱墮墓誌

隋大業六年（610）十一月十四日葬，出土時地不詳。

書道博物館：

  一張，紙本墨拓，全拓。

宇野雪村文庫：

  一張，紙本墨拓，原片，編號：1209。

東京國立博物館：

  一幅，紙本墨拓，原片，編號：1000。

2283　賈氏墓誌

隋大業六年（610）十一月十九日葬，民國十四年（1925）出土於河南洛陽城西後洞村，現藏於西安碑林博物館。

淑德大學書學文化中心：

  一張，紙本墨拓，原片，編號：001209。

大阪市立美術館：

  一張，紙本墨拓，原片，編號：2673。

2284　段模墓誌

隋大業六年（610）十二月五日葬，河南洛陽城北鳳凰台出土，時間不詳，現藏於遼寧省博物館。

東洋文庫：

  一張，紙本墨拓，原片，46.0×45.0，編號：Ⅱ-16-C-2.35。

京都大學人文科學研究所：

  一張，紙本墨拓，原片，編號：ZUI0102X。

宇野雪村文庫：

一張，紙本墨拓，原片，編號：1571。

淑德大學書學文化中心：

一張，紙本墨拓，原片，編號：198178。

一張，紙本墨拓，原片，編號：000407。

2285　賈珉墓誌

隋大業六年（610）十二月十四日葬，河南洛陽出土，時間不詳。

宇野雪村文庫：

一張，紙本墨拓，原片，編號：1229。

2286　朱氏墓誌

隋大業六年（610）十二月二十六日葬，民國十四年（1925）出土於河南洛陽城西後洞村，現藏於西安碑林博物館。

宇野雪村文庫：

一張，紙本墨拓，原片，編號：1823。

淑德大學書學文化中心：

一張，紙本墨拓，原片，編號：001214。

大阪市立美術館：

一張，紙本墨拓，原片，編號：2673。

2287　甄元希墓誌

隋大業六年（610）葬，出土時地不詳。

東洋文庫：

一張，紙本墨拓，原片，27.0×27.0，編號：Ⅱ-16-C-o-24。

淑德大學書學文化中心：

一軸，紙本墨拓，卷軸，編號：197154。

2288　郭氏墓誌

隋大業七年（611）正月二十三日葬，民國十四年（1925）出土於河南洛陽城西後洞村，現藏於西安碑林博物館。

大阪市立美術館：

一張，紙本墨拓，原片，編號：2673。

2289　陳氏墓誌

隋大業七年（611）四月二十九日葬，民國十四年（1925）出土於河南洛陽城西後洞村，現藏於西安碑林博物館。

大阪市立美術館：

　　　　一張，紙本墨拓，原片，編號：2673。

2290　斛斯樞磚誌

隋大業七年（611）四月葬，河南洛陽出土，現藏於西安碑林博物館。

大阪市立美術館：

　　　　一張，紙本墨拓，原片，編號：2673。

2291　李氏墓誌

隋大業七年（611）五月二十二日葬，民國十四年（1925）出土於河南洛陽城西後洞村，現藏於西安碑林博物館。

淑德大學書學文化中心：

　　　　一張，紙本墨拓，原片，編號：001212。

大阪市立美術館：

　　　　一張，紙本墨拓，原片，編號：2673。

2292　陳叔毅修孔子廟碑

又稱"隋孔子廟碑""隋陳明府修孔子廟碑"，隋大業七年（611）七月二日立，原在孔廟同文門，現藏於曲阜漢魏碑刻陳列館。

書道博物館：

　　　　一册，紙本墨拓，册頁。

東京國立博物館：

　　　　一幅，紙本墨拓，原片，編號：605。

京都大學人文科學研究所：

　　　　一張，紙本墨拓，原片，編號：ZUI0105X。

東洋文庫：

　　　　一張，紙本墨拓，原片，碑陽并額，163.0×88.0+30.0×21.0，編號：Ⅱ-16-C-1087。

宇野雪村文庫：

　　　　一張，紙本墨拓，原片，編號：1354。

　　　　一册，紙本墨拓，册頁，編號：390。

淑德大學書學文化中心：

　　　　一軸，紙本墨拓，卷軸，編號：195280。

　　　　一軸，紙本墨拓，卷軸，編號：196452。

　　　　一張，紙本墨拓，原片，編號：195012。

　　　　一册，紙本墨拓，册頁，編號：195725。

　　　　一張，紙本墨拓，托裱，編號：197603，天放樓舊藏。

2293 姚辯墓誌

隋大業七年（611）十月二十一日葬，河南洛陽出土，原石久佚，傳世多翻刻。

淑德大學書學文化中心：

    一册，重刻，紙本墨拓，册頁，編號：197793，天放樓舊藏。

    一張，重刻，紙本墨拓，原片，編號：001926。

    一册，重刻，紙本墨拓，册頁，編號：197794，天放樓舊藏。

京都大學人文科學研究所：

    一張，紙本墨拓，原片，編號：ZUI0106X。

2294 魏氏墓誌

隋大業七年（611）十二月二十二日葬，民國十四年（1925）出土於河南洛陽城西後洞村，現藏於西安碑林博物館。

大阪市立美術館：

    一張，紙本墨拓，原片，編號：2673。

2295 北響堂山石窟造像記

隋大業七年（611）刻，現存河北邯鄲北響堂山石窟。

東北大學附屬圖書館：

    一幅，紙本墨拓，原片，常盤大定舊藏。

2296 高氏墓誌

隋大業七年（611）葬，民國十四年（1925）出土於河南洛陽城西後洞村，現藏於西安碑林博物館。

宇野雪村文庫：

    一張，紙本墨拓，原片，編號：1568。

2297 神龍泉石記

隋大業七年（611）刻，出土時地不詳。

京都大學人文科學研究所：

    一張，紙本墨拓，原片，編號：ZUI0107X。

2298 劉德墓誌

隋大業八年（612）正月九日葬，民國十八年（1929）出土於河南洛陽城北前海資村，現藏於西安碑林博物館。

淑德大學書學文化中心：

一張，紙本墨拓，原片，編號：001204。

2299 何氏墓誌

隋大業八年（612）二月二十二日葬，民國十四年（1925）出土於河南洛陽城西後洞村，現藏於西安碑林博物館。

淑德大學書學文化中心：

一軸，紙本墨拓，卷軸，編號：198100。

大阪市立美術館：

一張，紙本墨拓，原片，編號：2673。

2300 孟孝敏妻劉氏墓誌

隋大業八年（612）二月二十二日葬，民國十四年（1925）出土於河南洛陽東北馬溝村，現藏於西安碑林博物館。

大阪市立美術館：

一張，紙本墨拓，原片，編號：2673。

2301 陳氏墓誌

隋大業八年（612）三月三日葬，民國十四年（1925）出土於河南洛陽城西後洞村，現藏於西安碑林博物館。

大阪市立美術館：

一張，紙本墨拓，原片，編號：2673。

2302 韋氏墓誌

隋大業八年（612）六月葬，民國十四年（1925）出土於河南洛陽城西後洞村，現藏於西安碑林博物館。

大阪市立美術館：

一張，紙本墨拓，原片，編號：2673。

2303 蕭氏墓誌

隋大業八年（612）七月二十五日葬，民國十四年（1925）出土於河南洛陽城西後洞村，現藏於西安碑林博物館。

大阪市立美術館：

一張，紙本墨拓，原片，編號：2673。

2304 沈氏墓誌

隋大業八年（612）七月葬，民國十四年（1925）出土於河南洛陽城西後洞村，現藏於西安碑林博物館。

大阪市立美術館：

一張，紙本墨拓，原片，編號：2673。

2305 蕭瑒墓誌

隋大業八年（612）八月十三日葬，河南洛陽城北前海資村出土，現藏於洛陽古代藝術博物館。

東洋文庫：

一張，紙本墨拓，原片，59.0×53.0，編號：Ⅱ-16-C-o-25。

京都大學人文科學研究所：

一張，紙本墨拓，原片，編號：ZUI0109X。

淑德大學書學文化中心：

一張，紙本墨拓，原片，編號：000250。

2306 高緊墓誌

隋大業八年（612）八月二十五日葬，民國十七年（1928）出土於河南洛陽城北南陳莊村，現藏於西安碑林博物館。

大阪市立美術館：

一張，紙本墨拓，原片，編號：2673。

2307 田光山妻李氏墓誌

隋大業八年（612）十月十四日葬，民國十四年（1925）出土於河南洛陽城東馬溝村，現藏於西安碑林博物館。

大阪市立美術館：

二張，紙本墨拓，原片，編號：2673。

2308 成公氏墓誌

隋大業八年（612）十一月二十六日葬，民國三年（1914）出土於河南洛陽城東北安駕溝村，現藏於西安碑林博物館。

京都大學人文科學研究所：

一張，紙本墨拓，原片，編號：ZUI0110X。

2309 陳氏墓誌

隋大業九年（613）正月十六日葬，民國十四年（1925）出土於河南洛陽城西後洞村，現藏於西安碑林博物館。

淑德大學書學文化中心：

一軸，紙本墨拓，卷軸，編號：198101。

　　　　一張，紙本墨拓，原片，編號：001217。

　　大阪市立美術館：

　　　　一張，紙本墨拓，原片，編號：2673。

2310　蕭球墓誌

隋大業九年（613）二月十六日葬，民國十五年（1926）出土於洛陽孟津前海資村，今藏地不詳。

　　京都大學人文科學研究所：

　　　　一張，紙本墨拓，原片，編號：ZUI0118X。

2311　張業暨妻路氏墓誌

隋大業九年（613）二月二十八日葬，河南洛陽出土，現藏於西安碑林博物館。

　　大阪市立美術館：

　　　　二張，紙本墨拓，原片，編號：2673。

2312　皇甫深墓誌

隋大業九年（613）二月二十八日葬，民國十四年（1925）出土於河南洛陽石山村，現藏於開封博物館。

　　京都大學人文科學研究所：

　　　　一張，紙本墨拓，原片，編號：ZUI0112X。

2313　姜明墓誌

隋大業九年（613）二月二十八日葬，河南洛陽出土，現藏於河南博物院。

　　東洋文庫：

　　　　一張，紙本墨拓，原片，51.0×51.0，編號：Ⅱ-16-C-150。

　　　　一張，紙本墨拓，原片，51.0×51.0，編號：Ⅱ-16-C-1096。

　　宇野雪村文庫：

　　　　一張，紙本墨拓，原片，編號：1606。

　　　　一張，紙本墨拓，原片，編號：1706。

　　淑德大學書學文化中心：

　　　　一張，紙本墨拓，原片，編號：000251。

　　京都大學人文科學研究所：

　　　　一張，紙本墨拓，原片，編號：ZUI0111X。

2314　張盈墓誌

隋大業九年（613）三月十日葬，河南洛陽出土，現藏於開封博物館。

淑德大學書學文化中心：

　　一軸，紙本墨拓，卷軸，編號：198102。

東洋文庫：

　　一張，墓誌，紙本墨拓，55.0×54.0。墓誌蓋，紙本墨拓，45.0×45.0。編號：Ⅱ－16－
C－1098。

京都大學人文科學研究所：

　　一張，紙本墨拓，原片，編號：ZUI0113X。

宇野雪村文庫：

　　一張，紙本墨拓，原片，編號：1431。

　　一張，紙本墨拓，原片，編號：1604。

2315　張盈夫人蕭餝性墓誌

隋大業九年（613）三月十日葬，河南洛陽出土，現藏於開封博物館。

東洋文庫：

　　一張，墓誌，紙本墨拓，53.0×54.0。一張，墓誌蓋，紙本墨拓，40.0×40.0。編號：Ⅱ－
16－C－1097。

宇野雪村文庫：

　　一張，紙本墨拓，原片，編號：1603。

　　一張，紙本墨拓，原片，編號：1916。

京都大學人文科學研究所：

　　一張，紙本墨拓，原片，編號：ZUI0104X。

2316　豆盧寔墓誌

隋大業九年（613）十月三日葬，河南洛陽出土，現藏於開封博物館。

東洋文庫：

　　一張，墓誌，紙本墨拓，72.0×72.0。一張，墓誌蓋，紙本墨拓，59.0×59.0。編號：Ⅱ－
16－C－1100。

宇野雪村文庫：

　　一張，紙本墨拓，原片，編號：1564。

京都大學人文科學研究所：

　　一張，紙本墨拓，原片，編號：ZUI0114X。

淑德大學書學文化中心：

　　一張，紙本墨拓，原片，編號：196208。

2317　趙朗并夫人孫氏墓誌

隋大業九年（613）十月十五日葬，河南洛陽出土，現藏於開封博物館。

東洋文庫：

  一張，墓誌，紙本墨拓，49.0×48.0。一張，墓誌蓋，紙本墨拓，38.0×36.0。編號：Ⅱ-16-C-1099。

宇野雪村文庫：

  一張，紙本墨拓，原片，編號：1682。

京都大學人文科學研究所：

  一張，紙本墨拓，原片，編號：ZUI0115X。

淑德大學書學文化中心：

  一張，紙本墨拓，原片，編號：001510。

2318　陳常墓誌

隋大業九年（613）十二月十三日葬，民國十八年（1928）出土於河南洛陽呂祖廟村，現藏於開封博物館。

大阪市立美術館：

  二張，紙本墨拓，原片，編號：2673。

2319　宋仲墓誌

隋大業九年（613）十二月十六日葬，河南洛陽出土，現藏於開封博物館。

東洋文庫：

  一張，紙本墨拓，原片，44.0×44.0，編號：Ⅱ-16-C-1102。

京都大學人文科學研究所：

  一張，紙本墨拓，原片，編號：ZUI0116X。

2320　蕭瑾墓誌

隋大業九年（613）十二月二十八日葬，河南洛陽出土，現藏於開封博物館。

東洋文庫：

  一張，紙本墨拓，原片，55.0×54.0，編號：Ⅱ-16-C-1101。

宇野雪村文庫：

  一張，紙本墨拓，原片，編號：1610。

淑德大學書學文化中心：

  一張，紙本墨拓，原片，編號：001511。

京都大學人文科學研究所：

  一張，紙本墨拓，原片，編號：ZUI0117X。

2321　元氏墓誌

隋大業十年（614）二月二十三日葬，民國十四年（1925）出土於河南洛陽城西北後洞村，現藏於西安碑林博物館。

　　大阪市立美術館：

　　　　　一張，紙本墨拓，原片，編號：2673。

2322　王光墓誌

隋大業十年（614）三月十一日葬，河南洛陽出土，現藏於西安碑林博物館。

　　大阪市立美術館：

　　　　　一張，紙本墨拓，原片，編號：2673。

2323　牛暉墓誌

隋大業十年（614）三月二十六日葬，民國十四年（1925）出土於河南洛陽前海資村，現藏於西安碑林博物館。

　　大阪市立美術館：

　　　　　一張，紙本墨拓，原片，編號：2673。

2324　崔上師妻封依德墓誌

隋大業十年（614）四月六日葬，民國十九年（1930）出土於河南洛陽前李村，現藏於西安碑林博物館。

　　大阪市立美術館：

　　　　　一張，紙本墨拓，原片，編號：2673。

2325　席氏墓誌

隋大業十年（614）六月四日葬，民國十四年（1925）出土於河南洛陽後洞村，現藏於西安碑林博物館。

　　淑德大學書學文化中心：

　　　　　一張，紙本墨拓，原片，編號：000252。

2326　田氏墓誌

隋大業十年（614）六月二十四日葬，民國十四年（1925）出土於河南洛陽後洞村，現藏於西安碑林博物館。

　　大阪市立美術館：

　　　　　一張，紙本墨拓，原片，編號：2673。

2327　張達墓誌

隋大業十年（614）七月二十五日葬，河南洛陽出土，現藏於開封博物館。

　　京都大學人文科學研究所：

一張，紙本墨拓，原片，編號：ZUI0119X。

2328　陳花樹墓誌

隋大業十年（614）七月二十九日葬，民國十四年（1925）出土於河南洛陽後洞村，現藏於西安碑林博物館。

淑德大學書學文化中心：

一張，紙本墨拓，原片，編號：001213。

大阪市立美術館：

一張，紙本墨拓，原片，編號：2673。

2329　姚太暨妻袁氏墓誌

隋大業十年（614）八月十九日葬，民國十三年（1924）出土於河南洛陽前海資村，現藏於西安碑林博物館。

大阪市立美術館：

二張，紙本墨拓，原片，編號：2673。

2330　唐氏墓誌

隋大業十年（614）十月二十一日葬，民國十四年（1925）出土於河南洛陽後洞村，現藏於西安碑林博物館。

大阪市立美術館：

一張，紙本墨拓，原片，編號：2673。

2331　張軻墓誌

隋大業十年（614）十一月十五日葬，民國十七年（1928）出土於河南洛陽前海資村，現藏於西安碑林博物館。

淑德大學書學文化中心：

一張，墓誌蓋，紙本墨拓，原片，編號：001196。

一張，墓誌，紙本墨拓，原片，編號：001197。

大阪市立美術館：

二張，紙本墨拓，原片，編號：2673。

2332　鄧昞墓誌

隋大業十年（614）十一月葬，民國十九年（1930）出土於河南洛陽石山村，現藏於西安碑林博物館。

大阪市立美術館：

一張，紙本墨拓，原片，編號：2673。

2333　鮑氏墓誌

隋大業十年（614）十二月二十七日葬，民國十四年（1925）出土於河南洛陽後洞村，現藏於西安碑林博物館。

大阪市立美術館：

一張，紙本墨拓，原片，編號：2673。

2334　姜氏墓誌

隋大業十一年（615）正月十六日葬，民國十四年（1925）出土於河南洛陽後洞村，現藏於西安碑林博物館。

淑德大學書學文化中心：

一張，紙本墨拓，原片，編號：001210。

大阪市立美術館：

一張，紙本墨拓，原片，編號：2673。

2335　明雲騰墓誌

隋大業十一年（615）二月九日葬，民國十五年（1926）出土於河南洛陽石山村，現藏於西安碑林博物館。

淑德大學書學文化中心：

一張，紙本墨拓，原片，編號：001208。

大阪市立美術館：

二張，紙本墨拓，原片，編號：2673。

2336　唐該妻蘇洪姿墓誌

隋大業十一年（615）二月二十一日葬，民國時期出土於河南洛陽盤龍冢村，現藏於遼寧省博物館。

東洋文庫：

一張，墓誌，紙本墨拓，43.0×42.0。一張，墓誌蓋，紙本墨拓，35.0×35.0。編號：Ⅱ-16-C-2.36。

京都大學人文科學研究所：

一張，紙本墨拓，原片，編號：ZUI0120X。

淑德大學書學文化中心：

一張，墓誌蓋，紙本墨拓，原片，編號：000408。

一張，墓誌，紙本墨拓，原片，編號：000408。

2337　苟君妻宋玉艷墓誌

隋大業十一年（615）二月二十一日葬，民國十七年（1928）出土於河南洛陽南陳莊村，現藏於西安碑林博物館。

　　大阪市立美術館：

　　　　二張，紙本墨拓，原片，編號：2673。

2338　張壽墓誌

隋大業十一年（615）二月二十四日葬，民國十四年（1925）出土於河南洛陽前海資村，現藏於
西安碑林博物館。

　　淑德大學書學文化中心：

　　　　一張，墓誌蓋，紙本墨拓，原片，編號：001206。

　　　　一張，墓誌，紙本墨拓，原片，編號：001207。

2339　嚴元貴墓誌

隋大業十一年（615）三月五日葬，民國十四年（1925）出土於河南洛陽呂祖廟村，現藏於西安
碑林博物館。

　　大阪市立美術館：

　　　　二張，紙本墨拓，原片，編號：2673。

2340　張波墓誌

隋大業十一年（615）三月二十二日葬，清末出土於河南洛陽南陳莊村，現藏於開封博物館。

　　東洋文庫：

　　　　墓誌，一張，紙本墨拓，33.0×34.0。墓誌蓋，一張，紙本墨拓，25.0×25.0。編號：Ⅱ-
　　　　16-C-1103。

　　宇野雪村文庫：

　　　　一張，紙本墨拓，原片，編號：1432。

　　　　一張，紙本墨拓，原片，編號：1605。

　　京都大學人文科學研究所：

　　　　一張，紙本墨拓，原片，編號：ZUI0121X。

2341　蕭濱墓誌

隋大業十一年（615）四月二十一日葬，民國十年（1921）出土於河南洛陽前海資村，現藏於西
安碑林博物館。

　　大阪市立美術館：

　　　　一張，紙本墨拓，原片，編號：2673。

2342　田氏墓誌

隋大業十一年（615）五月十七日葬，民國十四年（1925）出土於河南洛陽後洞村，現藏於西安

碑林博物館。

　　淑德大學書學文化中心：

　　　　一張，紙本墨拓，原片，編號：001215。

　　大阪市立美術館：

　　　　一張，紙本墨拓，原片，編號：2673。

2343　尉富娘墓誌

隋大業十一年（615）五月十七日葬，清同治十年（1871）出土於陝西長安龍首鄉，現藏於上海
博物館。

　　書道博物館：

　　　　一張，紙本墨拓，綴帖，羅振玉舊藏。

　　東洋文庫：

　　　　一張，紙本墨拓，原片，44.0×44.0，編號：Ⅱ-16-C-o-26。

　　京都大學人文科學研究所：

　　　　一張，紙本墨拓，原片，編號：ZUI0122X。

　　宇野雪村文庫：

　　　　一張，紙本墨拓，原片，編號：1834。

　　淑德大學書學文化中心：

　　　　一冊，重刻，紙本墨拓，冊頁，編號：197797，天放樓舊藏。

2344　曹海凝墓誌

隋大業十一年（615）六月十五日葬，民國十二年（1923）出土於河南洛陽前海資村，現藏於西
安碑林博物館。

　　京都大學人文科學研究所：

　　　　一張，紙本墨拓，原片，編號：ZUI0124X。

　　大阪市立美術館：

　　　　二張，紙本墨拓，原片，編號：2673。

2345　元智墓誌

隋大業十一年（615）八月二十四日葬，清嘉慶二十年（1815）出土於陝西咸寧，現藏於故宮博
物院。

　　東洋文庫：

　　　　一張，紙本墨拓，原片，58.0×58.0，編號：Ⅱ-16-C-o-27。

　　京都大學人文科學研究所：

　　　　一張，紙本墨拓，原片，編號：ZUI0125X。

　　淑德大學書學文化中心：

一册，紙本墨拓，册頁，編號：197795，天放樓舊藏。

2346 元智夫人姬氏墓誌

隋大業十一年（615）八月二十四日葬，清嘉慶二十年（1815）出土於陝西咸寧，現藏於故宮博物院。

書道博物館：

一張，紙本墨拓，全拓，舊拓未斷本。

東洋文庫：

一張，紙本墨拓，原片，49.0×49.0，編號：Ⅱ-16-C-o-28。

京都大學人文科學研究所：

一張，紙本墨拓，原片，編號：ZUI0126X。

淑德大學書學文化中心：

一册，紙本墨拓，册頁，編號：197796，天放樓舊藏。

2347 丁氏墓誌

隋大業十一年（615）八月二十五日葬，民國十四年（1925）出土於河南洛陽後洞村，現藏於西安碑林博物館。

淑德大學書學文化中心：

一張，紙本墨拓，原片，編號：001216。

大阪市立美術館：

一張，紙本墨拓，原片，編號：2673。

2348 周德墓誌

隋大業十一年（615）十一月九日葬，河南洛陽出土，現藏於日本書道博物館。

宇野雪村文庫：

一張，紙本墨拓，原片，編號：1276。

2349 劉氏墓誌

隋大業十一年（615）十一月十二日葬，河南洛陽出土，現藏於西安碑林博物館。

大阪市立美術館：

一張，紙本墨拓，原片，編號：2673。

2350 范安貴墓誌

隋大業十一年（615）十一月十四日葬，民國十年（1921）出土於河南洛陽白鹿莊，現藏於西安碑林博物館。

淑德大學書學文化中心：

一張，墓誌蓋，紙本墨拓，原片，編號：001198。

一張，墓誌，紙本墨拓，原片，編號：001199。

2351 蕭仇墓誌

隋大業十一年（615）十一月十四日葬，河南洛陽出土，現藏於西安碑林博物館。

大阪市立美術館：

一張，紙本墨拓，原片，編號：2673。

2352 公夫婦墓誌

隋大業十一年（615）葬，河南洛陽出土，現藏於西安碑林博物館。

三井記念美術館：

一帖，初拓，紙本墨拓，新町三井家舊藏。

2353 徐氏墓誌

隋大業十二年（616）三月二十六日葬，民國十四年（1925）出土於河南洛陽後洞村，現藏於西安碑林博物館。

大阪市立美術館：

一張，紙本墨拓，原片，編號：2673。

2354 季子贇等造像記

隋大業十二年（616）四月二十五日刻，今藏地不詳。

東洋文庫：

一張，紙本墨拓，原片，14.0×29.0，編號：Ⅱ-16-C-o-29。

京都大學人文科學研究所：

一張，紙本墨拓，原片，編號：ZUI0127X。

2355 楊厲墓誌

隋大業十二年（616）七月十八日葬，河南洛陽出土，現藏於遼寧省博物館。

書道博物館：

一張，紙本墨拓，全拓。

東洋文庫：

一張，紙本墨拓，原片，47.0×47.0，編號：Ⅱ-16-C-2.37。

京都大學人文科學研究所：

一張，紙本墨拓，原片，編號：ZUI0128X。

淑德大學書學文化中心：

一張，紙本墨拓，原片，編號：000409。

2356　王世琛墓誌

隋大業十二年（616）七月三十日葬，河南安陽出土，現藏於西安碑林博物館。

大阪市立美術館：

　　　二張，紙本墨拓，原片，編號：2673。

2357　羊本暨妻周氏墓誌

隋大業十二年（616）七月三十日葬，清光緒年間河南洛陽出土，現藏於西泠印社。

宇野雪村文庫：

　　　一張，紙本墨拓，原片，編號：1236。

　　　一張，紙本墨拓，原片，編號：1683。

　　　一册，紙本墨拓，册頁，編號：346。

大阪市立美術館：

　　　一張，紙本墨拓，原片，編號：2663。

2358　楊氏墓誌

隋大業十二年（616）八月四日葬，民國十四年（1925）出土於河南洛陽後洞村，現藏於西安碑林博物館。

大阪市立美術館：

　　　一張，紙本墨拓，原片，編號：2673。

2359　張濬墓誌

隋大業十二年（616）十月二日葬，民國十二年（1923）出土於河南洛陽前海資村，現藏於西安碑林博物館。

京都大學人文科學研究所：

　　　一張，紙本墨拓，原片，編號：ZUI0129X。

大阪市立美術館：

　　　二張，紙本墨拓，原片，編號：2673。

淑德大學書學文化中心：

　　　一張，墓誌蓋，紙本墨拓，原片，編號：001218。

　　　一張，墓誌，紙本墨拓，原片，編號：001219。

2360　夏侯遷墓誌

隋大業十二年（616）十月二日葬，陝西鳳翔出土，今藏地不詳。

淑德大學書學文化中心：

　　　一張，墓誌蓋，紙本墨拓，原片，編號：001959。

　　一張，墓誌，紙本墨拓，原片，編號：001960。

2361　蘇威妻宇文氏墓誌

隋大業十二年（616）十月十三日葬，民國十四年（1925）出土於河南洛陽馬坡村，現藏於西安碑林博物館。

　　大阪市立美術館：

　　　　一張，紙本墨拓，原片，編號：2673。

2362　常泰夫人房氏墓誌

隋大業十二年（616）十一月三日葬，民國十四年（1925）出土於河南洛陽後洞村，現藏於西安碑林博物館。

　　宇野雪村文庫：

　　　　一張，紙本墨拓，原片，編號：1566。

　　大阪市立美術館：

　　　　一張，紙本墨拓，原片，編號：2673。

2363　宋永貴墓誌

隋大業十二年（616）十一月二十一日葬，陝西西安出土，現藏於西安碑林博物館。

　　書道博物館：

　　　　一張，紙本墨拓，全拓。

　　宇野雪村文庫：

　　　　一册，紙本墨拓，册頁，編號：363。

　　　　一張，紙本墨拓，原片，編號：1230。

2364　馮忱妻叱李綱子墓誌

隋大業十二年（616）十二月二日葬，民國十四年（1925）出土於河南洛陽前海資村，現藏於西安碑林博物館。

　　大阪市立美術館：

　　　　二張，紙本墨拓，原片，編號：2673。

2365　唐氏墓誌

隋大業十三年（617）二月十三日葬，民國十四年（1925）出土於河南洛陽後洞村，現藏於西安碑林博物館。

　　大阪市立美術館：

　　　　一張，紙本墨拓，原片，編號：2673。

2366 宮人六品墓誌

隋大業十三年（617）二月二十五日葬，民國十四年（1925）出土於河南洛陽後洞村，現藏於西安碑林博物館。

大阪市立美術館：

一張，紙本墨拓，原片，編號：2673。

2367 劉氏墓誌

隋大業十三年（617）七月四日葬，民國十四年（1925）出土於河南洛陽後洞村，現藏於西安碑林博物館。

大阪市立美術館：

一張，紙本墨拓，原片，編號：2673。

2368 杜夫人鄭善妃墓誌

隋大業十三年（617）十月七日葬，河南洛陽出土，今藏地不詳。

京都大學人文科學研究所：

一張，紙本墨拓，原片，編號：ZUI0131X。

2369 梁伯仁等造像

隋大業十三年（617）十月二十五日刻，現存河南洛陽龍門石窟。

書道博物館：

一張，紙本墨拓，全拓。

隋無紀年

2370　德陽公碑

又稱"大隋柱國德陽公碑"，隋刻，無紀年，今藏地不詳。

書道博物館：

　　　　一張，紙本墨拓，原片，有篆額。

淑德大學書學文化中心：

　　　　一冊，紙本墨拓，冊頁，編號：195669。

2371　洛陰修寺碑

隋刻，無紀年，現存山西太原陽曲洛陰村純陽宮碑廊。

京都大學人文科學研究所：

　　　　一張，紙本墨拓，原片，編號：ZUI0135A。

　　　　一張，紙本墨拓，原片，編號：ZUI0135B。

　　　　一張，紙本墨拓，原片，編號：ZUI0135C。

淑德大學書學文化中心：

　　　　一軸，碑陽，紙本墨拓，卷軸，編號：195819。

　　　　一軸，碑陰，紙本墨拓，卷軸，編號：195820。

2372　瑯琊隋碑三種

隋刻，無紀年，今藏地不詳。

宇野雪村文庫：

　　　　一冊，紙本墨拓，冊頁，編號：388。

2373　王明府墓誌蓋

隋刻，無紀年，姚貴昉舊藏，今藏地不詳。

宇野雪村文庫：

　　　　一張，紙本墨拓，原片，編號：1856。

2374　袁客仁墓誌

隋刻，無紀年，河南洛陽出土，京師歷史博物館舊藏。

京都大學人文科學研究所：

一張，紙本墨拓，原片，編號：ZUI0134X。

2375　房山雲居寺刻經

隋刻，無紀年，現存北京房山雲居寺。

書道博物館：

一張，紙本墨拓，全拓。

一册，雷音洞妙法蓮華經，紙本墨拓，綴帖。

一張，佛説寶梁經，紙本墨拓，全拓，西京藤井氏藏。

東洋文庫：

一張，佛説寶梁經，紙本墨拓，59.0×141.0，編號：Ⅱ-16-C-29。

一張，佛説寶梁經，紙本墨拓，58.0×141.0，編號：Ⅱ-16-C-1577。

一張，佛説寶梁經，紙本墨拓，58.0×138.0，編號：Ⅱ-16-C-o-30。

一張，維摩詰所説經佛國品第一，紙本墨拓，38.0×36.0，編號：Ⅱ-16-C-p-510。

東京國立博物館：

一幅，佛説寶梁經，紙本墨拓，編號：749。

龍谷大學：

二十八幅，雷音洞妙法蓮華經，紙本墨拓，［1］第八石，方便品，北壁上段第八，85.5×63.0。［2］第十八石，信解品，北壁上段第十八，85.0×64.5。［3］第二十石，信解品，西壁中段第一，85.5×78.5。　［4］第二十一石，藥草喻品，西壁中段第二，86.0×63.5。［5］第二十七石，化城喻品，西壁中段第八，86.0×64.0。［6］第二十八石，化城喻品，西壁中段第九，86.0×64.0。［7］第三十二石，五百弟子品，西壁中段第十三，86.0×65.0。［8］第三十三石，人記品，南壁中段第一，86.0×64.5。［9］第三十四石，人記品，南壁中段第二，86.0×63.5。［10］第三十五石，法師品，南壁中段第三，87.0×64.0。［11］第五十三石，分別品，北壁下段第十六，86.5×63.5。［12］第五十四石，分別品，北壁下段第十七，87.0×62.0。［13］第五十五石，隨喜品，北壁下段第十八，84.0×64.5。［14］第五十六石，法師功德品，北壁下段第十六，86.0×63.5。［15］第五十七石，法師功德品，西壁下段第一，86.0×63.5。［16］第五十八石，法師功德品，西壁下段第二，85.5×63.5。［17］第五十九石，法師功德品，西壁下段第三，86.0×64.0。［18］第六十石，不輕品，西壁下段第四，86.0×64.0。［19］第六十一石，神力品，西壁下段第五，87.0×63.5。［20］第六十二石，囑累品，西壁下段第六，87.0×65.0。［21］第六十三石，藥王品，西壁下段第七，86.0×63.5。［22］第六十四石，藥王品，西壁下段第八，84.5×63.0。［23］第六十五石，藥王品，西壁下段第九，85.5×63.0。［24］第六十六石，妙音品，西壁下段第十，86.0×62.0。

［25］第六十七石，妙音品，西壁下段第十一，86.5×64.5。［26］第六十八石，普門品，西壁下段第十二，86.0×64.0。［27］第七十一石，陀羅尼品，南壁下段第一，86.0×63.5。［28］第七十二石，妙莊嚴品，南壁下段第二，85.5×64.0。

一幅，雷音洞維摩詰所説不可思議解脱經，紙本墨拓，佛國品，東壁上段第一石，89.5×62.0。

京都大學人文科學研究所：

一張，紙本墨拓，編號：ZUI0137X。

一張，佛説寶梁經，紙本墨拓，編號：ZUI0136X。

東北大學附屬圖書館：

一幅，雷音洞妙法蓮華經，紙本墨拓，常盤大定舊藏。

一幅六片，紙本墨拓，常盤大定舊藏。

佛教大學：

一張，雷音洞妙法蓮華經，紙本墨拓，86.0×61.0。

淑德大學書學文化中心：

一軸，紙本墨拓，卷軸，編號：197155。

一軸，紙本墨拓，卷軸，編號：000805。

木雞室：

一張，紙本墨拓，全拓。

2376　千佛山石窟造像記

隋刻，無紀年，現存山東濟南千佛山石窟。

東北大學附屬圖書館：

一幅，一組八拓，紙本墨拓，常盤大定舊藏。

2377　玉函山石窟造像記

隋刻，無紀年，現存山東濟南玉函山石窟。

東北大學附屬圖書館：

一幅，一組十拓，紙本墨拓，常盤大定舊藏。

2378　雲門山石窟造像記

隋刻，無紀年，現存山東青州雲門山石窟。

東北大學附屬圖書館：

一幅，一組八拓，紙本墨拓，常盤大定舊藏。

2379　駝山石窟造像記

隋刻，無紀年，現存山東青州駝山石窟。

東北大學附屬圖書館：

一幅，一組九拓，紙本墨拓，常盤大定舊藏。

2380　張平吴等造像記

隋刻，無紀年，端方舊藏，今藏地不詳。

書道博物館：

一張，紙本墨拓，全拓，端方藏石。

東洋文庫：

一張，紙本墨拓，21.0×23.0，編號：Ⅱ-16-C-o-31。

京都大學人文科學研究所：

一張，紙本墨拓，編號：ZUI0138X。

2381　清信女爱公爲題字

隋刻，無紀年，今藏地不詳。

淑德大學書學文化中心：

一軸，紙本墨拓，卷軸，編號：196824。

2382　鹿世傳等造像記

隋刻，無紀年，今藏地不詳。

宇野雪村文庫：

一册，紙本墨拓，册頁，編號：406。

2383　陳思和造像記

隋刻，無紀年，今藏地不詳。

宇野雪村文庫：

一張，紙本墨拓，原片，編號：1716。

2384　橋功既訖合造交龍碑像記

隋刻，無紀年，今藏地不詳。

京都大學人文科學研究所：

一張，紙本墨拓，原片，編號：ZUI0139X。

2385　智運造像記

隋刻，無紀年，今藏地不詳。

書道博物館：

一張，紙本墨拓，綴帖。

2386　田文喜母造像記

隋刻，無紀年，今藏地不詳。

書道博物館：

　　一張，紙本墨拓，綴帖。

2387　十六羅漢題辭

隋刻，無紀年，今藏地不詳。

書道博物館：

　　一張，紙本墨拓，全拓。

2388　隋造像記三種

隋刻，無紀年，今藏地不詳。

宇野雪村文庫：

　　一冊，紙本墨拓，冊頁，編號：382。

鄭
（619—621）

［開明］

2389　那廬君妻元買得墓誌
鄭開明元年（619）五月十日葬，河南洛陽出土，今藏地不詳。

宇野雪村文庫：

      一張，紙本墨拓，原片，編號：1228。

京都大學人文科學研究所：

      一張，紙本墨拓，原片，編號：ZUI0132X。

淑德大學書學文化中心：

      一張，紙本墨拓，原片，編號：001904。

2390　韋匡伯墓誌
鄭開明二年（620）七月二十□日葬，清光緒年間出土於河南洛陽，誌藏中國國家博物館，蓋藏故宮博物院。

書道博物館：

      一張，紙本墨拓，原片，端方藏石。

東洋文庫：

      一張，紙本墨拓，原片，42.0×42.0，編號：Ⅱ-16-C-p-1。

京都大學人文科學研究所：

      一張，紙本墨拓，原片，編號：ZUI0133X。

淑德大學書學文化中心：

      一張，紙本墨拓，原片，編號：000497。

      一張，紙本墨拓，原片，編號：001507。

墨華書道會：

      二張，紙本墨拓，全拓。